1 아즈텍 화가가 그리고 1580년에 인디아스 자문 위원회에 〈지리 보고서〉의 일부로 보낸 멕시코 오악스테펙 지도. (063쪽)

2 《누에바에스파냐의 일반 역사》(1578)에 실린 멕시코의 사람, 식물, 동물에 대한 삽화. (034쪽)

3 1577년에 처음 세운 이스탄불 천문대의 모습. 천문대장 타키 알딘(맨 윗줄, 오른쪽에서 세 번째)이 아스트롤라베(이슬람의 고전적 과학 기구)를 들고 있다. 타키 알딘의 앞쪽 탁자에 기계식 시계를 포함한 과학 기기들이 놓여 있는 모습에 주목하라. (095쪽)

4 18세기 초 서아프리카 팀북투에서 작성된 아랍어 천문학 저서의 원고. (106쪽)

5 근대 초기 중국의 과학 기관인 베이징의 흠천감. 17세기 과학 기기들도 보인다. (116쪽)

6 인도 바라나시에 있는 잔타르 만타르 천문대. 1737년에 지었으며 갠지스강을 내려다보고 있다. (122쪽)

7 타히티 마타바이만에 있는 배들을 그린 유화. 폴리네시아의 항해가 투파이아는 1769년 영국의 엔데버호를 타고 타히티섬을 떠났다. (158쪽)

8 18세기 중국, 일본, 네덜란드 학자들의 과학적 교류. 탁자 위에 해부학 교과서와 박물학 표본들이 놓여 있다. (224쪽)

9 1745년 자메이카 스페인 마을의 학자 프랜시스 윌리엄스를 그린 유화. 앞쪽 탁자에 펼쳐진 책은 《뉴턴 철학》이다. (179쪽)

10 세네갈 연안의 고레섬에 있는 옛 노예무역소. 이 요새에서 프랑스의 천문학자 장 리셰르가 여러 실험을 했고 나중에 뉴턴은 이 실험들을 자신의 저서 《프린키피아》(1687)에 인용했다. (140쪽)

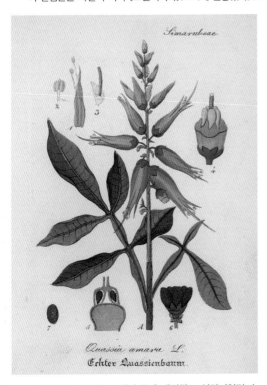

11 좌 | 콰시아 아마라. 18세기 초에 네덜란드 식민지였던 수리남에서 이 식물을 발견한 아프리카 출신의 노예 그라만 콰시의 이름을 따서 명명했다. (182쪽)

12 우 | 16세기 무굴제국의 박물학 책 원고. 판다누스과의 관목인 아단(아래쪽)과 협죽도(위쪽)의 삽화가 실렸다. (206쪽)

享保十四年廣南國象貢
四月廿八日召于 內裏
叡覽次召于 院

牡象 七歳
頷長二尺七寸
鼻長三尺三寸
背高五尺七寸
胴圍一丈
長七尺四寸
尾長三尺三寸

13 1729년 에도 막부에 전달된 베트남 코끼리를 그린 일본 책의 원고. (216쪽)

14 19세기 마드리드에 전시된 메가테리움의 뼈대. 이 뼈대는 원래 아르헨티나의 루한강 근처에서 1788년에 발굴되었다. (237쪽)

15 러시아의 동물학자이자 진화 사상가였던 일리야 메치니코프의 모습. 그는 1908년에 노벨 생리의학상을 수상했다. (251쪽)

16 1897년 런던 왕립 연구소에서 강의하는 벵골인 물리학자 자가디시 찬드라 보스의 모습. (283쪽)

17 1900년 파리 만국박람회에서 발행된 엽서. 이 박람회는 1차 국제 물리학 회의와 같은 해에 열렸다. (279쪽)

18 이론물리학자 저우페이위안의 모습(왼쪽 끝). 20세기 초 선구적인 다른 중국 지성인들과 함께 일반상대성이론을 연구한 것이 그의 주요 공적이다. (364쪽)

19 1922년 11월 일본을 방문한 알베르트 아인슈타인과 그의 아내 엘자의 모습. (340쪽)

20 도쿄 대학 사무실에서 찍은 물리학자 다나카다테 아이키쓰의 사진. (324쪽)

21 노벨상을 받은 최초의 인도 과학자인 찬드라세카라 벵카타 라만의 모습. 방갈로르의 라만 연구소에서 다이아몬드의 구조를 살피고 있다. (388쪽)

22 1949년에 일본인 과학자로는 최초로 노벨상을 수상한 물리학자 유카와 히데키. (375쪽)

23 1960년대 중국 공산당의 선전 포스터. 학생들이 연구소에서 식물의 씨앗을 살피는 모습으로 '묘목을 키우다'라는 설명이 달려 있다. (429쪽)

24 1976년 봄베이의 타타 기초 연구소에서 다른 과학자들과 함께 포즈를 취한 유전학자 오바이드 시디키(맨 윗줄, 왼쪽에서 첫 번째)와 베로니카 로드리게스(맨 윗줄, 왼쪽에서 두 번째). (424쪽)

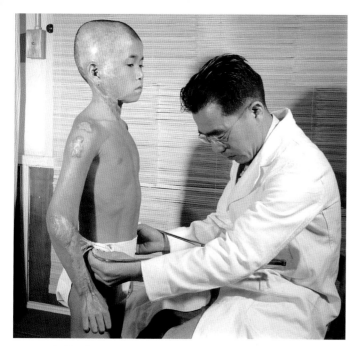

25 1949년 원폭상해조사위원회에서 일하는 일본인 의사가 히로시마에서 한 어린 환자를 진찰하고 있다. 방사선 피폭에 따른 화상으로 고통을 겪는 희생자로, 의사는 골반 치수를 재서 환자의 성장 속도를 확인하는 중이다. (396쪽)

26 1949년 이스라엘 이민자 수용소에 도착한 예멘 출신 유대인 가족. 인구 유전학자들은 20세기 중반 내내 이스라엘 이민자를 대상으로 광범위한 연구를 실시했다. (437쪽)

27 이스라엘의 인구 유전학자 엘리자베스 골드슈미트. 1912년 독일 유대인 가정에서 태어난 골드슈미트는 1930년대에 아돌프 히틀러와 나치당이 정권을 잡자 독일에서 도망쳐야 했다. (442쪽)

28 2020년에 진행한 아랍에미리트 우주국 화성 탐사 임무의 프로젝트 부매니저 사라 알 아미리. (464쪽)

29 가나 아크라에 자리한 구글 AI 센터의 소장이자 연구 담당 과학자 무스타파 키세. (461쪽)

과학의 반쪽사

HORIZONS

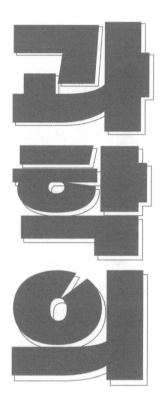

과학은 어떻게 패권을 움직이고

불편한 역사를 만들었는가

HORIZONS

제임스 포스켓 지음

김아림 옮김

블랙피쉬
Black Fish

일러두기

1. 인명이나 지명 등 외래어는 국립국어원의 외래어 표기법에 따랐으나 일부는 관례와 원어 발음을 존중해 그에 따라 표기했다.

2. 잡지, 신문, 논문 등은 〈 〉로, 단행본은 《 》로 표기했다.

3. 국내 번역 출간 서적인 경우 해당 제목을 따랐고, 국내 미출간의 경우는 원어 제목을 우리말로 옮기거나 독음대로 표기했다.

4. 옮긴이 주는 따로 표시했다.

5. 본문에 수록된 도판은 저작권자의 사용 허가를 받아 게재했으며 소장처 또는 사용 허가 출처는 이 책의 '도판 목록'에서 밝혔다.

6. 본문 앞에 수록된 컬러 사진은 게재 순서대로 번호를 부여하고 해당 도판이 언급되는 본문에 번호를 첨자로 표기했다. 본문 중에 수록된 흑백 삽화는 게재 순서대로 번호를 부여했다.

7. 저자가 문헌 참고 또는 인용한 부분은 해당 본문에 미주 번호를 첨자로 표기했다. 자세한 출처는 이 책의 '참고 문헌'에 원문 그대로 정리했다.

앨리스와 낸시에게

추천의 글

"보물 창고 같은 이 책은 현대 과학이 유럽에서만 발전한 것이 아니라는 사실을 설득력 있게 보여준다. 과학 혁명이 코페르니쿠스와 갈릴레오에서 시작되어 뉴턴, 다윈, 아인슈타인을 거쳐 이어졌다는 잘 알려진 이야기는 너무나 많은 것을 놓치고 소홀히 한다. 오늘날 우리는 과학 연구가 정말로 전 지구적인 규모에서 이뤄진다는 사실을 잘 알고 인정하지만, 이 책은 과학이 예전부터 지금까지 줄곧 그랬다는 사실을 보여주는 매우 중요한 내용을 담고 있다."

_짐 알칼릴리(Jim Al-Khalili), 《물리학 패러독스(Paradox)》 저자

"궁전 같은 아즈텍의 식물원에서 청나라의 진화 이론에 이르기까지, 이 책은 과학사에 관한 기존의 전통적인 역사 서술을 보충하며 호기심과 지적 탐구가 전 지구적 현상이었음을 보여준다."

_리베카 랙 사익스(Rebecca Wragg Sykes), 《네안데르탈(Kindred)》 저자

"이 책은 우리가 그동안 서양의 과학에 대해 알고 있는 거의 모든 지식에 도전하는 주목할 만한 책이다. 저자는 엄청난 양의 자료를 토대로 지난 500년 동안 거의 모든 위대한 과학적 발견에 대한 우리의 생각을 바꾸어준다. 코페르니쿠스에서 뉴턴과 아인슈타인은 물론이고 아랍, 중국, 일본, 사하라사막 이남, 남아메리카에 이르기까지 여러 과학자가 수행했던 중요한 역할을 드러내고, 중력과 상대성, 핵분열에 이르기까지 이들이 발견한 우리가 알고 있는 거의 모든 것을 설명한다. 이 책은 과거와 현재를 아우르며 전 세계로 우리의 과학적 지평을 넓히는 폭발적인 내용을 담았다."

_제리 브로턴(Jerry Brotton), 《욕망하는 지도(A History of the World in Twelve Maps)》 저자

"우리를 서양 과학의 보다 더 정확한 역사에 가까이 다가가게 해서 관점을 수정하게 하는 책. 유럽을 이례적인 장소로 여기는 데서 벗어나 전 세계의 지혜에서 배우도록 해준다."

_앤절라 사이니(Angela Saini), 《슈피리어(Superior)》 저자

"역사적 기록에 대한 우리의 생각을 바꿀 수 있다는 점이야말로 이 책을 읽는 시간이 정말로 만족스러운 이유다. 이 책에서 우리는 전 세계를 넘나들며 과학적 탐구에 종사했던 흥미로운 사람들에 대해 알게 된다. 좀 더 만족스러운 점은, 이 책은 가장 유명한 과학자로 손꼽히는 사람들(이들 가운데는 코페르니쿠스, 다윈, 아인슈타인이 포함된다)이 전 세계를 통틀어 여러 사람과 접촉하고 도움을 받지 못했다면 업적을 남길 수 없었다는 사실을 알려준 것이다."

_발레리 한센(Valerie Hansen), 《1000년(The Year 1000)》 저자

"이 책은 고대부터 현대에 이르기까지 유럽과 미국의 바깥 세계에서 이뤄진 과학에 대한 주요 공헌을 탐색하는 도발적인 내용을 담았다. 그리고 이것을 전 세계적인 역사적 사건과 연관 지어 설명하고 있다. 나는 특히 과학사의 표준 역사에서 누락되고 배제되곤 하는 사람들의 이야기를 즐겁게 읽었다."

_이언 스튜어트(Ian Stewart), 《중요한 숫자들(Significant Figures)》 저자

"이 책을 통해 저자는 고립된 유럽의 천재들이 과학을 만들었다는 기존 관념을 훌륭한 방식으로 설득력을 잃게 하며, 오늘날 우리가 알고 있는 과학이 전 세계를 넘나드는 활기찬 국제 교류를 통해 나타났다는 사실을 보여준다."

_패트릭 로버츠(Patrick Roberts), 《정글(Jungle)》 저자

"이것이 바로 우리에게 필요했던 역사다. 이 책은 전 세계를 넘나드는 여러 사람의 협동을 통해 오늘날 우리가 알고 있는 지식이 밝혀졌다는 사실에 눈을 뜨게 한다."

_마이클 스콧(Michael Scott), 《고대의 세계(Ancient Worlds)》 저자

차례

시작하는 글

근대과학의 기원

근대과학은 어디에서 비롯되었을까? 아주 최근까지 다수 역사학자들의 대답은 다음과 같았다. 근대과학은 1500년에서 1700년 사이에 유럽에서 발명되었다는 것이다. 그 시작은 폴란드의 천문학자 니콜라우스 코페르니쿠스Nicolaus Copernicus였다. 저서인《천구의 회전에 관하여On the Revolutions of the Heavenly Spheres》(1543)에서 코페르니쿠스는 지구가 태양 주위를 돈다고 주장했다. 이는 당시 급진적인 생각이었다. 고대 그리스 시대 이래 천문학자들은 지구가 우주의 중심에 있다고 믿었다. 그러다가 16세기에 처음으로 유럽의 과학 사상가들은 고대의 지혜에 도전하기 시작했다. 코페르니쿠스에 이어 '과학 혁명'이라고 불리는 흐름을 선구하는 과학자들이 속속 나타났다. 1609년에 목성의 위성을 처음으로 관찰한 이탈리아의 천문학자 갈릴레오 갈릴레이Galileo Galilei와 1687년에 운동의 법칙을 발견한 영국의 수학자 아이작 뉴턴Isaac Newton이 그들이었다. 대부분의 역사가들은 이런 흐름이 이후

400년 동안 지속되었다고 이야기한다. 전통적으로 주장되어온 바에 따르면 근대과학의 역사는 자연도태에 의한 진화론을 발전시킨 19세기의 영국 박물학자 찰스 다윈Charles Darwin과 특수상대성이론을 제안한 20세기 독일 물리학자 알베르트 아인슈타인Albert Einstein 같은 인물들에게만 초점을 맞춰 진행되는 이야기다. 여기에 따르면 19세기의 진화론에서 20세기의 우주 물리학에 이르기까지, 근대과학은 유럽에만 국한되어 발달한 산물이다.[1]

하지만 이런 이야기는 잘못되었다. 이 책에서 나는 근대과학의 기원에 대해 아주 다른 이야기를 풀어놓고자 한다. 과학은 유럽만의 특별한 문화적 산물이 아니었다. 오히려 근대과학은 언제나 전 세계서로 다른 문화권에서 모인 사람과 아이디어에 의존했다. 코페르니쿠스가 좋은 예다. 코페르니쿠스가 책을 저술하던 무렵 유럽은 아시아와 새로운 관계를 형성하고 있었다. 갈레온선(16세기에 등장한 대형 범선으로 군함이었으나 상선으로도 이용되었다-옮긴이)이 인도양을 가로지르며 항해했고 대상이라 불리는 교역상들이 실크로드를 따라 이동했다. 코페르니쿠스의 과학 연구는 아랍어와 페르시아어 문헌에서 가져온 수학적 기법에 의존했는데, 이 가운데 상당수가 유럽으로 들어온 지 얼마 안 되는 내용이었다. 비슷한 종류의 과학적 교류가 아시아와 아프리카 전역에서 이루어졌다. 이 시기는 오스만제국의 천문학자들이 이슬람의 과학 지식에 기독교와 유대교 사상가들로부터 가져온 새로운 아이디어를 결합하며 지중해를 넘나들던 무렵이기도 했다. 서아프리카 팀북투와 카노의 궁정에서 수학자들은 사하라 사막을 가로질러 수입된 아랍어 문헌을 연구했다. 동쪽에서는 베이징의 천문학자들이 중국의 고전과 함께 라틴어로 적힌 과학 문헌을 읽었다. 그리고 인도에서는 부유한 마하라자(인도에서 왕을 이르는 칭호-옮긴이)가 힌두교, 이슬람교, 기독교 출신 수학자들을 고용해 지금까지 만든 것 가운데 가장

정확한 천문표를 편집해 만들어냈다.[2]

이 모든 것은 근대과학의 역사를 이해하는 매우 다른 방법을 암시한다. 이 책에서 나는 전 세계 역사의 핵심적인 순간에 맞춰 근대과학의 역사를 살펴볼 필요가 있다고 주장할 것이다. 아메리카 대륙이 식민지가 되던 15세기 무렵에서 시작해 오늘날에 이르기까지 쭉 살필 예정이다. 그 과정에서 16세기의 새로운 천문학에서 21세기의 유전학에 이르기까지 과학사의 주요 발전을 탐구할 것이다. 그리고 전 세계 문화적 교류에 의존해서 근대과학이 발달한 각각의 사례를 살피려한다. 하지만 이것이 세계화의 승리에 대한 단순한 이야기가 아니라는 점을 강조할 필요가 있다. 문화 교류는 다양한 형태로 이루어졌는데 이 가운데 많은 것들이 상당히 착취적이었다. 근대 초기 대부분의 기간에 과학은 노예제와 제국의 성장에 발맞춰 형성되었다. 19세기의 과학은 산업 자본주의의 발달에 따라 변화를 겪었다. 그리고 20세기 과학의 역사는 냉전과 탈식민지화의 관점에서 가장 잘 설명된다. 이러한 커다란 힘의 불균형이 존재하기는 해도, 전 세계 곳곳의 사람들이 근대과학의 발전에 중요한 공헌을 했다. 어떤 시기를 살피든 과학의 역사가 오로지 유럽에만 초점을 맞춘 이야기라고 단언할 수는 없다.[3]

이러한 역사를 살펴야 할 필요성은 지금 그 어느 때보다 커졌다. 과학계의 축이 바뀌고 있다. 중국은 이미 과학 분야에 지원하는 액수 면에서 미국을 추월했고, 지난 몇 년 동안 중국에 기반을 둔 연구자들은 전 세계 어느 나라보다도 많은 과학 논문을 발표했다. 또 아랍에미리트는 2020년 여름에 화성으로 무인 탐사선을 발사했고, 케냐와 가나의 컴퓨터 과학자들은 인공지능 개발에 점점 더 중요한 역할을 하고 있다. 한편 러시아와 미국의 보안업계는 사이버 전쟁을 계속하는

중이며, 유럽 과학자들은 브렉시트의 여파에 직면하고 있다.[4]

과학이라는 분야 자체가 논쟁에 시달리기도 한다. 2018년 11월 중국의 생물학자 허젠쿠이贺建奎는 인간 아기 2명의 유전자를 편집해 맞춤 아기를 탄생시켰다고 발표해 세계를 놀라게 했다. 많은 과학자가 그 과정이 너무 위험하기 때문에 인간에 대해 시도할 수 없다고 여겼다. 하지만 전 세계 사람들이 빠르게 알게 되었듯 과학 윤리에 대한 국제적 강령을 강제하기란 무척 어려운 일이었다. 중국 정부는 공식적으로 허젠쿠이의 연구와 거리를 두고 그에게 징역 3년형을 선고했다. 하지만 2021년 현재 러시아의 연구자들은 논란이 되고 있는 그의 실험을 되풀이하겠다고 위협하는 중이다. 윤리를 둘러싼 문제들과 함께 오늘날의 과학은 과거와 마찬가지로 심각한 불평등을 겪고 있다. 소수 인종 과학자들은 자기 직업의 최고위층까지 잘 올라가지 못하며, 유대인 과학자들과 학생들은 반유대주의적 괴롭힘을 겪고, 유럽과 미국 바깥에서 일하는 연구자들은 국제회의에 참석하는 데 필요한 비자를 받지 못하는 경우가 많다. 우리가 이런 문제들과 맞서 싸우고자 한다면, 우리가 살고 있는 세상을 더 잘 반영하는 새로운 과학사가 필요하다.[5]

오늘날 과학자들은 자기들이 수행하는 연구가 국제적인 성격을 띤다는 점을 쉽게 인정한다. 하지만 과학자들은 그런 성격이 500년 넘게 거슬러 올라가는 역사를 지녔다기보다는 비교적 최근의 현상이라고 여긴다. 즉 20세기 '거대 과학big science'의 산물이라고 생각하는 것이다. 유럽 바깥에서 과학에 대한 기여가 인정된다 해도, 보통 과학혁명과 근대과학의 발흥기보다는 먼 옛날 이야기로 밀려난다. 예컨대 우리는 중세 이슬람 과학의 '황금시대'에 대해서는 많이 들어왔다. 9세기와 10세기 무렵 바그다드의 과학 사상가들이 대수학을 비롯한 여러 새로운 수학 기법을 처음 개발한 시기였다. 나침반이나 화약의 발명 같은 고대 중국의 과학적 업적에 대해서도 비슷한 정도로 강조하곤 하는데, 둘 다 1,000년도 훨씬 넘는 과거 이야기다. 그러나 이러한 이야기들은 중국이나 중동 같은 지역이 근대과학의 역사와는 거의 관련이 없다는 서술을 강화하는 역할을 할 뿐이다. 실제로 우리는 '황금시대'라는 개념 자체가 유럽 제국의 확장을 정당화하기 위해 19세기에 고안되었다는 사실을 종종 잊는다. 영국과 프랑스의 제국주의자들은 아시아와 중동의 문명이 중세 이후로 쇠퇴했고 그런 이유로 근대화가 필요했다는 잘못된 시각을 퍼뜨렸다.[6]

하지만 놀랍게도 이러한 이야기들은 여전히 유럽은 물론이고 아시아에도 널리 퍼져 있다. 2008년 개최된 베이징 올림픽을 떠올려보자. 개막식은 고대 중국에서 발명된 종이를 상징하는 거대한 두루마리가 펼쳐지는 장면으로 시작되었다. 개막식 내내 10억 명이 넘는 텔레비전 시청자는 중국이 나침반을 포함한 고대의 여러 과학적 업적을 보여주는 모습을 지켜보았다. 그리고 적절하게도 개막식은 중국의 또 다른 발명품을 화려하게 전시하며 막을 내렸다. 송나라 때 발명된 화약을 나타내는 불꽃이 '새 둥지 경기장'이라는 별명을 지닌 냐오차오 경기장 위 하늘을 환하게 비췄다. 하지만 개막식 내내 18세기의 자연사나 20세기 양자역학 부문에서 이룬 업적처럼 중국이 그 이후로 기여한 과학 분야의 여러 돌파구에 대한 언급은 거의 없었다. 중동도 상황은 다르지 않다. 2016년 튀르키예 대통령 레제프 타이이프 에르도간Recep Tayyip Erdoğan은 이스탄불에서 열린 튀르키예-아랍 고등교육회의에서 강연을 했다. 대통령은 강연에서 '이슬람 문명의 황금기'에 대해 '이슬람 도시들이 과학의 중심지로 활약했던 중세'라고 묘사했다. 하지만 에르도간 대통령은 오늘날 튀르키예에 사는 사람들을 포함한 많은 이슬람교도가 현대 과학의 발전에 기여했다는 사실을 모르는 듯했다. 16세기 이스탄불의 천문학부터 20세기 카이로의 인체 유전학까

지, 이슬람 세계의 과학 발전은 중세의 '황금시대'를 훨씬 넘어서까지 계속되었는데도 말이다.[7]

어째서 이런 이야기들이 이토록 널리 퍼져 있을까? 근거 없는 믿음의 상당수가 그렇듯, 근대과학이 유럽에서 태동했다는 생각은 우연히 생겨나지 않았다. 20세기 중반에 영국과 미국의 역사학자들은 《근대과학의 기원들The Origins of Modern Science》 같은 제목의 책을 펴내기 시작했다. 거의 모든 사람이 근대과학, 그리고 그것을 포함한 근대 문명이 16세기 무렵의 유럽에서 유래했다고 확신했다. 1949년에 저명한 케임브리지 대학의 역사학자 허버트 버터필드Herbert Butterfield는 다음과 같은 글을 남겼다. "과학 혁명은… 서구의 창조적인 산물로 간주해야 한다." 대서양 건너편에서도 비슷한 관점이 표현되었다. 1950년대에 예일 대학 학생들은 "서양에서 자연과학을 창조했으며 동양은 그렇게 하지 못했다"라는 가르침을 받았다. 그리고 전 세계에서 가장 권위 있는 과학 학술지 가운데 하나인 〈사이언스Science〉의 독자들은 "얼마 안 되는 서유럽 국가들이 근대과학의 본고장이 되었다"는 정보를 접했다.[8]

여기에 얽힌 정치적 사정은 무엇보다 명확하다. 이런 이야기를 퍼뜨린 역사학자들은 냉전 초기 수십 년 동안 살아왔는데, 냉전 시대는 자본주의와 공산주의의 투쟁이 전 세계 정치를 지배했던 시기였다. 역사학자들은 동양과 서양을 엄격하게 구분하는 관점에서 현대 세계를 바라봤고, 의도적이든 아니든 간에 그런 관점을 과거로 되돌려 적용했다. 이 기간, 특히 1957년 10월 구소련에서 최초의 인공위성 스푸트니크호를 발사한 이후로 과학과 기술은 정치적 성공의 지표로 널리 간주되었다. 그에 따라 근대과학이 유럽에서 태동했다는 생각은 편리한 허구적 이야기로 작용했다. 서유럽과 미국의 지도자들 입장에서는 자국이 그들 자신을 과학과 기술, 진보의 전달자로서 역사의 올바른 방향에 있다고 여겨야 했다. 이러한 과학사는 탈식민 시대의 전 세계 국가들이 자본주의의 길을 따르고 공산주의를 멀리하도록 고안된 역사 서술이기도 했다. 냉전 시대에 미국은 아시아, 아프리카, 라틴아메리카 전역의 국가에서 자유 시장경제와 과학 발전의 결합을 촉진했고, 대외 원조 활동에 수십억 달러를 썼다. 소련이 운영하는 대외 원조 프로그램에 대항하기 위해서였다. 미국의 정책 입안자들에 따르면 서구 과학은 시장경제와 결합할 때 비로소 '경제적 기적'을 약속했다.[9]

또 다소 역설적이지만 소련의 역사학자들 역시 근대과학의 기원에 관련된 매우 유사한 이야기를 강화했다. 이 역사학자들은 차르 밑에서 일했던 러시아 과학자들의 초기 성과를 무시하는 동시에 공산주의 아래서 과학의 눈부신 발전을 선전하곤 했다. 1933년 소련 과학 아카데미 회장이 "20세기까지 러시아에는 물리학이라고 할 만한 것이 없었다"라고 말할 정도였다. 물론 앞으로 살필 예정이지만 이는 사실이 아니다. 로마노프 왕조의 황제 표트르 1세는 18세기 초에 이뤄진 천문학적 관측을 지원했고, 19세기에 러시아 물리학자들은 라디오의 발전에 중요한 역할을 담당했다. 후대의 소련 역사학자들은 예전에 러시아에서 이뤄진 과학적 업적을 강조하고자 애썼지만, 적어도 20세기 초에는 이전 왕조에서 이뤄진, 무엇보다 공산주의 아래서 이루어진 혁명적인 진보를 강조하는 일이 훨씬 더 중요하게 여겨졌다.[10]

비록 궁극적으로는 비슷한 결과를 낳았지만 아시아와 중동에서는 상황이 약간 다르게 전개되었다. 냉전 시대는 많은 나라가 유럽의 식민 강국들로부터 독립한 탈식민지화의 시기였다. 인도와 이집트 같은 나라의 정치 지도자들은 국민이 국가 정체성에 대한 새로운 의식을 형성하기를 간절히 바랐다. 많은 사람이 먼 과거인 고대를 떠올렸다. 이들은 식민 시대에 벌어진 많은 일을 무시한 채 중세와 고대 과학 사상가들의 업적을 기렸다. 이슬람교나 힌두교의 '황금시대'라는 개념이 19세기 유럽뿐만 아니라 중동과 아시아에서도 널리 퍼지기 시작한 것은 사실 1950년대부터였다. 이때 인도와 이집트의 역사학자들은 영광스러운 과거의 과학이 재발견되기를 기다리고 있다는 생각을 받아들였다. 그리고 그 과정에서 이들은 자기도 모르게 유럽과 미국의 역사학자들이 퍼뜨리고 있던 잘못된 믿음을 강화했다. 바로 근대 과학은 서양 것이고 고대 과학은 동양 것이라는 생각이었다.[11]

냉전은 끝났지만 과학사는 여전히 과거에 갇혀 있다. 대중적인 역사서에서 학술적인 교과서에 이르기까지, 근대과학이 유럽에서 태동했다는 생각은 현대사에서 가장 널리 퍼진 잘못된 믿음 중 하나로 남아 있다. 그리고 이 믿음을 뒷받침할 증거는 거의 찾아볼 수 없다. 이 책에서 나는 근대과학에 대한 새로운 역사적 서술을 제공하고자 한다. 이 서술은 우리가 사는 시대에 보다 더 적합할뿐더러 이용 가능한 증거에 의해 뒷받침된다. 나는 근대과학의 발전이 어떻게 전 세계 다양한 문화 사이의 사상적 교환에 근본적으로 의존했는지 보여줄 것이다. 이것은 오늘날과 마찬가지로 15세기에도 사실이었다.

이 책에서는 아즈텍의 궁전과 오스만제국의 천문대에서 인도의 연구소와 중국의 대학에 이르기까지 전 세계 근대과학의 역사를 살핀다. 하지만 중요한 사실은 이 책이 백과사전이 아니라는 점이다. 나는 전 세계 모든 나라의 과학적 발견을 낱낱이 살피려고 애쓰지 않았다. 그러한 접근법은 무모할뿐더러 딱히 읽기에 즐겁지도 않다. 그보다 이 책의 목표는 세계사가 근대과학을 어떤 방식으로 형성했는지 보여주는 것이다. 그런 이유로 나는 세계사의 주요 전환점 네 시기를 골랐다. 그리고 각각의 시기를 과학사에서 가장 중요한 발전과 연결했다. 과학의 역사를 세계사의 중심에 놓으면서, 독자들은 근대 세계의 형성에 대한 새로운 관점을 발견할 것이다. 제국의 역사에서 자본주의의 역사에 이르기까지, 근대사를 이해하려면 전 세계 과학의 역사에 관심을 기울일 필요가 있다.

마지막으로 내가 과학을 인간의 활동으로 본다는 점을 강조하고자 한다. 근대과학이 보다 광범위한 세계사적 사건으로 형성되었다는 사실은 의심할 여지가 없지만, 그럼에도 그 과정은 실제 사람들의 노력으로 이뤄졌다. 아주 다른 시간과 장소에 살고 있지만 여러분이나 나와 근본적으로 다르지 않은 사람들이었다. 이들에게는 가족을 비롯해 소중한 사람이 있었고 감정과 몸을 지닌 채 고군분투했다. 그리고 이들은 우리가 살고 있는 우주를 더 잘 이해하기를 바랐다. 이 책에서 나는 과학의 보다 인간적인 측면을 부각하고자 애썼다. 지중해의 해적들에게 붙잡힌 오스만제국의 천문학자, 남아메리카의 농장에서 약초를 캐는 아프리카 출신의 노예, 베이징을 공격한 일본군으로부터 도망친 중국 물리학자, 그리고 올림픽 출전 선수들에게서 혈액 샘플을 모으는 멕시코의 유전학자까지. 이러한 개인은 비록 오늘날 대부분 잊혔지만 현대 과학의 발전에 중요한 공헌을 했다. 이 책은 바로 역사책에 없는 과학자들의 이야기다.

1450~1700년

과학 혁명

1장
신대륙에서

    황제 목테수마 2세는 멕시코의 태양 아래서 새들이 지저귀는 소리를 들었다. 아즈텍의 수도 테노치티틀란의 중심에 자리한 그의 궁전에는 아메리카 대륙 전역에서 온 새들을 사육하는 조류원이 있었다. 초록색 잉꼬가 격자 세공 위에 앉아 있고, 보랏빛 벌새가 나무 사이로 모습을 드러냈다가 사라졌다. 목테수마의 궁전에는 조류원뿐 아니라 재규어와 코요테 등 더 커다란 야생동물이 살았다. 하지만 목테수마는 이런 경이로운 자연의 동식물 가운데서도 꽃을 가장 좋아했다. 매일 아침 황제는 왕실 식물원을 한 바퀴씩 돌곤 했다. 오솔길에는 장미와 바닐라 꽃이 줄지어 자랐고 수백 명의 아즈텍 정원사가 여러 줄로 늘어선 약용식물을 돌봤다.[1]

    1467년에 지은 이 아즈텍제국의 식물원은 유럽보다 거의 한 세기나 앞선 것이었다. 이 식물원은 단지 관상용이 아니었다. 아즈텍인은 이곳을 통해 자연계를 더 정교하게 이해했다. 예컨대 이들은 장식용 식물과 약용식물을 구분하면서 구조와 용도에 따라 식물을 분류했다. 아즈텍 학자들은 기독교 전통과 마찬가지로 식물과 동물이 신의 작품이라고 여기며 자연계와 천상계의 관계를 성찰했다. 목테수마 황제도 이 모든 것에 커다란 관심을 가졌다. 그래서 아즈텍제국의 자연사에 대한 조사를 학자들에게 의뢰했고 동물 가죽과 마른 꽃을 방대한 규모로 수집했다. 뛰어난 학자이기도 했던 목테수마 황제는 아즈텍제국의 역사적 기록에 '날 때부터 현명했으며, 점성가였을 뿐 아니라 모든 기예에 능통한 철학자'로 묘사되어 있다. 과학이 새로운 정점에 도달한 거대 제국의 선두에 목테수마 황제가 있었다.[2]

테노치티틀란은 공학적으로도 경이로운 도시였다. 1325년 텍스코코 호수 한가운데에 있는 섬에 건설된 이 아즈텍제국의 수도는 3개의 둑길 중 하나를 건너야 도달할 수 있었는데, 각각의 둑길은 수 마일에 걸쳐 호수를 가로질러 뻗어 있었다. 베네치아와 마찬가지로 이도시는 운하가 이리저리 가로질렀고 상인들은 매일 카누를 타고 이곳을 왔다 갔다 하면서 장사를 했다. 호수 바깥에서는 수도관이 도시에 신선한 물을 공급했으며, 농부들은 간척지에서 옥수수와 토마토, 고추를 재배했다. 도시 한가운데에는 높이가 60미터도 넘는 거대한 석조 피라미드인 대신전(템플로 마요르)이 서 있었다. 아즈텍 건축가들은 주요 축제일에 태양이 뜨고 지는 위치와 완벽하게 일치하도록 신전을 설계했다. 목테수마 황제도 의식에 참가해 신을 찬양하고 꽃이나 동물의 가죽, 때로는 인간 제물을 공물로 바치곤 했다. 15세기 중반까지 테노치티틀란은 전례 없는 대도시로 성장했다. 인구가 20만 명도 넘는 이 아즈텍의 거대 도시는 런던과 로마를 비롯한 대부분의 유럽 수도보다 훨씬 컸다. 그 뒤로 수십 년 동안 아즈텍제국은 300만 명 넘는 인구를 아우르며 멕시코 고원을 가로질러 계속 확장되었다.[3]

이 모든 것이 가능했던 이유는 바로 아즈텍의 과학과 기술이 발달했기 때문이었다. 하늘을 관찰하는 것부터 자연 세계를 연구하는 것에 이르기까지 아즈텍인은 개인이 과학 지식을 쌓는 데 크게 중점을 두었다. 당시 대부분의 유럽 왕국과 달리 아즈텍의 어린이들은 남녀를 불문하고 상당수가 공식적인 교육을 받았다. 아즈텍 달력을 편찬하는 데 필요한 천문학과 수학에 대한 지식을 갖춘 직업 성직자가 되려는 귀족 소년을 위한 전문학교도 있었다. 당시에는 사제뿐만 아니라 '사물의 이치를 아는 사람들'이라 불리는 특별한 부류의 사람들이 있었다. 이들은 유럽에서 대학 교육을 받은 학자와 맞먹을 만큼 고도로 훈련된 사람들이었다. 이들은 거대한 도서관을 지었고 자기들이 쓴 저작물을 기증하는 경우도 많았다. 그뿐 아니라 아즈텍제국은 당시 전 세계에서 가장 발달된 의료 체계를 갖췄다. 테노치티틀란 주민들은 '티시틀'이라 불렸던 내과 의사는 물론이고 외과 의사, 조산사, 약제사에 이르기까지 다양한 의료 종사자와 상담할 수 있었다. 게다가 이 도시에는 아즈텍제국 전역에서 모여든 무역상이 팔려고 가져온 약초와 뿌리 식물, 연고를 다루는 의료 시장도 있었다. 오늘날 밝혀진 바에 따르면 상당수의 아즈텍 약용식물에는 약학으로 검증된 활성 성분이 있었다. 이런 식물에는 염증을 완화하는 데 도움이 되는 멕시코산 금잔화뿐 아니라 분만을 유도하는 데 사용하는 데이지 종류가 포함된다.[4]

우리가 테노치티틀란에 대해 알고 있는 많은 지식은 이 도시를 파괴한 사람들이 쓴 기록에서 비롯한다. 1519년 11월 8일, 스페인의 정복자 에르난 코르테스Hernán Cortés가 처음으로 이 도시에 들어왔다. 목테수마 황제는 처음에 스페인인들을 환영했고 코르테스와 그의 부하들을 왕궁에 들였다. 코르테스 일행은 당시 목격한 광경에 압도되었다. 코르테스와 동행한 군인 가운데 한 명이었던 베르날 디아스 델 카스티요Bernal Díaz del Castillo는 자신의 저서 《누에바에스파냐 정복의 진정한 역사》(1576)에서 목테수마 황제의 정원을 다음과 같이 묘사했다.

우리는 왕궁의 과수원과 정원에 갔는데, 그곳은 너무나 멋졌고 나는 다양한 나무 각각의 향기와 장미를 비롯한 꽃들로 가득한 오솔길, 수많은 과실수와 토종 장미, 신선한 물이 가득한 연못을 아무리 구경해도 절대 싫증 나지 않았다.

디아스는 조류원에 대해서도 다음과 같이 묘사했다. "왕궁에서 키우는 독수리부터 다채로운 색깔의 깃털이 달린 작은 새에 이르기까지 온갖 종류의 새를 보았다. 새들은 초록, 빨강, 흰색, 노랑, 파랑 등 다섯 색의 깃털을 다 갖고 있었다. 민물을 채운 거대한 탱크 안에서는 몸통과 날개, 꼬리가 전부 붉은빛인 다리 긴 새들을 키웠다."[5]

하지만 평온은 오래가지 않았다. 코르테스는 이 상황을 악용해 황제를 인질로 잡고 도시를 가로지르며 조금씩 자기 손에 넣었다. 처음에 스페인 군대는 아즈텍 군대에 패퇴했지만 코르테스는 2년 후 훨씬 더 강력한 병력을 이끌고 돌아왔다. 스페인 병사들이 성문을 통과해서 돌진하는 동안 대포로 무장한 배들이 호수 위 도시를 에워쌌다. 목테수마 황제는 살해되고 대신전은 파괴되었다. 코르테스는 자기 손으로 직접 왕궁에 불을 질렀다. 조류원, 가축 사육장, 정원 모두 불타 없어졌다. 디아스는 군인이었지만 이 상황에 대해 애통해하며 이렇게 회상했다. "당시에 내가 본 온갖 경이로운 모든 것들이 무너지고 사라져서 아무것도 남지 않았다." 아즈텍 정복은 아메리카 대륙에서 스페인제국이 발을 내딛는 시작점이었다. 1533년 카를로스 5세는 이곳에 누에바에스파냐(북아메리카와 아시아-태평양 지역에 걸쳐 자리했던 옛 스페인령 영토 행정 단위-옮긴이) 총독부를 세웠다. 누에바에스파냐의 수도였던 멕시코시티는 목테수마 황궁의 재 위에 지어졌다.[6]

과학의 역사를 서술할 때 멕시코의 아즈텍제국에서 시작하는 경우는 거의 없다. 전통적으로 근대과학의 역사는 흔히 '과학 혁명'이라고 불리는 16세기 유럽에서 시작된다. 약 1500년에서 1700년 사이에 과학의 역사에서 놀라운 변화가 일어났다는 것이다. 이탈리아에서는 갈릴레오 갈릴레이가 목성의 위성을 관찰했고, 영국에서는 로버트 보일Robert Boyle이 기체가 어떤 특성 아래 움직이는지 처음으로 묘사했다. 프랑스에서는 르네 데카르트René Descartes가 기하학을 연구하는 새로운 방법을 개발했으며, 네덜란드에서는 안톤 판 레이우엔훅Antonie van Leeuwenhoek이 현미경으로 세균을 처음 관찰했다. 그리고 과학 혁명에 대한 묘사는 보통 1687년에 운동의 법칙을 수립한 위대한 영국 수학자 아이작 뉴턴의 연구로 절정에 달한다.[7]

역사학자들은 오랫동안 과학 혁명의 본질적인 성격과 원인에 대해 논쟁해왔다. 어떤 학자들은 과학 혁명이 소수의 유일무이한 천재들이 새로운 관찰을 하고 중세의 미신에 도전하며 지적인 진보를 일군 시기라고 여긴다. 또 이때가 영국의 내전과 프로테스탄트 종교개혁에 의해 사람들이 세계의 본질에 대한 다양한 기본적 믿음을 재평가해야 하는 사회적, 종교적 대변혁의 시기였다고 생각하는 사람들도 있다. 과학 혁명이 기술적 변화의 산물이었다고 여기는 학자들도 있다. 인쇄기에서 망원경에 이르기까지 과학 혁명기에는 다양한 새로운 도구가 발명되었는데, 이 도구들 각각은 자연을 조사하고 전례 없는 규모로 과학적 아이디어를 널리 전파하도록 도왔다. 마지막으로 몇몇 역사학자는 이때가 정말로 중요한 변화가 이루어진 시기는 아니었다고 부인하기도 한다. 과학 혁명기의 위대한 사상가 가운데 상당수가 사실은 성경이나 고대 그리스 철학에 이미 존재했던 훨씬 오래된 아이디어에 계속 의존했다는 것이다.[8]

하지만 최근까지도 과학의 역사를 처음으로 서술하기에 적절한 장소가 어디인지 충분히 검토한 역사학자는 극소수에 불과했다. 과학

혁명의 역사는 정말로 유럽에 국한되는 것일까? 그 대답은 '아니요'
다. 아메리카 대륙의 아즈텍제국에서 중국 명나라에 이르기까지 과학
혁명의 역사는 전 세계를 아우른다. 아메리카, 아프리카, 아시아 사람
들이 우연히 유럽인들과 같은 시기에 진전된 과학 문화를 일군 것은
아니다. 그보다는 이러한 여러 문화가 조우한 역사야말로 과학 혁명
이 왜 일어났는지 정확하게 설명한다.

　이런 점을 염두에 두고 나는 과학 혁명에 대한 새로운 역사를 서
술하고 싶다. 이 장에서는 유럽과 아메리카 대륙의 만남이 어떤 방식
으로 자연사, 의학, 지리학에서 주요한 재검토를 이끌어냈는지 알아
볼 것이다. 이 기간 신대륙에서 탄생한 과학에 대해 우리가 알고 있
는 바는 상당수가 유럽 탐험가 관점에서 비롯되었으며, 이는 이 장에
서 살펴볼 식민화 역사의 유산이다. 하지만 조금만 더 자세히 들여다
보면 아즈텍제국의 고문서와 잉카제국의 역사적 자료를 활용해 또 다
른 측면을 발견할 수 있다. 과학 혁명에 대한 토착 원주민들의 숨겨진
공헌을 강조해 드러내는 것이다. 그리고 다음 장에서 동쪽으로 이동
해 유럽과 아프리카, 아시아의 연결이 어떻게 수학과 천문학의 발전
을 이뤘는지 알아볼 예정이다. 이 장들은 모두 근대과학의 역사를 이
해하기 위해 전 세계의 역사를 살피는 일이 중요하다는 반복적인 주
제를 강조한다. 궁극적으로 우리가 과학 혁명에 대해 서술하려면, 런
던과 파리뿐 아니라 근대 초기에 세계를 연결했던 배와 캐러밴(가축을
이용해서 이동했던 상인들-옮긴이)을 살펴볼 필요가 있다.[9]

신대륙의 자연사

망망대해에서 두 달이 넘게 보낸 끝에 크리스토퍼 콜럼버스 Christopher Columbus는 마침내 육지를 발견했다. 스페인 왕정의 후원을 받아 산타 마리아호에 오른 콜럼버스는 인도로 가는 서쪽 항로를 찾고 있었다. 하지만 대신 콜럼버스는 완전히 새로운 대륙을 마주쳤다. 1492년 10월 12일에 바하마제도의 일부인 산살바도르라는 섬에 상륙한 것이다. 유럽이 아메리카 대륙을 식민지로 삼은 오랜 역사의 시작이었다. 이후 신대륙을 여행한 많은 사람이 그랬듯, 콜럼버스는 이곳 동식물의 다양성에 놀라움을 금치 못했다. 그는 일지에 이렇게 기록했다. "이곳의 모든 나무가 낮과 밤이 다르듯 유럽의 나무들과 확연히 다르며, 과일과 목초, 뿌리채소를 비롯한 모든 것이 그렇다." 그뿐 아니라 콜럼버스는 "이곳의 많은 풀과 나무는 스페인에서 염료와 약으로 쓰이기 때문에 가치가 상당히 높다"라고 언급하며 아메리카 대륙의 상업적 잠재력을 빠르게 인식했다. 가장 놀라운 점은 그 섬에 사람이 살고 있다는 사실이었다. 스페인 선원들은 육지에 상륙하는 과정에서 한 무리의 원주민들과 마주쳤다. 하지만 콜럼버스는 여전히 이곳이 동인도제도라고 믿었기 때문에 이 원주민들을 '인디언'이라고 불렀다. 다양한 동식물, 풍요로운 주민들의 삶에 고무된 콜럼버스는 쿠바와 히스파니올라섬에 이르기까지 몇 달 동안 서인도제도를 탐험했다. 나중에는 세 번에 걸친 항해를 통해 중앙아메리카와 남아메리카까지 여행했다.[10]

아메리카 대륙의 식민지화는 세계사에서 가장 중요한 사건 가운데 하나였다. 또 아메리카 식민지화는 과학 지식을 가장 잘 획득하는 방식에 대한 오랜 가정에 도전하면서 근대과학의 발전을 근본적으로 모양 지운 건이었다. 16세기 이전에는 과학 지식이 거의 고대 문헌에서만 발견된다고 여겨졌다. 이런 생각은 특히 유럽에 퍼져 있었지만, 다음 장에서 볼 수 있듯 비슷한 전통이 아시아와 아프리카 전역에도 존재했다. 오늘날의 관점에서는 퍽 놀라운 일이지만, 중세 사상가들에게는 관찰을 하거나 실험을 수행하는 방식이 거의 알려지지 않았다. 대신 중세 유럽의 대학생들은 고대 그리스와 로마 작가의 저작을 읽고 암송하며 토론하는 데 시간을 보냈다. 이것이 스콜라 학파로 알려진 전통이었다. 당시에 일반적으로 읽던 텍스트에는 기원전 4세기에 쓰인 아리스토텔레스의 《자연학Physics》과 1세기에 플리니우스가 저술한 《자연사Natural History》가 포함되었다. 의학에서도 동일한 접근법이 일반적이었다. 중세 유럽의 대학에서는 의학을 공부하는 학생이라도 실제 인체와 거의 접촉하지 않았다. 특정 장기의 작동 방식에 대해 알아보기 위해 해부나 실험을 하는 경우는 전혀 없었다. 대신 중세의 의대생들은 고대 그리스의 의사 갈레노스의 저작을 읽고 암송했다.[11]

그렇다면 어째서 1500년대에서 1700년대 사이에 유럽 학자들은 기존 고대 문헌을 외면하고 스스로 자연 세계를 조사하기 시작했을까? 그 답은 아즈텍과 잉카의 지식을 이용하고 신대륙을 식민지로 만든 일과 많은 관련이 있으며, 이는 전통적인 과학사에서 설명하지 못하는 부분이다. 초기의 많은 유럽 출신 탐험가가 재빨리 알아차렸지만, 그들이 아메리카 대륙에서 마주친 동식물과 사람들은 고대의 저작 가운데 어디에도 묘사되지 않았다. 아리스토텔레스는 아즈텍의 궁전이나 잉카 사원은 물론이고 토마토를 본 적이 없었다. 이런 사실이 드러나면서 유럽인들이 과학을 이해하는 방식에 근본적인 변화가 일어났다.[12]

'아메리카'라는 대륙명은 이탈리아의 탐험가 아메리고 베스푸치

Amerigo Vespucci의 이름에서 따왔다. 그는 콜럼버스의 자연사적 발견의 의미를 가장 먼저 인식한 사람 가운데 한 명이다. 1499년에 신대륙 항해에서 돌아온 후 베스푸치는 피렌체에 사는 친구에게 편지를 썼다. 여기서 그는 원주민들이 구워 먹었던, 오늘날 이구아나라고 불리는 '뱀들'을 비롯한 온갖 놀라운 동물을 직접 관찰한 일에 대해 적었다. 베스푸치는 "수많은 생물 종과 다양한 새의 깃털을 봐서 놀라웠다"라고 회상했다. 무엇보다 중요한 것은 베스푸치가 신대륙의 자연사와 고대 문헌에서 알려진 지식을 서로 연관시켰다는 점이다. 베스푸치는 이 주제에 대한 전통적인 권위자인 플리니우스의 저서 《자연사》에 대한 비판으로 편지를 마무리했다. 그의 지적에 따르면 "플리니우스는 아메리카 대륙에서 발견된 앵무새와 여러 새를 비롯한 동물 종 가운데 1,000분의 1도 언급하지 않았다."[13]

하지만 플리니우스에 대한 베스푸치의 비판은 이제 시작이었다. 그 후 몇 년 동안 수천 명의 여행자가 신대륙에서 돌아와 고대 유럽인들이 몰랐던 사실들에 대해 보고했다. 가장 영향력 있는 기록 가운데 하나는 호세 데 아코스타José de Acosta라는 스페인 신부가 쓴 것이다. 1540년에 부유한 상인 계층의 가정에서 태어난 아코스타는 안락하기는 해도 평범하고 재미없는 집안에서 벗어나고 싶었다. 그래서 열두 살 무렵에 집에서 나와 초기 근대과학의 발전에 중요한 역할을 했던 가톨릭 선교 단체인 예수회에 들어갔다. 예수회의 창시자 이그나티우스 데 로욜라Ignatius de Loyola가 자신의 추종자들에게 성경을 읽거나 자연 세계를 연구할 때 "모든 것들 가운데서 신을 찾으라"고 촉구했다. 그뿐 아니라 예수회는 신의 지혜를 탐구하는 방법이자 개종할 가능성이 있는 사람들에게 신앙의 힘을 보여주는 수단으로서 과학 연구를 크게 중시했다. 예수회에 입회한 뒤 아코스타는 알칼라 대학에서 아리스토텔레스와 플리니우스의 고전 저작을 공부했다. 대학을 졸업한 아코스타는 1571년에 신대륙으로 떠나 선교사로 일해달라는 부탁을 받았다. 그래서 그는 이후 15년 동안 아메리카 대륙에서 안데스산맥을 가로질러 여행하며 개종할 신도들을 찾았다. 스페인으로 돌아온 이후에 아코스타는 페루의 화산부터 멕시코의 앵무새에 이르기까지 그동안 자기가 본 모든 것을 설명하는 책을 저술했다. 책 제목은 《서인도제도의 자연사와 도덕의 역사Natural and Moral History of the Indies》(1590)였다.[14]

아코스타는 아메리카 대륙에서 별난 것을 숱하게 목격했다. 하지만 그래도 아코스타에게 가장 소중한 경험은 대서양을 횡단한 첫 항해였을 것이다. 젊은 신부였던 그는 고대의 저자들이 적도 지방에 대해 했던 말들 때문에 항해에 대해 걱정이 이만저만 아니었다. 아리스토텔레스에 따르면 지구는 3개의 기후대로 나뉘었다. 먼저 북극과 남극은 극한의 추위가 특징인 '한랭 지역'으로 알려졌다. 그리고 적도 주변에는 건조한 열기가 휘감고 있는 '열대 지역'이 있었다. 마지막으로 이 두 극단 사이에 유럽과 위도가 거의 같은 '온대 지역'이 위치했다. 아리스토텔레스는 생명체, 특히 인간의 경우 오직 '온대 지역'에서만 살아갈 수 있다고 강조했다. 나머지 지역은 지나치게 춥거나 더웠기 때문이다.[15]

그랬던 만큼 아코스타는 적도에 접근하면서 엄청난 더위를 경험할 것이라 예상했다. 하지만 실제로는 그렇지 않았다. 아코스타는 이렇게 기록했다. "실제로 적도 지역은 예상과 너무나 달라서, 일대를 지나는 동안 너무 추운 나머지 때때로 햇볕을 쬐어 몸을 따뜻하게 덥혀야 할 정도였다." 이제 고대 철학서가 어떤 가치를 갖는지 분명하게 드러났다. 아코스타는 계속해서 이렇게 썼다.

내가 아리스토텔레스의 기상학 이론과 철학을 비웃고 조롱했다는 걸 고백해야겠다. 아리스토텔레스의 설명에 따르면 모든 것이 불길에 휩싸여 타고 있을 장소에서 나와 동료들 모두는 덜덜 떨었다.

아코스타는 남아메리카와 중앙아메리카를 여행하면서 적도 주변 지역이 아리스토텔레스가 믿었던 것처럼 항상 덥지도 않고 건조한 기후도 아니라는 사실을 확인했다. 실제로 키토와 페루 평원은 무척 온화한 기후인 반면 포토시는 아주 추워서 굉장히 다양한 기후를 경험했다. 무엇보다 놀라운 것은 이 지역이 동식물은 물론이고 사람들도 많이 살아 생명의 기운으로 가득하다는 사실이었다. 아코스타는 이렇게 결론 내렸다. "고대인들은 불가능하다고 여겼지만, 열대 지역은 사람이 살 수 있으며 실제로 매우 많은 인구가 거주한다."[16]

이것은 분명 고전의 권위에 타격을 입혔다. 만약 아리스토텔레스가 기후대에 대해 잘못 알았다면 다른 것들에 대해서도 틀리지 않았을까? 아코스타는 이런 걱정에 휩싸인 채 자기가 고대 문헌에서 배운 지식과 신대륙에서 경험한 바를 조화시키는 데 인생의 많은 시간을 보냈다. 하지만 이전에 알려지지 않았던 다양한 동물에 대해서는 납득할 만큼 설명하기가 특히 어려웠다. 아코스타에 따르면 페루의 나무늘보에서 멕시코의 벌새에 이르기까지 "이름이나 생김새가 이전에는 전혀 알려지지 않았던 새와 가금류, 숲속 동물이 수천 종이나 있었지만 라틴이나 그리스 문명을 비롯해 세계 어느 나라에서도 그동안 여기에 대해 몰랐다." 확실히 플리니우스의 《자연사》는 불완전했다.[17]

아코스타는 자신이 발견한 바가 시사하는 것을 이해하고 있었다. 그러나 고전을 완전히 포기할 준비가 되어 있지는 않았다. 가톨릭 신자였던 아코스타는 여전히 고대 저작의 권위에 큰 가치를 두었다. 성경은 그에게 궁극적인 고전 텍스트였다. 그래서 아메리카 대륙을 초기에 여행했던 많은 사람처럼 아코스타는 오래된 것과 새로운 것을 섞었다. 예컨대 어떤 사례에서는 비록 아리스토텔레스는 틀렸을지 몰라도 다른 고대 문헌이 옳았다고 주장했다. 열대 지역에 대해서는 고대 그리스의 지리학자 프톨레마이오스가 아리스토텔레스와는 다른 견해를 취했고 "열대 지역 아래에 사람들이 거주할 널찍한 지역이 존재한다고 여겼다"는 점을 지적했다. 또 아코스타는 몇몇 고대 문헌에서 당시 알려진 대양 너머에 신대륙이 존재한다고 암시했음을 언급하기도 했다. 예를 들어 플라톤은 신화 속 아틀란티스섬에 대해 묘사했으며, 성경에는 솔로몬 왕이 은 수송품을 받던 오피르라는 멀고 먼 나라가 나온다. 이처럼 고전 문헌에는 미지의 나라로 가득 차 있었고 이들 각각은 쉽게 아메리카 대륙으로 해석할 수 있었다. 다시 말해 처음에는 신대륙에서 경험한 여러 가지가 고대 학문에 대한 완전한 거부로 이어지지는 않았다. 대신 유럽 학자들은 새로운 경험에 비추어 고전 문헌을 다시 읽고 해석해야 했다.[18]

베르나르디노 데 사아군Bernardino de Sahagún은 대부분의 시간을 아메리카 대륙에서 보냈다. 1499년 스페인에서 태어난 사아군은 살라망카 대학에서 공부하던 도중에 프란치스코회에 들어갔다. 호세 드 아코스타와 마찬가지로 사아군은 사제직을 준비하는 과정에서 아리스토텔레스와 플리니우스의 고전을 공부하면서 그 시대의 전형적인 교육을 받았다. 1529년에 사아군은 대서양을 건너 누에바에스파냐에 도착해 처음으로 신대륙에 다다른 선교사 집단에 합류했다. 그리고 여생을 아메리카 대륙에서 보내다가 90세의 나이로 멕시코시티에서 사망했다. 사아군은 멕시코에 머무는 동안 16세기 멕시코에서 가장 포괄적인 문헌 기록을 편찬하는 일을 도왔다. 그리고 그 저작에 《누에바에스파냐의 일반 역사General History of the Things of New Spain》(1578)라는 제목을 붙였다.pic2 《피렌체 고문서Florentine Codex》로 더 잘 알려진 이 기념비적 기록은 신대륙의 동식물뿐만 아니라 아즈텍제국의 의학과 종교, 역사까지 아울렀다. 전체는 12권의 책으로 구성되었고 2,000개가 넘는 손수 색칠한 도판이 실려 있었다.[19]

　하지만《피렌체 고문서》는 사아군 혼자만의 작품은 아니었고 원주민들과의 합작품이었다. 누에바에스파냐에 도착한 직후 사아군은 멕시코시티 외곽의 틀라텔롤코에 자리한 산타 크루스 왕립 대학에서 라틴어를 가르치기 시작했다. 이 왕립 대학은 아즈텍 귀족의 자제들이 성직자가 되기 위해 훈련받는 학교로 1534년에 설립되었다. 여기서 70명이 넘는 원주민 소년이 스페인에서 사아군이 받았던 것과 같은 전통적인 스콜라 학파 교육을 받았다. 소년들은 라틴어를 배워 아리스토텔레스와 플라톤, 플리니우스의 저작을 읽었다. 여기에 더해 왕립 대학에 다니는 아즈텍 학생들은 라틴어 글자로 자국어인 나우아틀어 쓰는 방법을 배웠다. 전통적으로 아즈텍인은 문자를 사용하지 않았기 때문에 이는 중요한 발전이었다. 나우아틀어는 문자라기보다는 특정 이미지가 단어나 구를 나타내는 그림 언어였다. 그래서 스페인인들은 그림문자가 실린 아즈텍의 책이 원시적일 뿐 아니라 우상숭배적이라고 무시했다. 어떤 선교사는 아즈텍인을 두고 '글도, 문자도, 역사 기록도 없고 어떤 방식으로든 계몽되지 못한 민족'이라고 묘사했다. 물론 이는 우리가 지금 알고 있듯 사실이 아니었다. 하지만 이런 태도는 스페인인들이 아즈텍제국을 유럽화된 기독교 국가로 바꾸려고 노력하는 과정에 한몫 보탰다. 유럽인들은 신대륙에 기독교를 들여온다는 미명 아래 아메리카 대륙의 정복을 정당화하는 광범위한 시도를 펼쳤다.[20]

　하지만 사아군은 동시대의 다른 여러 사람보다 아즈텍 문화의 가치를 더 크게 인식했다. 그는 나우아틀어를 배웠으며 1547년부터《피렌체 고문서》를 저술하기 시작했다. 사아군은 신대륙의 자연사를 진정으로 이해하기 위해서는 그곳에 살고 있는 주민들에게서 배워야 한다는 사실을 깨달았다. 이 사실을 염두에 둔 채 사아군은 왕립 대학에 학생들을 모집했다. 오늘날 우리는 그 학생들 가운데 4명의 이름을 알고 있는데, 안토니오 발레리아노, 알론소 베게라노, 마르틴 자코비타, 페드로 데 산 부에나벤투라가 그들이었다(안됐지만 나우아틀어 원래 이름은 소실되었다). 사아군은 일행과 함께 아즈텍 고유의 지식을 찾고자 누에바에스파냐를 가로지르는 여정에 올랐다. 한 마을에 도착하자마자 사아군은 원주민 원로들과 이야기 나누는 자리를 주선했다. 노인들은 고대 아즈텍의 역사를 암송하거나 유럽인들에게 알려지지 않은 동식물에 대해 묘사하곤 했다. 가끔은 페이지마다 복잡한 상형문자가 적힌 아즈텍제국의 옛 문헌을 꺼내 오기도 했다. 사아군은 당시에 대해 이렇게 설명했다. "원로들은 우리가 이야기 나눈 모든 것에 관련된 그림을 보여주었다. 그 그림이 먼 옛날에는 문자였다." 사아군은 그림문자를 스스로 해석할 수 없었기 때문에 아즈텍 출신 제자들에게 의존해 그들이 본 것을 나우아틀어로 번역했다. 그런 다음 왕립 대학으로 돌아온 사아군과 제자들은 나우아틀어로 번역된 문헌을 다시 스페인어로 옮겼다. 그뿐 아니라 사아군은 원주민 화가들에게 문헌 텍스트에 곁들일 삽화를 그려달라고 의뢰했다. 그러다가 1578년, 20년 넘게 작업한 끝에 사아군은 마침내 스페인의 펠리페 2세에게 완성된 원고를 보냈다.[21]

아코스타와 마찬가지로, 사아군은 옛것과 새것을 융합했다. 《피렌체 고문서》는 플리니우스의 《자연사》를 모델 삼아 작성되었다. 사아군이 가르쳤던 왕립 대학 학생들은 이 저작에 익숙했을 것이다. 《피렌체 고문서》는 플리니우스의 저작과 마찬가지로 지리학, 의학, 인류학, 동식물, 농업, 종교를 망라하는 여러 권의 책으로 구성되어 있다. 자연사를 다룬 주된 책의 제목은 '세속의 여러 가지'였다. 이 책을 펴면 고대 유럽인에게 알려지지 않은 동식물의 세계를 발견할 수 있다.

이 책은 39종의 포유류, 120여 종의 조류, 600여 종의 식물을 포함해 삽화가 가장 많이 실린 권이기도 하다. 자연 세계뿐만 아니라 동물의 행동, 식물을 활용하는 법, 그리고 여기에 관련된 아즈텍인의 생각을 드러낸 이 삽화들은 놀랄 만큼 생생하다.[22]

《피렌체 고문서》에는 수백 종의 신대륙 식물이 등재되었는데, 이들 전부가 아즈텍식 분류 체계에 따라 나뉘어 있다. 아즈텍인은 식물을 보통 식용, 장식용, 수익용, 약용이라는 네 가지 그룹으로 나누었고 이러한 구분을 식물의 이름에 반영했다. 예컨대 접미사 −patli로 끝나는 식물은 약용인 데 비해 접미사 −xochitl로 끝나는 식물은 장식용이었다. 이런 구분은 《피렌체 고문서》에 그대로 실렸다. 약용식물이 전부 함께 나열되어 있었는데, 이런 식물에는 '이즈텍 패틀리(iztac patli, 해열제로 활용할 수 있는 약초)' 같은 이름이 붙었다. 이런 식물들 뒤에는 카칼록소치틀(cacaloxochitl, 유럽에서 이 식물을 들여온 16세기 이탈리아 귀족의 이름을 따서 '프랜지파니'라 불렸던 식물)처럼 꽃을 피우는 식물들이 이어졌다.[23]

그뿐 아니라 《피렌체 고문서》에는 동물도 많이 등장한다. 예컨대 토끼를 사냥하는 방울뱀이나 언덕을 쌓는 개미들 그림이 있다. 특히 벌새는 많은 삽화에 등장한다. 한 삽화에는 벌새가 꽃에서 꿀을 따는 모습을 표현했고, 다른 하나는 겨울을 나기 위해 남쪽으로 이동하는 벌새 무리를 묘사했다. 이처럼 벌새를 중시한 것은 아즈텍의 중요한 믿음을 반영한다. 벌새의 신인 위칠로포치틀리는 테노치티틀란의 수호신이었다. 이 도시의 대사원은 위칠로포치틀리에게 바쳐졌고 전투에서 사망한 전사들은 벌새로 변했다는 믿음이 있었다. 그런 이유로 아즈텍인들은 벌새를 자세히 연구했다. 특히 이들은 무기력한 동면 상태에 들어갈 수 있는 벌새의 능력에 매료되었다. 유럽에는 그런 기록이 전혀 없었기 때문에 사아군은 아즈텍 정보 제공자들의 말에 의

1 《피렌체 고문서》(1578)에 실린 벌새 그림. 벌새가 무기력한 동면 상태로 나무에 매달려 있는 모습이 보인다.

존했는데, 이들 가운데 일부는 목테수마 황제의 조류원에서 일한 적이 있었다.

> 겨울이 되면 벌새는 겨울잠을 잔다. 나무에 부리를 집어넣고 몸을 웅크린 채 털갈이를 하는 것이다. 그러다가 햇살이 따스해지면 나무는 잎을 틔우고 벌새의 몸에도 다시 깃털이 자란다. 천둥이 치고 비가 오면 잠에서 깨어나 움직이고 활동하기 시작한다.[24]

> 이런 벌새의 행동 양식은 아즈텍인의 세계관과 완벽하게 맞아떨어졌다. 바로 삶과 죽음이 끊임없는 순환을 통해 조절된다는 관점이었다. 벌새와 마찬가지로 전사들도 다시 태어날지도 모른다. 죽음이 결코 끝이 아니었다.[25]

아즈텍의 의학

베르나르디노 데 사아군에게 《피렌체 고문서》는 종교적 저작이었다. 사아군은 아즈텍인의 지혜에 대한 포괄적인 설명을 저작에 취합해 '이 멕시코 사람들의 완벽함'을 보여주기 위해 애썼다. 그리고 자신의 저작을 통해 유럽의 기독교인에게 아즈텍인이 신의 말씀을 받들 만큼 '문명화된' 종족이라는 점을 설득하고자 했다. 하지만 신대륙을 보다 상업적인 견지에서 바라본 사람들도 있었다. 1580년, 토스카나 대공이자 유명한 이탈리아 메디치 가문의 수장인 페르디난도 데 메디치 Ferdinando de' Medici는 《피렌체 고문서》를 구입했다. 그리고 이 책을 피렌체에 있는 유명한 우피치 갤러리에 전시해 오늘날까지 이 문헌이 사람들에게 알려지도록 했다. 《피렌체 고문서》는 우피치 갤러리에서 메디치가가 수집한 전 세계의 미술품과 조각품, 진기한 물건들 옆에 놓였다. 여기에는 아즈텍의 청록색 가면과 녹색 깃털 머리 장식이 포함되었다. 당시 메디치가에서는 상업적인 이득을 얻을 수 있는 신대륙에 대한 관심이 커지고 있었다. 페르디난도 데 메디치는 멕시코와 페루에서 진홍색 염료를 만드는 코치닐을 수입했고, 아메리카 대륙이 원산지인 옥수수와 토마토를 피렌체의 메디치가 궁전 정원에 심었다. 페르디난도 데 메디치에게 《피렌체 고문서》는 상품 카탈로그나 다름없었다. 신대륙이 제공할 가장 가치 있는 천연자원 목록이었던 셈이다.[26]

신대륙에 대한 이런 상업 중심적인 태도는 자연사 연구를 크게 변화시켰다. 상인과 의사는 고전의 권위보다는 수집과 실험을 훨씬 더 중요시하는 경향이 있었다. 아메리카 대륙의 식물은 잠재적으로 높은 수익성의 원천이었고, 이러한 발견을 새로운 것으로 홍보하면 분명 상업적인 이점이 있었다. 이렇게 담배, 아보카도, 고추는 효능이 놀라운 새 치료약으로 팔렸다. 반면 유럽에서 감자가 판매된 최초의 기록은 16세기 스페인 병원의 회계장부에서 나왔다. 그리고 같은 시기에 유럽 전역의 대학에서는 식물원을 설립하기 시작했다. 이 식물원은 약초를 연구하고 재배하도록 특화된 장소인 아즈텍의 식물원과 크게 다르지 않았다. 1545년 파도바 대학은 유럽 최초의 식물원을 설립했고 곧이어 피사와 피렌체에도 정원이 생겼다. 17세기 중반에는 신대륙에서 온 식물을 기르는 식물원이 유럽의 주요 대학에 하나씩 세워졌다. 일부 부유한 의사들은 개인 식물원을 꾸며 아메리카 대륙의 식물에서 비롯한 치료법을 선전하기도 했다.[27]

유럽인들이 신대륙 식물의 의학적 활용법에 대해 알고 있던 것 중 많은 지식이 아즈텍에서 왔다. 특히 스페인 왕실은 신대륙에서 식물 표본을 수집하고 분류하는 것뿐만 아니라 아즈텍인이 식물에 대해 알고 있는 바를 빠짐없이 기록하는 데 엄청난 노력을 기울였다. 1570년에 스페인의 펠리페 2세는 신대륙의 동식물과 자연사에 대한 대규모 조사를 명했다. 그리고 자신의 주치의인 프란시스코 에르난데스Francisco Hernández가 이 조사를 이끌도록 했다. 이후 7년에 걸쳐 에르난데스는 누에바에스파냐 지역을 돌아다니며 약초를 수집하고 아즈텍의 의술을 배웠다.[28]

1514년에 태어난 에르난데스는 알칼라 대학을 졸업하고 세비야에서 의사 생활을 시작해 명성을 높였다. 그리고 앞에서 언급했듯 16세기 의사가 대부분 그랬던 것처럼 에르난데스의 의학적 훈련은 고대 문헌을 읽는 게 전부였다. 예컨대 에르난데스는 고대 그리스의 의사인 갈레노스와 디오스코리데스의 저작을 읽었다. 디오스코리데스의 《약물지On Medical Material》는 다양한 질병에 대해 약초로 치료하는 방법을 나열해 정리했으며, 갈레노스의 방대한 저작은 고대 그리스 의학의 기초가 되는 기본 이론을 담았다. 피와 점액, 검은 담즙, 노란 담즙이라는 네 가지 체액 사이의 균형을 이루는 데 중점을 두는 이론이었다. 이때 과도하게 많은 노란 담즙을 제거하기 위해 월계수 잎을 섭취하고 열을 낮추기 위해 피를 흘리게 하는 사혈법이 권장되었다.[29]

하지만 에르난데스는 의학적으로 큰 변화가 이뤄지던 시기를 살아간 인물이었다. 당시 많은 의사가 고대 저작들의 권위를 외면하고 해부와 실험에 중점을 두었다. 해부학에 기초해 인체에 대해 새로운 설명을 제공한 안드레아스 베살리우스Andreas Vesalius의 저작 《사람 몸의 구조에 관해On the Fabric of the Human Body》(1543)에서 새로운 영감을 받은 사람들도 많았다. 또 온갖 종류의 새로운 약초와 광물을 활용한 치료법을 퍼뜨려 논란이 많았던 스위스의 연금술사 파라켈수스의 연구를 이어가는 사람들도 있었다. 에르난데스 역시 스페인 서부의 한 병원에서 일하며 해부를 하고 식물원을 설립하는 등 이러한 의료 개혁의 위대한 옹호자였다. 하지만 의학에 대한 이러한 새로운 사고방식에 대해 유럽만 살피면 전부 설명할 수 있다고 가정하는 것은 잘못되었다. 오히려 아메리카 원주민들이 만든 신대륙에서 비롯한 지식이 실험적이면서 실용적인 과학으로 의학의 나아갈 길을 닦는 데 도움을 주었다.[30]

프란시스코 에르난데스는 1571년 2월에 아들 후안과 필경사, 화가, 통역관 여럿과 함께 멕시코시티에 도착했다. 당시 그 도시는 토착민들이 코콜리츨리라 부르고 스페인이 '대역병'이라 일컬었던 전염병의 한가운데에 있었다. 희생자들은 병에 걸린 지 며칠도 되지 않아 끔찍한 통증 속에 눈과 코에서 피를 흘리며 사망했다. 서인도제도의 최고 의료 책임자로 임명되었던 에르난데스는 처음 몇 주 동안 최근에 사망한 환자들의 시신을 해부했다. 전염병이 조금씩 진정되자 에르난데스는 7년 동안 누에바에스파냐를 돌며 의학적으로 쓸모가 있는 것이면 무엇이든 찾아다녔다. 텍스코코에 자리한 버려진 아즈텍제국의 식물원을 방문해 무너져가는 벽에서 꽃 그림 몇 점을 베끼기도 했다. 그 결과 에르난데스는 이전에 유럽인들에게 알려지지 않았던 식물을 3,000종류 넘게 확인했다. 이것과 비교하자면, 고대 그리스의 의사 디오스코리데스가 《약물지》에 실은 식물은 500종류뿐이었다. 에르난데스의 작업은 고대인들이 모든 것을 알고 있었다는 생각에 대한 전면적인 도전이었다.[31]

이 조사를 수행하는 과정에서 에르난데스는 토착민들과 그들의 의학 지식에 절대적으로 의존했다. 펠리페 2세가 에르난데스에게 지역 토착민에게 관련 지식을 캐물으라고 지시하기도 했다. "어딜 가든지 의사와 약사, 약초학자, 토착민을 비롯해 해당 주제에 대해 아는 사람들과 의논하라"는 것이 탐험에 앞서 하달된 공식적인 지침이었다. 에르난데스는 이 명령을 진지하게 받아들였고 나우아틀어를 배웠다. 그런 다음 토착민 출신 의사들의 이야기를 들었고, 그들이 이야기한 동식물의 이름을 주의 깊게 기록했는데, 이때 반드시 원주민들의 언어를 사용하도록 했다. 예컨대 에르난데스는 토착민 의사가 알려준 식물 뿌리의 일종인 자카넬후아틀의 특성을 묘사했는데, 이 뿌리를 으깨서 물과 섞으면 신장 결석을 치료하는 데 도움이 되었다. 에르난데스에 따르면 이 혼합물은 "배뇨를 유발하고 배뇨관을 청소했다." 또 그는 '복숭아와 비슷하지만 조금 더 크고 두꺼운 잎이 난' 조코붓이라는 약초에 대해서도 배웠다. 이 약초는 편두통을 치료하고 부기를 가라앉히며 '싸우다 독에 중독되거나 동물에게 물리고 쏘인 상처'를 낫게 해주었다. 이 특별한 약초는 원주민들이 무척 귀하게 여겼기 때문에 특성을 섣불리 알려주려고 하지 않을 정도였다. 그뿐 아니라 에르난데스는 신대륙 동물들의 의학적 쓰임새를 조사했다. 예컨대 에르난데스의 기록에 따르면 주머니쥐의 꼬리는 훌륭한 약재로 갈아서 물과 섞으면 요로를 청소하고 골절과 대장균 감염을 치료하며, 배앓이를 가라앉힌다. 보다 흥미로운 사실은 토착민 의사들이 주머니쥐의 꼬리에 최음제 성분이 있다고 보고했다는 점인데, 에르난데스는 "이 약재가 성적 활동을 촉발한다"라고 기록했다. 이렇듯 에르난데스가 언급하고 열거한 식물의 효능이 전부 확인되지는 않았지만, 오늘날 과학자들은 그중 몇몇 식물이 실제로 의학적인 효과가 있다는 사실을 증명했다. 예를 들어 독말풀의 잎에는 진통제 성분이 들어 있다. 그리고 멕시코 사과의 씨앗을 비롯한 몇몇 식물은 특정 암을 예방하도록 돕는다는 사실이 밝혀졌다.[32]

이처럼 동식물의 생김새와 특징을 글로 묘사하는 작업은 전부 훌륭하게 이뤄졌다. 하지만 이렇듯 아메리카 대륙 동식물의 다양성이라는 아주 새로운 사실에 대해 유럽인들에게 보다 생생하게 전달한 수단은 그림이었다. 그래서 사아군이 그랬듯 에르난데스는 토착민 화가를 여럿 고용해 자기가 관찰했던 모든 것을 그림으로 남기기로 결정했다. 페드로 바스게스, 발타사르 엘리아스, 안톤 엘리아스라는 이름의 이 화가들은 6년 넘는 세월 동안 해바라기와 아르마딜로를 포함해 수백 점의 동식물을 현장에서 그림으로 남겼다. 그리고 이런 그림 가운데 상당수가 나중에 에르난데스의 저작을 포함한 유럽의 자연사 서적에 복제되어 실렸다. 1577년에 에르난데스는 손으로 직접 쓰고 그림을 곁들인 16권의 책을 가지고 스페인에 돌아왔다. 나중에《누에바에스파냐의 의학적 보고 The Treasury of Medical Matters of New Spain》(1628, 이후《보고》)라는 제목으로 출판된 에르난데스의 원고는 마드리드 외곽에 자리한 에스코리알 궁전 도서관에 보관되었다. 왕실 사서인 호세 데 시귀엔사는 이 책에 실린 그림에 깊은 인상을 받았다. 시귀엔사에 따르면 "이 그림은 서인도제도에서 관찰할 수 있는 모든 동식물의 자연사를 담았으며, 자연 그대로의 색으로 채색되었다. 그래서 이 그림은

2 16세기 멕시코 원주민 화가가 그린 아르마딜로 그림을 베낀 판화. 프란시스코 에르난데스의 《누에바에스파냐의 의학적 보고》(1628)에서 가져왔다.

보는 사람들에게 다양성에서 비롯한 큰 즐거움을 안기며, 자연에 대해 숙고하는 일을 담당하는 사람들에게 큰 이득을 제공한다."[33]

　프란시스코 에르난데스의 《보고》는 유럽 독자들을 위해 아즈텍의 의학 지식을 재포장해 전달하는 새로운 장르의 자연학을 담아낸 전형적인 사례였다. 하지만 그럼에도 그것은 결국 식민지 정복자의 작품이었다. 에르난데스는 지식과 부를 착취하기 위해 스페인 국왕이 명령한 탐험 여행에 파견된 인물이다. 저작의 제목이 말해주듯이 그 내용은 스페인에 정말 보물단지였다. 그런데 이 기간에 유럽인들만이 자연학을 저술한 것은 아니었다. 에르난데스가 저술 활동을 하던 시기에 아즈텍 출신의 한 학자도 자연사 자료를 수집하고 있었고, 이 저작은 나중에 유럽에 도달해 근대 초기의 여러 의학 문헌에 영향을 주었다.

　마르틴 데 라 크루스Martín de la Cruz는 스페인이 아메리카 대륙을 정복하기 전에 멕시코에서 태어났다. 안타깝지만 크루스의 어린 시절에 대해서는 거의 알려진 바가 없다. 나우아틀어 이름도 알려지지 않았다. 크루스는 나중에 자신을 '서인도제도의 의사'라고 칭했는데, 아마도 아즈텍 의사들 가운데 중간 정도의 직급이었을 것이다. 알려진 사실에 따르면 크루스는 기독교로 개종한 뒤 사아군이 《피렌체 고문서》 저술 작업을 시작했던 기관인 틀라텔롤코의 산타 크루스 왕립 대학에서 의학을 가르쳤다. 1552년 5월 22일, 크루스는 《서인도제도의 약초에 대한 작은 책The Little Book of the Medicinal Herbs of the Indians》이라는 제목의 원고를 대학 학장에게 제출했다. 이 원고는 원래 나우아틀어로 작성되었지만 대학의 또 다른 원주민 출신 교수 후안 바디아노Juan Badiano가 라틴어로 번역했다. 《서인도제도의 약초에 대한 작은 책》은 당대의 어떤 저서들보다 유럽과 아즈텍의 지식이 잘 융합되어 있었다. 언뜻 보면 이 책은 디오스코리데스의 《약물지》와 그다지 다를 바 없는 전형적인 약초 모음집처럼 보인다. 크루스는 머리에서 발끝까지 13개의 장으로 나누어 이 책을 구성했다. 그리고 페이지마다 '치통'이나 '소변을 볼 때의 어려움' 같은 특정한 상태를 나열하고 그것을 치료하려면 어떤 약초를 준비해야 할지 설명했다. 대부분의 페이지에는 크루스가 직접 스케치하고 색칠한 약초 삽화도 실렸다.[34]

하지만 조금 더 자세히 들여다보면 크루스는 아즈텍의 의학 지식을 적극적으로 활용하고 있었다. 모든 식물의 이름은 나우아틀어로 되어 있으며, 《피렌체 고문서》와 마찬가지로 아즈텍의 분류 체계를 반영했다. 예컨대 접두사 a-('물'을 뜻하는)가 붙은 식물은 호수나 강 근처에서 발견되며, 접두사 xal-('모래'를 뜻하는)이 붙은 식물은 사막에서 발견된다. 또 이 책 전반에 걸쳐 크루스는 신체에 대한 아즈텍의 전통적인 지식을 반영했다. 아즈텍인은 흔히 사람의 몸에 머리, 간, 심장에서 나오는 세 종류의 힘이 존재한다고 여겼다. 질병은 이러한 힘의 불균형에서 비롯되며, 신체 특정 부위의 과도한 열기나 냉기가 그런 불균형을 일으킨다(이런 사상은 고대 그리스의 4체액설과 비슷하다).[35]

약초에 대한 크루스의 설명을 자세히 살피다 보면, 그는 이 균형을 회복하는 데 초점을 맞추고 있다는 사실을 알 수 있다. 예컨대 눈의 통증과 부기는 머리의 과도한 열기 때문인 것으로 여겨졌다. 그리고 이를 치료하는 방법은 열기를 식히는 약초의 혼합물을 조제하는 것이다. 유럽에서 자주달개비로 알려진 마틀랄-크소치틀의 꽃과 메스키트나무의 잎을 갈고 모유, 깨끗한 물과 섞어 연고를 만든 후 얼굴에 바르면 된다. 그뿐 아니라 크루스는 상태가 호전될 때까지 성적인 행위와 칠리소스 섭취를 피하라고 충고했는데, 이 두 가지 행동 모두 과도한 열기를 유발할 수 있기 때문이었다.[36]

아즈텍 의학이 어떻게 영향을 미쳤는지에 대한 마지막 실마리는 가장 중요하지만 눈치채기가 꽤 어렵다. 이전의 역사학자들은 크루스의 삽화가 유럽의 대표적인 식물화를 모방한 결과물이라고 여겼다. 유럽의 식물화는 보통 각 식물을 쉽게 동정(同定, 생물의 분류학상 소속이나 명칭을 결정하는 일-옮긴이)할 수 있도록 하나씩 분리해 뿌리와 잎을 드러냈다. 하지만 보다 최근에 아즈텍 문화 연구자들이 크루스의 삽화를 다시 살핀 결과, 여기에는 나우아틀어 그림문자의 요소가 포함되어 있었다. 크루스는 유럽의 식물화 양식을 전통적인 아즈텍의 삽화 제작 규칙과 결합하고자 애썼다. 예컨대 식물이 발견되는 장소를 표현하기 위해 책 전반적으로 그림문자를 사용해서 앞서 언급했던 명명 체계를 강화했다. 돌에 해당하는 아즈텍 그림문자는 물에 해당하는 그림문자와 마찬가지로 크루스의 그림에서 여러 식물의 뿌리 주변에 나타난다. 크루스는 유럽과 아즈텍의 전통, 즉 의학과 예술을 결합해 궁극적으로 완전히 새로운 종류의 자연사 서술 방식을 만들었다. 이것은 문화적 교류와 조우의 결과물이라는, 16세기에 과학이 수행되는 전형적인 방식이었다.[37]

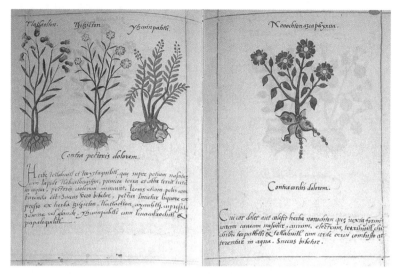

3 마르틴 데 라 크루스의 저서 《서인도제도의 약초에 대한 작은 책》(1552)에 실린 삽화. 이즈퀸–패틀리라는 식물의 뿌리는(왼쪽에서 세 번째) '돌'을 뜻하는 나우아틀어 그림문자를 반영한다.

  16세기 말에는 신대륙의 식물들이 유럽 전역의 정원에서 발견되었다. 볼로냐에서는 해바라기가 자랐고 런던에서는 유카(Yucca, 용설란과의 여러해살이풀–옮긴이)가 자라기도 했다. 이 식물들은 머지않아 자연사와 의학을 다루는 신간 서적에 등장해 고대 문헌에 비해 경험의 가치를 높여주었다. 런던의 약제상 존 제라드John Gerard는 당시 베스트셀러였던 《약초Herball》(1597)에서 담배를 의학적으로 활용하는 법에 대해 설명했고, 세비야의 내과 의사 니콜라스 모나데스Nicolás Monardes는 《서인도제도에서 들여온 품목에 대한 의학적 연구Medical Study of the Products Imported from Our West Indian Possessions》(1565)에서 환자들에게 카카오를 구입하라고 조언했다(그뿐 아니라 모나데스는 개인 식물원에서 아메리카 대륙의 식물을 재배하는 사업을 성공적으로 운영했다). 16세기의 가장 유명한 해부학자 안드레아스 베살리우스도 유창목의 수지를 매독 치료에 사용할 수 있다고 설명하면서 신대륙의 약용식물에 관심을 보였다. 비록 오늘날에는 큰 논란거리지만 예전에는 매독이 아메리카 대륙에서 발생했다는

믿음이 널리 퍼져 있었고, 그랬던 만큼 매독 치료법도 그곳에서 발견할 가능성이 높다고 여겨졌다.[38]

유럽의 자연학자들과 약제사들은 곧 이국적인 동식물을 방대한 규모로 수집했다. 이들은 피렌체의 메디치 가문이나 마드리드의 스페인 국왕 같은 부유한 후원자들의 지원을 받아 신대륙에서 온 물건과 동식물 표본으로 유럽 박물관을 가득 채웠다. 자연사에 대한 이런 새로운 접근 방식이 퍼지면서 문헌에 삽화를 많이 사용하는 경향이 나타났다. 자연사를 다루는 고대 문헌들은 대개 그림을 곁들여 설명하지 않았지만 16세기에서 17세기에 이르는 새로운 자연사 저작은 그림과 판화로 가득했고 상당수는 손으로 직접 색칠한 것이었다. 그 이유는 새로 발견된 것들의 참신함과 신기함 때문이었다. 유럽에 있는 사람들이 바닐라나 벌새가 어떻게 생겼는지 알리려면 아무래도 그림이 효과적이다. 하지만 이런 삽화는 그림문자를 통해 지식을 기록하는 기존 아즈텍 전통을 흡수하고 통합하는 방편이기도 했다.

무엇보다 이 모든 작업은 신대륙에서 온 동식물 표본과 토착 지식에 의존했다. 사람의 몸과 자연에 대한 아즈텍의 전통 지식은 이 시기의 유럽 문헌에 조금씩 스며들었다. 나폴리의 식물학자 카롤루스 클루시우스Carolus Clusius는 유명한 저서인 《희귀식물의 역사History of Rare Plants》(1601)를 쓰는 과정에서 에르난데스의 글을 참고했다. 그리고 이와 비슷하게 파도바의 피에트로 마티올리Pietro Mattioli는 고대 그리스 의학에 대해 언급하면서 크루스의 《서인도제도의 약초에 대한 작은 책》을 포함시켰다. 오늘날 우리 생활에도 아즈텍 자연사의 영향은 사라지지 않았다. '토마토'와 '초콜릿'은 둘 다 나우아틀어에서 유래한 단어다. 신대륙에서 유래한 여러 동식물도 마찬가지다. '코요테'에서 '고추'에 이르기까지 오늘날 우리가 자연 세계에 대해 알고 있는 상당 부분은 구대륙과 신대륙의 만남에서 비롯된 유산이다. 이 점은 우리가 유럽 출신 자연학자들의 업적에만 초점을 맞출 때 간과되는 경우가 많다. 그리고 앞으로 더 살펴보겠지만, 16세기 유럽과 아메리카 대륙의 만남은 약초와 자연사 분야에 그치지 않고 인류의 기원에 대한 과학적 이해를 형성하는 데도 도움이 되었다.[39]

인류의 발견

안토니오 피가페타Antonio Pigafetta는 자기 눈을 도저히 믿을 수 없었다. 1520년 6월 이 이탈리아 탐험가는 아메리카 대륙 최남단에서 '거인'과 마주쳤다. 피가페타는 9개월 전 세계를 일주하는 스페인 선박의 항해에 참가했다. 페르디난드 마젤란Ferdinand Magellan이 이끈 첫 번째 도전은 대서양을 건너 남아메리카의 연안을 빙 돌아 항해하는 것이었다. 겨울이 찾아오자 선원들은 오늘날의 아르헨티나에 자리한 산 훌리안 항구로 들어갔다. 피가페타는 당시를 이렇게 회상했다. "우리는 아무도 만나지 못한 채로 그곳에서 두 달을 보냈다." 그러던 어느 날 이들은 '갑자기 바닷가 항구에서 키가 엄청나게 큰 남자 한 명이 벌거벗은 채 춤추고 노래하며 머리에 흙먼지를 뿌리는 모습'을 보았다. 믿기 힘든 사실이었지만 피가페타의 눈짐작에 따르면 남자의 키는 8피트(약 2미터 43센티미터-옮긴이)가 넘었다. 피가페타는 일기에 다음과 같이 기록했다. "그 남자는 너무나 키가 커서 우리 일행 가운데 가장 키 큰 사람이라고 해봤자 겨우 허리까지 올 정도였다." 이 거인은 "눈 주변만 노란색으로 물들이고 나머지 온몸을 붉게 칠한 채였다." 처음에 유럽 탐험가들은 남자에게 해치지 않겠다는 평화의 제스처를 취했다. 거인을 배 위로 초대해 음식과 음료를 대접하기도 했다. 하지만 머지않아 이 우호적인 만남은 폭력적으로 바뀌었다. 며칠 후 마젤란이 스페인 왕에게 바칠 선물로 거인 2명을 잡으라고 선원들에게 명령했던 것이다. 그 결과 싸움이 벌어져 한 스페인 선원이 목숨을 잃었고 거인들은 '말보다 더 빨라 보이는' 무언가를 타고 도망쳤다.[40]

유럽인들은 아메리카 대륙에 도착한 이후 새로운 동식물을 접했다. 하지만 그중에서도 가장 놀라운 것은 그곳에 사는 사람들이었다. 피가페타의 일기는 16세기에 아메리카 대륙에서 유럽인들이 맞닥뜨린, 이전에 알려지지 않았던 사람들에 대한 여러 보고 가운데 하나였다. 그런 보고에 기술된 식인 풍습과 희생 제의에 대한 묘사는 셰익스피어의 《폭풍우The Tempest》를 비롯해 당시 연극과 시에 등장했던 신대륙 주민의 모습에 영향을 주어 대중의 상상력에 불을 지폈다. 비록 마젤란은 포로로 잡을 수 없었지만 다른 많은 탐험가가 아메리카 대륙에서 유럽으로 원주민들을 데려왔다. 콜럼버스 역시 1493년에 카리브해 섬 주민 6명을 사로잡아 스페인의 이사벨라 여왕과 페르디난드 국왕의 궁전에 데려갔다. 또 코르테스는 1528년에 70명의 아즈텍인을 붙잡아 쇠사슬로 묶어 대서양을 가로질러 실어 날랐다. 이 가운데는 목테수마 황제의 아들 3명이 포함되었는데, 이들은 앵무새 여러 마리, 재규어 한 마리와 함께 마드리드에 있는 카를 5세의 궁전에 끌려갔다.[41]

유럽인들에게 아메리카 원주민의 존재는 인류의 본성에 대한 심각한 의문을 불러일으켰다. 이들은 인간인가, 괴물인가? 만약 인간이라면, 성경에서 가르친 대로 이들은 아담의 자손일까? 아니면 별도로 창조된 존재들일까? 그리고 만약 이들이 유럽에서 기원했다면, 어떻게 해서 아메리카 대륙에 도달했을까? 이러한 질문에 답하기 위해서는 인류에 대한 완전히 새로운 개념이 필요했다. 고대 문헌의 유용성이 다시 한번 한계가 드러나는 지점이었다. 결국 플리니우스는 이런 미지의 존재를 생각도 하지 못했고, 아리스토텔레스는 아메리카 대륙 같은 곳에 사람이 살 수 있다는 가능성을 부정했다. 그에 따라 유럽의 학자들은 처음으로 자연사를 연구한 것과 같은 방식으로 인류에 대해 연구하기에 이르렀다. 이들은 증거를 모으고 경험 증거와 배치되는 가설을 검증했고 그에 따라 인류는 자연 세계에서 분리되기보다는 점차 그 일부로 여겨지게 되었다. 다시 말해 16세기에 최초로 인간에 대한 과학이 발전하기 시작한 것은 유럽의 종교적, 지적 변화에 대한 반응이라기보다는 아메리카 대륙과의 만남에 대한 반응이었다. 신대륙의 발견은 인류에 대한 발견이기도 했다.[42]

　　남아메리카의 '거인'에 대한 안토니오 피가페타의 묘사는 유럽인들이 신대륙 주민들과 어떤 방식으로 처음 만났는지에 대한 전형적인 사례였다. 유럽인들은 아메리카 대륙에 괴물이 살고 있다고 믿곤 했다. 쿠바에 상륙한 콜럼버스는 "사람을 잡아먹는 외눈박이 사람을 비롯해 개 주둥이가 달린 사람들을 보았다"고 묘사했다. 이와 비슷하게 아메리고 베스푸치는 브라질 원주민에 대해 "몸이 가벼운 깃털로 덮여 있고 150세까지 살 수 있다"고 보고했다. 사실 이런 믿음은 고대 그리스 전통에서 비롯되었다. 플리니우스는 지중해 너머에 거인과 난쟁이, 동굴에 사는 혈거인처럼 신기한 존재가 우글거리는 세계가 존재한다고 묘사했다. 그리고 이런 믿음은 이후에 예루살렘에서 멀어질수록 더 괴물 같은 인간들이 산다는 기독교식 사고방식과 통합되었다. 하지만 이런 초기의 비현실적이고 환상적인 묘사는 오래가지 않았으며, 유럽 탐험가들은 곧 진실을 깨달았다. 아메리카 대륙의 주민들도 진짜 인간이었던 것이다. 1537년 교황 바오로 3세는 이 문제에 대해 다음과 같이 종지부를 찍었다. "서인도제도 주민들은 제대로 된 인간이며 가톨릭 신앙을 이해할 수 있을 뿐 아니라, 우리가 알아본 바에 따르면 그렇게 할 수 있기를 간절히 바란다." 그렇지만 이 사실은 유럽인들에게 불안을 야기하는 면이 있었다. 고대 그리스의 철학에 부족한 점이 있다는 사실을 다시 한번 암시했기 때문이었다. 성경조차 이 문제에 대해서는 염려스러울 정도로 침묵했다. 앞서 살폈던 예수회 선교사 호세 데 아코스타에 따르면 "많은 고대인은 이 지역에 사람도, 땅도, 하늘도 없다고 믿곤 했다."[43]

그렇기에 확실히 이전과 다른 접근법이 필요했다. 특히 아코스타는 아메리카 원주민들의 기원을 탐구할 때 경험 증거가 중요하다고 강조했다. 일부 저자가 "원주민들에 대한 모든 사실을 이전의 근거 없는 믿음에 따라 이야기한다"라고 불평한 아코스타는 동식물을 연구하듯 인간을 연구해야 한다고 제안했다. 실제로 아코스타의 연구 방식에 대한 실마리는 《서인도제도의 자연사와 도덕의 역사》라는 그의 책 제목에서 드러난다. 이 책은 '자연에 대한 역사'인 동시에 인간에 대한 '도덕의 역사'이기도 했다. 이 두 가지는 분리되지 않고 함께 다뤄졌다. 그에 따라 아코스타는 자연 세계의 역사와 더불어 인류의 역사를 탐구했으며, 다시 한번 옛것과 새것을 융합하고자 했다. 물론 예수회 선교사였던 아코스타의 출발점은 여전히 성경이었다. 아코스타에 따르면 "성경은 최초의 한 인간으로부터 모든 인류가 비롯했다고 확실히 명시했다." 그가 여행 중에 마주친 아즈텍인, 잉카인을 비롯한 원주민들 역시 아담의 후손이라는 것이다.[44]

하지만 이런 설명은 중대한 의문을 하나 제기했다. 원주민들은 어떻게 그곳에 갔을까? 아코스타는 어떤 종류든 기적에 의한 설명을 거부했다. 아코스타에 따르면 "우리는 제2의 노아의 방주가 존재했다고 여겨서는 안 된다. 어떤 천사가 머리채를 잡고 이곳에 원주민을 맨 처음으로 데려왔다는 식의 설명은 말할 것도 없다." 그뿐 아니라 아코스타는 아메리카 원주민들이 먼 옛날 유럽에서 대서양을 가로질러 여행했다는 설명도 거부했다. '그동안 그런 사건이 있었음을 기념하는 중요한 유물이나 흔적을 발견하지 못했기' 때문이었다. 대신 아코스타는 "서인도제도의 땅은 이전에 전 세계 다른 나라들과 연결되어 있거나 최소한 매우 가까이 연결되어 있을 것이다"라고 제안했다. 다시 말하면 구대륙과 신대륙 사이 북쪽 어딘가에 땅을 가로지르는 육교陸橋가 있었을 것이라는 주장이었다(오늘날 알려진 바에 따르면 아코스타의 주장이 옳다. 인류는 약 1만 5,000년 전에 시베리아와 알래스카 사이의 육교를 건너 아메리카 대륙에 처음 도달했다). 아코스타는 이 설명이 신대륙에서 발견된 동식물에 대해서도 적용할 수 있다고 지적했다. 이들 동식물 역시 인간과 같은 육교를 건넜으리라는 것이다.[45]

　　아메리카 원주민의 기원은 과학적인 문제에 국한되지 않고 정치적인 문제이기도 했다. 16세기 유럽 전역에서는 스페인의 신대륙 정복의 도덕성에 대해 큰 논쟁이 있었다. 어떤 사람들은 앞서 살핀 그릇된 믿음에 근거해 아즈텍인은 야만인에 불과하기에 무력으로 쫓아내도 상관없다고 주장했다. 당시 신대륙의 식민화는 같은 시기에 일어난 스페인 지역 무슬림에 대한 가톨릭의 정복과 비교되었다. 하지만 아즈텍인이 진보된 문명인이 분명하다고 주장하는 사람들도 있었다. 아메리카 원주민들은 정교한 의학 이론을 발달시켰고 인상적인 도시를 건설했으며, 복잡한 법률과 정치체제를 발전시켰다는 이유에서였다. 그렇기에 테노치티틀란을 파괴하고 주민들을 노예로 삼은 스페인의 행위는 부도덕했다. 비록 스페인이 아메리카에서 완전히 철수해야한다고 주장하는 유럽인은 거의 없었지만, 상당수의 유럽인은 원주민들에게 더 많은 권리를 부여해야 한다고 생각했다. 이런 주장을 가장 강력하게 개진한 인물이 바르톨로메 데 라스 카사스Bartolomé de las Casas라는 스페인 신부였다.[46]

　　라스 카사스가 아즈텍인을 처음 보았을 때 그의 나이는 겨우 아홉 살이었다. 그의 아버지는 콜럼버스의 두 번째 항해에 동행해 아메리카 대륙을 여행했고 1499년에 돌아왔다. 함께 돌아온 '인디언 한 명과 녹색, 붉은색의 앵무새 여러 마리'는 전부 세비야의 집에 머물렀다. 처음에 라스 카사스는 정복자인 자기 아버지의 뒤를 이을 것처럼 보였다. 1501년, 라스 카사스는 오늘날의 도미니카공화국인 스페인의 식민지 산토도밍고에 가서 카리브해 원주민들이 노예로 일하는 작은 농장을 관리했다. 하지만 그는 얼마 지나지 않아 스페인 식민지의 현실에 염증을 느꼈고, 1523년에 도미니코 수도회에 들어가 원주민의 권리를 지키는 위대한 수호자 가운데 한 사람으로 떠올랐다.[47]

그 후 몇 년 동안 라스 카사스는 유럽과 아메리카를 넘나들고 페루와 누에바에스파냐 곳곳을 누비며 자신이 마주친 사람들의 문화를 이해하려고 애썼다. 1550년에 라스 카사스는 바야돌리드의 산 그레고리오 대학에서 열린 주요 토론에 참가하고자 스페인에 돌아왔다. 논쟁의 반대편에는 보수적인 신학자 후안 기네스 데 세풀베다Juan Ginés de Sepúlveda가 자리했는데, 그는 아메리카 원주민들은 자유를 누릴 자격이 없는 비이성적인 존재라고 주장했다. "이렇게 미개하고 야만적이며, 많은 죄과와 외설적인 행위로 더럽혀진 사람들인데 당연히 정복되어 마땅하지 않겠는가!" 세풀베다는 이렇게 외쳤다. 하지만 라스 카사스는 반대 입장이었다. 라스 카사스에 따르면 '이곳 서인도제도 원주민들은 훌륭한 이성과 이해력을 자연적으로 갖춘 사람들'이었다. 여기서 중요한 단어는 '자연적으로'였다. 라스 카사스는 아코스타와 마찬가지로 인간을 자연 세계의 산물로 여겼던 것이다. 토론하는 동안, 라스 카사스는 '서인도제도 원주민들이 이성을 갖추게 된 자연적인 원인'을 열거했다. 여기에는 '땅의 조건, 외부 및 내부 감각 기관과 구성, 기후, 품질이 좋고 건강에 유익한 음식' 등이 포함되었다. 간단히 말해서 라스 카사스는 완전히 자연적인 요인으로 인간 집단의 유사성과

차이에 대해 설명했다.[48]

　　아메리카 원주민들이 여러 면에서 유럽인과 비슷한 것은 분명했다. 원주민들은 총명했고, 대도시를 건설했으며, 성경에서 분명히 밝혔듯 아마도 아담의 후손일 것이다. 하지만 동시에 아즈텍인과 잉카인은 분명 유럽인들과는 외적으로 꽤 달랐으며 행동도 차이가 있었다. 이들의 피부는 보다 거무스름하고 키가 더 컸으며, 수염이 거의 없었다. 또 인간을 신에게 제물로 바쳤고 태양을 숭배했다. 라스 카사스는 이러한 차이에 대해 고대 문헌보다는 기후, 풍경, 음식으로 설명할 수 있다고 주장했다. 그리고 스페인 사람들은 빵과 고기를 주로 먹는 반면, 아즈텍 음식은 '뿌리와 약초를 비롯해 땅에서 나는 것들'로 구성되었다고 지적했다. 이와 비슷하게 라스 카사스는 아메리카 대륙 사람들이 피부가 더 검은 이유는 더운 기후로 잘 설명할 수 있다고 주장했다.[49]

　　같은 주장이 유럽인들에게도 적용될 수 있다. 기후가 아즈텍인이 왜 그렇게 다른지 설명해준다면, 신대륙을 제2의 고향으로 삼은 스페인 사람들은 어떻게 될까? 앞서 살폈던 스페인 출신의 의사 프란시스코 에르난데스는 유럽인들이 "원주민들의 관습을 채택할 정도로 타락할지도 모른다"고 걱정했다. 먹을거리에 대해서도 비슷한 논쟁이 일어났다. 비록 많은 유럽인이 신대륙의 먹을거리를 환상적인 효과가 있는 치료약으로 판매했지만, 반면 유럽인이 옥수수나 감자를 먹으면 위험할 수 있으며, 신체의 퇴화나 죽음으로 이어질 수도 있다고 주장하는 사람도 있었다. 어떻게 보면 이런 주장에 대해 그리스 고전에서 선례를 찾을 수 있다. 고대 그리스의 의사 히포크라테스는 기후가 질병과 네 종류의 체액 사이의 균형에 영향을 미칠 수 있다고 주장했다. 하지만 16세기 들어 새로 등장한 사상가들은 한 걸음 더 나아갔다. 이들은 질병뿐만 아니라 인간 본성 자체가 환경의 영향을 받는다는 이

론을 발전시켰다. 그에 따라 이들은 자연사와 의학, 인류에 대한 연구를 하나로 모았다.[50]

　어떤 집단의 사람들에게는 이런 토론이 자기 자신들에 대한 것이었다. 신대륙이 식민지가 된 이후로 몇 년 동안 많은 정복자 남성들이 원주민 여성들을 임신시켜 아이를 낳았다. 스페인 사람들은 이런 혼혈아를 메스티소라고 불렀는데, 인간 본성에 대한 이런 논쟁은 메스티소 개인에게 상당히 중요했다. 사람에게 영향을 가장 많이 끼치는 것은 식생활일까, 혈통일까? 아즈텍인은 문명인인가, 야만인인가? 이러한 질문에 대한 답은 메스티소 개인이 누구와 결혼할 수 있는지부터 상속받을 수 있는지에 이르기까지 생활의 모든 측면을 좌우했다. 많은 사람이 원주민들이 야만적이고 비합리적이라는 일부 유럽인의 매도에 대항해 아즈텍 문화를 열정적으로 옹호했다. 몇몇 메스티소 출신은 아메리카 원주민을 상세하게 설명하는 글을 썼고 나중에 유럽 작가들이 이런 문헌 중 상당수를 인용했다. 아메리카 대륙에서 나고 자라 유럽 학문의 중심에서 멀리 떨어져 있던 메스티소는 고대 그리스와 로마의 권위를 보다 덜 존중하는 경향이 있었다. 이들은 자연사 분야와 마찬가지로 아메리카 대륙의 역사에 대한 가장 좋은 정보의 원천은 그곳에 거주하는 바로 그 사람들이라는 사실을 알았다. 이제 해야 할 일은 그들에게 질문을 던지는 것뿐이었다.[51]

　가르실라소 데 라 베가Garcilaso de la Vega는 1539년 오늘날의 페루인 잉카제국의 수도 쿠스코에서 태어났다. 그의 아버지는 스페인 귀족의 후손이었고, 어머니는 잉카제국 마지막 통치자의 조카딸이었다. 스페인 군대가 1572년까지 잉카제국을 완전히 이기지 못했기 때문에 가르실라소가 태어났을 무렵에도 여기저기에서 전투가 벌어지는 와중이었다. 그럼에도 가르실라소는 비교적 안전한 곳에서 어린 시절을 보냈고 신대륙과 구대륙을 왔다 갔다 했다. 아버지의 집에서는 스페인어를 읽고 쓰는 법을 배웠고, 어머니의 집에서는 잉카어인 케추아어를 배웠다. 하지만 무엇보다 특별한 점은 가르실라소가 대학에 다닌 적이 없다는 사실이었다. 그는 나중에 아리스토텔레스나 플리니우스의 저작을 배우기는 했지만, 이 고전 사상가들을 높이 평가하지는 않았다. 그 대신 잉카족의 자랑스러운 전통에 대해 가르쳐준 어머니에게서 인류 역사와 문화에 대한 지식을 배웠다.[52]

1560년, 가르실라소는 페루를 떠나 스페인에 갔고 그곳에서 '잉카 사람'으로 불렸다. 그는 아버지가 세상을 떠난 지 얼마 되지 않아 귀족 작위를 유지하기 위해 스페인 법정에 탄원할 필요가 있었다. 가르실라소가 스페인에 도착한 시점은 아메리카 원주민의 본성에 대한 논쟁이 한창일 때였다. 그는 원주민의 권리를 옹호했던 도미니코회 수도사 라스 카사스를 만났고, 원주민이 야만인과 별다를 바 없다고 믿었던 스페인의 신학자 세풀베다와의 논쟁에 대해서도 알게 되었다. 가르실라소는 어머니가 들려주었던 이야기를 떠올리면서 잉카인에 대한 제대로 된 기록을 남겨야 한다고 생각한 끝에 《잉카의 왕실 이야기The Royal Commentaries of the Incas》(1609)를 썼다. 이 책(이후 《왕실 이야기》)에서 가르실라소는 유럽 학자들의 주장이 경험에 근거한 것이 아니라고 비판했다. 그리고 이렇게 덧붙였다. "스페인의 학식 있는 사람들이 신대륙 나라들에 대해 설명하기는 했지만 이 지역에 대해 완벽하게 묘사하지는 못했다. 반면에 나는 이런 저술가들에 비해 더욱 완전하고 정확한 정보를 제공할 수 있다." 잉카인은 아즈텍인과는 달리 문자 체계를 갖추지 못했다. 그래서 잉카족 역사에 대한 반복적 암기는 어린 잉카족 귀족 자제를 교육시킬 때 중요하게 여겨졌다. 가르실라소의 가족 역시 진지하게 여겼던 부분이다. 그에 따라 《왕실 이야기》는 대부분 기억에 의존해 쓰였다. 여기에 대해 가르실라소는 이렇게 설명했다. "이런 방식이 가장 바람직해 보였다. 내가 어렸을 때 어머니와 이모, 삼촌들에게서 자주 전해 들은 내용을 정리해 서술하는 것이다." 이 구전 역사를 바탕으로 가르실라소는 '잉카의 기원'을 밝히겠다고 약속했다.[53]

《왕실 이야기》는 스페인 정복이 이뤄지기 훨씬 전, 잉카제국이 건국되던 12세기부터 시작된다. 가르실라소는 최초의 잉카 황제 만코 카팍Manco Cápac이 거대한 호수에서 솟아오른 태양신에 의해 태어난 전통적인 기원 신화로 시작했다. 그런 다음 만코 카팍은 자기가 다스리던 사람들을 안데스산맥으로 이끌어 수도인 쿠스코를 세운 다음 잉카제국을 건립했다. 가르실라소는 유럽의 동시대인들과 마찬가지로 인류 역사에 영향을 주는 기후 요인의 중요성에 대해 논의했다. 이런 관점에서 쿠스코는 일종의 지상 낙원이었다. 이 도시는 "아름다운 계곡에 자리 잡고 있었으며 사방이 높은 절벽으로 둘러싸였고 네 줄기의 시냇물이 땅에 물을 공급했다." 안데스산맥의 높은 곳은 너무 덥지도, 춥지도 않았다. 가르실라소의 설명에 따르면 "이곳은 기후가 가장 쾌적하고 선선하며, 맑은 날씨가 지속되고 더위도 추위도 없었다." 또 저지대와 달리 "벌레도 매우 적고 몸을 무는 모기도 전혀 없었다." 이런 목가적인 환경에서 만코 카팍은 떠돌이였던 가르실라소의 조상들을 진보된 문명인으로 변모시켰다. 오래지 않아 이 잉카인은 땅을 경작하고, 농작물을 재배하고, 사원을 지었는데, 이 모든 풍습이 당시 유럽인들에게 문명의 표지로 여겨졌다. 가르실라소의 설명에 따르면 잉카인들은 "이성적인 존재처럼 땅에서 나는 열매와 성과물을 활용하기 시작했다." 여기서 알 수 있는 바는 분명했다. 세풀베다가 틀렸고, 아메리카 원주민들은 야만인이 아니었다.[54]

아메리카 대륙 지도 만들기

1493년 5월, 교황 알렉산데르 6세는 세계를 둘로 나누었다. 스페인과 포르투갈은 각각 카리브해 섬과 브라질 주변의 해안을 자국 영토라고 주장하며 신대륙을 발견한 이후 영토의 주인이 누구인지 다퉜다. 이 갈등을 해결하고자 알렉산데르 6세는 포고령을 내렸다. 신대륙 한가운데를 지나는 선을 그리고 이 선 서쪽에 있는 땅은 스페인이 차지하고 동쪽 땅은 포르투갈이 차지하라는 내용이었다. 스페인과 포르투갈은 여기에 동의했고, 그에 따라 1년 뒤인 1494년에 토르데시야스 조약에 서명했다. 그리고 카보베르데제도에서 서쪽으로 1,000마일 조금 떨어진 지점에 선을 그었다. 이 조약에 따라 포르투갈은 브라질을 얻고 스페인은 멕시코와 페루를 얻었다. 다만 문제가 하나 있었다. 괜찮은 신대륙 지도가 없었던 것이다.[55]

16세기 이전에 제작된 대부분의 유럽 지도들은 고대 그리스의 지리학자 클라우디오스 프톨레마이오스Klaudios Ptolemaeos의 저작을 바탕으로 만들었다. 2세기에 저술된 프톨레마이오스의 《지리학Geography》은 1,000년이 넘는 세월이 지난 15세기에도 유럽에서 여전히 널리 읽혔다. 이 책에는 서아프리카 해안에서 동쪽의 타이만까지 이어지는 세계지도가 실려 있었다. 프톨레마이오스는 인도나 중국의 존재에 대해 알았고 지구가 둥글다는 사실도 알고 있었다. 하지만 그는 아메리카 대륙에 대한 지식이 없었으며, 단순히 대서양이 동인도제도까지 죽 이어진다고만 여겼다. 사실 처음에 크리스토퍼 콜럼버스에게 탐험에 대한 영감을 준 것도 이 생각이었다. 1492년 8월에 출항한 콜럼버스는 새로운 대륙이 아니라 중국으로 가는 서쪽 항로를 발견하고자 했다.[56]

콜럼버스 자신은 결코 이 계획을 포기하지 않았고 자신이 동인도제도에 실제로 도착했다고 믿으며 1506년에 세상을 떠났다. 하지만 신대륙의 지리학적 '발견'이 뜻하는 바를 재빨리 지적한 사람들도 있었다. 예컨대 1503년에 브라질에서 돌아온 아메리고 베스푸치는 이렇게 말했다. "고대인들은 주야 평분선 너머 남쪽에는 대부분 육지가 아니라 바다뿐이라고 생각했다. 하지만 이 생각은 틀렸고, 사실은 정반대다." 자연사와 의학 분야가 그랬듯 아메리카 대륙과의 조우는 지리학에 변화를 가져왔다. 많은 사람이 고대 문헌의 권위에 의문을 제기하면서 경험적 증거와 가설 검증의 중요성을 강조하기 시작했다.[57]

처음에 유럽의 지도 제작자들은 아메리카 대륙 지리에 대한 여러 상반된 설명을 조화시키기가 어렵다는 사실을 발견했다. 1500년대로 거슬러 올라가는 가장 오래된 신대륙의 지도는 아메리카 대륙을 여러 섬으로 표현하고 있다. 이것은 콜럼버스가 첫 번째와 두 번째 항해를 다녀오며 묘사한 바와 '갠지스강 너머의 인도제도'에 도달했다는 그의 주장에 주로 바탕을 둔 결과였다. 한편 16세기 초의 다른 지도들은 북아메리카 대륙과 남아메리카 대륙을 분리된 땅으로 그렸고, 그 사이를 항해할 수도 있다고 암시했다. 게다가 지도 제작자들은 이전보다 훨씬 더 큰 규모로 작업해야 하는 어려움과 맞닥뜨려야 했다. 지중해 인근 지도를 제작할 수 있다 해도, 새로운 대륙을 포함한 전 세계지도를 제작하는 것은 아예 다른 문제였다.[58]

이제 훨씬 더 긴급해진 기본적인 문제가 하나 생겼다. 지구는 둥글지만 지도는 평평하다는 사실에서 비롯된 문제였다. 삼차원 공간을 이차원 평면으로 표현하는 가장 좋은 방법은 무엇일까? 여기에 대해 프톨레마이오스는 지구가 부채처럼 북극에서 바깥쪽으로 펼쳐지는 여러 호로 나뉘는 원뿔형 투영법을 사용했다. 하지만 이 방식은 한쪽 반구를 묘사하는 데는 효과가 있었지만 양쪽 반구 모두를 묘사하는 데는 효과가 없었다. 게다가 항해자들이 나침반 방향을 따라 나아

4 1500년 산타 마리아호의 선장이었던 후안 데 라 코사가 제작한 지도로, 아메리카 대륙을 포함한 현존하는 가장 오래된 유럽 지도다.

가기 어렵게 만들었는데, 선들이 바깥으로 갈수록 북극에서 더 멀어지기 때문이었다. 그러다 16세기 들어 유럽의 지도 제작자들은 새로운 투영법을 시험했다. 1569년, 플랑드르의 지도 제작자 헤라르뒤스 메르카토르Gerardus Mercator는 '항해에 보다 적절하게 적용되는 지표면에 대한 새롭고 더 완전한 표현'이라는 제목을 붙인 영향력 있는 지도를 제작했다. 메르카토르는 지구의 극지방은 확대되고 한가운데는 축소되는 방식으로 위도와 경도의 선이 언제나 서로 직각을 이루는 세계지도를 만들었다. 이렇게 하면 선원들이 지도상의 나침반 방향에 따라 직선으로 항해할 수 있었기 때문에 유용했다. 이처럼 아메리카 대륙으로 항해하는 것을 돕고자 고안된 메르카토르의 투영법은 오늘날 모든 현대적 세계지도의 기초로 사용된다.[59]

이처럼 여러 가지가 변화를 겪자 스페인 왕실은 좀 더 체계적인 접근 방식으로 아메리카 대륙을 연구해야 한다는 사실을 깨달았다. 1503년, 이사벨라 여왕과 페르디난도 왕은 세비야에 '교역의 집'을 설립했다. 신대륙에서 들어오는 모든 정보가 모이는 중심 허브 역할을 하는 장소였다. 새로운 섬이나 동식물에 대한 보고가 들어오면 세비야로 보내 목록으로 작성하게 했다. 교역의 집은 스페인제국의 중앙 집권화를 위해 1524년에 설립한 인디아스 자문 위원회와도 긴밀히 협력했다. 이 두 단체는 유럽의 대학 밖에서 과학을 연구하는 사람들에게 최초로 봉급을 받는 직책을 제공했다. 지리학자, 천문학자, 자연학자, 자연사학자, 항해사가 이런 방식으로 스페인 왕실에 직접 고용되었다. 이들은 함께 새로운 해도와 지도를 제작했는데, 토르데시야스 조약에 따라 스페인의 영토를 확보하는 것이 이들의 궁극적인 목표였다. 신대륙에서 돌아오는 선장들 역시 교역의 집에 들러 이번 항해와 이전에 제공받은 지도의 불일치를 보고해야 했다. 이것은 유럽에서 근대과학이 완전히 제도화된 첫 번째 사례였다. 대학이나 학회가 아닌, 아메리카 대륙을 제대로 알고 정복하기 위한 스페인제국의 프로젝트에서 비롯한 것이다.[60]

후안 로페스 데 벨라스코Juan López de Velasco는 박식하기로 손꼽히는 학자였다. 그는 스페인 왕실의 지원을 받는 새로운 자리인 인디아스 자문 위원회에서 고문 우주론자로 일했다. 우주론이란 지리학, 자연사, 인류학, 지도학의 여러 측면을 결합한 분야였다. 이 장에서 살폈던 여러 과학 분야를 한데 모은 셈이다. 이 모든 지식을 활용해 스페인에 아메리카 대륙에 대한 가장 충실한 설명을 제공하는 것이 벨라스코가 맡은 궁극적인 임무였다. 이 일은 행정 업무에 도움이 되며 지도 제작이 최우선 과제였다. 하지만 벨라스코는 머지않아 아메리카 대륙에 대한 정말로 정확한 지도를 만들기 위해서는 스페인제국 전체가 동원되어야 한다는 사실을 깨달았다. 그가 1577년에 시도한 일이 바로 그것이었다.

먼저 벨라스코는 인디아스 자문 위원회에서 자신의 지위를 활용해 아메리카 대륙의 스페인 식민지 전체에 발송할 질문지를 만들었다. 여기에는 해당 지역의 천연 산물부터 주요 도시의 정확한 위도와 경도에 이르기까지 50개의 질문이 실렸다. 뒤이어 벨라스코는 다음과 같은 질문과 요구 사항을 덧붙였다. "해안을 따라 자리한 항구와 상륙지는 어디에 있는가? 산, 계곡, 지역의 이름을 적고 각각의 이름이 토착어로 무엇을 의미하는지 밝혀라." 응답자에게 직접 지도를 그려달라고 부탁하는 질문도 꽤 많았다. 그러면 해당 지역의 총독이나 시장이 답변할 것이라 기대했다. 이렇게 답변과 손으로 그린 지역의 지도가 스페인의 벨라스코에게 발송되었다. 이 응답은 〈지리 보고서 Geographical Reports〉로 알려져 있다.^{pic1} 벨라스코는 페루에서 히스파니올라섬에 이르기까지 208건의 보고를 받았다. 하지만 응답 대부분은 가장 큰 식민지인 누에바에스파냐에서 왔다.[61]

이런 질문지는 지리 정보를 수집하는 당연한 방법처럼 보일 수 있지만, 16세기에는 완전히 새로운 방식이었다. 이것은 지리학을 연구하는 새로운 방법을 대표하는데, 이 시기의 다른 과학이 그랬듯 고대 그리스와 로마의 권위에 점점 덜 의존하게 되었다. 그뿐 아니라 이 방식은 과학에 대한 중앙집권적이고 제도화된 접근법이기도 했는데, 이는 그동안 유럽에서 시도되지 않았던 방식이었다. 하지만 〈지리 보고서〉에서 가장 흥미로운 부분은 원주민들이 프로젝트에 기여했다는 점이었다. 자연사나 의학 분야와 마찬가지로, 아메리카 대륙의 지리를 제대로 파악하는 유일한 방법은 그곳에 사는 사람들에게 직접 묻는 것이었다.

유럽인들은 원주민들의 지리적 지식에 감명받곤 했다. 예컨대 콜럼버스는 카리브해의 아라와크인이 이곳 바다를 어떻게 항해했는지 기록을 남겼는데 "이들은 카리브해 곳곳을 항해했는데 그 방법에 대해 어찌나 설명을 잘하는지 놀라웠다"라고 밝혔다. 그는 일종의 해도를 작성할 사람을 찾았다고 보고하기도 했다. 이와 비슷하게 1540년대에 스페인의 탐험가 프란시스코 바스케스 데 코로나도^{Francisco Vázquez de Coronado}는 아메리카 원주민 부족인 주니족의 도움을 받아 뉴멕시코 지역의 지도를 제작했다. 원주민 집단에서는 보통 사슴 가죽에 지도를 그렸다. 아니면 단순히 지리를 외웠다가 모래 바닥에 그리거나 필요할 때 야영지에서 나뭇가지를 늘어놓기도 했다. 하지만 아메리카 대륙의 여러 원주민 부족 가운데서도 특별히 발전된 지도 제작 기술을 갖춘 집단은 아즈텍인이었다. 그 이유는 아즈텍제국이 다른 지역의 공물을 받는 거대하고 중앙집권적인 국가였기 때문이다.[62]

스페인제국이 그랬듯 아즈텍인 역시 지도가 중요한 통치 도구 역할을 한다는 사실을 알았다. 목테수마 황제 역시 1510년대에 아즈텍제국의 거대한 지도를 제작하도록 명령했다. 천에 색을 칠한 이 지도는 멕시코만 전체를 아우르며 수도 테노치티틀란을 둘러싼 모든 도로와 강, 도시를 포함한다. 이 지도는 아즈텍제국의 대규모 지리, 역사적 조사에 따라 제작되었으며, 나우아틀 그림문자 고문서에 보존되었다. 이런 아즈텍의 지도 제작 전통은 인디아스 자문 위원회에 보내진 〈지리 보고서〉를 이루는 중요한 자료가 되었다. 실제로 벨라스코가 누에바에스파냐 사람들에게 받은 69개의 지도 가운데 45개를 원주민 화가가 제작했다. 그도 그럴 것이 스페인 지방 총독들은 대개 자기들이 담당하는 도시 너머로 여행을 하지 않았다. 벨라스코 자신도 이 사실을 민감하게 받아들였다. 그래서 벨라스코는 질문지에 동봉된 설명서에 총독이 질문에 대답할 수 없을 경우 "해당 분야에 대한 지식을 갖춘 사람들에게 대신 물어보라"라고 언급했다. 그 사람들이란 대개는 아즈텍 출신 노인을 의미했다.[63]

정리하자면 아메리카 대륙의 지도 제작 과정은 사아군의 자연사 연구와 크게 다르지 않았다. 스페인 현지 총독이 원주민 원로들과 상의했다는 점에서 그랬다. 총독들은 질문지를 받아 작성했고 때로는 나우아틀어로 내용을 번역해 답변을 요청하기도 했다. 그러면 원로들은 '지역 화가'를 불러 지도를 제작했는데, 이때 기존의 아즈텍 고문서에서 직접 베끼는 경우도 많았다. 자연사나 의학 분야의 저서가 그렇듯 이런 지도에는 나우아틀 그림문자나 전통적인 아즈텍의 이미지가 통합되는 경향이 있었다. 예를 들어 1582년에 벨라스코는 미나스 데 줌팡고라고 알려진 지역의 멋진 지도를 받았는데, 언뜻 보기에 이 지도는 당시 유럽 지도와 그리 달라 보이지 않는다. 하지만 좀 더 자세히 들여다보면 나우아틀 그림문자가 눈에 띈다. 지도 상단에 적힌 그림문자는 주변 도시에 대한 나우아틀어 이름을 기록한다. 그리고 이 문자들은 경계를 나타내는 데 사용하는 아즈텍의 전통적 상징인 조그만 발자국 문양으로 서로 분리된다.[64]

벨라스코가 받은 다른 지도들도 비슷한 패턴을 따랐다. 원주민 화가가 동물 가죽에 그린 미스키아우알라 지역의 지도 역시 나우아틀 그림문자가 실린 것이 특징이다. 미나스 데 줌팡고의 지도와 마찬가지로 근처 마을의 이름을 나타내는 그림문자가 가장자리를 둘러싸고 있다. 한가운데에는 큰 강이 흐르고 서쪽에는 역시 나우아틀 그림문자로 에워싸인 큰 언덕이 있다. 그런 다음 이 지도를 그린 화가는 선인장과 동물을 나타내는 그림문자로 언덕을 채워 자연사에 관한 벨라스코의 여러 질문에 답했다. 한 스페인 선교사는 벨라스코가 이 나우아틀 그림문자를 해석하는 데 어려움을 겪을 수도 있다는 사실을 알고 지도에 다음과 같이 주석을 달았다. "여기는 사자와 뱀, 사슴, 토끼가 서식하는 미스키아우알라 언덕이다." 그뿐 아니라 이 지도는 원주민이 등장하는 몇 안 되는 지도 가운데 하나다. 한가운데 미스키아우알라 대신전 바로 옆에는 깃털 머리 장식을 한 아즈텍 원로가 왕좌에 앉아 있다. 이 이미지는 스페인이 처한 양면적 입장을 상기시킨다. 한

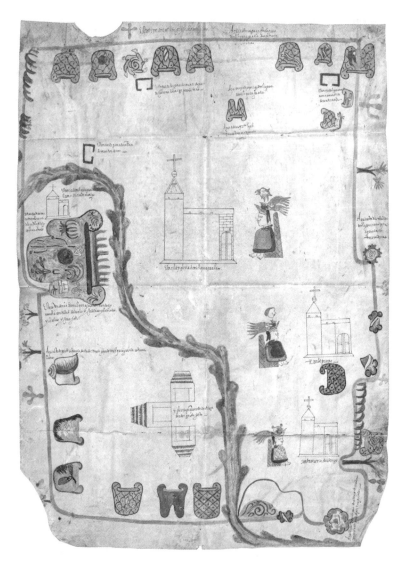

5 인디아스 자문 위원회에 보낸 누에바에스파냐 미스키아우알라 지역의 지도로 아즈텍 〈지리
보고서〉의 일부다. 1579년경.

편으로 스페인은 식민지에 대한 소유권을 보다 수월하게 주장하고 관
리할 수 있도록 아메리카 대륙의 지도를 만들고자 했다. 하지만 다른
한편으로 이 프로젝트는 스페인 사람들이 쫓아내고자 하는 바로 그

1부 ✦ 과학 혁명: 1450~1700년

사람들의 도움 없이는 확실히 불가능했다.[65]

결론

"멀리 여행할수록 더 많이 배운다." 1500년 크리스토퍼 콜럼버스가 세 번째 신대륙 항해에서 돌아온 직후에 쓴 글의 일부다. 콜럼버스가 옳았다. 16세기 초부터 과학은 아메리카 대륙을 오가는 정복자, 선교사, 그리고 메스티소 때문에 변화를 겪었다. 이 장에서 우리는 근대과학의 역사를 이해하기 위해 세계사가 얼마나 중요한지 알아차렸다. 1492년 아메리카 대륙의 식민지화가 시작되면서, 과학 혁명을 설명하기 위해서는 유럽과 그 너머 더 넓은 세계의 연관성을 살필 필요성이 생겼다. 우리는 자연사, 의학의 발전과 지리적 발견이 아메리카 대륙을 식민지로 만든 스페인제국의 정치적, 상업적 목표와 밀접하게 연관되어 있다는 사실을 깨달았다. 탐험가들이 귀중한 식물과 광물을 찾는 동안 식민지가 자국 영토임을 주장하기 위해 지도를 활용했다. 아메리카 대륙을 정복하고 식민지화하려는 이러한 노력은 지식적 측면뿐만이 아니라 과학이 행해지는 방식에 대한 변화를 촉발했다.[66]

16세기 이전까지만 해도 유럽의 학자들은 거의 전적으로 고대 그리스와 로마의 문헌에 의존했다. 자연사를 연구하려면 플리니우스를 읽었고, 지리학을 연구하려면 프톨레마이오스를 읽었다. 하지만 아메리카 대륙이 식민지가 된 이후로 새로운 세대의 사상가들은 과학 지식의 주요 원천으로 경험에 더 많은 중점을 두었다. 이들은 실험을 하고 표본을 수집했으며, 지리와 관련해 현장 조사를 실시했다. 이런 방식은 오늘날 우리 눈에는 과학을 수행하는 당연한 방법론처럼 보일지 모르지만, 당시만 해도 엄청난 변화였다. 이렇듯 경험 증거를 새롭게 강조한 것은, 그동안 고대 그리스나 로마인이 아메리카 대륙을 전혀 알지 못했다는 사실이 그 부분적인 이유였다. 플리니우스는 감자를 본 적이 없었고, 프톨레마이오스는 대서양이 아시아까지 죽 이어진다고 믿었다. 오늘날에도 여전히 우리는 과학자들이 '발견'을 한다고 이야기한다. 이는 과학적 발견과 지리적 발견이 함께 이루어진 16세기에서 기원을 찾을 수 있는 일종의 은유다. 하지만 그렇다고 과학 혁명이 단순히 고대 문헌과 모순되는 새로운 증거에서 나온 결과물만은 아니다. 서로 다른 문화 사이의 만남이 일군 산물이기도 했다.[67]

오늘날 종종 잊히곤 하지만 아메리카 원주민들은 그들만의 진보된 과학 문화를 지니고 있었다. 유럽인들은 아즈텍과 잉카족이 보여준 과학적 아이디어와 이들이 제공할 수 있는 다양한 것에 매료되었다. 이러한 지식을 바탕으로 원주민들을 비롯해 탐험가, 선교사는 자연사, 의학, 지리학을 발전시켜 새로운 책을 저술했다. 하지만 여기에는 역설적인 측면이 있었다. 유럽으로 돌아간 학자들은 그들 자신이 플리니우스나 프톨레마이오스가 저술한 내용을 직접 경험으로 대체하면서 고대 문헌을 거부한다고 스스로를 내세웠다. 하지만 실제로는 이들 가운데 상당수가 단순히 하나의 텍스트를 다른 텍스트로 바꾸었을 뿐이다. 베르나르디노 데 사아군 같은 선교사들은 아즈텍 고문서를 찾아내 나우아틀어 문헌을 라틴어나 스페인어로 번역했다. 16세기에 선교사들이 가톨릭 교리에 대한 위협으로 여겨 없애려 했던 이 고문서들은 1500년에서 1700년까지 유럽에서 형성된 근대 초기 과학 분야의 가장 중요한 저술에서 기초가 되었다.

유럽인들이 과학에 대한 새로운 사고방식을 접한 원천은 아메리카 대륙만이 아니었다. 콜럼버스가 아메리카 대륙에 처음 상륙한 뒤로 불과 5년이 지난 1497년, 포르투갈의 탐험가 바스코 다 가마Vasco da Gama는 희망봉을 빙 돌아 항해해 인도양에 처음으로 도달했다. 이를 통해 다 가마는 유럽과 아시아가 접촉하는 새로운 시대를 열었으며 이 역시 과학의 발전에 똑같이 심대한 영향을 미쳤다. 이 시기에 새로운 문화를 접한 게 유럽인뿐만이 아니었다는 사실 또한 중요하다. 다음 장에서 살피겠지만, 아시아와 아프리카 전역에서 온 과학 사상가들도 전 세계를 여행하며 아이디어를 교류하고 있었다. 16세기에서 17세기 들어 종교와 무역 네트워크가 확장되면서 과학 혁명은 곧 전 세계적인 움직임으로 변모했다.

2장
천상과 지상 세계

    천문대 꼭대기에 선 울루그 베그^{Ulugh Beg}는 고개를 들어 하늘을 바라보았다. 이 젊은 이슬람 왕자는 매일 밤 오늘날의 우즈베키스탄에 자리한 사마르칸트 외곽의 천문대까지 걸어가곤 했다. 사마르칸트 천문대는 기독교가 지배하던 유럽에서 천문학과 수학이 발전하는 데 지대한 영향을 미친 이슬람 과학의 중심에 있었다. 1420년에 도시가 내려다보이는 언덕 위에 지은 이 천문대는 별을 관찰하기에 완벽한 장소였다. 천문대 옥상에 올라간 울루그 베그는 별자리와 혜성을 찾아냈다. 15세기의 유럽이나 아시아, 아프리카에 이르는 여러 통치자가 그랬듯 울루그 베그는 점성술을 깊이 신뢰하고 있었다. 별들이 좋지 못한 방식으로 정렬되거나 게자리가 하늘에 너무 낮게 떠 있다면 어쩌면 재앙을 예고하는 것일 수도 있다. 페스트와 흉작이 뒤따를지도 모른다. 오늘날에는 점성술을 미신과 연관 짓지만 근대 초기에 점성술은 종교나 정치의 중요한 일부였다. 대부분의 전 세계 종교가 라마단이나 부활절 같은 주요 축일을 천문학적 현상과 결부했고, 통치자들은 언제 전쟁을 하고 누구와 동맹을 맺을 것인지와 같은 중요한 정치적 결정을 내리는 데 점성학적 예측을 활용했다.

사마르칸트의 천문학자들은 1420년에서 1447년에 이르는 27년 동안 별과 행성의 움직임을 측정하고 예측하는 세심한 관찰 프로그램을 수행했다. 사마르칸트 천문대의 본관은 3층 높이의 큰 탑 형태였다. 외벽은 반짝이는 청록색 타일로 덮였고, 당시의 이슬람 건축양식을 대표하는 기하학적 무늬가 상감되어 있었다. 그리고 전망대 한가운데에는 거대한 '파크리 육분의'가 서 있었다. 높이가 40미터도 넘는 이 육분의는 당시 전 세계에서 가장 정확한 과학 측정 기구로 꼽혔다. 벽돌과 석회암으로 만든 파크리 육분의는 하늘의 별과 행성의 정확한 위치를 측정하기 위해 사용되었다. 오늘날 사마르칸트 천문대를 방문한다 해도 이 거대한 석조 구조물의 아래쪽 일부를 볼 수 있다. 구조물은 높이 몇 미터밖에 남지 않았지만 이것만으로도 전체 규모를 금방 짐작할 수 있다. 이 육분의는 암반 아래 땅속 깊은 곳까지 내려간다.[1]

1394년에 태어난 울루그 베그는 티무르제국의 창시자 티무르의 손자였다. 14세기 내내 티무르는 이 지역이 하나의 이슬람 지배자 아래 통합되기를 바라며 중앙아시아의 여러 지역을 정복했다. 울루그 베그는 할아버지를 따라 군사작전에 참여하며 어린 시절을 보냈고, 이 시기에 처음으로 천문학에 관심을 갖게 되었다. 여러 곳을 여행하는 동안 울루그 베그는 13세기에 페르시아 북부에 지은 마라게 천문대의 잔해를 살핀 적이 있었다. 거대한 석조 사분의를 갖춘 것이 특징인 이 천문대에 영감을 받은 울루그 베그는 사마르칸트에도 비슷한 천문대를 건설하라고 명령했다. 이것은 울루그 베그가 도시를 다스리게 되면서 시작한 광범위한 건설 계획의 일부였다. 대학과 목욕탕, 모스크와 화려하게 장식된 정원에 이르기까지 울루그 베그는 사마르칸트를 아프리카에서 유럽, 중앙아시아까지 뻗어나간 장거리 무역로인

6 1420년에 만든 파크리 육분의의 모습으로 오늘날 우즈베키스탄 사마르칸트에 남아 있다.

실크로드 한가운데에 자리한 활기찬 문화의 거점으로 바꾸어놓았다.[2]

울루그 베그에게 천문대는 과학적 탐구뿐 아니라 종교적인 헌신이 이루어지는 장소였다. 이슬람 세계에서는 과학과 종교가 늘 함께했다. 매일 다섯 번 실시하는 기도부터 라마단의 시작과 종료에 이르기까지 이슬람교는 다른 어떤 종교보다도 정확한 천문학 지식에 의존하는 종교다. 바로 그런 이유로 대부분의 큰 모스크는 시간 기록인을 고용했으며 이슬람 궁정에서는 천문학자가 와서 일했다. 오늘날은 천문학자(별과 행성의 움직임을 추적하는 사람)의 작업과 점성술사(하늘의 움직임에 기초해 미래를 예측하는 사람)의 일을 완전히 별개라고 생각하지만 근대 초기만 해도 이러한 역할은 서로 겹쳤다. 이슬람 궁정에서는 천문학자가 점성술사 역할을 겸해(실제로 아랍어 단어인 '무나짐'이 두 직업 모두를 가리킨다) 별점을 치고 종교와 정치에 대한 지침을 제공했다. 그렇기에 사마르칸트에 천문대를 설립한 울루그 베그는 종교적 임무를 수행하는 셈이었다. "지식을 추구하기 위해 노력하는 것은 진정한 이슬람교도들의 의무다." 울루그 베그는 예언자 무함마드의 말을 그대로 인용하며 이렇게 이야기하곤 했다.[3]

과학, 특히 천문학에 대한 후원은 중세까지 거슬러 올라가는 이슬람 통치자들의 오랜 전통이었다. 9세기에는 아바스 왕조의 통치자가 '지혜의 집'을 세웠다. 수학에서 화학에 이르는 여러 분야의 이슬람 과학 사상가들이 중요한 공헌을 한 장소가 바로 이곳이었다. 대수학과 광학 법칙의 발견도 여기에서 이뤄졌다. 대수학algebra, 연금술alchemy, 알고리즘algorithm을 비롯해 오늘날 우리가 사용하는 많은 과학 용어가 아랍어에 기원을 두고 있거나 이슬람 사상가들의 이름을 따서 만들어졌다. 이러한 이유로 과학사학자들은 9세기에서 14세기까지를 이슬람의 '황금시대'라고 부르곤 한다.[4]

하지만 이슬람의 황금시대라는 개념에는 중대한 문제가 하나 있다. 중세 직후 이슬람 문명과 함께 이슬람 과학이 쇠퇴기에 접어들었다는 잘못된 관념에 의존하기 때문이다. 그러면 15세기와 17세기 사이에 일어난 과학 혁명으로 이슬람 세계가 분리되는 결과를 맞이한다. 사실 우리가 이 책의 서론에서 살폈듯 이슬람의 황금시대라는 개념은 19세기에 유럽 제국이 서아시아로 확장하던 흐름을 정당화하고자 발명되었다. 그 후 이 개념은 냉전 기간 서유럽과 미국의 과학사학자뿐만 아니라 탈식민지 민족주의자들 때문에 강화되었는데, 이들은 다들 이슬람의 업적을 먼 과거의 일로 끌어내리고 싶어 했다. 다시 정리하자면 이슬람 학자들은 분명히 중세 과학의 발전에 중요한 역할을 했으며, 이들의 공헌은 14세기에 갑자기 끝나지 않았다. 울루그 베그와 그가 세운 천문대는 이 사실을 상기시키는 중요한 장소다. 울루그 베그는 이전의 이슬람 통치자들이 줄곧 이어온 후원의 전통을 따랐지만, 일반적으로 이슬람 과학과 연관 지어 설명하는 중세의 '황금시대'를 훨씬 뛰어넘은 수준까지 밀고 나아갔다.[5]

예컨대 울루그 베그는 단순한 후원자 역할에 그쳤던 여러 이슬람 통치자와 달리 그 자신이 뛰어난 수학자이자 천문학자였다. 당시의 기록에 따르면 울루그 베그는 '천문대의 사히브(사회적 신분이 있는 남성에 대한 존칭-옮긴이)'라고 일컬어졌으며 이것은 그가 천문학 프로그램을 적극적으로 지원하고 지휘했다는 사실을 보여준다. 울루그 베그는 천문대에서 태양과 달은 매일, 수성은 5일에 한 번, 나머지 행성은 10일에 한 번 관찰해야 한다고 명령했다. 그뿐 아니라 울루그 베그는 이전 학자들의 천문학적 업적을 주의 깊게 연구했다. 예를 들어 그는 《항성에 대한 책Book of the Fixed Stars》(964)이라는 중세 아랍의 천문학 카탈로그를 한 부 갖고 있었고 여백에 페르시아어로 메모를 휘갈겨 썼다. 당대 천문학자들도 울루그 베그의 수학적 소양을 높이 평가했다. 어떤 학자는 울루그 베그가 "말을 타고 이동하는 동안 암산을 통해 태양의 경도를 2분 단위로 도출했다"라고 서술하기도 했다. 오래지 않아 중앙아시아 전역의 학자들이 사마르칸트로 와서 이 위대한 '왕이자 천문학자'와 함께 일하게 되었다.[6]

이때 크게 활약한 인물이 알리 쿠시지Ali Qushji다. 1403년 사마르칸트에서 태어난 그는 왕궁에서 안락하게 자랐다. 왕궁에서 매 키우는 일을 하는 사람의 아들이었던 쿠시지는 울루그 베그가 이 도시에 새로 설립한 대학에서 공부했다. 곧 알리 쿠시지는 천문학적 관측과 수학 계산에 사용하는 고전적인 이슬람 과학 기구인 아스트롤라베를 작동하는 방법을 비롯해, 행성의 운동 법칙을 설명하는 페르시아어 원고 읽는 법을 배웠다. 그리고 얼마 지나지 않아 알리 쿠시지는 자기가 배운 바를 실행에 옮길 준비가 되었다. 쿠시지는 사막을 가로질러 오만만으로 향하면서 달과 조수의 관계를 연구했다. 그리고 그 결과 자신의 첫 번째 천문학적 업적인 달의 위상에 대한 짧은 글을 써냈다. 이슬람 세계에서는 달력이 음력에 바탕을 두고 있었기 때문에 달의 움직임을 잘 예측할 수 있는 천문학자는 후원자들의 호감을 사기 마련이었다. 울루그 베그 역시 쿠시지의 작업에 감명받아 그가 사마르칸트로 돌아와 천문대에 합류하도록 신속히 초대했다. 쿠시지가 천문학 역사상 가장 영향력 있는 저작으로 손꼽히는《술탄의 천문학 표The Tables of the Sultan》(1473)의 편찬을 도왔던 장소도 이곳이었다.[7]

페르시아어로 쓴《술탄의 천문학 표》는 그때까지 측정된 천문학 자료 가운데 가장 정확했고 이후 150년 넘는 세월 동안 그 자리를 유지했다. 알리 쿠시지는 천문학적 작업의 상당 부분을 직접 도맡았다. 울루그 베그 또한 천문대의 중앙 계단을 오르내리며 파크리 육분의를 통해 특정한 별이나 행성의 경로를 추적하곤 했다. 이렇게 15년 넘게 매일 측정을 한 결과 항성 1,018개의 좌표와 그때까지 알려진 5개의 행성(수성, 금성, 화성, 목성, 토성)의 궤도에 대한 데이터가 확보되었다. 그뿐 아니라《술탄의 천문학 표》는 연간 달력을 작성하는 데 중요한 수치인 태양년의 길이에 대한 계산 결과도 담았다. 365일 5시간 49분 15초라는 이 최종 값은 그로부터 500년 넘게 지난 오늘날 알려진 값과 25초가 채 안 되는 차이가 날 뿐이다.[8]

할아버지 티무르가 군사 정복을 통해 이슬람 세계를 통합하려고 했다면, 울루그 베그는 대신 과학에 눈을 돌렸다.《술탄의 천문학 표》는 티무르제국 전역에 거주하는 이슬람교도들의 일상생활을 좌지우지했다. 바그다드에서 부하라에 이르기까지 울루그 베그의 천문학 표는 주요 종교 축일뿐 아니라 기도 시간까지 결정했다. 또 이 표는 이슬람교에서 근본적으로 중요했던 메카의 방향을 정확하게 알게끔 해주었다. 울루그 베그는 천문학을 통해 중앙아시아 사람들이 하나의 종교, 하나의 통치자 아래 하나가 되기를 바랐다. 오래지 않아《술탄의 천문학 표》는 실크로드를 따라 티무르제국 너머 동쪽과 서쪽으로 퍼져나갔다. 이집트의 맘루크 술탄도《술탄의 천문학 표》를 가져오라고 명령했다. 그리고 이후 현지 천문학자들이 이 책을 페르시아어에서 아랍어로 번역했고, 이집트 카이로에 대한 여러 좌표를 다시 계산했다. 뒤에서 다시 살펴겠지만,《술탄의 천문학 표》는 나중에 이스탄불과 델리까지 도달해 전 세계적으로 이슬람교의 종교 관행을 표준화하는 데 도움을 주었다.[9]

하지만 울루그 베그가 티무르제국을 통합하려 애썼음에도 제국은 붕괴되기 시작했다. 어쩌면 점성술로 예언되었을지도 모른다. 1447년 울루그 베그의 아버지가 사망하자 내전이 뒤따랐다. 경쟁하는 파벌들이 지배권을 두고 다투는 상황에서 울루그 베그도 왕좌를 차지하려고 노력했고 결국 삼촌이나 사촌들을 상대로 전쟁을 치르게 되었다. 심지어 그의 자식들도 등을 돌렸다. 울루그 베그의 장남 압둘

라티프는 광신자들 무리의 영향을 받았는데 이들은 라티프에게 그동안 부당한 대우를 받았으니 왕위를 차지해야 한다고 설득하면서 아버지에 대한 원한을 불러일으켰다. 화가 나고 분했던 압둘 라티프는 아버지를 암살하라고 부하들에게 명령했다. 1449년 10월 27일, 위대한 사마르칸트의 천문학자 울루그 베그는 말에서 질질 끌려나와 살해되었다.[10]

울루그 베그가 사망하면서 사마르칸트의 천문학도 종말을 맞았지만, 인류가 천상 세계를 이해하는 방식은 그때부터 더욱 폭넓게 발전했다. 앞 장에서 살펴보았듯 과학 혁명은 전 지구적인 교류의 산물이라고 해석하는 것이 가장 바람직하다. 이 장에서 우리는 이런 흐름을 토대로 서쪽이 아닌 동쪽으로 이동할 것이다. 그렇게 1450년에서 1700년까지 유럽과 아시아, 아프리카가 연결되면서 천문학과 수학이 어떻게 발전되었는지 알아보려 한다. 당시는 종교와 무역 네트워크가 크게 확장되면서 여러 사람이 다양한 과학적 아이디어와 접촉한 시기였다. 실크로드를 따라 여행하는 캐러밴과 인도양을 가로지르는 선교사들은 아랍어로 쓰인 저작과 중국의 천문 카탈로그, 인도의 천문학표를 가지고 돌아왔다.

울루그 베그가 사마르칸트에 천문대를 건설할 무렵, 유럽의 천문 관측 분야는 르네상스로 접어들고 있었다. 르네상스란 15세기에서 17세기에 이르기까지 예술과 과학이 크게 지적으로 발전했던 시기였다. 말 그대로 '새로운 탄생'을 의미하는 이 르네상스 기간에 유럽의 과학 사상가들은 고대 그리스와 로마 사상가들의 저작을 새롭게 해석했다. 우주의 중심에 태양이 있다고 처음 주장한 것으로 유명한 니콜라우스 코페르니쿠스 같은 천문학자들은 고대 사상가들의 지혜를 거부한 채 행성의 운동에 대한 급진적으로 새로운 이론을 제안했다.

전통적인 과학사 서술은 대부분 코페르니쿠스의 이야기를 핵심적으로 다룬다. 하지만 우리가 앞으로 살피게 될 것처럼, 다른 지역에서 일어나고 있는 일에 주의를 기울이지 않고서는 유럽의 과학 혁명에 대해 올바르게 설명할 수 없다. 코페르니쿠스 역시 사마르칸트나 이스탄불 같은 곳에서 수입한 아랍어와 페르시아어 저작에서 발견한 아이디어에 의존했다. 그리고 같은 시기에 중국과 인도, 아프리카의 천문학자들은 자신의 아이디어를 유럽이나 이슬람 세계에서 유래한 것과 융합했다. 유럽과 아프리카, 아시아를 둘러보다 보면, 과학 사상가가 다른 문화권에서 아이디어를 끌어내는 방식을 비롯해 새로운 것과 오래된 것을 결합하는 방식이 놀랄 만큼 유사하다는 사실을 깨닫게 된다. 그렇다면 르네상스는 로마뿐만 아니라 베이징에 이르기까지 전 세계적으로 일어났던 셈이다. 바닷길과 실크로드를 따라 사상과 아이디어가 왔다 갔다 하면서 유럽과 아프리카, 아시아의 여러 제국은 과학의 대대적인 변화를 목격했다. 따라서 과학 혁명 당시 천문학과 수학이 어떻게 발전했는지 역사적으로 이해하기 위해서는, 코페르니쿠스가 있던 유럽에 국한하는 전통적인 서술에서 더 나아가 그에게 영감을 준 이슬람 과학부터 살필 필요가 있다.[11]

고대의 저술 번역하기

유럽의 천문학자들은 오랫동안 아랍어 자료에 의존해왔다. 결국 고대 그리스 과학에 대해 진지하게 관심을 보인 최초의 집단은 이슬람 학자들이었다. 이들의 연구는 나중에 중세 유럽 대학 교과과정의 상당 부분을 뒷받침했다. 9세기 바그다드에서는 한 무리의 이슬람 학자들이 클라우디우스 프톨레마이오스의 저작을 고대 그리스어에서 아랍어로 처음 번역했다. 원래 2세기에 이집트에서 저술한 프톨레마이오스의 《알마게스트 Almagest》는 중세 유럽과 이슬람 세계 모두에서 놀랄 만큼 큰 영향력을 발휘했다. 프톨레마이오스는 우주의 중심에 태양이 아닌 지구가 있다는 고전적 모델을 주장했다. 하지만 프톨레마이오스의 천문학에는 문제점이 있었다. 먼저 그 내용이 유난히 까다롭고 복잡했다. 이런 여러 문제는 프톨레마이오스가 아리스토텔레스의 우주 철학을 전적으로 따랐기 때문이다. 기원전 4세기에 저술한 《자연학》에서 아리스토텔레스는 지상 세계와 천상 세계가 근본적으로 분리되어 있다고 설명했다. 천상은 완벽하게 흠이 없고 영원히 변하지 않았다. 그렇기에 태양과 별, 행성은 지구를 둘러싸고 완벽한 원을 그리며 일정한 속도로 움직였다. 반면 아리스토텔레스에 따르면 지구는 '부패하기 쉬운' 성격을 지녔다. 그에 따라 지구에서 사물의 운동은 불연속적이고 직선적이다. 사물은 똑바로 직선으로 움직이며 움직이는 동안 속도가 변했고 한곳에 정지할 수 있다.[12]

하지만 프톨레마이오스마저도 행성들이 완벽한 원을 그리며 움직이지 않는다는 사실을 깨닫고 있었다. 오히려 행성들은 1년 동안 이리저리 뒤뚱거리면서 지구에 가까이 왔다가 멀어지는 것처럼 보였다. 그뿐 아니라 정지해 있는 지구의 관점에서 볼 때 행성들은 움직이면

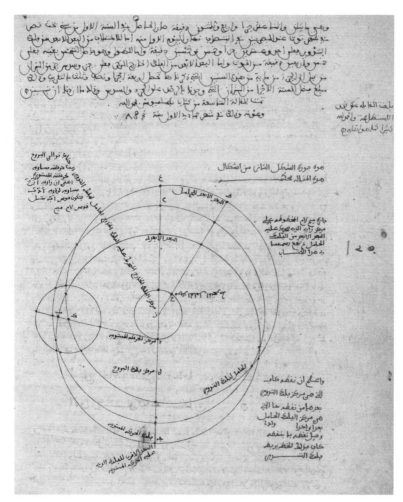

7 클라우디우스 프톨레마이오스가 저술한 《알마게스트》의 아랍어 번역본으로 1381년에 스페인에서 필사되었다. 이 그림은 주전원과 이심을 동원하며 지구를 우주의 중심에 두는 프톨레마이오스의 우주 모델을 보여준다.

서 속도를 높였다가도 늦추는 것처럼 보였다(오늘날 우리는 그 이유가 행성이 원보다는 타원형 궤도로 태양 주위를 돌기 때문이라는 사실을 안다). 이런 사실들을 설명하기 위해 프톨레마이오스는 온갖 종류의 수학적인 묘기를 도입했다. 먼저 행성들이 지구로부터 약간 떨어진 지점인 '이심'을 중심으로 공전하도록 했다. 또 프톨레마이오스는 행성들이 일종의 이중 회전을 하는 '주전원' 개념을 도입했다. 여기에 따르면 각각의 행성은 지구 주위의 더 큰 궤도를 따라 움직이는 작은 원의 주변 궤도를 따라 움직였다. 그리고 마지막으로 프톨레마이오스는 또 다른 가상의 점인 '동시심(등각속도점)'을 도입했다. 역시 지구와 분리된 이 지점에서 보면 행성들은 일정한 속도로 움직이는 것처럼 여겨졌다. 이런 이론적인 묘기에 가까운 과정을 거쳐 프톨레마이오스는 천상계의 모든 것이 일정한 속도로 완벽한 원을 그리며 움직인다는 아리스토텔레스의 주장을 지켜냈다. 동시에 행성의 운동에 대한 합당한 모델도 수립되었다.[13]

하지만 아랍어 번역가들은 프톨레마이오스 모델의 결점을 잘 알고 있었다. 11세기에 카이로를 중심으로 활동했던 천문학자 이븐 알하이삼은 《프톨레마이오스에 대한 의문Doubts on Ptolemy》(1028)이라는 제목의 비판서를 쓰기도 했다. 알하이삼은 프톨레마이오스의 수학적인 속임수에 속지 않았다. 그리고 동시심이나 이심 같은 온갖 가상적인 점을 도입해야만 한다는 사실이 균일한 원운동이라는 이상을 엉터리로 망가뜨린다고 주장했다. 알하이삼은 행성들이 완벽한 원을 그리며 운동하지는 않는다고 명확히 추론했다. 그리고 "프톨레마이오스는 존재하지 않는 배열을 가정했다"라고 결론 내렸다. 이것은 나중에 기독교가 지배하던 유럽에 도달했던 오랜 전통을 지닌 이슬람 과학의 시작점이었다. 고대 그리스 과학 저술을 번역하던 이슬람 학자들도 비판했다. 그 가운데 나시르 알딘 알투시의 논평이 가장 영향력이 있었다. 1201년에 태어난 알투시는 당시 몽골제국의 일부였던 페르시아 북부에 자리한 마라게 천문대를 이끄는 천문학자였다. 나중에 울루그 베그가 방문해 사마르칸트에 비슷한 천문대를 세우게끔 영감을 준 바로 그 천문대였다. 마라게 천문대에서 알투시는 지즈라고 불리는 천문표를 작성하면서 매일 하늘을 관찰했다. 특히 1258년에 몽골군이

바그다드를 공격한 이후로는 많은 고대 그리스어와 아랍어 저작을 접할 수 있었다.[14]

알투시는 곧 프톨레마이오스의 체계에서 결함을 발견했다. 《천문학에 대한 회고Memoir on Astronomy》(1261)에서 알투시는 알하이삼의 의견을 따라 프톨레마이오스의 우주 모델과 아리스토텔레스 물리학 사이의 모순을 지적했다. 하지만 알투시는 한 걸음 더 나아갔다. 프톨레마이오스를 비판하는 데 그치는 대신 해결책을 제시한 것이다. 알투시는 '투시 조합'으로 알려진 기하학적 도구를 발명했다. 이것은 원 2개의 조합으로, 정확히 크기가 2배인 큰 원과 그 둘레를 회전하는 작은 원으로 이뤄진다. 알투시는 이 운동이 프톨레마이오스가 도입한 주전원이나 동시심 없이도 행성의 고유 진동을 거의 완벽하게 본떴다는 사실을 깨달았다. 또 투시 조합을 살피면 직선운동과 원운동이 서로 구별된다는 아리스토텔레스의 주장이 말이 되지 않는다는 사실을 알 수 있었다. 작은 원의 한 점을 잡고 따라가면 직선을 따라 위아래로 진동하는 것처럼 보인다. 다시 말해 알투시는 회전하는 원을 단순히 결합하기만 하면 선을 따라 움직이는 직선운동을 만들 수 있다는 사실을 보여주었다. 나중에 또 살필 예정이지만 이 투시 조합은 유럽에 새로운 천문학적 아이디어가 발전하는 데 지대한 영향을 미쳤다.[15]

12세기까지 피타고라스의 수학부터 플라톤의 철학에 이르는 고대 그리스 저작의 대부분이 아랍어로 번역되었다. 중세 유럽 학자들이 고대인의 사상을 처음 접하게 된 것도 이런 아랍어 판본을 비롯해 알하이삼과 알투시의 비평서를 통해서였다. 1175년에는 카스티야 왕국에 살던 이탈리아 사람인 크레모나의 제라르드가 프톨레마이오스의 저서를 라틴어로 번역했다. 이 작업은 무슬림이 지배하던 스페인에서 가져온 아랍어 원고를 하나하나 모아 이뤄졌다. 이때 제라르드는 저서의 아랍어 제목인 '알마게스트'를 그대로 두기로 했는데, 알마

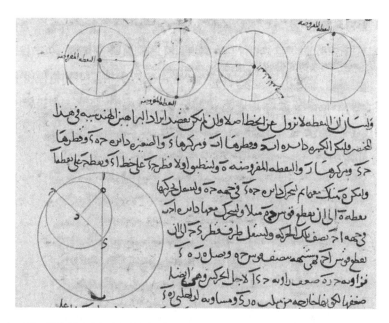

8 나시르 알딘 알투시의 저서 《천문학에 대한 회고》(1261)에서 '투시 조합'의 도해가 실린 페이지.

게스트는 '가장 위대한'이라는 뜻이 있는 단어였다. 이어 다른 고대 그리스 저작들의 라틴어 번역본이 속속 나왔고 이 책들은 모두 중세 아랍어 판본을 토대로 번역되었다. 1400년대까지만 해도 유럽의 천문학자들은 오랫동안 연구를 하려면 라틴어로 번역된 아랍어 판본을 통할 수밖에 없다고 여겼다. 많은 학자가 고대 그리스의 원래 판본은 영원히 사라졌다고 믿었다. 하지만 그들의 생각은 틀렸다.[16]

르네상스 시기 유럽의 이슬람 과학

이스탄불은 최악의 상황에 대비하고 있었다. 거의 두 달에 걸쳐 비잔틴제국의 수도가 포위 공격을 받았다. 티무르제국이 붕괴된 후 새로운 이슬람 세력이 중앙아시아와 서아시아를 지배하기 시작했다. 바로 오스만제국이었다. 술탄 메흐메트 2세는 보스포루스에 배치된 갤리선에서 포화를 퍼붓고 거대한 철제 대포로 로마 시대 성벽을 폭파하면서 도시를 에워쌌다. 결국 1453년 5월 29일, 이 도시는 함락되었다. 그리스정교회의 성 소피아 대성당이 모스크로 개조되었고 수많은 기독교인이 이스탄불에서 도망쳤다. 이때부터 이스탄불에서 카이로에 이르는 거대한 오스만제국은 이 지역을 400년 넘게 통치했다. 당시는 이슬람 세계가 유럽과 새롭게 교류를 시작해 과학에 변화의 바람이 불던 시기이기도 했다.

1453년 말, 이스탄불은 폐허가 되었고 몇 주간의 폭격 끝에 도시 전체가 연기로 가득 찼다. 오스만 군대가 이스탄불을 약탈했기 때문에 비잔틴제국의 수많은 기독교인은 어서 도시를 떠나는 것이 가장 안전하다고 판단했다. 이들 가운데 대다수가 아드리아해를 건너 이탈리아의 도시 베네치아와 파도바에 정착했다. 그리고 그 과정에서 수 세기 동안 교회 금고에 보관되어 밖으로 드러나지 않았던 귀중한 책과 필사본을 함께 가지고 왔다. 여기에는 아리스토텔레스와 프톨레마이오스의 그리스어 판본이 포함되었다. 유럽에서 이 판본을 직접 보거나 읽어본 사람은 극소수였다. 곧 많은 사람이 고대 그리스어 저작의 아랍어 번역본에만 의존하는 연구 방식에 의문을 품었다. 이런 번역본들이 상당 부분 편집되어 원본과 다른 경우가 많았기 때문이다. 게다가 거듭 번역되며 오류가 발생할 우려도 있었다. 그렇다면 원본으로 돌아가 충실하게 살피는 것이 낫지 않을까? 바로 이런 생각이 '인본주의'로 알려진 르네상스 운동을 뒷받침했다. 인본주의자들은 유럽 문명을 되살리는 유일한 방법은 고대로 돌아가는 것이라고 믿었고, 이 생각은 머지않아 과학 분야로 확산되었다. 1456년에 크레타에서 태어난 비잔틴 사람 트레비즌드의 조지는 프톨레마이오스의 책 《알마게스트》에 대한 새로운 라틴어 번역본을 완성했다. 기존의 아랍

어 번역본을 무시하고 고대 그리스어 원본에 기초한 번역이었다.[17]

하지만 르네상스는 단순히 아랍어 지식을 거부하는 운동에 그치지 않았다. 오히려 이 시기는 모든 분야에서 전통이 서로 충돌하던 시기였다. 이탈리아의 도시국가들은 비잔틴제국에서 온 난민들과 함께 무역 네트워크를 구축하고 군사 조약을 협상하기 위해 오스만 사절단을 초청했다. 이와 동시에 유럽인들은 무역과 외교 분야의 사절단을 동쪽으로 파견했다. 베네치아 상인들과 바티칸 외교관들이 다마스쿠스나 이스탄불의 거리에서 발견되었다. 이러한 교류를 통해 새로운 아랍어 필사본과 비잔틴의 이슬람 저작 번역본이 유럽에 도달했다. 오늘날 귀중한 아랍과 비잔틴 필사본이 베네치아와 바티칸의 도서관에 상당수 소장되어 있다. 르네상스 시기의 천문학자들은 동양과 서양의 이런 자료들을 결합해 천상 세계에 대한 사람들의 이해를 변화시켰다.[18]

☾

레기오몬타누스라는 이름으로 더 잘 알려진 요하네스 폰 쾨니히스베르크Johannes von Königsberg는 어린 시절부터 신동이었다. 1448년에 그는 겨우 열두 살의 나이로 라이프치히 대학에 학생으로 등록했다. 하지만 이 대학의 수학 과목이 너무 쉽다는 사실을 알게 된 레기오몬타누스는 당시에 더 권위 있었던 빈 대학으로 옮기기로 결정했다. 젊은 수학자이자 천문학자였던 그는 1450년에 빈에 도착했고 시간이 날 때마다 천문력을 편찬하고 부유한 후원자들을 대상으로 별점을 봐주었다. 레기오몬타누스가 그의 위대한 스승이었던 게오르그 폰 포이어바흐Georg von Peurbach를 처음 만난 곳도 빈 대학이었다. 포이어바흐는 전형적인 르네상스 시대의 인물이어서 로마 시부터 아리스토텔레스의 물리학에 이르기까지 온갖 주제를 강의했다. 포이어바흐는 레기오몬타누스와 함께 프톨레마이오스의 《알마게스트》를 필두로 천문학이라

는 분야를 대대적으로 재검토했다.[19]

　　두 사람은 오스만제국이 이스탄불을 정복한 후 이 도시에서 도 망친 비잔틴 그리스인인 바실리오스 베사리온-Basilios Bessarion의 후원을 받았다. 1460년에 빈에 도착한 베사리온은 신성로마제국 황제 프리드 리히 3세에게 알현을 요청했다. 당시 교황 비오 2세가 오스만제국에 새로운 십자군 전쟁을 선포했고 베사리온은 신성로마제국의 지지를 얻기 위해 빈에 파견된 차였다. 그곳에 있는 동안 베사리온은 프리드 리히 3세의 궁정 천문학자 포이어바흐를 만났다. 나름대로 저명한 학 자였던 베사리온은 트레비존드의 조지가 새로 번역한 프톨레마이오 스의 《알마게스트》를 읽었지만 그렇게 감명을 받지 못했다. 포이어바 흐는 이 부분에 대해 동감했다. 자세히 살펴보니 이 번역본은 오류투 성이였고 고대 그리스어를 정확하게 전달하지도 못했다. 이런 상황에 서 베사리온은 《알마게스트》를 새로 번역하도록 포이어바흐를 이스 탄불에 초청했다. 그리고 당시 이 도시에서 구할 수 있는 그리스어나 아랍어 최신 저작을 마음껏 볼 수 있게 해주겠다고 약속했다. 놓치기 에는 너무 좋은 기회라는 사실을 깨달은 포이어바흐는 곧 작업을 시 작했다.[20]

　　하지만 1461년, 번역 작업을 시작한 지 1년 만에 포이어바흐는 큰 병에 걸렸다. 번역은 겨우 반쯤 끝난 상태였다. 그동안 했던 고된 작업이 물거품이 되지 않을까 걱정한 포이어바흐는 젊은 레기오몬타 누스에게 이 일을 마무리해달라고 부탁했고, 레기오몬타누스는 약속 을 지켰다. 10년 동안 이탈리아를 여행하며 입수할 수 있는 관련 저 작을 전부 수집한 레기오몬타누스는 이후 여러 세대에 걸쳐 최신 천 문학 연구를 모은 저작을 완성했다. 《알마게스트의 요약Epitome of the Almagest》(1496)이라는 제목을 단 이 저작은 르네상스 과학의 정수를 담 았다. 제목을 보면 알 수 있듯이 이 책은 단순히 새로운 번역본에 그치지 않았다. 레기오몬타누스는 고대 그리스어, 아랍어, 라틴어 등 입수할 수 있는 모든 판본에서 가장 좋은 부분을 조합해 프톨레마이오스 천문학을 훨씬 더 발전된 형태로 정리했다. 지구를 우주의 중심에 둔 것은 여전했지만, 레기오몬타누스는 수 세기 동안 유럽 천문학자들을 혼란에 빠뜨렸던 여러 기술적 문제를 해결할 수 있었다.[21]

레기오몬타누스의 주요 혁신 가운데 하나는 사마르칸트 천문대를 이끄는 천문학자 알리 쿠시지의 결과를 직접 차용해서 이뤄졌다. 1449년에 울루그 베그가 세상을 떠나자 알리 쿠시지는 티무르제국을 떠났고, 여러 해 동안 사막을 떠돌며 중앙아시아 이곳저곳의 궁정에서 후원처를 구했다. 1471년에 쿠시지는 오스만제국에 정복된 지 얼마 되지 않은 이스탄불에 도착했다. 술탄 메흐메드 2세는 사마르칸트에서 대단한 천문학자가 왔다는 말을 듣고 알리 쿠시지를 불렀다. 쿠시지는 이스탄불에 새로 설립된 의과 대학 중 한 곳에서 수학 교수로 일할 예정이었다. 이렇게 이스탄불과 오스만제국이 연결되면서 알리 쿠시지의 연구는 유럽 천문학자들의 주목을 받게 되었다.《알마게스트의 요약》에서 레기오몬타누스는 알리 쿠시지가 원래 1420년대에 사마르칸트에서 저술했던 원고 속 도표를 베껴서 실었다. 원이 복잡하게 배열된 이 도표는 프톨레마이오스의 주전원을 없앨 수 있다는 것을 증명했으며, 알리 쿠시지는 이심만으로도 충분하다고 주장했다. 간단히 정리하면 알리 쿠시지는 모든 행성의 운동은 궤도의 중심이 지구가 아닌 다른 지점에 있다고 추정해 모형화할 수 있다고 여겼다. 물론 쿠시지와 레기오몬타누스 둘 다 이 지점이 태양일 수도 있다는 사실을 암시하지는 않았다. 하지만 프톨레마이오스의 주전원에 대한 개념을 버림으로써 알리 쿠시지는 우주의 구조에 대한 훨씬 더 급진적인 관점으로 향하는 문을 열었다.[22]

니콜라우스 코페르니쿠스는 1473년 폴란드에서 태어났다. 그의 가족은 코페르니쿠스가 가톨릭 신부가 되기를 바랐고, 1497년에 볼로냐 대학에 보내 교회법 학위를 취득하게 했다. 하지만 코페르니쿠스는 르네상스 시대의 이탈리아에 이보다 흥미로운 것이 더 많다는 사실을 알게 되었다. 볼로냐에서 코페르니쿠스는 레기오몬타누스에게 가르침을 받던 논란 많은 점성술사 도메니코 마리아 노바라Domenico Maria Novara의 강의를 들었다. 프톨레마이오스에 대한 높아지는 비판의 목소리에 영향을 받은 노바라는 지구의 축이 미묘하게 이동하는 것을 감지할 수 있다고 주장했다. 그러면 항성들이 오랜 시간에 걸쳐 조금씩 움직이는 것처럼 보이는 이유를 설명할 수 있었다('춘분점과 추분점의 세차운동'으로 알려진 현상). 이 현상 역시 지구가 완전히 정지해 있다고 주장하던 프톨레마이오스의 고전적인 가르침과 모순된다. 또 노바라는 코페르니쿠스에게 레기오몬타누스의 저서 《알마게스트의 요약》을 소개했고 코페르니쿠스는 볼로냐에 머무는 동안 그 책을 사서 보았다. 코페르니쿠스가 천문학에 푹 빠진 것도 이때부터였다. 코페르니쿠스는 1503년에 대학을 졸업하고 폴란드로 돌아가기 전에, 레기오몬타누스가 페르시아 천문학에 대해 강의했던 파도바의 학교에서 잠시 공부하면서 틈틈이 이탈리아를 여행하며 몇 년을 보냈다. 그러다가 프롬보르크라는 도시에 눌러앉아 성당의 수사 신부가 되었다. 그가 과학사에서 가장 잘 알려진 이론을 발전시켰던 장소가 바로 여기였다.[23]

라틴어로 저술된 코페르니쿠스의 책 《천구의 회전에 관하여》(1543)는 지동설 모델을 주장했다. 우주의 중심에 지구가 아닌 태양이 있다는 내용이었다. 하지만 천상 세계에 대한 종교적, 과학 지식에 도전하는 것은 큰 논란을 불러일으켰다. 코페르니쿠스가 한 일은 그때까지 이뤄졌던 연구를 전부 한데 모아 여러 세기 동안 우왕좌왕하던 프톨레마이오스를 둘러싼 논쟁을 논리적인 결론으로 밀어붙이는 것이었다. 코페르니쿠스는 페르시아의 학자들로부터 철학 사상을, 이슬람이 지배하던 스페인에서 천문표를, 그리고 이집트 수학자들로부터 행성 모형을 빌렸다. 이러한 점에서 보면 《천구의 회전에 관하여》는 유럽과 이슬람의 학문을 바탕으로 종합한 전형적인 르네상스 시대의 저작이었다. 코페르니쿠스는 프톨레마이오스의 천문학에 일관성이 없다는 당시의 흔한 비판을 인용하며 책을 시작했다. 프톨레마이오스가 균질한 원운동에 대한 아리스토텔레스의 이상을 보존하는 데 실패했으며, 이론을 쓸데없이 복잡하게 만드는 온갖 수학적 기예를 도입했다는 이유에서였다.

앞에서 살폈듯 이러한 비판은 이미 9세기 무렵부터 이슬람 세계를 떠돌았고 뒤이어 유럽 천문학계에 침투하기 시작했다. 코페르니쿠스 역시 《천구의 회전에 관하여》에서 프톨레마이오스에 비판적인 이슬람 학자들을 5명 넘게 인용했다. 9세기 시리아의 수학자 타비트 이븐 쿠라와 12세기 무슬림 스페인의 천문학자 누르앗딘 알비트루지가 여기에 포함되었다. 코페르니쿠스 자신은 아랍어를 해독할 수 없었지만 그럴 필요도 없었다. 이슬람 천문학의 주요 저술에 대한 라틴어와 그리스어판은 16세기에 유럽에서 널리 입수할 수 있었기 때문이다. 그리고 이탈리아에서 공부하는 과정에서 코페르니쿠스는 아랍어를 읽을 수 있는 사람들로부터 이슬람 과학에 대해 배울 기회가 많았다. 예컨대 다마스쿠스에서 10년 이상 보냈던 파도바 대학의 안드레아 알파고Andrea Alpago 같은 사람이 가르침을 주었다.[24]

다음으로, 코페르니쿠스는 프톨레마이오스의 모델이 행성의 실제 운동과 일치하지 않는다고 주장했다. 이 주장에 대한 주된 근거는 관측보다는 당시에 구할 수 있었던 천문표였다. 코페르니쿠스는 책을 저술하면서 1250년대에 카스티야 왕국의 국왕 알폰소 10세의 명령에

따라 편찬된 초기 이슬람 천문표 모음인《알폰소 천문표Alfonsine Tables》
에 대부분 의존했다. 이것은 문화 교류가 일어나는 훌륭한 예다. 한
무리의 유대인 수학자들이 아랍의 천문표를 모아 스페인어와 라틴어
로 번역한 결과물이었기 때문이다. 마지막으로 코페르니쿠스는 만약
우리가 태양이 우주의 중심에 있다고 상상한다면 이 모든 문제들이
해결될 수 있다고 제안했다. 이 과정에서 코페르니쿠스는《알마게스
트의 요약》에서 직접적인 영감을 받았다. 알리 쿠시지의 결과를 인용
한 레기오몬타누스는 모든 행성 궤도의 중심이 지구가 아닌 다른 곳
에 있다고 상상할 수 있다는 사실을 보여주었다. 코페르니쿠스는 이
'다른 지점'이 사실 태양이라고 주장하며 최종 단계에 들어섰다. 신이
지배하는 질서의 이미지를 투영한 코페르니쿠스는 "태양이 마치 왕
좌에 앉아 있는 것처럼 그 주위를 도는 행성들을 지배한다"고 결론지
었다.[25]

　　하지만 이렇게 주장을 했음에도 코페르니쿠스는 아직 해야 할
일이 많았다. 태양을 중심에 두는 것 자체만으로는 우주에 대한 정확
한 모델을 완성하지 못했기 때문이었다. 처음에 코페르니쿠스는 아리
스토텔레스와 프톨레마이오스처럼 천체가 완벽한 원을 그리며 움직
인다는 관념을 고수했다. 하지만 태양을 중심에 두고도 행성들은 흔
들리듯 요동치며 운동하는 것처럼 보였다. 이 문제를 해결하기 위해,
코페르니쿠스는 우리가 앞서 살폈던 이슬람 천문학자 가운데 한 명
의 연구로 눈을 돌렸다. 바로 나시르 알딘 알투시였다.《천구의 회전
에 관하여》에는 알투시의 아랍어 저술에 실린 것과 동일한 도표가 포
함되어 있다. 이 유사성은 놀랄 만했는데, 라틴어와 아랍어 저작 둘
다 여러 요소에 라벨을 붙일 때 같은 문자를 선택해 나열할 정도였다.
코페르니쿠스는 비잔틴 그리스어로 번역된 아랍어 원문을 통해 알투
시에 대해 알게 되었을 가능성이 높았다. 오스만제국이 이스탄불을

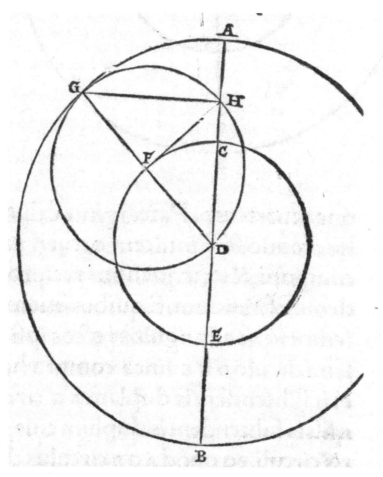

9 니콜라우스 코페르니쿠스의 저서 《천구의 회전에 관하여》(1543)에서 '투시 조합'을 나타낸 그림.

정복한 이후 이 도시에서 가져온 원고의 사본은 당시 이탈리아의 여러 도서관에 있었다. 《천구의 회전에 관하여》에 실린 도표는 투시 조합이 작동하는 모습을 보여준다. 코페르니쿠스는 알투시와 같은 문제를 해결하기 위해 이 아이디어를 활용했다. 먼저 균질한 원운동에 대해 고수하는 대신 진동하는 운동을 도입하고자 했다. 그리고 한 걸음 더 나아갔다. 지구보다는 태양 주위의 행성 운동을 모형화하는 데 투시 조합을 활용한 것이다. 13세기 페르시아에서 발명된 이 수학적 도구는 이제 유럽 천문학 역사에서 가장 중요한 저작 속에서 제 역할을 했다. 이 도구가 없었다면 코페르니쿠스는 태양을 우주의 중심에 놓지 못했을 것이다.[26]

1543년에 출간된 《천구의 회전에 관하여》는 오랫동안 과학 혁명의 출발점으로 여겨졌다. 하지만 사람들은 니콜라우스 코페르니쿠스가 사실은 훨씬 더 오래된 이슬람 전통을 기반으로 했다는 사실을 자주 간과한다. 11세기에 이집트에서 저술 활동을 한 이븐 알하이삼은 오래전부터 프톨레마이오스의 우주 모델, 특히 행성이 완벽한 원을 그리며 움직인다는 관념의 모순을 지적했다. 이후 13세기 페르시아의 학자 나시르 알딘 알투시는 행성들이 두 원의 주위를 돌고 있다고 가정해 이 문제를 해결할 방법을 제안했다. 그리고 15세기 사마르칸트에서 연구했던 알리 쿠시지는 지구가 행성 궤도의 중심에 있지 않다고 가정하며 행성의 운동을 모형화하는 것이 훨씬 더 쉽다고 주장하면서 또 다른 해법을 제시했다. 태양이 우주의 중심에 있을지도 모른다는 주장조차 완전히 새로운 것은 아니었다. 비록 이 관념이 중세 이슬람 세계에서 널리 받아들여지지는 않았지만, 9세기로 거슬러 올라가면 꽤 많은 이슬람 천문학자들이 이 가능성에 대해 논의했다.[27]

다시 말해 우리는 코페르니쿠스를 단독으로 과학 혁명을 주도한 외로운 천재라고 여기기보다는, 전 세계 문화 교류를 아우르는 훨씬 더 넓은 이야기의 일부로 생각해야 한다. 이런 관점에서 보면 1453년 오스만제국이 이스탄불을 정복하면서 지중해 동쪽에서 부흥했다는 사실이 특히 중요하다. 이때 비잔틴의 난민과 베네치아 상인들이 수백 권의 과학 저술을 가지고 오스만제국의 영토에서 빠져나왔다. 이 저술 가운데 일부는 고대 그리스어로 적혔고, 보다 최근에 아랍어와 페르시아어 주석이 달린 책도 있었다. 이런 새로운 텍스트와 아이디어에 노출되면서 유럽의 과학 혁명이 촉발되었다. 코페르니쿠스가 그 완벽한 사례다.《천구의 회전에 관하여》는 아랍어, 페르시아어, 라틴어, 비잔틴 그리스어 저작에서 발견된 아이디어와 관념을 결합해 우주에 대한 급진적이고 새로운 모델을 만들어냈다.

이처럼 문화 교류는 르네상스 시대 유럽의 과학 발전에 지대한 영향을 미쳤다. 그렇다면 유럽 외 세계는 어땠을까? 앞으로 우리는 아시아와 아프리카 곳곳을 여행하며 과학 혁명에 대한 전 지구적인 역사를 탐구할 예정이다. 이스탄불과 팀북투, 베이징, 델리에 이르기까지, 전 세계 여러 도시의 과학 사상가들은 새롭게 관측을 하고 천문학이나 수학 이론을 새로 개발하면서 예전의 고대 이론을 재평가하기 시작했다. 이 모든 것은 15세기 이후 무역과 종교 네트워크가 크게 확장되었기 때문에 가능했다. 이러한 네트워크는 과학 혁명을 전 지구적인 흐름으로 변화시키면서 사람들을 새로운 아이디어와 문화에 접촉하게 했다. 앞으로 살펴겠지만, 사실 유럽의 과학 혁명 이야기와 다른 지역의 과학 혁명 이야기에는 주목할 만한 유사점이 상당히 많다. 이 점을 염두에 두고, 먼저 바다 위에서 연구하던 오스만제국의 한 천문학자부터 살펴보자.

오스만제국의 르네상스

타키 알딘은 지중해를 가로질러 알렉산드리아에서 이스탄불로 항해하는 배에 몸을 실었다. 이집트에서 여러 해 동안 천문학 관련 기술을 배웠던 그는 오스만제국의 새로운 술탄 무라트 3세의 궁정에서 한자리를 차지하고 싶었다. 1526년 다마스쿠스에서 태어나 카이로에서 교육을 받은 타키 알딘은 천문학자로서 종교적으로 봉사하고자 했는데 예컨대 매일 다섯 번 치르는 기도 시간이나 메카의 방향을 정하는 역할을 할 수 있었다. 심지어 술탄에게 많은 돈을 받고 별점을 제공할 수도 있었다. 이런 계획을 갖고 있었지만, 타키 알딘은 곧 이스탄불에 가는 것이 결코 쉽지 않다는 사실을 깨달았다. 유럽과 북아프리카 해적들이 바다를 돌아다니며 노예로 팔리거나 몸값을 받아낼 포로를 찾고 있었기 때문에 16세기에 지중해는 여행자에게 위험한 장소였다. 갑자기 타키 알딘이 탄 배 앞에 갤리선 한 척이 멈춰 섰다. 그리고 해적들이 갑판 위로 올라타면서 곧바로 싸움이 벌어졌다. 선원 중 대부분은 죽었고 시체는 배 밖으로 던져졌지만, 타키 알딘은 운 좋게 목숨을 건졌다. 해적들이 학자인 그의 몸값이 높으리라 여겼기 때문이었다.[28]

몇 달 뒤 타키 알딘은 로마에서 한 르네상스 시대의 학자에게 노예로 팔렸다. 교육을 받은 이슬람교도들은 동쪽에서 새로 도착한 천문학 저작을 번역할 수 있었기에 가치가 꽤 높았다. 로마에 머무는 동안 타키 알딘은 유클리드와 프톨레마이오스에 관한 아랍어 저작을 번역해달라는 요청을 받았다. 동시에 이 경험은 타키 알딘 같은 이슬람교도들이 르네상스 과학 문화와 접촉하게 했다. 타키 알딘이 자유를 얻게 될 무렵에는 유럽의 최신 천문학 이론과 함께 이탈리아어도 조금 배울 수 있었다. 그리고 그는 로마를 떠나 마침내 바라던 이스탄불에 도착했다. 이집트를 떠난 지 10년이 지난 1571년에 비로소 이스탄불에 오게 된 타키 알딘은 오스만제국 술탄에게 궁정의 최고 천문학자로 임명되었다. 이후 타키 알딘은 기독교 세계의 유럽 과학이 이슬람 세계를 빠르게 따라잡고 있다는 사실을 무라트 3세에게 납득시켰다. 과학을 더욱 진보시키고 점성학적 예측 결과를 개선하려면 술탄이 새로운 천문대를 건립해야 한다는 것이었다.[29]

무라트 3세는 이 계획에 동의하고 1577년 이스탄불에 새로운 천문대를 건설하라고 명령했다. 천문대는 보스포루스강이 내려다보이는 언덕 위에 세워져 낮에는 도시의 숨 막히는 경치를, 밤에는 멋진 하늘을 볼 수 있었다. 비록 오늘날에는 원래의 구조물이 남아 있지 않지만, 아름다운 페르시아 세밀화를 통해 이 천문대가 어떻게 운영되었는지에 대해 꽤 많은 사실을 알 수 있다. 이 세밀화는 알라 알딘 알만수르가 1580년에 저술한 〈왕 중의 왕에 대한 책Book of the King of Kings〉이란 서사시에 딸려 있다. 제목에서 알 수 있듯이 이 서사시는 무라트 3세가 세운 위대한 업적을 기록하는 내용이었다. 알만수르에 따르면 "술탄이 하늘을 관측하고 천문표를 작성하라고 명령을 내리면, 별들은 그의 앞에 엎드려 절할 것이다." 이 천문대는 황동과 구리로 덮여 이스탄불의 스카이라인을 금빛 돔으로 장식했다. 그뿐 아니라 이 천문대에는 거대한 파크리 육분의가 설치되었다. 높이가 50미터인 이 육분의는 사마르칸트 천문대에 있는 육분의보다 훨씬 더 컸다. 또 25미터 깊이의 우물이 있어 천문학자들이 낮 동안 그 안에 들어가 햇빛이 차단된 상태에서 별을 관찰할 수 있었다.

천문대에서 타키 알딘은 천문학적 판독을 하고 새로운 천문표에 필요한 자료를 수집하며 시간을 보냈다. 그는 울루그 베그의 《술탄의 천문표》 한 부를 가지고 있었고 여기에 연구하면서 알게 된 정정 사항을 적었다. 페르시아의 세밀화를 보면pic3 타키 알딘은 다른 15명의 천문학자, 수학자, 필경사와 나란히 앉아 있으며, 이들은 순백의 터번에 붉은색과 초록색 예복을 입은 전형적인 오스만인의 차림을 하고 있다. 몇몇은 아스트롤라베를 들고 하늘을 관찰하며 다른 몇몇은 시간이 얼마나 지났는지 측정하고 있다. 중앙에는 모래시계가 있고 아래쪽에는 지구본이 있으며, 흥미롭게도 한쪽 구석에는 기계식 시계도 갖춰져 있다.[30]

10 이스탄불 천문대에서 관측 중인 타키 알딘의 모습(맨 윗줄, 오른쪽에서 세 번째).

 언뜻 보면 이 시계는 별것 아닌 것처럼 보일지 모른다. 하지만 사실 이 시계는 오스만제국과 유럽의 과학이 얼마나 밀접하게 연결되었는지 보여주는 지표다. 스프링을 사용한 기계식 시계는 14세기 말에 유럽에서 발명되었고, 주로 교회 탑에 설치되거나 웅장한 궁전에서 장식용으로 쓰였다. 그런데 타키 알딘은 이 새로운 발명품을 천문학 연구에 사용할 수 있다는 사실을 깨달았다. 항성이나 행성이 밤하늘을 가로지르는 데 걸리는 시간을 측정하는 작업은 정확한 천문 자료를 모으는 데 필수적이었기 때문이었다. 마라게나 사마르칸트의 천문대를 비롯한 이전의 천문대들은 물시계와 해시계를 사용했지만 타키 알딘은 대신 기계장치를 설치했다. 그에 따라 타키 알딘은 유럽과 아시아를 통틀어 천문대에 전용 기계식 시계를 설치한 최초의 천문학자가 되었다. 그림 속 시계는 아마도 유럽의 한 장인이 만들었을 것이다. 16세기 내내 네덜란드와 프랑스의 시계 제작공은 기계장치에 대한 오스만제국의 수요에 부응하기 위해 튀르키예 숫자로 시계를 만들었다. 어떤 시계들은 이슬람 음력을 반영하는 달의 위상 변화를 측정하기도 했다. 오스만 궁정의 환심을 사기 위해 유럽 대사들이 이런 시계를 종종 선물했다. 천문대에 보관된 한 시계는 특히 무라트 3세를 위해 제작되었다. 한 관리에 따르면 "그 시계는 성 모양이었고 시간이 바뀔 때마다 성문이 열리고 말을 탄 술탄 인형이 나왔다."[31]

타키 알딘은 이 새로운 장치에 매료되었다. 그는 술탄의 수집품에 포함된 시계를 하나하나 살피며 그것들이 어떻게 만들어졌는지 재빨리 습득했다. 로마에 갇혀 있는 동안 기계식 시계를 접했을 가능성도 있었다. 유럽 장인들에 대한 의존성이 높아질까 봐 걱정한 타키 알딘은 그 후 자기만의 시계를 설계하고 제작했다. 그의 천문학 저술에는 초침이 매우 정확하게 움직이는 시계를 만드는 방법에 대해 정확하게 설명하는 믿을 수 없을 만큼 상세한 도해가 실려 있다. 한 원고에는 시시 케밥을 요리하는 데 사용하는 시계 모양의 기계에 대해 묘사하기도 했다. 타키 알딘이 기계에 관심이 많았다는 점은 분명했다. 그는 우주 자체가 거대한 시계와 같다고 생각하기에 이르렀다(이와 비숫한 생각이 유럽에서 17세기에 아주 큰 영향력이 있었으며, 특히 르네 데카르트 같은 사상가들이 그랬다). 신학, 철학, 수학을 아우른 한 저작에서 타키 알딘은 시계장치 우주라는 관점을 묘사했다. 그리고 "천상 세계의 영적인 구조를 반영하는 시계와 기계를 제작하고 싶다"라고 덧붙였다. 실제로 이스탄불 천문대가 바로 그러한 기계를 특징으로 했다. 페르시아의 또 다른 세밀화에는 금속으로 만든 거대한 구형 장치가 나무 틀로 지탱되는 모습이 표현되어 있다. '혼천의'라고 알려진 이 장치는 본질적으로 천상 세계에 대한 기계적인 모형이었으며, 천문학자들은 이 장치를 사용해 복잡한 기하학적 계산을 빠르게 수행할 수 있었다. 혼천의는 고대부터 사용되기는 했지만 대부분의 사람들은 이 장치를 계산기에 가까운 유용한 도구 정도로만 여겼다. 반면 타키 알딘은 혼천의에 담긴 철학적 의미를 알아낸 최초의 인물 가운데 한 사람이었다. 우주는 정말로 기계와 같다는 것을.[32]

최신식 놀라운 기계 장비를 가득 갖춘 이스탄불 천문대는 지중해 동부에서 과학의 새로운 중심지로 떠올랐다. 하지만 이 천문대가 단순히 이슬람 과학이 발전하는 장소에 그치지는 않았다. 오스만제국의 인종적, 종교적 다양성이 확대되면서 유대인과 기독교인 또한 이 천문대에서 일했다. 이스탄불 천문대에 "12명의 기독교인 포로가 있었다"고 밝힌 보고서를 보면 일부는 노예로 끌려온 사람들이었다. 다른 지역에서 종교적 박해를 피해 도망 중인 사람들도 있었다. 그리고 이들 가운데 '수학자 다윗'이라 불리던 다우드 알리야데라는 유대인도 있었다.[33]

1577년 이스탄불 천문대가 건설되던 무렵 타키 알딘은 일식을 관측하고자 애쓰는 중이었지만 이스탄불의 날씨가 너무 흐려서 필요한 측정을 할 수 없었다. 하지만 마침 타키 알딘은 최근에 서쪽으

로 300마일 떨어진 곳에 위치한 살로니카에 사는 뛰어난 천문학자이
자 수학자에 대해 들은 참이었다. 본명이 다비드 벤슈샨인 이 사람은
1550년대부터 오스만제국에서 살고 있었다. 벤슈샨은 다른 사람들과
마찬가지로 반유대주의가 고조되던 시기에 유럽을 탈출한 이탈리아
계 유대인이었다. 1492년, 스페인은 유대인을 추방했고 1497년에는
포르투갈도 그 뒤를 이었다. 그 결과 처음에는 많은 유대인이 이탈리
아로 떠났지만 1542년에 열린 로마 종교재판은 이 지역에서도 또 다
른 박해의 물결이 이어질 것임을 의미했다. 유대인 난민들은 다시 한
번 도망쳐야 했다. 많은 사람이 오스만제국이 점령한 영토를 향해 동
쪽으로 더 멀리 떠났다. 살로니카에서 벤슈샨은 2만 명에 달하는 유대
인 무리에 합류했다. 벤슈샨은 이곳에서 현지 오스만 총독의 아들들
에게 수학을 가르쳤기 때문에 그 과정에서 이름이 아랍어와 튀르키예
어로 알려졌다. 그리고 이스탄불에 있던 타키 알딘도 이런 총독의 인
맥을 통해 벤슈샨에 대해 알게 되었다.[34]

　　타키 알딘과 벤슈샨은 천문학 데이터를 교환하면서 최신 과학
이론에 대해 토론했다. 그 결과 타키 알딘에게 매우 기쁜 소식이 알려
졌다. 벤슈샨이 1577년에 일식을 관찰하고 상세한 측정을 했다고 전
했기 때문이었다. 타키 알딘은 무척 반가워서 벤슈샨을 이스탄불 천
문대의 직원들과 함께 일하도록 초대했고, 그에 따라 벤슈샨은 오스
만제국의 심장부로 향했다. 라틴어와 히브리어, 튀르키예어를 읽을
줄 아는 이탈리아계 유대인인 그는 당시의 그 누구보다도 16세기 과
학 발전을 위한 문화 교류의 중요성을 잘 대변한다. 벤슈샨은 타키 알
딘에게 프톨레마이오스의 새로운 번역을 포함한 르네상스 과학의 최
신 저작을 전부 소개했다. 또 벤슈샨은 여러 종류의 기계에 익숙했고
특히 유럽식 시계의 작동 방식을 잘 알아 타키 알딘을 또 한번 매료시
켰다. 그 결과 벤슈샨은 곧 이스탄불 천문대에서 보조 천문학자로 일

하게 되었다. 페르시아 세밀화에서도 타키 알딘 바로 옆에 앉아 있는 벤슈샨의 모습을 볼 수 있다.[35]

벤슈샨은 그 무렵 특히 중요한 천문 관찰을 돕기 위해 딱 맞춰 이스탄불에 도착했다. 1577년 11월, 타는 듯한 하얀 빛이 밤하늘에 나타났다. 이 혜성은 페루에서 일본에 이르기까지 전 세계에서 관측되었다. 타키 알딘과 벤슈샨은 혜성이 이스탄불 상공으로 치솟는 모습을 지켜보았다. 페르시아의 한 세밀화는 성 소피아 대성당 바로 위에 혜성이 지나가는 장면을 그리기도 했다. 술탄에게 고용된 수석 천문학자 타키 알딘은 즉시 오스만 궁정에 보고했다. 무라트 3세는 이 갑작스러운 천상계의 변화가 어떤 의미인지 알고 싶어 했다. 교회력으로 1591년에 해당하는 이슬람 새 천 년이 다가오고 있었고, 오스만 제국의 술탄은 모든 것이 잘되고 있는지 확인하고자 했다. 타키 알딘은 술탄에게 이 혜성이 좋은 소식을 알리는 사자라고 장담했다. 혜성이 라마단 첫날에 모습을 드러냈다는 점은 확실히 길조였다. 그것은 마치 '작은곰자리를 가로지르는 터번 띠' 같았으며 무라트 3세가 천상계와 지상계 모두를 지배하게 되었다는 암시였다. 마침내 타키 알딘은 오스만제국의 술탄이 결국 유럽 기독교 세계와의 투쟁에서 승리할 것이라고 단언했다. 타키 알딘에 따르면 이 혜성은 "동쪽에서 서쪽으로 한 줄기 빛을 쏘아 보냈고, 그 화살이 종교적인 적수들에게 곧장 떨어졌다."[36]

코페르니쿠스가 유럽에 파문을 일으키고 있을 때 오스만제국의 천문학자와 수학자는 나름대로 르네상스에 접어들고 있었다. 15세기와 16세기 사이에 오스만제국의 과학 사상가는 200편이 넘는 천문학 저술을 쏟아냈고, 이슬람 과학이 중세 '황금시대'에서 끝났다는 생각에 다시 한번 도전했다. 타키 알딘은 1453년 이스탄불이 정복된 이후 오스만제국 술탄의 후원을 받아 일하기 위해 온 수많은 이슬람 학자 가운데 한 명일 뿐이었다. 울루그 베그가 사망한 후 사마르칸트 천문대의 최고 천문학자 알리 쿠시지는 이스탄불로 떠났고, 그곳에서 오스만제국이 설립한 '메드레세'라는 이름이 붙은 수백 곳의 대학에 고용되어 일했다. 다른 학자들은 페르시아와 무굴 인도를 포함한 이슬람 세계 전역에서 이스탄불로 향했다. 하지만 이와 동시에 이스탄불이 결코 이슬람교에만 배타적인 도시가 아니었다는 사실도 기억할 가치가 있다. 유대인과 기독교인 또한 오스만 궁정에서 후원을 받았기 때문이다. 유대인 천문학자 다비드 벤슈샨은 이스탄불 천문대에서 타키 알딘과 함께 일했고, 메흐메드 2세의 주치의 역시 르네상스 시기 이탈리아에서 온 난민인 유대인이었다. 우리가 앞서 살폈듯 유럽과 아시아의 교차로에 서 있던 근대 초기의 이스탄불은 15세기와 16세기 종교와 무역 네트워크의 확장에 따라 과학의 변화를 이끈 세계적인 도시였다.[37]

사실 이 오스만제국의 이야기와 유럽 과학 혁명의 역사 사이에는 유사점이 많다. 르네상스 시대의 유럽이 그랬듯 오스만제국의 과학 사상가들은 고대 그리스 사상가들의 글에 깊은 관심을 가졌다. 메흐메드 2세는 이스탄불을 정복하던 중 압수한 방대한 고대 그리스 저작의 필사본을 소유하고 있었다. 이 술탄은 오랜 이슬람 전통을 바탕으로 고대 그리스 저작을 아랍어로 번역하라고 명령했다. 그리고 오스만 궁정의 세계주의적 특성을 반영하듯 이 번역은 비잔틴 그리스인이 수행했다. 유럽과 마찬가지로 오스만제국의 과학 사상가들도 이 기간에 초기 이슬람 사상가들의 저작을 읽고 번역했다. 알리 쿠시지의 천문학 저작은 코페르니쿠스에게 영향을 끼친 13세기의 천문학자 나시르 알딘 알투시의 저작과 마찬가지로 오스만 튀르키예어로 번역되었다. 17세기 중반에는 오스만 과학 사상가들도 유럽의 천문학 저작을 읽기 시작했다. 1662년 오스만 천문학자 테스키레시 코세 이브라힘은 이렇게 설명했다. "코페르니쿠스는 천문학에 새로운 기초를 놓았고, 지구가 움직이고 있다고 가정하는 작은 천문표를 만들어갔다." 이브라힘은 코페르니쿠스의 유명한 지동설 모형을 도해로 스케치하기도 했다.[38]

다시 말해 우리는 다른 지역에서도 과학 혁명에 대한 유럽의 전통적인 과학사와 비슷한 일이 벌어졌다는 사실을 깨닫게 된다. 오스만 과학 사상가들은 고대 그리스의 서적을 읽고 번역했으며, 보다 최근에 저술된 이슬람 사상가들의 저작을 바탕으로 고대의 아이디어를 비평했다. 이스탄불은 실크로드에 자리했다는 점 덕분에 라틴어와 그리스어, 페르시아어, 아랍어 등 여러 언어로 된 과학 저술을 쉽게 접할 수 있었다. 그뿐 아니라 유럽 르네상스의 핵심에 놓인 아이디어 또한 이슬람 세계에서 비슷하게 존재했다. 아랍어에서는 그런 흐름을 '타지디드(그대로 번역하면 '갱신', '부활'이라는 뜻)'라고 불렀다. 전통적으로 타지디드란 종교 학자들이 이슬람교의 개혁을 가리키는 용어였다. 하지만 15세기부터 타지디드는 종교뿐 아니라 이슬람 과학을 부흥시키는 운동의 일환을 가리키는 용어로 훨씬 더 광범위하게 쓰였다. 또이 운동은 비단 이스탄불에만 국한되지 않았다. 다음 장에서 살피겠지만, 이슬람 세계의 천문학과 수학은 실크로드를 따라 서쪽으로 나아가고, 사하라 사막을 가로질러 아프리카까지 퍼졌다.[39]

아프리카의 천문학자들

1577년 11월, 화려한 유성우가 오늘날의 말리인 팀북투 하늘 위에 나타났다. 서아프리카의 천문 현상에 대한 보고는 16세기와 17세기 내내 계속되었다. 17세기 초 서아프리카의 연대기 기록자인 압드 알사디는 이렇게 적었다. "혜성 하나가 나타났다. 그것은 먼저 새벽에 지평선 위로 모습을 드러냈다가 조금씩 떠올랐으며, 해가 지고 밤이 되는 사이에 하늘 정중앙에 도달했다. 그러다 마침내 사라졌다." 앞에서 사마르칸트에서 이스탄불에 이르는 이슬람 세계의 통치자들이 이 기간 천문학에 큰 관심을 보였던 것을 언급한 바 있다. 그런데 이 점은 사하라 사막 이남의 아프리카에서도 마찬가지였다. 많은 천문학자가 16세기 동안 서아프리카의 대부분을 지배했던 이슬람 술탄국인 송하이 왕국의 통치자 아스키아 무함마드의 궁정에 고용되었다. 이 천문학자들은 연간 달력을 편찬해 종교에 지침을 주어 송하이 왕국의 운영에 기여했다. 독실한 이슬람교도인 아스키아 무함마드는 자신이 고용한 천문학자들에게 후한 보상을 해주었고, 기도 시간과 라마단 날짜 계산을 도와달라고 돈을 지불했다. 메카의 방향을 정해달라는 요청을 하기도 했다.[40]

16세기에 팀북투에서 일했던 천문학자들의 존재는 근대과학의 역사에서 사하라 사막 이남 아프리카의 위치를 알려주는 중요한 증거다. 이 지역은 전 세계 다른 어느 지역보다 과학 혁명의 역사에서 배제된 곳이다. 세계를 더 넓게 살필 필요성을 인정하는 과학사에서도 사하라 사막 이남의 아프리카는 언급되지 않는다. 하지만 유럽 식민지 시대 이전에는 아프리카에 과학이 존재하지 않았다는 생각은 잘못되었으며, 시급히 수정해야 한다. 다른 나라들과 마찬가지로 아프리카 역시 풍부한 과학적 전통을 지니고 있었으며, 종교와 무역 네트워크가 확장되던 15세기와 16세기에 큰 변화를 겪었다. 그렇기에 사하라 사막 이남의 아프리카를 전 세계 다른 지역과 분리되었다고 여기기보다는, 이 장에서 계속 살펴온 전 세계 문화 교류라는 큰 흐름의 일부로 간주해야 한다.[41]

팀북투는 12세기에 세워졌다. 그리고 이후 15세기와 16세기를 지나며 상당히 확장되었는데, 1468년부터 이 도시를 지배한 송하이 왕국이 부상한 이후에 특히 그랬다. 팀북투에서 온 캐러밴이 실크로드를 통해 서아프리카를 아시아와 연결하고 금, 소금, 노예를 사하라 사막을 가로질러 이집트 너머로 운송하는 무역이 증가하면서 도시가 확대되었다. 같은 기간에 서아프리카의 다른 왕국들도 바닷가에서 유럽인과 교역을 시작했다. 이것은 대서양을 횡단하는 노예무역의 시작이었는데, 그 영향에 대해 앞으로 두 장에 걸쳐 더 자세히 살필 예정이다. 곧 팀북투는 부유한 도시가 되었고, 송하이 왕국의 통치자는 '수많은 의사, 판사, 학자, 성직자가 가득한 장엄하고 훌륭한 궁정'을 갖추게 되었다. 무역과 함께 종교 또한 아프리카를 더 넓은 세계와 연결하는 또 다른 핵심 요소였다. 7세기 이슬람교가 북아프리카를 정복한 이후, 이슬람교는 10세기 내내 사하라 사막을 가로질러 서아프리카로 퍼졌다. 이 종교는 14세기 이후 외딴 지역까지 널리 받아들여졌다. 이 시기는 서아프리카의 이슬람 학자들이 팀북투 같은 도시에서 저작을 들여오는 데 그치지 않고 현지에서 자체적인 저술 활동을 더욱 많이 펼친 때이기도 했다. 아프리카의 통치자들은 오래전부터 정치권력을 공고하게 해주는 이슬람교의 중요성을 깨닫고 있었다. 아키아 무함마드는 팀북투에서 온 많은 학자를 대동해 1496년에 메카로 순례 여행을 떠나기도 했다.[42]

이러한 무역과 순례는 지식을 생산했다. 아스키아 무함마드는 새로운 천문학 사상부터 이슬람 율법의 원리에 이르기까지 모든 지식을 상세히 정리한 아랍어 책을 가지고 메카에서 돌아왔다. 무역상들 또한 이스탄불과 카이로에서 구입한 아랍어 필사본을 갖고 사하라 사막을 가로질러 서아프리카로 돌아왔다. 16세기의 유명한 여행자 레오 아프리카누스는 팀북투를 방문하고 이렇게 말했다. "여기서는 바바리

(북아프리카)에서 온 필사본이 다른 상품보다 더 큰 이윤을 남기며 판매된다." 15세기 말에는 가톨릭이 무슬림 스페인을 정복하면서 그라나다 토후국의 패배로 정복자들의 세력이 정점에 달하자 많은 이슬람 학자들과 그들의 필사본이 서아프리카로 넘어왔다. 앞으로 살펴보겠지만 이런 아랍어 저술의 확산은 서아프리카 과학에 지대한 변화를 몰고 왔고, 이것은 르네상스 시기 유럽에서 벌어진 일과 놀랄 만큼 유사하다.[43]

물론 이슬람교가 전파되기 전부터 아프리카 사람들은 하늘을 관찰했다. 고대 말리의 도곤족 사람들은 밤하늘의 별에 하나하나 이름을 지었고, 남아프리카의 코사족은 밤에 여행할 때 목성의 위치를 참고로 삼았다. 오늘날의 나이지리아에 자리한 중세 베냉 왕국의 통치자는 1년 내내 태양과 달, 별의 움직임을 추적하기 위해 '이우키(떠오르는 달 연합)'라고 불리는 특별한 천문학자들을 고용했다. 이들은 농업에 필요한 달력을 제작하는 데 특히 중요한 역할을 했다. 베냉 왕국의 수도에서 일하던 중세의 천문학자들은 오리온자리의 별 3개가 어떻게 움직이는지 유심히 관찰하면서 "이 별이 밤하늘에서 사라지면, 얌(참마)을 심어야 할 때다"라고 발표했다. 오늘날의 나이지리아에 자리했던 중세 이페 왕국의 통치자 역시 도시의 농업과 종교를 관리하는 데 천문학이 중요하다는 사실을 인식했다. 요루바 문화의 중심 도시인 이페에는 많은 사원이 있었다. 왕은 이런 사원 근처에 태양의 움직임을 추적하고 종교 축제와 연간 수확 시기를 결정하는 데 사용하는 거대한 화강암 기둥을 세웠다.[44]

그리고 이곳의 천문학 전통 역시 15세기 이후 큰 변화를 겪었다. 유럽에서와 마찬가지로, 아프리카의 학자들은 아랍어 번역본을 통해 아리스토텔레스와 프톨레마이오스 같은 고대 그리스 사상가의 연구에 대해 배웠다.^{pic4} 밤이면 한 무리의 학생들이 모닥불 주위에 옹기종기 모여 별들의 이동 경로를 관찰하고, 그 결과를 여러 아랍어 저작에서 발견한 천문표와 비교했다. 16세기 팀북투에서 천문학을 가르치는 데 가장 많이 사용된 저서의 제목은《별의 이동 경로에 관한 지식 Knowledge of the Movement of the Stars》이었다. 이 책은 먼저 고대 그리스와 로마 사상가의 천문학 이론을 설명한 다음, 프톨레마이오스 천문학에 대한 영향력 있는 11세기 비평가 이븐 알하이삼 같은 좀 더 최근의 이슬람 사상가로 넘어갔다. 그런 다음 이 책은 점성학의 중요성과 함께 특정한 별의 위치를 결정하는 방법을 설명했다.[45]

무함마드 바하요호라는 팀북투 출신 학자가 저술한 또 다른 책은 밤뿐 아니라(달의 위치를 이용해) 낮에도(해시계를 이용해) 기도 시간을 계산하는 방법을 설명했다. 16세기 초에 메카 순례를 마친 바하요호는 팀북투에서도 가장 방대한 아랍어 저술 모음집을 갖고 있었고, 16세기 오스만제국의 천문학자 무함마드 알타주리의 저작에 대한 논평을 쓰기도 했다. 사실 팀북투에서는 아랍어뿐 아니라 오스만 튀르키예어로 저술한 책도 있었는데, 이는 당시 오스만제국과 서아프리카의 과학이 밀접하게 연관되어 발전했다는 사실을 알려준다.[46]

팀북투는 의심할 여지 없이 서아프리카에서 근대과학의 발전이 이루어진 아주 중요한 장소로 꼽힌다. 하지만 이 도시뿐만 아니라 다른 여러 아프리카 도시, 특히 무역과 종교 네트워크를 통해 바깥 세계와 연결된 다른 도시 역시 이 기간에 과학 지식의 확장과 발전을 경험했다. 오늘날의 나이지리아에 자리한 이슬람 왕국인 보르노 술탄국에는 대모스크에서 학자들이 '여러 과학 연구'를 수행했다는 후대의 기록이 전해진다. 이와 비슷하게 오늘날 나이지리아의 영토에 자리했던 또 다른 이슬람 왕국 카노 술탄국의 통치자 역시 이슬람 세계의 학자들을 초대해 궁정에서 강연을 열었다. 15세기 초에는 멀리 메디나에서 온 학자가 천문학이나 수학 같은 과학적 주제를 다룬 방대한 아랍어 저술 모음집을 가져오기도 했다. 팀북투에서와 마찬가지로 15세기 아프리카 학자들은 이븐 알하이삼 같은 영향력 있는 이슬람 과학 사상가들의 저술뿐 아니라 고대 그리스 저작의 아랍어 요약본을 읽었다.[47]

앞에서 여러 번 살폈듯 카노 궁정에서 일하는 천문학자들 역시 연간 달력의 제작 과정에 관여했다. 압둘라 빈 무함마드라는 학자는 달이 1년 내내 다른 여러 별자리를 따라 움직이는 전통적인 이슬람 점성술 달력에 대한 자세한 저술을 남겼다. 그뿐 아니라 '행성의 공전'에 다양한 점성술적 의미를 부여해 설명했다. 무엇보다 중요한 사실은 이 저작이 카노 술탄국 인구의 대다수를 차지하는 하우사족의 언어인 하우사어로 쓰였다는 점이었다. 압둘라 빈 무함마드는 개별 항성과 행성에 대해 전통적인 아랍어 명칭과 함께 하우사어 이름도 언급했다. 예를 들어 수성은 하우사어로 '마가타카드('필경사'라는 뜻)'였고 태양은 '사르키('왕'이라는 뜻)'였다. 이 역시 15세기와 16세기에 걸쳐 새로운 아랍어 저작이 도착하면서 변화를 겪은 아프리카 천문학 전통의 존재를 알리는 중요한 증거다.[48]

18세기 초까지 서아프리카에서는 새로운 과학적 아이디어의 발전이 계속되었다. 예컨대 1732년에 카치나(역시 오늘날 나이지리아 영토에 자리한)에서 연구하던 한 수학자는 〈알파벳 문자의 마법적 사용에 관한 논문A Treatise on the Magical Use of the Letters of the Alphabet〉이라는 원고를 썼다. 저자인 무함마드 이븐 무함마드는 동쪽으로 거의 800마일 떨어진 보르노 술탄국의 한 이슬람 학자에게 천문학과 점성술, 수학을 배웠다. 또 우리가 이 장에서 만난 여러 아프리카 과학 사상가와 마찬가지로 메카 순례 여행에서 막 돌아온 참이었다. 이 논문은 제목만 보면 어딘지 신비로운 구석이 있지만, 사실은 수학적인 연구로 '마방진'의 이면에 숨겨진 원리를 상세하게 설명했다. 마방진이란 오늘날 학교에서도 가르치는데, 가장 간단한 형태는 1에서 9까지 숫자로 채운 가로 3칸, 세로 3칸의 격자다. 각각의 숫자를 올바른 위치에 배열하면 모든 열, 행, 대각선의 합이 동일한 숫자가 되도록 할 수 있다. 이때 숫자를 배열하는 방법은 다양하지만 숫자를 더했을 때 나오는 '마법의 숫자'는 하나뿐이다(3×3 격자의 경우, 그 숫자는 15다). 이 사실을 깨우치면 보다 복잡한 수학적 질문을 던질 수 있다. 예를 들어 9×9, 더 나아가 임의의 큰 사각형인 n×n에서 '마법의 숫자'는 무엇일까? 그뿐 아니라 크기가 다른 정사각형에 대해 해법의 순열이 몇 개인지, 이 문제를 풀기 위한 최적의 알고리즘이 무엇인지도 알아낼 수 있다.[49]

　　무함마드 이븐 무함마드는 중세 이슬람 수학자들이 널리 논의했던 마방진을 카치나에서 유통되는 아랍어 저술을 통해 확실히 익혔다. 이 저술에는 다양한 크기의 마방진을 만드는 공식이 제공되었고, 무함마드는 여기에 매혹되었다. 3×3 정사각형에 대해 단순히 회전하거나 거울상으로 비추는 것만으로도 다른 모든 해법을 얻을 수 있다는 사실을 알아내기도 했다. 하지만 무함마드는 마방진에 수학적인 흥미도 느꼈지만 동시에 종교적인 의무도 느꼈다. 마방진을 알라신이 준 선물로 여긴 무함마드는 "그 문자는 신의 금고 안에 보관되어 있다"라고 말하기도 했다. 실제로도 마방진은 매우 특별하게 여겨져서 무함마드는 다른 수학자에게 "신의 비밀을 무분별하게 퍼뜨려서는 안 된다"고 권고할 정도였다. 이것은 많은 사람이 마방진에서 연상하는 신비로운 특징이기도 했다. 아프리카, 아시아, 유럽을 비롯한 여러 지역의 과학 사상가들과 마찬가지로 무함마드 이븐 무함마드는 마방진이 흉조로부터 보호해주는 일종의 부적 역할을 한다고 믿었다. 이것이 자기 저작의 제목에 수학의 '마술적 용도'를 포함한 이유였다. 그

11 근대 초기 아랍어 수학 논문에 등장하는 2개의 마방진. 비슷한 원고가 17세기 팀북투와 카노에서 저술되었다.

뿐 아니라 마방진은 미래를 예언하는 용도로도 널리 사용되었다. 무함마드 이븐 무함마드는 근대 초기 카치나에서 특정 숫자를 단어나 문자와 교환하는 방식으로 마방진을 '읽는' 서비스를 제공했다. 어떤 사람들은 악령을 내쫓기 위해 옷에 마방진을 꿰매기도 했다.[50]

€

그동안 지나치게 오랜 세월에 걸쳐 사하라 사막 이남 아프리카는 과학 혁명의 역사에서 제외되었다. 하지만 일단 우리가 이 지역의 풍부한 과학 문화를 탐구하기 시작하면, 같은 기간 유럽에서 일어난 여러 일과 상당히 비슷한 점이 있음을 알 수 있다. 유럽에서와 마찬가지로 아프리카인은 아랍어로 쓰인 번역본과 요약본을 통해 아리스토텔레스와 프톨레마이오스 같은 고대 그리스와 로마의 과학 사상을 배웠다. 또 유럽처럼 아프리카인도 이븐 알하이삼 같은 보다 최근의 이슬람 천문학자와 수학자의 연구를 바탕으로 고대 사상을 비평하는 법을 배웠다. 또 역시 유럽과 마찬가지로, 아프리카의 과학 혁명이 옛 사상을 완전히 대체하지는 못했다. 천문학, 점성술, 그리고 점술은 여전히 구별되지 않는 경우가 많았다. 그러므로 아프리카를 과학 혁명과는 별개의 지역이라고 여기기보다는, 15세기와 16세기 동안 실크로드를 따라 확장된 무역과 순례 여행이 과학의 변화를 이끈 하나의 공유된 역사의 일부로 생각해야 한다.

사마르칸트와 이스탄불에서처럼 팀북투와 카노에서도 이슬람 학자들은 천문학과 수학의 종교적 가치를 인정하는 부유한 아프리카 후원자들의 지원을 받았다. 송하이 왕국의 한 천문학자는 "이 과학의 쓸모 가운데 하나는 기도 시간을 알려주는 것이다"라고 말했다. 동시에 천문학자들은 캐러밴이 사하라 사막을 잘 횡단하도록 도왔으며 이 지역의 무역이 성장하도록 기여했다. 한 저술가에 따르면 "이들은 바다 위와 마찬가지로 광활한 사막을 가로질러 여행하며, 별을 보면서 방향을 인도받았다." 실크로드의 서쪽 끝에 자리한 아프리카 역시 15세기와 16세기에 그들만의 과학 혁명을 경험한 셈이다. 이제 우리는 실크로드를 따라 동쪽으로 이동하면서 이제껏 살핀 것과 비슷한 상업적, 종교적, 지적 교류가 어떻게 중국과 인도의 과학 혁명을 이끌어냈는지 알아볼 예정이다.[51]

베이징의 천문학

마테오 리치Matteo Ricci는 붉은 비단옷을 입은 채 자금성에 들어갔다. 그는 베이징 중심에 자리한 중국 황제의 은밀한 보금자리에 접근한 최초의 유럽인이었다. 리치는 황제에게 깊은 인상을 주기 위해 유학자 복장을 하고 중국 문인들의 전형적인 긴 턱수염까지 길렀다. 1601년 2월, 자금성의 거대한 대리석 안뜰로 걸어 들어간 리치는 약 20년 전으로 거슬러 올라가는 오랜 야망을 실현했다. 그는 1582년 예수회의 일원으로 중국에 처음 도착했다. 앞 장에서 살폈듯 예수회의 선교 활동은 근대 초기 과학의 발전과 밀접한 연관이 있었다. 이들은 하늘에 대한 연구를 잠재적인 개종자에게 기독교 신앙의 힘을 보여주기 위한 수단일 뿐 아니라 신의 섭리에 감사하는 수단으로 여겼다. 이것은 리치가 중국에서 선교 활동을 펼친 방식이기도 했다.

1552년 교황령 마체라타에서 태어난 리치는 1570년대 초 로마 대학에서 예수회 학자 크리스토퍼 클라비우스Christopher Clavius에게 수학과 천문학을 배웠다. 천문학 공부는 흥분되는 경험이었다. 코페르니쿠스의 지동설은 일대 파문을 일으켰으며, 1572년 11월 하늘에 '새로운 별'이 나타나며 하늘은 언제나 변치 않는다는 생각은 더욱 큰 도전을 받았다(이 '새로운 별'은 사실 초신성이었다). 교육을 다 받고 난

후 리치는 극동 예수회 선교단에 합류하라는 요청을 받았다. 리치는 1577년에 로마를 떠나 리스본으로 향했고, 그곳에서 중국으로 떠나는 배에 올라탔다. 이 여정은 인도에 잠시 들르는 것을 포함해 거의 4년이나 걸렸다. 마침내 1582년 8월 포르투갈의 무역항인 마카오에 도착한 리치는 이후 중국에서 여생을 보내며 아시아에서 기독교와 과학이 뿌리내리는 데 중요한 역할을 했다.[52]

리치는 천문학과 수학이 예수회가 중국에서 발판을 마련하는 데 도움을 주리라 확신했다. 14세기 중반에 탄생한 명나라는 오랫동안 유럽인 방문자를 경계했다. 1572년에 왕위에 오른 만력제(명나라의 제13대 황제-옮긴이)는 포르투갈인들이 마카오에 머무는 것을 허락했지만, 이들이 내륙으로 더 들어가는 것은 1년에 배 두서너 척으로 제한했다. 포르투갈 상인들과 마찬가지로 예수회 역시 처음에는 이곳에서 입지를 굳히고자 애썼다. 현지인들에게 '외국 악마'라 불리던 이 외국인들은 보통 환영받지 못하는 존재였다. 여행하는 동안 리치는 여러 번 감금되었고 그가 머무는 집에 돌을 던지는 사람들도 있었다. 그래도 결국 리치는 중국 남부 자오칭시에 작은 선교소를 설립하는 데 성공했다. 하지만 이는 일시적인 성공이었는데, 1589년 이 지역에 새로운 관리가 부임하면서 예수회가 추방되었기 때문이었다. 리치는 중국에서 예수회의 미래를 보장받기 위해서는 황제에게 직접 탄원해야 한다는 결단을 내렸다. 1601년에 리치가 베이징에 간 것은 탄원을 위해서였다. 리치는 갖가지 선물을 챙겨서 베이징으로 향했는데, 그 가운데는 성모마리아 그림이나 진주, 유리구슬로 장식한 십자가상이 포함되었다. 그뿐 아니라 리치는 기계식 시계 2개를 가져왔는데, 둘 중 큰 시계는 강철 추로 움직였고 작은 시계는 용수철로 구동했다.

만력제는 그림이나 십자가에는 특별한 감흥을 느끼지 않았지만 시계를 마음에 들어 했다. '저절로 울리는 종'이라고 불렀던 시계는 황제를 매료시켰다. 만력제는 큰 시계를 개인 정원에 설치하고 작은 시계는 자신의 거처에 놓으라고 명령했다. 황제는 톱니바퀴가 돌고 용수철이 압축되는 시계의 작동 메커니즘을 이해하고자 애썼다. 하지만 얼마 지나지 않아 시계가 멎고 종이 울리지 않자 당황해 리치에게 궁정으로 돌아와 시계를 고쳐달라고 부탁했다. 정말이지 딱 맞는 선물이었다. 멀리 이탈리아에서 가져온 기계식 시계는 깊은 인상을 남겼다. 하지만 중국인들은 시계를 매일 조정하고 규칙적으로 태엽을 감아야 하는 등 관리하려면 유럽 수학에 친숙해져야 할 필요가 있었다. 만력제는 시계 종이 계속 울리게 하려면 리치를 자금성에 초대해야 한다는 사실을 깨달았다. 황제는 예수회 관계자들이 1년에 네 번 궁정에 와서 시계를 수리해달라고 요청했고, 그 보답으로 리치가 베이징에 거주하며 선교소를 설립해도 좋다고 허가했다.[53]

리치는 과학에 대해 더 깊은 믿음을 갖게 되었다. 리치가 1605년 로마에 보낸 편지를 보면 그는 천문학과 수학이 중국 엘리트들의 환심을 사는 최선의 수단이라는 사실을 증명했다고 여겼다. 여기에 대해 리치는 이렇게 말했다. "내가 준 세계지도, 시계, 구, 아스트롤라베를 비롯해 내가 작업하고 가르치는 여러 가지 덕분에 나는 여기서 전 세계를 통틀어 가장 위대한 수학자라는 평판을 얻었다." 그런 다음 리치는 이 전략이 확대되어야 한다고 제안하면서 "훌륭한 점성가인 아버지나 형제를 이 궁정에 보내는 게 아주 유리한 방법"이라고 주장했다. 리치에 따르면 이렇게 해야 "우리의 평판을 높여 중국에 보다 더 자유로이 입국할 수 있으며, 안전과 자유를 보장할 것"이었다. 리치는 결국 원하는 바를 얻었고, 이후 50년 동안 예수회는 중국에 뛰어난 천문학자와 수학자를 보냈다. 이는 유럽과 동아시아가 과학 지식을 훨씬 더 광범위하게 교류했음을 의미한다. 천문학과 수학에 대한 유럽과 중국의 접근 방식이 서로 접촉하면서 각자 변화를 겪었고, 천상 세계

의 본질과 고대 지식의 역할에 대한 많은 논쟁이 이뤄졌다.[54]

얼마 지나지 않아 예수회는 처음으로 세간의 이목을 끄는 개종자를 배출했다. 바로 1601년 베이징 선교소가 설립된 직후 기독교로 개종한 명나라 후기의 고위 관리이자 학자 서광계徐光啓였다. 예수회 사람들에게 '바오로 박사'로 알려진 그는 궁정에서 예수회의 명분을 홍보하는 데 도움을 줄 만한 영향력 있는 인물이었기에 마테오 리치가 끌어들이고자 했던 부류의 개종자였다. 그뿐 아니라 서광계는 과학에 조예가 깊어 리치를 비롯한 예수회 사람들과 함께 고대 그리스와 르네상스 시기 과학의 주요 저작 가운데 상당수를 중국어로 번역했다. 보잘것없는 농가 출신이었던 서광계는 작은 사찰에서 공부하다가 관직에 오른 사람이었다. 이후 베이징에서 리치와 함께 일하게 된 그는 유럽 수학의 기초가 되는 고대 그리스의 문헌인 유클리드의《원론Elements》을 처음 중국어로 번역했다.

리치는 유클리드 저작 번역이 예수회의 영향력을 더 키울 것이라 생각했다. '중국인들 사이에서 수학은 다른 어떤 나라들보다 높이 평가되고 있기 때문'이었다. 서광계와 리치가 번역 작업에 사용한 원본은 고대 그리스의 원작이 아니라 로마에서 리치의 지도교수였던 크리스토퍼 클라비우스가 쓴 라틴어본이었다. 이 무렵 리치는 중국어에 능숙해졌지만 글쓰기에는 자신이 없었기에 서광계와 함께 한 팀으로 일했다. 리치가 라틴어를 중국어로 번역하면 서광계는 그 번역문을 유학자에게 적합한 고전적 문체로 다시 썼다. 클라비우스의 주요 저작인《아스트롤라베The Astrolabe》(1593)를 포함한 다른 책들의 번역이 이어졌다. 1610년 리치가 사망할 무렵에는 중세와 르네상스 시기의 많은 저작과 함께 고대 그리스 과학 분야의 여러 주요 저작이 중국어로 번역되기에 이르렀다.[55]

이러한 번역을 단순히 유럽 과학이 중국에 이전된 사례로 여길 수도 있다. 하지만 실제로는 더 복잡하다. 이슬람 세계에서 그랬듯 고대 지식의 재발견이라는 르네상스 시대의 이상은 유럽에서만 발견되는 것이 아니었다. 중국의 학자들 또한 자신이 하는 일을 르네상스와 매우 유사한 전통의 일부로 여겼다. 서광계는 리치와 함께 작업하면서 잃어버린 중국 과학의 맥을 회복할 수 있으리라 믿었다. 유럽이 고대 문헌에 접근하기 위해 이슬람 세계에 의존했던 것처럼, 중국은 유럽에 의존해야만 했다. 서광계는 유클리드의 중국어 번역본 서문에 고대 지식의 회복에 대한 자신의 관점을 밝혔다. 그에 따르면 "삼국시대 이전에는 수학이 번성했고 스승들은 완전한 지식을 전수했다." 서광계는 중국의 철학과 수학의 발전 수준이 절정에 달했던 기원전 3세기까지에 대해 묘사했다. 이 시기는 중국 관료주의의 기초를 이루는 유교 경전인 사서오경이 쓰인 시대였다. 그뿐 아니라 《구장산술九章算術》, 《산수서算數書》 같은 수학 고전이 저술된 시기이기도 했다. 하지만 고대 그리스의 수학과 과학이 그랬듯 이 지식은 "먼 옛날 용의 불길에 완전히 파괴되었다." 그럼에도 서광계는 리치 같은 유럽인과 함께 작업하면 이 지식을 되살릴 수 있다고 주장했다. 그리고 수사적인 표현을 써서 이렇게 물었다. "의례와 법도가 사라졌다 해도 야만인들의 손을 통해 되찾아 오면 되지 않은가?"[56]

즉 서광계 같은 중국 학자는 유럽의 인문주의 학자와 다를 바 없이 행동했다. 그들은 고대 그리스 과학 문헌을 번역했지만, 이는 잃어버린 옛 세계를 재발견하기 위해서였다. 또 인문주의자와 마찬가지로 중국 번역가들은 논평과 비판을 통해 원본을 회복할 뿐 아니라 개선하기를 희망했다. 서광계는 중국과 유럽의 수학적 기법을 비교해 《측정의 유사성과 차이Similarities and Differences of Measurement》(1608)라는 책을 저술하기도 했다. 서광계는 이전의 중국 수학이 "원리가 아니라 오직 그 방법만 진술했다"라고 불평했다. 그는 기존 여러 중국 수학 저작이 일반화할 수 있는 이론보다 특정 문제에 대한 실질적인 해법에 관심이 있었다는 사실을 정확하게 파악했다. 그리고 이러한 일반적인 이론 없이는 새로운 지식을 생산하기가 어려웠는데, 이미 배운 지식을 새로운 상황에 쉽게 적용할 수 없었기 때문이다. 서광계와 같은 시기의 한 학자는 이렇게 말했다. "중국의 수학 관련 저술에는 예시만 있지 증거는 실려 있지 않다."[57]

고대 그리스 저술은 기존 중국 수학에 이론적인 기초를 제공하는 것처럼 보였기 때문에 서광계에게 매력적으로 여겨졌다. 예컨대 유클리드의 《원론》에는 피타고라스의 정리에 대한 증거가 실려 있었다(직각삼각형 각 변의 길이는 $a^2+b^2=c^2$라는 수식에 따른다). 서광계는 이 내용을 수용했으며, 《구장산술》을 포함한 고대 중국 수학책들이 명백한 증거 없이 그런 정리의 사례를 포함하고 있다는 사실을 보여주었다. 서광계는 유클리드의 저작을 연구하면 중국 수학자들이 잃어버렸던 지식을 회복할 수 있을뿐더러 더 나아가 그것을 발전시킬 수도 있다고 주장했다. 또 다른 당시 학자의 말에 따르면 "서양의 학문을 통해 우리는 다시 《구장산술》에 돌아갈 수 있다." 그러므로 이것은 중국판 르네상스였다.[58]

서광계의 노력은 성과를 거두었다. 1629년, 그는 중국 관료제에서 가장 높은 직책으로 손꼽히는 예부좌시랑에 임명되었다. 예수회는 마침내 중국의 핵심부에 내부 인사를 들인 셈이었다. 서광계가 담당하는 예부는 궁중 의식과 종교 의식, 나라에서 주관하는 시험을 관리했다. 그뿐 아니라 근대 초기 중국에서 가장 중요한 과학 기관인 흠천감을 감독했다.[pic5] 마테오 리치는 1601년에 오늘날까지 베이징에 남아 있는 이 장소에 대해 생생한 기록을 남겼다.

이 도시의 한쪽 성벽 안에는 높은 언덕이 있다. 그 꼭대기에는 천문 관측에 적합하도록 개조한 넓은 테라스가 있고, 웅장하고 오래된 건물들로 둘러싸여 있다. 이곳에서 천문학자들은 매일 밤 자기 자리에서 유성이나 혜성을 비롯해 하늘에 무엇이 나타났는지 관찰하고 황제에게 자세하게 보고한다.

리치가 남긴 기록에서도 알 수 있듯 흠천감은 과학뿐 아니라 정치적으로도 매우 중요한 기관이었다. 중국에서 황제는 '하늘의 아들'로 여겨졌다. 그런 황제의 임무는 인간과 자연, 우주의 조화를 지키면서 천상과 지상의 영역을 중재하는 것이었다. 실용적인 관점에서, 이는 황제가 농번기를 비롯한 주요 종교 행사의 날짜를 정하는 연간 달력을 발행해야 했다는 의미였다. 그러므로 달력은 곧 정치권력을 행사하는 도구였다. 달력을 채택하는 것은 조선 같은 중국의 속국에서

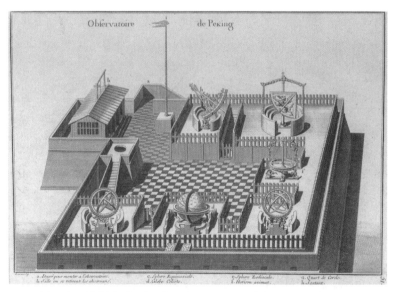

12 17세기 베이징의 흠천감. 이곳의 많은 과학 기구와 도구가 용을 비롯한 중국의 전통 모티브를 소재로 한다. 육분의(윗줄 맨 왼쪽) 같은 도구는 중국과 이슬람식 디자인 요소를 모두 적용했다.

는(원문에는 이렇게 기술하고 있지만, 실제 역사적으로는 틀린 표현이다-옮긴이) 특히 황제에 대한 충성심을 증명하는 수단이었다. 하지만 만약 황제가 일식 같은 천상의 사건을 예견하지 못하면 사람들에게 사과해야 했으며, 입지가 약화되었다. 이런 점을 염두에 두고 새로 즉위한 황제는 왕권을 확고히 다지기 위해 거의 항상 달력을 손보았다.[59]

1627년에 숭정제가 왕위에 오르면서 한 일도 바로 이것이었다. 숭정제는 이전에 일식을 포함한 주요 천체 사건을 예측하는 데 실패한 적이 있었다는 점을 걱정했다. 예컨대 1610년에 흠천감은 일식이 시작되는 시점을 30분 정도 잘못 예측한 적이 있었다(이 정도 오차가 사소한 것처럼 보일지도 모르지만, 당시 날씨가 좋은 날이면 유럽과 중국 천문학자 모두 일식 시작 시간을 몇 분의 오차범위 내로 예측했다). 그 이후로도 흠천감은 10회 이상의 일식을 제대로 예측하지 못했다. 유교 철학에 따르면 천상에 나타난 문제는 지상에도 반영되었다. 그래서인지 이전 두 황제는 오래가지 못했고, 한 황제는 즉위한 지 한 달도 되지 않아 죽었다. 당시 만주족이 만리장성에 접근하면서 북쪽 지방은 침입자들의 위협을 받기도 했다. 이 모든 것에 대해 염려한 숭정제는 흠천감에 달력을 개혁하라고 명령했다.[60]

서광계는 그 기회를 십분 활용했다. 그는 새로 얻은 지위를 최대한 활용해 황제에게 자신이 달력 개혁을 이끌겠다고 간청했다. 그뿐 아니라 서광계는 베이징의 천문학자들이 전통에만 의존하기보다는 예수회로부터 가르침을 얻어야 한다고 주장했다. 중국의 달력에 근본적인 문제가 있다는 점이 확실히 드러날 즈음이었다. 중국에서는 태음태양력을 사용했기 때문에 태양년의 길이와 음력 달의 길이를 조정할 필요가 있었다. 지구가 태양 주위를 도는 데는 약 365일이 걸리며 이것이 태양년이다. 그리고 달이 지구의 궤도를 도는 데는 약 29일이 걸리며 이것이 음력 달에 해당한다. 하지만 안타깝게도 음력 달의 조합으로 태양년을 완벽하게 채우는 것은 불가능했다. 12월의 음력 달이 지나갈수록 여기저기 여분의 날을 더해야 태양년과 음력을 맞출 수 있었다. 이 둘을 결합하는 데 기초를 둔 달력은 시간이 지남에 따라 두 요소가 계속 틀어지게 되고, 명 왕조에서 일식 같은 천체 사건의 정확한 시기를 예측하는 데 점점 더 어려움을 겪은 것도 이런 이유에서였다.[61]

그런데 이 문제는 중국만의 문제가 아니었다. 1582년에는 교황 그레고리 13세가 예수회에 유럽 기독교 달력을 개혁하도록 도와달라고 요청한 바 있었다. 뛰어난 천문학자를 갖춘 가톨릭의 일원인 예수회는 그러한 임무를 수행하기에 이상적인 집단이었다. 리치의 로마 대학 지도교수 크리스토퍼 클라비우스가 개혁을 주도했다. 클라비우스는 코페르니쿠스의 천문표에서 가져온 자료와 최신 수학 기법을 통합했다. 그 결과 탄생한 결과물이 그레고리력이며, 오늘날까지 전 세계 여러 지역에서 사용되는 달력이다. 중국과 마찬가지로 그레고리력을 채택한다는 것은 가톨릭교회에 대한 충성을 나타내는 방식이었다. 그래서 개신교 국가들 가운데 상당수는 18세기까지 클라비우스의 개혁을 받아들이지 않았다. 예수회는 중국에서도 숭정제가 그레고리력을 채택해 가톨릭교회에 대한 헌신을 보여주기를 바랐다.[62]

하지만 결국 이들은 실망했다. 서광계는 유클리드의 번역본과 마찬가지로 예수회의 천문학이 달력 개혁을 도울 수는 있지만, 그 결과물은 본질적으로 중국의 것이어야 한다고 이야기했다. "서양 지식의 소재와 본질을 녹여서 중국의 체제로 주조하겠다"는 것이 서광계의 목표였다. 또 그는 중국인이 오랫동안 외부인들에게 의존했다고 지적했다. 르네상스 시기 유럽의 천문학자들처럼 중국 천문학자들은 이슬람 세계에 많은 빚을 졌다. 베이징 천문대에 갖춰진 천문 기구들은 13세기에 페르시아 천문학자들이 제작한 것이었다. 이 가운데는 사마르칸트의 파크리 육분의와 비슷한 거대 석제 도구가 포함되었다. 심지어 17세기에도 흠천감에는 이슬람의 천문표를 가지고 작업하는 이슬람 관련 부서가 존재했다. 서광계는 이러한 전략과 방식을 확장해 중국 천문학자들이 예수회 과학과의 제휴로 이익을 얻을 것이라고 말했다.[63]

결국 숭정제는 서광계와 예수회 학자들이 달력 개혁을 이끌기에 적격이라는 데 동의했다. 1629년에 서광계는 흠천감의 새로운 달력 담당자로 임명되었다. 여기에 로마에서 클라비우스에게 배운 독일인 예수회 회원 2명이 합류했다. 이들은 힘을 합쳐 《치력연기治曆緣起》(1645)라는 기념비적인 과학 저술을 남기고 새로운 항성 목록을 만들었다. 서광계에 따르면 새로운 달력은 중국과 유럽의 사상을 혼합한 결과였다. 이 달력 자체는 여전히 태양년과 음력 달의 조합을 중심으로 구성되었지만, 데이터는 전부 유럽에서 수입한 수학적 기법과 표에 바탕을 둔 최신의 것이었다.[64]

예컨대 《숭정역서崇禎曆書》(1634)는 기존 중국 별자리와 유럽에서 전해진 새로운 별자리를 합쳤다. 예수회가 도착하기 전 중국 천문표에는 남쪽 하늘에서 발견된 별이 하나도 포함되지 않았다. 이것들은 적도 남쪽에서만 관찰할 수 있었기 때문이다. 그래서 서광계는 이 공백을 메우기 위해 베이징의 예수회 도서관에서 접한 유럽 천문학자의 여러 저작을 참고했다. 그에 따라 남쪽 별자리 이름을 짓는 과정에서 그는 유럽 천문학자들이 열거한 별자리에 중국어식 이름을 붙였다. '봉황자리'는 '불새자리'가, '파리자리'는 '벌자리'가 되었다. 또 서광계는 유럽과 중국의 체계에 따라 각 별의 좌표를 나열했다. 중국 천문학자들은 적도 좌표계를 채택한 반면 유럽 학자들은 황도 좌표계를 사용하는 경향이 있었다. 이 두 체계는 무엇을 측정하느냐에 따라 각자 유리한 점이 있는데, 중국의 체계는 별의 궤도를 추적하는 데 장점이 있지만 유럽의 체계는 행성과 달의 궤도를 추적하는 데 장점을 보였다. 서광계는 천문표에 이 두 체계를 전부 수록해 중국 천문학자들이 두 세계의 가장 훌륭한 결과물을 참고하도록 했다. 참고로 이후 18세기에는 유럽 천문학자들도 대부분 사실상 중국식의 적도 좌표계를 채택하기에 이르렀다.[65]

　　근대 초기 중국에서 천문학과 수학의 발전상은 우리가 유럽과 이슬람 세계에서 살폈던 것과 비슷한 패턴을 따랐다. 15세기에서 16세기에 이르기까지 장거리 무역과 종교 네트워크가 확장되면서, 중국 천문학자들은 새로운 과학 사상을 접하게 되었다. 16세기에는 예수회 선교사들과 중국학자들이 함께 고대 그리스 과학을 베이징의 흠천감에 도입했다. 그리고 17세기 초에는 유클리드의 《원론》을 비롯한 고대 그리스 과학의 주요 저작들이 거의 전부 중국어로 번역되었다.

　　앞에서 살폈던 것처럼, 이 번역 활동은 다른 문화와의 교류를 통해 고대의 지식을 회복하려는 광범위한 흐름의 일부였다. 흠천감에서 일했던 학자들은 고대 그리스 문헌을 연구함으로써 중국의 고전 수학을 더 잘 이해할 수 있다고 믿었다. 17세기의 한 중국 천문학자는 이렇게 말했다. "그 두 가지는 하나가 다른 하나를 더 잘 이해하도록 빛을 던진다." 또 중국인들은 "중국에 온 서양인들은 그들 스스로를 유럽인이라고 칭하지만 이들의 달력 체계는 이슬람의 것과 비슷하다"라며, 유럽의 과학 대부분이 사실 이슬람권에서 왔다는 것을 인식하고 있었다. 이 점은 오늘날 상당수의 역사학자가 가끔 간과하는 사실이기도 하다. 하지만 과학 혁명은 단순히 고대 지식의 회복에 관련된 것만은 아니었다. 동시에 그 흐름은 중국에서도 나타난 경향인 새로운 관측에 대한 것이기도 했다. 17세기에 흠천감에서 일하던 중국 수학자들은 이렇게 말했다. "진실은 책뿐 아니라 도구와 기구를 이용하는 실험을 통해서도 탐색되어야 한다. 그에 따라 모든 새로운 천문학적 사실이 정확하게 밝혀진다." 유럽과 이슬람 세계에서 그랬듯, 중국의 과학 혁명을 특징짓는 것은 오래된 것과 새로운 것, 문헌과 실험의 결합이었다. 그리고 앞으로 살필 예정이지만 이런 흐름은 인도 무굴 제국에서도 매우 비슷하게 나타났다.[66]

인도의 천문대

인도의 군주 마하라자가 장작불이 타는 모습을 지켜보고 있었다. 1737년, 자이 싱 2세는 인도 북부를 수백 마일 가로질러 신성한 도시 바라나시에 도달했다. 갠지스 강둑에 자리한 이곳은 많은 인도인이 죽은 이를 화장하기 위해 오는 곳이었다. 추모객들은 사랑하는 사람의 유골을 강에 뿌리기 전에 "유일한 진리는 라마신이다"라고 외친다(라마신은 힌두교도들이 가장 추앙하는 신 중 하나로 선의 상징이다-옮긴이). 갠지스강은 힌두교도들에게 영혼을 정화하고 구원, 즉 해탈을 얻을 수 있는 장소다. 바라나시에 도착한 자이 싱은 수천 명에 이르는 다른 힌두 순례자들과 합류했고 신성한 물에서 함께 목욕하기도 했다. 하지만 자이 싱은 평범한 순례자가 아니었다. 천문학자이자 수학자이기도 했던 그는 힌두교에서 가장 신성한 도시인 바라나시에 인도 최초의 천문대를 짓기로 결심했다.

바라나시에서 큰 화장터의 바로 남쪽에서 흐르는 갠지스강을 내려다보는 자이 싱의 천문대는 보다 큰 규모의 천문대 네트워크 가운데 일부였다. 1721년에서 1737년까지 자이 싱은 인도 전역에 잔타르 만타르라 불리는 천문대[pic6] 다섯 곳을 건설하라고 명령했다. 사마르칸트와 베이징의 천문대가 그랬듯 이 인도의 천문대도 과학적, 정치적, 종교적 기능을 결합한 기관이었다. 자이 싱은 바라나시뿐만 아니라 힌두교 순례지인 우자인과 마투라에도 천문대를 세웠다. 그리고 정치적으로 중요한 도시인 자이푸르와 델리에도 각각 천문대를 건설하라고 명했다. 16세기 중반부터 인도를 통치한 무굴제국은 델리에 왕궁을 두었고 자이푸르는 자이 싱이 다스리던 아메르(암베르) 왕국의 수도였다. 자이 싱은 이렇게 천문대 네트워크를 구축하고 이전보다 정확한 천문 데이터를 수집해 천문학을 발전시키고자 했다. 이곳저곳에서 측정을 실시하면 오류를 발견하고 수정하기 쉽다는 생각이었다. 동시에 이 천문대들은 자이 싱이 인도 전역에 영향력을 넓힐 수 있게 도왔고, 그가 인도 아대륙에서 가장 강력한 통치자 중 하나로 발돋움하게 했다. 그리고 전 세계 다른 지역과 마찬가지로 인도에서도 지상계를 통제하기 위해서는 천상계를 정복할 필요가 있었다.[67]

중국과 마찬가지로 인도 역시 이 기간에 위대한 제국에 의해 많은 것이 변화했다. 그리고 그 흐름은 과학에 지대한 영향을 미쳤다. 무굴제국은 1526년 바부르가 세웠는데, 중앙아시아에서 태어난 바부르는 울루그 베그의 할아버지 티무르의 후손이었다. 16세기 초에 델리로 진격해 정복한 바부르는 인도에 이슬람 학문을 전파했다. 알투시의 천문학 저작과 울루그 베그의 천문표를 포함한 페르시아어와 아랍어 필사본이 델리와 아그라의 도서관에 꽂혔다. 동시에 무굴인들은 당시의 힌두교 국가의 과학 사상을 맞닥뜨렸다. 이것들 가운데 몇 가지는 놀라울 만큼 현대적이었다. 5세기 초 힌두 천문학자 아리아바타는 낮과 밤의 주기가 생기는 이유는 지구가 자전하기 때문이라고 주장했다. 하지만 나중에 옳다는 것이 증명된 이 주장은 지구가 움직이지 않고 정지해 있어야 한다고 믿은 프톨레마이오스와 대부분의 중세 유럽 천문학자들에 의해 거부되었다.[68]

1556년에서 1605년까지 무굴제국을 통치한 아크바르 황제는 과학 분야에 관한 한 이슬람과 힌두교를 하나로 결집하고자 애썼다. 그는 울루그 베그의 작품을 힌두교 문화권의 전통 언어인 산스크리트어로 번역하라고 명했다. 그와 동시에 아크바르 황제는 닐라칸타라는 힌두 수학자를 궁정 천문학자로 임명했다. 황제는 자신이 이슬람교도이기는 해도 힌두 신민들의 요구를 충족시키려면 닐라칸타 같은 인물이 필요하다는 사실을 알고 있었다. 이에 닐라칸타는 힌두교 연간 달력을 펴내라는 임무를 부여받았다. 이 기간에 유럽인들 또한 인도에 진출하고 있었다. 중국에서 거둔 성공이 재현되기를 바라는 예수회 천문학자들도 아크바르 황제의 왕궁에 모습을 드러냈다. 여행자와 상인도 속속 도착했다. 1658년에서 1670년까지는 프랑스의 의사 프랑수아 베르니에François Bernier가 무굴 황제 아우랑제브의 궁정 의사로 일했다. 베르니에는 무굴제국의 엘리트들이 과학에 큰 관심을 보였다고 기록하고 있다. 예컨대 델리를 다스리는 관리는 확실히 우주 연구에 대한 경험적인 접근을 지지하는 프랑스의 사상가 르네 데카르트와 피에르 가상디Pierre Gassendi의 저작에 대한 페르시아어 번역본을 탐독한 것처럼 보였다. 궁극적으로 15세기부터 전 세계를 휩쓸었던 르네상스의 또 다른 예인 인도에서 과학 연구의 꽃을 피우게 한 요인은 이슬람, 힌두, 그리고 기독교 문화의 결합이었다.[69]

그리고 이런 흐름의 정점에는 자이 싱의 천문대가 있었다. 다섯 천문대 가운데 가장 큰 자이푸르 천문대에서 자이 싱은 그 시대의 가장 발전한 과학 기관을 설립하기 위해 전 세계의 천문학자와 천문 도구, 책을 모았다. 이렇게 1734년에 완공된 자이푸르 천문대는 오늘날까지 남아 있다. 이곳은 19개의 거대한 석조물로 구성되었는데, 일부는 전통적인 이슬람 디자인에 바탕을 두었다. 자이 싱은 사마르칸트에 울루그 베그가 설립한 천문대에 관해 읽었고, 그래서 자이푸르에 있는 천문 기구 가운데 하나는 파크리 육분의를 거의 똑같이 베낀 모조품이었다. 하지만 당시 힌두 천문학 역시 여전히 중요한 역할을 했다. 자이푸르에 있는 석제 천문 도구는 시간을 이슬람교와 힌두교식으로 표기했다. 유럽과 마찬가지로 이슬람 세계에서도 하루는 24시간으로 나뉘고 1시간은 60분으로 나뉘었다. 반면 힌두 천문학자들은 하루를 60개의 단위(가티카)로 나눴고 각각을 다시 60개의 작은 단위(팔라)로 나누었다. 이 체계에는 사실 심오한 의미가 있다. 모든 숫자가 같은 숫자의 배수(이 경우 60)일 경우 계산을 훨씬 쉽고 빠르게 할 수 있기 때문이다. 이런 점을 염두에 두고 자이 싱은 석제 도구에 분과 시와 함께 가티카와 팔라라는 단위를 새기라고 명했다.[70]

하지만 잔타르 만타르 천문대의 모든 도구가 초기 이슬람식 디자인의 복제품은 아니었다. 자이 싱이 직접 발명한 것도 몇 가지 있었다. 이런 자이 싱의 작품 가운데 가장 인상적인 것은 '최상의 도구'라는 뜻을 지닌 삼랏 얀트라였다. 자이푸르 천문대에 설치된 삼랏 얀트라는 높이가 27미터도 넘는다. 이것은 전 세계에 현존하는 해시계 가운데 가장 크다. 하지만 단순한 해시계로 여기는 것만으로는 독창적인 디자인을 간과하기 쉽다. 자이 싱은 한가운데에 있는 돌기둥 양쪽에 태양의 그림자가 드리우는 곡선의 구조물을 만들었다. 이 구조물 덕분에 삼랏 얀트라는 그림자가 평평한 표면에 드리우는 전통적인 다른 해시계보다 훨씬 정확도가 높았다. 그 결과 삼랏 얀트라는 현지 시간을 오차 2초 이내로 알아내 당시 대부분의 기계식 시계보다 정확도가 높았다. 자이 싱이 발명한 또 다른 장치는 자이 프라카시 얀트라인데, '자이의 빛'이라는 뜻이다. 이 장치는 설계가 훨씬 더 복잡해서 폭이 8미터가 넘는 거대하고 우묵한 대리석 그릇이 땅에 파묻힌 형태였다. 별과 별자리를 새긴 이 대리석 그릇은 머리 위 천구를 반영했다. 작은 금속 고리가 그릇 위쪽의 철사에 매달려 그림자를 드리우면

13 인도 자이푸르 잔타르 만타르 천문대에 있는 삼랏 얀트라('최상의 도구'라는 뜻).

천문학자들이 그것을 보고 하루 종일 특정 천체의 운동을 추적할 수
있다.[71]

　　자이 싱은 천문 도구들을 제작하는 것 외에 책도 수집했다. 자이
푸르의 왕궁에 있는 그의 도서관에는 라틴어, 포르투갈어, 아랍어, 페
르시아어, 산스크리트어 책이 갖춰져 있었다. 이 도서관은 동서양의
과학적 지식이 한데 모인 장이었다. 자이 싱은 프톨레마이오스의 《알
마게스트》 아랍어 번역본을 비롯해 알투시와 알하이삼 등 앞서 살폈
던 천문학자들의 비평서를 구했다. 이 이슬람 저작들은 100권이 넘
는 산스크리트 천문학 저작과 나란히 놓여 있었으며, 여기에는 지구
의 자전에 대해 다룬 5세기 아리아바타의 고전 저작도 포함되었다. 또
자이 싱은 유럽에서 온 새로운 천문학적 아이디어에 점점 더 많은 관
심을 보였다. 1727년에 그는 인도 너머 세상에서 천문학에 대해 배우
기 위해 포르투갈에 과학 사절단을 보냈다. 1730년 리스본에 도착한

이 사절단에는 이슬람 천문학자 셰이크 압둘라와 포르투갈 예수회 회원 마누엘 드 피게레두가 포함되었다. 피게레두와 압둘라는 포르투갈의 국왕 주앙 5세를 알현하기도 했다. 그리고 이들은 1731년에 필리프 드 라 이르Philippe de La Hire의 《천문표Astronomical Tables》(1687)와 존 네이피어John Napier의 《경이로운 로그 법칙A Description of the Wonderful Law of Logarithms》(1614)을 포함한 최신 유럽 천문학 저작을 가지고 자이푸르로 돌아왔으며 이후에 둘 다 자이 싱이 산스크리트어로 번역했다. 마지막으로 자이 싱의 도서관에는 보다 동쪽에서 온 저작들도 포함되었다. 인도의 예수회는 중국에 있는 예수회와도 끊임없이 왕래했다. 베이징 천문대의 한 프랑스인 예수회 회원은 중국의 최신 천문학 지식을 설명하는 《중국 천문사A History of Chinese Astronomy》(1732)라는 책을 보내기도 했다.[72]

이렇듯 동서양을 아우른 이 모든 지식이 자이 싱이 만든 새로운 천문표에 녹아들었다. 페르시아어로 작성한 이 표는 무굴 황제를 기리기 위해 《무함마드 샤의 천문표The Tables of Muhammad Shah》(1732)라는 제목을 붙였다. 자이 싱은 이 저작을 무함마드 샤에게 바쳐 정치적 격변의 소용돌이에 빠진 무굴 궁정에서 자신의 지위를 확보하고자 했다. 1707년 아우랑제브 황제가 세상을 떠나면서 무굴제국은 혼란에 빠졌다. 이후 여러 황제가 살해되었는데, 가끔은 범인이 친족이기도 했으며, 인도 북부에서는 전쟁이 크게 일어났다. 자이 싱 자신도 분쟁에 휘말려 단명한 황제들 가운데 한 명의 군대와 맞서 싸웠다. 그러다 결국 1719년부터 1748년까지 무함마드 샤가 통치하면서 비교적 안정된 시기가 찾아왔다. 분쟁에 휘말린 이후 자신의 입지를 확고히 하고자 했던 자이 싱은 새로운 황제에게 "왕 중 왕의 제단에 우리를 바치고 신에게 찬미한다"라는 말과 함께 《무함마드 샤의 천문표》를 헌정했다.[73]

자이 싱은 이 장 도입부에서 살폈던 이슬람 왕자 울루그 베그가 사마르칸트에서 거의 300년 전에 제작한 《술탄의 천문표》를 모델로 해서 《무함마드 샤의 천문표》를 저술했다. 두 천문표에는 동일하게 1,018개의 별이 수록되어 있다. 하지만 자이 싱은 사마르칸트와 자이 푸르의 경도 차이를 고려해 좌표를 수정했다. 자이 싱의 천문표는 이슬람과 고대 그리스 천문학을 참고했을 뿐 아니라 힌두 별자리를 함께 나열했다. 이 점이 중요한 것은, 자이 싱이 무굴 궁정뿐만 아니라 바라나시 같은 힌두교의 종교 중심지에서 이 천문표를 통해 지지를 얻고자 했기 때문이었다. 이를 위해 자이 싱은 천문표를 산스크리트어로 번역하기도 했다. 무굴 황제에게 헌정했던 페르시아어판과는 달리 산스크리트어판은 '성스러운 가네샤 신'에 대한 헌사로 시작한다.[74]

자이 싱은 이슬람, 힌두 천문학과 더불어 유럽에서 배운 것을 활용했다. 《무함마드 샤의 천문표》는 프랑스의 천문학자 라 이르의 저작에서 가져온 천문표를 통합했다. 이 표는 당시 힌두식 시간 단위를 반영해 갱신되었다. 그뿐 아니라 《무함마드 샤의 천문표》에는 망원경을 사용했던 자이 싱의 경험담이 실렸는데, 1689년에 한 프랑스 예수회 회원이 인도에 처음 가져온 물건이었다. 자이 싱은 이 망원경에 대해 이렇게 설명했다. "대낮에도 밝은 별들을 볼 수 있도록 해준다." 그리고 자이 싱은 목성의 위성과 토성의 고리를 묘사하면서 '그동안 널리 알려진 문헌의 내용과 모순되는 특정 사실을 이 망원경으로 어떻게 알아챘는지'에 주목했다.[75]

《무함마드 샤의 천문표》에서 자이 싱은 이 무렵 로마에서 베이징까지 활동 반경을 넓히던 천문학자들의 주장을 실었다. 고대인들은 하늘이 바뀌지 않는다는 잘못된 믿음을 가졌지만, 최근의 천문학자들은 우주를 보다 완벽하게 이해하고자 새로 관찰을 하고 고대 문헌을 재평가했다. 자이 싱에게 고대 천문학의 문제는 기존에 생각했던 것보다 덜 철학적인 대신 더 실질적이었다. 사용하는 도구가 얼마나 정확한지에 달렸기 때문이었다. 자이 싱의 설명에 따르면 '바로 이것이 히파르코스나 프톨레마이오스 같은 고대인들의 판단이 부정확했던 이유'였다. 이 문제를 해결하기 위해 자이 싱은 인도 북부 전역에 거대한 천문대 네트워크인 잔타르 만타르를 건설했다. 이곳에서 새롭게 측정하고 결과를 비교하기 위해서였다. 무엇보다 중요한 점은 자이 싱이 동서양의 과학 지식을 한데 모았다는 것이다. 나중에 스스로 인정했듯 '이슬람교 전통의 천문학자와 기하학자, 브라만과 성직자, 유럽의 천문학자'가 모두 자이 싱의 천문대에 모였다. 이것은 전 세계적인 과학 혁명이었다.[76]

결론

18세기 초, 천문학과 수학은 오스만제국, 송하이 왕국, 명나라, 무굴제국이라는 4개의 거대 제국에 의해 변모를 겪었다. 이 제국들은 팀북투에서 베이징에 이르는 무역과 순례의 연결망을 통해 유럽과 연결되었다. 상인과 선교사, 사절은 실크로드를 따라 여행하거나 인도양으로 향하는 갤리선에 올라탔다. 그리고 이들이 새로운 아이디어와 새로운 저작, 새로운 과학 도구를 가져왔다. 그에 따라 이들은 르네상스를 전 지구적인 지적 흐름으로 변화시켰다. 이 흐름의 핵심에는 고대 과학, 특히 천문학이 개혁되어야 한다는 생각이 있었다. 기독교 유럽에서 명나라에 이르기까지 고대 저작은 더 이상 신성한 복음으로 간주되지 않았다. 그 대신 천문학자들은 옛 사상의 모순을 발견하고 대안을 제시하기 시작했다. 통치자들 역시 천문학을 정치적, 종교적으로 매우 중요한 과학으로 여겼다. 그 결과 이스탄불, 팀북투, 델리, 베이징의 왕궁은 과학과 문화 교류를 위한 중요한 장소로 떠올랐다. 그리고 다른 종교나 문화와의 접촉과 갈등은 천문학과 수학 연구에 혁명을 몰고 왔다. 이 혁명은 유럽뿐만 아니라 아시아와 아프리카 전역에서 일어났다.

이 운동이 이슬람 세계에서 시작된 계기는 고대 그리스 과학 문헌을 아랍어로 번역하면서부터였다. 그 결과물은 1453년 오스만제국이 이스탄불을 정복한 이후로 유럽에 퍼져나갔다. 레기오몬타누스에서 니콜라우스 코페르니쿠스까지 이 시대의 위대한 유럽 천문학자들은 이슬람 세계에서 온 아이디어에 어떤 식으로든 영향을 받았다. 이 흐름은 보다 먼 동쪽에서도 발견되었다. 명나라 황제는 예수회가 로마에서 베이징에 가져온 기계식 시계와 망원경을 보고 놀라움을 감추지 못했다. 베이징의 천문학자들은 유럽과 이슬람의 과학이 잃어버린 옛 중국의 전통을 되살리고 개선하는 데 도움을 줄 수 있다고 믿었다. 그리고 마지막으로 무굴제국이 인도를 점령하면서 유럽과 이슬람 과학은 힌두교와도 융합되었고, 이 흐름은 자이 싱이 건설한 잔타르 만타르 천문대로 절정에 이르렀다.

하지만 세계는 막 변화하고 있었고 힘의 균형이 무너지기 시작했다. 이후 200년 동안 유럽의 제국들은 점점 더 공격적으로 팽창했는데, 특히 아시아와 아프리카에서 그랬다. 그러면서 오스만제국, 송하이 왕국, 명나라, 무굴제국의 힘은 점진적으로 약해졌으며 과학 역사에 큰 변화를 가져왔다. 실크로드는 영원히 이어지지 않았다.

2부

제국과
계몽주의

3장
뉴턴과 노예무역

18세기 초 영국의 유명한 수학자 아이작 뉴턴은 노예무역에 투자했다. 그는 남해 회사의 주식 2만 파운드 이상을 매입했는데 오늘날 가치로 200만 파운드가 훌쩍 넘는 엄청난 액수였다. 남해 회사는 여러 해에 걸쳐 프랑스, 스페인과 비용이 많이 드는 전쟁을 치르며 급증하고 있는 영국의 국가 부채를 갚기 위한 자금을 모으고자 1711년에 설립되었다. 남해 회사가 남아메리카와 영국 간의 무역에 대한 독점권을 부여받았기 때문에 투자자들은 막대한 이익을 약속받았다. 노예 거래가 이 무역의 대부분을 차지했다. 1713년에서 1737년까지 남해 회사는 대서양을 건너 누에바그라나다와 산토도밍고를 포함한 스페인 식민지로 6만 명 넘는 아프리카 출신의 노예를 실어 날랐다.[1]

18세기에 노예무역은 절정에 달했다. 1701년에서 1800년까지 600만 명 넘는 아프리카인 노예가 대서양을 건넜다. 이들은 극심한 신체적 폭력에 시달리면서 카리브해의 플랜테이션 농장과 남아메리카의 광산에서 일하도록 강요당했다. 하지만 노예무역에 투자하는 영국인들이 대부분 그랬듯 뉴턴은 아마도 자신의 돈이 어디로 가는지에 대해서는 생각하지 않았을 것이다. 런던에 앉아 있는 뉴턴은 노예제도라는 잔혹한 현실로부터 멀리 떨어져 있었다. 뉴턴에게 남해 회사는 또 다른 금융 투자처일 뿐이었다(이 회사의 주가가 폭락한 1720년에는 손해를 많이 보기는 했지만). 그뿐 아니라 뉴턴은 잉글랜드은행을 비롯해 아시아와의 무역에 대한 독점권을 지닌 영국 동인도회사의 주식을 관리했다. 또 런던에서 왕립 조폐국장으로 일하면서 금과 은에 대한 해외 무역을 감독하며 생애 마지막 30년을 보냈다.[2]

이렇듯 뉴턴이 금융업에 종사했다는 사실은 종종 간과되는 18세기 과학의 한 측면을 암시한다. 바로 노예제, 식민지 무역, 전쟁이다. 뉴턴은 18세기 대부분의 과학자처럼 외톨이 천재로 묘사되곤 한다. 케임브리지 대학에서 은둔 생활을 하면서 일련의 중요한 돌파구를 만들었다는 식이다. 물론 뉴턴은 만유인력을 발견하고 미적분을 발명했으며 운동의 법칙을 정립한 공을 인정받는다. 1687년에 뉴턴은 기념비적인 저작인 《자연철학의 수학적 원리Mathematical Principles of Natural Philosophy》를 출간했는데 이 책은 《프린키피아Principia》로 더 잘 알려졌다. 이 책은 이전 장에서 우리가 살폈던 여러 아이디어를 바탕으로 정확한 수학적 세부 사항과 함께 뉴턴 자신의 이론을 제시했다. 뉴턴은 이 책을 통해 우주의 작용 방식에 관련된 철저한 수학적 설명을 제공하면서 고대 철학의 그림자를 완전히 없앴다. 이처럼 뉴턴과 그의 저작 《프린키피아》는 계몽주의의 출발점으로 여겨지는 경우가 많다. 당시는 동식물을 분류하는 새로운 방식을 발명한 스웨덴의 박물학자 칼 폰 린네Carl von Linné와 물질에 대한 연구를 완전히 탈바꿈시킨 프랑스의 화학자 앙투안 라부아지에Antoine Lavoisier의 시대였다. 위대한 철학자들의 시대이기도 했다. 마음의 작용에 대한 존 로크John Locke, '인간의 권리'에 대한 토머스 페인Thomas Paine의 연구가 그 예다. 무엇보다 이 시기는 이성과 합리성의 시대였다.[3]

하지만 계몽주의 시대는 제국의 시대이기도 했다. 18세기 내내 유럽의 강대국들은 대서양, 아시아, 태평양을 넘나들며 서로 경쟁했다. 송하이 왕국, 명나라, 무굴제국, 오스만제국을 비롯한 옛 제국과 왕조는 붕괴되거나 심하게 쇠락했다. 동시에 노예 거래가 기하급수적으로 증가했다. 16세기에 비교적 작은 규모로 시작된 노예 산업은 빠르게 산업적인 착취 시스템으로 변모했다. 1750년대까지 5만 명이 넘는 아프리카인 노예가 매년 대서양을 가로질러 이송되었다. 이렇듯 18세기에 유럽의 여러 제국이 부흥한 것은 세계사에서 중요한 순간이었다. 이전 장에서와 같이 세계사의 관점에서 더 넓게 생각하면 우리는 이 기간의 과학사를 보다 잘 이해할 수 있다.[4]

1660년에 영국의 찰스 2세는 2개의 칙허장을 수여했는데, 첫 번째는 런던에 새로 설립된 국립 과학 아카데미인 왕립학회에 주어졌다. 나중에 뉴턴이 회장으로 부임한 단체였다. 그리고 두 번째 칙허장은 나중에 왕립 아프리카 회사로 불리게 될 왕립 아프리카 모험가 무역 회사로 갔다. 이곳은 서아프리카와 무역을 하는 또 다른 상업적 통로로 주로 노예를 거래했다. 이때 두 기관의 회원들은 꽤 겹쳤다. 왕립 아프리카 회사 창립 멤버의 3분의 1가량이 왕립학회의 회원이기도 했다. 그뿐 아니라 왕립학회는 왕립 아프리카 회사에 1,000파운드 넘는 자금을 투자했다. 두 단체의 회원들은 무역과 식민지 시스템과 제도를 밀접하게 연계시키는 유사한 작업을 했다. 뉴턴은 사실 꽤 전형적인 인물이었다. 1668년에 왕립학회의 회원으로 선출된 존 로크는 왕립 아프리카 회사의 주식을 보유하고 있었으며, 공기 펌프 실험으로 유명한 로버트 보일Robert Boyle 역시 동인도회사의 관리자로 일했다.[5]

이러한 연결 고리가 단지 제도나 재정에 관한 것만은 아니었다. 지적인 연결 고리도 존재했다. 이 시기에 과학에 소양이 깊은 수많은 유럽의 사상가들이 존재하게 된 배경의 중심에 제국이 있었다. '경험주의'의 아버지로 일컬어지는 영국의 철학자 프랜시스 베이컨Francis Bacon은 《신기관The New Organon》(1620)이라는 제목의 유명한 저서에서 이 점을 확실히 보여주었다(이 저서의 제목은 아리스토텔레스의 《오르가논 Organon》에서 따왔는데, 베이컨은 아리스토텔레스를 비롯한 다른 고대 철학을 자신의 연구로 대체하고자 했다). 베이컨은 과학의 성장이 세계에 대한 탐험에 의존한다고 여겼다. 그리고 과학적 발견과 지리적 발견을 직접적으로 비교하며 베이컨은 이렇게 주장했다.

> 지구 곳곳의 지리적인 새로운 영역이 널리 드러나고 있는 오늘날, 지적인 영역이 오래되고 협소한 범위 안에서 계속 제한되어야 한다면 분명 부끄러운 일이다.

17세기에 쓴 글에서 베이컨은 1장에서 살폈던 식민지 시대에 대한 예를 들고 있다. 베이컨이 염두에 둔 사례는 15세기와 16세기의 스페인제국이었다. 과학에 대한 그의 비전은 세비야에 있는 무역청에서 직접 가져왔다. 이처럼 영국의 왕립학회는 정보의 수집을 중앙 집중화하기 위해 고안된 예전 스페인의 한 기관을 영국에 그대로 옮긴 결과물이었다. 베이컨은 신대륙 여행에 대한 스페인의 기록을 읽고 여기서 받은 영감과 생각을 과학 연구와 조직으로 통째로 옮겼다. 심지어 세비야의 한 우주론자가 쓴 항해에 관한 초기 스페인어 도서의 삽화를 빌려 《신기관》 표지를 장식했다. 이 삽화는 고대 세계의 한계를 상징하는 신화 속 헤라클레스의 기둥 사이를 항해하는 배를 묘사했다. 삽화에 대한 설명에서 베이컨은 성경을 인용했고, 이는 1세기 전 콜럼버스를 떠올리게 하는 구절이기도 했다. "많은 사람이 왔다 갔다 할 것이고 지식이 증가할 것이다."[6]

18세기 초 무렵 과학과 제국 사이의 이러한 연결은 공고해졌다.

이 장에서는 국가적 지지를 업고 탐험에 나선 항해가 물리학의 성장을 뒷받침했던 모습을 살펴볼 것이다. 이러한 항해가 없었다면 뉴턴과 그의 추종자들은 우주의 본질에 관한 근본적인 질문 가운데 몇 가지의 답을 찾을 수 없었을 것이다. 이와 동시에 물리학의 발전은 측량과 항법 분야에서 다양한 실용적인 이익을 얻어내 유럽 제국들이 점점 더 새로운 영토로 확장할 수 있도록 했다. 다시 말해 우리는 계몽주의 과학의 새로운 역사를 살피는 셈이다. 그것은 이성의 원리를 적용하는 고립된 개인의 역사라기보다는, 18세기 들어 과학이 제국, 노예제, 전쟁의 참화와 연결되는 이야기다. 그리고 이 이야기의 가장 좋은 시작점은 뉴턴과 그의 저작 《프린키피아》다.[7]

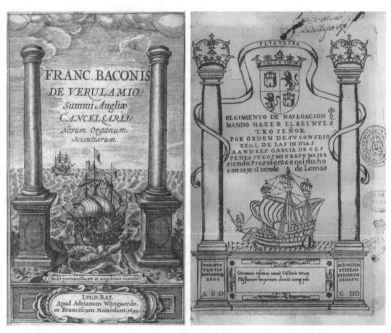

14 프랜시스 베이컨의 저서 《신기관》(1620) 표지에 실린 그림(왼쪽). 헤라클레스의 기둥 사이로 항해하는 배를 그린 이 삽화는 안드레스 가르시아 데 세스페데스의 《항해의 규칙들(Rules of Navigation)》(1606)에 실린 그림(오른쪽)을 베낀 것이다.

고레섬의 중력

아이작 뉴턴은 1642년 크리스마스에 영국 링컨셔에서 태어났다. 뉴턴은 영국에서 생활하며 성인기의 절반을 케임브리지 대학에서 보냈고, 이곳에서 1669년에 루커스 수학 교수로 임명되었다. 그리고 나머지 세월은 런던에서 왕립 조폐국장으로 일했다. 하지만 뉴턴은 결코 고립되지 않았다. 뉴턴이 남긴 글을 자세히 살펴보면 그는 전 세계에서 입수되는 정보에 의존했다는 사실을 곧 알 수 있다. 뉴턴 자신의 돈이 노예무역과 동인도회사에 대한 투자를 통해 유통되는 바로 그 세계이기도 했다. 뉴턴이 《프린키피아》에서 사용한 정보 중 대부분은 노예선과 무역선을 타고 여행하는 탐험가와 천문학자에게서 얻은 것이다.[8]

　《프린키피아》의 중심에는 만유인력 이론이 있었다. 오늘날 우리는 만유인력, 또는 중력의 개념에 너무나 익숙해 막상 그것이 정확히 어떤 개념인지는 잘 모를 수도 있다. 사람들은 질량이 무거운 물체가 항상 땅으로 떨어진다는 사실을 알고 있었다. 하지만 뉴턴의 이론은 이것보다 더 복잡했다. 뉴턴은 사과든, 지구든 모든 물체는 눈에 보이지 않는 힘을 발휘해 다른 물체를 끌어당긴다고 주장했다. 다시 말해 사과가 지구를 향해 떨어질 때, 사실은 지구와 사과 둘 다 서로에게 이끌리는 셈이다. 게다가 뉴턴은 이 아이디어를 수학적으로 엄밀하게 표현할 수 있었다. 두 물체의 질량을 곱하고 그 값을 두 물체 사이 거리의 제곱으로 나누면 된다. 이 수식은 왜 질량이 큰 물체가 질량이 작은 물체보다 중력이 큰지 설명한다. 또 멀리 떨어져 있는 물체가 가까이 있는 물체에 비해 작용하는 중력이 작은 이유도 설명해준다.

　뉴턴은 이 아이디어를 어디서 얻었을까? 흔히 알고 있는 상식과는 달리, 뉴턴은 머리에 떨어진 사과에 영감을 받은 것이 아니다. 대신 《프린키피아》의 핵심 구절에 장 리셰르Jean Richer라는 프랑스 천문학자의 실험을 인용했다. 1672년, 리셰르는 남아메리카에 있는 프랑스 식민지 카이엔으로 항해 여행을 떠났다. 루이 14세의 후원을 받아 파리의 왕립 과학 아카데미를 통해 떠난 탐험이었다. 이 탐험대는 프랑스의 서인도회사에서 지원을 받기도 했는데, 이 회사는 리셰르가 대서양을 횡단할 선박을 제공했다. 리셰르는 카이엔에 잠시 머무르며 행성의 운동을 중점적으로 연구하고 적도에 가까운 별들의 목록을 작성하면서 일련의 천문학적 관측을 했다. 이 새로운 천문 자료는 항해사들이 바다에서 배의 위치를 계산하는 데 사용되고 프랑스 해군이 전 세계로 뻗어나가는 데 도움을 주었다. 왕립 과학 아카데미는 바로 이런 과학 연구를 위한 항해를 지원하고자 1666년에 설립되었다. 루이 14세 궁정의 재무장관 장바티스트 콜베르Jean-Baptiste Colbert가 왕에게 프랑스제국의 성장을 도울 왕립 과학 아카데미를 설립하도록 설득했다. 이러한 초기 항해의 목적지 가운데 하나로 카이엔을 선택한 것은 이 식민지가 1665년에서 1667년까지 일어난 2차 잉글랜드-네덜란드 전쟁 이후에야 프랑스의 손에 반환되었기 때문이었다. 리셰르가 카이엔으로 항해 여행을 떠나는 것은 프랑스 국가 전체를 위해 과학뿐만 아니라 영토의 소유권에 대한 주장을 하는 셈이었다.[9]

카이엔에 머무는 동안 리셰르는 진자시계로 여러 실험을 했다. 이것은 1653년 네덜란드의 수학자 크리스티안 하위헌스Christiaan Huygens가 만든 비교적 새로운 발명품이었다. 하위헌스는 진자가 그것의 길이에 비례해 일정한 속도로 흔들린다는 사실을 깨달았고, 그것을 시간을 재는 이상적인 척도로 삼았다. 특히 길이가 1미터 미만인 추는 매초 왼쪽에서 오른쪽으로 끝까지 진동운동을 한다. '초진자'라고 불리는 이 장치는 별과 행성의 경로를 추적하고자 하는 천문학자들에게 무척 쓸모가 많았다. 하지만 문제가 하나 있었다. 카이엔에서 연구하던 리셰르는 신중하게 보정을 거친 진자가 느리게 조금 느리게 운동한다는 사실을 알아차렸다. 한 번의 주기를 완료하는 데 2초가 넘게 걸렸던 것이다. 그에 따라 하루에 진자시계가 2분도 넘게 느려졌다. 이상한 일이었다. 리셰르는 파리에 있을 때 진자의 길이가 정확한지 거듭 확인했다. 하지만 남아메리카에 오니 시간을 맞추려면 진자 길이를 줄여야 한다는 사실을 발견한 것이다.[10]

호기심이 생긴 리셰르는 몇 년 뒤 이 실험을 반복했다. 1681년, 왕립 과학 아카데미는 두 번째 서아프리카 항해를 후원했다. 이번에도 역시 리셰르의 탐험은 노예제와 식민지가 세를 떨치는 세계에서 시작되었다. 리셰르는 프랑스 세네갈 회사의 선박을 타고 두 달을 항해한 끝에 오늘날 세네갈의 세네감비아 해안 바로 앞에 있는 고레섬에 도착했다.[pic 10] 카이엔과 마찬가지로 고레섬은 최근에 네덜란드의 손에서 빼앗은 프랑스의 식민지였다. 이 작은 섬은 프랑스의 노예무역업자들에게 편리한 베이스캠프가 되었다. 수천 명의 아프리카인 남성, 여성, 아동이 아메리카로 향하는 배를 기다리며 환기도 잘되지 않는 지하실에 빼곡히 자리했다. 리셰르 역시 이 지하실 가운데 한 곳의 위층에서 일했는데, 그의 조수는 당시 전형적인 인종차별적 언사로 "우리는 검둥이들과 함께 생활해야 한다"며 불평했다. 고레섬에서 4개월 동안 진자로 실험한 이후 리셰르는 대서양을 횡단하는 마지막 항해를 떠났다. 그는 250명 넘는 아프리카 노예를 태운 또 다른 세네갈 회사의 선박을 타고 카리브해의 과들루프로 향했다. 프랑스 노예무역의 중심부였던 이곳에서 리셰르는 초기의 관찰 결과를 다시 확인했다. 초진자는 적도 부근에서 정말로 느리게 움직였다. 리셰르가 발견한 바에 따르면 고레섬과 과들루프 둘 다에서 진자를 계속 제대로 작동시키려면 길이를 약 4밀리미터 줄여야 했다.[11]

이런 변화를 어떻게 설명할 수 있을까? 진자가 프랑스에서는 남아메리카나 서아프리카와 다르게 작동하는 확실한 이유는 없었다. 결국 물리법칙은 일정하기 때문에, 리셰르는 일단 진자가 열대지방의 뜨거운 기온에 팽창하지 않도록 기후의 영향을 세심하게 통제했다. 하지만 뉴턴은 리셰르가 관찰한 결과가 어떤 의미를 지니는지 빠르게 깨달았다. 《프린키피아》에서 뉴턴은 중력이 실제로 행성의 각 구역에 걸쳐 다양하게 작용한다고 주장했다. 뉴턴에 따르면 "북쪽 지방은 적도 지방에 비해 중력이 보다 커진다." 이것은 상식과 어긋나는 급진적인 제안이었다. 그렇지만 뉴턴은 실제로 계산을 했고, 중력에 대한 자신의 방정식이 리셰르가 카이엔과 고레섬에서 얻은 결과와 정확히 일치한다는 점을 보여주었다. 중력은 적도 부근에서 정말로 더 약했다.[12]

그리고 이 모든 것은 논란이 훨씬 더 많은 두 번째 결론을 암시했다. 만약 중력이 가변적이라면, 지구는 완벽한 구가 아닐 것이다. 대신 뉴턴은 지구가 호박처럼 극지방이 보다 평평한 모양의 '회전 타원체'라고 주장했다. 이것은 지표면이 보다 불룩한 적도 부근에서 중력이 약해지는 이유를 설명했다. 뉴턴에 따르면 "지구 표면의 높이는 극지방보다 적도에서 약 17마일(약 27킬로미터-옮긴이) 이상 높을 것이다." 그러므로 리셰르가 고레섬에서 진자 실험을 했을 때 사실은 엄청나게 높은(지구상에 존재하는 어떤 산보다도 훨씬 더 높은) 산꼭대기에 서 있었던 것과 마찬가지였다. 뉴턴의 역제곱 법칙에 따르면 여기서는 진자가 파리와는 달리 지구의 중심에서 상당히 멀리 떨어져 있기 때문에 중력은 약해진다.[13]

뉴턴은 "온 세상이 다 알고 있듯 나는 관찰을 하지 않는다"라는 유명한 말을 남겼다. 역사학자들은 그동안 이 말을 뉴턴이 외부와는 고립된 이론가였다는 뜻이라고 이해했다. 하지만 사실 뉴턴이 말하고자 한 바는 자신이 지구 반대편에서 다른 사람들이 행한 관찰에 의존했다는 것이었다. 적도 부근에서 이뤄진 리셰르의 실험은 뉴턴이 《프린키피아》를 저술하는 동안 의존한 수백 개의 데이터 원천 가운데 하나였을 뿐이다. 그뿐 아니라 뉴턴은 중국에서 돌아온 동인도회사 간부들이 전해준 조수에 대한 데이터나 메릴랜드주 노예 주인들이 관찰한 혜성에 대한 자료를 수집했다. 뉴턴이 천문학 관련 서적보다 여행 서적을 2배나 많이 갖고 있었다는 사실이 이 점을 아주 잘 드러낸다. 그가 가지고 있던 여행 서적은 대부분 외국으로 가는 항해 과정을 상세히 기술했다. 런던의 왕립학회와 왕립 조폐국을 통해 과학과 제국의 보다 넓은 세계에 연결된 뉴턴은 방대한 정보를 수집할 수 있었다. 이것이 뉴턴이 우주를 지배하는 기초적인 물리적 힘에 대한 생각을 뿌리부터 바꿀 수 있도록 한 동력이었다.[14]

오늘날 《프린키피아》는 아무도 부인할 수 없는 위대한 과학 고전으로 자리매김했다. 하지만 당시에 뉴턴의 아이디어는 엄청난 논란에 휩싸였다. 영국의 사상가들 대부분은 《프린키피아》의 결론을 비교적 빨리 받아들였지만, 유럽 대륙에서는 많은 사람이 회의적인 반응을 보였다. 스위스의 저명한 수학자 니콜라우스 베르누이Nicolaus Bernoulli는 뉴턴의 이론은 "이해할 수 없다"고 공격했고, 뉴턴과 치열하게 경쟁했던 독일의 고트프리트 라이프니츠Gottfried Leibniz는 "중력 개념이 오컬트의 속성을 지녔다"고 불평했다. 그 대신 당시 많은 사람들이 프랑스의 수학자 르네 데카르트의 '기계 철학'을 선호했다. 데카르트는 자신의 저서 《철학의 원리Principles of Philosophy》(1644)에서 중력 같은 눈에 보이지 않는 힘이 존재할 가능성을 부인했고, 대신 힘은 직접적인 접촉을 통해서만 전달될 수 있다고 주장했다. 또 물질에 대한 데카르트의 이론에 따르면, 지구는 호박처럼 위아래로 납작한 형태가 아니라 반대로 달걀처럼 길쭉해야 했다.[15]

이러한 차이점들은 단순히 국가적 경쟁이나 과학적 무지의 소산이 아니었다. 1687년에 뉴턴이 《프린키피아》를 출판했을 때 그의 이론은 사실 불완전했다. 해결해야 할 두 가지 주요 문제가 남아 있었기 때문이다. 첫째, 앞서 언급했듯 지구의 형태에 대한 상반된 보고가 존재했다. 그리고 만약 지구의 형태에 대한 뉴턴의 주장이 틀렸다면 중력에 대한 이론도 틀릴 것이다. 둘째, 뉴턴의 이론은 행성의 운동을 새로운 방식으로 설명했는데, 그중 하나는 태양뿐만 아니라 모든 행성이 서로에게 만유인력을 가한다는 것이다(이 설명은 천문학자들이 프톨레마이오스 시대부터 설명하고자 했던 행성의 궤도에서 나타나는 흔들림 현상을 설명하는 데 도움이 된다). 여기에 대해 확실히 입증하려면, 천문학자들은 새로 관측해야 했다. 특히 행성 각각의 정확한 거리를 알 필요가 있었다. 이 관측 결과 역시 뉴턴의 이론이 옳은지 밝혀주는 중요한 시험이 될 것이다.[16]

다시 말해 18세기 물리학의 역사는 1727년에 뉴턴이 사망한 뒤에도 계속 논의되었던 그의 주장을 둘러싼 논쟁으로 점철되었다. 이 논쟁은 남아메리카에서 태평양까지 이어졌다. 18세기 내내 유럽 국가들은 새로운 영토의 점유권을 주장하고 그 영토를 따라 과학적인 관찰을 수행하면서 수많은 탐험을 후원했다. 1장에서 살폈던 것처럼 18세기 유럽의 탐험가들은 지구 이곳저곳의 새로 발견된 지역을 가로지르는 길을 찾고 여러 관측을 수행하는 과정에서 잉카 천문학자와 타히티 선원들을 포함한 토착민의 과학 지식에 의존했다. 이러한 토착 지식이 없었다면 뉴턴의 이론은 불완전했을 것이다. 제국이 존재하지 않았다면, 그리고 제국이 자행한 약탈과 폭력이 없었다면 계몽주의도 존재하지 않았을 것이다.[17]

잉카의 천문학자들

탐험가 샤를마리 드 라 콩다민Charles-Marie de La Condamine은 자기 잇 몸에서 피가 난다는 사실을 발견했다. 안데스산맥에 자리한 활화산인 피친차산 정상에 오르던 이 프랑스 탐험가는 고산병으로 고통받고 있었다. 그래도 콩다민은 페루 안내인들의 도움으로 정신을 바짝 차리기 위해 코카 잎을 씹으며 등산을 계속했다. 이윽고 1만 5,000피트가 넘는 높이에 도달한 콩다민은 어떤 유럽인들보다 높은 곳까지 올랐다. 정상에 다다른 콩다민은 페루 안내인들에게 과학 기구가 담긴 커다란 상자를 열라고 지시했다. 그런 다음 원의 4분의 1 모양 금속 도구인 사분의를 설치했다. 1도씩 눈금이 매겨진 이 도구는 두 물체 사이의 각도를 측정하는 데 사용되었다. 콩다민은 계곡 아래에서 흰색으로 칠한 작은 나무 피라미드를 발견했고, 충혈된 눈으로 사분의를 들여다보며 지평선에 걸린 또 다른 높은 봉우리인 팜바마르카산과 피라미드 사이의 각도를 측정했다. 그것이 전부였다. 안데스산맥을 가로지르는 150마일에 이르는 방대한 조사 관측에 필요한 이 측정점 하나면 충분했다.[18]

2년쯤 전인 1735년 5월, 콩다민은 프랑스를 떠나 남아메리카로 향하는 배에 올랐다. 그는 지금껏 시도한 것 가운데 가장 야심 찬 과학적 조사를 수행하도록 파견된 국제적인 팀의 일원이었다. 이 팀의 임무는 측정을 통해 지구의 모양을 알아내는 것이었다. 루이 15세의 지원을 받은 파리의 왕립 과학 아카데미는 1730년대에 2개의 대규모 탐험대를 조직했다. 첫 번째 탐험대는 북극권의 라플란드로 보내졌다. 그리고 두 번째는 적도에 가까운 오늘날 에콰도르의 영토에 해당하는 키토로 파견되었는데, 당시에는 페루 부왕령의 일부였다. 측정을 하겠다는 아이디어는 이론상으로는 간단했지만 실제로는 무척 까다로웠다. 각각의 탐험대는 북쪽에서 남쪽으로 나아가며 위도 1도씩 정확한 거리를 측정한 다음, 결과를 서로 비교할 예정이었다. 만약 뉴턴이 옳고 지구가 극지방으로 갈수록 평평하다면, 적도 부근에서 위도 1도의 거리는 북극에서 위도 1도의 거리보다 짧을 것이다.[19]

이처럼 안데스산맥을 탐험할 수 있었던 것은 프랑스와 스페인이 최근 동맹을 맺었기 때문이다. 1700년에 펠리페 5세가 스페인의 국왕으로 즉위했다. 그런데 펠리페 5세는 루이 14세의 손자로 베르사유 궁전에서 출생했다. 다시 말해 스페인의 펠리페 5세는 13세기까지 거슬러 올라가는 유서 깊은 프랑스 부르봉 왕가의 일원이었다. 그에 따라 1733년에 엘 에스코리알 조약으로 프랑스와 스페인 사이의 동맹이 빠르게 조인되었다. 이 조약에 따라 프랑스 왕립 아카데미의 회원들은 스페인의 과학자들과 긴밀하게 협력할 수 있었다. 펠리페 5세 자신도 아메리카 대륙의 스페인령 영토에 프랑스인들이 여행할 수 있도록 허가했다. 페루의 부왕령은 조사 관측을 하기에 이상적인 장소였다. 적도에 가까운 산맥과 화산이 있어 관측에 유리했기 때문이었다.[20]

그래도 안데스산맥에 도달하기까지 1년이 넘게 걸렸다. 먼저 콩다민이 소속된 프랑스 탐험대는 대서양을 건넌 다음 1735년 여름에 서인도제도에서 몇 주를 머물렀다. 여기서 탐험대는 도구를 보정한 다음 마르티니크섬의 화산인 펠레산에 올라 측정을 수행했다. 나중에 남아메리카에서도 같은 측정을 할 예정이었다. 또 프랑스 탐험가들은 오늘날 아이티의 생도맹그에서 다수의 아프리카 노예를 샀다. 콩다민도 노예 3명을 돈 주고 데려왔다. 비록 이름은 알려지지 않았지만, 이들 아프리카 출신 남성들은 탐험대의 나머지 여정에 동행해 이 프랑스 천문학자의 작업에 강제로 동원되어 거의 10년을 보냈다가 다시 노예로 팔려갔다고 한다. 안데스산맥에서 프랑스에 협력한 페루 원주민들과 함께 이 아프리카인 노예들은 탐험대에서 필요한 노동력을 제공했다. 예컨대 무거운 기구를 운반하고 노새를 이끌고 가파른 계곡을 올랐으며 카누의 노를 젓고 지역민들과 협상에 나섰다. 이러한 강제 노동이 없었다면 탐험대는 키토에 도착하지 못했을 것이다. 서인도제도를 떠난 프랑스 탐험대는 오늘날의 콜롬비아에 자리한 카르타헤나 데 인디아스에서 스페인 해군 장교 2명을 만났다. 그런 다음 이들은 배를 타고 페루 부왕령으로 나아가기 전 태평양 연안의 파나마에 들렀다. 1736년 6월이 되어서야 콩다민과 안내인들은 에스메랄다스강 상류로 150마일을 더 나아간 끝에 키토에 도착했다. 이제 조사를 시작할 때였다.[21]

이런 종류의 측정과 조사를 실시하는 기본 기술은 17세기 프랑스에서 개발되었다. 일단 탐험대는 '기준선'을 구축해야 했다. 기준선은 깊이가 몇 인치밖에 되지 않지만 길이가 몇 마일에 이르게 이어지는 완벽한 직선이어야 했다. 이 기준선의 길이는 맨 끝과 끝에 나무 기둥을 두어 손수 측정한다. 다음으로 측량사들은 산꼭대기 같은 멀리 떨어진 지점 하나를 선택하고, 사분의를 사용해 기준선의 양 끝과 이 지점 사이의 각도를 잰다. 이 측정값은 가상의 삼각형을 제공한다. 이제 측량사는 약간의 기초적인 삼각법을 활용해, 기준선의 길이가 주어졌을 때 삼각형의 나머지 두 변 길이를 계산할 수 있다.

이제 탐험대는 이 과정을 반복해야 했다. 하지만 측량사들이 또 다른 기준선을 물리적으로 구축할 필요는 없었고, 대신 최북단의 지점에서 시작해 기존의 가상 삼각형을 활용할 수 있었다. 다시 이들은 이 지점과 멀리 떨어진 물체(다른 산이나 화산 같은) 사이의 각도를 측정할 것이다. 그런 다음 첫 번째 삼각형 변의 길이에 기초해 두 점 사이의 거리를 계산할 수 있다. 각각을 측정하려면 직접 산에 올라야 하는 경우가 많았으며, 그러면 조사가 조금씩 진전되어 모자이크처럼 이어 붙인 가상의 삼각형이 만들어졌다. 필요한 거리만큼, 예컨대 100마일 넘는 거리만큼 조사가 진행되면 측량사들은 가상의 여러 삼각형의 변을 이어 붙일 수 있고, 그러면 그 사이로 가로지른 거리를 정확하게 측정할 수 있다. 마지막 단계는 이 거리가 위도 몇 도에 해당하는지 알아내는 것이었다. 이 작업을 위해 측량사는 별을 간단하게 관측해 시작점과 끝점의 위도를 결정한다. 이제 두 결괏값을 나누면 특정 거리가 위도 몇 도를 가로지르는지 알 수 있고 마침내 원하는 결과인 위도 1도의 길이를 정확하게 측정하게 된다.[22]

이 작업은 말로는 쉽지만 직접 수행하기는 까다롭다. 제대로 실시하기 위해 가장 중요한 것은 시작점의 기준선이다. 다른 모든 계산이 여기에 의존하기 때문에 구조적으로, 또는 측정을 통해 발생하는 오류가 여러 번 반복될 수 있다. 무엇보다 기준선은 완벽한 직선이어야 했다. 하지만 이 안데스산맥은 태평양 연안을 따라 산들이 연달아 오르내리는 다채로운 지형을 보이기 때문에 이 조건을 만족하기가 어려웠다. 결국 콩다민은 키토 외곽의 야루키 고원에 자리한 7마일 길이의 구역을 선택했다. 이곳은 안데스산맥치고는 상대적으로 평평해서 기준선을 잡기 위한 이상적인 장소였다. 그리고 놀랄 일도 아니지만, 콩다민이 기준선을 잡는 작업에 직접 나서지는 않았다. 7마일이나 되는 참호를 파는 힘든 작업은 페루 현지 주민들에게 맡겼다. 원주민들은 유럽 측량사들이 미타 체제를 수립하는 동안 강제로 이 일에 동원되었다. 미타 체제는 원래 잉카제국 시절부터 존재했지만 스페인이 들어오면서 강제 노동으로 바뀐 공공 서비스 시스템이었다. 콩다민은 페루 원주민들이 "짐승과 거의 구별이 되지 않는다"라고 묘사하면서 이들이 자기 밑에서 일하는 것을 대수롭지 않게 여겼다. 또 다른 프랑스 측량사들은 원주민들이 "노예처럼 비굴하게 흉내만 낼 수 있을 뿐 새로운 것을 창조할 능력이 없다"고 여겼다. 확실히 유럽 탐험가들의 동기는 '혼란 그 자체'였다.[23]

콩다민도 오해와 혼란에 빠져 있었다. 안데스산맥의 토착민들은 유럽인들이 묘사한 것처럼 무지한 '짐승'과는 거리가 멀었다. 사실 페루 원주민들은 천문학과 측량에 대해 정교한 지식을 지니고 있었다. 비록 콩다민은 깨닫지 못했지만 그는 원주민들의 노동력뿐 아니라 그들의 토착 지식에도 의존하고 있었다. 무엇보다 중요한 것은, 긴 직선 참호를 만들어 천문학 조사를 벌이는 방식이 수천 년 전부터 이어져 온 안데스 지방의 전통이었다는 점이다. 만약 콩다민이 페루 해안을 따라 더 남쪽으로 이동해 나스카 팜파 사막에 도달했다면 지면을 깎아서 생겨난 여러 선을 보았을 것이다. 2,000년도 넘은 이 '지형 그림'들은 위에서 관찰했을 때 기하학적 그림들을 비롯해 더 잘 알아볼 수 있는 동물 형상이 섞여 있다. 이 가운데는 벌새뿐 아니라 원숭이와 거미도 있다. 이 도형과 그림들은 전부 땅에 6인치 깊이의 얕은 참호를 파서 새겨졌다. 하지만 모든 지형 그림이 이렇지는 않으며, 흥미롭게도 어떤 것들은 단순히 긴 직선이다. 이 직선은 언덕과 계곡을 넘나들며 몇 마일씩 이어지다가 사라진다. 이것의 정확한 기능은 아직 불분명하지만 오늘날 많은 역사학자는 앞서 살핀 기준선처럼 천문학적 관측을 위해 활용되었다고 추정한다.[24]

잉카제국이 권력을 잡은 15세기에는 이 관습이 천문학과 측량을 결합한 복잡한 과학 체계로 발전했다. 수도 쿠스코에 자리한 태양의 신전이 잉카제국의 중심이었다. 잉카인들은 여기서부터 여러 직선을 땅에 새겨 바깥쪽으로 퍼져나가게 했다. 이것은 '의례를 위한 선' 또는 세크라고 알려져 있다. 총 41개의 세크가 있었는데, 그 가운데 상당수가 오늘날에도 쿠스코 주변에서 볼 수 있으며, 사방으로 뻗어 있다. 이전 지형 그림들처럼 이 얕은 참호는 수 마일에 걸쳐 완벽한 직선으로 이어졌다. 세크는 다양한 기능을 수행했지만, 가장 중요한 기능은 천문학과 측량을 돕는 역할이었다. 우선 세크는 잉카제국을 여

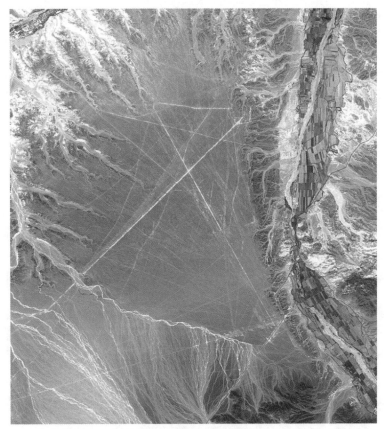

15 기원전 500년경에 생겨났을 것으로 추정되는 페루 남부의 '나스카 라인'. 오늘날 역사학자들은 이것이 천문학적 관측을 수행하는 데 쓰였다고 여긴다.

러 지역으로 나누었다. 지역마다 각기 다른 사회 집단이 거주했고, 이곳은 각기 다른 가문이나 성직자에게 감독을 받았다. 여기에 더해 각각의 세크는 후아카라고 알려진 신성한 장소를 향해 있다. 총 328개의 성지가 있었는데, 각각은 잉카력으로 하루를 상징했다. 어떤 경우에는 산꼭대기나 화산 같은 자연 경관이 여기에 해당했다. 아니면 잉카인들이 의식을 위해 선택한 장소인 경우도 있었는데, 그곳을 바로눈에 띄게 표시하고자 사당을 지었다.[25]

가장 중요한 점은 이러한 신성한 장소들 가운데 상당수가 특정한 천문학적 사건과 조응했다는 것이다. 태양의 신전에서 바깥으로 방사되는 이런 세크는 쿠스코에서 관측된 결과를 정렬하는 데 사용되었을 것이라 생각된다. 예컨대 잉카력에서 가장 중요한 행사는 '태양 축제'였는데, 6월에 남반구의 동지와 같은 시기에 열렸다. 스스로를 '태양의 아이들'이라고 자칭한 잉카인들은 이제 겨울이 끝나고 낮이 길어지는 것을 축하했다. 축제를 치르기 위해 잉카인들은 태양의 신전에서 지평선상에 보이는 돌기둥과 피라미드를 세웠다. 쿠스코의 천문학자들은 이러한 구조물들을 향하는 세크 가운데 하나를 통해 동지까지의 일출 시간을 정확하게 기록할 수 있었다.[26]

기준선을 만든 페루 토착민들은 콩다민이 초기 잉카 통치자들처럼 의례를 위한 세크를 건설하고자 한다고 믿었던 게 틀림없다. 토착민들은 낮에는 일하고 밤에는 땅에서 잠을 자면서 한 달 만에 7마일에 이르는 참호를 완성했다. 기다린 보람이 있었는지 콩다민이 기준선을 살피자 완벽한 직선이었다. 이후 몇 달 동안 이 토착민들이 콩다민을 비롯한 나머지 프랑스 탐험가들이 북쪽 키토에서 남쪽 쿠엔카까지 150마일에 거쳐 조사를 마치도록 도왔다. 콩다민이 페루 토착민들에게 부탁한 여러 일은 잉카 천문학의 오래된 전통에 따르면 완벽하게 이치에 맞았다. 콩다민은 여러 곳에서 페루 토착민들에게 산의 정상이나 기준선의 끝과 같은 주요 지점에 목제 피라미드를 건설하라고 명령했다. 흰색으로 칠한 이 구조물은 측정 지점으로 사용되었다. 그러면 프랑스 측량사들이 지평선에서 알맞은 산봉우리를 골라 멀리서도 쉽게 발견할 수 있으리라는 계산이었다.[27]

피라미드를 짓기로 했던 선택은 놀랍다. 콩다민은 젊은 시절 이집트를 여행한 경험을 바탕으로 그런 생각을 했을지 모르지만, 잉카인들도 천문학 관측용 피라미드를 만들었다. 이번에도 콩다민과 함께 온 페루 토착민들은 정확히 무엇을 해야 하는지 알고 있었다. 프랑스 탐험가들이 정확하게 측량을 할 수 있었던 바탕에는 토착민들의 지식과 전문적인 경험이 있었다. 당시 토착 지식은 18세기 유럽 제국의 성장에 휩쓸려 사라진 것이 아니었다. 사실 이 장의 다른 사례에서 살피겠지만 계몽주의 탐험가들은 제대로 인정하는 경우는 드물었어도 다양한 방식으로 원주민들에게 의존하곤 했다. 특히 천문학 분야에서는 남아메리카뿐 아니라 태평양과 북극 지방의 토착민들이 뉴턴의 과학 연구를 진행하도록 도운 중요한 협력자였다.[28]

1742년 1월이 되어 결과가 나왔다. 콩다민은 키토와 쿠엔카의 거리가 정확히 34만 4,856미터라고 측정했다. 또 측량 지점 양쪽 끝에서 별들을 관찰한 결과 키토와 쿠엔카 사이의 위도 차이가 3도를 조금 넘는다는 사실이 알려졌다. 두 값을 나누어 콩다민은 적도에서 위도 1도의 길이가 11만 613미터라고 결론지었다. 이 값은 최근 파리로 돌아온 라플란드 탐험대가 얻은 결과보다 1,000미터 이상 작았다. 프랑스인들은 자기도 모르게 안데스 원주민들의 과학에 의존해 지구가 실제로 어떻게 생겼는지 발견한 셈이었다. 극지방에서는 눌리고 적도에서 불룩 튀어나온 '회전 타원체'였다. 뉴턴이 옳았다. 다음 절에서는 이와 비슷하게 태평양을 배경으로 유럽 제국, 토착 지식, 뉴턴의 과학이 서로 연결되는 이야기를 살필 예정이다. 2명의 천문학자가 태양을 관찰하던 18세기 폴리네시아에서 이야기가 시작된다.[29]

태평양 항해기

타로아Ta'aroa는 망원경을 통해 작고 검은 원반이 태양의 표면을 가로지르는 모습을 관찰했다. 다소 당황스럽지만 아름다운 광경이었다. 그때 피부가 창백한 낯선 남자가 그것이 '태양을 덮은 행성'이라고 설명했다. 외국인 남자는 망원경을 통해 6시간도 넘게 행성을 쭉 관찰했고 그것을 '금성'이라고 불렀다. 타로아는 그 행성의 이름을 '큰 축제'라고 알고 있었지만 말이다. 1769년 6월 3일 무레아섬을 이끌던 수장인 타로아는 금성의 태양면 통과 현상을 관찰했다. 이는 금성이 지구와 태양 사이를 가로질러 이동하는 희귀한 천문 현상이다.[30]

무레아섬은 폴리네시아를 이루며 이어지는 수많은 섬 중 하나로 태평양에 자리한다. 타로아는 별과 행성을 관찰하는 데 익숙했다. 폴리네시아 전설에 따르면 아테 신('빛을 가져오는 신')이 금성을 만들었다. 밤하늘에서 가장 밝게 빛나는 천체였던 이 행성은 나침반 역할을 했다. 태평양을 지나던 고대의 뱃사람들은 금성을 보면서 항해했고 그렇게 먼 옛날 폴리네시아의 고요한 제도에 정착했다. 하지만 타로아가 이런 현상을 관측한 건 처음이었다. 금성이 태양면을 통과하는 현상은 8년 간격을 두고 쌍으로 일어나며, 100년 주기였다. 17세기에는 1631년과 1639년에 두 번 통과했고, 1761년에도 두 번 중 첫 번째 통과가 일어났지만 태평양 지역에서는 일부만 관찰되었다. 다음 쌍을 관측하려면 적어도 100년은 지나야 할 것이었다.[31]

타로아에게 망원경을 건넨 낯선 남자의 이름은 조지프 뱅크스 Joseph Banks였다. 뱅크스는 18세기 가장 영향력 있는 과학자로 손꼽혔고 40년 넘게 왕립학회의 회장직을 맡고 있었다. 뱅크스는 1769년 4월 엔데버호를 타고 폴리네시아에 도착했다. 제임스 쿡James Cook 선장이 이끄는 엔데버호의 항해는 유럽과 태평양이 맞닿는 새로운 시대를 열었다. 동시에 이 항해는 18세기 과학의 발전과 근본적으로 연계되었다. 런던의 왕립학회가 조직하고 조지 3세가 후원한 쿡의 태평양 항해는 두 가지 임무를 띠고 있었다. 첫 번째는 금성의 태양면 통과를 관찰하는 것이었다. 그리고 두 번째는 전설 속 '남쪽 대륙', 즉 유럽인들이 금과 은이 풍부하다고 믿었던 '테라 오스트랄리스'를 발견하는 것이었다. 중세로 거슬러 올라가는 이 이야기는 아시아와 태평양을 여행하는 초기 유럽 탐험가들에 의해 15세기와 16세기에 대중화되었다. 안데스산맥을 탐험한 프랑스처럼, 엔데버호의 항해는 제국주의적 야망과 과학 조사를 뒤섞었다.[32]

금성은 뉴턴의 두 번째 주요 문제의 열쇠를 쥐고 있었다. 천문학자들은 17세기 초부터 행성들 사이의 상대적인 거리를 알고 있었다. 하지만 절대적인 거리를 결코 측정하지 못했다. 이것은 뉴턴이 해결하고자 한 문제였다. 《프린키피아》에서 뉴턴은 자신의 만유인력 이론을 태양 주위 행성들의 타원궤도를 설명하는 데 활용할 수 있음을 증명했다. 또 뉴턴은 행성들이 서로 만유인력을 가한다고 주장했는데, 이것은 행성들이 가까운 거리에 있을 때 궤도가 가끔 불규칙하게 나타나는 이유였다. 달을 비롯한 목성의 여러 위성도 마찬가지였다. 하지만 뉴턴은 이 모든 것들을 복잡한 수학 공식이나 기하학적 증명과 함께 추상적으로만 주장했을 뿐이고 구체적인 자료로 뒷받침하지는 못했다. 예컨대 《프린키피아》의 한 구절에서 뉴턴은 태양이 목성과 토성에 가하는 만유인력에 대해 묘사했지만 여기서도 절댓값이 아닌 둘 사이 비율로만 이 계산을 할 수 있었다.[33]

금성의 태양면 통과는 이 문제를 해결할 수 있었다. 1716년, 뉴턴의 친구 에드먼드 핼리Edmond Halley는 지구와 태양의 거리를 정확하게 측정하는 방법을 제안했다. 핼리는 금성이 북반구에 비해 남반구의 관측자들에게는 태양 표면을 가로질러 이동하는 데 시간이 덜 걸릴 것이라는 점을 깨달았다. 이것은 '시차'라고 알려진 효과로, 어떤 물체가 관찰자의 위치에 따라 다른 위치에 나타나는 현상이다(왼쪽 눈이나 오른쪽 눈을 감았다가 뜨면 물체가 움직이는 것처럼 보이는데, 이것도 동일한 현상이다). 북반구와 남반구의 결과를 비교하면 천문학자들은 금성과 각각의 다른 위치 사이의 각도를 계산할 수 있다. 이 각도와 관찰자들 사이의 알려진 거리를 가지고 삼각법을 사용하면 빠져 있는 값인 지구와 태양의 거리를 계산할 수 있었다. 기본적으로 지구와 금성 사이에 거대한 가상의 삼각형을 만드는 이 방법은 프랑스가 안데스산맥에서 활용한 것과 같은 원리에 바탕을 두었다. 하지만 이번에는 태양계의 크기만큼 규모가 커졌다.[34]

'천문단위'로 알려진 지구와 태양의 거리는 일종의 우주론적 잣대로 활용되었다. 천문학자들은 이미 모든 행성 사이의 상대적인 거리를 알고 있었다. 그러므로 이들은 태양계의 크기를 처음으로 정확하게 측정하면서 이 값으로 간단히 행성 간의 절대적 거리를 계산했다. 이 작업은 뉴턴의 이론이 실제로 맞아떨어진다는 구체적인 증거가 될 것이었다. 또 태양계의 정확한 크기를 아는 것은 항해에 여러 이점을 제공했다. 사실 이것이 바로 유럽 국가들이 상대적으로 학문적 문제로 보이는 주제에 엄청난 돈을 기꺼이 투자한 이유다. 금성의 태양면 통과를 측정하려는 국가는 영국만이 아니었다. 프랑스의 왕립 아카데미는 생도맹그에 보냈고, 러시아의 상트페테르부르크 과학원은 시베리아에 관찰자를 보냈다. 유럽의 과학 아카데미에서는 250명 넘는 관찰자를 서쪽으로는 캘리포니아에서 동쪽으로는 베이징에 이르기까지 전 세계 곳곳으로 보냈다.[35]

18세기 초부터 유럽의 항해자들은 바다에서 자신들의 위치를 계산하기 위해 천문학적 관측을 활용하도록 장려받았다. 1714년, 영국 의회는 이런 목적을 위해 경도 위원회를 설립했다. 이 위원회는 해상에서 정확한 경도를 결정하는 방법을 개발하는 사람에게 최고 2만 파운드의 포상금을 내걸었다. 이때 제안된 방법 가운데 일부를 수행하려면 긴 항해를 하는 동안 시간을 정확하게 측정해야 했다. 시계 제작자 존 해리슨John Harrison은 1761년 자메이카로 항해하는 동안 이런 관점에서 특별한 해상 시계를 개발한 것으로 유명하다. 해리슨의 해상 시계는 서아프리카와 카리브해 사이를 항해하는 데 도움을 줄 수 있을 것이라 여겨졌는데, 이 점은 18세기의 과학이 발전하는 과정에서 대서양을 횡단하는 노예무역의 역할이 컸음을 다시 한번 상기시킨다. 하지만 경도 위원회가 선호하는 대부분의 방법은 천문학적 관측에 기초했다. 여기에는 달과 특정 항성 사이의 각도 측정뿐 아니라 목성의 위성 관찰도 포함되었다. 해상의 경도는 그리니치의 왕립 천문대에서 제작한 표와 비교해 계산할 수 있었다. 그러므로 태양계의 크기를 정확하게 측정하는 일은 뉴턴의 예측을 확인하기 위해서뿐만 아니라 항법의 발전을 위해서도 필수였다.[36]

제임스 쿡 선장은 금성의 태양면 통과를 마치 군사작전처럼 다뤘다. 여러모로 그랬다. 먼저 왕립학회는 타히티섬을 주요 관측 장소로 선정했다. 태평양 한가운데에 위치한 타히티섬은 영국에서 아주 멀리 떨어져 있었다. 하지만 그래도 이 섬은 남반구에서 금성의 태양면 통과를 처음부터 끝까지 관찰할 수 있는 몇 안 되는 장소 가운데 하나였다. 타히티섬은 영국 해군의 전략적 관심사이기도 했다. 스페인의 탐험가 페르디난드 마젤란은 16세기에 처음으로 태평양을 건넜지만 여러 유럽 제국이 이 지역으로 제대로 영토를 확장하고자 애쓴 것은 18세기에 들어서면서부터였다. 이들 제국은 타히티 같은 섬이 더 많은 탐사를 위한 기지, 특히 남쪽의 커다란 대륙을 찾기 위한 탐사 기지가 되기를 바랐다. 프랑스, 네덜란드, 영국 모두 주도권을 놓고 경쟁을 벌였다. 프랑스는 실제로 타히티섬이 자기들 영토라고 주장했다. 1767년에 프랑스의 탐험가 루이 앙투안 드 부갱빌Louis Antoine de Bougainville이 루이 15세의 명을 받들어 섬에 상륙했기 때문이었다.[37]

하지만 쿡 선장은 이런 프랑스의 주장에도 결코 단념하지 않았다. 1769년 4월 타히티섬에 도착한 쿡은 '금성 요새'라는 작은 군사기지를 건설하라고 명령했다. 그리고 다음과 같은 내용을 일지에 남겼다. "섬 전체가 우리를 쫓아내려 했기에 우리 자신을 지키려고 노력했다." 영국과 타히티인 사이에 긴장이 고조되고 있었고 엔데버호가 상륙한 이후로 격렬한 충돌이 몇 번 일어났다. 하지만 어떤 시련도 섬을 관찰하려는 쿡의 의지를 꺾지 못했다. 금성 요새는 높은 나무 울타리로 만들었고, 맨 위쪽은 뾰족했으며, 깊은 참호로 둘러싸여 있었다. 천문학 도구와 진자시계를 설치한 텐트가 한가운데에 자리했다. 쿡은 부하 선원들에게 텐트 위에 영국 국기인 유니언잭을 게양해 이 섬이 이제 영국 영토로 간주되고 있음을 타히티와 프랑스인들에게 상기시켰다. 그런 다음 쿡은 머스킷 총으로 무장한 해병들에게 보초를 서라고 명령했다.[38]

태양면 통과가 일어나던 날은 기온이 섭씨 48도가 넘을 만큼 무시무시하게 더웠다. 선장 유니폼을 입고 땀을 잔뜩 흘리던 쿡은 더위를 견딜 수 없다고 불평했다. 하지만 쿡은 전반적으로 날씨에 만족했다. 전날에는 구름이 많이 끼었고 이런 날씨가 이어지면 자칫 통과하는 중 태양이 가려질 수 있어 모든 항해가 헛수고가 될 것이었다. 예방책으로 쿡은 조지프 뱅크스를 인근 무레아섬에 파견해 추가 관찰을 했다. 그 섬이라면 더 선명한 시야를 확보할 것이라 여겼기 때문이다. 하지만 1769년 6월 3일 아침, 타히티섬 상공에는 구름이 걷혔다. 쿡의 기록에 따르면 "그날은 우리가 원하는 만큼 목표에 적합했다. 하루 종일 구름 한 점 볼 수 없었고 공기도 완벽하게 깨끗했다." 통과 예정 시간이 다가오자 쿡은 망원경으로 주의 깊게 관찰했다. 그리고 기대를 저버리지 않고 현지 시각으로 오전 9시 21분에 태양의 가장자리에 조그만 검은 형체가 나타났다. 금성이 등장한 것이다.[39]

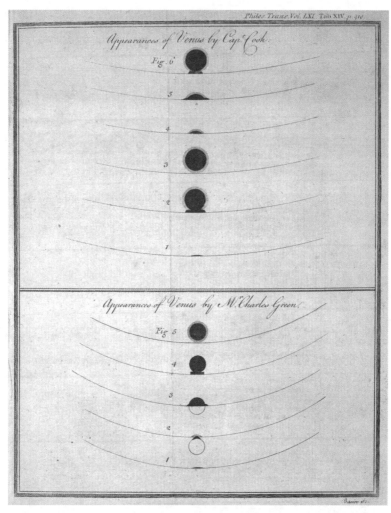

Philos. Trans. Vol. LXI Tab XIV. p. 410.

Appearances of Venus by Cap.*Cook.*

Appearances of Venus by M.*Charles Green.*

16 1769년 제임스 쿡이 그린 금성의 태양면 통과. 금성의 대기로 인한 '검은 방울 효과'를 볼 수 있다.

하지만 뭔가 이상했다. 금성이 완벽한 원처럼 보이지 않았고 태양에 가까워질수록 가장자리가 스머드는 것처럼 보였다. 쿡은 이런 현상에 대해 알고 있었다. 1761년에 금성의 태양면 통과를 관측하려던 시도는 소위 '검은 방울 효과'의 방해를 받았다. 1761년 이 현상을 관측했던 미하일 로모노소프Mikhail Lomonosov라는 러시아 천문학자는 이 효과가 금성의 대기 때문에 발생한다는 사실을 깨달았다. 금성이 태양 앞으로 이동하기 직전에 대기가 굴절되어 빛을 흡수하기 시작했는데, 쿡은 이것을 '어스름한 그늘'이라고 표현했다. 이처럼 이 현상에 대해 미리 경고를 받았음에도 쿡은 금성의 태양면 통과가 실제로 시작되었는지 정확하게 판단하기가 매우 어렵다는 점을 인정했다. 쿡은 제대로 관찰하기 위해 자신이 본 것을 그림으로 남겼고 통과가 일어나는 각기 다른 지점마다 시간을 기록했다. 이렇게 하면 다른 천문학자들의 기록과 비교할 수 있을 뿐 아니라 서로 같은 현상을 관찰하고 있다는 것을 보장할 수 있다. 그로부터 6시간 뒤 태양면 통과는 끝났다. 쿡과 뱅크스는 스스로 이룬 성과에 만족하며 장비를 다시 꾸렸다.[40]

1771년에 엔데버호가 마침내 영국에 돌아오자 쿡은 자신의 연구 결과를 왕립학회에 제출했다. 왕립학회의 수학자들은 타히티섬의 관측과 북반구의 관측 결과를 비교해 지구와 태양의 거리를 계산할 수 있었다. 최종 결과는 9,372만 6,900마일이었다. 이 값은 오늘날의 계산 값인 9,295만 5,807마일과 1퍼센트 이하로 차이가 나는 놀라울 만큼 정확한 수치였다. 결국 《프린키피아》가 출판된 지 거의 100년이 지나 뉴턴의 추종자들은 그들이 필요로 했던 수치를 확보하게 되었다. 왕립학회는 쿡을 태평양에 파견해 태양계의 크기를 알아낼 수 있었던 셈이다.[41]

☽

하지만 영국인들만이 태평양에서 천체를 관찰한 것은 아니었다. 폴리네시아의 원주민들 또한 자기들만의 정교한 과학 문화를 가지고 있었는데, 그중 대부분은 천문학이나 항해와 관련이 있었다. 안데스산맥에서와 같이 태평양을 향해하는 유럽인들은 드넓은 대양을 건널 때 이 지식에 의존했다. 타히티섬에 머무는 동안 제임스 쿡과 조지프 뱅크스는 투파이아라는 이 지역의 성직자와 친구가 되었다.[pic7] 폴리네시아에서는 종교와 항해에 대한 지식이 서로 연계되어 있었는데, 투파이아는 이 지역의 지리에 밝았고 수십 년 동안 섬과 섬 사이를 항해한 경험이 있었다. 그뿐 아니라 엔데버호의 승무원으로 합류할 의향이 있다고 말했다. 처음에 쿡은 회의적이었지만, 뱅크스는 투파이아가 남쪽 대륙을 찾고자 탐험을 떠날 때 큰 자산이 될 것이라고 쿡을 설득했다. 뱅크스는 "투파이아의 항해 경험과 섬에 대한 지식이야말로 어느 것과도 바꿀 수 없는 귀중한 재산입니다"라고 말했다. 이는 유럽 출신의 탐험가가 원주민의 전문 지식을 인정한 드문 경우였다. 뱅크스는 그들이 미지의 바다를 성공적으로 항해하고 살아서 돌아오려면 태평양에 대해 잘 아는 사람이 필요하리라고 생각했다. 결국 쿡은 여기에 동의했고 투파이아는 1769년 7월 13일 엔데버호를 타고 타히티섬을 떠났다.[42]

투파이아는 1725년에 근처 라이아테아섬의 귀족 가문에서 태어났다. 어린 시절은 타푸타푸아테아 마라에라는 큰 사원에서 보냈다. 해송으로 지었으며 역사가 1,000년도 넘는 이 사원은 폴리네시아 문화의 중심에 자리했다. 이 사원은 멀리서 온 사제, 외교관, 무역상이 조공을 바치고 해로에 대해 배우기 위해 방문하는 장소였다. 투파이아는 여기서 천문학, 항해, 역사를 공부했다. 이 세 과목은 함께 엮여 있었는데, 폴리네시아의 선원들은 때로는 몇 주에 걸쳐 육지에서 먼 곳까지 항해해야 했기 때문이다. 이들은 지도나 항해 도구의 도움 없이도 이렇게 했다. 다만 투파이아는 기도문을 통해 별 목록을 바탕으로 항해의 방향을 외우는 훈련을 받았다. 대대로 전해 내려오는 이 방식은 폴리네시아 선조들의 항해를 떠올리게 했다. 고대 폴리네시아인들은 약 4,000년 전에 동남아시아를 떠나는 항해를 처음 떠나 점차 태평양을 가로지르며 더 멀리 나아갔고, 기원전 1000년경에 타히티섬에 도달했다.[43]

폴리네시아의 전통 항해 방식은 간단하지만 매우 효과적이었다. 타히티와 하와이 사이를 항해한다고 하면, 투파이아는 바다에서 정확한 위치를 계산하는 대신 그 여정에서 따라가야 할 별들을 떠올렸을 것이다(물론 여러 목록을 암기해야 했으며 계절에 따라 별의 위치도 변화했기 때문에 이 과정은 실제로 약간 더 복잡해졌다). 이러한 아베이아, 즉 '별의 길'은 항해를 할 때 길을 찾는 기초였다. 이 방식을 이해하려면 GPS상의 정확한 좌표를 아는 것과 '저 도로를 따라 내려가 신호등에서 직진하고 다음 교차로에서 좌회전' 하는 식으로 방향을 기억하는 것의 차이를 생각하면 된다. 폴리네시아인들은 좌표보다 방향을 선호했다. 두 섬 사이를 여행할 때 투파이아 같은 항해사는 먼저 해당 항로와 관련 있는 특정 별을 찾아낼 것이다. 이 별들은 지평선 근처의 상대적으로 낮은 하늘에 자리해야 했다. 그러면 항해사는 별들을 향해 항해하기 시작한다. 만약 긴 항해였다면 어느 정도 시간이 흐른 뒤 다른 별로 바꿀 필요가 있을지도 모른다. 그래도 이런 방식으로 며칠이나 몇 주 동안 바다에서 항해를 계속하면 결국 목적지에 도달한다.[44]

폴리네시아 항해사들은 밤에 항해하는 것을 선호했다. 하지만 필요하다면 투파이아 같은 항해사는 낮에도 항해할 수 있었다. 남반구에서는 태양이 한낮에 북쪽을 향해 드리운 그림자를 볼 수 있다. 그러므로 태양의 위치에 기초해 항해 방향에 대한 꽤 정확한 감각을 얻기가 쉬운 편이다. 하지만 폴리네시아 항해자들은 단지 하늘만 관찰한 것은 아니다. 이들은 수위의 오르내림에도 세심한 주의를 기울였다. 바닷물의 움직임은 육지의 모양에 따라 달라져서 커다란 섬 앞에서 튕겨 나오기도 하고 가끔은 주변으로 구부러지기도 한다. 폴리네시아 항해자들은 바다의 조석간만과 그 밖의 수위가 오르내리는 패턴 사이 상호작용의 미묘한 차이를 인식하도록 훈련받았다. 마셜제도의 원주민 항해자들은 야자나무 껍질로 바탕을 만들고 코코넛 섬유를 묶어

바닷물 수위를 나타내는 지도를 만들기도 했다. 지도에 묶인 작은 조개껍데기는 섬의 위치를 표시했다. 마탕이라 불리는 식물로 만든 이런 지도가 해상에서 실제로 사용되지는 않았다. 대신 이 지도는 사원에서 젊은 항해자들이 조수간만과 수위가 오르내리는 패턴을 기억하도록 돕는 학습 도구로 활용되었다. 여기서 우리가 짚고 넘어가야 할 사실은 당시 뉴턴은《프린키피아》에서 조수에 대한 복잡한 이론을 막 발전시키기 시작했으며, 유럽의 항해사들에게는 18세기까지도 현장에서 적용할 만한 조수간만에 대한 이론이 없었다는 점이다.[45]

궁극적으로, 유럽인들은 태평양을 작은 섬들이 흩어진 광활하고 텅 빈 공간으로 여긴 반면 폴리네시아인들은 바다 자체를 일종의 지형으로 파악했다. 이들에 따르면 태평양은 지상의 언덕이나 계곡과 맞먹는 질감과 파도, 해류로 가득했다. 이런 지형을 인식하고 머리 위를 지나가는 별의 위치를 기억하는 것만이 이 벅차도록 드넓은 바다

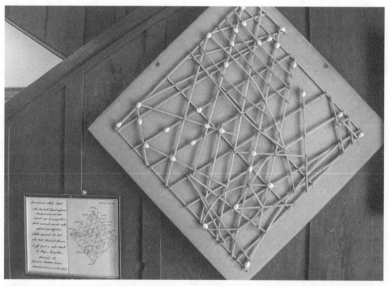

17 미크로네시아 원주민들이 식물성 재료로 만든 지도인 마탕은 조수간만과 섬들 사이의 경로를 나타낸다.

를 항해하는 열쇠가 되었다.

투파이아는 열두 살에 처음으로 문신을 했다. 다리와 허리를 뒤 덮은 문신은 투파이아가 훌륭한 학식을 갖춘 사람으로 새로운 지위를 얻었음을 보여준다. 그는 항해의 기본 기술을 익혔고 타푸타푸아테아 사원의 수호신인 전쟁의 신 오로를 모시는 항해자들의 모임인 아리오 리에 가입할 자격을 갖췄다. 이후 투파이아는 오로 신의 가르침을 전 파하기 위해 배운 지식을 실천에 옮기며 넓은 바다를 건너 섬 사이를 항해했다. 섬에 도착한 아리오리의 구성원들은 해변에서 춤을 추며 공물을 청하거나 인신 공양을 요구하기도 했다. 그런 다음 아리오리 구성원들은 섬에 몇 달 동안 머물면서 섬들 사이의 종교적, 외교적 관 계를 단단히 다진 다음 다시 바다로 향했다.[46]

투파이아는 이 항해자들의 모임에 거의 20년 동안 참가하며 태 평양의 지리에 대해 구석구석 환히 알게 되었다. 하지만 그랬던 그도 큰 실패를 경험한 적이 한 번 있었다. 1757년 보라보라섬에서 온 전사 들이 라이아테아섬을 공격하면서 섬의 지도자를 포함해 수백 명이 목 숨을 잃었다. 당시 부유한 가문 출신이었던 투파이아는 땅을 잃고 도 망칠 수밖에 없었다. 투파이아는 한밤중에 오로 신의 신성한 유물을 안은 채 카누를 타고 떠났다. 그는 혼자서 100마일이 넘게 항해한 끝 에 타히티섬으로 피난하게 되었다. 일단 도착한 뒤로 투파이아는 이 곳 여왕의 총애를 받게 되었고 오로 신에 대한 신앙으로 개종했다. 그 는 여왕과 여왕의 남편에게 종교적, 정치적 가르침을 제공하면서 그 곳에서도 고위 성직자로서 위치를 다졌다. 그러므로 영국인들이 섬에 도착했을 때 투파이아는 일종의 외교관 역할을 한 셈이었다. 영국인 들의 상륙을 허락하기 전에 제임스 쿡, 조지프 뱅크스와 협상하는 과 정에서 투파이아는 타히티섬의 여왕과 동행해 엔데버호에 올랐다. 이

때 그는 타히티인들이 '현외 장치가 없는 카누'라고 묘사한 영국 선박에 매료되었다. 또 투파이아는 쿡과 함께 섬을 둘러보면서 여러 별을 가리키며 천문에 대한 관심을 나눴다. 하지만 무엇보다 투파이아는 영국인들이 고향인 라이아테아섬으로 돌아가도록 도와주기를 바랐다.[47]

타히티섬을 떠날 때쯤 쿡은 투파이아를 신뢰하게 되었다. 그래서 이 폴리네시아 출신 성직자를 엔데버호의 수석 항해사로 임명했다. 10년 전 작은 카누를 타고 고향 섬을 떠나야 했던 투파이아는 이제 별과 조수간만에 대해 쌓은 지식을 잘 활용했다. 파도가 배의 측면을 강타했을 때 투파이아는 선미에서 "오 타네이, 아라 마이 마타이, 아라 마이 마타이(오 타네이 신이여, 순풍을 보내주십시오)!"라고 기도하곤 했다. 밤이 되면 투파이아는 별들을 눈으로 좇으며 바닷물 수위에 주의를 기울였다. 그 과정에서 쿡은 투파이아의 접근법을 섬세한 부분까지 이해하게 되었고 깊은 인상을 받았다. 쿡에 따르면 "이곳 사람들은 바다 위를 수백 리그(거리의 단위로 약 4,000미터에 해당함-옮긴이) 항해하면서 낮에는 태양을 나침반 삼고 밤에는 달을 참고했다." 엔데버호의 또 다른 승무원은 이렇게 기술했다. "이곳에서 항해의 모든 기술은 천체 운동을 세밀하게 관찰하는 데 달려 있으며, 항해사들이 이 빛나는 천체들의 움직임과 변화를 얼마나 정확하게 묘사하는지 정말 놀랍다." 이들 영국인에 따르면 투파이아는 '진정한 천재'였다.[48]

이후 몇 주 동안 투파이아는 엔데버호를 타히티섬에서 북서쪽으로 150마일 떨어진 라이아테아섬으로 인도했다. 소요가 진정되었던 터라 투파이아는 타푸타푸아테아의 신성한 사원을 방문할 수 있었다. 그가 어릴 때 항해법을 배운 곳이었다. 산호로 지은 사원에 들어간 투파이아는 그다음 여정을 준비하고 있는 쿡과 선원들을 축복하며 신에게 기도를 드렸다. 그런 다음 쿡이 거대한 미지의 대륙을 찾고자 남쪽으로 떠나기 전에 태평양의 섬들을 지도에 표시하는 것을 돕기로 했다. 그리고 1769년 8월 9일 투파이아는 고향 섬을 마지막으로 떠났다. 쿡은 당시 상황에 대해 이렇게 기록했다. "우리는 투피아('투파이아'를 잘못 표기한)와 행운이 이끄는 곳을 떠나 다시 한번 항해를 나섰다." 엔데버호는 결국 투파이아의 도움을 받아 남쪽으로 500마일을 더 항해해 오스트랄제도에 도착했다. 투파이아가 진정한 문화적 교류의 사례이자 과학 역사상 가장 놀라운 작품 가운데 하나를 만든 장소도 이곳이었다.[49]

엔데버호의 해도대 앞에 앉은 투파이아는 지도를 그리기 시작했다. 앞서 언급했듯 폴리네시아의 항해자들은 지도나 해도를 활용하기보다는 별이 지나는 경로를 외우기만 하는 경향이 있었다. 그렇기 때문에 경도와 위도를 나타내는 격자를 표시한 지도는 투파이아의 눈에 낯설게 느껴졌다. 하지만 그럼에도 그는 쿡의 명령에 따라 지도를 그려보았다. 먼저 그는 오늘날 미국 대륙 전체의 넓이와 맞먹는 74개 섬을 스케치했다. 엄청난 면적의 대양을 아우르는 이 지도는 폴리네시아 항해사의 지식이 가득 담긴 증거였다.[50]

언뜻 보면 이 지도는 전형적인 유럽의 해도와 크게 다르지 않은 듯하다. 하지만 좀 더 자세히 보면 투파이아가 어떻게 자신의 필요에 맞게 형식을 교묘하게 바꾸었는지 알 수 있다. 지도에는 폴리네시아어 단어가 몇 개 적혀 있는데, 격자선이 교차하는 한가운데에는 타히티어로 '정오'를 뜻하는 '에아바테아'라는 단어가 있다. 그뿐 아니라 투파이아는 북쪽, 남쪽, 동쪽, 서쪽의 나침반 방향을 일몰과 일출을 뜻하는 타히티어와 북쪽과 남쪽 바람을 뜻하는 타히티어로 대체했다. 그제야 이 지도에는 폴리네시아인의 항해에 대한 인식이 반영되었다. 먼저 여러분이 어느 섬에 있는지 확인할 수 있다. 예컨대 타히티섬에 있다고 해보자. 그런 다음 그 지점에서 '정오'를 뜻하는 한가운데 '에

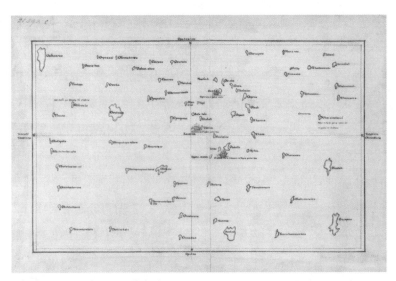

18 1769년 제임스 쿡 선장이 종이에 잉크로 베낀 투파이아의 소시에테제도(프랑스령 폴리네시아에 속한 도서군) 지도.

아바테아'까지 직선으로 연결한다. 그런 다음 출발지에서 도달하고자 하는 지점, 예컨대 라이아테아섬까지 직선을 하나 더 긋는다. 그러면 이 두 선 사이의 각도로 방위를 알 수 있다. 기발하게도 이 방위는 바람과 조류에 맞추어 이미 조정된 값이다. 이제 여러분이 해야 할 일은 정오에 태양이 돛대로 드리운 그림자를 기준으로 이 각도를 따라가는 것뿐이다. 투파이아가 제작한 해도는 굉장히 창의적이었다. 그는 유럽과 폴리네시아의 항해술을 합쳐 태평양 해도를 그렸을 뿐 아니라 그 자체로 효과적인 계산 장치를 만들었다.[51]

그리고 투파이아의 지도와 전형적인 유럽의 해도 사이에는 또 다른 미묘한 차이가 있었다. 역사학자들은 이 지도를 처음 연구했을 때 다소 실망했는데, 투파이아가 표시한 섬들이 전부 존재하는 것은 사실이었지만 상대적인 거리가 훨씬 더 멀리 떨어져 있는 것처럼 보였기 때문이다. 하지만 이렇게 생각한 것은 이 지도의 의도를 잘못 파악했기 때문이다. 투파이아는 섬들 사이의 고정된 거리로 절대적인 공간에 섬을 표시하려 하지 않았다. 그 대신 섬들 사이의 거리는 실제 공간을 반영하는 것이 아니라 시간을 나타냈다. 꽤 효과적인 방식이다. 실용적인 관점에서 생각하면, 두 섬이 100마일 떨어져 있든 300마일 떨어져 있든 절대적인 값보다는 그 사이를 항해하는 데 시간이 얼마나 걸릴지가 더 중요하다. 장거리 비행을 해본 사람이라면 알겠지만, 거리가 같아도 특정 방향으로 가는 것이 다른 방향으로 가는 것보다 더 오래 걸릴 수 있다. 바다에서도 마찬가지다. 바람과 해류 때문에 여행하려는 방향에 따라 달라진다. 마일 수로 거리를 나타내기보다는 항해 시간으로 거리를 표시하는 폴리네시아식 접근법은 태평양에 완벽하게 들어맞았다. 최근 들어 이 사실을 깨달은 역사학자들은 투파이아의 지도가 태평양의 주요 섬들에 대해 믿을 수 없을 만큼 정확하게 안내해준다는 사실을 밝혀냈다.[52]

제임스 쿡 선장은 손에 이 지도를 들고 더 남쪽으로 향했다. 1769년 10월, 엔데버호는 뉴질랜드에 도착했다. 그리고 몇 달 뒤 쿡은 마침내 자신이 찾던 것을 발견했다. 태즈먼해를 건넌 엔데버호가 1770년 4월 29일 호주의 보터니만에 상륙한 것이다. 이곳이 바로 그들이 찾던 남쪽 대륙이었다. 임무를 마친 쿡은 호주 해안을 탐험하면서 몇 달을 보내다가 영국으로 돌아갔다. 하지만 안타깝게도 위대한 폴리네시아 출신 항해사 투파이아는 이 항해 도중에 세상을 떠났다. 엔데버호가 바타비아에 정박하는 동안 말라리아에 따른 열병으로 사망한 것으로 보인다.[53]

그럼에도 태평양에 대한 투파이아의 인상적인 지식은 계속 이어졌다. 그가 만든 해도는 이후 여러 항해에 사용되었다. 쿡은 태평양으로 향한 두 번째 항해에서 이 지도를 복사해 가져갔다. 1772년에서 1775년까지 쿡은 투파이아의 지도를 따라 항해하면서 첫 항해에서 놓친 여러 섬을 방문해 영국의 소유권을 주장했다. 그런 다음 런던에 돌아온 그는 이 지도를 판화로 제작해 인쇄했다. 독자들이 '주로 투파야('투파이아'를 잘못 표기한)의 설명을 통해 수집된, 타히티 거주민들의 관념에 따른 남쪽 바다의 여러 섬을 다룬 지도를 접하도록 하기 위해서였다. 런던에서 투파이아의 지도가 인쇄된 것은 과학사의 중대한 변화였다. 18세기 초까지 태평양은 유럽인들에게 거의 알려지지 않은 바다였다. 하지만 18세기 말에는 돈이 약간 있는 런던 사람이면 누구나 폴리네시아의 최고 항해사가 작성한 지도의 인쇄본을 살 수 있었다.[54]

투파이아의 지도를 통해 우리는 18세기 과학의 두 가지 면을 볼 수 있다. 먼저, 유럽 탐험가들은 특히 천문학과 항해술에 관해 토착 지식에 점점 더 의존하게 되었다. 한편으로는 바로 그 지식이 유럽 제국들을 확장시키고 궁극적으로는 이전에 알려지지 않았던 지역을 정복하게 해주었다. 제국과 계몽주의는 항상 함께하는 것처럼 보였다. 이제 열대 더위로 푹푹 찌는 남태평양에서 꽁꽁 얼어붙은 러시아 북극으로 넘어가서, 이 이야기의 또 다른 측면을 살펴보자.

러시아의 뉴턴

17세기 러시아는 과거에 갇혀 있는 것처럼 보였다. 교육을 잘 받은 러시아인들조차 지구가 우주의 중심에 있다고 믿었으니 말이다. 러시아에는 과학 아카데미나 대학교도 없었고, 학문적인 커리큘럼은 러시아정교회의 신학과 뒤섞인 고대 그리스 철학의 수준을 넘어서지 못했다. 그러다 1682년 왕좌에 오른 표트르 1세가 이 모든 것을 바꾸기로 결심했다. 그로부터 수십 년 안에 표트르 1세는 러시아를 계몽주의 과학의 중심지로 변모시켰다.[55]

표트르 1세는 아이작 뉴턴과 그의 저서 《프린키피아》야말로 진보의 대명사라고 여겼다. 러시아 황제가 실제로 뉴턴을 만난 것은 확실하다. 1698년 1월 표트르 1세는 런던에 도착했다. 오스만제국과의 전쟁에 대해 유럽 강대국들의 지지를 얻고자 외교 사절단의 일원으로 여행하는 중이었다. 이 시기에 표트르 1세는 유럽 국가들 전역에서 수행되는 온갖 새로운 과학에 대해 배울 기회를 가졌다. 런던에서 황제는 왕립 천문대와 왕립학회를 방문했고, 그곳에서 공기 펌프와 현미경, 빛이 휘는 유리 프리즘 같은 '온갖 놀라운 것들'을 목격했다. 무엇보다 중요한 사건은 황제가 뉴턴이 영국 조폐국에서 일하던 시기에 이 기관을 방문했다는 것이다. 1698년 2월, 뉴턴은 "러시아 황제가 내일 이곳에 올 예정이다. 황제 역시 당신을 만나기를 고대하고 있다"는 내용의 편지를 받았다. 비록 뉴턴도, 표트르 1세도 이 회동에 대해 개인적인 기록을 남기지 않았지만, 뉴턴은 나중에 황제를 높이 평가해 자신의 후기 출판물을 러시아 궁정에 보냈다. 그리고 표트르 1세는 《프린키피아》를 구입해 개인 도서관에 소장했다.[56]

표트르 1세는 1698년에 뉴턴 과학에 대한 새로운 열정을 가지고 러시아에 돌아왔다. 황제는 러시아의 과학 연구와 교육을 근대화하기 위한 여러 기관을 재빨리 설립했다. 그 가운데 첫 번째는 1701년 모스크바에 설립한 수학과 항해학 학교였다. 러시아 기술자와 해군 장교는 이제 뉴턴의 원리를 적용한 수리과학을 배웠다. 그뿐 아니라 표트르 1세는 키릴문자로 표기하는 전통적인 러시아 숫자를 버리라고 명령했다. 대신 러시아 학생들은 이제 유럽 수학자들이 사용하는 아라비아숫자를 써야 했다. 그리고 무엇보다 중요한 사실은 황제가 1724년에 상트페테르부르크 과학 아카데미를 설립했다는 점이었다. 이곳은 매주 회의를 주최하고 정기간행물을 펴내는 국립 과학 아카데미인 영국의 왕립학회의 러시아판이었다. 표트르 1세는 이 아카데미가 '유럽에서 러시아에 존경과 명예를 가져다줄 테고 우리가 과학을 무시하는 야만인이라는 생각에 이의를 제기할 것'이라고 생각했다.[57]

당시에 어떤 종류든 고급 과학 교육을 받은 러시아인은 거의 없었다. 그래서 상트페테르부르크 과학 아카데미는 처음에 전적으로 외국인 회원으로 구성되다시피 했다. 표트르 1세가 유럽의 저명한 몇몇 학자에게 러시아로 이사 오도록 설득하면서부터였다. 이 학자들은 높은 보수와 전문 과학 장비를 설치하겠다는 약속에 이끌렸다. 상트페테르부르크 과학 아카데미 회원들은 바실리예프스키섬의 3층 탑 위에 세운 천문대를 사용할 수도 있었다. 이 아카데미의 초기 회원들 가운데는 스위스의 수학자 레온하르트 오일러Leonhard Euler와 다니엘 베르누이Daniel Bernoulli가 포함되었다. 하지만 1730년대 들어서 러시아인들도 아카데미에 가입하기 시작했다. 이들 가운데는 금성의 대기를 발견한 미하일 로모노소프와 1769년에 북극권의 금성 태양면 통과를 관측한 스테판 루모프스키Stepan Rumovsky가 있었다. 여러 면에서 상트페테르부르크 과학 아카데미는 계몽주의의 축소판이었다. 영국, 프랑스, 독일, 스위스, 러시아 사상가들이 최신 과학 이론을 토론하고 논쟁하고자 한자리에 모였다. 계몽주의 시대에 전반적으로 그랬듯 초반에는 뉴턴의 만유인력 이론에 대한 의견이 분분했다. 베르누이가 뉴턴의 생각을 지지한 반면 오일러와 로모노소프는 훨씬 더 회의적이었다.[58]

때마침 상트페테르부르크 과학 아카데미에서 발행한 첫 번째 공식 출간물이 뉴턴에게 보내졌다. 아카데미의 회장은 뉴턴에게 "우리의 관측 결과가 천문학 발전에 유용하기를 바란다"고 편지를 썼다. 뉴턴도 러시아 과학에 관심을 갖고 있었다. 왕립학회 회장이었던 뉴턴은 1713년에 '러시아 위원회'가 설립되도록 힘을 보탰고, 이곳을 통해 러시아 학자나 탐험가와 서신으로 정보를 교환했다. 특히 뉴턴을 비롯한 유럽의 천문학자들은 북극권 주변에서 이뤄진 과학적 관측 데이터가 더 많이 필요했다. 뉴턴의 《프린키피아》는 전 세계에서 들어오는 데이터를 활용했지만 그중 대부분은 서인도제도, 서아프리카, 동남아시아 같은 적도 주변 지역에서 얻었다. 뉴턴과 그의 추종자들은 남쪽 지방뿐만 아니라 북쪽에서 온 정확한 데이터가 절실하게 필요했다. 그래야 앞서 살폈듯 북반구와 남반구의 결과를 비교할 수 있고 태양계의 크기와 지구의 실제 모양을 알아낼 수 있었다.[59]

18세기에 러시아 천문학자들과 탐험가들은 국제적인 여러 과학 연구에 기여했다. 동시에 러시아는 주요 제국주의 국가로 변모하기 시작했다. 16세기와 17세기 대부분 우랄산맥 동쪽 땅은 러시아의 느슨한 지배하에 있었다. 소규모 코사크인 집단이 시베리아 전역의 요새를 점령했고, 무역상들은 유럽에 되팔 모피를 구하려고 좀 더 동쪽으로 향했다. 17세기 초에는 러시아 탐험가들이 태평양 연안에 도달해 오호츠크해 근처에 작은 요새를 세웠다. 하지만 이 요새는 나중에 이 지역 토착민들에게 공격당하고 불탔다. 18세기 초까지도 러시아 극동 지방에 대한 정확한 지도는 여전히 존재하지 않았다. 예전 황제들의 관점에서 보면 이 지역은 그저 길들지 않은 미지의 황무지였을 따름이었다. 하지만 표트르 1세의 생각은 달랐다. 그는 러시아를 근대적인 과학 국가인 동시에 서쪽으로는 유럽에서 동쪽으로는 아메리카 대륙에 이르는 강력하고 당당한 제국으로 변화시키려 했다.[60]

상트페테르부르크 과학 아카데미는 이러한 러시아제국의 영토 확장에 중요한 역할을 했다. 18세기에 아카데미는 시베리아와 태평양 북서부로 떠나는 여러 과학 탐험대를 조직했다. 그중에서도 비투스 베링Vitus Bering이 이끈 탐험대가 가장 유명했다. 표트르 1세는 덴마크 출신의 항해사 베링을 1724년에서 1732년까지 활동한 1차 캄차카 원정대의 책임자로 직접 임명했다. 베링의 임무는 러시아의 극동 지방인 캄차카반도 북쪽의 육지와 바다를 탐험하는 것이었다. 그런 다음 '이 지역에서 아메리카 대륙과 이어질 만한 장소를 물색'하기로 했다. 이후 베링은 그의 탐험대가 발견한 모든 것을 정확한 지도로 제작해달라는 요청을 받았다.[61]

1장에서 살폈듯 아시아와 아메리카 대륙이 이어지는지에 대한 문제는 15세기 신대륙의 '발견' 이후 유럽의 지리학자들을 곤혹스럽게 했다. 세멘 데즈네프라는 코사크족 항해사가 시베리아 북부에서 태평양으로 배를 타고 나아갔다는 확인되지 않은 보고도 있었다. 하지만 대부분의 사람들은 그런 해협이 실제로 존재하는지 확신하지 못했다. 이 문제를 확실히 해결한다면 유럽에서 러시아의 과학적 위상이 높아질 게 분명했다. 표트르 1세는 이 탐험이 전략적으로도 중요하다는 사실을 알았다. 러시아 당국이 시베리아와 태평양 북서부의 지리에 대한 정확한 지식을 갖추게 되면, 수익성 높은 모피 무역을 통제하고 더 멀리 태평양으로 뻗어나가 스페인의 식민지인 아메리카 대륙이나 일본과 관계를 맺을 수 있을 터였다. 황제가 바라던 것은 무엇보다 베링의 탐험을 통해 아메리카 대륙에서 러시아의 영토를 확보하는 일이었다.[62]

베링은 1725년 2월에 상트페테르부르크를 떠나 대륙과 눈밭을 가로질러 6,000마일을 탐험했다. 탐험대가 캄차카반도에 도착하는 데만 3년이 넘게 걸렸다. 일단 캄차카반도에 도달한 베링은 대천사 가브리엘호를 타고 태평양으로 나아갔다. 그리고 북쪽으로 항해하던 베링은 마침내 아시아와 아메리카 대륙이 연결되어 있지 않다는 사실을 확인했다. 폭이 50마일을 조금 넘는 좁은 해협이 두 대륙을 갈라놓았다. 오늘날 베링해협이라고 불리는 바다였다. 하지만 당시에는 아메리카 대륙이 보이지 않았다. 베링은 1732년 상트페테르부르크로 돌아와 보다 야심 찬 두 번째 탐험을 떠나기 위한 지원금을 확보하기로 결심했다.[63]

이 무렵 표트르 1세가 세상을 떠났다. 그의 뒤를 이은 통치자들 또한 러시아제국을 동쪽으로 확장하려는 의지를 불태웠다. 표트르 1세의 후계자 안나 이바노브나 여제 역시 그랬다. 새로 즉위한 여제는 베링에게 3,000명 이상의 인원으로 구성된 훨씬 큰 규모의 탐험대를 꾸려 캄차카로 다시 향하라고 명령했다. 상트페테르부르크 과학 아카데미 역시 이 지역을 조사하는 방법에 대해 명료한 지침을 제공했다. 베링은 24시간마다 천문 관측을 하고, 바다에서 위도와 경도를 측정해 해도에 표시하라는 지시를 받았다. 그뿐 아니라 베링은 육지에서 하는 측량을 바다 위에서 똑같이 하는 방법에 대한 설명을 들었다. 여러 섬 사이를 옮겨 다니면서 사분의로 그 사이의 각도를 측정하는 것이었다. 결국 아카데미는 이 지역의 탐사에 참여하고 조사를 도울 저명한 회원들을 여러 명 파견했다. 이 가운데는 이전에 러시아 북부에서 중력에 대한 실험을 수행했던 뉴턴 물리학 전문가인 프랑스의 천문학자 루이 드 릴 드 라 크로예르Louis de l'Isle de la Croyère가 있었다.[64]

2차 캄차카 탐험대는 1733년 4월 상트페테르부르크를 떠났다. 이후 베링은 1741년 12월 캄차카 해안의 작은 섬에서 괴혈병으로 추정되는 병으로 목숨을 잃어 다시 돌아오지 못했다. 하지만 베링의 임무는 성공했다. 1741년 7월 16일, 죽기 몇 달 전에 베링은 아메리카 대륙의 해안을 보았다. 지평선 끝에서 오늘날 세인트엘리아스산맥으로 불리는 거대한 산맥을 발견한 것이다. 며칠 뒤, 베링과 그의 탐험대는 유럽인으로서는 최초로 알래스카 근처의 섬에 상륙했다. 베링의 러시아인 항해사는 일련의 천문 관측을 한 뒤 루이 드 릴의 도움으로 지도에서 자기들의 위치를 정확히 찾아낼 수 있었다.[65]

비투스 베링이 이끈 탐험대의 성공은 러시아에서 국가가 후원하는 새로운 해양 탐험의 물결을 이끌었다. 18세기에 북극권이나 일본

주변 섬에 도달하는 총 다섯 번의 주요 탐험이 이뤄졌다. 이 탐험에서 가장 중요한 임무는 1785년 예카테리나 2세가 의뢰했다. 당시 여제는 태평양 북서부에 주둔하는 영국군이 늘어나는 데 대해 염려하고 있었다. 제임스 쿡 선장은 세 번째 항해를 떠나는 동안 베링해협에 도달했고 1778년에는 알래스카 해안의 한 섬에 상륙했다. 프랑스 역시 점점 북쪽으로 항해하고 있었고, 스페인은 캘리포니아 해안에서 계속 위쪽으로 밀려들었다. 예카테리나 2세는 이런 여러 유럽 제국 사이의 경쟁을 염두에 둘 때 베링해협 주변에서 러시아의 존재감을 확보할 필요가 있다고 생각했다. 그리고 여제는 가장 좋은 방법은 군대를 투입하고 해당 지역의 지도를 제작하는 대규모 과학 탐사를 하는 것이라는 사실을 깨달았다. 북동부 지리 천문 탐사로 알려진 이 임무는 영국의 항해사 조지프 빌링스Joseph Billings가 이끌었는데, 그는 쿡의 세 번째 항해에서 보조 천문학자로 알래스카를 탐험한 인물이었다. 빌링스는 가브릴 사리체프Gavril Sarychev라는 러시아 해군 장교와 함께 조사 작업의 상당 부분을 담당했다.[66]

폴리네시아에서 그랬듯 북극의 유럽 탐험가들은 뉴턴의 과학과 토착 지식을 결합했다. 상트페테르부르크 과학 아카데미는 북동부 지리 천문 탐사를 위한 공식 지침서에서 이 점을 명시했다. 1780년대 무렵 뉴턴의 이론은 러시아에서 널리 수용되었다. 그에 따라 빌링스와 사리체프는 천문 관측으로 경도와 위도를 결정하라는 요청을 받았다. 이 작업을 통해 베링해협의 폭을 보다 정확하게 측정할 수 있으리라는 기대 때문이었다. 그리고 동시에 둘은 토착민들에게 지역의 지리에 대해 물어보라는 지시를 받았다. 게다가 아카데미는 "토착민들이 종종 방문하는 곳의 지명은 무엇이며, 그곳 땅과 섬 각각의 방위와 거리가 어떻게 되는가?"를 포함한 질문 목록을 만들었다. 이어 이 지침서는 "직접 측정할 때는 나침반을 사용해 비밀스럽고 정확한 방식으

로 해야 한다"라고 설명했다.[67]

빌링스는 여기서 한 걸음 더 나아갔다. 단지 토착민들에게 그 지역의 지리에 대해 물어보는 데 만족하지 않고 탐사에 합류할 토착민들을 모집한 것이다. 예를 들어 1730년경에 태어난 니콜라이 다우킨은 축치족이라는 토착민 집단의 일원이었다. 이 부족은 시베리아 북동부의 먼 해안가에서 수천 년 동안 살아왔으며, 이 지역 지리에 대한 지식이 풍부했고 당연히 베링보다 훨씬 이전부터 베링해협에 대해 알고 있었다.[68]

축치족의 항해술은 폴리네시아인들의 항해술과 상당히 비슷했다. 북극에 거주하는 대부분의 토착민처럼 축치족은 별을 관찰하고 별들이 나타나는 순서를 암기해 특정한 섬들의 방위를 결정했다. 하지만 폴리네시아인들의 항해술과 북극의 항해술에는 미묘한 차이점도 많았다. 우선 북극 지방은 계절이 훨씬 극단적이었다. 여름에는 해가 지지 않는 반면 겨울에는 몇 주 동안 해가 뜨지 않았다. 유럽인 항해사들에게 더욱 혼란을 야기한 점은 북극에서는 일출과 일몰의 위치가 1년에 걸쳐 급격하게 변한다는 사실이었다. 3월에는 우리가 흔히 예상할 수 있듯 태양이 동쪽에서 뜨고 서쪽으로 진다. 하지만 5월에는 태양이 북쪽에서 뜨고 남쪽에서 진다. 이런 점 때문에 북극에서는 태양의 위치를 기반으로 한 항해술을 적용하기가 유난히 어려웠다.[69]

북극의 토착민들은 이런 문제를 해결하기 위해 다양한 기술을 개발했다. 우선 다우킨 같은 축치족 항해사들은 태양과 별을 이용해 지금이 1년 중 어느 시점인지 확인하는 데 상당히 공을 들였다. 특정한 별들은 특정 계절의 어느 기간에 밤하늘을 가로지르며 이동한다. 예컨대 축치족이 페기틀린이라 부르는 독수리자리는 겨울 내내 동트기 직전 하늘에 나타난다. 이와 비슷하게 오리온자리는 낮이 길어질수록 남쪽으로 움직인다. 축치족 항해사들은 지금이 1년 중 어느 시점

19 사스트루기라 불리는 눈의 능선은 북극에서 바람의 침식작용으로 형성된다. 축치족을 비롯한 토착민들은 가시거리가 짧은 곳에서 방향을 찾고자 사스트루기를 활용한다.

인지 정확히 알았기 때문에 태양의 위치가 바뀌어도 태양을 적절하게 이용할 수 있었다. 예를 들어 지금이 5월 중순이라는 사실을 안다면 일출을 보고 북쪽이 어디인지 꽤 정확하게 가늠할 수 있다. 하지만 만약 지금이 1년 중 어느 지점인지 모른다면, 일출을 따라가며 동쪽으로 가고 있다고 생각해도 실제로는 북쪽으로 가고 있을지도 모른다.[70]

북극의 토착민들은 별뿐만 아니라 물, 눈, 얼음에도 세심한 주의를 기울였다. 폴리네시아의 투파이아가 그랬듯, 다우킨 역시 지형의 변화에 따른 바다 수위의 오르내림을 살폈을 것이다. 또 축치족 사람들은 해류를 파악하기 위해 해초와 얼음의 흐름을 관찰했다. 마지막으로, 북극 토착민들은 가장 창의적인 방식으로 눈 속에서 보이는 패턴을 연구했다. 다우킨 같은 사람들은 눈보라가 몰아쳐도 길을 찾을 수 있어야 했다. 이런 날씨에는 가시거리가 몇 피트밖에 되지 않아 별에 대한 지식도 쓸모없었다. 대신 축치족은 육지에 머무는 동안에는 발밑의 눈을 보고 방위를 알아냈다. 북극에서는 바람의 침식작용으로 눈밭에 사스트루기라는 물결무늬가 생긴다. 이 사스트루기는 시베리아 전역에 부는 북방풍과 같은 방향으로 북쪽에서 남쪽으로 흐른다. 축치족 사람들은 이런 눈의 능선을 보면서 앞이 전혀 보이지 않는 곳에서도 북쪽이 어딘지 확실히 알 수 있었다.[71]

다우킨은 축치족 문화와 러시아 문화를 넘나드는 배경을 지닌 특이한 인물이었다. 어릴 때 그는 러시아 탐험가들에게 붙잡혀 고향에서 수천 마일 떨어진 시베리아의 항구 야쿠츠크로 보내졌다. 그리고 그곳에서 세례를 받은 다우킨은 러시아어를 읽고 쓰는 법을 배웠다. 이후에는 시베리아의 이르쿠츠크 항해 학교에서 훈련을 받았는데, 이 학교는 표트르 1세의 개혁에 의해 설립된 새로운 과학 기관 가운데 하나였다. 학업을 마친 다우킨은 1760년대 초에 작은 카누를 타고 베링해협에서 노를 저어 이리저리 다니며 추크족 사람들과 인터뷰하고 이 지역을 조사했다. 이런 과정에서 다우킨은 학교에서 배운 항해술과 축치족에게 얻은 토착 지식을 결합했다. 그 결과 다우킨은 베링해협 주변 지역 지도를 제작했는데, 이것은 알래스카 북부 해안을 세세하게 담은 최초의 지도였다(이 지역의 지도를 만들었다고 알려진 쿡이 알래스카에 도착하기 10년 전인 1765년에 다우킨의 지도가 완성되었다는 점을 주목하라).[72]

빌링스는 상트페테르부르크에서 북동부 지리 천문 탐사를 준비하는 동안 다우킨의 지도에 대해 알게 되었다. 깊은 인상을 받은 빌링스는 토착민 항해사를 선원으로 고용하는 것이 얼마나 유용한지 즉각 깨달았고 다우킨에게 연락했다. 당시 이르쿠츠크 항해 학교에서 공부하던 다우킨은 탐험에 참여하기로 했다. 1790년 5월, 빌링스, 사리체프, 다우킨은 글로리 오브 러시아호를 타고 태평양으로 향했다. 이 선박의 승무원 구성은 18세기 과학계의 전형이었다. 선장 빌링스는 영국인이었고 측량사 사리체프는 러시아인이었으며, 항해사인 다우킨은 축치족 출신이었다. 이들은 다 함께 3년 동안 베링해협의 섬 지역

지도를 제작했다. 북동부 지리 천문 탐험대는 활동 기간을 통틀어 서쪽으로는 시베리아에서 동쪽으로는 알래스카에 이르기까지 50개 이상의 새로운 지도를 만들었다. 이 탐험대의 활동이 보내는 메시지는 분명했다. 아메리카 대륙은 이제 러시아제국의 일부라는 것이다.[73]

결론

1687년에 출간된 아이작 뉴턴의 《프린키피아》는 흔히 계몽주의의 시작점으로 알려져 있다. 이 내러티브에서 뉴턴은 보통 이성적인 원리를 적용해 과학 활동을 벌이는 고립된 천재로 묘사된다. 하지만 《프린키피아》를 읽다 보면 명백히 알 수 있듯 이런 묘사는 부정확하다. 이 장에서 나는 뉴턴이 계몽주의를 대표하는 것이 사실이라고 주장했지만, 그 이유는 그가 고립되어서가 아니라 외부와 무척 잘 연결되어 있었기 때문이다. 뉴턴은 제국과 노예제, 전쟁을 포함한 더 넓은 외부 세계와 연결되었기 때문에 주요 과학적 돌파구를 만들 수 있었다. 만유인력 이론을 발전시키는 과정에서 뉴턴은 노예선을 타고 탐사하는 프랑스 천문학자들과 중국에서 동인도회사 간부들이 수집한 데이터에 의존했다. 비록 오늘날 종종 잊히지만, 당시만 해도 사람들이 잘 알고 있는 사실이다. 프랑스의 계몽주의 철학자 가운데 가장 유명한 볼테르는 이렇게 말했다. "루이 14세가 명령한 탐사 항해와 실험이 이뤄지지 않았다면 뉴턴은 만유인력을 결코 발견하지 못했을 것이다."[74]

이 장은 뉴턴을 출발점으로 삼아 계몽주의 과학의 역사를 새로운 방식으로 서술하고자 했다. 18세기에 유럽의 과학 아카데미는 국가가 후원하는 탐사 항해를 여러 번 시도했다. 그리고 이런 항해는 뉴턴과 그의 추종자들이 물리학의 가장 근본적인 질문에 대한 답을 찾기 위해 필요한 데이터를 제공했다. 프랑스의 안데스산맥 탐험은 지구의 모양에 대한 뉴턴의 주장이 옳았음을 증명했고, 제임스 쿡 선장의 태평양 항해는 마침내 태양계의 절대적인 크기를 확인시켰다. 18세기에는 이러한 이론적인 질문들을 해결하는 것과 동시에 항해와 측량 같은 실용적인 과학이 발전했다. 영국, 프랑스, 러시아제국은 최신 뉴턴 과학을 도입하면서 새로운 영토를 확장해나갔다. 쿡은 타히티섬에서 남쪽으로 더 항해해서 호주까지 도달했고, 비투스 베링은 아메리카 대륙의 일부를 처음으로 러시아제국에 편입시키고 알래스카 해안 지도를 그렸다.

하지만 이것은 단순히 유럽 과학이 승리를 거둔 이야기가 아니다. 유럽 탐험가들이 낯선 바다를 건너 경치 좋은 산을 오를 때, 이들은 토착민들의 지식에 계속 의존했다. 토착민들 가운데 다수는 나름대로 진보한 과학 문화를 갖추고 있었다. 페루에서 프랑스 측량사들은 자기도 모르는 사이에 잉카족의 천문학 지식에 의존했다. 태평양에서 쿡 선장은 폴리네시아 성직자의 전문적인 항해 지식에 크게 도움받았다. 그리고 북극에서 러시아 탐험가들은 얼어붙은 이 지역을 가로지르는 탐사를 도와 인도할 토착민을 모집했다. 이들 개인의 공헌을 인식하는 과정에서 우리는 18세기 과학의 역사에 대한 매우 다른 그림을 그릴 수 있다. 결국 계몽주의 과학은 노예제와 제국뿐 아니라 토착 지식을 통합한 전체적인 세계사의 일부로 이해해야 한다. 뉴턴은 천재였을지 모르지만 그는 결코 혼자 힘으로 업적을 세운 게 아니었다.[75]

우리는 뉴턴이 노예무역에 투자했다는 사실로 이 장을 시작했다. 하지만 이 이야기에는 오늘날 종종 간과되는 또 다른 측면이 있다. 1745년 프랜시스 윌리엄스Francis Williams라는 남자가 자메이카의 자택 서재에서 초상화를 그리기 위한 포즈를 취했다.[pic9] 여러 면에서 이 그림은 전형적인 18세기 학자의 초상화처럼 보인다. 윌리엄스 앞쪽 탁자 위에는 나침반과 지구본 옆에 《뉴턴 철학Newton's Philosophy》이라는 제목의 책이 놓였다. 매우 중요한 측면에서 이 초상화는 주목할 만하다. 아프리카 혈통 사람들이 과학사에서 종종 오해의 소지가 있을 만큼 배제되는 전통적인 내러티브에 비추어 볼 때 특히 더 그렇다. 윌리엄스는 흑인이었다. 그가 태어나기 직전에 아프리카 출신 노예였던 그의 아버지는 자유를 허락받았다. 그래서 윌리엄스 또한 자유인이었으며, 나중에 자메이카에서 땅과 노예를 상속받으면서 꽤 부유해졌던 것 같다. 1720년경 윌리엄스는 영국으로 여행을 갈 수 있을 정도로 부유했고, 그곳에서 수학과 고전을 공부하며 케임브리지 대학에도 등록했다. 윌리엄스가 뉴턴이 사망할 즈음 《프린키피아》에 대해 알게 된 것도 바로 그곳이었다. 윌리엄스는 몇 년 뒤 학교를 설립하기 위해 자메이카로 돌아왔고, 뉴턴의 저작을 포함한 여러 최신 과학 서적을 가져왔다. 분명히 윌리엄스는 전형적인 흑인의 삶과는 거리가 멀었다. 당시 카리브해 인근 흑인들 대부분은 뉴턴의 과학에 대해 배울 기회가 없었다. 하지만 그럼에도 윌리엄스는 노예 시대 과학사의 또 다른 면을 상기시키는 중요한 인물이다. 다음 장에서 우리는 이 주제를 더 자세히 살펴볼 예정이다. 노예가 된 아프리카인과 그들의 후손들이 역사에서 계속 배제되는 절망적인 상황에서도 어떻게 근대과학을 형성하는 데 기여할 수 있었는지에 대한 이야기다.[76]

4장
자연의 경제

농장 가장자리에서 먹을 것을 찾던 그라만 콰시^{Graman Kwasi}는 전에 본 적 없던 식물을 우연히 발견했다. 선명한 분홍색 꽃들이 그의 눈길을 끌었다. 콰시는 작은 관목의 표본을 잘라 자신의 오두막으로 가져가 보관했다. 당시에는 몰랐지만 그의 인생을 다른 방향으로 바꿀 식물이었다. 그라만 콰시는 1690년경 서아프리카에서 오늘날 가나 땅에 거주하는 아칸족의 일원으로 태어났다. 겨우 열 살 때 콰시는 경쟁 부족의 노예무역상들에게 붙잡혀 쇠사슬에 묶인 채 해안까지 끌려갔다. 그러다가 네덜란드 선장이 그를 사서 대서양을 횡단하는 배에 실었는데, 그는 18세기에 아메리카 대륙으로 실려 간 600만 명의 아프리카 노예 가운데 한 명일 뿐이었다. 남아메리카에 도착하자마자 콰시는 네덜란드의 식민지인 수리남의 사탕수수 재배지에서 일하게 되었다. 어린 시절부터 콰시는 하루 종일 땡볕 아래서 잡초를 뽑았다. 성인이 된 콰시는 날이 넓은 칼인 마체테로 사탕수수를 자르는 작업에 동원되었다.[1]

하지만 사실 콰시는 네덜란드 노예주들이 처음 인정했던 것보다 훨씬 더 재능이 넘치는 사람이었다. 남아메리카의 다양한 동식물 속에서 콰시는 자연 세계와 밀접하게 지내며 지식을 쌓기 시작했다. 그는 아프리카와 아메리카 대륙 양쪽의 치유 전통을 융합해 식물성 약재를 모아 약을 만들었다. 그렇게 만든 약으로 농장에서 아프리카인과 유럽인을 치료한 콰시는 약간의 돈을 벌었다. 그러다 한 종류의 식물이 콰시에게 큰 명성을 가져다주었다. 수리남의 농장에서 그가 수집한, 분홍색 꽃이 피는 작은 관목은 치유 효과가 놀라웠다. 이 식물의 껍질로 끓여낸 쌉쌀한 차는 말라리아 열병 치료에 효과적이었다. 그뿐 아니라 위를 튼튼하게 하고 식욕을 돋우는 것처럼 보였다. 콰시는 같은 농장의 아메리카 원주민 노예에게 식물의 의학적 특성에 대해 배웠을 가능성이 크다. 남아메리카의 약초학 전통에서 이런 관목이 활용되기 때문이다. 이것은 1장에서 살폈던 의학 지식이다. 얼마 지나지 않아 콰시의 발견은 수리남 전역에 알려졌고, 뒤이어 유럽으로 퍼져나갔다. 당시 말라리아에 대해 유일하게 효과 있는 치료법은 '페루의 나무껍질'이라 알려진 기나나무 껍질(기나피)이었다. 페루 총독령에서만 발견되는 이 귀중한 재료에 대해 스페인이 독점권을 가졌기 때문에 그런 이름이 붙었다. 사실 18세기 초에 기나피는 전 세계에서 가장 비싼 작물이었다. 말 그대로 금보다 더 비쌌다. 그랬던 만큼 기나피를 대체할 말라리아 치료제는 수익성이 무척 높을 게 분명했다.[2]

1761년에 콰시가 발견한 관목의 표본은 당시 유럽에서 가장 영향력 있는 과학자 가운데 한 명인 칼 폰 린네의 손에 들어갔다. 스웨덴의 웁살라 대학에서 의학과 식물학을 가르치는 교수였던 린네는 자신의 새로운 분류 체계를 통해 자연 세계에 대한 연구를 발전시켰다. 《자연의 체계 System of Nature》(1735)라는 저서를 통해 처음 발표한 이 체계는 자연 세계를 동물, 광물, 식물의 3계로 크게 나누었다. 그 아래에는 4개의 분류 단계가 더 있었고, 각각은 특정 동식물을 보다 정확하게 동정했다. 분류 단계는 강에서 과, 속을 거쳐 마지막으로 종으로 이어졌다. 이 체계에서 자연 세계의 모든 것들은 제자리를 찾았다. 그리고 뒤이어 린네는 동식물 각각에 속과 종으로 구성된 공식적인 '이명법'을 통해 이름을 붙이자고 제안했다. 예를 들어 사자의 학명은 판테라 레오*Panthera Leo*인데, 이 학명을 통해 사자가 판테라속(호랑이, 표범, 재규어를 포함하는 표범속), 레오종(아프리카와 아시아에 각각 서로 다른 아종이 있는)에 속한다는 사실을 알 수 있다. 이 체계의 장점은 자연계를 분류하는 단순하고 균일한 방법을 제공했다는 것이다. 또 이명법은 사자가 호랑이와 동일한 속에 포함된다는 사실에서 알 수 있듯 박물학자들이 다른 종의 동식물 사이의 유사성을 표현할 수 있도록 했다. 린네의 이명법은 오늘날에도 여전히 현대적인 모든 생물 분류 체계의 기초를 이룬다.[3]

린네는 수리남의 스웨덴인 농장주에게 이 식물의 표본을 입수했다. 식물의 약효를 확인한 린네는 깊은 인상을 받았다. 그리고 이 발견을 이전에 알려지지 않은 새로운 종이자 완전히 새로운 속으로 분류해 때마침 출간 예정이었던 《자연의 체계》 개정판에 실었다. 린네는 콰시의 공을 기리기 위해 이 식물을 콰시아 아마라*Quassia Amara*라고 이름 지었다('Quassi'는 콰시의 아칸족 이름을 라틴어식으로 바꾼 것이고, 'amara'는 라틴어로 '쓴맛'을 뜻하는데, 이 약이 씁쓸했기 때문이었다).[pic 11] 린네의 후원을 받고 혁명적인 치료법을 발견하면서 콰시는 자신의 삶이 바뀌는 것을 느꼈다. 콰시아 아마라는 점점 널리 알려지면서 수리남에서 주요 수출 작물이 되었고, 좀 더 비싼 기나피에 대한 대안으로 재배되어 팔렸다. 콰시는 곧 노예 신분에서 벗어나 자유를 얻었다. 이후 그는 네덜란드에 초청되어 오라녜 공 빌럼 5세를 만났으며, 업적을 인정받아 화려한 코트와 금메달을 받았다. 수리남으로 돌아온 콰시는 땅을 일구는 노예가 가득한 작은 농장을 갖게 되었다. 그뿐 아니라 그는 남아메리카의 식물에 대해 더 많이 알고 싶어 하는 유럽 자연학자들의 편지를 받았다. 이 편지 가운데 몇몇은 콰시를 '수리남의 약초학 교수'라고 칭하기도 했다. 그라만 콰시는 모든 역경을 무릅쓰고 남아메리카 약용식물에 대한 존경받는 권위자로 거듭났다.[4]

그라만 콰시의 예는 여러 면에서 특별하다. 18세기에 유럽에서 노예 아프리카인이 과학 지식의 생산자라고 공개적으로 인정받는 경우는 극히 드물었다. 자연사 분야에서 식물은 전형적으로 발견자인 유럽인의 이름을 따서 명명되었다. 유럽인들은 대부분 아프리카 사람들을 농장에서 부려먹기 위해 사고파는 상품 정도로 여겼다. 콰시는 식물이 사람을 치유하는 성질에 대한 지식을 통해 이런 상황에서 벗어나 새로운 경지에 도달했다는 점에서 특이했다. 하지만 다른 의미에서 보면 그라만 콰시는 보다 널리 퍼진 무언가의 예이기도 했다.

계몽주의 시대의 자연사에 대한 전통적인 서술은 거의 새로운 식물을 발견하고 분류 체계를 고안한 것으로 명성을 얻은 칼 린네 같은 유럽인들의 업적에 초점을 맞추었다. 하지만 이러한 서술은 오해의 소지가 있다. 과학의 역사에서 종종 무시되지만, 아프리카와 아시아, 아메리카 대륙 전역의 여러 인물이 18세기 자연사의 발전에 기여했기 때문이었다. 그들은 나름대로의 과학적 전통을 보여주었고 유럽인들은 낯선 환경을 이해하고 분류하는 과정에서 여기에 의존하는 경우가 많았다. 어떤 경우에는 대놓고 착취하기도 했다. 노예화된 아프리카인들을 폭력적으로 위협하는 가운데 여러 식물학 지식이 알려졌다. 하지만 도쿠가와 시대의 일본에서 그랬듯 보다 협력적인 관계를 맺기도 했다. 아프리카 치료사부터 인도의 성직자에 이르기까지, 이 장에서는 계몽주의 시대에 자연사 분야의 발전을 이끌었던 그라만 콰시 같은 사람들의 공적을 살필 예정이다.

이전 장에서 국가 수준의 항해 탐사에 초점을 맞췄다면, 이번 장에서는 계몽주의 과학의 발전에서 전 세계적 규모의 무역이 어떤 역할을 했는지 살필 것이다. 17세기와 18세기에 걸쳐 유럽 무역 회사들이 발전하면서 전 세계가 큰 변화를 겪었다. 동남아시아와 일본의 네덜란드 동인도회사, 대서양의 왕립 아프리카 회사, 그리고 그중에서도 가장 유명했던 인도와 중국의 영국 동인도회사가 그런 예였다. 이 수익성 높은 회사들은 상품의 공급을 통제해 막대한 이익을 얻었다. 설탕, 향신료, 차, 인디고 모두 이런 무역 회사의 선박에 실려 유럽에 도착했다. 중요한 사실은 이 무역의 대부분이 자연 세계에서 가져온 상품을 대상으로 했다는 점이었다. 무역 회사는 그들이 취급하고 있는 상품을 분류하고 평가해야 했기 때문에, 자연사에 대해 보다 상세하게 연구해야 할 필요가 있었다.

당시 변화의 규모가 어느 정도였는지 수치로 확인하자면, 17세기 초에 유럽의 자연학자들은 약 6,000종의 식물을 새로 발견했다. 그리고 18세기 말까지는 5만 종 이상을 발견했는데, 그중 대부분이 유럽 밖에서 유래한 종이었다. 이전 장에서 보았던 것처럼 왕립 아프리카 회사와 영국 동인도회사 같은 무역 회사들은 런던의 왕립학회 등 당시의 주요 과학 기관과 긴밀한 관계를 유지했다. 금과 백금의 차이, 계피와 육두구의 차이를 아는 것은 과학 지식을 넘어 상업적으로도 무척 중요했다. 어떤 경우에는 무역 회사가 금속이나 염료의 순도를 확인하기 위해 최신 실험 기술을 활용하는 화학적 시험을 의뢰하기도 했다.[5]

이렇듯 계몽주의 시대의 자연사는 생물학에 속했을 뿐 아니라 경제학과 깊은 관련이 있었다. 린네 역시 자신의 작업물을 이런 관점에서 보았던 게 분명했다. 다른 많은 사람과 마찬가지로, 린네는 전 세계 무역이 유럽 경제를 약화하고 다른 나라에 물자를 의존하게 만든다고 우려했다. 특히 그는 당시의 '균형 잡힌 무역'이 사실 유럽에 유리하지 않다고 걱정했다. 예컨대 그의 조국인 스웨덴 같은 나라는 수출량에 비해 수입량이 훨씬 많았다. 여기에 대한 대응으로 린네는 스웨덴이 대체 작물을 재배하거나, 당시 수입하던 농산물을 들여와 직접 재배하는 게 좋다고 제안했다. 린네는 이렇게 말했다. "자연은 각 나라에서 특별히 유용한 것을 생산하도록 배열되어 있으며 경제학의 과제는 다른 곳에서 재배하려 하지 않는 작물을 경작하고 모으는 것이다." 린네는 이것이야말로 자연학에서 가장 중요하다고 여겼다. 단지 전 세계 동식물 목록을 만드는 데 지나지 않고 유럽에 유리한 방식으로 무역의 균형을 맞추는 방법을 찾는 것이다. 린네는 중국에서 수입하는 비단의 양을 줄이고자 스웨덴에서 뽕나무를 재배하는 게 가능할지도 모른다고 제안하기도 했다.[6]

하지만 당연히도 린네는 곧 스웨덴은 겨울철에 몹시 춥기 때문에 열대작물을 재배하기 힘들다는 사실을 알게 되었다. 하지만 영토가 더 넓은 나라들은 이보다 훨씬 더 성공적이었다. 18세기 유럽 자연학자들은 식민지에 수백 곳의 식물원을 세우도록 도왔다. 이런 식물원은 수입 의존도를 줄이기 위해 열대식물을 재배한다는 확실한 목표 아래 설립되었다. 예컨대 1735년에 프랑스 동인도회사는 오늘날의 모리셔스섬에 식물원을 세웠는데, 이곳에서 프랑스 자연학자들은 향신료 무역을 네덜란드가 독점하던 상황을 타개하고자 후추, 계피, 육두구를 재배했다(당시 유럽에서 이런 향신료를 구할 수 있는 곳은 네덜란드 동인도회사가 지배하는 동남아시아의 지역뿐이었다). 프랑스 동인도회사는 피에르 푸아브르Pierre Poivre라는 선교사를 고용해 동남아시아에서 씨앗과 묘목을 밀반출해서 새로 설립한 식물원에서 재배하도록 했다. 영국인들역시 네덜란드의 계피 독점에 맞서 1786년 인도 캘커타에 식물원을 세웠다. 18세기 말까지 자메이카, 뉴사우스웨일스, 케이프 식민지를 포함한 유럽의 식민지 대부분에 식물원이 설립되었다. 런던의 큐 가든 같은 유럽의 주요 식물원과 연계된 이곳은 전 세계 자연사 지식에 대한 정보의 중요한 원천이 되었다.[7]

노예제와 식물학

1687년 자메이카에 도착한 한스 슬론 Hans Sloane 은 산으로 향했다. 그는 말을 탄 채 아프리카 노예 안내원과 함께 가능한 한 많은 식물을 수집했다. 양치식물, 난초, 여러 풀이 그의 가방을 채웠다. 하지만 조심해야 했다. 이곳 산은 도망친 노예들과 해적의 공격을 받기 쉬워 유럽인들이 여행하기에 위험한 장소였다. 그래도 감수할 만한 가치가 있는 위험이었다. 이듬해까지 슬론은 800개 이상의 식물 표본을 모았고 각각의 표본을 조심스럽게 건조해 단단히 화물에 포장했다. 공식적으로 슬론이 자메이카에 온 이유는 섬의 새로운 총독 앨버말 공작의 주치의 역할을 하기 위해서였다. 하지만 슬론은 총독의 건강에는 그다지 관심이 없었다(사실 총독은 슬론이 도착한 지 1년도 채 되지 않아 사망했다). 슬론이 정말 하고 싶었던 일은 섬의 자연사를 연구하는 것이었다. 1689년 런던으로 돌아온 슬론은 자신이 발견한 사실을 기록으로 남기기 시작했다. 이 기록은 삽화가 실린《자메이카의 자연사 The Natural History of Jamaica》(1707~1725)라는 커다란 책 2권으로 출간되었다.[8]

그에 따라 슬론은 18세기 초부터 가장 영향력 있는 박물학자로 손꼽혔다. 이 책을 출간한 후 슬론은 왕립학회의 회장이자 왕립 의과대학 학장으로 선출되었다. 칼 린네 또한 런던에 사는 슬론을 방문해《자메이카의 자연사》에 실린 일부 정보를 자신의 저서《자연의 체계》에 기재하겠다며 양해를 구했다. 1753년 슬론이 사망했을 때 7만 개 이상의 식물, 동물, 광물, 화석 표본 전체를 의회가 구입했고, 이 수집품은 대영 박물관을 비롯해 이후 런던 자연사 박물관의 토대가 되었다. 슬론이 이처럼 성공을 거둘 수 있었던 이유는 자연사와 경제학의 관계를 이해했기 때문이다. 자메이카에 대한 저서의 첫 페이지부터 슬론은 독자들에게 이 섬이 '아메리카 대륙에서 가장 넓고 중요한 여왕의 농장'이라는 사실을 상기시켰다.《자메이카의 자연사》는 영국이 노예제를 확장해 서인도제도에 완전한 플랜테이션 경제를 일구고 있던 바로 그 당시의 귀중한 농작물을 전부 담았다. 슬론 자신도 식민지에서 이익을 보았다. 그는 결혼을 통해 자메이카에 있는 대형 사탕수수 농장 수익 3분의 1을 얻게 되었다. 그뿐 아니라 기나나무의 대체재인 '자메이카 나무껍질'을 판매하는 사업을 포함해 아메리카 대륙의 여러 수익 사업에 투자했다.[9]

그뿐 아니라 슬론은 서인도제도에서 만난 아프리카 노예들에게 의존해 성공을 거뒀다. 하지만 당시에는 이 사실이 완전히 인정되지 않았다. 수많은 유럽 박물학자들이 그랬듯 이 장에서 마주하게 될 슬론의 언어 사용이나 아프리카의 지식에 대한 접근법은 그 시대 특유의 인종차별적 태도를 반영했다.《자메이카의 자연사》에서 슬론은 '유럽인과 원주민, 흑인을 비롯한 현지 주민'에게 식물학 지식을 어떻게 얻었는지 묘사했다. 특히 한 식물이 슬론의 관심을 끌었는데, 그의 설명에 따르면 "코로만틴 검둥이들은 이것을 비시라고 부르는데 먹기도 하고 배앓이 약으로도 쓴다." 자메이카에서 '비시'라고 불리던 콜라 너트는 흥분제 역할을 했으며, 퀴퀴한 물을 상큼하게 만들고 위를 진정시키는 데도 효과를 보였다. 이후 19세기에 콜라 너트는 탄산음료인 코카콜라의 원재료 가운데 하나가 되었다. 이처럼 슬론의 자연사 책에 등장했음에도 이 견과류는 사실 자메이카가 아닌 서아프리카에서 왔다. 슬론 자신도 이 사실을 알았고 콜라 너트가 '기니 배에서 가져온 씨앗'에서 자라났다는 점에 주목했다. 서아프리카에서 이 견과류는 이웃이나 손님에게 호의로 제공하는 용도뿐 아니라 오랫동안 약으로 사용되었다. "콜라 너트를 가져오는 사람이 목숨을 구한다"라는 말은 서아프리카 이그보 부족이 흔히 하는 이야기였다. 그렇다면 전

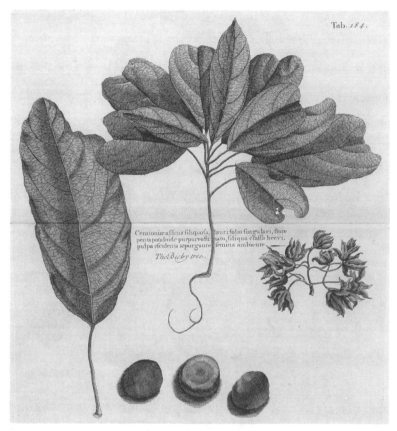

20 비시나무에 열린 콜라 너트를 한스 슬론이 묘사한 그림으로 《자메이카의 자연사》(1707~1725)에 수록되었다.

통적인 우정의 징표인 콜라 너트가 자메이카로 퍼졌다는 것은 우울한 아이러니다. 아프리카 노예들은 힘들어서 도저히 참을 수 없는 상황에서 계속 일하기 위해 이 견과류를 씹었다.[10]

슬론은 곧 자메이카의 여러 식물의 원산지가 아프리카라는 사실을 알아챘다. 슬론은 노예들에게 주어진 '보급용 토지'를 통해 이런 사실을 알게 되는 경우가 많았다. 유럽의 농장 관리자들은 노예들에게 식량을 적절히 공급하기보다는 별로 기름지지 않은 작은 땅을 나눠주어 직접 농작물을 재배하게 했다. 자메이카에서 슬론은 이런 '검둥이 플랜테이션'을 조사하며 많은 시간을 보냈다. 슬론은 이런 땅을 경작하던 아프리카인들을 인터뷰하고 그들이 모국에서 가져온 다른 작물들에 대해 알아냈다. 이 과정에서 슬론은 서인도제도에 대해 배운 것만큼 아프리카의 식물에 대해 여러 가지를 배웠다. 슬론은 보급용 토지에서 노예선을 타고 대서양을 건너온 참마, 기장, 검은눈콩을 발견했다. 자메이카에 온 아프리카 노예들에게 이 작물은 가장 절망적인 환경에서도 고향의 맛을 선사했다.[11]

아메리카 대륙 전역에서 유럽의 자연학자들은 특히 몸을 치유하는 성질이 있어 이윤을 낼 수도 있는 새로운 식물을 발견하기를 바라면서 노예들을 심문했다. 이때 행해진 폭력적인 힘의 동역학을 기억해야 한다. 유럽의 노예주들은 아프리카 노예와 그들의 지식 모두를 착취해야 할 자신의 자산으로 취급했다. 1773년 스코틀랜드의 농장주인 알렉산더 J. 알렉산더Alexander J. Alexander는 아프리카 노예들이 사용하는 약용식물을 언급하며 '검둥이 의사들의 치료 식물'에 대해 여러 실험을 수행하는 과정을 설명했다. 에든버러 대학에서 화학을 공부한 알렉산더는 그레나다에 있던 자신의 농장에서 노예들이 사용하는 나무껍질에 대해 알게 되었다. 고통을 일으키며 피부에 넓게 퍼지는 감염증에 대한 효과적인 치료약으로 알려진 껍질이었다. 알렉산더는 이 치료법에 대해 다음과 같이 설명했다. "검둥이들은 환자를 통에 세우고 잔잔한 불을 때서 하루에 두 번 그 안에서 땀을 쭉 빼며 보이스 로열과 보이스 페르라는 이 나라에서 나는 두 종류의 나무로 달인 탕약을 마시게 한다." 에든버러 대학 화학과 교수인 조지프 블랙Joseph Black에게 보낸 편지에서 알렉산더는 이 요법이 보인 놀라운 결과를 보고했다. 이 약재로 치료한 환자들은 모두 2주일도 되지 않아 완치되었다. 알렉산더는 블랙 교수에게 나무껍질 표본을 보내 구성 성분에 대한 몇 가지 화학적 시험을 실시하도록 제안했다.[12]

슬론과 편지를 주고받던 의사 헨리 바햄Henry Barham도 자메이카에서 비슷한 경험을 보고했다. 심한 열과 다리 염증에 시달리던 바햄은 병세가 치료될 희망을 내려놓은 상태였다. 그런데 농장의 아프리카 노예 한 명이 '호그 자두'로 알려진 나무껍질을 써보라고 말했다. 바햄은 당시의 상황을 이렇게 회상했다. "내가 목욕하고 있는데 옆을 지나가던 검둥이가 자신이 주인님을 치료해줄 수 있다고 말했다. 그는 곧 이 나무껍질과 잎을 가져와서 이것으로 목욕하라고 알려주었다." 바햄에 따르면 나무껍질을 달인 물에 목욕을 한 뒤 "완전히 회복되었으며 다리에 제대로 힘이 들어가 평소처럼 다닐 수 있게 되었다." 이와 비슷하게 자메이카에서 일하던 또 다른 의사인 패트릭 브라운Patrick Browne은 '벌레 풀'의 치료적 특성에 대해 알게 되었다. 그의 설명에 따르면 "검둥이와 원주민들은 이 풀의 효능을 알고 오랫동안 사용했으며, 벌레를 없애는 데 특별한 효과를 보인다." 유럽의 박물학자들도 식물에 대한 아프리카인들의 지식에 주목했다. 18세기 초 런던의 영향력 있는 박물학자 제임스 페티버James Petiver는 서아프리카의 왕립 아프리카 회사 직원이 수집한 '몇몇 기니 식물'에 대해 설명하는 책을 출간했다. 여기서 페티버는 벌레를 죽이는 '콘콘'과 활력을 회복하는 강장제인 '아크로'를 포함한 식물 각각에 대한 아프리카어 이름과 의학적 쓰임새를 나열했다.[13]

18세기 말에는 몇몇 유럽의 의사가 아프리카인이 특정 식물에 대해 자신들보다 더 많이 알 수도 있다는 사실을 인정했다. 수리남에서 일하던 한 네덜란드 의사는 "검둥이들은 이곳 식물의 효능을 알고 환자를 치료해 유럽에서 온 의사들을 부끄럽게 한다"는 기록을 남겼다. 하지만 이런 토착 지식을 덜 확신하는 유럽인들도 있었다. 아프리카인들이 이곳 식물에 대해 많은 지식을 지닌 것은 분명하지만 그럼에도 분류학에 기초한 체계적인 접근이 부족하다고 여겼기 때문이었다. 예컨대 자메이카의 악명 높은 농장주였던 에드워드 롱Edward Long은 '그 야수 같은 아프리카인들은 본능에 따르는 식물학자일 뿐'이라고 주장했다. 하지만 롱은 틀렸다. 아프리카의 식물학 지식이 거의 기록되지 않은 것은 사실이지만 그래도 체계적이었다. 서아프리카 이그보 부족의 치료사는 식물을 서식지별로 분류해 숲에서 자라는 식물과 사바나에서 자라는 식물로 나누었다. 이 분류법은 특정한 환경에서 식물성 약재가 필요한 여러 질병의 분류와 연결된다. 롱을 비롯해 여러 후속 역사학자들이 반복적으로 주장한 바와 달리, 아프리카인들은 식물의 치료 효능에 대해 알았을 뿐 아니라 그 지식을 복잡한 분류 체계에 통합했다.[14]

모든 식물이 질병 치료를 위해 사용된 것은 아니었다. 1705년 독일의 박물학자 마리아 시빌라 메리안Maria Sibylla Merian은 수리남에서 낙태를 유도하기 위해 쓰이던 식물에 대한 설명을 자신의 저서에 실었다. 유럽 여성으로서 메리안은 특이했다. 18세기에는 무역 회사에 남성만 고용되었기 때문에 수리남처럼 먼 곳까지 여행할 수 있는 여성은 극소수였다. 메리안은 남편과 이혼한 이후 1699년 막내딸과 함께 수리남으로 여행을 떠났다. 그리고 여행에서 돌아왔을 때 생계에 도움이 되었던 《수리남 곤충의 변태The Metamorphosis of the Insects of Suriname》(1705)라는 책을 저술했다(칼 폰 린네와 한스 슬론을 포함한 당대의 저명한 박물학자 가운데 상당수가 후에 메리안의 책을 참고했다). 2년 동안 메리안과 딸은 농장에 머물며 식물과 곤충을 수집하면서 수리남을 가로질러 여행했다. 저서에서 메리안은 농장의 노예 여성들에게 '공작꽃'이라 불리는 식물에 대해 배운 경험을 서술했다. 메리안에 따르면 수리남의 노예 여성들은 공작꽃 씨앗으로 '아이들이 태어나면서부터 노예가 되지 않도록 낙태하는 데' 활용했다. 그뿐 아니라 메리안은 남녀노소를 불문하고 아프리카 노예들이 공작꽃 뿌리를 이용해 자살하는 모습을 묘사했다. 이것은 노예제도에 대한 저항 행위일 뿐 아니라 그들에게 강요되었던 절망적인 상황을 상기시켰다. 메리안에 따르면 "그들은 이제 스스로 다시 태어나 자유롭게 그들의 땅에서 살 것이라고 믿는다."[15]

이런 위험한 식물에 대한 보고는 아메리카 대륙의 유럽인 의사들을 놀라게 했다. 꽃을 이용해 낙태를 유도하거나 자살을 한다면, 그 식물을 독으로 사용할 수도 있을 것이다. 1701년 헨리 바햄은 흑인 여성에게 독살당한 자메이카의 동료 의사에 대해 기록했다. 사바나에서 피는 꽃의 즙이 담긴 차를 마신 뒤 의사는 "격렬한 통증에 사로잡혔으며, 구토를 했고 몸의 여러 부분에 작은 경련이 일어났다." 그런 이유로 아프리카인들의 식물학 지식은 노예제도에 대한 저항의 일부가 되었다. 하지만 독살에 대한 공포는 다소 역설적인 상황을 불러오기도 했다. 앞서 살폈듯 유럽의 자연학자들은 아프리카인들이 아메리카에서 발견한 많은 식물에 대한 지식을 얻고자 아프리카인들에게 의존했다. 하지만 그와 동시에 아프리카인들이 약용식물을 다루지 못하도록 금지하는 식민지법이 통과되었다. 1764년 오늘날 아이티의 생도맹그에 자리한 프랑스 식민지 당국은 아프리카 혈통의 후손들이 '약을 다루거나 수술하는 것을 포함해 어떤 상황에서도 질병을 치료하지 못하도록' 금지했다. 비슷한 법이 사우스캐롤라이나에서도 통과되었는데, 이 법은 '어떤 노예든 다른 노예에게 독이 있는 식물의 뿌리나 약초, 또는 어떤 독에 대해 가르치거나 지시하는 경우' 사형을 권고했다. 물론 구조적 인종차별이라는 더 심각한 문제도 있었지만, 이러한 법은 아프리카인들이 전통적인 주류 과학사에서 배제되어온 이유 가운데 하나다. 당연히 많은 노예가 처벌을 두려워해서 자신의 식물학 지식을 감췄다. 역사학자들이 '노예들의 비밀 치료법'을 발견하기 시작한

것은 최근의 일이다.[16]

17세기와 18세기 들어 대서양 노예무역의 성장은 유럽 사회의 발전에 지대한 영향을 미쳤다. 아프리카 노예들의 강제 노동으로 창출된 부는 예술과 건축부터 항구, 공장 건설에 이르는 모든 분야가 발전하는 데 필요한 자금을 대주었다. 노예제는 과학계에 변화를 가져오기도 했다. 앞 장에서 살폈듯 아이작 뉴턴과 그의 추종자들은 노예선을 타고 항해하는 사람들이 쌓은 천문학 관측 결과에 의존했다. 그리고 이 장에서 칼 폰 린네나 한스 슬론 같은 유럽의 저명한 박물학자들이 아프리카 노예들에게 의존해 서인도제도와 남아메리카의 식물에 대해 서술했다는 점에 대해 살폈다. 노예제는 지속적인 폭력의 위협이 상존하는 매우 착취적인 제도였다. 그리고 더 자세히 살피겠지만 제국 자체도 그랬다. 유럽의 제국들이 무역 산업을 확장하면서 아시아의 자연사에 대한 관심도 커졌다. 가끔은 조금 더 평등한 기반 위에서 과학적 교류가 이뤄졌지만, 가끔은 유럽의 박물학자들은 여전히 강압에 의존했다. 그럼에도 전 세계 어디를 보더라도 이 시기에 발전한 자연사 지식은 제국의 무역 산업과 분리할 수 없다. 다음 절에서 제국과 자연사의 이러한 관계가 동인도제도에서 어떻게 작용했는지 탐구할 예정이다. 네덜란드 군대 사령관과 그의 인도 출신 하인에게서 시작되는 이야기다.

동인도제도의 자연사

헨드릭 판 르헤이더Hendrik van Rheede는 인도 출신 하인이 근처 야자수에 오르는 모습을 지켜보았다. 30미터에 달하는 야자수 꼭대기에 이르자 하인은 칼을 꺼내 새로 돋은 가지를 베고 수액을 모았다. 내려오는 길에 인도 하인은 판 르헤이더에게 이 나무의 이름은 '카림-파나'라고 말했는데 수액으로 토디라고 불리는 알코올음료인 야자주를 만들었다. 판 르헤이더는 나무의 이름과 용도를 기록했고 점점 불어나는 인도 식물 표본에 하나를 추가했다. 오늘날 팔미라 야자라고 알려진 카림-파나는 판 르헤이더의 기념비적인 저서《말라바르 정원 The Garden of Malabar》(1678~1693)에 등재된 식물 780종 가운데 하나였다. 700개 넘는 삽화가 들어가고 12권으로 구성된 이 책은 인도 식물학에 대한 포괄적인 설명이 담긴 유럽 최초의 저술이었다.《말라바르 정원》은 칼 린네를 포함해 가장 유명한 계몽주의 시대 박물학자들의 자문을 받았으며 인도의 과학과 의학 전통에 크게 의존한 저작이기도 했다.[17]

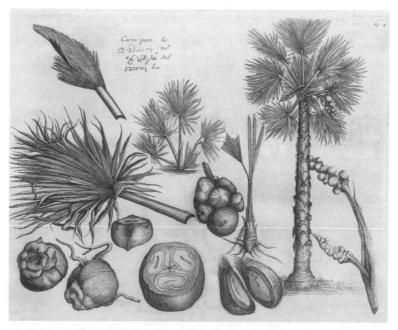

21 헨드릭 판 르헤이더가 저술한 《말라바르 정원》(1678~1693)에 실린 팔미라 야자수('카림-파나'라고 불리는) 그림. 야자수 이름은 맨 위에 3개의 서로 다른 언어로(4개의 각기 다른 문자로 작성됨) 표기되었다.

판 르헤이더는 박물학자 신분이 아닌 군사령관으로 인도에 도착했다. 위트레흐트의 부유한 상인 집안에서 태어난 그는 고작 열네 살 나이에 네덜란드 동인도회사에 들어갔다. 1670년에 판 르헤이더는 계급이 올라가 인도의 남서쪽 끝에 자리한 네덜란드 식민지인 말라바르의 사령관으로 임명되었다. 그는 야자수와 향신료로 가득 찬 울창한 풍경에 놀랐다. 그의 회상에 따르면 "그곳에는 식물이 약간의 틈새도 없이 빼곡하게 자라 있었으며, 높은 나무가 자라는 광대하고 울창한 숲에서 비옥함이 뿜어져 나왔다." 판 르헤이더는 '이 지역은 전 세계에서도 가장 비옥한 곳일 것'이라고 결론지었다. 코코넛과 바나나부터 카다멈(소두구)와 후추에 이르기까지 잘 자라나는 말라바르는 네덜란드 동인도회사가 상업적으로 개발하고자 열망했던 풍요로운 환경을 자랑했다.[18]

이 사실을 염두에 둔 채 판 르헤이더는 말라바르에 있는 모든 식물을 수집하고 스케치한 뒤 특성을 묘사하는 야심 찬 프로젝트를 시작했다. 이 작업은 혼자서 마칠 수 있는 양이 아니었다. 아메리카나 아프리카 대륙과 마찬가지로 동인도제도의 유럽 박물학자들은 그 지역의 동식물을 이해하기 위해 현지인의 지식에 의존했다. 현지인이 지닌 동남아시아 자연사에 대한 전문 지식은 유럽 여러 국가가 기대했던 것보다 훨씬 뛰어났다. 첫 탐사에서 판 르헤이더는 200명이 넘는 인도 출신 수집가를 모집해 식물을 찾으라고 멀리까지 보냈다. 군사령관이었던 그는 필요하다면 무력으로 원하는 것을 얻을 수 있는 권력을 갖고 있었다. 그뿐 아니라 판 르헤이더는 외교적 접촉을 통해 현지의 인도 왕족들에게 편지를 보내 식물 표본을 보내달라고 요청했다. 코친의 라자(산스크리트로 왕을 뜻한다-옮긴이)와 테쿰쿠르의 라자는 상당한 수의 희귀식물을 보냈다. 그런 다음 판 르헤이더는 다른 표본들을 스케치하기 위해 인도 출신 화가 3명을 고용했다. 그 결과 나중에 《말라바르 정원》을 암스테르담에서 출간했을 때 실린 그림이 완성되었다. 무엇보다 가장 중요했던 작업은 인도 학자들을 모아 식물들을 동정하고 용도를 확인했던 일이었다. 여기에는 랑가 바트, 비나야카 바트, 아푸 바트를 비롯해 고대 종교와 과학 문헌에 전문적인 지식을 갖춘 고위 카스트의 힌두교도 3명이 포함되었다. 이런 브라만 사제들과 함께 판 르헤이더는 이티 아추덴이라는 현지 의사도 고용했다. 아유르베다라는 인도의 전통 의료 체계 아래 훈련받은 아추덴은 말라바르 식물의 치유 효과를 식별하는 전문가였다.[19]

그리고 아프리카와는 달리 이 지식의 상당 부분은 기록으로 남았다. 아추덴은 판 르헤이더가 '유명한 의학 서적'이라고 부른 책을 갖고 있었는데, 여기에는 동남아시아인들이 쌓은 과학 지식이 실려 있었다. 하지만 이 책은 여느 인쇄본과 달랐다. 17세기 인도 남부 지방에서는 사람들이 종이에 글을 쓰는 대신 끈으로 묶은 마른 야자수 잎에 글을 썼다. 이렇게 하면 다른 야자수 잎을 묶기만 해도 기존 텍스트에 추가할 수 있다는 장점이 있었다. 말라얄람어로 쓰인 이티 아추덴의 의학 서적은 대대로 전해져 내려온 책이었다. 여기에는 이 지역 식물의 다양한 의학적 용도를 상세히 기술하는 수백 장의 야자 잎이 포함되었다. 그리고 브라만 사제들은 고대 힌두교 문헌 시리즈인 《베다Vedas》에 대한 지식을 활용했다. 산스크리트어로 적힌 이 방대한 텍스트는 식물을 의학적으로 사용하는 방법을 묘사했다. 예컨대 기원전 2000년 무렵에 나온 《아타르바 베다Atharva Veda》는 288종의 식물에 대한 설명을 포함했다. 여기에는 태워서 모기를 쫓아내는 관목인 '염소의 뿔'이라든지 상처 치유에 도움이 되는 '플란넬 풀'이 포함되었다.[20]

판 르헤이더는 "의학과 식물학 분야에서는 과학 지식이 글에 보존되어 있다"라고 이야기하며 《베다》의 지식을 중시했다. 이 고대 문헌에 풍부한 정보가 담겨 있는 것은 사실이었다. 판 르헤이더의 설명에 따르면 "《베다》맨 첫 줄은 식물의 종, 특성, 관련 사건, 형태, 서식지, 자라는 계절, 치료 효과, 용도, 비슷한 식물에 대해 매우 정확하게 묘사하는 것으로 시작한다." 그는 브라만 사제들과 의논하면서 식물 이름이 어떻게 인도식 분류 체계에 따라 정해지는지 이해하기 시작했다. 식물에는 보통 종을 나타내는 접미사가 붙은 이름이 할당되었다. 예컨대 '아틸라루', '이티알루', '아레알루'는 접미사 '알루'로 식별되는 무화과나무종에 대한 지역별 명칭이었다. 이 이름은 《말라바르 정원》에도 등장했다. 마지막 작업에서 다음 세 가지 서로 다른 언어로 식물 목록이 작성되었다. 바로 말라얄람어(아랍 문자와 현지의 아리아에주투 문자로 적힌), 콘카니어(《베다》 같은 산스크리트 종교 문헌에 쓰이는 데바나가리 문자로 적힌), 그리고 라틴어였다.[21]

《말라바르 정원》은 계몽주의 과학의 전형적인 저작이었다. 이 책은 인도 남부의 자연사에 대한 독특한 관점을 제시하면서 서로 다른 문화의 과학적 전통을 결합했다. 동시에 《말라바르 정원》은 유럽 무역 회사들의 영향력이 커지는 상황을 반영했다. 예컨대 판 르헤이더의 책은 백단목, 카다멈, 생강, 후추 같은 온갖 귀중한 작물을 나열했다. 17세기 말에 이런 작물에 대한 경제적 관심이 자연사 연구에 새로운 활력을 불어넣었다.

게오르크 에베르하르트 룸피우스Georg Eberhard Rumphius는 땅이 흔들리는 것을 느꼈다. 처음에는 약간이었지만 금세 건물 전체가 심하게 흔들렸다. 1674년 2월 17일 '역사상 가장 강한 지진'이 현재 인도네시아의 일부인 암본섬을 강타했다. 네덜란드 동인도회사 소속의 상인인 룸피우스가 20년 넘게 이 섬에 사는 동안 처음 경험해본 지진이었지만 상황은 곧 더 심각해졌다. 처음 진동이 일어난 뒤 룸피우스는 수평선에서 무언가를 발견했다. "무시무시한 3개의 파도가 마치 벽처럼 우뚝 선 채 다가왔다." 바로 쓰나미였다. 암본섬은 마을 전체가 휩쓸려 파괴되었고 2,000명 이상이 사망했는데, 대부분 현지 주민들이었다. 룸피우스에게는 특히 비극적인 날이었다. 아내 수잔나가 두 자녀와 함께 목숨을 잃었기 때문이었다. 그는 꽃 이름에 아내를 추모하는 마음을 담기로 결심했다. 두 사람은 종종 이 섬에서 식물을 채집하곤 했다. 룸피우스는 하얀 난초에 '플로스 수산나이'라는 이름을 붙였다. "태어나 처음 맞이한 나의 반려자이자 허브와 식물 채집을 도왔고 나에게 이 꽃을 처음 보여준 사람을 기억하기 위해서"였다.[22]

지진이 났을 때 룸피우스는 암본섬의 자연사에 대한 연구를 진행하고 있었다. 그 결과는 나중에 두 책으로 나누어 출간되었다. 조개와 광물에 대해 다룬 첫 번째 책은 《암본섬의 신기한 것들이 담긴 캐비닛The Ambonese Curiosity Cabinet》(1705)이었고, 식물을 다룬 두 번째 책은 《암본섬의 허브The Ambonese Herbal》(1741~1750)였다. 두 권 모두 투구게에서 두리안에 이르는 온갖 동식물을 그린 도판 수백 장으로 아름답게 꾸몄다. 이 책을 본 칼 폰 린네는 《암본섬의 신기한 것들이 담긴 캐비닛》에 실린 여러 도판을 자신의 영향력 있는 저서인 《자연의 체계》에 베껴 싣기도 했다.[23]

말라바르의 헨드릭 판 르헤이더와 마찬가지로 룸피우스는 암본섬의 자연사를 이해하는 것이 네덜란드 동인도회사에 도움이 되리라고 생각했다. 동남아시아에서 유럽인들은 의약품을 구하기 힘들어 사망률이 몹시 높았다. 룸피우스에 따르면 "동인도회사에서 상당한 비용을 들여 보내온 의약품이 오래되거나 상해 있는 일이 매일 반복되었다." 그래서 룸피우스는 본국의 약품에 의존하는 대신 유럽인들이 현지 약용식물을 탐구해보라고 제안했다. 현지 식물이 접근성이 보다 좋을 뿐 아니라 이 지역에서 걸리는 질병에 더 효과적으로 대응할 수 있다는 이유에서였다. 룸피우스는 "각 나라에는 고유의 치료법으로 치유해야 할 특정한 질병이 있다"고 주장했다. 게다가 동남아시아의 여러 식물은 금전적 가치가 높다고 알려져 있었다. 네덜란드인들은 이미 말루쿠제도에서 생산되는 정향과 육두구, 육두구 씨 껍질의 공급을 통제했던 바 있었다. 룸피우스는 여기에 더해 잠재적으로 가치가 있는 다른 작물을 찾고 있었다.[24]

룸피우스는 현지인들의 도움을 받아 동남아시아의 식물군과 동물군에 대해 배웠다. 무엇보다 그는 아내에게 많은 것을 배웠다. 유럽식 이름이지만 사실 수잔나는 암본섬 출신이었다. 혼혈일 가능성이 높은 수잔나는 기독교로 개종했고 1653년 섬에 도착한 뒤 얼마 되지 않아 룸피우스와 결혼했다. 종종 치료사나 약초학자로 활동했던 다른 인도네시아 여성들과 마찬가지로 수잔나는 현지 식물학에 대해 많이 알고 있었다. 이는 현지인들이 전문적인 과학 지식을 갖췄음을 보여주는 또 다른 사례. 룸피우스와 함께 암본섬을 돌아다니며 어떤 식물이 허브인지 알려준 사람도 수잔나였다. 이때쯤 룸피우스는 시력을 잃기 시작했고, 수잔나를 비롯한 암본섬 가이드들에게 완전히 의지했다. 또 나중에 저서에 실을 식물을 동정하고 채집했으며 직접 스케치하기도 했다. 수잔나가 사망하면서 룸피우스는 반려자를 잃었을 뿐아니라 식물학 정보의 원천을 잃었다.[25]

판 르헤이더와 마찬가지로 룸피우스는 자신이 발견한 모든 식물의 이름을 여러 언어로 나열했다. 《암본섬의 허브》에는 라틴어, 네덜란드어, 암본어, 말레이어로 된 식물 이름이 적혀 있었다. 어떤 경우에는 중국어, 자바어, 힌두스탄어, 포르투갈어 이름을 병기하기도 했다. 이런 점은 17세기 말 동남아시아의 인종과 문화 다양성을 반영했다. 네덜란드뿐 아니라 중국, 인도, 아프리카의 통치자들도 향신료를 얻고자 동남아시아로 상인을 파견했다. 그렇기에 다른 지역의 식물명

을 아는 것은 학문적 목적뿐만 아니라 상업적인 이익을 위해서도 매우 중요했다.[26]

시골에서 식물을 채집하지 않을 때면 룸피우스는 시장에 들르곤 했다. 아시아 언어를 구사할 수 있던 룸피우스는 암본섬의 시장에서 상인이나 여행자와 대화하면서 지역의 야생 동식물에 대해 많은 것을 배웠다. 현지 어부들은 말레이어로 '루마 고리타'라고 부르는 조개낙지라는 거대한 문어 종류에 대해 알려주기도 했다. 이 종의 암컷은 마치 조개껍데기처럼 보이는 복잡한 나선형 알주머니를 만들었다. 룸피우스에 따르면 "어부들은 이 종을 한 마리만 잡아도 큰 이익을 얻는다고 생각하며, 무척 희귀하기 때문에 동인도제도에서 매우 높은 가격에 팔린다." 비슷한 예로 근처의 부루섬에서는 이슬람교 성직자가 룸피우스에게 현지의 나무에서 기름을 정제해 얻는 방법을 가르쳐주었다. 그뿐 아니라 룸피우스는 마닐라에 사는 중국 상인들이 설탕에 절인 난초 뿌리를 판다고도 서술했는데, 최음제 역할을 했을 가능성이 높다.[27]

곧 룸피우스는 동남아시아에서 가치가 가장 높다고 여겨지는 동식물 목록을 만들었다. 실제로 룸피우스의 업적은 경제적으로 무척 중요하다는 평가를 받아 네덜란드 동인도회사가 처음에 《암본섬의 허브》를 '비밀문서'로 취급할 정도였다. 그에 따라 이 책은 룸피우스가 사망하고 나서야 인쇄에 들어갔다. 네덜란드 동인도회사는 향신료 무역에 대한 독점권을 유지하기를 열망했지만, 그 과정에서 다른 잠재적 상품에 대한 소문이 퍼지는 것은 원치 않았다. 《암본섬의 허브》가 출판되었을 때 네덜란드 동인도회사는 육두구 수확법에 대한 상세한 기술을 포함한 특정 부분을 검열하는 조건으로 동의했다.[28]

☾

경쟁에 대한 네덜란드인들의 우려는 현실이 되었다. 17세기에는

22 '루마 고리타'라고 불리는 조개낙지와 알주머니를 묘사한 삽화로 게오르크 에베르하르트 룸 피우스가 저술한 《암본섬의 신기한 것들이 담긴 캐비닛》(1705)에 실려 있다.

다양한 유럽 무역 회사들이 아시아에서 영업을 했다. 하지만 18세기에는 특히 인도에서 영국의 영향력이 강해졌다. 일련의 군사 정복을 통해 영국 동인도회사는 인도 아대륙의 상당 부분을 장악했다. 18세기 후반에는 네덜란드와 프랑스가 작은 무역소만 제외하고 대부분 쫓겨났다. 지난 200년 동안 인도 땅을 대부분 통치하던 무굴제국 역시 영국에 패배해 물러났다. 이처럼 영국에서 동인도회사가 세를 불리게 된 것은 부분적으로 자연사 분야의 새로운 과학적 연구에 힘입은 결과였다. 영국은 네덜란드인들이 무엇을 성취했는지 지켜보았고 그대로 본받기를 바랐다. 그에 따라 영국인들은 인도를 열대 플랜테이션 경제로 탈바꿈하고자 했다. 즉 인도가 향신료나 설탕부터 목재와 차에 이르는 아시아에서 공급해야 할 모든 상품을 제공하는 지역이 되기를 원했다.

영국 동인도회사는 이런 계획을 염두에 두고 1786년에 캘커타 식물원을 설립했다. 인도 북동부의 캘커타는 영국 동인도회사가 이 지역 통치자를 패퇴시키며 비교적 최근에 획득한 영토인 벵골의 중심 도시였다. 그에 따라 식물원의 초대 원장 로버트 키드Robert Kyd 역시 군 장교 출신이었다. 키드는 런던에 있는 영국 동인도회사의 주요 임원들에게 새로 식물원을 설립한 이유를 설명했다. '단순한 호기심으로 희귀식물을 수집하는 것을 목표로 삼지 않으며, 그보다 영국 국민과 현지 원주민에게 이익이 될 물품을 보급하기 위해 식물을 확보하려는 목적'이었다. 무엇보다 키드는 이런 '유용한' 식물로 가득 찬 식물원이 '국가의 무역을 진흥시키고 부를 쌓게 할 것'이라고 믿었다.[29]

그렇기에 캘커타 식물원은 과학적 목적뿐 아니라 경제적 목적을 염두에 두고 설립되었다. 이곳은 인도 전역의 농장에서 재배할 수 있는 귀중한 식물의 싹을 제공할 뿐 아니라 벵골에 자리한 영국 동인도회사의 지위를 공고히 하기 위해 세워졌다. 원장 키드는 즉시 일을 시작했다. 그는 말라바르에서 후추를, 동남아시아에서 계피를 가져오라고 담당자를 파견했다. 기존에 존재하던 독점을 깨고 해외 수입품에 대한 영국의 의존도를 낮추기 위한 것이었다. 영국 동인도회사는 이러한 귀중한 식물을 직접 재배해 비용을 낮추고 이윤을 높이기를 바랐다. 1790년까지 캘커타 식물원에서 재배하는 식물은 350여 종, 4,000개체에 이르렀는데, 대부분은 벵골주에서 자생하지 않는 식물이었다.[30]

1793년에 키드가 사망하자 윌리엄 록스버그William Roxburgh라는 스코틀랜드 출신 외과 의사가 캘커타 식물원 소장으로 취임했다. 키드와 달리 록스버그는 자연사와 의학 분야에서 교육을 받은 사람이었다. 그는 에든버러 대학에 다닐 때 식물을 해부하고 린네의 분류법에 기초해 종을 동정하는 방법을 배웠다. 1776년 록스버그는 조교 자격으로 인도에 갔다. 캘커타에 도착하기 전에 그는 인도 남부 마드라스주의 사말코타에 작은 실험용 농장을 세웠다. 이 농장에서 록스버그는 후추와 커피, 계피를 재배했다. 타히티에서 들여온 빵나무를 기르는 실험을 하기도 했는데, 이 나무는 상당수의 자연학자가 값싼 고에너지를 제공하는 식량원이라고 여기는 열매를 맺었다.[31]

동시에 록스버그는 또 다른 귀중한 상품인 인디고 염료의 대체 공급원을 찾아냈다. 당시에 인디고 중 대부분은 아메리카 대륙에서 재배되었고 이 염료의 무역은 스페인이 강력하게 통제하고 있었다. 인도에서도 인디고를 재배했지만 규모가 크지도 않았고 큰 성공을 거두지도 못했다. 그래서 록스버그는 현지에서 대안을 찾고 싶어 했다. 그는 린네가 네륨이라고 분류한 완전히 다른 종의 식물을 발견했다고 주장했는데, 이 식물의 잎도 인디고와 비슷한 푸른색 염료를 분비하는 것처럼 보였다. 록스버그는 재빨리 런던의 영국 동인도회사 임원들에게 편지를 보내 '네륨 인디고' 표본을 보내니 화학 테스트를 해달

라고 부탁했다. 그리고 이 식물이 '무한정한 수익'을 낼 수 있으리라고 주장했다.[32]

그에 따라 록스버그는 캘커타 식물원을 손에 넣을 확실한 후보로 떠올랐다. 그는 경제적 이윤을 강조하던 키드의 관점과 생물 분류학에 대한 최근의 과학적 연구에 대한 깊은 이해를 결합했다. 그리고 원장 자리에 오르자마자 식물원을 확장했다. 록스버그는 여러 열대식물을 재배했는데, 상당수가 인도에서 온 종이었다. 여기에 남아메리카산 고구마와 파파야뿐만 아니라 자메이카의 올스파이스(서인도제도의 나무 열매를 말린 향신료-옮긴이)도 포함되었다. 그뿐 아니라 록스버그는 말루쿠에 채집가들을 보내 육두구와 정향 샘플을 몰래 반출하도록 했다. 식물원은 이런 다양한 식물로 점점 확장되었는데, 많은 외래종은 전문가의 보살핌이 필요했다. 그리고 다른 유럽의 박물학자가 그랬듯 록스버그 또한 아시아의 식물에 대해 가장 잘 아는 사람들은 현지인들이라는 사실을 금방 깨달았다. 그래서 록스버그는 암본섬에서 마호메드와 고룽이라는 말레이 정원사 2명을 고용했는데, 약초학에 대한 지식이나 향신료를 재배하는 농부로서의 전문성 때문이었을 것이다. 두 사람은 동남아시아 밖에서는 재배하기 무척 힘든 육두구를 돌보기 위해 고용되었다. 같은 이유로 록스버그는 차나무를 재배하기 위해 중국인을, 인도 남부의 향신료를 재배하기 위해 타밀인 정원사를 고용했다.[33]

이러한 고용인들의 문화적 다양성은 록스버그의 첫 번째 과학 저서에 반영되었다. 록스버그는 1795년에 영국 동인도회사의 지원을 받아 《코로만델 해안의 식물 Plants of the Coast of Coromandel》을 출간했다. 이 책에는 록스버그의 초기 식물학 연구 결과 상당 부분이 자세히 실렸다. 식물의 이름은 영어, 라틴어, 그리고 인도의 현지어인 텔루구어로 표기되었다. 이 책에는 록스버그가 묘사한 식물들을 그린 300개 넘는 실물 크기 삽화도 포함되었다. 하지만 록스버그가 그림을 직접 그리는 대신 원주민 화가 2명이 그렸다. 캘커타 식물원은 설립 이래 인도 화가를 고용해 다양한 식물들을 스케치하고 분류했다. 영국인들은 그동안 유럽에 알려지지 않았던 종을 묘사하는 기술이 뛰어나며 현지의 환경에 익숙하다는 이유로 인도인을 고용했다. 이 화가들은 유럽과 인도의 전통을 결합해 '동인도회사풍'이라 알려진 전형적인 스타일을 발전시켰다. 캘커타 식물원에 고용된 여러 화가는 이전에 무굴제국에서 일했던 예술가로 종종 동식물을 묘사한 삽화를 그렸다.^{pic 12} 《코로만델 해안의 식물》에 실린 삽화는 어떤 면에서 선명한 색채에 비교적 밋밋한 외관을 결합한 전형적인 무굴제국 궁정화처럼 보였다. 이와 동시에 이 삽화는 린네 분류학을 반영하도록 그려졌다. 록스버그는 인도 화가들이 식물의 씨앗과 생식기관을 세심하게 분리해서 그리도록 했는데, 식물의 이 부분은 린네 분류법에서 종을 동정하는 데 매우 중요했기 때문이었다.[34]

결국 캘커타 식물원은 계몽주의 과학의 축소판인 셈이었다. 이곳은 점차 세를 불리는 대영제국이 경제적 이윤을 목적으로 설립한 기관이었다. 게다가 이 식물원은 영국이 인도 통치자들에게 군사력으로 빼앗은 땅 위에 지어졌다. 그리고 스코틀랜드의 외과 의사부터 인도 화가에 이르는 다양한 문화와 과학 전통이 한데 어우러진 곳이기도 했다. 다음 절에서는 17세기와 18세기 중국 자연사의 발전 과정을 탐구할 것이다. 이 지역은 영국 동인도회사가 훨씬 더 큰 어려움을 타개하면서 손에 넣고자 했던 곳이다. 여기에도 영국 상인들과 박물학자들이 어떻게든 확보하고자 했던 중국의 식물이 있었다.

중국에서 온 놀라운 음료

1658년, 외국에서 온 신약이 런던 거리에 퍼졌다. 몇몇 의사들은 이것을 신장결석부터 우울증에 이르는 여러 질병의 치료제로 활용하면서 기적의 약이라고 홍보했다. 하지만 이 약이 몸에 해로운 알코올이라든지, 아편만큼 위험할 수 있다고 여기는 사람들도 있었다. 어쨌든 영국인들은 이 약에 중독되었다. 어떤 의사는 이 약이 "수많은 신경 질환을 일으킨 책임이 있다"라고 주장했다. 또 다른 의사는 "이 약을 마시면 사람들이 어쩔 수 없이 잠드는 대신 밤새 일할 수 있다"고 말했다. 논란의 중심에 선 이 새로운 치료약은 무엇이었을까? 유명한 일기 작가 새뮤얼 피프스Samuel Pepys는 이것을 '중국에서 온 음료'라고 불렀다. 우리에게는 '차'라고 알려진 음료다.[35]

17세기 중반 영국에 처음 도착했을 때만 해도 차는 이국적인 상품이었다. 멀리 중국에서 수입된 터라 파운드당 가격이 커피의 10배는 되었다. 하지만 18세기 말에는 차가 일상적인 소비품이 되었다. 그리고 영국인들은 각계각층에서 차 마시는 습관에 동참하면서 '차 마시는 나라'로 발돋움했다. 최초의 찻잎이 유럽에 전해진 것은 1610년 네덜란드 동인도회사의 선박을 통해서였다. 처음에 영국은 네덜란드에서 차를 구입했다. 하지만 수요가 계속 증가하자 영국 동인도회사는 중국에서 직접 차를 들여오는 데 주력해 1713년 처음으로 수입에 성공했다. 유럽의 무역 회사들은 차와 함께 은행 같은 다른 약용식물과 중국산 비단, 도자기를 들여왔다. 사실 18세기는 온갖 중국산 물품에 대한 열풍이 일던 시기였다. 유럽 의사들은 침술을 실험했고, 영국의 정원은 모란과 목련을 포함한 중국산 관목으로 가득 채워졌다.[36]

대중국 무역의 성장은 유럽 박물학자들 사이에 중국에 대한 관심을 불러일으켰다. 특히 차의 종류를 어떻게 나누어야 할지 사람들이 혼란에 빠지면서 숱한 과학적 논쟁을 불러일으켰다. 유럽인들이 중국에서 수입한 차는 여러 종류로 나뉘었는데, 18세기에는 '무이차(질 낮은 홍차)', '싱글로(녹차)', '빙(질 좋은 차)'으로 불렸다. 각각의 차 종류는 잎 색깔이 달랐고 우렸을 때 맛에 뚜렷한 차이가 있었다. 하지만 당시 차나무가 토착 환경에서 자라는 모습을 직접 눈으로 본 유럽인은 극소수에 불과했다. 차는 이미 가공된 뒤에 광둥과 아모이(샤먼을 부르는 옛 지명-옮긴이) 같은 중국의 항구에서 수입되었다. 가공 과정은 손으로 잎을 말리고 이리저리 굴려 덖는 반복적인 단계를 포함했다. 그래서 유럽의 박물학자들은 이런 여러 종류의 차가 한 식물에서 나온 것인지, 여러 종의 식물에서 온 것인지 확신하지 못했다. 칼 린네는 다른 사람과 공동으로 저술한 《차 음료 The Tea Drink》(1765)에서 바로 이 문제를 언급했다. 이 책에서 린네는 각기 다른 종류의 차는 원료인 식물 종도 다르다고 잘못된 주장을 펼쳤다(사실 모든 차는 동일한 식물에서 생산되는데, 여기에 대해 유럽의 박물학자들은 19세기까지도 완전히 확신하지 못했다).[37]

앞서 살폈듯 이 과학적인 질문은 상업적인 측면도 지니고 있었다. 중국에 도착하는 유럽 무역상들은 가짜 차를 분별하고 차의 여러 종류를 구별할 수 있어야 했다. 바가지를 쓰지 않으려면 이런 지식은 매우 중요했다. 그저 평범한 녹차를 사면서 값비싼 등급의 차 값을 지불하고 싶지는 않았기 때문이다. 몇몇 영국 동인도회사 직원들은 심지어 차 상자에 세이지 잎을 비롯한 다른 값싼 대체용 식물 잎이 섞여 있는 것을 발견하기도 했다. 유럽에서 차를 재배하는 실험을 성공시키기 위해 큰 상금이 걸리기도 했다. 린네는 중국의 차를 구입하기 위해 유럽에서 지불한 막대한 금전에 대해 불평하면서 이 아이디어를 널리 퍼뜨렸다. "중국에서 차나무를 직접 가져오면 되지 않는가." 린네는 '앞으로 그 이파리를 사 오기 위해 한 푼도 지불하지 않기를' 바랐다. 이런 주장은 앞서 살폈던 '무역의 균형'에 대한 논쟁의 연장선 상에 있었다. 중국인들은 찻값을 은괴로만 받았고, 이런 상황에서 린네는 다른 많은 사람들과 마찬가지로 중국과의 무역이 유럽 경제를 약화시킨다고 우려했다. 차와 마찬가지로 다른 품목도 수입이 수출을 훨씬 상회했다.[38]

이런 점을 염두에 두고 유럽의 박물학자들은 중국의 식물을 연구하는 데 상당한 노력을 기울였다. 1699년 제임스 오빙턴James Ovington은 차에 대한 상세한 지식을 정리한 영어 서적을 처음으로 출간했다. 《차의 속성과 품질에 대한 에세이An Essay upon the Nature and Qualities of Tea》라는 책에서 오빙턴은 차나무의 재배법과 다양한 차 품종에 대한 내용을 실었다. 하지만 그가 차나무가 실제 자연환경에서 자라는 모습을 본 것은 아니었다. 대신 오빙턴은 인도 서부의 구자라트에 자리한 영국 동인도회사에서 일하는 동안 차에 대한 지식을 쌓았다. 구자라트의 상인들은 수백 년 동안 중국에서 차와 향신료, 비단을 사들이는 무역을 해왔다. 오빙턴에 따르면 설탕과 레몬을 섞은 차는 인도의 모든 주민이 마시는 흔한 음료였다. 구자라트에 머무는 동안 오빙턴은 왕궁에서 중국 사절단을 만났다. 그들은 몇 종류의 차를 오빙턴에게 가져다주었다. 인도에서 사람들과 나눈 대화를 통해 오빙턴은 차를 가공하는 방법을 포함해 차에 대한 기본적인 지식을 아우를 수 있었다. 오빙턴에 따르면 "찻잎은 처음에는 녹색이지만 두 번에 거쳐 가열하면 바삭바삭하게 마른다. 가열을 멈추고 찻잎을 탁자에 깐 채 둥글게 말릴 때까지 손으로 여러 번 굴리기도 한다." 또 오빙턴은 묘목 한 그루만 얻을 수 있다면 유럽에서도 차를 재배할 수 있을지도 모른다고 제안하면서 "차나무 자체는 튼튼하고 잘 견디는 성질이 있으며 영국의 겨울은 이 식물이 자라는 몇몇 지역보다 덜 춥다"라고 설명했다.[39]

오빙턴은 꽤 많은 사실을 제대로 알았지만 실제로 중국에 가지 않고도 차에 대한 지식을 얻을 수 있는 유럽인은 많지 않았다. 그러다 오빙턴의 책이 출간된 뒤로 문제는 해결되었다. 1700년 저우산섬에 상륙한 제임스 커닝엄James Cuninghame은 중국의 원산지에서 차나무가 자라는 모습을 관찰한 최초의 유럽인 가운데 한 명이었다. 영국 동인도회사에서 외과 의사로 근무하던 커닝엄은 중국과 무역이 시작된 초기에 교역소를 설립하는 일을 돕기 위해 중국 동부 해안의 저우산섬에 파견되었다. 하지만 교역소 일이 실패로 돌아가는 바람에 영국 동인도회사는 프로젝트를 재빨리 포기했다. 하지만 커닝엄은 중국 자연사에 대한 지식을 쌓으며 좀 더 남기로 결정했다. 이곳에 머무는 동안 커닝엄은 영향력 있는 영국 박물학자 제임스 페티버와 편지를 주고받았고, 차나무의 표본을 얻기로 약속했다. 페티버는 커닝엄에게 "다양한 차 종류의 차이점이 무엇이며 질 낮은 홍차가 일반 차와 어떻게 다른지 알아봐달라"고 요청했다. 간단히 말해 페티버는 홍차와 녹차가 같은 식물에서 온 것인지 아닌지 알고 싶었다. 커닝엄은 페티버의 질문에 답하기 위해 최선을 다했다. 그는 차를 재배하는 농장을 여러 차례 방문해 나무가 깔끔하게 줄지어 선 언덕에서 중국인 남성과 여성들이 손으로 직접 잎을 따는 모습을 관찰했다. 커닝엄에 따르면 차나무는 "꽃을 피우는 식물로 잎이 쐐기풀처럼 톱니 모양이고 뒷면은 흰색이었다." 저우산섬에서 1년 이상 보낸 커닝엄은 수확과 가공을 포함하는 완전한 과정을 지켜보았다. 그에 따라 커닝엄은 중국 바깥에서 차나무에 대해 최초로 정확한 묘사를 할 수 있었다.[40]

차나무에 대한 커닝엄의 설명은 런던 왕립학회에서 발간하는 권위 있는 학술지인 〈철학 회보〉에 게재되었다. 이 글에서 커닝엄은 중대한 관찰 결과를 발표했는데 '영국에 수입되는 세 종류의 차는 모두 같은 식물에서 온 것'이라는 사실이었다. 중요한 건 찻잎을 따서 가공하는 방식이었다. 커닝엄은 이 글에서 홍차는 3월이 시작될 무렵 잎이 싹을 틔우자마자 그늘에서 말려서 제조한다고 설명했다. 그리고 고급 차인 '빙'은 4월에 두 번째로 잎이 자랐을 때 불 위에 올린 얕은 냄비에서 말려서 만든다. 이 글과 함께 커닝엄은 수백 종의 다른 중국 식물 표본을 영국에 보냈다. 사실 오늘날 런던의 자연사 박물관에 보관된 중국 밖에서 만든 가장 오래된 차 표본도 커닝엄이 채집했다. 이 표본은 18세기에 작성된 라벨과 함께 작은 나무 상자에 들어 있으며, 그 위에는 '중국에서 온 차의 일종'이라고 적혀 있다.[41]

이 시기에 자연 세계를 분류하는 새로운 방법을 개발한 사람은 린네뿐만이 아니었다. 중국에는 수천 년 전으로 거슬러 올라가는 자연사 연구에 대한 전통이 이미 존재했다. 중국인들에게는 차에 대한 과학적 연구를 위한 출판물도 있었다. 그 가운데《다경茶經》이라는 제목의 가장 유명한 책은 8세기에 육우陸羽라는 학자가 저술했다. 육우의 책에는 차에 대해 사람들이 궁금해할 법한 모든 지식이 실려 있다. 예컨대 차가 어디에서 재배되며, 서로 다른 품종이 어떻게 가공되고, 신체에 미치는 효능이 무엇이고, 차를 어떻게 마셔야 하는지가 서술되었다. 육우에 따르면 차는 '모든 가정에서 마시는 흔한 음료'였다. 그리고 술과는 달리 결코 사치품이 아니었다.《다경》은 중국에서 출간된 100권도 넘는 '차에 대한 책' 가운데서도 최초의 저서였다. 이런 책들은 상당수가 유럽인들이 차 무역에 뛰어든 17세기와 18세기에 저술되었다.[42]

유럽에서와 같이 15세기 이후 더 넓은 외부 세계와 교역이 발전하면서 중국의 자연사 연구에도 혁명이 일어났다. 상인들은 아메리카 대륙에서 옥수수를, 인도에서 향신료를, 동아프리카에서 과일을 수입했고, 이 모든 수입품이 자연사에 대한 새로운 작업이 필요하다는 요구를 불러일으켰다. 이런 작업이 반영된 책 가운데 가장 중요한 저서는 16세기 말 난징에서 출간되었다. 200만 자가 넘는 한자로 작성한 《본초강목本草綱目》(1596)이라는 이 기념비적인 책에는 1,892개 항목의 식물, 동물, 광물이 망라되었는데, 이 가운데 상당수가 이전에는 분류되지도 않았던 것들이었다. 저자인 이시진李時珍은 1518년에 중국 중부의 의사 집안에서 태어났다. 그는 지체 높은 관리가 되고 싶었지만 시험에서 떨어지고 말았다. 그래도 의사 집안이라는 배경 덕분에 베이징에 자리한 황실 의학 기관인 태의원에 한자리를 얻었다.[43]

이시진은 태의원에서 중국 전역의 의약품을 규제하거나 검사하고, 자격증을 부여하고, 신약을 평가하는 일을 도왔다. 황실의 의학 기관에서 일하던 이시진은 방대한 의약품을 접하고《다경》을 비롯한 자연사 지식을 다룬 고대 중국의 여러 저작을 읽었다. 하지만 그는 곧 식물의 명칭에 대한 지역적 다양성 때문에 태의원이 제 역할을 하기가 무척 힘들다는 사실을 깨달았다. 같은 식물을 서로 다른 이름으로 부른다면 관리들이 신약을 평가하거나 의약품에 대한 세금을 징수하기가 힘들다. 차가 바로 그런 예였다. 광저우 지방에서는 '차'라고 불렀지만(여기서 '차이[chai]'라는 단어가 유래했다) 아모이에서는 '테'라고 불렀다(여기서 '티[tea]'라는 단어가 유래했다). 중국이 다른 나라들과 무역을 하면서 다양한 외래 식물이 들어옴에 따라 이런 어려움은 갈수록 심화되었다. 이시진은 중국에서 발견되는 모든 동식물과 광물을 표기하는 표준화된 방식이 필요하다고 여겼다.[44]

이후 이시진은 30년 동안 중국 전역을 돌아다니면서 지역의 의사와 농부들과 대화를 나누고《본초강목》을 저술하는 데 필요한 정보를 수집했다. 책의 서문에서 이시진은 자신의 분류 체계에 대해 이렇게 설명했다. "나의 전체적인 체계는 상위 단계를 이루는 16개의 단계와 60개의 범주, 그리고 그 하위 단계로 구성되어 있다." 상층부는 고대 그리스 철학에 등장하는 4원소와 마찬가지로 세계를 구성하는 중

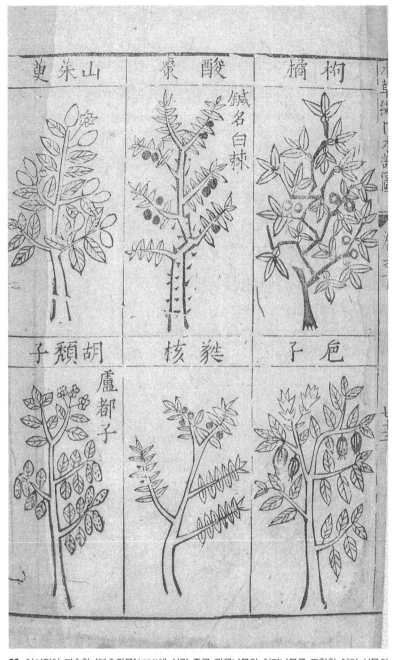

23 이시진이 저술한 《본초강목》(1596)에 실린 중국 광귤나무와 치자나무를 포함한 여러 식물의 삽화.

국의 전통적인 요소인 오행을 중심으로 조직되었다. 오행은 나무, 불, 흙, 금속, 물이었다. 이것들은 이제 특정한 맛(신맛이나 단맛)이나 여러 특성(따뜻함이나 차가움)에 대응했다. 그 아래에는 '산에 자라는 약초'나 '물가에 서식하는 특정 동식물이 자라는 환경'을 기반으로 더 세분화되었다. 그뿐 아니라 이시진은 옥수수 같은 다양한 외래종 작물을 분류해야 했다. 차나무 역시 단일한 종이며 효과적인 항염제로 밝혀졌다. 의약학자였던 이시진은 자신의 저서에 온갖 약초와 광물의 의학적 특성을 상세히 설명하는 데 많은 시간을 보냈다. 수백 종류의 질병을 서로 다른 약으로 교차해서 처방하는 별도의 장을 저술하기도 했다.[45]

이시진은 궁극적으로 중국 전역의 의사와 관료가 활용할 수 있는, 자연 세계를 분류하는 표준화된 방법을 제공했다. 그의 저서는 경이로운 성공을 거뒀다. 마지막 판본에는 책에 묘사된 여러 동식물에 대한 2권에 달하는 상세한 삽화를 함께 실었다. 중국 황제도 이 판본을 받아보았으며 17세기에 걸쳐 여러 번 개정판이 나왔다. 이 책은 1644년 청나라의 부상 이후 중국에서 훨씬 더 인기가 많아졌다. 18세기 중반까지 청나라는 서쪽을 군사적으로 연이어 정복하며 명나라보다 2배나 넓은 지역을 지배했다. 이러한 영토 확장 덕분에 중국의 박물학자들은 새로운 분류 체계뿐 아니라 훨씬 더 많은 동식물을 접하게 되었다. 18세기 들어 중국 박물학자들이 이시진의 연구를 검토해 최신 내용을 덧붙이는 과정에서 과학 출판이 다시 한번 폭발적으로 늘었다.[46]

같은 시기에 중국의 자연사 서적이 유럽에 도착하기 시작했다. 1742년 프랑스의 박물학자 피에르 르 셰롱 댕카르빌Pierre Le Chéron d'Incarville은 베이징에서 그가 '중국의 약용식물과 몇몇 동물, 곤충의 그림이 담긴 진정한 자연사 서적'을 발견하게 된 경위에 대해 편지를 썼다. 그 서적은 바로 이시진의 《본초강목》이었다. 댕카르빌은 재빨리 책 2권을 사서 파리의 왕립 식물원으로 보냈다. 그리고 곧 프랑스어와 영어로 발췌한 번역본이 등장했다. 영국 왕립학회 회장인 조지프 뱅크스는 영국 상인들이 런던으로 보낸 중국산 식물을 동정하는 데 도움이 되기를 바라면서 이시진의 책을 주문했다. 다음 장에서 더 자세히 살필 예정이지만 이 책은 19세기까지 유럽의 박물학자들 사이에서 꾸준히 참고 자료가 되었다.[47]

《본초강목》은 유럽과 중국에서 자연사 분야가 밀접하게 서로를 반영하며 발전했다는 점을 상기시키는 중요한 자료다. 결국 이시진은 칼 폰 린네와 그렇게 다르지 않았다. 이시진 역시 무역을 발전시키며 여러 제국이 성장하는 세상에서 자연계를 분류하는 표준화된 체계의 필요성을 깨달은 훈련된 의사였다. 그뿐 아니라 이시진의 분류법 역시 린네와 마찬가지로 물리적 특징과 환경적 고려 사항을 결합했고 그것은 경제적, 관료주의적 요구로 촉발되었다. 물론 일부 세부 사항, 특히 이시진이 오행을 활용했다는 점은 차이였다. 하지만 궁극적으로 전 세계적인 규모로 생각할 때, 유럽 자연사의 발전이 독자적이고 독특한 현상이 아니었다는 것은 분명하다. 아시아의 과학 사상가들 역시 점점 더 연결되어가는 세계를 이해하고자 자연을 분류하는 새로운 방법을 발전시키고 있었다. 예컨대 다음 절에서 살피겠지만 근대 초기의 일본이 그러했다.

도쿠가와 시대의 자연 연구

쇼군은 코끼리를 원했다. 1717년 일본의 통치자 도쿠가와 요시무네는 오늘날의 도쿄에 자리한 에도 성의 도서관을 둘러봤다. 그는 우연히 삼촌이 한 네덜란드 상인에게 받은 책을 발견했다. 요한 존스턴Johann Jonston의《네발 동물의 자연사Natural History of Quadrupeds》(1660)였다.
원래 레이던에서 출간되었으며 호화로운 삽화가 실린 이 책에는 쇼군
이 전에 본 적 없던 낙타, 사자, 순록 같은 여러 동물의 판화가 수록되
었다. 도쿠가와가 가장 매료된 것은 코끼리의 이미지였다. 도쿠가와
는 재빨리 자신의 주치의인 노로 겐조에게 존스턴의 책을 네덜란드어
에서 일본어로 번역하라고 명령했다. 도쿠가와는 특히 코끼리가 어디
에서 왔는지, 어디에 사용되는지 알고 싶어 했다. 그래서 노로는 "이
런 동물들은 네덜란드가 방문한 나라에 많이 서식하며 엄니는 의료적
목적으로 활용된다"고 보고했다.[48]

책은 전부 만족스럽고 좋았다. 하지만 도쿠가와가 정말로 바란
것은 자기 소유의 코끼리였다. 1729년에 그에게 기회가 생겼다. 일본
과 우호적인 무역 관계를 쌓기 위해 노력하던 네덜란드 동인도회사는
베트남에서 암수 아시아코끼리를 들여오기로 합의했다. 코끼리들은
4월에 네덜란드 동인도회사가 작은 무역소를 차린 나가사키에 도착
했다. 코끼리들이 일본 전역에서 퍼레이드를 벌이는 동안 군중이 거
리마다 줄지어 서서 환호했다. 코끼리들은 일단 나가사키에서 교토로
옮겨진 다음 에도의 도쿠가와에게 전해졌다.[pic 13] 불행히도 수컷 코끼
리는 도착한 직후 죽었지만, 암컷 코끼리는 13년 동안 살아남아 에도
성을 둘러싼 아름다운 정원에 전시되었다. 코끼리는 시작에 불과했
다. 그 후 수십 년 동안 도쿠가와와 그의 후계자들은 이전에는 알려지
지 않았던 다양한 외래 동물을 얻었다. 18세기 말까지 에도 성에는 북
아프리카에서 온 호저 1마리, 보르네오에서 온 오랑우탄 2마리, 유럽
에서 수입한 양 떼가 들어왔다.[49]

계몽주의 시대는 유럽뿐 아니라 아시아에도 자연사 분야에서 중
요한 변화가 일어난 시기였다. 일본에서 특히 더 그랬다. 고대와 중세
에 일본에서 자연사에 대한 대부분의 연구는 불교 승려나 신토 사제

에 의해 수행되었다. 당시 자연사는 중요한 종교적 기능을 했다. 불교 신사들은 신성한 동물들에게 바쳐졌으며, 불교 신자들은 자연사 분야가 윤회의 순환을 더 잘 이해하도록 도울 수 있다고 생각했다. 하지만 18세기 초에는 상황이 상당히 달라졌다. 전 세계적으로 무역이 성장하면서 일본의 자연사 분야는 유럽과 마찬가지로 훨씬 더 상업적인 면을 더하기 시작했다. 특히 1600년대 이후 일본의 전국 시대를 통일한 도쿠가와 막부가 성립되고 나서 더 그랬다. 비록 도쿠가와 막부는 외국인의 접근을 제한하는 쇄국정책을 따랐지만 그렇다고 무역이 완전히 중단되지는 않았다. 다소 우리의 직관과 어긋나지만 쇄국정책은 사실 무역의 강화로 이어졌는데, 쇼군의 허가를 받은 소수의 유럽, 중국, 일본 상인들이 나라 안팎의 가치 있는 상품의 흐름을 통제했다.[50]

그런 만큼 이국적인 동물에 대한 도쿠가와의 관심이 단순히 호기심 때문만은 아니었다. 그는 일본의 경제적, 정치적 미래에 대해 깊이 우려했고, 자연 세계에 대한 탐구가 번영의 열쇠를 얻는 데 도움이 될 것이라고 믿었다. 이 점은 일본도 쇄국정책으로 수출량보다 수입량이 훨씬 웃돌아 무역수지에서 어려움을 겪었다는 점을 고려하면 더욱 중요했다. 도쿠가와는 이를 염두에 두고 일본 자연사에 대한 일련의 조사를 의뢰했다. 값비싼 외래종 대신 그것을 대체할 만한 자국의 종을 찾기 위해서였다. 이 가운데 가장 대규모의 조사는 1730년대에 도쿠가와의 또 다른 주치의인 니와 쇼하쿠에 의해 수행되었다. 니와는 이시진이 중국에서 그랬던 것처럼 일본 전역을 여행했다. 그러면서 모든 지역에 설문지를 배포해 영주들에게 '해당 지역에서 생산된 모든 종을 예외 없이 보고할 것'을 요청했다. 설문지에는 도쿠가와가 직접 서명한 편지와 함께 에도 막부에 대한 일본 영주들의 의무를 상기시키는 내용이 담겨 있었다. '만물에 대한 분류'라는 제목이 붙은 마지막 조사는 3,590개 항목을 포함했는데, 여기에는 동식물뿐 아니라 금속, 광물, 원석까지 포함되었다. 니와의 조사 결과는 도쿠가와가 짐작했던 사실을 확인해주었다. 일본은 믿을 수 없을 정도로 천연자원이 풍부했는데, 특히 유럽 무역 회사들이 탐내는 구리와 장뇌유가 많았다.[51]

그뿐 아니라 도쿠가와는 일본의 식물원을 확장하려 했는데, 특히 에도 변두리에 자리한 고이시카와 식물원이 그 대상이 되었다. 이곳은 원래 17세기에 설립되었지만 18세기 동안 이윤을 목적으로 한 식물을 연구하는 현장으로 변모했다. 유럽에서 벌어지는 일들과도 주목할 만한 유사점이 있다. 칼 폰 린네가 웁살라에서 외래종 식물을 재배할 무렵, 일본의 박물학자들도 에도에서 같은 일을 하고 있었다. 1730년대까지 고이시카와 식물원은 수천 종의 외래종 식물을 들여놓았는데, 이 가운데 중국에서 온 인삼, 동남아시아에서 온 사탕수수, 아메리카에서 온 고구마를 비롯한 상당수가 많은 비용을 들여 수입되었다. 이 식물원은 무척 큰 성공을 거두어 1780년대에 일본은 인삼을 수입하는 나라에서 수출하는 나라로 바뀌었다.[52]

일본은 무역을 통해 외국에서 들여온 상품뿐 아니라 다양한 과학 문화와 접촉했다. 처음에는 중국과의 관계가 가장 중요했다. 두 나라는 1,000년 이상 거슬러 올라가며 오랫동안 지적, 상업적 교류를 해왔다. 일본의 철학뿐 아니라 언어도 중국의 영향을 많이 받았다. 무역이나 사상의 이러한 흐름은 1600년 도쿠가와 막부가 성립된 이후 17세기에 더욱 강화되었다. 비단, 차와 함께 중국 상인들은 점점 더 많은 책을 판매했다. 이 상인들은 천문학, 의학, 자연사에 관한 중국 서적을 갖고 왔다. 《본초강목》 또한 난징에서 출간된 지 불과 몇 년 뒤인 1604년 나가사키에서 판매되었다. 쇼군도 한 권을 사 에도 성의 도서관에 보관했다. 1637년에는 중판이 간행되었다. 《본초강목》은

17세기 일본에서 이뤄진 대부분의 자연사 연구에서 기초가 되었고 엄청난 영향력을 발휘했다.[53]

18세기 초에 중국 자연사 연구의 가장 훌륭한 부분과 일본의 식물에 대한 최신 연구를 결합해 새로 책을 저술하기로 한 일본의 박물학자가 있었다. 그의 이름은 가이바라 에키켄이었는데, 출신 성분은 그렇게 좋지 않았다. 1630년 일본의 남쪽 섬인 규슈에서 마을 의사의 아들로 태어난 가이바라는 도쿠가와 막부에서 가장 영향력 있는 박물학자 중 한 명이었다. 하지만 당시 다른 일본 박물학자들과는 달리 단순히 중국 학자들의 가르침을 따르는 데만 만족하지 않았다. 가이바라는 '일본에 서식하지 않는 외래종을 많이 다루었다'는 점에서《본초강목》에 불만을 품었다. 그래서 그는 '일본에서 실제로 볼 수 있는 모든 종을 한 권의 책에 기록하기 위해' 규슈를 떠나 일본 전역을 여행하기로 결심했다. 가이바라의 접근법은 일본 자연사 분야에서 중요한 변화였다. 그는 기존 중국 서적을 바탕으로 지식을 쌓는 데 그치기보다는 개인적 경험을 강조했다. 가이바라의 글에 따르면 "나는 높은 산을 오르고 깊은 골짜기로 들어가며 가파른 길을 따라 험준한 곳을 지났다. 비에 흠뻑 젖어서 안개 속에서 길을 잃기도 했고, 엄청나게 차가운 바람과 뜨거운 태양을 견뎠다. 하지만 그 과정에서 800곳 넘는 마을의 자연환경을 관찰할 수 있었다."[54]

여행에서 돌아오자마자 가이바라는《야마토 본초大和本草》(1709~1715)를 출간했다. 이 책은 서로 다른 과학적 전통을 융합한 전형적인 사례였다. 가이바라는 여전히 이시진의 책에 많은 빚을 졌다.《야마토 본초》의 내용은 오행을 적용했다는 점에서《본초강목》을 그대로 반영했으며, 일본과 중국 두 나라에 흔한 여러 종에 대한 지식도 이시진의 책을 따랐다. 하지만 그래도 가이바라는 단순히 중국어 텍스트에만 의존하지 않았으며, 지역적인 다양성을 반영했고 일본어 이름도

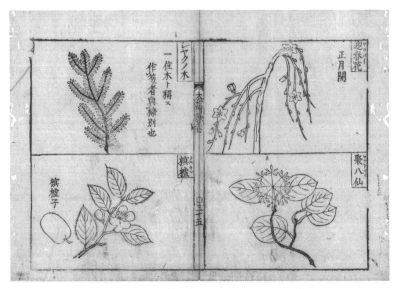

24 가이바라 에키켄이 저술한 《야마토 본초》(1709~1715)에 실린 식물 삽화.

열거했다. 여기에 가이바라는 일본에서만 볼 수 있는 358종을 추가했다. 이 가운데는 분홍색과 흰색의 아름다운 꽃을 피우는 유명한 일본 벚나무도 포함되었다. 가이바라의 설명에 따르면 "나가사키에서 중국 상인들에게 들은 바에 의하면 이 벚나무는 중국에는 자라지 않는다. 만약 이 나무가 있다면 중국 책에 언급되었을 것이다."[55]

하지만 가이바라는 반만 알고 반은 몰랐다. 일본 벚나무에 대해 구체적으로 서술한 중국의 자연사 서적은 거의 없긴 했지만, 이 나무는 사실 중국의 일부 지역과 한반도에 서식했다. 정말 중요한 것은 가이바라가 퍼뜨린 사상이었다. 기존 중국어 서적에 의존하는 것만으로는 충분하지 않다는 사실을 알게 된 일본의 박물학자들은 여행하고 관찰하며 직접 수집했다. 가이바라에 따르면 '그렇게 해야만 일본 사람들에게 구체적인 도움이 될 것'이기 때문이었다.[56]

중국과 더불어 일본에서 과학 지식의 또 다른 주요 원천은 네덜란드 동인도회사였다. 앞서 언급한 바와 같이, 도쿠가와 막부는 17세기 초부터 쇄국정책을 실시했다. 이 정책 아래 일본에 대한 유럽의 접근은 심하게 제한되었고, 대부분의 기독교 선교사는 유럽 상인과 마찬가지로 완전히 배제되었다. 네덜란드 동인도회사만이 일본과의 무역을 허가받았으며, 나가사키 해안의 작은 섬인 데지마로 한정되었다. 하지만 시간이 지나면서 일본과 유럽의 과학 문화는 점차 접촉하기 시작했다. 네덜란드 상인들은 에도에 과학 서적을 들여왔으며, 일본 박물학자들은 머나먼 나라들에 대해 무언가를 배울 수 있기를 바라며 네덜란드어를 익혔다. 그에 따라 쇄국정책은 궁극적으로 소수의 일본과 네덜란드 사상가들이 무척 긴밀하게 이어지는 강력한 형태의 문화 교류를 이끌었다.

앞에서 언급했지만 도쿠가와는 네덜란드인들의 지식에 깊은 인상을 받았다. 그는 존스턴의 《네발 동물의 자연사》뿐 아니라 룸피우스의 《암본섬의 신기한 것들이 담긴 캐비닛》을 비롯한 여러 네덜란드 자연사 서적을 손에 넣었다. 여기서 얻은 지식을 바탕으로 도쿠가와는 유럽 서적의 수입을 금지하는 옛 법(원래 기독교의 확산을 막고자 17세기에 제정된)을 완화하기로 결정했다. 도쿠가와는 선별한 학자들에게 네덜란드 책을 일본어로 번역한다는 조건으로 구입하도록 허락했다. 오래지 않아 네덜란드에서 전래한 지식인 '난학'을 전문으로 교습하는 학교도 생겼다. 하지만 중요한 건 이 과정이 단순히 일방적인 관계가 아니었다는 점이다. 일본의 박물학자들이 유럽에서 무언가를 배우는 동안 유럽의 박물학자들도 일본에서 무언가를 배웠다.[57]

칼 페테르 툰베리Carl Peter Thunberg는 데지마섬에서 벗어나기를 갈망했다. 그는 외과 의사로 고용되어 1775년 8월 네덜란드 동인도회사 배를 타고 일본에 도착했다. 툰베리는 즉시 이곳의 이국적인 식물을 수집하려 했지만, 곧 할 수 있는 일이 심하게 제한되었다는 사실을 깨달았다. 친구에게 보낸 편지에서 툰베리는 "부지런한 일본인들이 경작한 이 아름답고 귀한 언덕을 바라보기만 하고 자유롭게 가볼 수 없으니 슬프다"라고 투덜거렸다. 데지마섬에는 목조 가옥과 창고가 늘어선 2개의 거리가 있었고, 네덜란드인을 위해 통역을 하는 일본인 통역관들이 머무는 건물을 비롯해 데지마와 나가사키를 연결하는 다리도 있었다. 웁살라 대학에서 칼 폰 린네에게 분류학을 배웠으며, 일본의 식물에 이명법 체계를 최초로 적용하고자 했던 툰베리는 자유롭게 다닐 수 없다는 사실에 절망했다. 나가사키는 물론이고 데지마섬조차 탐험할 수 없다면 그는 아무것도 이룰 수 없었다. 툰베리에 따르면 "나는 그렇게 좁은 범위 안에서 자유롭지 못하게 활동을 제한받고 내가 사랑하는 식물로부터 격리된 게 처음이었다."[58]

툰베리는 친구가 필요하다는 것을 깨달았다. 그는 매일 일본인 통역관이 머무는 건물에 들르곤 했다. 다행히 무역을 돕기 위해 그곳에 정식으로 파견된 여러 일본인 통역관도 의학을 공부한 사람들이었다. 당시 일본의 일부 의사는 유럽의 자연사와 의학 서적을 읽기 위해 네덜란드어를 배웠다. 통역관은 당시 일본의 풍토병이었던 매독을 치료하는 데 수은을 활용하는 것을 비롯한 여러 새로운 치료법에 깊은 인상을 받았다(불행히도 이 치료법은 득보다 실이 더 많았지만). 또 툰베리는 자바섬에서 구입한 코뿔소 뿔을 포함해 일본 물건과 교환하고 싶은 여러 이국적인 표본을 가져왔다.[59]

그러다 마침내 일본인 통역관 가운데 한 명인 시게 세쓰에몬이 툰베리를 돕기로 했다. 그는 의학적 조언과 의학 서적을 얻는 대신 툰베리에게 일본 본토에서 채집한 표본을 공급하겠다고 약속했다. 밀수범으로 적발된 사람에게 내려지는 가혹한 처벌을 감안하면, 믿을 수 없을 만큼 위험한 일이었다. 시게는 매일 씨앗과 건조한 식물로 채운 가방을 들고 경비원들이 수색하지 않기를 바라며 다리를 건너 데지마섬에 갔다. 그리고 툰베리와 시게는 아무도 눈치채지 못하기를 바라며 탁자 아래서 재빨리 물건을 교환했다. 툰베리는 시게가 '이전에 유럽에 알려지지 않은 다양하고 희귀한 식물'을 가져다주었다며 기뻐했다. 툰베리는 다양한 일본 자연사 서적뿐 아니라 일본에서 난 밤나무 열매도 얻었다.[60]

하지만 툰베리가 한 사람에게 얻을 수 있는 것은 그 정도였다. 일본을 더 탐험하기를 바랐던 툰베리에게 마침내 1776년 3월 기회가 찾아왔다. 네덜란드 동인도회사는 매년 에도의 쇼군을 방문하는 사절단을 보냈는데, 툰베리도 이 사절단에 소속되어 처음으로 섬에서 떠나는 것이 허락되었다. 그에 따라 툰베리는 일본을 제대로 탐사하기를 바랐다. 하지만 상황은 그렇게 간단하지 않았다. 툰베리는 하인들이 직접 옮기는, 인도식 가마와 비슷한 노리모노에 실려 에도에 가야 했다. 그 과정에서 툰베리는 일본 경비원들의 허락 없이 가마 밖으로 나가지도 못하고 원하는 대로 돌아다닐 수도 없었다. 이후 몇 달 동안 그는 나가사키에서 에도까지 700마일 넘는 거리를 노리모노에 실려 이동했다. 아름다운 풍경이 곁을 스칠 때마다 좌우로 흔들리는 가마에 갇힌 것이 유난히 답답했을 것이다. 툰베리는 가능한 한 틈을 타서 밖으로 뛰쳐나와 식물을 몇 포기라도 수집하려 했다. 에도에 가까운 하코네산을 넘는 동안 툰베리는 잠시 일본 경비병들의 감시에서 벗어나 덤불 속을 탐험하기도 했지만 결국 노리모노로 다시 들어가야 했다. 이 과정에서 결국 툰베리는 일본 단풍나무를 포함해 유럽에 그동안 알려지지 않았던 62종의 식물을 채집하는 데 성공했다.[61]

에도에 도착하자마자 툰베리는 성에서 열린 행사에 참석했다. 이 행사에서 그는 일본의 전통 기모노와 비슷하게 금박으로 장식한 검은 비단 망토를 입었다. 비록 데지마섬에서 벗어나 행사를 즐겼지만 툰베리는 다시 한번 자신이 옴짝달싹 못 하는 처지라는 사실을 실감했다. 나머지 네덜란드 동인도회사의 사절단과 함께 에도 성 외곽의 작은 집에만 머물도록 강요당했기 때문이었다. 툰베리는 도시나 주변 시골 지역을 돌아다닐 수 없었지만 주어진 상황을 최대한 활용하려 했다. 성에서 그는 당시 영향력 있는 일본인 의사였던 나카가와 준안, 가쓰라가와 호슈와 친구가 되었다. 두 사람은 네덜란드어에 능통했으며 최초의 유럽 해부학 교과서를 일본어로 번역하는 팀의 일원이었다.[pic8] 나카가와와 가쓰라가와는 거의 한 달 동안 매일 툰베리를 방문해 최근 유럽의 의학 이론에 대해 논의하고 일본의 자연사에 대한 지식을 공유했다. 나키가와는 툰베리에게 '약품과 광물, 수많은 신선한 식물로 이뤄진 작은 수집품'을 가져다주었는데, 각각에는 일본어 이름이 있었다. 그뿐 아니라 그는 툰베리에게 '땅의 찬란함'이라는 제목의 일본 책을 가져다주기도 했다. 18세기 초 에도에서 출간된 이 책에는 일본 식물 수백 종에 대한 삽화와 적절한 재배법에 대한 조언이 실려 있었다.

에도에서 한 달을 보낸 뒤 툰베리는 나가사키에 돌아왔다. 돌아오는 길에 그는 '가장 희귀한 관목과 나무를 화분에 가득 심은' 오사카의 한 식물원을 방문했다. 그리고 식물원장을 설득해 소철을 포함한 몇 가지 표본을 구매했다(툰베리가 지적하듯 엄밀하게 말해 '수출이 엄격하게 금지된' 종을 구매하는 이런 행위는 불법이었다). 이후 1776년 11월 툰베리는 마침내 유럽으로 향하는 네덜란드 동인도회사의 배에 탑승해 일본을 떠났다. 온갖 난관을 극복하고 그는 방대한 일본 식물 표본과 서적을 모으는 데 성공했다. 툰베리는 600개가 넘는 표본을 가지고 유럽에 돌아왔다. 이 표본은 그의 저서 《일본의 식물상Flora of Japan》 (1784)의 기초가 되었다. 린네의 분류 체계를 일본 식물에 적용한 첫 번째 연구인 이 책을 통해 툰베리는 명성을 얻었다. 그리고 이 책이 출간되면서 얼마 되지 않아 그는 린네의 옛 직책인 웁살라 대학의 의

료 식물학 분야의 교수에 임명되었다.[62]

언뜻 보면《일본의 식물상》은 유럽 자연사 분야의 전형적인 저작인 것처럼 보인다. 하지만 좀 더 자세히 살피면 툰베리가 일본에 머물렀던 시대의 흔적을 볼 수 있다. 식물들 가운데 상당수의 이름에 전통일본식 이름을 함께 표기했기 때문이다. 소철이 좋은 예다. 툰베리는 소철이 아시아 전역에서 자라는 다양한 다른 야자나무들과 같은 속이라는 사실을 드러내는 '시카스 레볼루타'라는 라틴어 이름을 이 식물에 붙였다. 동시에 이 식물이 일본어로 '소테쓰(そてつ[蘇鉄])'라 불린다고 언급했다. 물론 이것은 툰베리가 나가사키와 에도에서 만난 일본 박물학자들에게 배운 지식이었다. 다시 말해 툰베리가 저술한《일본의 식물상》은 18세기 과학이 어떻게 다른 문화들 사이에서 이뤄진 지식의 교환에 의존했는지 보여주는 완벽한 사례다. 한편으로 이 저서는 린네의 분류 체계가 일본까지 확장된 유럽 자연사 저작이었다. 하지만 다른 한편으로 툰베리가 여행 중 만난 여러 일본 박물학자의 도움이 없었다면 그는 이 책을 저술할 수 없었을 것이다.[63]

결론

이 책에서 알 수 있듯 근대과학의 역사를 이해하는 가장 바람직한 방법은 전 세계 역사의 중요한 순간들을 살펴보는 것이다. 자연사 분야의 경우에는 17세기와 18세기에 일어난 무역의 전 세계적 확대 현상을 살펴야 한다. 이러한 확장은 유럽 여러 제국의 성장에 힘입은 결과였다. 왕립 아프리카 회사나 영국 동인도회사 같은 무역 회사에서 일하던 사람들은 먼 땅에서 표본을 가지고 유럽에 돌아왔다. 동시에 식민지의 박물학자들은 외래종 식물을 길러 수출하기 위해 식물원 설립을 도왔다. 유럽 여러 제국의 팽창은 서로 다른 다양한 과학 문화를 맞닿게 했다. 아프리카와 아시아 곳곳에서 온 사람들은 오늘날 종종 간과되는 자연 세계에 대한 정교한 이해를 갖추고 있었다. 아프리카의 치료사들은 한스 슬론의 저서 《자메이카의 자연사》에 소개한 여러 식물을 동정하는 데 도움을 주었으며 헨드릭 판 르헤이더는 브라만 사제들에게 의존해 《말라바르 정원》을 저술했다. 특히 중국과 일본에서는 자연사에 대한 지식이 발달했는데, 이것은 1,000년도 훨씬 더 넘게 거슬러 올라가는 오랜 과학 전통의 일부다. 18세기 말까지 유럽의 박물학자들은 외래종 식물뿐만 아니라 외국 서적도 수집했다. 런던 왕립학회의 회장인 조지프 뱅크스는 이시진의 《본초강목》을 갖고 있었다. 더 중요한 사실은 이 모든 변화가 중국과 일본의 과학 문화가 더 넓은 세계와의 연결로 변환되는 시기에 벌어졌다는 점이다.

계몽주의 시기의 과학사를 어떻게 특징지어야 할까? 전통적으로 계몽주의는 '이성의 시대'로 알려졌다. 하지만 앞의 두 장에서 증명되었듯 계몽주의 시대는 제국의 시대이기도 했다는 사실을 기억해야 한다. 나는 제국과의 연관성은 폭력이나 그에 따른 착취와 함께 계몽주의 과학의 발전을 가장 잘 설명해준다고 생각한다. 이 점은 18세기의 가장 중요한 두 과학인 천문학과 자연사 분야에도 해당된다. 제국이 없었다면 아이작 뉴턴은 노예무역상들이 항해하면서 관측한 결과에 의존해 운동 법칙을 발견하지 못했을 것이다. 또 제국이 없었다면 칼폰 린네는 생물학적 분류 체계를 발전시킬 수 없었을 것이다. 이 체계 역시 유럽의 제국들이 팽창하는 동안 아시아와 아메리카에서 수집한 식물 정보에 의존했기 때문이다. 다음 두 장에서 우리는 과학과 제국의 연결 고리가 더 강해진 시기인 19세기의 과학사를 살필 것이다. 당시는 공장과 기계의 시대이자 민족주의와 혁명의 시대였고, 자본주의와 갈등의 시대였다. 과학은 바야흐로 산업 시대로 접어들고 있었다.

3부

1790~1914년
자본주의와
갈등의 시대

5장
생존을 위한 투쟁

에티엔 조프루아 생틸레르$^{Étienne\ Geoffroy\ Saint-Hilaire}$는 임시 사다리를 타고 고대 이집트의 한 무덤으로 내려왔다. 밖은 햇볕이 내리쬐고 있었지만 갱도 밑바닥은 깜깜했다. 사다리의 발치에 다다른 생틸레르는 횃불을 켜서 벽까지 들어 올렸고, 눈앞의 광경을 거의 믿을 수 없었다. 벽은 상형문자로 덮여 있었는데, 대부분은 동물을 묘사하는 것처럼 보였다. 새, 원숭이, 딱정벌레, 악어가 모습을 드러냈다. 조짐이 좋았다. 프랑스의 젊은 박물학자 생틸레르는 지역 주민들에게 '신성한 동물들의 공동묘지'가 존재한다는 말을 들었다. 어쩌면 그게 이곳인지도 몰랐다. 생틸레르는 벽 한쪽에 작은 구멍이 뚫린 것을 알아차리고는 그 안으로 기어 들어갔고, 벽 반대편에서 토기 항아리가 가득 들어 있는 방을 발견했다. 이것이 바로 그가 찾던 것이었다. 생틸레르가 여러 항아리 가운데 하나를 꺼내 바닥에 부딪쳐 깨뜨리자, 기대했던 대로 미라로 변한 작은 새의 유해가 들어 있었다. 곧 생틸레르는 무덤 입구를 지키던 프랑스 병사들을 불렀다. 마지못해 병사들 가운데 한 명이 내려와 나중에 파리 자연사 박물관으로 보낼 항아리들을 옮겼다. 당시에는 몰랐지만, 생틸레르는 이때 19세기의 가장 중요한 과학 논쟁 가운데 하나를 촉발한 발견을 했다.[1]

1798년 여름, 나폴레옹 보나파르트Napoleon Bonaparte가 이끄는 프랑스 군대가 이집트를 침공했다. 프랑스는 이집트를 손에 넣어 지중해와 인도로 가는 육로에 대한 통제권을 확보하고 인도를 지배하던 영국에 도전하기를 바랐다. 하지만 이것이 단순한 군사작전은 아니었다. 동시에 과학적인 의미도 있었다. 나폴레옹은 군인 3만 6,000명과 함께할 과학 예술 위원회의 일원이 될 수학자, 공학자, 화학자, 박물학자를 모집했다. 생틸레르는 26세의 젊은 나이에 이집트로 여행할 기회를 잡았다. 이후 3년 동안 위원회는 이집트를 수익성 있는 식민지로 만들고자 군대를 따라다니며 토지를 측량하고 귀중한 천연자원을 찾아냈다. 또 프랑스인들은 카이로에 이집트 연구소를 설립했는데, 나폴레옹 군대가 점령한 호화로운 궁전에 자리한 이곳에서 과학 예술 위원회는 매주 회의를 열고 과학 학술지를 발행했다.[2]

오늘날 생틸레르는 진화론을 발전시킨 최초의 유럽 박물학자 가운데 한 사람으로 기억된다. 그는 자신의 저서인《해부 철학Anatomical Philosophy》(1818)에서 종은 고정된 실체가 아니라 환경에 반응해서 변화를 겪는다고 주장했다. 그는 배아의 성장을 연구하거나 겉보기에 서로 다른 동물의 해부학을 비교해 살아 있는 종에서 진화의 증거를 확인하는 것이 가능하다고 여겼다. 이 모든 것이 19세기 현대적 진화 사상이 발전되기 위한 발판을 마련했다. 하지만 이것은 유럽에만 초점을 맞춘 이야기다. 생틸레르는 파리 자연사 박물관의 방대한 해부학 수집품을 연구하면서 19세기 초의 다른 프랑스 박물학자들과 함께 진화에 대한 주장을 폈다. 하지만 생틸레르가 프랑스가 아닌 이집트에 머무는 동안 진화에 대해 처음으로 떠올렸다는 점은 이보다 덜 언급된다. 사실 생틸레르의 중요한 초기 저서 가운데 일부는 카이로의 이집트 연구소에서 출판되었다. 그러니 진화의 역사를 이해하려면 생틸레르가 북아프리카의 프랑스 군대와 함께 머물던 시기에서 시작할 필요가 있다.[3]

카이로에 도착한 지 1년도 안 되어 생틸레르는 나일강 상류의 탐험에 나섰다. 나폴레옹이 남쪽의 영토를 좀 더 많이 확보하고자 했기 때문에 생틸레르는 한 무리의 군인들과 동행했다. 하지만 그는 나폴레옹의 군사적 목표에는 특별히 관심이 없었다. 대신 나일강에서 가장 오래된 고대 이집트 유적지 가운데 하나인 사카라 마을을 탐험하고 싶었다. 이곳 무덤에 고대 이집트인들이 그들의 신과 결부시켰던 동물들의 미라가 있다는 소문을 들었기 때문이었다. 그리고 이 소문은 사실로 판명되었다. 사카라에서 생틸레르는 미라화된 새, 고양이, 원숭이가 들어 있는 항아리 수백 개를 발견했다.[4]

생틸레르는 그곳에서 '성스러운 따오기'로 알려진 미라화된 새의 잔해도 발견했다. 오늘날에도 파리 자연사 박물관에 전시된 이것은 그에게 가장 중요한 표본이 되었으며, 유럽의 초기 진화 관련 논쟁의 중심에 서게 되었다. 생틸레르는 미라화된 따오기가 자신의 새로운 이론을 뒷받침하는 데 필요한 중요한 증거를 제공한다고 믿었다. 이 표본은 3,000년이 훨씬 넘은 것으로 알려졌으며, 미라를 만드는 과정에서 유해가 완벽하게 보존되었고, 때로는 깃털과 피부까지 남았다. 이것들을 본 생틸레르는 미라화된 따오기와 당시 이집트에서 발견된 따오기를 비교해보자고 제안했다. 아마도 그는 둘 사이의 해부학적 차이점을 확인할 수 있으리라 여겼을 것이다. 그러면 이 종이 실제로 진화를 거쳤다는 것이 증명된다.[5]

하지만 불행히도 모든 것이 그렇게 간단하게 해결되지는 않았다. 파리로 돌아가면 또 다른 프랑스의 유명한 박물학자인 조르주 퀴비에Georges Cuvier도 사카라에서 수집한 미라 표본을 조사하기 시작했

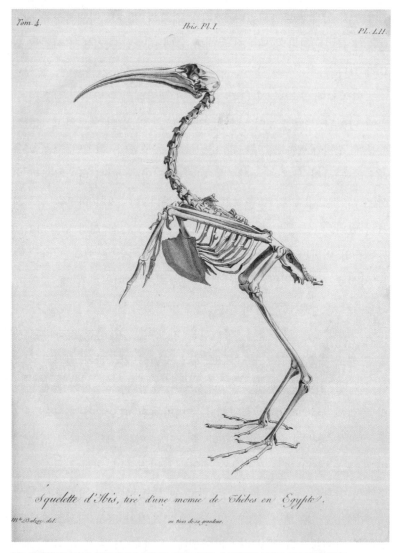

 등 부분의 텍스트(삽화 내부):

Squelette d'Ibis, tiré d'une momie de Thèbes en Egypte.

Mle Balzac del.   au tiers de sa grandeur.

25 에티엔 조프루아 생틸레르가 1799년 이집트에서 수집한 '성스러운 따오기'의 뼈대.

다. 여기에 대해 퀴비에는 이렇게 언급했다. "나는 오랜 시간 동안 어떤 종이 시간의 흐름에 따라 형태를 바꾸었는지 알고 싶었다." 그런 다음 퀴비에는 따오기 미라의 신체 치수를 재고 당시의 표본과 비교하는 작업에 착수했다. 그는 두 표본을 고대 이집트 신전에 새겨진 따오기의 이미지와 비교하기까지 했다. 하지만 결과는 생틸레르가 바라던 것이 아니었다. 퀴비에에 따르면 "이 동물들은 오늘날의 동물과 완벽하게 비슷했다." 그리고 퀴비에는 당시의 따오기가 "파라오 시대의 따오기와 똑같다"라고 결론지었다. 오늘날 밝혀진 바에 따르면 3,000년은 두 표본 사이에 의미 있는 해부학적 차이가 나타나기에 충분한 시간이 아니었다. 진화가 이루어지려면 훨씬 더 긴 시간이 필요한데, 그것은 19세기 후반에야 인식된 사실이다. 그럼에도 앞으로 살펴겠지만 따오기 미라에 대한 이 논쟁은 과학사에서 중요한 순간을 상징한다. 18세기 들어 자연사는 진화라는 새로운 사상에 자리를 내주고 있었다.[6]

1798년 나폴레옹의 이집트 침공은 세계사에서 그다음 핵심적인 시기의 시작점이었다. 이집트에서 벌어진 프랑스의 군사작전은 19세기에 지속된 일련의 파괴적 전쟁 가운데 첫 전쟁이었다. 이 흐름은 1914년 제1차 세계대전이 발발되면서 절정에 달했다. 여러 국가가 한정된 자원과 영토를 놓고 경쟁하면서 민족주의도 짙어지고 있었다. 19세기는 산업화의 시대이기도 했다. 산업화는 유럽 북부, 특히 영국에서 시작되어 머지않아 아시아와 아메리카 대륙으로 확대되었다. 봄베이의 면직 공장에서 아르헨티나의 철도에 이르기까지, 산업화는 전 세계의 사람들이 살아가고 일하는 방식을 변화시켰다.

전쟁, 민족주의, 산업화는 19세기 들어 사람들이 자연 세계를 이해하는 방식에 커다란 영향을 미쳤다. 생틸레르는 자연이 "자기 자신과 전쟁을 벌인다"고까지 묘사했는데, 이집트에서 프랑스 군대와 겪은 경험을 고려하면 놀라운 단어 선택이었다. 이것은 화학 원자에서 생물 종에 이르는 모든 것이 파괴와 재생의 순환을 거친다는 생틸레르의 믿음을 반영했다. 19세기 후반 영국의 박물학자 찰스 다윈Charles

Darwin 역시 비슷하게 '생존을 위한 투쟁' 관점에서 진화를 묘사한 것으로 유명하다. 이러한 생각들은 유럽과 그 너머의 다양한 과학 사상가들에게 받아들여졌고, 다윈주의라는 더 광범위한 철학으로 합쳐졌다. 이런 후기 사상가 가운데 가장 영향력 있는 인물 가운데 하나가 영국의 사회주의자 허버트 스펜서Herbert Spencer였다. 그의 저서《생물학의 원리Principles of Biology》(1864)에 등장한 '적자생존'이라는 문구는 이 시대의 분위기를 잘 포착한 것이었고, 나중에 일본과 이집트에서도 읽혔다. 기존의 차별, 특히 인종차별을 강화하는 데 활용되었으며, 20세기까지 해로운 결과를 이어간 이런 종류의 사회 다윈주의에 대해서는 이 책 뒷부분에서 다시 다룰 예정이다. 하지만 다음 두 장에서 우리는 자본주의와 갈등이 19세기 동안 과학의 발전을 일궈온 과정에 대해 알아볼 것이다. 그리고 이 장에서는 전쟁의 시기에 발달한 진화 이론의 역사를, 다음 장에서는 산업의 성장과 현대 물리학 발전의 밀접한 연관성을 탐구하려 한다.[7]

진화의 역사를 생각할 때 종종 다윈과 그의 비글호 항해를 떠올린다. 1831년에서 1836년까지 영국의 이 젊은 박물학자는 세계를 일주하며 태평양을 건너 영국으로 돌아오기 전 대부분의 시간을 남아메리카에서 보냈다. 다윈은 오늘날 에콰도르의 서쪽 해안에서 약 600마일 떨어진 갈라파고스제도를 방문했을 때 흉내지빠귀를 비롯해 남아메리카 본토에서 마주친 종들 사이에 미묘한 차이가 있다는 사실을 알아차렸다. 이후 25년 동안 다윈은 이러한 초기 관찰 결과를 자연선택에 의한 진화론으로 정리했고, 이 연구는《종의 기원On the Origin of Species》(1859)의 출간으로 끝맺음되었다. 이 유명한 저서에서 다윈은 종을 이루는 개체들이 생존을 위해, 궁극적으로는 번식을 위해 서로 경쟁한다고 주장했다. 생존에 도움이 되는 특성을 지닌 개체는 그런 특성을 후손에게 물려줄 가능성이 더 크다. 여기에 충분한 시간이 흐르고 지리적인 분리가 일어나면 새로운 종이 형성될 것이고, 다윈이 항해하는 동안 관찰했던 차이를 불러일으킬 것이다. 《종의 기원》은 현대 진화 사상의 출발점이라고 일컬어진다.[8]

　이처럼 다윈은 분명 중요한 인물이지만, 이 장에서는 《종의 기원》이 출간되기 전부터 시작해 다윈과 그의 비글호 항해를 넘어선 진화사 서술의 대안을 제안하고자 한다. 사실 다윈은 유럽에서조차 진화론을 주장한 최초의 사상가가 아니었다. 고대 이집트 유적과 미라 사이에서 프랑스의 박물학자 생틸레르는 다윈이 태어나기 약 10년 전부터 독자적인 진화론을 발전시켰다. 진화론적 사고방식은 사실 19세기 초에는 전 세계에서 꽤 흔한 것이었다. 모스크바에서 한 러시아인 식물학자는 1820년대 초에 자연 세계가 '지속적인 변화'를 겪는 곳으로 묘사하면서 진화론을 제안했다. 이와 비슷하게 19세기 초에도 일본 교토의 한 철학자 역시 새로운 종뿐 아니라 지구 전체를 진화적으로 설명했다. 이 철학자는 불교의 가르침에서 영감받아 먼저 지구 자체가 불과 물의 결합에서 진화해온 과정을 묘사했다. 그런 다음 식물과 동물이 나타났다. 그의 설명에 따르면 "한 종의 식물이 변화를 겪어 다양한 식물이 된다. 그리고 동물, 곤충, 물고기 한 종이 변해 다양한 동물, 곤충, 물고기가 된다."[9]

　진화론의 역사를 제대로 이해하기 위해서는 다윈이 비글호에 승선하기도 전에 생물종이 변화할 가능성에 대해 토론하던 사람들이 있었다는 사실을 알아야 한다. 동시에 《종의 기원》이 진화론에 대한 최종판이 아니라는 사실을 기억할 필요가 있다. 사실 다윈은 인간의 진화적 기원뿐만 아니라 유전의 실제 메커니즘에 대한 여러 의문을 남겼다. 다윈 자신이 나중에 해결하고자 애썼지만 답변의 완성도는 제각각이었다. 하지만 이 질문들은 전 세계 다른 과학자들에게 전해졌다. 라틴아메리카에서 동아시아로 이어지는 이 장은 그동안 잊힌 진화 사상의 역사를 발견하는 데 도움이 될 것이다. 이 흐름은 분쟁과 갈등의 시대에 나타났던 근대 생물학의 전 세계적 기원을 강조해 부각한다.

아르헨티나의 화석 사냥꾼들

아르헨티나 평원을 가로질러 트레킹을 하던 프란시스코 무니스Francisco Muñiz는 우연히 사나운 짐승 한 마리와 마주쳤다. 엄청나게 큰 송곳니가 있는 이 교활한 정글의 왕은 잠깐만 가까이 다가가도 그 행동을 후회하게 만들 게 분명했다. 무니스는 1845년 지역신문에 "이 짐승의 체격에서 비롯된 힘은 적수가 없을 정도다"라고 경고한 적이 있었다. 심지어 '아프리카 사자들도 이 짐승이 송곳니로 한 번만 물면 목이 잘리고 가장 깊숙한 내장까지 쏟아질 정도'였다. 하지만 다행히 아르헨티나에서는 두려워할 필요가 없었다. 문제의 맹수인 검치호는 이미 1만 년 전 이곳에서 멸종되었기 때문이다. 무니스가 묘사한 대상은 사실 부에노스아이레스의 루한 마을 근처에서 최근에 발견된 화석 모음이었다. 이 지역은 이미 화석 사냥꾼들 사이에서 유명했다. 1788년 루한강 근처에서 일하던 스페인 노동자들은 거대한 육상 포유류인 땅늘보의 유골 화석을 발굴했는데, 이 동물에게는 나중에 '메가테리움('거대한 짐승'이라는 뜻)'이라는 이름이 붙었다. 메가테리움의 뼈는 대서양을 가로질러 스페인 마드리드의 왕궁으로 운반되었고 그곳에서 유럽 박물학자들 사이에 큰 흥분을 불러일으켰다.^{pic 14} 프랑스의 박물학자 조르주 퀴비에는 이 화석이 "고대 세계의 동물들은 오늘날 지구에서 관찰할 수 있는 동물들과 완전히 달랐다"는 결정적 증거라고 주장했다. 퀴비에가 새로운 종들이 과거의 종들에서 진화했을지도 모른다고 직접 말한 것은 아니었다. 하지만 19세기 초에는 많은 사람이 자연계가 이전의 과학 사상가들이 생각했던 것처럼 정적이지는 않다고 여겼다.[10]

무니스가 진화가 가능하다고 믿었던 것은 사실이다. 진화가 아니라면, 멸종된 생물 종과 현존하는 종 사이의 현저한 유사성을 설명할 수 없었기 때문이었다. 무니스는 검치호에 대한 글에서 이렇게 설명했다. "나는 문제의 골격이 고양잇과의 한 개체에 속하며 구조적인 여러 세부 사항이 사자와 닮았다고 생각한다." 이 '새로운 종'이야말로 아마도 사자나 호랑이의 고대 조상인 '고양이 무리의 첫 번째 짐승'이 었을 것이다. 다윈과는 달리 무니스는 자연도태에 대한 완전한 이론을 갖추지는 못했다. 하지만 그럼에도 그는 1859년 《종의 기원》이 출간되기 전에도 전 세계의 다른 박물학자들이 종이 진화할지도 모른다는 생각에 고심했다는 사실을 보여주는 또 다른 좋은 예다.[11]

　　1847년 2월, 검치호에 대한 무니스의 글은 다윈의 손에 들어갔다. 《종의 기원》이 출간되기 전인 이 시기에 다윈은 주로 비글호의 항해에 대해 다룬 《항해기Journal of Researches》(1839)의 저자로 알려져 있었다. 그리고 무니스는 다윈이 1830년대에 남아메리카에 머무는 동안 여러 화석을 수집했다는 사실을 알았다. 하지만 무니스는 '검치호는 존경하는 다윈 씨가 묘사한 동물이 아닐 것'이라고 지적했다. 이런 점을 염두에 두고 무니스는 자신의 글을 다윈에게 보내 그 내용을 스페인어에서 영어로 번역한 후 영국의 과학 저널에 게재할 수 있는지 문의했다. 예상했던 대로 다윈은 멸종된 새로운 포유류 종을 발견했다는 사실을 알게 되어 기뻐했다. 왕립 외과 대학 헌터리언 박물관의 큐레이터 리처드 오언Richard Owen에게 보낸 편지에서 다윈은 무니스가 발견한 '놀라운 골격 화석 모음'에 대해 설명했다. 다윈은 자신이 몇 년 전에 수집한 화석과 비교할 수 있도록 왕립 외과 대학에서 무니스의 화석을 구입하거나 최소한 석고본을 구해보라고 제안하기까지 했다. 그뿐 아니라 다윈은 무니스의 글이 영어로 번역되도록 주선했다. 그에 따라 비록 영국에서 정식으로 출간되지는 않았지만 왕립 외과 대학 도서관에는 무니스의 번역본이 소장되었고, 나중에 오언을 비롯한 다른 영국 박물학자들에게 참고가 되었다. 다윈과 무니스는 1840년대 들어 계속 편지를 주고받으며 아르헨티나의 소가 어디에서 왔는지부터 들개의 번식에 이르는 모든 것에 대해 논의했다. 다윈은《종의 기원》의 최신 판본을 포함한 여러 저서에서 무니스의 연구를 언급하기까지 했다.[12]

18세기 말에 아르헨티나에서 태어난 무니스는 진화 사상의 발전에 기여한 새로운 세대의 여러 라틴아메리카 박물학자 가운데 첫 인물이었다. 아르헨티나 독립 전쟁이 한창이던 1814년에 부에노스아이레스의 군사 의학 학교에 입학한 무니스는 1821년에 졸업했다. 그 무렵 아르헨티나, 칠레, 페루, 멕시코를 비롯한 여러 식민지는 스페인으로부터 독립을 선언했다. 아메리카 대륙의 포르투갈제국 역시 비슷한 시기에 붕괴되었으며, 이런 흐름은 1822년에서 1824년까지 일어난 브라질 독립 전쟁으로 절정에 달했다. 이것은 전부 18세기 후반과 19세기 초까지 대서양 세계를 휩쓴 광범위한 혁명 시대의 일부였다. 무니스도 여러 군사작전에서 군의관으로 복무했으며, 화석을 처음 수집하기 시작한 것도 이때였다.[13]

무니스는 자신이 수집한 대부분의 표본을 1825년 주 정부의 지원으로 설립한 부에노스아이레스 공립 박물관에 기증했다. 과거라면 메가테리움 같은 인상적인 화석 표본은 스페인이나 포르투갈로 다시 보내졌을지도 몰랐다. 하지만 이제 식민지에서 독립한 라틴아메리카의 박물학자들은 그들의 일을 새로운 국가 소장품을 만들어가는 작업의 일부로 여기도록 장려되었다. 부에노스아이레스의 한 신문은 최근 귀중한 화석 소장품이 영국에 반출되었다는 사실이 알려지자 이렇게 불만을 터뜨렸다. "우리 땅에서만 관찰할 수 있는 귀중한 대상이 외국 박물관에 전시되어 있다는 사실을 알게 되니 반발감이 고조되었다." 이는 모두 경제적 번영과 군사력의 열쇠로 알려진 새로운 과학 기관을 설립하기 위한 광범위한 노력의 일부였다. 부에노스아이레스의 아르헨티나과학협회 회원 가운데 한 명은 "자체적인 과학 없이는 강국이 될 수 없다"라고 선언하기에 이르렀다.[14]

프란시스코 모레노Francisco Moreno는 19세기 아르헨티나에서 가장 훌륭한 성적을 올린 화석 사냥꾼이었다. 1852년 부유한 가정에서 태어난 모레노는 어린 시절 프란시스코 무니스가 10여 년 전에 그랬던 것처럼 루한 강둑의 흙을 파헤치며 화석을 수집했다. 열네 살 때 모레노는 부에노스아이레스에 있던 부모님 집에 작은 개인 박물관을 차렸다. 유리 캐비닛에는 화석화된 동물의 이빨, 보석, 반짝이는 조개껍데기 표본이 보관되어 있었다. 그리고 1873년 찰스 다윈의 《항해기》를 읽고 영감을 받은 모레노는 스스로 과학 탐사에 나서기로 결심했다. 아르헨티나과학협회의 후원을 받은 모레노는 다윈이 메가테리움의 유해를 포함해 여러 귀중한 표본을 수집했던 파타고니아를 향해 남쪽으로 향할 계획이었다. 모레노는 이후 5년 동안 다윈의 발자취를 되짚으며 리오 산타크루스호를 타고 항해해 남아메리카 남단인 마젤란해협에 이르렀다. 그 과정에서 그는 멸종된 거대한 아르마딜로의 등딱지뿐 아니라 다양한 해양 동물의 화석 유해를 포함한 방대한 수집품을 모았다.[15]

이집트에서 프랑스 박물학자들이 그랬던 것처럼, 모레노의 파타고니아 탐험 역시 군사적 지원이 없었다면 불가능했을 것이다. 1870년대에 아르헨티나는 남쪽으로 영토를 확장하려고 애썼다. 정치 지도자들은 아르헨티나가 파타고니아의 영유권을 주장하지 않는다면 다른 강대국들에 선수를 빼앗길지도 모른다고 염려했다. 칠레가 이미 남아메리카 대륙 태평양 해안선의 상당 부분을 확보한 상황에서 영국은 포클랜드제도를 포함한 남대서양의 보다 작은 영토들이 자국 것이라고 주장했다. 다윈이 비글호 항해 도중에 포클랜드에 들른 것도 바로 이런 이유로 남아메리카 해안을 조사해 영국의 이익을 확보하기 위해서였다. 이런 잠재적 경쟁자들을 염두에 두고 아르헨티나 정부는 1875년에 군사행동을 승인했다. 뒤이은 여러 번의 격렬한 전투에서 아르헨티나 군대는 파타고니아를 향해 남쪽으로 밀고 들어가 수천 명의 원주민을 죽였다. 살아남은 원주민들은 강제로 노동자가 되었다. 모레노는 군대에 지원해 이곳 지형을 미리 정찰하고 그 대가로 인력과 무기, 보급품을 제공받았다. 심지어 아르헨티나 군대는 모레노에게 증기선 한 척을 보급해 파타고니아의 해안선을 더욱 자세히 탐험할 수 있게 했다.[16]

이 시기에 모레노는 인류의 진화에 관심을 갖기 시작했다. 나중에 그의 회상에 따르면 "1873년에 처음으로 파타고니아 땅을 방문했을 때, 나는 오래된 원주민 야영지의 무덤에 있던 여러 다른 모습의 인간 유골을 마주했다." 자신이 가할 문화적, 신체적 폭력에 무관심했던 모레노는 원주민들의 두개골을 수집하기로 했다. 일기에서 모레노는 "나는 두개골과 골격을 풍성하게 수확했다"라며 열성적으로 언급했다. 확실히 하자면 이것들은 옛 인류의 화석이 아니라 최근에 죽은 사람들의 유해였다. 두개골 중 대부분은 원주민의 무덤에서 발굴되었으며, 아르헨티나가 군사작전을 벌인 전장에서 가져온 것도 있었다. 예를 들면 모레노는 파타고니아를 탐험하는 내내 그를 호위했던 원주민 안내원의 시신을 파헤쳤다. 그는 "달 밝은 밤에 그의 시체를 파냈고 뼈는 현재 부에노스아이레스 인류학 박물관에 보관되어 있다"라고 냉혹한 말투로 기록하기도 했다.[17]

모레노의 두개골 수집은 진화 이론이 발전해온 과정의 어두운 면을 상기시키는 중요한 활동이다. 19세기 후반, 특히 다윈이 《인간의 유래Descent of Man》(1871)를 출간한 이후 전 세계의 박물학자들은 인류의 진화적 기원에 대해 논의했다. 이때 박물학자들은 종종 원주민들이 초기 인류의 진화적 '유물'을 드러낸다고 잘못 가정하면서 인종별 차이에 대한 기존 위계질서를 강화하곤 했다. 이것이 모레노가 원주민들의 두개골을 얻는 데 그토록 집착한 이유다. 모레노는 파타고니아에서 수집한 두개골들이 아메리카 대륙에 살았던 '선사시대의 원주민'의 기원에 대해 말해줄지도 모른다고 믿었다. 그의 설명에 따르면 "이곳은 남쪽 끝으로 강제 이주한 모든 아메리카 대륙 인종들이 보통 매장되는 장소인 듯했다."[18]

그리고 이 모든 것은 19세기 후반 라틴아메리카 전역에서 흔히 볼 수 있는 이야기를 강화했다. 원주민들은 근대국가들에 의해 추방될 죽어가는 문명의 잔재 그 이상도 이하도 아니라는 관념이었다. 아르헨티나의 대통령으로 한동안 재임했던 도밍고 사르미엔토Domingo Sarmiento는 다윈의 유명한 비유를 들어 이 점을 설명했다. 아르헨티나의 파타고니아 정복이 절정에 달했던 1879년 사르미엔토는 "일단 문명화된 민족과 접촉하게 되면 원주민들은 최종적으로 멸종을 맞을 것이다"라고 선언했다. 그리고 이는 '전면적인 생존을 위한 투쟁'이라고 결론지었다. 여기서 사르미엔토는 의도적으로 자연도태와 군사적 침략을 뒤섞었다. 파타고니아의 원주민들은 단순히 죽어가는 게 아니라 사실 아르헨티나 군대가 그들을 말살하려고 애쓰고 있었다.[19]

부에노스아이레스로 돌아온 뒤 프란시스코 모레노는 1884년 아르헨티나 정부가 새로 설립한 라플라타 박물관의 초대 관장으로 임명되었다. 그의 광범위한 개인 소장품은 생물의 진화를 전문으로 하는 이 새로운 공공 박물관의 기초가 되었다. 모레노가 파타고니아에서 수집한 화석들은 시간이 지나면서 종이 어떻게 변화하는지 보여주기 위해 진열되었다. 모레노는 유리 캐비닛에 전시된 인류의 유골도 똑

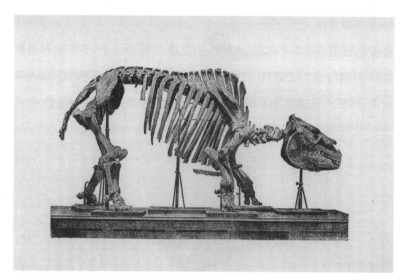

26 '톡소돈'으로 알려진 이 육상 포유류의 골격은 1890년대에 아르헨티나 라플라타 박물관에 전시되었다.

같은 방식으로 진열했으며, 여기에 '현대적인 동시에 선사시대의 것이기도 한 아르헨티나 사람의 유골'이라는 제목을 붙였다. 여느 아르헨티나 박물학자들과 마찬가지로 모레노 역시 이 지역을 진화에 대한 연구를 하는 데 풍부한 자료를 제공하는 장소로 여겼다. 모레노의 설명에 따르면 "한때 파타고니아의 바다와 강을 휘젓고 다니다가 지표면 아래에 파묻힌 이 동물들의 흥미로운 외관은 신생대 3기라는 풍경을 가로지르며 엄청난 풍부함과 다양성을 보여준다."[20]

1886년, 모레노가 일하는 라플라타 박물관에 또 한 명의 야심 찬 아르헨티나 출신 화석 사냥꾼 플로렌티노 아메히노Florentico Ameghino가 합류했다. 1854년 루한에서 태어난 아메히노는 메가테리움을 발견한 장소로 유명한 마을에서 자랐다. 그래서 모레노와 마찬가지로 아메히노 역시 어렸을 때부터 화석을 수집했다. 하지만 모레노와 차이가 있다면 훨씬 가난한 집 출신이었다는 점이었다. 그의 아버지는 구두장이였으며 어린 시절 아메히노는 부에노스아이레스의 부유한 수집가들에게 화석을 팔아 스스로를 부양해야 했다. 하지만 그는 멸종된 아르마딜로의 완전한 골격을 포함한 최고의 표본을 자신의 개인 소장품으로 확실히 챙겨두었다. 그리고 1882년 아메히노는 부에노스아이레스에서 열린 남아메리카 대륙 박람회라는 5만 명 이상이 참가한 엄청난 규모의 과학과 예술 축제에서 자신의 화석을 선보였다.[21]

아메히노는 라플라타 박물관에서 일하면서 소장품을 어떻게 해야 가장 잘 정리할지 고민했다. 그는 종종 모레노와 논쟁을 벌였는데, 두 사람은 서로 다른 화석 사이의 정확한 진화적 관계를 두고 의견이 갈리곤 했다. 거대한 아르마딜로는 검치호와 비교했을 때 어느 자리에 놓아야 할까? 메가테리움 골격을 정확하게 배열하는 방법은 무엇일까? 하지만 아메히노는 이런 논쟁이 소모적이라고 여기게 되었다. 단지 사람마다 의견이 다를 뿐이었다. 아메히노에 따르면 "나는 곧 표본을 분류할 수 없는 게 아니라 분류법 자체에 결함이 있다는 결론에 도달했다." 그에 따라 아메히노는 '새로운 기초 위에 세운 새로운 분류법'을 발전시키기로 결심했다. 진화에 대한 훨씬 더 수학적인 접근을 채택하는 것이 기본적인 생각이었다. 아메히노는 박물학자들이 특정한 화석을 다양한 차원에서 비교하려면 정확한 수학 공식을 사용해야 한다고 주장했다. 이렇게 해야 '천문학자들이 별들의 관계를 결정하는 것과 유사한 정확도로 수치에 근거해 정확하게 화석들의 관계를 알아낼 수 있을 것'이기 때문이다.[22]

아메히노의 아이디어는 전부 진화론 분야의 주요 저작인《계통발생학Phylogeny》(1884)에서 시작되었다. 다윈이 서로 다른 종의 기원을 설명하기 위한 광범위한 이론으로 진화론을 제시했다면, 아메히노는 진화를 중력과 마찬가지로 자연의 수학적 법칙에 따라 이해할 수 있다고 여겼다. 이런 생각은 아메히노를 훨씬 더 급진적인 결론으로 이끌었다. 만약 멸종된 동물의 종을 수학적으로 분류할 수 있다면, 아직 발견되지 않은 종의 존재를 수학적으로 예측하는 것도 가능하지 않을까? 아메히노는 "화석동물을 목록에 올리면 우리가 미지의 것을 판단하는 데 필요한 알려진 개념과 용어의 집합을 타협을 통해 얻게 된다"라고 했다. 이는 대담한 제안이었다. 오늘날에도 진화론을 예측 가능한 과학으로 간주하는 생물학자는 거의 없다. 하지만 1880년대에 이 글을 쓴 아메히노는 궁극적으로 다윈이 옳다면, 박물학자들이 발굴하기를 기다리는 종들이 존재함을 예측하지 못할 이유가 없다고 믿었다.[23]

19세기에 걸쳐 찰스 다윈의 생각은 라틴아메리카 전역에 퍼졌다.《종의 기원》의 값싼 스페인어 번역본을 멕시코시티에서 구할 수 있었고, 우루과이의 의대생들은 학위 과정 일부로 진화론을 배웠다. 1870년대에는 진화론이 쿠바에도 퍼져 아바나 대학교에서 다윈의 이론을 가르치기에 이르렀다. 일부 가톨릭 지도자들은 다윈 이론이 종교에 대해 시사하는 바를 우려했다. 하지만 대체로 라틴아메리카에서 진화론은 열렬한 환영을 받았다. 특히 아르헨티나에는 진화 사상가들이 활발하게 활동하는 공동체가 생겨났다. 다른 곳과 마찬가지로 아르헨티나 수집가들은 화석을 찾기 위해 군대를 따라 파타고니아에 가는 등 진화론의 발전과 무력 충돌이 함께하는 것처럼 보였다. 이렇게 모인 화석들은 부에노스아이레스 공공 박물관이나 라플라타 박물관처럼 생물의 진화에 대해서 전시하는 새로운 과학 기관의 기초가 되었다.[24]

많은 아르헨티나 사람들에게 이런 인상적인 화석 수집품은 과학계에 공헌할 훨씬 더 많은 것들이 자국에 있을지도 모른다는 생각을 갖게 했다. 다윈 자신도 파타고니아에서 화석을 수집하는 과정에서 처음으로 진화에 대해 생각했다. 아르헨티나의 정치 지도자들은 이 점을 잊지 않았다. 부에노스아이레스에서 열린 공개 강연에서 아르헨티나의 전 대통령 도밍고 사르미엔토는 "아르헨티나는 화석과 여러 생물 종을 통해 다윈에게 과학 이론과 명성을 선사했다"라고 말했다. 이런 생각을 더 밀어붙여 생명의 기원 자체가 파타고니아에 있을 수도 있다고 주장하는 사람들도 나왔다. 1897년 라플라타 대학교의 개교를 축하하는 연설에서 아메히노는 "현재 아르헨티나에 서식하는 포유류의 조상들뿐 아니라 전 세계 모든 지역과 기후에 서식하는 생물의 조상들이 한때 아르헨티나 영토에 살았다"라고 주장했다. 이것은 급진적인 제안이었지만 틀린 것으로 판명되었다. 그럼에도 라틴아메리카 국가들이 새로운 정체성을 찾고 있던 시대에 이러한 진화 이야기는 더할 나위 없이 매력적이었다. 아메히노는 아르헨티나가 더 이상 대서양 변방에 자리한 스페인 식민지가 아니라는 사실을 세계만방에 알리고 싶었다. 그보다 아르헨티나는 지구의 새로운 진화 역사의 중심에 있었다.[25]

제정러시아의 진화론

니콜라이 세베르초프Nikolai Severtzov는 큰 불곰이 가파른 절벽을 내려오는 모습을 지켜보았다. 공기는 얼음처럼 차가웠고 땅은 눈으로 덮여 있었다. 세베르초프의 심장이 아까보다 더 빨리 뛰었다. 곰이 점점 가까워지고 있었다. 그는 천천히 총을 들어 방아쇠를 당겼다. 총성이 온 산에 메아리쳤고 곰이 눈 위에 피를 흘리며 옆으로 쓰러졌다. 몇 분이 지나 곰은 죽었다. 만족한 세베르초프는 곰에게 다가가 발톱을 조사했다. 예상했듯 흰색이었다. 세베르초프는 일지를 쓰면서 그들이 오늘날의 키르기스스탄에 자리한 톈산산맥을 통과해 길을 가기 전에 곰의 가죽을 벗기라고 키르기스족 출신 가이드에게 명

3부 ✦ 자본주의와 갈등의 시대: 1790~1914년

령했다. 1860년대 영향력 있는 러시아 박물학자 세베르초프는 중앙아시아를 구석구석 멀리까지 탐험했다. 그리고 이 과정에서 그는 곰, 박쥐, 독수리를 포함해 많은 동물 표본을 수집했다. 세베르초프는 나중에 이 소장품의 대부분을 모스크바 대학의 동물학 박물관에 기증했으며, 이 표본들은 그의 주요 자연사 저작인 《투르키스탄 동물상의 수직·수평분포The Vertical and Horizontal Distribution of Turkestan Animals》(1872)의 기초를 이뤘다.[26]

앞에서 살펴본 다른 박물학자들과 마찬가지로 세베르초프의 과학 탐사는 보다 광범위한 군사작전의 일부였다. 1840년대 후반부터 러시아제국은 중앙아시아까지 뻗어나갔고, 이런 흐름은 1847년에 코칸트칸국에 대한 공격으로 시작해 1865년 투르키스탄의 정복으로 절정에 달했다. 이것은 영국과 러시아제국이 중앙아시아 지배를 위해 애쓴 보다 광범위한 작전인 소위 '위대한 게임'의 일부였다. 세베르초프 자신도 군인 출신이었다. 그의 아버지는 1812년 보로디노 전투에서 군대를 이끌면서 프랑스가 러시아를 침공하는 동안 나폴레옹에 대항해 싸웠다. 세베르초프도 군대에 입대했지만 신분은 아버지와 매우 달랐다. 모스크바 대학에서 동물학을 공부한 세베르초프는 박물학자로 군대에 입대했다. 그리고 상트페테르부르크 과학 아카데미의 후원으로 그는 러시아가 중앙아시아를 정복한 기간에 10년 넘게 표본을 수집하고 풍경을 기록했다. 한때는 코칸트칸국의 반군에 포로로 잡혀 감옥에서 한 달 동안 벽에 몸이 묶인 채 보내기도 했다. 결국 세베르초프는 러시아 군대가 반격을 하는 과정에서 석방되었지만, 전투 중 얼굴에 관통상을 입어 평생 지워지지 않는 흉터가 남았다.[27]

중앙아시아에서 돌아온 세베르초프는 1872년 모스크바박물학협회의 한 회의에서 자신의 연구 결과를 발표했다. 잘 갖춰 입은 신사들 사이에서 그는 왠지 겉도는 것처럼 보였다. 헝클어진 긴 머리, 지저분한 회색 턱수염에 낡은 모피 코트를 걸친 세베르초프는 전통적인 이미지의 과학자라기보다는 투박한 외모의 탐험가 같았다. 하지만 그는 외모가 어떻든 예리한 과학적 관점을 갖추고 있었다. 세베르초프가 봤을 때 투르키스탄의 자연사는 환경이 동물의 진화에 미치는 영향에 대한 놀라운 증거를 제공했다. 예컨대 불곰의 경우 발톱과 털 색깔이 고도에 따라 달랐다. 톈산산맥처럼 보다 높은 고도에 사는 곰들은 발톱이 희고 털은 연한색이었다. 반면 보다 낮은 고도에 서식하는 곰들은 거무스름한 발톱과 어두운색 털이 특징이었다. 세베르초프는 연한색 털과 흰 발톱이 눈 덮인 환경에서 몸을 위장하는 데 유리하기 때문에 이것은 환경에 대한 진화적 적응이 틀림없다고 추론했다. 또 그는 '중앙아시아의 야생 양과 길든 양의 기원'에 대해 기록하면서 큰 뿔과 튼튼한 근육을 갖춘 야생 양들은 길든 양 떼 사이에서 쫓겨나지 않도록 신체 특성을 변형시켜야 했다고 언급했다. 길든 양이 도입되면서 야생 양들이 환경에 적응하고 경쟁에 직면해 좀 더 강해지게 되었다는 생각이었다. 세베르초프는 이 모든 것이 '종 변이 법칙'의 증거라고 주장했다.[28]

비록 주요 저서가 1870년대에 출간되기는 했지만 세베르초프는 사실 1850년대 초부터 진화에 대해 글을 썼다. 1855년에는 모스크바 대학에서 러시아 남서부 보로네시 주변의 환경과 종 다양성의 관계에 대해 석사 논문을 썼다. 이 논문에서 세베르초프는 찰스 다윈과 무척 흡사한 관점에서 종의 발달 과정을 '생명의 나무'로 묘사했다. 이후 1857년 상트페테르부르크 과학 아카데미의 강연에서 세베르초프는 자신의 초기 사상을 보다 확장했다. 그는 아카데미 회원들 앞에서 '유기체에 고유한 진화와 변이의 원리'가 있다고 주장했다. 여러 러시아 박물학자들과 마찬가지로, 세베르초프는 진화를 일으키는 환경의 힘에 특히 중점을 두었다. '환경의 영향 아래 종의 유형이 변형되기 때문'이었다. 상트페테르부르크 과학 아카데미가 러시아 군대와 함께 중앙아시아를 횡단하도록 세베르초프의 탐사를 후원한 것도 이 회의를 통해서였다. 아카데미의 많은 회원은 종이 변화를 겪을 수 있다고 확신했기에 세베르초프의 생각에 공감했다. 이들은 세베르초프가 투르키스탄에서 수집한 표본들이 그러한 이론을 입증하는 데 필요한 증거가 되어주기를 바랐다.[29]

　　1859년《종의 기원》이 출간된 이후 19세기 러시아 학자들은 찰스 다윈의 주장을 수용하는 태도를 보였다. 그 이유는 부분적으로 앞서 언급한 것처럼 러시아 박물학자들은 이미 생물의 진화에 대해 생각하고 있었기 때문이었다. 상트페테르부르크 과학 아카데미의 회원들은 1820년대 초부터 '점진적인 변태' 이론은 논의해왔고 모스크바 대학의 학생들은 1840년대 이후로 진화에 대해 배웠다. 다윈 자신도 1820년대 진화론의 발전에 중요한 공헌을 한 카를 폰 베어 Karl von Baer 라는 초기 러시아 발생학자의 공로를 인정했다.[30]

　　러시아에서 과학이 새로이 성장하는 시기에 다윈의 주장이 수용되었던 만큼《종의 기원》의 출간 시점은 중요했다. 1853년에서 1856년까지 이어진 크림전쟁에서 패배한 뒤 차르 알렉산드르 2세는 일련의 전면적인 교육과 정치 개혁을 펼쳤다. 당시 러시아는 다른 유럽 국가들에 비해 뒤처져 있었기에, 17세기 말 표트르 1세 치하에서 그랬던 것처럼 다시 한번 근대화할 필요가 있다고 여겨졌다. 1855년에 러시아의 교육부 장관은 이렇게 말했다. "만약 적이 우리보다 우월하다면, 그것은 단지 지식의 힘 때문일 것이다." 그에 따라 정부는 처음으로 모든 러시아 학교에 과학 교육을 도입했다. 또 같은 개혁의 일환으로 대학은 교수 임용과 자금 배분 측면에서 좀 더 큰 자율성을 부여받았다. 이런 흐름은 1861년에 설립된 모스크바 대학의 동물학 박물관이나 1869년에 설립된 세바스토폴 생물학 연구소처럼 과학에 특화된 박물관과 실험실의 설치로 이어졌다.[31]

다른 여러 국가와 마찬가지로 러시아가 다윈의 아이디어를 열정적으로 수용한 것은 근대화의 물결과 밀접하게 연관되어 있었다. 모스크바에서 새로 창립된 자유주의적인 잡지 〈러시안 헤럴드Russian Herald〉는 《종의 기원》에 대해 '자연과학 분야 저서 가운데 가장 훌륭한 책 중 하나'라고 묘사했으며, 상트페테르부르크 박물학회 사무국장은 '오늘날의 생물학자는 거의 대부분 다윈 추종자'라고 언급했다. 《종의 기원》은 영국 진화 사상가들의 다른 여러 저서가 그랬듯 1864년에 빠르게 러시아 번역본으로 출간되었다. 토머스 헨리 헉슬리Thomas Henry Huxley의 《자연계에서 인간의 위치Evidence as to Man's Plan in Nature》(1863)나 앨프리드 러셀 월리스Alfred Russel Wallace의 《자연선택 이론에 대한 기여Contributions to the Theory of Natural Selection》(1870)도 마찬가지였다. 진화론은 러시아 문학에도 스며들었다. 레프 리콜라예비치 톨스토이Lev Nikolayevich Tolstoy는 소설 《안나 카레니나Anna Karenina》(1878)에 등장인물 가운데 한 명이 안나에게 '생존경쟁'과 '자연선택'에 대해 설명하는 구절을 등장시켰다. 19세기 러시아의 또 다른 위대한 소설가 표도르 미하일로비치 도스토옙스키Fyodor Mikhailovich Dostoevski도 마찬가지로 다윈주의에 열광했으며, 영국 자연주의자들을 '유럽 진보 사상의 지도자'라고 일컬었다. 하지만 다른 나라와 마찬가지로 러시아에서도 종교 당국의 탄압으로 특히 다윈의 《인간의 유래》가 출간된 이후에는 정부 검열관이 책을 잠시 판매 금지했다. 하지만 전반적으로 볼 때 19세기 러시아에서 진화에 대한 믿음은 완전하게 존중받을 만하다고 여겨졌다.[32]

이처럼 진화론이 열정적으로 수용되었다고 해서 다윈의 생각이 액면 그대로 전부 받아들여진 것은 아니었다. 가장 헌신적인 다윈주의자도 《종의 기원》이 해답 없는 여러 의문점을 남긴다는 사실을 알아차렸다. 특히 러시아 박물학자들은 다윈이 진화의 주요 원동력으로 생물 개체 사이의 경쟁에 지나치게 중점을 두고 있다고 비판하는 경우가 많았다. 그 대신 많은 학자는 자연선택에서 환경이나 질병의 중요성에 초점을 맞췄다. 경쟁에 대한 강조는 인간과 동물 사회 둘 다에서 협동의 역할을 무시하는 것처럼 여겨졌다. 이것은 다윈 자신도 후기 저서, 특히《인간의 유래》에서 다루려고 했던 문제였다. 하지만 이 저서에서도 다윈은 잔인한 경쟁으로 지배되는 세계가 어떻게 그처럼 복잡한 형태의 협동을 불러일으키는지 설명하기 어렵다는 사실을 인식했다. 벌집을 짓기 위해 함께 일하는 벌 무리에서 일어나는 협동이든, 늑대 무리에서 일어나는 협동이든 말이다. 이 점을 염두에 두고 여러 러시아 박물학자는 다윈의 초기 사상을 받아들이고 확장했으며, 때로는 도전하기도 했다. 그렇게 함으로써 이들은 진화적 사고의 발전에 중요한 공헌을 했다.[33]

일리야 메치니코프Ilya Mechnikov는 전날 채집한 불가사리의 배아를 현미경으로 주의 깊게 들여다보았다.[pic 15] 비록 초현실적인 광경이었지만 아름다웠다. 메치니코프는 이 단계에서도 여전히 반투명한, 발생 중인 동물 안에서 움직이는 모든 세포를 관찰했다. 그런 다음 그는 다소 잔인한 행동을 했다. 날카로운 가시를 배아 속으로 밀어 넣은 다음 기다렸던 것이다. 그러자 메치니코프가 바라던 대로 불가사리의 배아가 반응했다. 현미경으로 관찰하니 한 무리의 세포가 가시를 둘러싸고 구멍이 난 부분으로 이동하는 모습이 보였다. 이후 몇 시간 동안 이 세포 무리는 배아에서 가시를 밀어냈다. 메치니코프는 자신이 믿을 수 없을 만큼 중요한 장면을 관찰하고 있다는 사실을 깨달았다. 동물 세포가 서로 협력해 면역반응을 일으킬 수 있다는 최초의 직접적 증거였다. 메치니코프는 1883년 러시아 박물학 및 의학회에서 연

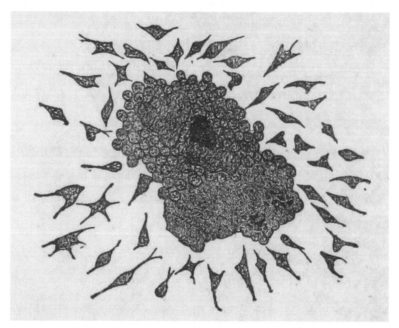

27 일리야 메치니코프가 현미경으로 관찰한 결과를 촬영한 사진. 불가사리 배아에 난 구멍 주위에 식세포가 배열된 모습이다.

구 결과를 보고하면서 자신의 '식세포 이론'을 설명했다. 과학자들은 19세기 중반부터 백혈구에 대해 알고 있었지만 아무도 그것의 쓰임새를 알지 못했다. 당시 대부분의 의사는 염증이란 통제가 필요한 질병의 한 증상이라고 여겼는데, 메치니코프는 이런 생각이 잘못되었다는 사실을 깨달았다. 염증은 단순히 질병의 증상이 아니라 불가사리에서 관찰한 식세포의 행동처럼 다양한 세포가 서로 협력해 감염과 싸우는 반응이었다. 메치니코프는 이렇게 질병에 대한 과학적 이해에 큰 돌파구를 발견한 공로로 1908년 노벨 생리의학상을 공동 수상했다.[34]

오늘날 메치니코프는 의학의 선구자로 기억된다. 하지만 그는 중요한 진화 사상가이기도 했다. 19세기 중반 우크라이나 하르키우에서 태어난 메치니코프는 1860년대에 독일에서 공부하는 동안 찰스 다윈에 대해 처음 알게 되었다. 라이프치히에서 그는 《종의 기원》의 독일어 번역본을 구입하고 그 책을 열정적으로 탐독했다. 비록 다른 여러 러시아 박물학자와 마찬가지로 다윈이 같은 종 구성원 사이의 자원 경쟁에 지나치게 중점을 두었다고 생각하기는 했지만, 그래도 진화론에 공감했다. 메치니코프는 "지구 구석구석이 생명체로 풍부하다는 견해는 확실히 사실이 아니다"라고 썼다. 그럼에도 메치니코프가 면역계에 대한 연구를 이어간 것은 진화에 대한 관심 덕분이었다. 상트페테르부르크 대학에서 발생학 박사과정을 마친 메치니코프는 1870년 오데사 대학에 일자리를 얻었다. 1865년에 설립된 이 대학은 알렉산드르 2세의 교육 개혁에 따라 세운 대학 가운데 한 곳이었다. 흑해 근처에 위치한 이 대학에서 메치니코프는 해양 동물 면역계의 진화에 대해 연구했다.[35]

다윈은 자연선택이 하나의 종 내 개체들 사이의 투쟁과 관련된다고 강조했다면, 메치니코프는 질병의 역할을 강조했다. 19세기에 전 세계는 콜레라에서 독감에 이르기까지 다양한 전염병을 파도처럼 연달아 경험했다. 철도와 증기선 같은 새로운 산업과 기술을 통해 전 세계가 점점 더 가까이 연결되어 질병이 보다 빠른 속도로 퍼지면서, 이러한 병은 19세기에 걸쳐 점점 더 심각하게 확산되었다. 메치니코프 자신도 1846년에서 1860년까지 러시아에서 100만 명 넘는 인구가 사망한 19세기의 가장 치명적인 콜레라에서 살아남았다. 그리고 1873년에 메치니코프의 첫 번째 부인 루드밀라는 겨우 21세의 나이에 결핵으로 숨을 거뒀다. 살아가는 일은 투쟁처럼 보였고 메치니코프는 때때로 대처하기 힘들다고 느꼈다(그는 아내가 사망한 직후 처음으로 두 번이나 자살을 시도했다). 궁극적으로 다른 여러 러시아인과 마찬가지로, 메치니코프의 관점에서 생명에 대한 가장 큰 위협은 자원 경쟁이 아니었다. 그보다 질병 앞에서 살아남기 위한 투쟁이야말로 진정한 생존 투쟁이었다. 진화에 대한 메치니코프의 관점을 형성한 것은 바

로 이런 아이디어였다.[36]

　19세기에 대부분의 진화 사상가들은 인간과 유인원 간의 해부학적 유사성이 둘 사이 공통 조상에 대한 최고의 증거라고 믿었다. 하지만 메치니코프는 다른 접근법을 취했다. 면역 세포야말로 모든 생명체의 공통 조상이 존재한다는 사실을 알려주는 직접적인 증거라고 주장했던 것이다. 세균 같은 단세포생물은 일반적으로 다른 작은 유기체를 집어삼켜 세포 내에서 소화시키면서 살아간다. 메치니코프는 이것이 바로 면역 세포가 하는 일이라고 주장했다. 대식세포 같은 백혈구는 질병의 확산을 막기 위해 세균을 삼키고 자기 세포 안에서 소화시킨다. 메치니코프는 백혈구가 다른 세포를 집어삼키는 과정이 바로 단세포생물이 다세포생물로 진화하는 과정의 진화적 유물이 틀림없다고 추론했다. 또 메치니코프는 인간에서 불가사리에 이르는 많은 종류의 동물이 서로 비슷한 종류의 면역 세포를 갖추고 있다는 사실을 지적했는데, 진화적 역사를 공유하기 때문이었다. 이것은 메치니코프가 말했듯 '인간은 다른 동물들과 피를 나눈 친척'이라는 가장 좋은 증거였다.[37]

　메치니코프는 면역 세포의 존재가 진화가 일어났다는 직접적인 증거라고 믿었으며, 동시에 염증이 몸 안에서 일어나는 자연선택의 한 형태라고 여겼다. 여러 면역 세포의 역할은 세균을 비롯한 외부 물질을 극복하는 것이었다. 종종 이 임무는 외부 세포를 집어삼키고 이 세포들이 더 퍼져서 번식하기 전에 파괴함으로써 달성되었다. 여기에 대해 메치니코프는 1903년에 "이 전투는 우리 존재의 가장 깊은 곳에서 격렬하게 펼쳐지는 진정한 싸움이다"라고 묘사했다. 그는 군사적인 은유를 여러 번 활용했다. 예컨대 메치니코프는 러시아제국이 중앙아시아로 확장되던 당시 오데사에서 열린 강연에서 "면역계는 야만적인 부족에 대항해서 싸우는 고도로 조직된 국가 같다"라고 설명했다. 그리고 "세균에 대항해 면역계는 아메바 모양의 세포 군단을 내보낸다"라고 마무리했다. 여기서 우리는 19세기 벌어진 민족주의의 성장과 전쟁이 자연에 대한 과학자들의 관점에 어떤 영향을 끼쳤는지 다시 한번 확인할 수 있다. 메치니코프에게 몸은 또 하나의 전쟁터였다.[38]

    메치니코프가 오데사에서 연구하는 동안 흑해 반대편에서 중요한 연구를 수행하던 다른 러시아 박물학자 집단이 있었다. 세바스토폴 생물학 연구소에 기반을 둔 이 과학자들을 이끌던 인물은 소피아 페레야슬라브체바Sofia Pereiaslavtseva였는데, 그는 선구적인 발생학자이자 과학 실험실을 지휘한 세계 최초의 여성 가운데 한 명이었다. 페레야슬라브체바가 여기까지 오는 것은 결코 쉽지 않았다. 알렉산드르 2세가 교육 개혁을 실시하면서 점점 더 많은 러시아 남성이 대학에 다니게 되었지만 여성은 그러지 못했다. 그러던 1861년, 한 무리의 학생이 여성도 고등교육에 보다 쉽게 접근해야 한다고 요구하며 상트페테르부르크 대학까지 가두 행진을 벌였다. 하지만 알렉산드르 2세는 이 요구를 무시했을 뿐 아니라 여성들이 아예 러시아의 대학에 다니지 못하도록 공식적으로 금지했다(금지되기 전에는 일부 여성이 학위를 받지는 못해도 러시아의 대학에서 비공식적으로 공부할 수 있었다). 그래도 많은 여성이 좌절하지 않고 원하는 바를 스스로 얻기로 결심했다. 이들은 러시아에서 상황이 바뀌기를 기다리기보다 해외에 나가 공부하기로 했다. 그중 한 명이었던 소피아 페레야슬라브체바도 취리히 대학교에 등록하기 위해 스위스로 나갔다. 취리히 대학교는 여성들이 공부하도록 허용했을 뿐만 아니라 공식 학위도 수여했기 때문에 그 당시 많은 러시아 여성에게 인기 있는 유학처였다. 1917년에 볼셰비키 혁명이 일어날 때까지 그랬다.[39]

페레야슬라브체바는 항상 박물학에 애정을 품고 있었다. 육군 대령의 딸인 그는 어린 시절부터 고향 보로네시에서 나비를 채집했다. 페레야슬라브체바의 꿈은 박물학을 전공한 학자였다. 그랬던 만큼 알렉산드르 2세가 러시아에서 여성의 대학 입학을 금지시켰을 때 페레야슬라브체바의 좌절감은 이루 말할 수 없었다. 그럼에도 여성 교육의 의의를 이해하는 아버지를 설득해 스위스로 유학 갔다. 그리고 1876년, 4년간 공부에 집중한 끝에 페레야슬라브체바는 동물학 박사 학위를 받으며 졸업했는데, 러시아 여성으로서는 최초였다. 페레야슬라브체바는 1878년에 러시아로 돌아오자마자 세바스토폴 생물학 연구소의 책임자로 임명되었다.

그 후 10년 동안 페레야슬라브체바는 진화 발생학 연구를 수행했다. 흑해와 접한 연구소에서 페레야슬라브체바는 현미경으로 해양 동물의 배아를 채집하고 검사했다. 이런 종류의 일에는 엄청난 기술과 인내가 필요했다. 페레야슬라브체바는 서로 다른 종 사이의 발생학적 단계를 비교했으며, 프랑스의 박물학자 에티엔 조프루아 생틸레르와 마찬가지로 이 비교가 동물들의 진화사에 대해 무언가를 얘기해줄 것이라고 믿었다. 하지만 이렇게 비교하려면 여러 시간에 걸쳐 현미경으로 배아의 성장을 지켜보아야 했다. 가끔은 30시간이나 실험대 앞에 머물렀으며 중간에 몇 차례의 짧은 휴식이 다였다.[40]

여성 교육의 선구자인 페레야슬라브체바는 세바스토폴 생물학 연구실에서 자신의 위치를 활용해 다른 여성 과학자들의 경력을 키워주었다. 얼마 지나지 않아 페레야슬라브체바는 연구실에서 진화 발생학의 또 다른 초기 개척자 마리아 로시스카야Maria Rossiiskaia, 예카테리나 바그너Ekaterina Wagner와 합류했다. 이 3명의 여성은 서로가 얻은 결과를 비교하면서 해양 동물의 발생학을 함께 연구했다. 페레야슬라브체바는 편형동물, 로시스카야와 바그너는 새우를 연구 주제로 삼았다.

〈모스크바 박물학회 회보Bulletin of the Moscow Society of Naturalists〉에 발표된 논문에서 페레야슬라브체바의 팀은 발생학적 발달 단계에 기초해 서로 다른 해양 동물들 사이의 진화적 연관성을 확립했다. 이런 업적을 인정받아 페레야슬라브체바는 1883년 러시아 박물학 및 의학회에서 큰 상을 받았는데, 남성들이 여전히 과학자라는 직업을 지배하던 시기에 여성의 기여를 인정한 드문 사례였다.[41]

€

19세기는 자본주의와 각종 분쟁의 시대였다. 하지만 동시에 사람들이 사회주의든, 공산주의든, 무정부주의든 다양한 정치적 대안을 분명한 어조로 말하기 시작한 시대이기도 했다. 러시아에서는 진화에 관심이 있는 사람들과 좌파 정치에 관심이 있는 사람들의 면면이 꽤 겹치는 경우가 많았다. 예컨대 1917년 볼셰비키 혁명을 이끈 레온 트로츠키Leon Trotsky는 1890년대에 감옥에서 지내는 잠시 동안 찰스 다윈의 저서를 여럿 읽었고, 후에 친구에게 "진화라는 아이디어가 나를 완전히 사로잡았다"라고 말했다. 또 비슷한 시기에 러시아의 대표적인 무정부주의자 표트르 크로포트킨Peter Kropotkin은 《상호 부조론: 진화의 한 요인Mutual Aid: A Factor of Evolution》(1902)을 출간했다. 이 책에서 크로포트킨은 동물계에서 일어나는 협동과 인류가 생존하기 위해 협력해야 할 필요성 사이에 분명한 유사점이 존재한다고 설명했다. 당시 정치적 견해에 대한 박해를 받아 러시아를 탈출해 런던에 거주하던 크로포트킨은 이렇게 "사교적이지 못한 생물 종은 사라질 운명에 처한다"라고 주장했다.[42]

안드레이 베케토프Andrei Beketov 역시 사회주의에서 사회와 자연에 대한 또 다른 사고방식을 발견한 사람 중 한 사람이었다. 1825년에 러시아 중부에서 태어난 베케토프는 반골 기질이 있었다. 처음에 사관학교에 입학했지만 규율을 잘 지키지 못한다는 이유로 곧 쫓겨났다.

젊었던 베케토프는 그 후 상트페테르부르크 주변에 머물며 프랑스의 초기 사회주의자 샤를 푸리에Charles Fourier의 저작을 읽고 사회주의 연구 모임에 참석했다. 이런 정치적 반역 행위를 차르가 호의적으로 받아들이지 않았던 만큼 이 모임에 나가는 것은 위험했다. 그럼에도 베케토프는 가까스로 곤경에서 벗어나 식물학을 공부하기 위해 카잔 대학에 진학했고, 1858년 마침내 박사 학위를 받으며 졸업했다. 그리고 곧 상트페테르부르크 대학 식물학 교수로 임명되었다.[43]

베케토프는 직업 생활 내내 생물의 진화에서 환경의 역할을 강조했다. 그는 상트페테르부르크 대학에서 자신의 학생들에게 '실제로 일어나는 생존경쟁'은 한정된 자원을 두고 경쟁하는 개체들 사이에서 벌어지지 않는다고 설명했다. 오히려 그것은 개체와 환경 사이에서 일어났다. 식물이 좋은 예였다. 베케토프는 학생들에게 시베리아의 얼어붙은 풍경이나 러시아 스텝 지대의 노출된 지형을 상상해보라고 주문했다. 두 환경에서 식물은 생존을 위해 서로 경쟁하는 대신, 추위와 바람에 위협을 받는다. 베케토프에 따르면 "생물은 자연의 힘과 지속적이고 완강한 투쟁을 겪는다." 이런 지역에서 관찰된 특정한 적응이 진화하게 된 배경에는 환경과의 투쟁이 있었다고 베케토프는 주장했다. 예컨대 시베리아에서 자라는 식물들은 추위에 저항하는 경향이 있고 바위 지형을 따라 얕은 뿌리가 퍼져나가는 반면, 스텝 지대에서 자라는 식물들은 바람으로부터 스스로 보호하기 위해 낮은 곳에 머물렀다.[44]

그뿐 아니라 베케토프는 혹독한 환경의 압력이 협동의 진화를 설명하는 데 도움을 줄 수 있다고 여겼다. 그는 시베리아와 스텝 지대에서 식물이 바람으로부터 자신을 보호하기 위해 같은 종끼리 서로 가까이 붙어 자라는 것을 예로 들었다. 여기에 더해 숲속 식물들이 서로 의존해 살아가는 경우가 많다는 점에 주목한 베케토프는 오늘날 우리가 '생태학'이라고 부르는 분야에 대한 초기 이해를 발전시켰다. 베케토프는 '식물이 서로에게 제공하는 상호 부조'가 그들에게 생존의 열쇠라고 주장했다. 궁극적으로 헌신적인 사회주의자였던 베케토프는 다윈이 개체의 투쟁이야말로 생존에 필수적인 요소라고 가정한 것이 잘못이라고 믿었다. 인간이든 동식물이든, 협동을 해야 가혹한 환경에서도 보다 잘 살아남을 수 있었다. 베케토프는 '사회성'이야말로 '강력한 자기방어 수단'이라고 결론지었다.[45]

1882년에 다윈이 사망하자 러시아 박물학 및 의학회는 다윈의 생애와 업적을 기념하고자 특별 회의를 개최했다. 참가자 거의 모두가 다윈이야말로 19세기의 가장 중요한 과학 사상가로 손꼽힌다는 데 동의했다. 하지만 다윈이 대답할 수 없는 여러 질문을 남겼다고 지적하는 사람도 많았다. 참가자 가운데 한 사람은 "다윈은 자신의 작업을 마무리하지 못하고 죽었다"고 말했는데, 이는 당시 러시아 박물학자들 사이에 널리 퍼진 생각이었다. 물론 몇몇 사람들은 '생존 투쟁'이라는 개념이 크림전쟁의 여파를 겪고 있는 당시 러시아의 실정을 아주 잘 반영한다고 여겼다. 하지만 동시에 상당수의 러시아 박물학자들은 《종의 기원》이 모든 것을 설명하지는 못한다고 생각했다. 특히 다윈이 개체들 사이의 투쟁을 강조한 것은 자연선택에서 환경과 질병의 역할을 무시하는 것처럼 보였다. 그렇기에 이들 사이에서 진화에 대한 관심은 다윈의 유산이 불완전하다는 느낌과 함께했다. 면역계에 대한 일리야 메치니코프의 연구에서 '상호 부조'에 대한 안드레이 베케토프의 연구에 이르기까지, 러시아 박물학자들은 다윈의 사상을 새로운 방향으로 밀고 나갔다. 그에 따라 이들은 진화가 현대 생물학의 근본적인 한 요인으로 자리매김하도록 기여했다.[46]

일본 메이지 시대의 다윈주의

에드워드 모스Edward Morse는 진화에 대한 세 번의 강의 중 첫 강의를 할 준비를 마친 채 단상에 올랐다. 일본에 온 지 겨우 몇 달 된 그는 이곳에서 자라는 완족류 한 종을 연구하기 위해 도착했는데, 이 종은 깊은 진화적 역사를 지닌 고대 해양 동물이었다. 이제 모스는 도쿄 대학에서 800명이 넘는 청중 앞에서 연설해야 했다. 1877년 10월 6일, 모스는 자연선택의 원리에 대한 놀라운 설명과 함께 첫 강의의 운을 뗐다. 모스는 사람들에게 다음과 같은 시나리오를 상상해보라고 말했다.

> 만약 제가 이 강의실의 문을 굳게 잠근다면, 며칠 되지 않아 몸이 약한 분들이 사망자 명단에 오를 겁니다. 그리고 여러분 중 건강하신 분들은 아마 1주나 2주, 3주간 버티다가 목숨을 잃겠죠.

모스는 잠시 말을 멈추고 청중이 그가 방금 한 말을 되새길 틈을 주었다. 몇몇 사람들은 두리번거리며 강의실 뒤편의 문이 열려 있는지 확인했다. 목숨을 잃을 가능성이 가장 크다고 생각되는 사람들을 속으로 지목하는 사람들도 있었다. 뒤이어 모스는 자연계가 '식량이 부족한 폐쇄된 공간'이라는 점에서 강의실과 다를 바 없다고 말했다. 이런 시나리오에서는 가장 강한 사람들만이 살아남아 자신의 신체적 특성을 물려줄 것이다. 모스는 설명을 이어갔다. "만약 그런 상황이 몇 년 동안 지속된다면, 미래의 후손들은 현재의 여러분과는 완전히 다를 것입니다. 힘세고 지독하게 끈질긴 유형의 인류가 태어나겠죠." 모스는 이렇게 결론을 내렸다.[47]

이후 몇 주에 걸쳐 모스는 진화에 대한 일련의 강의를 계속했다. 두 번째 강의에서 그는 '생존을 위한 투쟁' 개념을 훨씬 더 확장했다. 도쿄 대학의 수강생들은 모스가 "전쟁에 유용한 특성을 지닌 집단이 살아남는 경향이 있다"고 주장한 내용에 귀를 기울이는 듯했다. 모스는 기술의 진보가 적자생존에서 중요한 역할을 한다고도 설명했다. 모스는 "금속 무기를 제작할 수 있는 집단이 활과 화살로 싸우는 집단을 물리칠 것이 분명하다"라고 예를 들었다. 모스의 설명에 따르면 자연선택이란 '선진적인 인종은 살아남고 후진적인 인종은 사라진다'는 원리와 다르지 않았다. 우리가 이 장에서 살폈듯 이러한 종류의 군사적 은유는 19세기 진화 사상에서 일반적으로 드러나는 요소였다. 그리고 일본에서는 이 은유가 특히 강력한 울림을 주었다. 당시 일본은 잔인한 내전을 벌인 지 10년도 채 지나지 않은 시점이었다. 1868년 한 무리의 사무라이들이 동맹을 맺고 도쿠가와 막부를 전복시키고자 싸웠다. 이들은 쇼군이 일본의 근대화를 가로막아 외세의 군사 침략에 직면한 일본을 약화하고 있다고 여겼다. 사무라이들은 수도인 에도까지 치고 나갔고, 그곳에서 쇼군의 군대를 물리친 후 메이지 황제를 황위에 앉혔다. '메이지 시대'의 시작이었다.[48]

도쿄 대학에서 모스의 강의를 듣는 사람들 중 내전에 대한 개인적인 경험이 있던 젊은 일본인 생물학자 한 사람이 있었다. 1861년 에도에서 태어난 이시카와 지요마쓰石川千代松였다. 쇼군 밑에서 일했던 그의 아버지는 일본의 전통적인 박물학이나 의학 분야의 수집품을 많이 소장하고 있었다. 어렸을 때 이시카와는 가이바라 에키켄의《야마토 본초》를 포함해 우리가 이전 장에서 살폈던 여러 책을 읽고 공부했다. 그 과정에서 이키사와는 박물학, 특히 동물학에 대한 애정을 갖게 되었다. 여름철이면 이시카와는 에도만 주변에서 나비와 게를 채집하며 시간을 보내곤 했다. 하지만 평온한 나날은 계속되지 않았다. 내전이 발발하고 쇼군의 세력이 숙청되면서 이시카와와 그의 가족은 도시를 떠나야 했다. 이들은 1870년대에 집에 돌아왔지만 쇼군은 폐위되고 에도는 도쿄라는 새로운 이름으로 바뀌었다.[49]

비록 그의 아버지가 쇼군의 궁정에서 지위를 잃었지만 메이지 시대가 되면서 이시카와는 새로운 기회를 얻었다. 1877년에 메이지 황제는 도쿄 대학의 설립을 승인했다. 이과 대학을 중점적으로 육성할 예정이었던 이 학교는 일본 최초의 근대식 대학이었다. 1897년에는 교토 대학, 1907년에는 도호쿠 대학 등 여러 대학이 그 뒤를 이었다. 이 모든 과정은 메이지유신 기간에 일어난 광범위한 근대화 계획의 일부였다. 일본 전역에 새로운 실험실, 공장, 철도, 조선소가 건설되었다. 동시에 일본 정부는 새로 생긴 이러한 여러 기관에서 가르칠 외국 과학기술자를 채용했다. 이전에 하버드 대학 비교동물학 박물관에서 근무하다가 생물학을 가르치기 위해 도쿄 대학에 고용된 모스도 그중 한 사람이었다. 1868년에서 1898년까지 메이지 정부는 주로 영국, 미국, 프랑스, 독일 등지에서 6,000명 넘는 전문가를 일본에서 가르치도록 채용했다. 이는 이전에 비하면 정책상의 중대한 변화였다. 앞장에서 살펴본 바와 같이 도쿠가와 막부는 외국인의 입국을 엄격하게 규제했기 때문이었다.[50]

이시카와는 메이지유신 이후로 도입된 개혁의 혜택을 받은 첫 세대였다. 그는 도쿄 대학이 설립된 1877년에 입학해 모스의 학생이 되었다. 매년 여름, 모스는 이시카와를 포함한 자신의 학생들을 요코하마 남쪽의 작은 섬인 에노시마로 데려갔다. 이곳에서 이시카와는 근대 생물학의 기본기를 배웠다. 바로 물속에서 여러 해양 동물을 채집한 다음 현미경으로 관찰하고 해부하는 것이었다. 하버드 대학에서 《종의 기원》을 탐독한 모스 역시 찰스 다윈의 열렬한 추종자였다. 에노시마를 탐사하는 동안 모스는 학생들에게 많은 시간을 들여 진화의 원리를 설명했다. 그 설명을 듣고 자연선택이라는 개념에 매료된 이

시카와는 모스에게 도쿄 대학으로 돌아가 이 주제에 대한 일련의 공개 강의를 하자고 제안했다. 나중에 모스의 강의 내용을 일본어로 번역해 《동물진화론動物進化論》(1883)이라는 제목으로 출간한 사람도 이시카와였다.[51]

　도쿄 대학을 졸업한 이시카와는 1885년에 독일 유학생으로 선발되었다. 이때부터 일본 정부는 외국 과학자들을 자국의 대학에 지속적으로 고용하는 과정에서 비용이 지나치게 많이 든다고 여겼고, 문부대신이 유망한 어린 학생들을 유학 보내 과학 분야의 고급 훈련을 받도록 제안했다. 이 학생들이 돌아와 일본 전역에 설립되고 있는 새 대학교에서 교수로 일하면 된다는 생각이었다. 당시 문부대신은 이렇게 말했다. "우리가 선진국에 계속 학생들을 유학 보내지 않는다면 앞으로 나아가지 못할 것이다." 다음 장에서 살펴보겠지만, 19세기 후반에서 20세기 초반의 가장 영향력 있는 일본 과학자 중 상당수가 주로 영국, 독일, 미국에서 공부했다. 이시카와는 가장 먼저 유학을 떠난 사람들 중 한 명이었다. 1885년에서 1889년까지 이시카와는 독일 프라이부르크 대학에서 선구적인 생물학자 아우구스트 바이스만August Weismann 아래서 공부했다. 당시 바이스만은 '생식질 이론'을 발전시키면서 정자와 난자를 통해서만 전해지는 유전물질의 존재를 예측했다. 이 이론을 펼치면서 바이스만은 현대 유전학의 기초를 다졌고 살아가는 동안 얻은 형질을 후대에 물려주는 것이 가능하다는, 다윈을 포함해 오래전부터 이어져온 관념에 도전했다.[52]

　이시카와는 이때 프라이부르크 대학에서 공부하는 중이었다. 그는 독일의 과학 학술지에 실린 6편의 논문을 공동 집필하면서 바이스만과 함께 연구했다. 한 논문에서 이시카와는 물벼룩이라 불리는 조그만 반투명 해양 동물의 생식세포가 어떻게 복제되는지 묘사했다. 현미경으로 물벼룩을 관찰하던 이시카와는 수정란이 분열하면서 가장자리에 작고 검은 점 2개가 형성되는 모습을 포착했다. 그가 관찰했던 과정은 바로 유기체가 복제와 분열을 통해 생식세포를 생산하는 '감수분열'이었다. 이시카와가 발견한 검은 점은 세포가 분열하면서 남은 잔해였다. '극체'라고 알려진 이 잔해는 바이스만의 생식질 이론을 지지하는 주요 증거 가운데 하나로 밝혀졌다. 바이스만은 정자와 난자가 신체의 나머지 부분과는 다른 별도의 세포분열 과정을 통해 생성된다고 주장했는데 극체는 이 제안을 뒷받침했다.[53]

이시카와는 1889년에 도쿄 대학에서 일자리를 얻기 위해 일본에 돌아왔다. 이후 몇 년 동안 그는 진화론 연구에 큰 공헌을 한 새로운 세대의 일본인 생물학자들을 훈련시켰다. 다른 많은 나라가 그랬듯 다윈주의는 메이지 시대 일본의 근대화와 밀접하게 연관되어 있었다. '생존을 위한 투쟁'이라는 관념은 생물학자들뿐 아니라 정치 사상가들에게도 호소력이 있었다. 이 관념은 산업화와 군사적 확장의 필요성을 정당화하는 것처럼 보였다. 도쿄 대학에서 모스의 강의를 들은 정치철학자 가토 히로유키加藤弘之는 이런 글을 남겼다. "자연선택을 통한 생존 투쟁은 동식물의 세계뿐만 아니라 인간 세계에도 똑같이 필연적으로 적용된다." 그는 "우주는 하나의 거대한 전쟁터다"라고 결론지었다. 마침 일본은 1894년에서 1895년까지 청일전쟁을 치렀다.[54]

당시 다윈의 생각은 여러 일본 박물학자들이 믿고 있는 바를 재확인하는 것처럼 보였기 때문에 더욱더 인기를 끌었다. 이시카와도 어렸을 때 일본 전통 박물학 저서를 공부하면서 이런 점을 알고 있었을 것이다. 예컨대 우리가 이전 장에서 살폈던 17세기의 일본 박물학자 가이바라 에키켄은 "모든 인간은 부모 덕분에 태어났다고 할 수 있지만, 기원을 더 깊이 파 들어가면 인간은 결국 생명을 둘러싼 자연의 법칙 덕분에 존재하게 되었다"라고 말했다. 사실 기독교가 지배했던 유럽과는 달리, 일본의 박물학자들은 불교와 신토(신화, 자연 신앙, 애니

미즘, 조상 숭배가 혼합된 일본의 민족종교-옮긴이)를 통해 모든 생명체가 유기적으로 기원을 공유한다는 사고방식에 익숙해 있었다. 모스 자신도 이 점을 알아차리고 "고향에서 자주 그랬던 것처럼 신학적인 편견에 부딪히지 않고 다윈의 이론을 설명할 수 있으니 즐겁다"라고 밝혔을 정도다. 심지어 19세기 초에는 가마다 류오鎌田柳泓라는 불교 철학자가 자신만의 진화론을 발전시키기도 했다. 1822년, 다윈이 겨우 열세 살이던 해 가마다는 "모든 동식물은 하나의 종에서 갈라져 다양한 종이 된 것이 틀림없다"라고 주장했다. 그렇기에 진화에 대한 기본적인 아이디어는 일본에서 새로운 것이 아니었다. 하지만 그 메커니즘은 새로웠다. 일본 생물학자들의 상상력을 자극한 것이 바로 다윈의 '생존을 위한 투쟁' 개념이었다.[55]

오카 아사지로丘淺次郎도 이시카와 지요마쓰와 비슷한 길을 걸은 인물이다. 메이지 원년인 1868년에 오사카에서 태어난 오카는 새로운 정부에서 승승장구하던 관료의 아들로 태어났다. 하지만 그의 어린 시절은 비극으로 얼룩졌다. 오카의 여동생은 기모노에 불이 붙는 끔찍한 사고로 목숨을 잃었다. 그리고 이듬해 오카의 어머니와 아버지 둘 다 세상을 떠났다. 오사카에 혼자 남겨진 오카는 도쿄로 이사해 친척들 손에서 자랐다. 이시카와처럼 오카는 도쿄 대학에 진학해 동물학을 전공했고 1891년에 졸업했다. 이후 독일에서 학문적인 추가 훈련을 받기 위해 선발된 오카는 프라이부르크 대학의 아우구스트 바이스만 밑에서 공부했다. 그리고 1897년에 오카는 일본에 돌아와 도쿄 고등사범학교 교수가 되었다. 이후 수십 년에 걸쳐 오카는 일본에서 진화론을 널리 전파하고 대중화하는 데 중요한 역할을 했다. 그의 저서인 《진화론강화進化論講話》(1904)는 도쿄고등사범학교에서 가르친 그의 경력을 배경으로 큰 인기를 얻었다. 수만 부가 팔린 이 책을 통해 찰스 다윈은 일본에서 유명해졌다. 그와 동시에 오카 자신도 진화론의 발전에 여러 중요한 공헌을 했다.[56]

오카의 전문 분야는 '이끼벌레'라고도 불리는 태형동물의 생물학이었다. 저명한 독일의 생물학자 에른스트 헤켈이 이 흥미로운 동물에 대해 연구한 만큼 오카도 독일에 있을 때 이 생물을 알게 되었을 것이다. 이 생물은 동물과 식물의 경계를 흐리게 하는 것처럼 보였다. 각각의 이끼벌레는 수백만 마리의 단세포 유기체로 이뤄진 군체를 통해 형성되었다. 이 세포들은 함께 모이면 식물과 매우 흡사한 구조를 이루었다. 오카는 도쿄 근교에서 이끼동물을 직접 채집했다. 그리고 물웅덩이 옆의 덤불 속을 뒤지며 작은 유리병에 이끼벌레 표본을 채집한 다음 실험실에서 현미경으로 관찰했다. 오카에 따르면 이끼 동물은 생물학자들이 자연계를 여러 종으로 나누는 방식이 잘못되었음을 알려주는 존재였다. '분명한 경계를 정하기가 불가능하기 때문'이었다. 이것은 다윈의 《종의 기원》을 뒷받침한 바로 그 통찰이기도 했다. 어떤 종이 다른 종으로 진화할 수 있다면, 그것을 하나의 종으로 특정 짓는 의미가 있는가? 오카는 이런 생각을 더욱 밀어붙여 동물과 식물처럼 자연계의 가장 근본적인 범주조차 더 이상 이치에 맞지 않는다고 주장했다. 동물들은 때때로 식물처럼 행동할 수 있으며 식물도 때때로 동물처럼 행동할 수 있었다. 오카는 이렇게 결론지었다. "우리가 자연에서 보는 것은 모두 변화의 연속체다."[57]

오카는 러일전쟁이 발발한 해인 1904년에 《진화론강화》를 출간했다. 이후 18개월 동안 일본과 러시아 군대는 조선과 만주 지역을 자기 손에 넣기 위해 싸웠다. 이 전쟁은 20세기 들어 처음 벌어진 산업 자원 쟁탈 전쟁으로 20만 명의 목숨을 앗아갔다. 비록 본국에 있는 많은 사람이 이 전쟁이 치를 만한 가치가 있었는지 궁금해했지만, 결국 일본은 승리를 거뒀다. 이런 상황에서 오카는 다시 한번 이끼벌레에

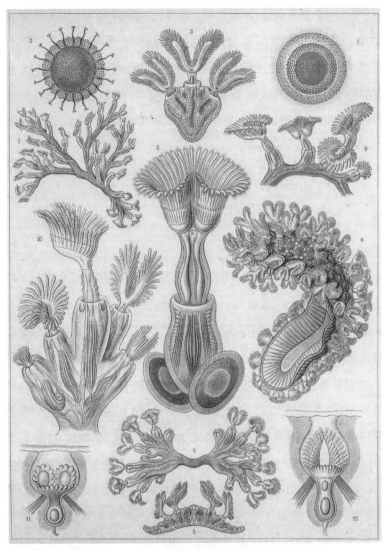

28 에른스트 헤켈과 오카 아사지로가 연구한 '이끼벌레'를 그린 삽화.

대해 생각했다. 각각의 세포가 좀 더 강한 단위로 뭉쳐 싸우는 이 동물은 마치 인간 사회처럼 행동하는 듯이 보였다. 각각의 이끼 동물 군체 안에서 세포들은 자원을 공유하고 함께 일했다. 오카는 가끔 이 군체를 '국가'라고 불렀으며, 이 '국가'에 먹이를 공급하기 위해 피펫으로 해조류를 페트리접시 위에 떨어뜨리는 실험을 했다. 그의 관찰 결과에 따르면 "어디에 떨어뜨리든 양분은 똑같이 분배되었다." 분명 이끼 동물을 이루는 각각의 세포는 서로 협동할 수 있었다. 하지만 협동뿐만 아니라 서로 갈등을 일으킬 가능성도 대두되었다. 예컨대 오카는 2개의 분리된 표본을 같은 병에 넣는 실험을 했다. 그러자 두 이끼벌레는 하나만 살아남을 때까지 싸웠다. 오카는 일부 이끼벌레들이 적을 공격하기 위해 독이 가득 채워지고 가시가 돋은 특수 세포들을 배치했다고 언급했다. 이런 화학전은 또 다른 진화적 적응이며 생존 투쟁의 필수적인 결과인 것처럼 보였다. 사실 일본 역시 제1차 세계대전에서 염소가스로 적을 광범위하게 공격했던 선구자인 러시아와 전쟁을 치르는 동안 비소를 사용했다. 오카에 따르면 "이런 점에서 인간은 다른 유기체들과 조금도 다르지 않았다." 이것은 겉으로 보기에 무해한 생물학적 아이디어가 최악의 폭력 행위를 정당화하는 데 활용될 수도 있다는 가능성을 암울하게 상기시킨다.[58]

다윈의 사상은 1868년 메이지유신을 기점으로 시작된 역사적 변화기 일본에 들어왔다. 우리가 아르헨티나와 러시아의 사례에서 본 것처럼 일본의 과학자들에게 '생존을 위한 투쟁'은 그들 자신이 사는 세계를 반영하는 것처럼 보였던 만큼 호소력이 있었다. 1894년에서 1895년 청일전쟁과 1904년에서 1905년 러일전쟁은 오카가 '삶과 죽음의 법칙'이라고 불렀던 바를 확인시키는 것처럼 보였다. 그는 인간이 자신이 실험실에서 연구했던 이끼벌레들과 다르지 않다고 주장했다. 이끼벌레는 좀 더 큰 무리를 형성하며 잔인하게 경쟁을 벌였다. 앞으로 살필 예정이지만, 군사적 대립에 대한 매우 유사한 태도가 제국주의 일본의 주요 라이벌인 중국에서 진화론에 대한 관심을 불러일으켰다.[59]

청나라에 수용된 자연선택론

옌푸嚴復는 중국 기함이 어뢰에 맞는 장면을 겁에 질린 채 지켜보았다. 철갑을 두른 이 거대한 순양함은 건조된 지 10년도 채 되지 않았지만 지금 산둥 해안의 항구에서 불에 타 갑판에서 연기가 치솟으며 좌초되는 중이었다. 중국 해군의 기술자로 일하던 옌은 1894년에서 1895년까지 벌어진 청일전쟁이 끝나가는 모습을 직접 목격했다. 몇 달 전인 1894년 9월에는 중국 함대 대부분이 조선 앞바다에서 파괴되었다. 나머지 함대는 일본 해군의 추격을 받고 파괴되었으며 1895년 1월 웨이하이웨이 전투에서 가장 크게 패배해 4,000명 넘는 중국 선원이 목숨을 잃었다. 중국 정부는 4월이 되어 항복했고 조선과 대만에 대한 일본의 지배권을 보장하는 평화 조약을 체결했다. 이것은 오랫동안 일본보다 우월하다고 여겼던 중국인들에게 굴욕적인 패배여서 자국에 대한 깊은 자기 성찰을 불러일으켰다.[60]

옌은 중국의 교육과 정치체제를 전면 재검토할 것을 촉구한 사람들 중 한 명이었다. 그는 중국이 근대화하지 않으면 경쟁국의 손아귀에 들어갈 위험이 있다고 여겼다. 옌은 전쟁 직후 발행된 신문 기사에서 이렇게 주장했다. "우리나라는 적대적인 강대국들에 둘러싸여 있다. 더 시간을 끌다가는 인도와 폴란드처럼 악화일로를 걷게 될 것이다." 옌은 중국이 유럽이나 일본의 식민지로 변모할 날이 머지않았다고 경고했다. 청일전쟁에서 중국이 패배한 이후 이러한 개혁의 목소리가 여기저기서 들렸다. 그중에서도 옌의 주장이 특별했던 이유는 그가 진화론에 기대 자신의 주장을 펼쳤기 때문이다. 옌은 일본과의 전쟁은 '다원주의 원리'의 본보기라고 주장했다. 개인과 개체에 그랬던 것처럼 '자연선택'이 국가와 사회에 적용된 사례라는 것이었다. 옌은 계속해서 다윈 이론의 기초를 중국 독자들에게 설명했다. "사람을 비롯한 모든 생물은 지구상에서 엄청나게 많이 태어난다. 각각의 개인과 생물 개체는 함께 뭉쳐 스스로의 종을 보존하고자 고군분투한다." 옌의 결론에 따르면 중국은 '생존을 위한 투쟁'에 갇혀 있었다. 선택지는 단순했다. 진화하지 않으면 죽는다는 것이다.[61]

이 장에서 살펴본 것처럼, 19세기 진화 사상의 발전은 전쟁이나 민족주의의 부상과 밀접하게 연관되어 있었다. 이것은 중국에서 확실한 사실이었다. 이전에도 다윈의 사상에 대해 산발적으로 언급해왔지만, 중국에서 '생존을 위한 투쟁' 개념을 대중화한 사람은 옌푸였다. 그는 영국 런던의 왕립 해군사관학교에서 공학을 공부하는 동안 다윈에 대해 처음 접했다. 옌푸는 19세기 후반에 과학을 습득하기 위해 해외로 보내진 많은 중국 학생들 가운데 한 명이었다. 당시에 청나라는 육군과 해군을 근대화하고자 애썼다. 1870년대에 영국에서 공부하는 동안 옌푸는 《종의 기원》을 포함한 빅토리아 시대 주요 과학 사상가들의 저작을 읽었다. 중국 함대가 파괴되는 모습을 보며 옌푸는 자연계를 끊임없는 투쟁의 장으로 여긴 다윈의 암울한 묘사를 떠올렸다. 일본 해군이 중국 해안선을 폭격하는 장면을 목격한 옌푸는 이렇게 회상했다. "종은 종끼리 싸우고, 무리는 무리끼리 싸우며 그 과정에서 약자는 강자에 의해 삼켜지는 법이다."[62]

옌푸의 글은 중국에서 다윈의 연구에 대한 폭넓은 관심을 불러일으켰다. 사람들의 반응에 고무된 옌푸는 진화라는 주제에 대해 더 긴 글을 쓰기로 결심했다. 이렇게 《천연론天演論》(1898)이라는 책에서 옌푸는 초기 글의 여러 주제를 확장해 사회와 국가의 영역까지 진화론을 광범위하게 적용했다. 여기에는 중국에 닥친 위험에 대한 함축적인 의미도 담겼다. 옌푸는 19세기 후반 사회 다윈주의의 발전에 주요한 역할을 한 많은 중국 사상가 가운데 한 사람이었다. 그는 "생명체의 형태는 자연의 진화 속에서 진보한다. 그렇기에 사회의 진화 역시 의심의 여지없이 진보적이다"라고 주장했다. 이런 주장 속에서 옌푸는 사회를 일종의 '유기체'로 묘사한 영국 진화 사상가 허버트 스펜서의 주장을 되풀이한 셈이었다(옌푸는 나중에 스펜서의 주요 저작인《사회학 연구The Study of Sociology》[1873]를 중국어로 번역했다). 스펜서처럼 옌푸는 사회가 경쟁을 통해서만 발전한다고 말했다. 그리고 "인간은 휴식을 좋아하고 노동을 싫어한다. 경쟁을 금지한다면 인간은 정신적, 육체적 힘을 사용하려 들지 않을 게 분명하다. 그러면 그들은 진보하지 않을 것이다." 그에 따라 옌푸는 자본주의와 전쟁이 범람하는 세계에서 물러서기보다는 중국이 산업화와 군국주의를 받아들이는 속도를 2배로 높여야 한다고 권고했다. 그렇지 않으면 '인종적인 소멸'에 직면한다는 것이었다.[63]

당대 가장 영향력 있는 과학, 정치 사상가 가운데 상당수가 옌푸의《천연론》을 읽고 이 책의 '생존을 위한 투쟁' 개념에서 중국이 맞닥뜨린 문제에 대한 명확한 진단을 해보았다. 옌푸를 개인적으로 알고 있었던 중국의 저명한 저술가 량치차오梁啓超도 진화 개념에 매료되었다. 그는 중국이 교육과 정치체제를 개혁하지 않으면 식민지가 되어버릴 위험이 있다고 경고했다. 유럽이 아프리카와 인도를 식민지로 만든 일에 대해 설명하며 량치차오는 이렇게 덧붙였다. "강자는 번성하고 약자는 말살될 뿐이다." 다윈의 생각은 급진적인 정치 사상가들 사이에서도 인기를 누렸다. 1911년에 중국에서 혁명을 이끈 쑨원孫文은 홍콩의 의과 대학에서 공부하는 동안 처음으로 진화에 대해 배웠다. 나중에 그는 이렇게 썼다. "나는 다윈이 이론을 이끌어간 방식과 길에 가장 매력을 느꼈다." 비록 한 걸음 더 나아가기는 했지만 쑨원은 당시 많은 중국 사상가들과 동일한 결론을 내렸다. 량치차오가 개혁을 주장했다면 쑨원은 중국을 구하는 유일한 방법은 청나라를 전복하는 것이라고 굳게 믿었다. 쑨원은 이렇게 주장했다. "생존을 위해 고투하지 않으면 더 이상 존재할 수 없기 때문이다."[64]

'다윈의 길'에 대한 쑨원의 언급은 19세기 후반 중국에서 진화론이 그처럼 인기를 누린 이유에 대한 또 다른 단서다. 여기서 쑨원은 고대 중국의 '길' 또는 '도道'에 대한 믿음을 이야기하고 있었다. 해석은 조금씩 다르지만 '도'는 보통 인간이 조화를 이루며 살고자 노력해야 하는 우주의 근본적인 자연의 힘이라고 여겨졌다. 기독교가 지배적이었던 유럽과는 달리 중국에는 창조자 신에 대한 종교적인 전통이 없었고, 인간이 자연 세계로부터 어떻게든 분리되었다는 개념 자체가 없었다. 그 대신 고대 중국의 사상가들은 모든 생명체가 일종의 자연적인 힘을 통해 연결되어 있다고 믿었다. 3세기의 영향력 있는 도교 철학자 왕필王弼은 "만 가지 것과 만 가지 형상은 모두 하나로 돌아간다"라고 썼다. 이러한 생각들은 근대 초기를 거치며 진화에 대한 보다 진보된 이론으로 발전했다. 이전 장에서 살핀 이시진의 《본초강목》에는 연꽃 같은 식물의 유전 패턴뿐 아니라 서로 다른 환경에서 생물 종의 적응을 기록한 구절도 포함되었다. 19세기 초의 중국 박물학자들은 생물 종이 변화를 겪을 수 있다는 사고방식에 완전히 익숙해졌다. 예컨대 박물학자 자오쉐민趙學敏은 저서 《본초강목습유》(1765)에서 "시간이 흐르면 종과 품종은 보다 풍부해지며 이것들은 새로운 종류와 변종이다"라고 언급했다.[65]

다윈 자신도 사실은 중국에서 진화 사상이 긴 역사를 이어왔다는 점을 잘 알았다. 《종의 기원》에서 다윈은 "고대 중국의 백과사전에서는 자연선택의 원리가 분명히 제시되어 있다"라고 언급했다. 여기서 다윈이 말한 '고대 중국의 백과사전'은 다름 아닌 이시진의 《본초강목》이었다. 중국의 박물학에 흥미를 느낀 다윈은 런던 대영 박물관에서 일하는 친구에게 이시진의 저서에서 발췌한 몇 가지 관련 내용을 번역해달라고 부탁했다. 다윈의 여러 다른 저서에도 중국의 문헌에 대한 비슷한 언급이 등장한다. 예컨대 1868년에 출간된《사육 동식물의 변이The Variation of Animals and Plants under Domestication》에서 다양한 누에 변종에 대한 근거 자료로 중국의 농업 서적에 대한 18세기 프랑스어 번역본을 인용했다. 결과적으로 진화에 대한 기본적인 아이디어는 중국에서 새로운 것이 아니었고, 다윈도 이 점을 알았다. 비록 오늘날에는 이 사실이 거의 알려지지 않았지만 말이다. 오히려 당시에 정말로 매력적이고 새로운 개념은 '생존을 위한 투쟁'이었다. 굴욕적인 군사적 패배의 결과로 청나라의 운명이 위기에 처한 가운데, 다윈주의는 19세기 말 중국 사상가들이 고심하던 여러 문제에 대한 해답을 제공하는 것처럼 보였다.[66]

　　청일전쟁 이후 청나라 황제는 광범위한 근대화를 실시한다는 계획에 동의했다. 여기에는 새로운 과학 교육기관의 설립뿐만 아니라, 1905년에 결국 폐지되었던 전통적인 중국 관리 시험의 정비가 포함되었다. 1898년에 옛 국자감에서 베이징 대학의 전신인 경사대학당이 탄생했는데, 이 학교는 유교 고전보다는 수학, 물리학, 생물학에 커리큘럼의 초점을 맞춘 중국 최초의 근대식 대학이었다. 후에 이 대학의 총장으로 임명된 옌푸는 계속 다윈주의를 장려했다. 이런 새로운 대학들과 함께 중국 정부는 여러 농학 실험실을 세웠다. 이 가운데 규모가 가장 큰 실험실은 1906년 베이징 외곽에 설립되었으며, 뒤이어 중국 전역에 수백 곳의 다른 실험실이 세워졌다. 여기에는 농장 사육자들이 진화론을 적용해 쌀이나 밀 같은 주요 작물을 다양한 품종으로 개량할 수 있으리라는 생각이 깔려 있었다.[67]
　　같은 기간 청나라 정부는 점점 더 많은 학생을 외국으로 유학 보냈다. 상당수의 학생이 유럽과 미국으로 갔지만, 일본에서 공부하는 학생도 많았다. 이것은 이해가 가는 선택이었다. 최근에 치른 일본과의 전쟁은 이 나라의 앞선 군사력과 산업 기술을 보여주었기 때문이었다. 게다가 일본은 서구 국가들에 비해 쉽게 갈 수 있었고, 문화와 언어 면에서도 공통점이 많았다. 그에 따라 1907년까지 1만 명 넘는 중국 학생이 일본 대학에서 주로 과학 분야의 학위를 받았다. 그뿐 아니라 이 기간에는 상당수 일본 교과서가 중국어로 번역되었고, 심지어 일본 과학자들 가운데 베이징 대학에서 가르치도록 초빙된 사람도 많았다. 이것은 과학을 둘러싼 두 나라의 관계에 중대한 변화가 생겼음을 의미했다. 이전 장에서 살폈듯 17세기의 여러 일본 박물학자는 기존 중국 문헌에 기초해 연구하는 경향이 있었다. 일부는 중국에서 공부하기도 했다. 하지만 19세기 말 일본의 과학이 중국 근대화의 기초를 제공하면서 이 관계는 역전되었다.[68]

이 시기에 일본에 유학 간 중국인 가운데는 《종의 기원》을 처음 중국어로 번역한 마준우馬君武도 포함되었다. 1881년 중국 남부에서 태어난 마준우는 한문 고전으로 전통적인 교육을 받다가 스무 살 때 일본 유학생으로 뽑혔다. 1901년에서 1903년까지 마준우는 교토 대학에서 화학을 공부했다. 그가 당시 망명 생활을 하고 있던 쑨원을 만난 곳도 바로 여기였다. 쑨원을 만난 이후 마준우의 사상은 점점 더 급진적인 색을 띠었다. 그는 중국을 구하는 유일한 방법은 청나라를 전복하는 것이라는 쑨원의 견해에 동의했다. 그리고 이 시기부터 마준우는 다윈의 저서 《종의 기원》을 번역했다. 마준우가 다윈에 대해 처음 알게 된 계기는 역시 일본에서 망명 생활을 하고 있던 량치차오가 발행한 중국어 잡지 〈신민총보新民叢報〉를 통해서였을 것이다. 〈신민총보〉는 정기적으로 진화에 대한 기사를 특집으로 실었다. 한 기사는 사진과 함께 다윈의 상세한 전기를 싣기도 했다. 마준우도 1903년 중국으로 돌아오기 직전에 이 잡지에 《종의 기원》의 초기 발췌 번역본을 처음 발표했다.[69]

중국에 돌아온 마준우는 번역 작업을 계속했다. 하지만 완성하는 데까지는 시간이 걸렸다. 그가 급진 정치 운동에 점점 더 많은 시간을 쏟아부었기 때문이었다. 마준우는 쑨원의 중화혁명당에 비밀리에 가입해 상하이에서 지역 운동가들을 조직하고 팸플릿을 배포했다. 번역을 빠른 시일에 완성하지 못하리라는 것을 깨달은 마준우는 1903년에 《종의 기원》의 첫 다섯 장을 일단 별도의 책으로 출간하기로 결정했다. 여기에는 '생존을 위한 투쟁', '자연선택'에 대한 장과 다윈의 유명한 '생명의 나무' 도표가 포함되어 있는데, 다윈은 이 도표를 통해 하나의 조상에서 뻗어나간 여러 생물 종을 묘사했다. 이 책을 통해 중국 독자들은 비록 불완전하기는 해도 고전적인 다윈 저작의 번역본을 처음으로 손에 넣을 수 있었다.[70]

마준우의 번역본은 중화혁명당이 소유하고 운영하던 광이 출판사에서 출간되었다. 이것은 우연이 아니었다. 동시대 많은 사람이 그랬듯 마준우는 중국의 정치적 상황과 다윈주의 사이에 분명한 연관성이 있다고 여겼다. 1903년에 그는 이렇게 썼다. "서로 다른 나라의 사람들이 싸우고 있다. 이 투쟁에서 살아남은 국가들은 외세의 침략에 대항하는 동등한 힘을 가지고 있을 게 분명하다." 이는 사실 의화단 사건이 벌어진 1899년에서 1901년까지 열강 8국이 베이징을 점령한 일에 대한 직접적 언급이었다. 마준우의 《종의 기원》 번역본은 다윈의 원문을 훨씬 뛰어넘어 국가 간의 투쟁에 대한 암시가 뒤섞여 있었다. 마준우는 이렇게 주장했다. "생존하기를 바라는 모든 이들은 자연선택이라는 개념에 관심을 가져야 한다." 그런 다음 혁명에 대해 은근히 암시하며 이렇게 결론을 내렸다. "식민지 원주민들이 두려움 없이 침입자에게 저항하려면 진화해야 한다." 더 직설적으로 말하는 사람들도 있었다. 중화혁명당의 회원이자 《종의 기원》의 열렬한 독자인 저우룽은 이렇게 선언했다. "혁명은 진화의 보편적인 원리다."[71]

1911년 마준우는 그동안 원하던 바를 이뤘다. 일련의 지역 봉기를 일으킨 끝에 중화혁명당은 중국 전역의 주요 도시를 장악했다. 이후 4개월 동안 격렬한 전투가 이어졌고 이 과정에서 20만 명 넘는 사람들이 죽거나 다쳤다. 마침내 청나라 마지막 황제가 퇴위하자 쑨원은 1911년 12월 29일 중화민국의 임시 총통으로 선출되었다. 이로써 2,000년 넘게 이어진 왕조 통치가 막을 내렸다. 당시 마준우는 베를린 농업 대학에서 유학 중이었다. 그러다 새로운 국가 정부를 돕기 위해 중국으로 돌아와 다이너마이트를 생산하는 군수공장에서 잠시 일하던 그는 드디어 오랫동안 미뤘던 번역을 마칠 시간적 여유를 얻었다. 전쟁과 혁명으로 중단된 끝에 거의 20년이 걸렸지만, 1920년에 마침내 마준우는 중국 독자들에게《종의 기원》완전판 번역본을 내놓았다.[72]

앞서 언급했듯 다윈주의에 대한 중국인들의 관심과 흥미는 전쟁이나 민족주의의 발흥에 자극받았다. 1911년의 혁명은 결국 청 왕조에 갑작스러운 종말을 가져왔으며, 당시 혁명가들은 다윈주의를 어느 정도 염두에 두었다.《종의 기원》을 읽은 중화혁명당의 또 다른 회원인 후한민胡漢民은 이렇게 말했다. "우리 아름답고 우월한 다수 민족이 사악하고 열등한 소수민족의 지배 아래에 있다." 17세기 중엽 청나라가 건국된 이후로 중국을 통치해온 한족과 만주족의 분열에 대한 언급이었다. 후한민에 따르면 만주족은 생존 투쟁에서 소멸할 운명인 '부적합한' 민족이었다. 그러므로 후한민에게 1911년의 혁명은 단지 자연선택의 한 사례였다. 그는 이렇게 결론을 내렸다. "이것은 모두 진화의 문제다." 이것은 중국이 서서히 내전에 휘말릴 당시에 그랬듯, 사회 다윈주의가 인종차별과 갈등을 강화하는 데 이용될 수 있다는 또 다른 예다.[73]

결론

제1차 세계대전이 일어날 때까지 찰스 다윈의 《종의 기원》은 러시아어, 일본어, 중국어를 포함해 15개 이상의 언어로 번역되었다. 하지만 상당수 독자에게 진화의 기본 개념은 완전히 새로운 것이 아니었다. 제정러시아든 청 왕조든, 진화 개념은 18세기 후반부터 널리 논의되고 있었다. 특히 중국이나 일본 같은 나라에서는 도교나 불교 같은 기존 종교적, 철학적 전통에 진화 사상이 녹아 있었다. 이것은 다윈 자신이 《종의 기원》에서 옛 러시아와 중국 저술가들의 책을 인용하면서 스스로 인정한 바이기도 했다. 다윈주의가 이처럼 인기를 얻은 이유는 단지 진화를 다루었기 때문은 아니었다. 그 개념 자체는 전혀 새롭지 않았다. 그보다 당시에 다윈주의가 그토록 매력적이었던 이유는 '생존을 위한 투쟁'이라는 개념 덕분이었다. 《종의 기원》 중심에는 자연계를 끊임없는 갈등의 장으로 여기는 관점이 자리하고 있었다. 다윈은 '자연 속 전쟁'을 묘사했다. 진화는 '생명을 위한 위대한 싸움'의 결과였다.[74]

이런 투쟁의 은유는 19세기에 유럽뿐만 아니라 아시아와 아메리카 여러 과학 사상가의 상상력을 사로잡았다. 이 은유는 그들이 사는 세계의 어떤 측면을 포착하는 것처럼 보였다. 19세기 말, 다윈의 이론은 동식물뿐만 아니라 사회와 국가에도 점점 더 확장되어 적용되기에 이르렀다. 사회 다윈주의의 이면에 자리한 해로운 사상의 확산은 이 시기의 또 다른 특징이었다. 아르헨티나의 파타고니아 정복에서부터 일본의 만주 침략에 이르기까지, 진화 이론은 잔인한 정복과 갈등의 시대에서 탄생한 과학이었다. 사실 진화 사상의 역사에서 가장 인상적인 점은 핵심적인 인물의 대부분이 어떤 식으로든 군대에 발을 담갔다는 사실이었다. 라틴아메리카의 초기 진화 사상가 중 한 사람인 프란시스코 무니스는 아르헨티나 독립 전쟁에서 군의관으로 복무했고, 중국에서 다윈주의를 대중화한 옌푸는 처음에는 해군 소속 기술자로 훈련받았다. 이제 다음 장에서는 자본주의와 전쟁에 휘말린 세계가 어떻게 근대 물리학을 발전시켰는지 살펴보자.

6장
산업의 발전과 실험

에펠탑 꼭대기에 오른 표트르 레베데프Pyotr Lebedev의 눈에 파리 전체가 들어왔다. 모든 주요 랜드마크를 전기 램프가 비추는 이 '빛의 도시'는 확실히 이름에 걸맞았다. 레베데프는 멀리서 몽마르트르에 자리한 유명한 사크레쾨르 대성당뿐만 아니라 센강 맞은편에 있는 미술관 그랑 팔레의 유리 돔을 볼 수 있었다. 하지만 레베데프가 이 광경을 보러 파리에 온 것은 아니었다. 그는 관광객이 아닌 것은 분명했다. 모스크바 대학의 교수인 레베데프는 최근 빛에 대한 연구에 큰 공로를 세운 뛰어난 물리학자였다. 1900년 8월, 전 세계에서 온 500명 넘는 다른 과학자들과 함께 레베데프는 1차 국제 물리학 회의에 참석하기 위해 파리에 도착했다. 이 회의는 19세기 후반에서 20세기 초에 걸쳐 매우 흥행했던 대규모 국제 전시회인 파리 만국박람회와 1900년에 같이 열리도록 조직되었다.pic 17 이 박람회는 1851년 런던에서 빅토리아 시대에 발달한 과학과 산업을 홍보하고자 시작되었지만 머지않아 전 세계로 퍼졌다. 19세기 말까지 도쿄에서 시카고에 이르는 여러 도시가 유사한 박람회를 개최했으며, 종종 이런 과학자들의

회의가 함께 이어졌다.[1]

1900년에 열린 파리 박람회에 방문한 인원은 5,000만 명 이상이었다. 상당수 사람들에게 박람회의 하이라이트는 거대한 공작 깃털 모양으로 지은 아르누보 건축양식의 걸작, '전기의 궁전'이었다. 에펠탑 바로 앞에 자리한 샹 드 마르스 공원에 세운 전기의 궁전은 7,000개가 넘는 다양한 색의 전등으로 외관이 뒤덮여 있었다. 그 안에서 방문객들은 거대한 증기 터빈이 작동하는 모습을 보고 전기로 돌아가는 온갖 종류의 기계를 살필 수 있었다. 근처에는 방문객들이 커다란 망원경으로 관찰하거나 초기 영화를 볼 수 있는 '광학의 궁전'도 있었다. 지멘스나 제너럴일렉트릭을 포함한 주요 민간 기업들은 파리 박람회에 담당자를 파견해 자사의 산업용 기계를 전 세계 국가에 수출하고자 했다.[2]

당시는 국제주의가 대두되는 산업화의 시대였다. 1900년의 파리 박람회는 그 분위기를 완벽하게 담아냈다. 1830년대에 발명된 전신 같은 새로운 통신 기술과 1810년대에 발명된 먼바다를 항해하는 증기선 같은 새로운 교통 기술을 통해 전 세계는 전보다 훨씬 더 가깝게 연결되기 시작했다. 많은 사람이 이러한 기술 발달이 과학의 발전을 가속화하는 데 도움을 주었다고 여겼다. 프랑스의 한 정치인은 파리 박람회 개막식에서 이렇게 말했다. "사상이 융합되고 전 세계를 넘나드는 모습은 마치 사람들의 아이디어가 번개처럼 빠르게 운반되는 얇은 필라멘트를 보는 것 같다." 이것은 전 세계 물리학자들이 한자리에 모이게 된 동기 중 하나였다. 주최 측에 따르면 1차 국제 물리학 회의의 목적은 '과학자들이 각자의 분야에서 습득한 지식을 살펴보고 검토하기 위해서'였다. 이 회의는 '수많은 국가에서 물리학자들이 참가한 최초의 회의'가 될 예정이었다.[3]

에펠탑이나 전기의 궁전을 방문하는 시간 외에 1차 국제 물리학 회의에 참석한 과학자들은 자신들의 최근 연구에 대해 논의했다. 이 가운데 상당수가 전자기 이론과 관련이 있었다. 수백 년 동안 과학자들은 빛, 전기, 자기력의 성질을 연구해왔다. 그런데 19세기 후반에 이르러 겉으로 보기에 별개로 보이는 이 현상들이 공통점을 지니고 있다는 의견이 점차 우세해졌다. 여기에 대해 최초로 이론적인 공헌을 한 인물은 영국의 물리학자 제임스 클러크 맥스웰James Clerk Maxwell 이었다. 1864년에 발표된 한 논문에서 맥스웰은 빛, 전기, 자기력의 특성이 진동하는 파동이 이동하는 '전자기장'으로 설명될 수 있다고 썼다.

19세기 초반 전하가 공간을 통과할 때 자기장을 만든다는 사실은 과학자들에게 알려져 있었다. 그뿐 아니라 자석이 공간을 통과할 때 전기장을 만든다는 사실도 알려졌다. 이 두 가지 원리는 초기 모터와 발전기의 개발을 뒷받침했다. 자석을 전기 코일을 따라 이동시키면 전류가 생성되었다. 맥스웰은 전기장의 개념을 자기장과 결합해 하나의 '전자기장'을 만들 수 있다는 사실을 깨달았다. 그리고 이 핵심적인 아이디어를 통해 빛이 전지나 자기와 어떤 관련이 있는지 설명할 수 있었다. 맥스웰에 따르면 빛은 단지 전자기장에서 이동하는 '전자기 교란'으로, 바다에 일렁이는 파도와 어느 정도 비슷했다. 그뿐 아니라 맥스웰은 빛과 동일한 방식으로 작용하는 라디오파 같은 다른 전자기파가 존재할 것이라고 예측했다. 맥스웰이 논문을 발표한 이후 전 세계의 물리학자들은 전자기파의 성질을 연구했다. 모스크바에서 캘커타에 이르기까지 맥스웰이 옳다는 것을 증명하기 위한 물리학자들의 경쟁이 시작되었다.[4]

오늘날 현대 물리학과 화학에 대한 역사적인 설명은 유럽의 얼마 되지 않는 개척자들에게만 초점을 맞추는 경향이 있다. 이 선구자들의 목록에는 보통 제임스 클러크 맥스웰을 비롯해 1887년에 라디오파를 발견한 독일의 물리학자 하인리히 헤르츠Heinrich Hertz, 1898년 방사능을 발견한 폴란드의 물리학자 마리 스크워도프스카 퀴리Marie Skłodowska Curie처럼 유럽에 거주하며 연구했던 후대의 과학자들이 포함된다. 이처럼 19세기 후반에 유럽이 과학계의 중심이었다는 점은 사실이지만, 이는 앞에서 살폈다시피 제국주의의 확장으로 얻은 경제적 이득에 힘입은 결과가 대부분이었으며, 유럽 이외 지역 출신의 과학자들도 일정 부분 공헌을 했다. 사실 1차 국제 물리학 회의의 참석자 명단을 살펴보면 19세기 후반과 20세기 초반 과학계에 대한 훨씬 더 다양한 그림을 그릴 수 있다. 이들 가운데는 영국, 프랑스, 독일의 과학자와 함께 러시아, 튀르키예, 일본, 인도, 멕시코의 과학자도 있었다. 게다가 이들이 그저 앉아서 발표 내용을 듣기만 했던 것도 아니었다. 오히려 이들은 자신들의 연구를 당당히 발표했고, 그 과정에서 물리학 분야의 획기적인 발전은 오직 유럽의 실험실에서만 달성될 수 있다는 생각에 도전했다.[5]

표트르 레베데프가 좋은 예다. 파리에서 열린 회의에서 그는 모스크바 대학에서 수행한 최근 실험에 대한 논문을 발표했다. 19세기 후반까지 대부분의 물리학자는 전자기파의 존재를 인정했지만 많은 의문점은 여전히 풀리지 않았다. 맥스웰 이론의 가장 흥미로운 함축 가운데 하나는 빛 자체의 특성에 관한 내용이었다. 맥스웰에 따르면 빛이 파동이라면 운동량을 전달하는 것을 비롯해 힘을 실어 나를 수 있어야 한다. 처음에 이것은 직관에 어긋나는 것처럼 보였다. 아무리 봐도 실체가 없는 무형인 듯한 빛이 어떻게 물리적인 힘을 발휘할까? 하지만 방정식에 따르면 사실이었다. 그래도 1900년 이전에는 이 힘이 작았기 때문에 아무도 직접 측정하지 못했다. 이런 상황에서 파리의 청중은 레베데프가 자신의 실험을 설명하자 흥분에 휩싸여 경청했다. 레베데프는 금속 날개를 진공 속에 매달고 전기 램프 앞에 노출시켜 빛이 실제로 힘을 발휘한다는 사실을 확인했다. 램프가 켜졌을 때 마치 산들바람이 풍차를 돌리는 것처럼 금속 날개가 돌기 시작했던 것이다.[6]

레베데프에 이어 많은 다른 과학자들이 발표했다. 이 장 뒷부분에서 다시 살필 일본의 물리학자 나가오카 한타로長岡半太郎는 금속이 자기장에서 팽창하거나 수축하는 '자기 변형'이라 알려진 현상에 대한 연구를 선보였다. 이 회의에는 인도 과학자들도 참석했는데, 이들 가운데는 이 장 후반부에 다시 자세히 살펴볼 자가디시 찬드라 보스 Jagadish Chandra Bose라는 벵골인 물리학자도 있었다.[pic 16] 전자기 물리학의 선구자인 보스는 파리의 청중을 위해 캘커타에서 자신이 수행한 몇 가지 실험에 대해 설명했다. 금속 덩어리에서 살아 있는 식물에 이르는 온갖 대상에 전기를 흘려본 보스는 유기물과 무기물에는 근본적인 차이가 없다는 결론을 내렸다. 결국 모든 것이 전기에 어떤 식으로든 반응하는 것처럼 보였기 때문이었다. 1900년경 많은 과학자가 그렇게 생각했듯 보스에게 전자기학 이론은 정말로 '모든 것을 설명하는 이론'이었다. 보스는 맥스웰 방정식이 신경의 작용과 라디오파의 작동을 모두 설명할 수 있다는 사실이 자연에 '근본적인 통일성'이 존재한다는 암시라고 주장했다.[7]

1900년 파리 회의에 이처럼 다양한 출신의 과학자들이 참가했다는 점은 현대 물리학의 역사에서 잊힌 측면을 상기시키는 중요한 사실이다. 19세기 동안 러시아, 튀르키예, 인도, 일본을 포함해 유럽 외의 연구소에서 작업하던 과학자들은 현대 물리학과 화학이 발전하는 데 중요한 여러 공헌을 했다. 이들은 자신들의 연구에 대해 토론하고 아이디어를 공유하고자 전 세계 곳곳의 도시에 모였다. 최초의 현대

적인 과학자 회의는 19세기부터 열렸는데, 이런 회의 가운데 상당수
는 산업 박람회와 함께 열리도록 조직되었다. 1차 국제 물리학 회의는
전형적인 사례였다.

이전 장에서 자본주의와 전쟁이 어떤 방식으로 현대 생물학의
발전에 영향을 끼쳤는지 살펴보았다. 이 장에서는 현대 물리학의 관
점에서 동일한 주제를 다룰 예정이다. 19세기의 새로운 통신 기술
의 성장은 왜 과학자들이 전기와 자기의 특성에 그토록 관심을 갖게
되었는지 설명하는 데 도움이 된다. 19세기 초반 들어 수십 년에 걸
쳐 영국과 독일에는 실험용 전신이 설치되었다. 이것들은 전선을 따
라 짧은 전류 폭발을 일으켜 전송하는 방식으로 작동했다. 이런 전류
의 폭발은 암호, 주로 모스부호와 대응되었으며 교환원이 메시지로
번역했다. 이 시스템의 큰 장점은 정보를 거의 즉각적으로 장거리 전
송할 수 있다는 것이었다. 이러한 초기의 사례를 활용해 전신은 제임
스 클러크 맥스웰이 전자기 이론을 발전시키던 1850년대에서 1860년
대에 걸쳐 국제적으로 확장되기 시작했다. 아일랜드와 뉴펀들랜드를
연결하는 최초의 대서양 횡단 전신도 1858년에 완공되었다. 이후로
1865년에는 영국과 식민지 인도를 연결하는 전신이 뒤따라 설치되었
다. 전 세계의 여러 정부는 평화로울 때든 전쟁이 일어났을 때든 국제
적인 의사소통을 위해 현대 과학기술을 도입해야 한다는 사실을 빠르
게 받아들였다. 물리학자와 기술자는 갑자기 수요가 늘었고, 군대에
무선 수신기를 설치하거나 새로운 전신을 설치하는 데 따르는 조언을
구하기 위해 채용되었다.[8]

물리학과 함께 화학은 당대의 또 다른 주요 산업 과학이었다.
19세기에 50개도 넘는 새로운 원소가 발견되었는데, 상당수는 새로운
광산을 개발하거나 광석을 정련하는 과정에서 발견되었다. 과학자들
이 화학원소를 분리하는 데 전류를 사용할 수 있다는 사실을 깨달으

면서 물리학의 최근 발전도 도움이 되었다. 하지만 아마도 가장 중요한 돌파구는 주기율표의 발명이었을 것이다. 모든 화학원소를 원자량에 따라 배열한 주기율표는 가장 가벼운 원소인 수소에서 시작한다. 1869년 러시아의 화학자 드미트리 멘델레예프Dmitri Mendeleev는 이 주기율표에 따라 아직 알려지지 않은 여러 원소가 채워질 것이라 처음으로 예측했고, 그에 따라 새 원소를 찾기 위한 경쟁이 시작되었다. 여기에는 어느 정도 국가 대항전 성격도 띠었다. 예컨대 과학자들은 종종 자신이 태어난 나라의 이름을 따서 새로운 원소의 이름을 지었다. 19세기 중반에 새로운 원소를 발견한 러시아의 화학자 카를 클라우스Karl Klaus는 러시아를 뜻하는 라틴어(루테니아[Ruthenia]-옮긴이)에서 원소의 이름을 따와 '루테늄'이라고 지었다. 그리고 이렇게 말했다. "나는 새로운 원소에 조국을 기념하는 이름을 붙였다."[9]

이러한 종류의 '화학적 민족주의'를 따르는 비슷한 예는 많다. 게르마늄, 갈륨, 폴로늄은 모두 국가의 이름을 따서 명명되었다. 어떤 경우에는 그 대상이 비교적 새로운 나라였다(게르마늄은 1871년 독일이 통일되고 10년이 조금 넘은 1886년에 발견되었다). 원소 이름이 국가보다 먼저 지어지는 경우도 있었다. 마리 스크워도프스카 퀴리는 자신의 조국인 폴란드가 언젠가 독립국가가 되기를 바라는 마음으로 새 원소에 폴로늄이라는 이름을 붙였다(폴로늄이 발견된 1898년에 폴란드는 독일, 러시아, 오스트리아-헝가리로 분할되어 있었다).[10]

민족주의와 국제주의는 함께 가는 것처럼 보였다. 19세기의 과학자들은 전 세계를 여행하고 외국 대학에서 유학하며 다국어로 연구 결과를 출간하고 국제회의에서 서로 만났다. 하지만 이 시기는 특히 산업과 군대에 관한 한, 과학이 국력을 증진하는 수단으로 여겨졌던 시대이기도 했다. 1900년 파리에서 열린 1차 국제 물리학 회의에서 많은 참가자는 여전히 미래에 대해 낙관적이었다. 회의를 마치고 돌아온 한 물리학자는 이런 글을 남겼다. "굉장히 많은 새로운 사상이 태어났고, 많은 사람이 우정을 쌓고 단단히 다졌다." 하지만 1914년 제1차 세계대전이 일어나면서 국제질서는 붕괴된 것처럼 보였다. 이 장에서 우리는 1790년에서 1914년까지 일어난 민족주의와 국제주의의 긴장을 탐구할 예정이다. 19세기 물리학과 화학의 역사는 고립된 유럽 출신 개척자들을 통해서가 아니라 오히려 민족주의, 전쟁, 산업의 전 세계적인 흐름을 통해서 궁극적으로 가장 잘 설명된다. 먼저 폭풍우가 거세게 몰아치는 러시아 북부에서 이야기를 시작해보자.[1]

제정러시아 시대의 전쟁과 날씨

알렉산드르 포포프 Alexander Popov는 폭풍우가 다가오는 모습을 발견했다. 그의 새로운 발명품을 시험할 때가 왔다. 여러 해 동안 포포프는 핀란드만 동쪽 끝에 자리한 크론슈타트의 러시아 해군 어뢰 학교에서 전기에 대한 과학을 가르쳤다. 그리고 1895년 봄에 그는 자신이 가르친 내용을 실천에 옮길 계획을 세웠다. 근처 탑에 올라간 포포프는 구리선에 연결된 작은 풍선을 하늘 높이 쏘아 올렸다. 멀리서 번개 치는 소리가 들리자 포포프는 그가 '폭풍 감지기'라고 이름 붙인 기계에 전선을 연결했다. 예상대로 기계는 잘 작동했다. 폭풍우가 아직 15마일 이상 떨어져 있었지만 번개가 칠 때마다 기계에서 작은 종소리가 들렸다. 해군에서 일했던 포포프는 이 발명품에 얼마나 큰 잠재 가치가 있는지 잘 이해했다. 이 발명품은 육상에서 날씨를 알려줄 뿐 아니라 바다에 뜬 배들도 폭풍우가 몰아치기 전에 미리 탐지하도록 해줄 것이다. 하지만 원리가 무엇이었을까? 이 기계는 번개가 전자기파를 방출한다는 사실에 의존해 작동했다. 포포프가 발명한 것은 멀리서도 이 파장을 감지하는 수단이었다. 이로써 그는 세계 최초의 무선 수신기를 만든 셈이었다. 제정러시아 시대의 무선 기술은 폭풍우를 탐지하는 과학 원리에 기원을 두고 있었다.[12]

포포프의 기계는 프랑스 물리학자 에두아르 브랑리 Édouard Branly의 초기 작업을 기반으로 만들었다. 1890년, 브랑리는 전자파가 금속을 줄로 갈 때 생기는 조각인 줄밥에 어느 정도 영향을 미치는 것처럼 보인다는 발견을 보고했다. 이것은 무선 전신용 검파기인 '코히러'의 발명으로 이어졌다. 모든 초기 무선 수신기의 기반이 된 이 장치는 금속 줄밥으로 채운 작은 유리관으로 구성되어 있었다. 금속 줄밥 자체는

29 알렉산드르 포포프의 '폭풍 감지기'. 벨 위쪽으로 고무 튜브가 달린 작은 유리관에 주목하라. 이것이 라디오파를 감지한 다음 자동으로 원상 복구되는 '코히러'다.

전기 전도체로서의 능력이 뛰어나지 않았다. 하지만 전자파가 유리관을 통과하면 금속 줄밥이 모두 한 방향으로 정렬되어 전기가 갑자기 전도되었다. 이런 식으로 무선 기술의 초기 개척자들은 전자기파를 탐지할 수 있었다. 유일한 문제는 검파기를 원상 복구하려면 손으로 유리관을 흔들어 그 속의 줄밥을 섞어야 한다는 것이었다. 그리고 포포프의 위대한 혁신은 이 문제를 해결했다. 그의 폭풍 감지기는 전자기파에 의해 발생한 전류를 이용해 망치에 동력을 공급해서 유리관을 때려 금속 줄밥을 다시 섞었다. 이렇게 폭풍 감지기는 전자기파의 방출을 감지할 수 있었고 번개가 칠 때마다 함께 켜졌다가 꺼졌다.[13]

러시아에서 무선 기술의 선구자가 해군학교에서 일했다는 사실은 중요하다. 19세기의 물리학은 이론적인 동시에 실용적이었고, 순수 과학인 만큼 산업계의 산물이기도 했다. 1859년에 태어난 포포프는 우랄산맥 근처의 보고슬로프 제련 공장 옆에서 자라며 유독성 연기가 자욱하게 피어오르는 모습을 보곤 했다. 어린 시절 포포프는 근처 공장과 광산에 있는 기계들에 매료되었다. 작은 전기 알람 시계를 만들어 자기 집 침실에 자랑스럽게 전시하기도 했다. 산업과 연관된 과학을 선호했던 포포프는 1877년에서 1882년까지 상트페테르부르크 대학에서 물리학과 수학을 공부해 같은 대학에서 일자리를 얻었다. 하지만 포포프가 특별히 부유한 집안 출신은 아니었다. 그의 아버지는 적은 보수를 받던 성직자로, 아들이 신학교에서 공부하기를 바랐다. 그래도 포포프는 대학에 다니면서 상트페테르부르크에 있는 새로운 전자 회사에서 일하며 돈을 벌었다. 여기서 그는 지역 유원지에 조명을 설치하는 것을 돕고 1880년에 이 도시에서 열린 대규모 산업 박람회의 가이드 역할도 했다. 이 박람회에 참여한 전 세계 회사들은 전신, 전기 조명을 비롯해 다양한 증세를 치료한다고 홍보하는 전기 치료 장비에 이르기까지 온갖 최신 전자 장비를 전시했다.[14]

대학에서 졸업하자마자 포포프는 상트페테르부르크 대학에서 가르칠 기회를 얻었다. 하지만 봉급이 충분하지 않은 일자리였고, 연인과 결혼하고 싶었던 포포프는 안정된 직업을 찾아 해군에 들어갔다. 1883년에 그는 크론슈타트에 있는 어뢰 학교에서 교관으로 일하게 되었다. 19세기 러시아 출신 초보 과학자였던 그는 해군에서 일하면서 더 나은 보수를 받았을 뿐만 아니라, 더 훌륭한 장비와 시설을 이용할 수 있었다. 이 학교의 실험실에는 고급 장비가 갖춰졌고 도서관에는 외국 과학 학술지가 구비되어 있었다. 포포프는 어뢰정을 탈 훈련생들에게 전자기력부터 폭발물 관련한 화학에 이르기까지 온갖 지식을 가르쳤다. 포포프가 전자기파를 처음으로 일으킨 것도 어뢰 학교의 실험실에서였는데, 이 과정에서 그는 학생들에게 바다 위에서 폭풍 감지를 의사소통에 활용할 수 있다는 것을 보여주었다. 포포프는 이렇게 설명했다. "이러한 현상을 활용하면 해군에서 무선 송신뿐 아니라 선박 사이의 신호로 이용할 수 있어 실제로 몹시 쓸모 있을 것이다." 이런 장비가 없었을 때 바다에서의 의사소통은 수 세기 동안 깃발과 불빛으로만 이뤄졌다.[15]

포포프는 당연히 자신의 발명품을 자랑스러워했다. 그랬기 때문에 그의 경쟁자가 매우 유사한 장비를 홍보한다는 사실을 안 포포프는 충격을 받았다. 1897년 러시아 공학 학술지의 최신 호를 훑어보던 포포프는 이탈리아의 엔지니어 굴리엘모 마르코니Guglielmo Marconi가 영국에서 자신이 직접 디자인한 무선 수신기에 대해 특허를 받으려고 시도하는 중이라는 사실을 발견했다. 오늘날 마르코니는 무선 전신을 발명한 공로를 널리 인정받고 있지만, 사실 포포프가 애써 지적했듯 거의 비슷한 시기에 다른 여러 과학자가 거의 동일한 장비를 개발하는 중이었다. 포포프는 이렇게 불평했다. "마르코니의 수신기는 1895년에 제작한 내 장비와 모든 부품이 판박이였다." 전자기파를 실용적으로 응용하려는 연구는 빠른 속도로 진행되고 있었다. 이런 상황에서 포포프는 자신의 폭풍 감지기를 무선 신호를 다루는 상업적 시스템으로 바꾸려 했다. 그는 프랑스의 엔지니어 외젠 뒤크레Eugène Ducret와 손잡았고, 뒤크레는 파리에서 포포프의 무선 감지기를 제작했다. 뒤크레는 1898년에 포포프의 디자인을 수정해 2마일 이상 떨어진 곳에 있는 에펠탑과 팡테옹 사이에서 전파를 송신해 탐지하는 데 성공했다. 에펠탑이 무선 안테나 기둥으로 활용된 것은 이때가 처음이었으며, 이 역할은 오늘날까지 계속 이어지고 있다.[16]

이전 장에서 살펴보았듯 19세기 후반은 제정러시아가 과학에 대해 여러모로 새로 투자하던 시기였다. 생물학만큼이나 물리학 분야에서도 마찬가지였다. 1853년에서 1856년까지 벌어진 크림전쟁에서 러시아가 패배한 뒤, 차르 알렉산드르 2세는 러시아의 경제와 군대 모두를 근대화하기로 결심했다. 그에 따라 새로운 군사학교와 대학 연구소가 설립되었으며, 산업과 군대 관련 문제를 해결하기 위해 과학적 연구를 장려하기에 이르렀다. 알렉산드르 2세는 궁극적으로 러시아제국의 생존이 근대과학과 기술을 얼마나 잘 활용하는지에 달려 있다고 믿었다. 알렉산드르 2세는 1856년 모스크바에서 열린 자신의 대관식을 기념하기 위해 군사 기술자에게 크렘린궁을 전등으로 장식하라고 명령하기도 했다. 공식 보고서에 따르면 여러 전등이 '불타는 사파이어, 에메랄드, 루비가 박힌 거대한 왕관 모양'으로 배열되어 있었다. 이것은 차르 권력을 기술적으로 표출한 결과물이었다. 알렉산드르 2세가 보기에 미래는 전기 기술이 좌우했다.[17]

크론슈타트에 설립된 어뢰 학교의 실험실은 19세기 후반 러시아에 설치된 여러 새로운 과학 기관 가운데 하나일 뿐이었다. 1866년, 알렉산드르 2세는 러시아기술협회의 설립을 승인했다. 상트페테르부르크를 기반으로 한 이 협회는 철도 공학, 사진술, 전신을 비롯한 주제를 전문으로 연구하는 과학자 모임을 조직했다. 이런 모임과 더불어 러시아기술협회는 〈전기 Electricity〉를 포함해 여러 과학 학술지를 발행했다. 그뿐 아니라 알렉산드르 포포프가 상트페테르부르크에서 공부하는 동안 일했던 전기 기술 박람회를 포함한 주요 산업 박람회를 조직했다.[18]

비록 산업학교나 군사학교에 뒤처지는 경향은 있었지만, 대학들 역시 물리학에 보다 많은 투자를 하기 시작했다. 1874년, 러시아의 물리학자 알렉산드르 스톨레토프Alexander Stoletov는 영국의 케임브리지 대학을 방문했다. 그곳에서 스톨레토프는 제임스 클러크 맥스웰을 만났으며, 케임브리지 대학에 새로 설립된 실험 물리학 센터인 캐번디시 연구소의 개소식에 참석했다. 영국의 사례를 보고 고무된 스톨레토프는 모스크바 대학으로 돌아와 물리학 실험실을 확장하고 현대화하는 과정을 도왔다. 그에 따라 1880년대 후반에는 모스크바 대학의 물리학과에 전자기파를 발생시키는 기계를 포함한 모든 최신 과학 장비가 설치되었다. 나중에 표트르 레베데프가 이 장의 첫 단락에서 살핀 '빛의 압력'에 대한 연구를 한 장소도 바로 여기였다.[19]

차르는 전자기학 연구뿐만 아니라 러시아에서 근대 화학이 발전하도록 장려했다. 물리 과학에서 가장 명백하게 실용적인 분야는 화학이었다. 19세기 후반 러시아 화학자들은 화약 생산에서 보드카 증류에 이르는 온갖 분야에 대해 조언하는 역할로 정부에 고용되었다. 이 시기에 독일은 산업 화학에 대한 선도국가로 널리 인정받았다. 그에 따라 러시아 정부는 수백 명의 젊은 과학자들을 독일에 유학 보냈다. 이 가운데는 1859년 하이델베르크 대학에 공부하러 간 드미트리 멘델레예프도 포함되었다. 멘델레예프는 1861년 러시아에 돌아와 상트페테르부르크 대학에 자리를 얻고 화학 교과과정을 현대식으로 바꾸는 데 일조했다. 그는 독일에서 보았던 실험실을 모델로 삼아 실험실을 보다 확장하고 훨씬 더 실용적인 내용을 가르쳤다. 그뿐 아니라 멘델레예프는 1868년에 러시아 화학회를 설립하도록 도왔으며, 이 학회에서는 이듬해부터 러시아어로 된 과학 학술지를 출간했다.[20]

오늘날 멘델레예프는 모든 화학원소를 원자량에 따라 18개 그룹으로 배열하는 주기율표를 개발한 공로로 잘 알려져 있다. 이 과정에서 원소가 아직 알려지지 않은 빈 공간을 보고 새로운 화학원소의 존재와 그 성질을 예측할 수 있었다. 하지만 멘델레예프가 단순한 이론가에 그치지 않았다는 사실은 종종 간과된다. 오히려 그는 화학이 러시아제국의 산업과 군사 발전에 필수라고 믿었던 실용적인 성격의 사람이었다. 멘델레예프는 그의 영향력 있는 교과서인 《화학의 원리 Principles of Chemistry》(1868~1870)에서 화학은 '실용적 목적을 위한 도구'라고 주장했다. 그에 따라 화학은 "천연자원을 개발하고 새로운 물질을 생산하는 길을 열어준다." 궁극적으로 현대 화학의 발전에 미친 멘델레예프의 공헌을 이해하려면 주기율표를 넘어서야 한다. 그리고 19세기 과학을 특징지었던 산업과 전쟁의 세계로 돌아갈 필요가 있다.[21]

　　드미트리 멘델레예프는 팔을 들어 포병에게 준비하라는 명령을 내렸다. 그러자 러시아 해군 장교는 대포에 포탄을 장전했다. 곧 멘델레예프는 "쏴!"라고 외치며 팔을 내렸다. 잠시 후 해군 장교는 밧줄을 잡아당겨 넓은 들판 너머로 포탄을 발사했다. 멘델레예프는 멀찌감치 떨어져 포탄이 폭발하는 모습을 지켜보았다. 새 발명품은 잘 작동하는 것처럼 보였다. 1893년 4월의 상쾌한 아침, 멘델레예프는 그가 '피로콜로디온 파우더'라고 부른 가루에 대한 최초의 현장 실험을 실시했다. 이것은 그가 지난 3년 동안 연구해 발명한 새로운 종류의 무연화약이었다. 멘델레예프에게 이 새로운 화약을 개발하라는 요청을 한 것은 다름 아닌 차르 알렉산드르 3세였다. 다른 유럽 국가들이 최근 들어 군사 기술을 발달시키자 염려되었던 알렉산드르 3세는 당시 전 세계에서 가장 유명한 화학자 가운데 한 사람인 멘델레예프에게 눈을 돌렸다. 이 연구 과제를 지원하기 위해 알렉산드르 3세는 상트페테르부르크에 있는 네바강 중간의 작은 섬에 해군 과학기술 연구소를 설립하도록 했다. 이곳에서 멘델레예프는 1890년에서 1893년까지 자신의 화학 지식을 적용해 새로운 폭발물을 개발하는 데 많은 시간을 할애했다.[22]

무연 화약의 발명은 19세기 후반의 주요한 군사적 혁신 가운데 하나였다. 전통적으로 화약은 초석, 유황, 숯의 혼합물을 재료로 만들었다. 하지만 화학의 발전과 함께 군대를 위해 일하던 과학자들은 더 강력한 대체 화약을 연구하기 시작했다. 이런 화약들은 보통 1840년대에 처음으로 분리된 니트로글리세린과 다양한 여러 화학물질의 혼합물로 만들어졌다. 가장 유명한 것은 알프레드 노벨Alfred Nobel이 발명한 발리스타이트라는 무연 화약을 포함한 새로운 폭약이었다. 자신의 이름을 따서 노벨상이 만들어진 바 있는 노벨은 이 폭발물의 개발로 재산을 모았다.[23]

이름에서 알 수 있듯 무연 화약은 연기가 거의 나지 않는다. 이런 특성은 특히 해전에서 선박의 시야를 넓히고 통제를 쉽게 하는 명백한 이점을 지닌다. 하지만 이것이 유일한 장점은 아니다. 무연 화약은 훨씬 더 강력한 폭발을 일으킨다. 전통적인 화약의 경우 연기가 연소되면서 연료의 많은 부분이 낭비되지만, 무연 화약은 거의 모든 연료가 폭발로 전환된다. 폭발이 더 크게 일어나면 포탄의 사정거리, 정확도, 속도를 증가시키는 효과가 생기는데, 19세기 후반 들어 철을 이용해 선박을 건조하면서 이는 해전에서 상당한 이점이 되었다. 고성능 포탄만이 현대식 전함의 철갑 선체를 관통할 수 있었기 때문이었다. 이런 이유로 알렉산드르 3세는 러시아 해군이 자체적으로 무연 화약을 개발하기를 간절히 바랐다.[24]

상트페테르부르크의 해군 과학기술 연구소에서 일하게 된 멘델레예프는 우선 영국과 프랑스에서 제조한 무연 화약의 샘플을 살피는 작업부터 시작했다. 사실 그는 일찍이 런던의 울위치 무기고를 살펴볼 기회가 있어서 그곳에서 코르다이트라 불리는 영국의 다양한 무연 화약에 대해 알게 되었다. 그 샘플들을 분석한 멘델레예프는 탄소, 수소, 질소, 산소의 혼합물을 기반으로 새로운 화합물을 만들어야 한다는 사실을 깨달았다. 그뿐 아니라 멘델레예프는 프랑스와 영국의 제품을 개선해 훨씬 더 강력하면서도 연기를 거의 내지 않는 화약을 만들고자 했다. 그는 원소들의 원자량에 대한 지식을, 점화되었을 때 최대한의 폭발을 일으키는 화학물질의 정확한 비율을 알아내는 데 유용하게 활용했다. 1892년 말, 결국 그는 무연 화약을 소량으로 생산하는 데 성공했다. 여기에 대해 멘델레예프는 이렇게 기록했다. "이것은 일반 화약과는 매우 다르며 화학반응과 산물에 대해 아주 잘 알아야 하는 화학적으로 새로운 물건이다."[25]

멘델레예프는 일생 동안 러시아제국의 군사와 산업 발전에 깊은 관심을 보였다. 그러면서 정부를 위해 일하기도 하고, 사기업에서 일하기도 했다. 그는 화약을 개발한 것뿐만 아니라 러시아의 정유 산업에도 크게 관여했다. 1860년대에 멘델레예프는 바쿠 석유 회사에 고용되어 원유 증류 공장의 건설에 대해 조언했다. 당시는 러시아제국이 페르시아와 오스만제국으로부터 오늘날의 아제르바이잔을 포함한 캅카스 주변의 상당히 넓은 지역을 점령한 직후였다. 차르는 즉시 산유지의 소유권을 주장해 손에 넣은 다음 바쿠 석유 회사 같은 민간 기업에서 돈을 받고 장기 임대차 계약을 맺었다. 이번에도 멘델레예프의 화학 지식은 산업적인 용도로 활용되었다. 그는 원유에서 여러 화학 산물을 분리하는 방법에 대해 조언했는데, 이 과정은 돈이 되었기 때문이었다. 이후 1870년대에 멘델레예프는 미국 석유 산업에 대해 보고하기 위해 미국으로 파견되기까지 했다. 당시 러시아는 여전히 석유 대부분을 미국에서 수입하고 있었다. 하지만 19세기 말이 되자 그 관계는 완전히 뒤집혔다. 러시아는 멘델레예프 같은 화학자들이 산업 분야에서 공헌한 덕분에 세계 원유의 거의 90퍼센트를 공급하는 나라로 거듭났다.[26]

드미트리 멘델레예프가 19세기 러시아에서 가장 유명한 과학자였던 것은 의심할 여지가 없지만, 유일무이한 과학자는 아니었다. 산업에 응용되는 과학이라는 멘델레예프의 비전은 사실 그의 세대에서 전형적인 사고방식이었다. 당시 물리학 연구에 대해 매우 유사한 접근을 보인 인물 가운데 율리아 레르몬토바Julia Lermontova라는 러시아 화학자가 있었다. 이전 장에서 살폈듯 19세기는 점점 더 많은 여성이 전문적인 과학계에 진입한 시기였다. 레르몬토바는 물리학 분야에서 공식적으로 훈련을 받기 시작한 새로운 세대의 러시아 여성이었으며, 그렇게 하기 위해 당대의 편견에 맞서 싸웠다.[27]

1846년 상트페테르부르크에서 태어난 레르몬토바는 육군 장성의 딸이었다. 어린 시절 그는 과학에 대해 열정을 품어 자기 집 부엌에 작은 화학 실험실을 만들었다. 스무 살이 된 레르몬토바는 농업 화학 분야에서 경력을 쌓기로 결심하고 모스크바에 있는 페트로프스카야 농업·임업 아카데미에서 공부하기 위해 지원했다. 이곳은 1860년대에 알렉산드르 2세가 세운 새로운 농업 및 산업 학교 가운데 하나였다. 하지만 차르가 근대화를 그토록 부르짖었는데도 여성들은 여전히 러시아의 고등교육에서 배제되었다. 레르몬토바는 여성을 받아들일 수 없다는 직설적인 통보를 받으며 페테로프스카야 아카데미에서 입학을 거절당했다.[28]

하지만 레르몬토바는 여기에 굴하지 않고 다른 여러 러시아 여성이 이 시기에 했던 대로 유학을 떠나기로 결심했다. 1869년, 레르몬토바는 독일로 떠나 하이델베르크 대학에서 강의를 들었다. 하이델베르크 대학에서 그는 '분젠 버너'에 자신의 이름을 올린 로베르트 분젠Robert Bunsen을 포함한 그 시대의 여러 주요 독일 화학자, 물리학자와 함께 공부했다. 그리고 1874년에는 괴팅겐 대학에서 박사 학위를 받고 베를린 대학교의 화학 연구소에서 연구를 이어갔다. 하지만 해외에서 공부하는 젊은 러시아 여성의 삶은 고달팠다. 나중에 레르몬토프는 '질 낮은 음식과 건강에 좋지 않은 공기가 들어찬 허름한 아파트'에서 살았던 베를린에서 보낸 시간을 회상했다. 그래도 레르몬토프는 계속 나아가 남성들이 주도하는 산업 화학계로 진출하겠다고 마음먹었다.[29]

우연이지만 레르몬토바가 독일에 머문 기간은 멘델레예프와 정확히 겹쳤다. 두 사람은 하이델베르크 대학에서 만나 이야기를 나누었다. 멘델레예프는 레르몬토바에게 주기율표를 다룬 자신의 최신 논문에 대해 말했다. 그리고 원소들을 올바른 순서대로 얻는 데 어려움을 겪고 있으며, 특히 '백금족 금속'으로 알려진 원소가 그렇다고 덧붙였다. 이 금속들은 분명히 매우 유사했고, 종종 같은 광석에서 발견되며 독특한 은색을 띠기에 멘델레예프는 같은 무리로 묶여야 한다고 여겼다. 하지만 문제가 하나 있었다. 백금족 금속, 특히 이리듐과 오스뮴의 원자량이 멘델레예프가 제안했던 주기율표의 순서와 맞지 않았던 것이다. 하이델베르크 대학의 화학 실험실에서 일하면서 레르몬토바는 이 문제를 해결하는 데 전념했다. 그리고 백금 덩어리를 여러 화학물질에 반복적으로 용해시키는 일련의 복잡한 실험을 통해 이리듐과 오스뮴의 순수한 샘플을 추출할 수 있었다. 그런 다음 분젠이 개발한 기술을 활용해 레르몬토바는 조심스럽게 백금족 금속 각각의 원자량을 측정했다. 이 결과에 만족한 그는 막 상트페테르부르크로 돌아간 멘델레예프에게 편지를 보냈다. 이 소식을 들은 멘델레예프는 기뻤다. 그래서 레르몬토바의 실험 결과에 기반해 백금족 원소를 재배열했고, 자신이 쓴 교과서인 《화학의 원리》에 이 원소들의 원자량 값을 재빨리 갱신했다.[30]

레르몬토바는 1874년에 러시아로 돌아왔다. 비록 오늘날 러시아의 과학과 산업에 대한 그의 공헌은 대부분 잊혔지만 레르몬토바는 계속 눈부신 경력을 쌓고 있었다. 그는 1875년 러시아 화학회 회원으로 뽑혔는데, 주로 멘델레예프의 주기율표가 옳다는 사실을 증명하는 데 도움이 되었던 백금족 금속에 대한 연구 덕분이었다. 이 금속들의 정확한 원자량을 알게 되면서 러시아 기업가들은 19세기에 우랄산맥에서 채굴한 백금 광석을 처리하는 보다 효율적인 방법을 고안할 수 있었다. 그 후 레르몬토바는 모스크바 대학에서 일하면서 원유를 분석하는 새로운 기술을 개발하는 데 전념했다. 캅카스 지역에 기반을 둔 러시아 석유 회사에 돈을 투자하기도 했다. 그 결과 1881년에 그는 정유 산업에 대한 공로를 인정받아 러시아 공학회의 첫 여성 회원으로 선출되었다. 레르몬토바의 직업적인 경력은 19세기 산업 과학계에 러시아 여성들이 남긴 지금은 잊힌 공헌을 상기시킨다.[31]

1914년에 발발한 제1차 세계대전은 차르 지배 아래 발전하던 과학의 장단점을 모두 드러냈다. 1860년대부터 알렉산드르 2세는 러시아의 과학과 기술을 근대화하는 것을 목표로 일련의 개혁을 펼쳐나갔다. 그에 따라 산업과 군사 분야의 새로운 대학뿐만 아니라 연구소도 새로 설립되었다. 19세기에 가장 성공을 거둔 러시아 과학자 중 상당수는 어떤 식으로든 산업과 전쟁의 세계에 발을 담그고 있었다. 이 기간에 러시아 과학자들은 해외에서 공부하고 국제회의와 산업 전람회에 참석하기 시작했다. 알렉산드르 포포프는 1900년 파리에서 열린 1차 국제 물리학 회의에 참석했고, 드미트리 멘델레예프는 1876년 필라델피아 국제 박람회에 참석차 미국에 갔다.[32]

하지만 이런 발전에도 제정러시아가 독일의 산업, 군사 장비와는 상대도 되지 못한다는 사실이 분명해졌다. 1914년 8월 독일과의 국경이 폐쇄되자 러시아 과학자들은 갑자기 자신들이 단절되었다고 느꼈다. 당시 독일에서 생산하던 필수 과학 장비나 화학물질을 더 이상 수입할 수 없었다. 1915년 한 러시아 과학 학술지에서 저자는 "지금까지 우리나라는 자국의 과학이나 교육 자재를 직접 생산해 독일에 대한 의존에서 벗어나려는 진지한 노력을 기울이지 않았다"라고 불만을 털어놓았다. 러시아 과학자들을 전쟁에 동원하려는 시도도 있었다. 1916년 러시아 정부는 물리학회 회원으로 구성된 전쟁 화학 위원회를 구성했다. 이 위원회는 이전에 독일에서 수입하던 산업 및 군사 분야의 중요한 화학물질을 제조하는 임무를 맡았다. 여기에는 시안화물, 비소, 염소가스 같은 화학무기가 포함되었다.[33]

하지만 이미 너무 늦었다. 1917년 11월 혁명적인 사회주의자들인 볼셰비키가 상트페테르부르크의 겨울 궁전으로 행진할 때까지 상황은 계속 악화되었다. 이 러시아혁명은 1918년 7월 마지막 차르인 니콜라이 2세와 그의 가족을 처형하며 절정에 달했다. 모스크바와 상트페테르부르크의 거리에서 싸움이 멈추지 않아 혁명으로 말미암은 혼란이 그칠 기미가 없자, 러시아의 과학자들은 점점 더 고립을 느꼈다. 제정러시아 시대의 과학은 민족주의, 산업, 전쟁이 발달하던 세계에서 탄생했다. 그리고 결국 동일한 세계에서 파괴되었다. 다음 절에서 우리는 19세기 내내 개혁하기 위해 애썼지만 러시아와 매우 비슷한 운명을 맞은 또 다른 제국에서 물리학이 어떻게 발전했는지 알아볼 것이다.

오스만제국의 공학 발전

술탄 압뒬메지트 1세는 한 미국인 엔지니어가 실험적인 전신선을 설치하는 모습을 지켜보았다. 1847년 8월에 예일 대학을 졸업한 존 로런스 스미스John Lawrence Smith는 이스탄불 외곽에 자리한 베일레르베이 궁전 입구에 전기로 작동하는 작은 기계를 설치했다. 그런 다음 그는 기계에서 긴 구리 전선을 내 금박을 입힌 궁전의 출입문을 통과한 후 주 응접실까지 연장했다. 전선을 또 다른 기계에 연결한 스미스는 시연을 시작할 준비가 되었다고 발표했다. 전신을 개발한 미국의 선구자 새뮤얼 모스Samuel Morse의 설계에 기초한 이 장비는 미국에서 멀리 이곳까지 보내졌다. 당시 오스만제국의 술탄 아래서 광산 엔지니어로 일하던 스미스는 전신을 통해 "아무리 거리가 멀어도 즉시 정보를 전달할 수 있다"라고 장담했다.[34]

장비가 모두 준비되자, 스미스는 술탄에게 전신 장비의 작동 방식을 설명했다. 당시 그 자리에 참석했던 한 미국 외교관은 전선을 따라 흐르는 전류에 대해 언급하며 "술탄은 스미스가 설명한 전기의 성질을 매우 잘 이해했다"라고 기록했다. 스미스는 압뒬메지트에게 두 기계 사이로 전송하고 싶은 메시지를 알려달라고 요청했다. 메시지를 받자 스미스는 그것을 모스부호로 타이핑했다("프랑스의 증기선이 도착했는가? 유럽에 어떤 소식이 있는가?"). 스미스가 말한 것처럼 그 메시지는 전신선을 따라 응접실로 전송되었고, 종이에 일련의 점과 선이 인쇄되었다. 스미스는 그 메시지를 오스만 튀르키예어로 번역했다. 술탄은 깊은 인상을 받았고, 이 놀라운 발명품이 오스만제국 전반에 걸쳐 통신 기술을 바꾸어놓을 수 있다는 사실을 즉시 알아챘다. 실제로 술탄 압뒬메지트는 매우 감명받은 나머지 미국에 있는 모스에게 개인적으로 편지를 써서 다이아몬드가 박힌 장식을 동봉하고 "내 황궁에서 시연한 견본품"의 원본인 전신을 발명한 데 대해 칭찬했다.[35]

이후 몇 년에 걸쳐 압뒬메지트는 오스만제국을 가로질러 수천 마일의 전신선을 설치하라고 명령했다. 최초의 전신은 1853년에서 1856년까지 벌어진 크림전쟁 기간에 설치되었는데, 이 전쟁에서 오스만제국은 러시아제국에 맞서 싸워 결국 승리를 거뒀다. 오스만제국을 지지했던 영국은 세바스토폴과 이스탄불 사이에 전신선을 설치하는 작업을 도왔다. 이 전선은 군사행동을 통제하는 데 활용되었고 궁극적으로 오스만제국의 승리에 기여했다. 압뒬메지트에게 전신은 행정뿐만 아니라 군사력 측면에서도 결코 적지 않은 이점을 보여주었다. 크림전쟁이 끝난 직후, 오스만제국은 이스탄불에 전신 설비를 생산하기 위한 공장을 세우고 전신 관련 과학을 전문으로 가르치는 학교를 설립했다. 1900년까지 오스만제국의 기술자들은 제국 통치의 중심인 이스탄불과 여러 지방을 연결하는 총 길이 2만 마일 이상의 전신을 설치했다. 그 전까지만 해도 사람들은 우편으로만 연락을 주고받았다. 이때는 카이로에서 이스탄불까지 편지가 도착하는 데 최소 며칠, 길면 몇 주가 걸릴 수도 있었다. 하지만 이제는 몇 초로 충분했다.[36]

앞서 제정러시아의 사례에서 본 것처럼 19세기는 오스만제국에 개혁의 시기였다. 이스탄불은 한때, 특히 16세기에서 17세기까지만 해도 과학 발전의 중심지였지만, 18세기 후반에는 더 이상 그렇지 못했다. 18세기 후반에 여러 번의 군사적 패배가 이어졌고, 특히 1768년에서 1774년까지 일어난 러시아-튀르크 전쟁은 오스만제국의 한계를 드러냈다. 이러한 흐름은 19세기 초 들어 수십 년 동안 더 악화되었다. 1821년에서 1829년까지 벌어져 또 다른 오스만제국 영토가 이스탄불에서 분리된 그리스 독립 전쟁 이후로 특히 더 그랬다. 유럽 제국주의가 퍼져나가고 지방에서 소요가 벌어질까 우려한 오스만제국은 군대를 근대화하기 위해 여러 과학 기관을 새로 설립했다. 이 가운데는 러시아-튀르크 전쟁에서 오스만제국이 패배한 데 대한 직접적인 대응으로 1775년에 설립된 해군 공학 학교와 군사 공학 학교가 포함되었다. 오스만군 장교들은 이제 최신 수학, 화학, 물리학을 공부해야 했다. 이러한 종류의 과학적 지식은 1820년대 오스만 해군에 증기

선이 도입된 이후로 점점 더 중요해졌다.[37]

이러한 초기 개혁기를 지나며 훨씬 더 광범위한 근대화 계획이 뒤따라 시행되었다. 1839년 권력을 잡은 압뒬메지트 1세는 탄지마트(말 그대로 '재편성'이라는 뜻인)로 불리는 일련의 개혁을 시작했다. 전신에 이어 오스만제국은 철도를 건설하기 시작했는데, 1856년에 최초로 개통된 구간은 카이로와 알렉산드리아를 연결했다. 탄지마트의 일환으로 여러 과학 기관이 설립되었고 기존 기관들도 더 확장되었다. 1827년에 이스탄불에 설립되었던 제국 의과 대학은 1839년 들어 근대적인 화학 실험실을 갖춘 새로운 건물로 이전했다. 1868년 이스탄불에 새로 설립된 산업 예술 학교도 있었는데, 나중에 여러 영향력 있는 오스만 기술자가 이곳에서 훈련받았다. 1870년대 후반까지 지속된 이 개혁은 우리가 제정러시아 시대에 대해 알고 있는 그대로였다. 19세기 대부분의 시간 동안 러시아와 오스만제국은 중앙아시아에서 군사, 산업, 과학 분야의 우위를 차지하기 위해 서로 싸웠다.[38]

탄지마트 기간에 설립된 가장 중요한 과학 기관은 이스탄불에 자리한 오스만 대학이었다. 원래 1846년에 설립된 오스만 대학은 19세기와 20세기에 걸쳐 여러 번 명칭이 바뀌었다. 압뒬메지트 1세의 통치 기간에 이 학교는 '과학의 집'으로 널리 불렸다. 톱카프 궁전 옆 신고전주의 건물에 들어선 오스만 대학은 커다란 강의실과 광범위한 자료를 갖춘 도서관, 그리고 현대적인 과학 실험실이 특징이었다. 심지어 이 학교에는 여러 오스만 과학자들이 훈련받았던 자연과학부도 있었고 나중에는 토목공학부도 설립되었다. 한 공식 보고서에 따르면 오스만 대학은 '모든 과학 분야를 발전시키고 널리 보급할 예정'이었다.[39]

오스만 대학의 강사 가운데는 데르비시 메흐메드 에민 파샤Derviş Mehmed Emin Pasha라는 화학자가 있었다. 그의 직업적인 경력은 신세대 오스만 과학자의 전형이었다. 1817년 이스탄불에서 태어난 메흐메드 에민 파샤는 1830년대에 군사 공학 학교에 들어가 공부하면서 과학계에 입문했다. 여기서 그는 화약 제조법 같은 실용적인 분야뿐만 아니라 산과 알칼리를 구별하는 방법 같은 화학과 물리학의 기초를 배웠다. 그리고 졸업한 후 유학생으로 선발되었다. 19세기에 오스만제국의 여러 유망한 과학자와 기술자는 유럽, 특히 영국, 프랑스, 독일에 파견되었다. 제정러시아와 마찬가지로 이것은 학생들을 제국주의 경쟁 국가에서 공부시켜 전문 과학 지식을 쌓게 하려는 광범위한 전략의 일부였다. 메흐메드 에민 파샤는 1835년 다른 오스만 학생들과 함께 파리에 갔는데, 이들 가운데 몇몇은 의학을 공부했고 다른 몇몇은 공학을 공부했다. 그는 명문인 광산 학교에 등록해 그곳에서 화학과 지질학 수업을 들었다. 매일 아침 그는 뤽상부르 공원을 가로질러 파리의 거리를 지나쳐 오텔 드 방돔에서 진행하는 강의에 참석했다. 그리고 졸업할 무렵에는 주변 사람들에게 "메흐메드 에민 파샤는 수학뿐만 아니라 화학, 물리학, 광물학에 조예가 깊다"는 평을 들었다.[40]

파리에서 5년간 공부를 마친 메흐메드 에민 파샤는 이스탄불로 돌아와 군사 공학 학교에 일자리를 얻었다. 이곳에서 가르치는 동안 그는 첫 번째 주요 과학 저작을 출간했는데 바로 《화학원소Elements of Chemistry》(1848)라는 제목의 교과서였다. 이 책은 오스만 튀르키예어로 쓰인 최초의 현대적인 화학 교과서로, 최신 화학 표기법을 적용했을 뿐만 아니라 원자 이론을 포함한 18세기 후반에서 19세기 초반의 모든 이론적 돌파구를 담았다. 이 시대의 전형적인 경향이었지만 메흐메드 에민 파샤는 이 책에서 물리 과학의 실용적인 가치를 강조했다. 예컨대 화학은 '새로운 산업을 일으켜 수많은 혜택을 얻는 데 도움이 될 것'이라는 식이었다. 그뿐 아니라 그의 교과서에는 민족주의적인 요소가 있었다. 비록 자신도 해외에서 유학했음에도, 메흐메드 에민 파샤는 오스만 과학자들이 영어나 프랑스어가 아닌 자국 언어로 글을 쓰고 공부해야 한다고 말했다. 그래서 《화학원소》에서도 화학 공식은 전부 오스만 튀르키예어로 적었다. '튀르키예의 화학 서적에는 유럽 화학 용어가 들어설 자리가 없는' 것처럼 보였다.[41]

메흐메드 에민 파샤는 이후 여생을 오스만제국에 봉사하며 다방면에 걸쳐 경력을 쌓았다. 한때는 광산 기술자로 일했고, 이후에는 오스만제국과 페르시아 제국의 국경을 정하는 작업을 돕는 군대 측량사로 일하기도 했다. 그리고 이후 새로 설립한 오스만 대학에서 강의했다. 1860년대 초에 새로운 대학 건물의 개관식을 기념하는 그의 공개 강의는 당시 지역신문에 무척 열광적인 어조로 보도되었다. 1863년 1월 13일 오전 11시, 300명의 청중이 메흐메드 에민 파샤의 강의를 듣기 위해 오스만 대학의 새로운 강의실로 몰려들었다. 청중 가운데는 최신 과학이 오스만제국의 발전에 어떻게 도움을 줄 수 있는지 배우고자 하는 여러 주요 정치인들이 포함되었다. 메흐메드 에민 파샤는 유도코일을 이용해 몇 번 전기 스파크를 일으키며 첫 강의를 시작했다. 한 오스만 신문은 강의 직후 "특별한 장치에서 스파크가 튀었다"고 보도했다. 그 '전기적인 힘'은 그 후 "얇은 전선을 통해 한 사람의 몸으로 전달되었으며, 전선이 닿은 몸의 모든 부위가 파란 스파크를 일으켰다." 시연하는 동안 메흐메드 에민 파샤는 흐르는 전기에 적용되는 기본적인 원리를 설명했고, 이 원리가 전신 같은 온갖 종류의 실용적인 용도로 활용될 수 있다고 강조했다.[42]

강의가 끝나고 청중 가운데 있었던 오스만 정치가 한 사람이 일어나 연설했다. 오스만제국의 대재상이던 메흐메드 푸아드 파샤Mehmed Fuad Pasha였다. 그는 메흐메드 에민 파샤의 물리학 지식을 칭찬했고, 미래의 오스만제국에서는 현대 과학의 발전이 꼭 필요하다는 생각에 전적으로 찬동했다. 탄지마트의 주요 옹호자였던 대재상은 "예전 물리학과 새로운 물리학의 차이는 범선과 증기선의 차이와 같다"라고 말했다. 그렇기에 과학과 산업의 성장을 지원하는 것이야말로 '국가의 의무'라고 그는 주장했다. 또 청중 가운데 이슬람 성직자가 많다는 사실을 알게 된 대재상은 현대 과학의 종교적 가치를 강조했다. 그의 주장에 따르면 물리학과 화학 분야의 최신 돌파구는 오랜 이슬람 전통에 바탕을 두고 있었다. '알칼리' 같은 여러 현대 화학 용어가 아랍어에서 유래되었으며, 중세 이슬람 사상가들 또한 화학에 대한 여러 중요한 초기 저작을 저술했기 때문이었다. 여기서 우리는 이슬람의 '황금시대'라는 개념이 당시 오스만제국 사람들 사이에서 유행했다는 사실을 알 수 있다. 대재상의 설명에 따르면 전류의 이론은 '이슬람 신의 철학'의 또 다른 예에 불과했다.[43]

이것은 모두 오스만제국의 근대화를 이슬람 자체의 근대화 가운데 일부로 간주하기 위한 광범위한 전략의 일부였다. 오래지 않아 이스탄불에 거주하는 이슬람교도들은 철도와 증기선을 타고 메카로 여행했고, 카이로의 기도 시간은 전신 신호를 활용해 동시에 맞춰졌다. 오늘날 우리는 종교가 현대 과학과 긴장 상태에 있다고 생각하지만, 오스만제국에서는 확실히 그렇지 않았다. 당시의 다른 많은 사람처럼 대재상은 19세기 후반의 산업 과학을 새로 전개되는 이슬람 근대화의 일부로 여겼다.[44]

1868년 초에 오스만제국의 술탄은 보스포루스가 내려다보이는 언덕에 새로운 천문대를 건설하라고 명령했다. 황실 천문대로 알려진 이곳은 16세기 이후에 이스탄불에 설립된 최초의 전문적인 천문대였다. 2장에서 언급한 이전의 다른 천문대와 마찬가지로, 황실 천문대의 기능 가운데 하나는 이슬람 달력을 편찬하는 과정을 돕는 것이었다. 하지만 황실 천문대는 천문 관측뿐 아니라 날씨와 지진을 모니터링하는 기지 역할도 했다. 물리학과 화학의 발전 덕분에 과학자들은 대기의 작동 방식에 대해 훨씬 더 자세히 이해하게 되었다. 그에 따라 예전에는 상상도 못할 정도의 정확도로 날씨를 추적하고 예측하는 것이 가능해졌다. 특히 오스만제국의 육군이나 해군에서 작전을 계획할 때 큰 도움이 되었다. 1870년대 후반까지 황실 천문대는 오스만제국을 가로지르며 서로 전신으로 연결된 기상관측소 네트워크의 중심에 자리 잡았다.[45]

19세기에는 기상학뿐만 아니라 지진학 역시 혁명을 겪었다. 그 이유는 화학과 물리학 분야에서 새로 등장한 개념이 과학자들로 하여금 지진이 발생하는 원인을 더 잘 이해하는 데 도움을 주었기 때문이었다. 사실 이스탄불은 이런 연구를 하기에 최적화된 장소 가운데 하나였다. 유럽과 아시아 사이의 단층선을 따라 자리한 오스만제국의 이 도시는 정기적으로 심각한 지진을 경험했다. 오스만제국의 과학자 아리스티드 쿰바리Aristide Kumbari 역시 19세기 동안 이스탄불에 가장 큰 피해를 입힌 지진을 겪었다. 1894년 7월 10일 12시 24분, 수많은 이슬람교도가 정오 기도를 마치고 집으로 돌아올 때 땅이 진동하기 시작했다. 각각 약 15초 동안 지속된 여러 번의 충격으로 이스탄불의 상당 부분이 돌무더기 잔해로 변했다. 수백 명이 죽고 수천 명이 다쳤으며, 여러 모스크를 포함한 많은 건물이 파괴되었다. 국제적인 뉴스 통신사인 로이터의 보도에 따르면 "이곳에서 지진의 파괴적인 위력을 겪지 않은 거리는 거의 없었다."[46]

술탄 압뒬하미트 2세는 즉시 쿰바리를 불렀다. 이 지진은 술탄에게 위기인 동시에 기회이기도 했다. 근대 초기에 그랬듯 지진은 예기치 못한 천문학적 사건처럼 정치적 위기를 촉발할 잠재력을 가지고 있었다. 시민들이 자신들의 보호자이자 통치자로서 술탄에 대한 신뢰를 잃을지도 몰랐다. 하지만 지진은 술탄에게 기회이기도 했는데, 지금이야말로 이스탄불 시민들에게 근대화의 장점을 보여주고 오스만 제국의 과학이 얼마나 대단한지 국제사회에 과시할 수 있는 완벽한 시기였기 때문이었다. 이 점을 염두에 두고 압뒬하미트는 쿰바리에게 이번 지진의 원인에 대한 보고서를 준비하라고 명령했다.[47]

1827년 이스탄불의 그리스 출신 가정에서 태어난 쿰바리는 근대 화의 수혜를 입은 전형적인 오스만 신세대 과학자였다. 그는 더 많은 과학 교육을 받고자 파리로 유학 가기 전에는 아테네 대학에서 수학 을 공부했다. 1868년 이스탄불에 돌아온 쿰바리는 지진학의 최신 연 구 흐름에 익숙했다. 보고서를 준비하던 쿰바리는 그리스 물리학자 데메트리오스 에기니티스Demetrios Eginitis의 도움을 받기로 했다. 그 뒤로 4주 동안 2명의 과학자는 술탄이 제공한 증기선을 타고 오스만제국 주변을 탐사했다. 이들은 서로 다른 지역의 피해를 비교해 평가했고, 잔해를 조사한 뒤 사진을 찍었으며 충격파의 방향을 알아내 진원지의 위치를 밝히려고 애썼다. 쿰바리는 지진 생존자들뿐 아니라 지역 기 상관측소에서도 보고를 받았다. 멀리 파리나 상트페테르부르크 같은 곳의 과학자들로부터 전신을 통해 보고서가 도달했다.[48]

오스만제국 술탄에게 제출된 동시에 프랑스의 권위 있는 과학 학술지에 게재된 마지막 보고서는 그때까지 지진에 대해 가장 상세 히 다룬 대표적인 연구 결과물이었다. 당시 과학자들은 판구조론을 완전히 정립하지는 못했지만, 물리학과 화학이 발전한 덕분에 지진이 지구 중심부의 운동에 의해 발생한다는 보다 광범위한 지식이 있었 다. 쿰바리와 그의 연구 팀은 다양한 지진 데이터를 바탕으로 이스탄 불 주변 지역의 지도를 그렸는데, 그 결과 충격파가 북쪽에서 남쪽으 로 이동하는 방향성이 드러났다. 또 이들은 지진이 이스탄불 근해의 마르마라해 아래서 지각의 균열 때문에 발생했다는 사실을 알아냈다. 이어 쿰바리와 에기니티스는 경고와 함께 보고서를 결론지었다. 이 지역의 '지질학적인 진화'는 아직 끝나지 않았기에, 이번 지진이 이스탄불에서 발생할 마지막 지진은 결코 아니라는 것이었다.[49]

제정러시아와 마찬가지로 오스만제국의 과학도 자본주의와 전쟁의 세계에서 발전했고, 같은 세계에 의해 파괴되었다. 제1차 세계대전이 일어났을 때 오스만 술탄은 독일을 비롯해 다른 중심 국가들과 동맹을 맺기로 결정했다. 당시 독일의 군사력과 고도로 발달한 산업을 감안하면 이 결정은 합리적인 것처럼 보였다. 술탄은 독일의 도움을 받아 오스만제국에서 과학과 산업의 발전을 가속화하려는 희망을 품었다. 오스만제국의 한 신문은 "우리는 독일의 교육 시스템, 경제사상, 규율, 질서를 그대로 수용할 필요가 있다"라고 열렬한 논조로 주장했다. 마침 독일도 '교사들의 부대'를 파견했다. 1915년 한 무리의 독일 과학자들이 오스만 대학에서 가르치기 위해 이스탄불에 도착했다. 이전에 브레슬라우 대학에서 강의했던 프리츠 아른트Fritz Arndt라는 화학자가 이들 과학자들을 이끌었다. 제정러시아에서 그랬던 것처럼, 오스만 술탄은 근대과학과 기술이 전쟁터에서 승리를 이끄는 데 도움이 되기를 바랐다.[50]

하지만 아무리 과학 지식이 쌓여도 영국, 프랑스, 러시아라는 연합국들 사이에서 압박을 받았던 오스만제국의 근본적인 군사적인 곤란을 타개하지는 못했다. 1918년 11월 영국군이 이스탄불에 입성했는데, 아른트를 비롯한 독일 과학자들은 이미 오래전에 도망쳤다. 제1차 세계대전 이후 분리된 오스만제국은 종말을 맞기 시작했다. 마지막 술탄은 1922년에 살해되었다. 그리고 중동에서 오스만제국의 종말은 새로운 분쟁의 시대로 이어졌다. 이 이야기는 뒷부분에서 다시 다룰 예정이다. 일단 우리는 19세기 화학과 물리학의 역사로 넘어가 영국령 인도의 과학, 민족주의, 그리고 전쟁의 관계를 알아볼 것이다.

식민지 인도에서 전파 연구하기

자가디시 찬드라 보스는 장비를 세심하게 설치하는 데 하루 종일 시간을 보냈다. 그날 저녁, 그는 런던의 왕립 연구소에서 '전자기 복사'라는 주제에 대해 강의를 할 예정이었다. 1799년에 설립된 왕립 연구소는 19세기 영국에서 가장 명망 있는 과학 기관 가운데 하나였다. 빅토리아 시대의 가장 유명한 과학자들 가운데 상당수가 이곳에서 강연을 해서 명성을 얻었다. 1897년 1월, 영국 왕립 연구소에서 강연자로 초대된 최초의 인도 과학자인 보스가 소위 '전기 광선'의 위력을 보여주자, 영국의 선구적인 사상가로 구성된 500명 넘는 청중은 경외심에 사로잡혔다.[51]

보스는 점화 코일에 연결된 배터리를 껐다 켜서 몇 번의 짧은 전기 점화를 일으키며 강연을 시작했다. 보스는 "한 번의 스파크를 통해 이번 실험을 위한 복사선의 섬광을 얻을 수 있다"라고 말했다. 그리고 청중에게 오늘날 전파라고 부르는 '전기 광선'은 "보이지 않기 때문에 생성된 파장이 눈에 띄지 않는다"고 상기시켰다. 그렇다면 전파가 존재하는지 어떻게 알 수 있을까? 보스는 그의 앞에 있는 나무 탁자에 놓인 작은 장치를 가리켰다. 이 장치는 그가 인도에 있을 때 제작했던 무선 수신기였다. 보스는 "이 극도로 민감한 장비가 과학자들이 전기 복사선을 탐지할 수 있도록 해줄 것"이라고 설명했다. 그런 다음 그는 장비가 어떻게 작동하는지 보여주었다. 실험은 간단했지만 빅토리아 시대의 청중에게는 매우 놀라운 장면이었다. 보스가 무선 송신기를 켜자 강의실 반대편에 있는 수신기에서 벨이 울렸다.[52]

보스는 청중에게 뛰어난 말솜씨로 '우리 모두가 푹 잠겨 있는, 수없이 많은 이 파장에 의해 동요되는 가벼운 에테르 같은 바다'에 대해 묘사했다. 그리고 그는 계속해서 적외선에서 빛, 전파에 이르는 전자기 스펙트럼의 여러 부분을 묘사하며 우리 감각 너머에 자리한 물리적 우주라는 도취적인 이미지를 그렸다.

에테르의 주파수가 계속 높아지면 우리는 잠시 따뜻한 감각을 느낄 것이다. 여기서 주파수가 더 올라가면 우리 눈이 영향을 받기 시작할 테고, 붉은빛이 가장 먼저 모습을 드러낸다. 주파수가 계속 더 높아짐에 따라 우리 인지 기관은 완전히 제 역할을 하지 못하고, 의식의 거대한 공백이 나머지를 없애버린다. 그러다 짧은 섬광 뒤에 중단되지 않는 어둠이 이어진다.

이 자리의 중요성을 잘 알았던 보스는 유럽과 인도 과학 사이의 틈새를 메우자는 호소와 함께 강연을 마쳤다. 그는 '머지않아 서양이나 동양은 각자가 아니라 모두 함께 연구하게 될 것이며, 그에 따라 지식의 경계를 넓히고 훈련과 공부에 뒤이은 다양한 축복을 이끌어내 각자의 몫을 차지하게 될 것'이라며 진심 어린 희망을 전했다. 그러자 청중은 이 신비로운 인도 물리학자를 따라 전자기학의 숨겨진 세계로 들어가기를 열망하며 모두 일어나 박수를 쳤다.[53]

보스는 왕립 연구소에서 강연하기 위해 먼 길을 왔다. 그는 1858년 영국령 인도에 자리한, 오늘날 방글라데시의 영토에 속하는 다카 북쪽의 작은 마을에서 태어났다. 식민지 정부의 치안 판사로 일했던 그의 아버지는 아들이 열한 살 때까지 벵골의 학교에 보냈다. 하지만 이곳에서는 물리학에서 획기적인 발전을 이루기 힘든 것은 물론이고 아예 과학을 공부할 기회도 거의 없었다. 이 기간에 영국은 과학 연구에 인도인들을 참여시키지 않으려 했다. 보스의 성장기 내내 벵골의 공교육 책임자였던 앨프리드 크로프트Alfred Croft 경은 뻔뻔하게도 인도인들은 "현대 과학의 정확한 방법론을 받아들이기에 기질적으로 부적합

하다"고 주장했다. 이것은 영국 통치 아래서 인도 과학자들이 직면했던 전형적인 인종차별이었다.[54]

식민지 정부의 지원을 거의 받지 못한 인도 지식인들은 스스로 헤쳐나가기로 결심했다. 이 캠페인은 벵골 지역의 부유한 의사이자 인도 과학 교육의 옹호자 마헨드랄랄 시르카Magendralal Sircar가 주도했다. 1876년 거의 10년 동안 재정과 정치적인 지원을 요구한 끝에 시르카는 캘커타에 인도과학육성협회를 설립했다. 강의실, 도서관, 작은 실험실을 완비한 이 새로운 기관은 물리학과 화학 수업을 했다. 시르카에 따르면 이 협회는 '인도인들이 모든 분야에서 과학을 공부할 수 있도록' 할 예정이었다. 보스에게는 더할 나위 없는 타이밍이었다. 보스는 캘커타 대학 입학시험을 막 통과하고 이 도시에 도착한 지 얼마 되지 않았기 때문이었다. 런던의 왕립 연구소와 마찬가지로 인도과학육성협회는 열역학에서 전기에 이르는 여러 주제에 대해 저녁 강의를 정기적으로 열었다. 그래서 보스는 낮에는 대학 학위를 얻기 위해 공부했고 저녁에는 인도과학육성협회의 강의실과 실험실에서 시간을 보냈다. 그가 물리학계에 첫발을 내디딘 곳도 바로 여기였다.[55]

학위를 마친 뒤 보스는 물리학에 푹 빠졌지만 그의 아버지는 그가 의사 공부를 계속하기를 원했다. 이것은 확실히 이 시기 벵골의 젊은 대학 졸업생들에게 보다 안정적인 진로였다. 결국 타협이 이뤄졌다. 보스는 영국에 가 케임브리지 대학에서 자연과학을 공부하기로 했다. 그러면 과학에 대한 열정을 좇는 동시에 의학 학위를 받는 데 필요한 준비를 할 수도 있었다. 다행히 보스는 괜찮은 인맥도 있었다. 그의 처남이 몇 년 전 케임브리지 대학에서 공부했기 때문에 크라이스트 칼리지에 보스의 자리를 마련했다. 캘커타에서 그랬던 것처럼 보스는 영국에도 알맞은 타이밍에 도착했다. 그가 케임브리지 대학에 입학한 1882년은 이 대학이 실험에 대한 보다 실용적인 수업을 도입하면서 교육 방식을 바꾸고 있던 시점이었다. 영국에서 전자기 이론의 선구자인 제임스 클러크 맥스웰이 이곳에 캐번디시 연구소를 설립한 것도 불과 몇 년 전이었다. 보스는 이제 전 세계에서 가장 발전한 물리학 실험실에서 공부할 기회를 얻었다. 그리고 이곳에서 그는 전파의 과학을 제대로 이해하게 되었다.[56]

1885년에 캘커타로 돌아온 보스는 의사가 되기 위해 공부하려고 했던 계획을 재빨리 포기했다. 그런 다음 캐번디시 연구소의 추천서를 받아 캘커타 대학 프레지던시 칼리지의 첫 인도인 물리학 교수로 임명되었다. 하지만 그는 당시 같은 학교에 근무하는 유럽인 동료들 봉급의 3분의 1만 받았는데, 이는 식민 통치 아래 인도인들이 겪었던 불평등을 다시 한번 상기시킨다. 보스는 이런 편견에 맞서 싸우기로 결심한 채 인도과학육성협회로 돌아왔는데, 이번에는 학생이 아닌 강사 신분이었다. 이 협회에서 보스는 새로운 세대의 인도 과학자들에게 영감을 주면서 자신의 강의 스타일을 보다 완벽하게 가다듬을 수 있었다. 그뿐 아니라 보스는 최근에 확장된 협회의 실험실을 활용해 전파의 특성에 대해 진지한 연구를 시작했다. 이 무렵 전자기파가 존재한다는 사실은 잘 알려져 있었지만, 빛이든 전파든 여러 종류의 전자기파가 모두 동일한 물리적 특성을 보인다는 사실을 실험적으로 증명하는 일이 난점이었다. 이 작업을 하기 위해 과학자들은 전파가 편극(수직, 수평의 요소로 나뉘는)과 굴절(다른 물질을 통해 이동할 때 속도와 방향을 바꾸는)을 보인다는 사실을 증명해야 했다. 이 증명이 가능하다면 전파와 빛이 본질적으로 같은 것이라는 사실을 확신할 수 있었다.[57]

보스는 이러한 실험을 수행하는 데 필요한 도구를 개발하는 과정에서 대단한 독창성을 발휘했다. 캘커타는 온도와 습도가 높고 전문적인 재료에 대한 접근이 제한적이었기 때문에 이 과정이 항상 쉽지만은 않았다. 보스는 유럽에서 값비싼 기계를 들여올 여유가 없었기 때문에 현지 벵골인 양철공을 훈련시켜 과학 도구를 처음부터 만들어야 했다. 하지만 이러한 어려운 조건들은 결국 보스가 새로운 발견을 하도록 이끌었다. 그는 전자기파를 편광시킬 물질을 찾을 때 손에 잡히는 대로 모든 방법을 시도했다. 그리고 19세기 후반 산업화된 인도의 환경에 눈을 돌렸다. 벵골은 황마 수출을 위해 수천 곳의 공장을 가동하는 국제무역의 중심지였다. 전파 송신기와 수신기 사이에 '뒤틀린 황마 조각'을 놓아본 보스는 이 평범한 식물 섬유의 꼬인 실이 전파의 편광에 이용될 수 있다는 사실을 발견했다.[58]

이와 비슷하게, 새로운 전파 수신기로 실험을 하던 보스는 전파를 감지하기 위해 사용했던 작은 철 조각인 줄밥이 인도의 기후에서 녹슬어버린다는 사실을 알아차렸다. 보스는 철을 강철로 교체했고 습기로부터 보호하기 위해 코발트로 코팅했다. 그 결과 일단 문제가 해결되었지만, 그 과정에서 보스는 수신기의 감도에 영향을 미치는 것은 표면의 코팅일 뿐이지 속에 들어 있는 금속은 아니라는 사실을 발견하게 되었다. 열대기후에서 과학을 연구하는 힘든 도전 속에서 탄생한 이 돌파구는 권위 있는 〈런던 왕립학회 회보Proceedings of the Royal Society of London〉에 게재되었다. 이 결과는 무선 통신 분야를 발전시키는 데도 도움이 되었다. 엔지니어들이 전파를 활용해서 메시지를 전송할 가능성에 대한 관심이 높아지면서, 민감하고 신뢰할 수 있는 무선 수신기를 개발하는 것이 전신의 상업적인 시스템을 구축하는 첫 단계가 되었다. 런던의 한 공학 학술지는 보스의 새로운 디자인이 "실용적일 뿐 아니라 경제적으로도 이득이 된다는 이유로 채택될 수 있다"고 지적했다.[59]

보스는 1895년 캘커타 시청에서 자신의 장치를 공개적으로 시연하기도 했다. 이것은 평범한 물리학 강의가 아니었다. 그는 전파의 존재뿐 아니라 전파가 신호를 전송하는 데 이용될 수 있다는 사실을 증명하기 위해 고안된 일련의 정교한 장치를 설치했다. 여러모로 이 시연은 2년 뒤 런던 왕립 연구소에서 할 강의에 대한 보다 드라마틱한 버전이었다. 보스는 한 방에 송신기를 설치한 다음 75미터 넘게 떨어진 다른 방에서 수신기를 종이 달리고 화약이 담긴 항아리에 연결했다. 그런 다음 보스는 벵골의 부총독인 알렉산더 매켄지Alexander Mackenzie 경에게 전파가 지나는 경로인 두 방 사이의 의자에 앉아달라고 부탁했다. 이 실험은 단순했지만 그야말로 장관이었다. 보스가 무선 송신기를 작동시킨 순간 수신기가 작동했다. 종이 땡땡 울렸고 '쾅' 하는 굉음과 함께 화약이 불꽃을 튀겼다. 전파는 2개의 벽을 통과했으며 알렉산더 매켄지 경의 몸도 통과했다. 매켄지 경은 전파를 이용한 전신에 대한 인도 최초의 공개 시연에 큰 감명을 받았다. 캘커타의 실험 소식은 머지않아 유럽에 전해졌다. 보스는 이 실험에서 성공한 덕분에 1897년 영국으로 돌아가 왕립 연구소의 유명한 강연자가 될 기회를 얻었다.[60]

이후 자가디시 찬드라 보스는 19세기 후반 국제적으로 손꼽히는 저명한 물리학자로 거듭났다. 왕립 연구소에서 강의를 한 뒤, 그는 독일의 프러시아 과학 아카데미와 미국의 하버드 대학을 포함해 전 세계 곳곳에서 강연을 해달라는 초청을 받았다. 이 장의 도입부에서 살폈듯, 보스는 1900년 파리에서 열린 1차 국제 물리학 회의에 참석하기도 했다. 그는 선도적인 과학 학술지에 논문을 발표했고, 라디오 디자인으로 여러 특허를 받았으며, 1920년에는 영국 왕립학회의 회원이 되었다. 하지만 이러한 모든 업적에도 오늘날 보스는 인도 바깥에서는 거의 잊힌 인물이 되었다. 이렇게 된 부분적인 원인은 보스가 그의 인생 대부분을 싸우면서 보낸 식민주의와 인종주의의 유산 때문이다. 하지만 또한 우리가 인도의 과학사를 더 넓은 전 세계 과학사의 일부로 생각하지 못한 결과이기도 하다. 앞서 살폈던 내용과 마찬가지로, 인도에서 근대 물리학의 발전은 근본적으로 산업, 민족주의, 전쟁의 확산에 의해 형성되었다.[61]

19세기 후반 인도의 과학사를 이해하려면 우선 식민지 지배의 속성이 어떻게 변화했는지 살펴봐야 한다. 1858년 보스가 태어난 해에 영국 왕실은 원래 동인도회사에 의해 통치했던 인도를 직접 공식적으로 지배하게 되었다. 이로써 1947년 인도가 독립할 때까지 이어진 영국령 인도제국이 탄생했다. 공식적인 식민 통치와 함께 새로운 과학 기관들이 생겨났다. 영국령 인도제국이 형성되기 직전에 동인도회사는 캘커타, 마드라스, 봄베이에 각각 인도 최초의 대학 세 곳을 설립했다. 이후 영국 통치하에서 1882년 펀자브 대학과 1887년 알라하바드 대학을 포함한 여러 새로운 대학이 세워졌다. 인도에서 고등 교육의 확대는 졸업생들을 인도의 행정 공무원으로 채용해 일을 시키려는 식민지 프로그램의 일부였다. 지질 조사국에서 광물을 분석하든 기상청에서 날씨를 살피든 이런 공무직은 어느 정도의 과학적 훈련을 필요로 했다.[62]

인도에서 식민주의의 확장은 산업화와 함께 일어났다. 이는 부분적으로 동인도회사에 의해 통치되다가 영국령 식민지로 전환되면서 나타난 결과였다. 동인도회사가 인도와의 무역에 대해 독점권을 가졌다면, 영국령 인도제국은 훨씬 더 많은 자본 투자를 위해 이 지역을 개방했다. 영국과 인도의 투자자들은 자신의 돈을 철도와 공장에 투자했고, 20세기 초까지 식민지 정부는 '산업화된 인도가 제국에 가져올 위력'을 홍보했다. 1900년까지 캘커타는 후글리강을 따라 이동하는 증기선뿐만 아니라 전 세계에 천과 밧줄의 재료를 공급하는 황마 공장들과 함께 산업도시로 변모했다. 다른 곳과 마찬가지로 인도에서 전기는 산업화된 근대성의 지표로 널리 여겨졌다. 인도 이곳저곳에 설치된 전신은 이 나라를 더 넓은 대영제국과 연결했고, 여러 민간 회사는 인도의 각 도시에 전등을 제작해 설치했다. 보스 자신도 1891년 캘커타에 최초의 전기 가로등을 도입하라고 충고했다.[63]

하지만 이렇듯 식민 통치하에서 과학과 산업이 성장했는데도 인도인들이 독창적인 연구를 할 기회는 여전히 상대적으로 부족했다. 식민지 과학 기관을 이끄는 자리는 영국 과학자들에게만 주어졌다. 인도 대학의 교수직 대다수도 마찬가지였다. 보스가 1885년에 물리학 교수로 임명되었을 때, 그는 캘커타 대학에서 최초이자 이후 몇 년 동안 유일한 인도인 이과대학 교수였다. 보스는 나중에 "인도인들이 과학 분야에서 중요한 자리에 오른다고 하면 그들의 능력에 대한 편견은 물론이고 제대로 일을 할지에 대한 강한 의구심이 존재했다"며 자신이 겪은 인종차별을 회상했다. 이런 구조적인 인종차별은 식민 통치를 뒷받침했다. 인도 과학자들은 영국 과학자들이 받는 봉급의 3분의 1에서 3분의 2밖에 받지 못했고, 벵골의 공교육 담당자는 공개적으로 "힌두교도들 때문에 국가적으로 지성이 저하된다"라고 언급했다. 1920년대까지도 인도인들은 분명 인구의 대다수를 차지했음에도 식민지 정부가 고용한 과학계 인력에서 10퍼센트도 되지 않았다.[64]

시간이 지남에 따라 영국 식민 통치의 부당함은 인도에서 반식민지 민족주의를 촉발했다. 이것은 20세기 초 반식민지 운동의 부상과 함께 뒤에서 더 자세히 알아볼 주제이기도 하다. 하지만 19세기에도 영국 식민 통치에 대한 불안감은 점점 커지고 있었다. 인도인들은 정치적 연합을 형성하고 더 나은 대우를 받고 대표성을 높이기 위한 캠페인을 벌이면서 힘을 합쳤다. 다른 곳과 마찬가지로 인도에서도 민족주의가 발전하면서 과학 분야에 지대한 영향을 미쳤다. 보스가 공부한 곳이자 나중에 강연한 곳이기도 했던 인도과학육성협회가 좋은 예였다. 이곳은 인도의 민족주의라는 대의에 헌신하는 최초의 정치 단체였던 인도민족협회와 같은 해에 설립되었다. 이 협회와 인도과학육성협회의 목표는 매우 비슷했다. 창립자 마헨드랄랄 시르카는 "나는 이곳이 전적으로 토착적이며 순수한 국내파에 의한 협회이기를 바란다"라고 밝혔다. 시르카는 인도의 과학적 성취가 떨어지는 것은 "결함이 있는 도덕적 본성 탓이 아닌 기회와 수단, 격려가 부족하기 때문이다"라고 주장했다. 시르카와 그의 지지자들이 자금을 모아 설립한 새로운 실험실은 인도인들이 독창적인 과학 연구를 수행하는 데 필요한 공간과 장비를 제공할 터였다. 시르카는 "이제 인도인들이 자연과학의 발전에 고유한 몫을 차지하지 못하도록 자리를 박탈할 어떤 장애물도 없다"라고 언급했다.[65]

인도과학육성협회는 새로운 세대의 인도 과학자들에게 보금자리를 제공했다. 이 중에는 프라폴라 찬드라 레이Prafulla Chandra Ray라는 벵골인 화학자도 있었다. 그의 경력은 산업, 민족주의, 전쟁이 식민지 인도에서 근대과학의 발전을 형성한 방식을 명료하게 보여준다. 1861년에 태어난 레이는 벵골에 있는 작은 시골 학교에서 공부하다가 1870년에 부모님과 함께 캘커타로 이사했다. 영어로 수업하는 도시의 여러 학교에서 몇 년을 보낸 뒤 레이는 캘커타 대학의 프레지던시 칼리지에 입학했다. 자가디시 찬드라 보스와 마찬가지로 레이도 이곳에서 인도과학육성협회의 강의에 참석했다. 그리고 당시 협회의 강연자는 아니었지만 식민지 정부의 화학 보조 검사관으로 일했던 타라 프라사나 라이Tara Prasanna Rai의 화학 시연을 보고 감탄했다. 라이의 강연에 영감을 받은 레이는 기숙사로 돌아가 그가 나중에 '조그만 실험실'이라고 묘사한 방을 꾸몄다. 이곳에서 수소와 산소의 혼합물에 불을 붙였다가 '엄청난 폭발'을 일으키기도 했다.[66]

1882년 여름, 레이는 캘커타 대학을 졸업했다. 그리고 이 시기의 많은 인도 과학자가 그랬듯 그는 더 공부하기 위해 영국으로 떠났다. 그해 8월 런던에 도착한 레이는 역시 이 대도시에 막 도착한 보스와 함께 지냈다. 몇 주 뒤 보스는 케임브리지 대학으로 향했고, 레이는 스코틀랜드로 가는 기차를 탔는데, 이곳에서 그는 에든버러 대학에서 공부를 시작할 예정이었다. 비록 깜짝 놀랄 만큼 추운 지방이었지만 레이는 스코틀랜드에서 보내는 시간을 즐겼다. 매일 아침 그는 스코틀랜드인 집주인이 요리한 죽 한 그릇을 먹은 뒤 모직 코트와 스카프로 몸을 꽁꽁 감싼 뒤 강의를 듣기 위해 "눈으로 덮인 포장도로를 터벅터벅 걸었다."[67]

1888년 에든버러 대학에서 이학 박사 학위를 받고 졸업한 레이는 인도로 돌아왔다. 1년 뒤 그는 프레지던시 칼리지의 화학과 조교수로 임명되었고, 보스와 함께 몇 안 되는 인도인 교수가 되었다. 당시 식민지 정부는 인도 출신 과학자들이 어떤 식으로든 의미 있는 연구를 할 것이라고는 전혀 상상하지 못했다. 오히려 레이와 보스는 인도 공무원이 될 학생들에게 현대 과학의 기초를 가르치는 역할을 수행할 것으로 기대되었다. 이때 캘커타 대학은 박사 학위조차 수여하지 않았다. 그랬던 만큼 프레지던시 칼리지의 화학 실험실 역시 설비가 형편없었고 위험하기까지 했다. 레이의 회상에 따르면 "이곳 실험실에는 유해가스를 배출할 가장 기본적인 환기 장치도 없어서 때때로 숨쉬기가 힘들었다." 실험 수업이 한창 진행되는 동안 실험실에는 매연이 가득 차 숨이 막히고 건강에 무척 해로웠다. 레이는 상당한 난항을 겪은 끝에 약간의 여분의 자금을 지원하도록 식민지 정부를 설득하는 데 성공했다. 1894년 프레지던시 칼리지는 에든버러 대학의 실험실을 본뜬 새로운 화학 실험실을 열었다. 이제 이 실험실에는 화학물질에 대한 적절한 환기 장치, 실험대, 저장 설비가 갖춰졌다.[68]

레이가 자신의 가장 중요한 연구를 시작한 장소도 캘커타에 생긴 이 새로운 실험실이었다. 레이는 최근 '화학 분야의 고전'인 드미트리 멘델레예프의 《화학의 원리》 영문 번역본을 읽은 참이었다. 멘델레예프의 저작에 영감을 받은 레이는 새로운 화학원소를 찾기 시작했다. 그는 "새로운 원소 한두 개를 발견해 멘델레예프 주기율표의 틈을 채울 수 있으리라고 기대하며 몇몇 희귀한 인도 광물을 분석했다." 인도 지질 조사국에서 일하는 친구를 통해 레이는 새로운 화학원소를 발견하기 위한 다양한 광석을 손에 넣을 수 있었다.[69]

그 결과 비록 새로운 원소를 발견하지는 못했지만 레이는 산업 화학의 발전에 매우 중요한 것으로 판명된 완전히 새로운 종류의 화합물을 발견했다. 1894년 프레지던시 칼리지의 화학 실험실에서 연구하면서 레이는 물과 질산, 수은을 함께 섞었다. 그러자 약 1시간 뒤에 혼합물의 표면에 노란 결정이 형성되었다. 이 결정은 '아질산제일수은'이라고 불리는, 이전에는 알려지지 않았던 화합물로 밝혀졌다. 레이는 곧 질산과 반응시켜 만들어낼 수 있는 더 많은 종류의 '아질산염'이 존재한다는 사실을 깨달았다. 이 발견은 〈네이처Nature〉를 비롯한 유럽의 주요 과학 학술지에 발표되었으며, 결국 '아질산염 화학'으로 알려진 완전히 새로운 화학의 한 분야를 열었다. 전 세계의 과학자들은 뒤이어 다른 유사한 화합물을 찾기 시작했으며 그 가운데 많은 것들이 실용적인 용도가 있었다. 오늘날 아질산염은 식품 보존제에서 의약품에 이르는 수많은 용도로 사용된다.[70]

레이는 상업적 용도의 아질산염을 발견하면서 산업 화학의 세계에 한 발 들여놓았다. 1893년 레이는 캘커타 외곽의 화학 공장에 3,000루피를 투자했다. 레이가 자신의 전용 실험실을 설치한 이 공장은 벵골 화학 제약 회사로 불리게 되었다. 이 시기에 인도에서 사용하는 대부분의 화학물질과 의약품은 대부분 영국에서 수입한 것이었다. 레이는 이런 제품들을 인도 현지에서 제조해 수입 비용을 절약하고자

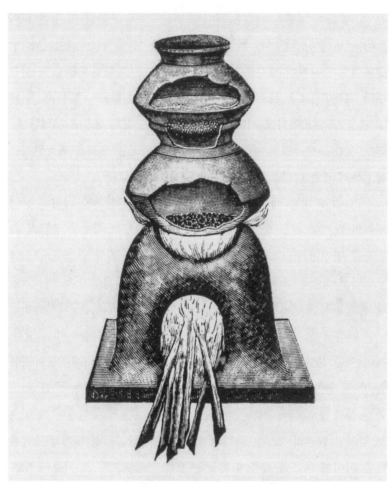

30 프라풀라 찬드라 레이의 저작 《힌두 화학사》(1902~1904)에 실린 인도의 전통 '수은 추출 방식'을 묘사한 도판. 레이는 1894년에 비슷한 방법을 통해 아질산제일수은을 발견했다.

했다. 그는 인도가 영국에 덜 의존하도록 만들고 싶었다. 그랬기 때문에 벵골 화학 제약 회사는 인도과학육성협회와 같은 일을 했다. 레이의 주장에 따르면 이 회사는 인도의 과학과 산업의 자율성을 보여줄 '모범 기관'이 되는 것을 목표로 삼았다. 다음 장에서 살펴보겠지만 이러한 '자급자족'에 대한 실험적 시도는 레이 자신도 나중에 참여했던 20세기 반식민지 운동의 전조가 되었다.[71]

레이는 분명 국제적인 산업 과학이라는 더 넓은 세계에서 경력을 쌓았다. 그는 스코틀랜드에서 공부했고, 프랑스와 독일에서 열린 과학 학회에 참석했으며, 러시아 교과서의 영어 번역본을 읽었다. 하지만 레이는 자신이 어디서 왔는지 결코 잊지 않았다. 일생 동안 그는 인도 문화가 근대과학의 발전을 이룬 원천 가운데 하나라고 여겼다. 그뿐 아니라 힌두교를 개혁하고 부흥시키기 위해 브라모이즘이라고 알려진 종교운동에도 깊이 관여했다. 이 점은 이슬람교의 개혁과 근대화의 일환으로 과학을 육성했던 오스만제국의 경우와도 상당 부분 유사점이 있다. 1910년에 레이는 '고대 인도인들의 화학에 대한 공헌'을 설명하기에 앞서 "나는 누구 못지않게 옛 힌두교도의 영광을 자랑스러워한다"라고 썼다.[72]

사실 레이는 수은과 질산을 재료로 실험하면서 《힌두 화학사A History of Hindu Chemistry》(1902~1904)라는 2권으로 구성된 책을 저술하고 있었다. 레이는 벵골 아시아 학회에서 열린 고대 산스크리트어 문헌을 비롯해 신성한 도시 바라나시에서 직접 수집한 문헌을 탐독한 끝에 고대와 중세 인도인들은 화학에 대한 정교한 이해를 가지고 있었다는 주장을 펼쳤다. 그는 벵골 화학 제약 회사에서 아유르베다라고 알려진 고대의 이론 체계에 따라 인도식 전통 의약품을 제조했다. 레이의 설명에 따르면 "그 약품들의 활성에 대한 이론을 최신의 과학적 방법에 따라 끄집어내기만 하면 되었다."[73]

이때 특히 레이를 매료한 중세 문헌이 있었다. 12세기에 산스크리트어로 쓴 〈금속 정련에 대한 논문Treatise on Metallic Preparations〉이었는데, 다양한 약용 화합물의 제조법을 기술하고 있었다. 레이에 따르면 이 문헌에는 '풍부한 정보와 화학 지식'이 들어 있었다. 그런데 놀랍게도 그 지식의 대부분은 인도의 전통 의학에서 널리 사용한 수은의 화학적 성질에 대한 것이었다. 그랬던 만큼 그가 아질산제일수은을 발견하도록 이끈 수은의 화학에 대한 관심은 이 중세 산스크리트어 문헌을 읽으면서 직접적으로 영감을 받은 결과로 보인다. 궁극적으로 레이의 연구는 근대과학의 형성을 뒷받침하는 복잡한 문화적 교류 과정을 상기시킨다. 그는 공장주인 동시에 독실한 힌두교도였고 근대과학자이자 고대 산스크리트어 문헌을 읽는 학자였다. 또 인도 민족주의자인 동시에 나중에 영국 정부로부터 기사 작위를 받은 인물이기도 했다. 오늘날의 관점에서는 레이를 모순에 둘러싸인 집합체로 보기 쉽다. 이것이 아마도 그가 근대과학 역사에 거의 등장하지 않는 이유 중 하나일 것이다. 하지만 사실 레이는 산업과 민족주의의 성장이 다양하게 얽힌 과학 문화의 성장으로 이어진 19세기 후반 과학계의 전형적인 인물이었다.[74]

1914년 제1차 세계대전이 발발했을 때 영국은 연합국에 대항한 동맹국들을 물리치기 위해 제국 전체를 동원했다. 100만 명이 넘는 인도 군인이 전장에서 싸웠고, 그들 중 상당수가 고향에서 멀리 떨어진 서부 전선에서 목숨을 잃었다. 영국은 군인뿐만 아니라 인도의 과학과 기술에도 눈을 돌렸다. 앞서 언급한 것처럼 많은 인도 과학자가 식민지 정부의 지원 없이 근대 물리학과 화학의 발전에 중요한 공헌을 했다. 하지만 제1차 세계대전은 모든 것을 변화시켰다. 여러 해 동안 상대적으로 무관심했던 식민지 정부는 새로운 과학 및 산업 시설에 투자하기 시작했다. 전쟁 기간 인도에는 바라나시, 마이소르, 파트나, 하이데라바드 등 네 곳에 새로운 대학이 설립되었다. 근대적인 물리학, 화학 실험실을 갖춘 이 새로운 대학들은 1916년에 설립된 인도 산업 위원회와 1917년에 설립된 인도 군수 위원회를 지원하기 위해 세워졌다. 이제 인도는 군인들뿐만 아니라 폭발물과 화학제품을 공급해 전쟁에 직접 기여하게 되었다.[75]

인도 과학자들도 자기들의 역할을 하도록 요청받았다. 프라풀라 찬드라 레이는 인도 산업 위원회에서 복무했고, 벵골 화학 제약 회사는 화약과 군대의 의약품을 생산하도록 용도 변경되었다. 레이는 제1차 세계대전 기간에 이러한 공로로 1919년 영국에서 기사 작위를 받았다. 레이는 여기에 대해 이렇게 언급했다. "최신 전투에는 온갖 과학 지식이 필요하다. 실험실에서 일하는 사람들은 과학 분야에서 전쟁을 치렀다." 다음 절에서는 산업과 민족주의, 전쟁과 같은 인도와 무척 유사한 역사를 겪었지만 다른 부분은 매우 달랐던 제국주의 국가에 대해 살필 예정이다.[76]

메이지 시대 일본의 지진과 원자

아침 6시 38분, 시계가 멈추고 땅이 흔들리기 시작했다. 도쿄에서는 건물이 무너졌고 오사카 외곽에서는 큰 철교가 강에 내려앉았다. 1891년 10월 28일, 일본은 역사상 가장 강력한 지진을 겪었다. 7,000명 넘는 사람들이 목숨을 잃었고, 10만 명 이상이 집을 잃었으며 혼슈 남쪽 해안 근처 여러 지역이 폐허가 되었다. 앞선 장에서 살폈듯 1868년에 일어난 메이지유신은 일본 사회에 큰 변화를 가져왔다. 하지만 역설적으로 바로 이 변화가 1891년 노비 지진이 이토록 큰 피해를 입힌 이유 가운데 하나였다. 산업화와 도시화로 점점 더 많은 일본인이 인구밀도 높은 도시에 살게 되었고, 철도와 전신으로 연결된 이 도시의 시설은 지진 때문에 대부분 파괴되었다.[77]

앞서 오스만제국의 사례에서 살폈던 것처럼, 1891년 노비 지진은 한 국가에 잠재적인 위기를 가져왔다. 근대과학과 기술을 발전시키고자 수십 년 동안 투자를 했음에도 메이지 정부는 이 자연재해의 파괴적인 영향으로부터 시민들을 보호할 수 없었다. 만약 일본이 국가를 더 나은 방향으로 변화시킬 수 있는 과학의 힘을 확신한다면 지금이야말로 그것을 증명할 때였다. 정부는 즉각 지진 조사 위원회를 구성하라고 지시했다. 다나카다테 아이키쓰田中館愛橘라는 일본 과학자가 이끈 이 조사 위원회는 이듬해 일본 전역을 돌며 피해 상황을 조사했다. 다나카다테는 지질학자가 아닌 물리학자로 훈련받은 사람이었다.[pic20] 그는 물리학 분야의 최신 연구가 과학자들이 지진의 원인을 이해하는 데 도움을 줄 수 있을 뿐 아니라 지진을 예측하는 데도 도움을 줄 수 있다고 여겼다.[78]

1856년 혼슈 북부에서 태어난 다나카다테는 메이지유신 이후 몇 년 동안 성장한 근대 일본 과학자 세대의 전형이었다. 사무라이였던 아버지를 둔 다나카다테는 어린 시절 전통 서예와 검술 교육을 받았다. 하지만 메이지유신은 사무라이들의 정치 세력을 심각하게 약화했다. 19세기 일본에서 사무라이가 살아남기 위해서는 스스로 혁신할 필요가 있다는 점이 분명했다. 그래서 다나카다테는 전통적인 사무라이 교육을 받는 대신, 도쿄 대학에 들어가 물리학을 공부했고, 1882년에 이학사 학위를 받았다. 이전의 많은 사무라이들이 그랬듯 그는 근대과학이 산업 시대에 전쟁의 기술을 끌어들이는 수단이라고 여겼다. 실제로 그가 도쿄 대학에서 들은 과학 수업은 보통 군대나 산업 분야의 사례 연구를 통해 이루어졌다. 물리학과 화학의 기본 지식은 대포의 작동을 통해 설명되었고, 학생들은 주기적으로 지역 공장에 견학을 갔다.[79]

많은 일본 과학자들이 그랬듯 다나카다테는 유학을 떠나 한동안 해외에서 공부했다. 1888년 메이지 정부는 그를 스코틀랜드의 글래스고 대학에 보냈고, 이 대학에서 다나카다테는 유명한 영국 과학자 켈빈 경의 실험실에서 2년 동안 연구했다. 물리학의 선구자였던 켈

빈 경은 전신의 개발에 기여한 뛰어난 엔지니어이자 이상적인 멘토였다. 다나카다테는 특히 전자기학 분야의 가장 최신 과학 이론에 대해 빠르게 배워나갔다. 그뿐 아니라 근처의 공장과 조선소를 둘러보면서 빅토리아 시대 영국의 산업계를 직접 목격했다. 다나카다테가 글래스고 대학에서 처음 발표한 논문은 온전히 자기 현상에 대한 내용이었다. 그리고 앞으로 살필 예정이지만, 이 현상은 지진의 원인에 대한 이후 그의 연구에 무척 중요한 역할을 했다.[80]

1891년 여름, 다나카다테는 일본에 돌아와 도쿄 대학의 물리학 교수로 임용되었다. 그리고 그로부터 몇 달 지나지 않아 노비 지진이 일어났다. 메이지 정부는 즉시 다나카다테를 지진 조사 위원장으로 임명했다. 마침내 그의 과학 지식을 현실에 적용할 기회였다. 다나카다테는 일본 전역에 걸쳐 지질학과 지자기학 조사를 전부 수행할 계획이었다. 단층선이 존재하고 지진 활동이 다양하게 나타나는 지역을 알아내는 지질학 연구는 비교적 간단했다. 이스탄불 지진 이후 오스만제국에서 수행한 작업과 크게 다르지 않았다. 하지만 지자기학 분야의 조사는 훨씬 더 독창적이었다. 19세기 초부터 과학자들은 지구의 자기장이 행성 전체에 걸쳐 변화한다는 사실을 알았다. 즉 지구상의 위치에 따라 북극(진북)과 나침반 바늘이 가리키는 방향(자북)이 반드시 같을 필요는 없었다. 이렇게 자기장이 변화하는 원인에 대해서는 19세기에 널리 논의되었다. 대부분의 과학자는 그 원인이 지각에 금속원소가 포함되는 것과 관련이 있으리라는 데 동의했다.[81]

1830년대 이후 지구 전체에 걸쳐 지자기의 변화를 지도에 나타내려는 다양한 시도가 이어져왔다. 이런 작업은 보통 과학 기구와 항법 장비의 눈금을 정확하게 조정하려는 실용적인 목적으로 수행되었다. 다나카다테도 초기 지자기 조사에 참여한 적이 있었다. 1887년, 글래스고로 떠나기 직전에 다나카다테는 일본의 일반적인 자기적 특성에 대한 지도를 제작하는 일을 돕고자 도쿄 대학에서 그를 가르친 강사 중 한 사람에게 고용되었다. 6개월에 걸쳐 그는 3,000마일 이상을 여행했는데, 때로는 증기선을 타고, 때로는 철도를 타며 수백 번 측정했다. 그리고 그는 최근 일본의 식민지가 된 한반도에서 태평양에 있는 일본의 식민지 영토인 보닌제도까지 빠짐없이 탐사했다. 각 위치에서 다나카다테는 천문 관측을 통해 정확한 위도와 경도를 알아낼 필요가 있었다. 그래야 진정한 북쪽인 '진북' 방향을 알 수 있었다. 그뿐 아니라 그는 전자석으로 작동하는 특별한 나침반을 사용해 '자북' 방향을 읽어야 했다. 그런 다음 두 값의 차이를 계산해 특정 위치의 '자침 편차' 또는 '자기 편각'을 알아냈다. 이 작업은 과학자, 기술자, 그리고 항해사가 일본 국내에서 그들의 장비의 눈금을 조정하는 데 필요했다.[82]

다나카다테는 물리학자로 훈련받으면서 지진을 둘러싼 과학에 대해 독특한 관점을 갖게 되었다. 대부분의 지진학자가 지진을 지질학적인 측면에서만 파악했다면, 그는 전자기학적 측면에서 지진을 연구했다. 지진이 지구 자기장에 국지적 장애를 일으킬 수 있다는 그의 가설은 옳은 것으로 드러났다. 또 다나카다테는 지자기의 변화를 주의 깊게 관찰하면 지진을 예측할 수 있을지도 모른다고 주장했다. 1891년 노비 지진은 이 가설을 검증할 수 있는 완벽한 기회였다. 그는 이미 최근 일본의 지자기에 대한 조사를 마친 뒤였다. 이제 지진 현장 주변을 다시 조사해 지자기장에 변화가 있는지 알아보는 일만 남았다. 그리고 그가 옳았음이 드러났다. 1893년 도쿄 대학에서 출간된 그의 최종 보고서는 지진이 '자기 상태의 변화'를 야기했다는 것을 분명히 입증했다. 다나카다테는 1891년 지진 전과 후의 등편각선을 비교하는 지도를 수록했다. 지진의 진원지인 나고야시 주변에는 등편각선에서 분명한 변화가 나타났다. 다나카다테는 이것이 '지진이라는

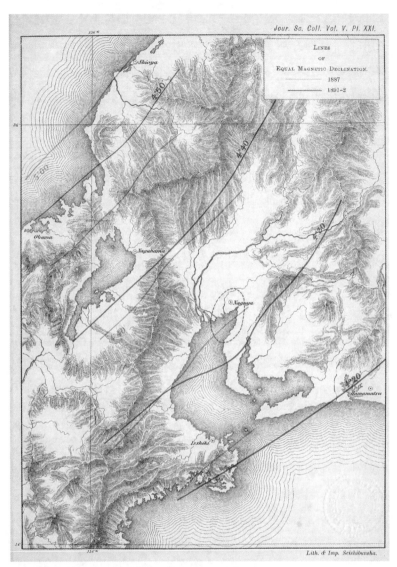

31 다나카다테 아이키쓰가 제작한 이 지도에는 1891년 노비 지진 당시 나타난 지구 자기장의 교란이 드러나 있다. 동그라미로 표시한 나고야 근처에서 굴절된 등편각선에 주목하라.

사건이 한 나라의 자기 요소에 영향을 미친 명백한 증거'라고 결론지었다.[83]

제정러시아나 오스만제국과 마찬가지로 일본에서도 19세기는 개혁의 시기였다. 이 개혁은 주로 유럽이나 미국 제국주의의 위협에 대한 반응이었다. 1853년 미국 해군은 에도만으로 진입하는 입구에서 버티며 도쿠가와 막부에 미국과의 무역을 개방하도록 강요했다. 그리고 1863년에는 영국 해군이 한 영국인 상인이 살해되었다는 이유로 사쓰마 해안에 폭격을 가했다. 이런 방식의 전함 외교에 대해 걱정한 일본 정부는 1855년 나가사키 해군사관학교를 비롯한 여러 과학, 군사 기관을 설립했고, 이런 기관에서 해군 장교들은 공학과 물리학을 학습했다. 그리고 얼마 되지 않아 일본 해군에 처음으로 증기선이 도입되었다. 1868년 메이지유신 이후로는 근대과학과 기술에 대한 정부의 투자가 가속화되었다. 다른 국가들과 마찬가지로 이 모든 흐름에는 민족주의의 요소가 존재했다. 1886년 일본 총리는 "국가의 힘을 유지하고 신민의 복지를 영원히 보장하는 유일한 방법은 과학의 산물을 통해서다"라고 연설했다. 앞서 살폈던 것처럼 국가 간의 투쟁이라는 개념은 당시 수많은 정치가와 과학자들이 세계를 이해하는 핵심에 자리했다.[84]

메이지유신은 일본 정부가 직접 추진한 급속한 산업화와 같은 시기에 일어났다. 1885년에 문부대신은 "오늘날 산업을 발전시키고 부의 토대를 마련하는 것이야말로 시급한 과제다. 우리는 산업에 응용될 과학을 육성하고 이 분야의 학자를 양성해야 한다"라고 주장했다. 많은 일본 과학자들이 산업 육성이라는 정부의 비전에 힘을 보탰다. 다나카다테 아이키쓰는 지진에 대한 연구뿐 아니라 일본 해군에 열기구를 도입하고 자석을 제작하는 방법에 대해서도 조언했다. 1888년에서 1920년까지 도쿄 대학에서 수여한 박사 학위의 대부분은 물리학과 공학 분야였다. 다나카다테 자신도 국가의 힘을 기르는 데 물리학이 필수라 여겼고, "모든 과학의 기초가 되는 물리학을 제대로

습득해 우리나라의 약점을 보완하고 싶다"는 글을 남겼다.[85]

화학 또한 일본의 산업 성장에 중요한 역할을 했다. 많은 유럽의 화학 서적이 19세기 초에 일본어로 번역되었다. 에도에서 우다가와 요안宇田川榕菴이라는 의사는 프랑스의 유명한 화학자인 앙투안 라부아지에의 연구에 바탕을 둔《사밀개종舎密開宗》(1837)이라는 책을 출간했다. 우다가와의 저서는 일본 독자들에게 근대 화학 용어와 함께 전지 만드는 방법 같은 화학의 실용적인 측면을 소개했다. 산업 화학에 대한 이러한 초기의 관심은 메이지유신 이후 강화되었다. 도쿄 대학은 '일본에서 번영하는 산업을 발전시키도록 학생들을 훈련시키기 위한' 전문적인 화학 실험실을 갖추었다. 다른 많은 일본 과학자들도 화학을 실용적인 분야로 여기는 이러한 견해를 공유했다. 예컨대 도쿄 대학 응용화학과 교수였던 다카마쓰 도요키치高松豊吉는 자신의 주된 연구 주제가 '원료 물질에서 유용한 상품을 생산하는 것'이라고 설명했다.[86]

그때까지 메이지 시대 일본에서 가장 성공을 거둔 산업 화학자는 다카미네 조키치高峰讓吉였다. 1854년에 태어난 다카미네는 당시 여느 일본 과학자들처럼 사무라이의 아들이었다. 하지만 메이지유신 이후 그 역시 화학을 공부해 다른 길을 걷고자 도쿄 대학의 전신인 고부 대학에 등록했다. 졸업 후 그는 유학생으로 선발되어 1880년에서 1882년까지 글래스고에 있는 앤더슨 칼리지(현 스트라스클라이드 대학)에서 공부했다. 이후로 다카미네는 산업 화학자로서 오랫동안 성공적인 직업적 경력을 쌓아 놀랄 만큼 부를 축적하게 되었다. 먼저 1883년 일본으로 돌아온 그는 농상무성에서 몇 년 동안 일하면서 양조업 같은 일본의 전통 산업을 현대화하도록 도왔다.[87]

이 사케 양조장에서 일하는 동안 다카미네는 중요한 발견을 하나 했다. 일본 술의 일종인 사케는 전통적으로 '고지'라는 특정한 곰팡이를 사용해 발효한다. 다카미네는 글래스고 대학에서 배운 기술을 활용해 이 곰팡이가 생산한 화학물질을 추출하는 데 성공했고, 이 물질이 다양한 산업적 용도로 사용될 수 있다는 사실을 깨달았다. 우선 그는 위스키의 재료인 맥아를 고지 곰팡이로 대체해 숙성 기간을 6개월에서 며칠로 줄이는 실험을 했다. 그런 다음에는 같은 추출물에 '다카디아스타제'라는 고유 상표를 붙여 소화불량 약으로 판매했다. 그에 따라 1900년 초에 들어서며 다카미네는 전 세계에서 가장 유명한 기업가로 손꼽혔다. 그는 일본과 미국에 공장을 소유했으며, 언론의 보도에 따르면 이 공장은 당시 화폐로 3,000만 달러 이상의 가치가 있었는데, 이는 오늘날로 치면 10억 달러(약 1조 3,000억 원-옮긴이)에 가까운 액수다. 이 책에 등장한 많은 인물처럼 그의 성공은 서로 다른 문화권의 지식을 결합하는 방법론에 크게 힘입었다. 그리고 모든 것은 한 병의 사케에서 시작되었다.[88]

메이지유신 이후 많은 일본 과학자들이 근대 물리학과 화학의 발전에 중요한 공헌을 했다. 그중에서도 한 걸음 더 나아가 물질 자체의 본성에 대한 우리의 이해에 변화를 가져온 인물이 있었다. 바로 나가오카 한타로였다. 이 장에서 다룬 여러 일본 과학자들처럼 사무라이의 아들이었던 그는 1865년에 태어나 어린 시절부터 유럽의 과학을 접했다. 메이지유신을 지지했던 그의 아버지는 천황의 명령으로 1871년 이와쿠라 사절단의 일원이 되어 유럽을 여행했다. 이 사절단의 목표는 두 가지였다. 첫째는 다른 나라와 외교 관계를 발전시키는 것이고, 둘째는 일본에서 개혁 프로그램을 진행하기 위해 유럽의 과학과 산업에 대한 정보를 수집하는 것이었다. 나가오카의 아버지는 이때 유럽에서 본 것에 깊은 인상을 받고 영국에서 아이들을 위해 과학 서적을 구입해 일본으로 돌아왔다. 아버지의 격려를 받은 나가오카는 1882년

에 물리학을 공부하기 위해 도쿄 대학에 입학했다.[89]

이후 나가오카는 탄탄대로를 걸었다. 1893년에서 1896년까지 그는 독일과 오스트리아에서 공부하며 많은 유럽 물리학자를 만났다. 이 기간에 나가오카는 연구자로서 매우 성공적인 경력을 쌓았다. 당시 물리학의 국제적인 성격을 반영하듯 나가오카는 영어, 프랑스어, 독일어, 그리고 일본어로 과학 논문을 발표했다. 하지만 그는 유럽의 과학을 단순히 복제하는 데서만 만족하지 않았다. 오히려 나가오카는 일본이 근대 초기에 그랬던 것처럼 과학 분야에서 세계를 선도할 수 있다는 사실을 보여주고 싶었다. 여기에 대해 그는 "나는 다른 사람의 작업을 그대로 따르거나 외국 학문을 들여오는 데 내 인생을 바칠 계획이 없었다"라고 말했다. 사석에서 나가오카는 경쟁적인 민족주의가 물리학을 공부하려는 그의 열망을 뒷받침하고 있다는 사실을 훨씬 솔직하게 드러냈다. 친구인 물리학자 다나카다테 아이키쓰에게 보낸 편지에서 그는 "유럽인들이 반드시 모든 면에서 최고일 이유는 없다네"라고 썼다.[90]

1896년 도쿄 대학으로 돌아온 나가오카는 즉시 교수로 임용되었다. 그가 가장 중요한 이론적 돌파구를 이룬 곳도 바로 일본이었다. 1903년 12월 5일 나가오카는 도쿄 수리물리학회에서 '화학 원자의 실제 배열'에 대해 기술하는 논문을 발표했다. 수 세기 동안 과학자들은 물질의 본질에 대해 확실히 밝히지 못하고 우왕좌왕했다. 이후 19세기에 물질의 기본 구조를 두고 격렬한 논쟁이 벌어졌다. 나가오카는 이 논쟁을 잠재우고 그 과정에서 원자 물리학이라는 새로운 분야를 개척했다. 일련의 복잡한 수학적 계산을 바탕으로 그는 원자가 거대한 하나의 '양전하 입자' 주위를 도는 음전하 전자 무리로 구성된다는 사실을 증명했다. 토성의 모습을 떠올리면 이해하기 쉽다고 나가오카는 설명했다. 중심에 자리한 양전하를 띤 입자가 행성 자체라면, 음전하를 띤 전자들은 고리와 같았다. 결정적으로 나가오카는 자신이 주장한 '토성 시스템'이 물리적으로 안정적이라는 사실을 보여주었다.[91]

무엇이 이런 근본적인 돌파구를 만들었을까? 한편으로는 나가오카가 유럽에서 보낸 시간이 영향을 미쳤다. 그는 이 장의 도입부에서 보았던 1900년 파리에서 열린 1차 국제 물리학 회의에 참석했고, 그 자리에서 전자를 발견한 영국의 과학자 J. J. 톰슨J. J. Thomson을 만났다. 하지만 일본 생활에서도 나가오카의 사고방식을 형성한 특별한 요인이 있었다. 독일로 떠나기 바로 전, 그는 1891년 노비 지진을 조사하기 위해 다나카다테가 이끌었던 위원회에 고용되었다. 이때 나가오카는 지진에 대해 지자기가 미치는 영향을 정확히 측정하기 위해 다나카다테와 함께 일본 전역을 가로지르며 산을 오르내렸다. 그는 다나카다테의 최종 보고서에 공동 저자로 이름을 올리기까지 했다. 원자물리학에 대한 나가오카의 생각을 근본적으로 형성한 것은 궁극적으로 일본에서 지진을 조사한 경험이라고 할 수 있었다.[92]

1905년 초, 나가오카는 전자기파가 원자의 중심부와 상호작용할 때 어떤 일이 일어날지 밝히는 또 다른 논문을 발표했다. 놀랍게도 나가오카는 그 효과를 설명하기 위해 지진학으로 돌아왔다. 그는 원자의 중심에 있는 큰 양전하 입자가 '산 또는 산맥'과 보다 더 비슷하다고 주장했다. 그렇기에 원자의 중심을 통과하는 전자기파는 지진이 일어나는 동안 지진파가 산을 통과할 때처럼 분산된다는 것이다. 1905년에서 1906년 사이에 나가오카는 지진파의 분산과 빛의 분산을 직접 비교한 논문을 발표하기도 했다. 나가오카는 1900년경에 서로 다른 문화와 과학 분야가 모임에 따라 전 세계 문화 교류의 산물을 만들어냈다는 것을 알려주는 좋은 사례다. 나가오카는 유럽과 일본에서의 경험을 바탕으로 물리학과 화학 분야의 아이디어를 결합했다. 이렇게 함으로써 그는 현대 물리학에서 가장 중요한 과학적 돌파구 가

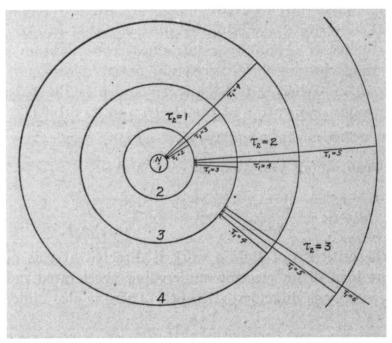

32 어니스트 윌슨(Ernest Wilson)의 저서 《원자의 구조(The Structure of the Atom)》(1916)에 실린 '토성형 원자'의 삽화로 여기에는 나가오카 한타로가 언급되었다. 궤도를 도는 전자들의 고리로 둘러싸인 양전하를 띤 중심부의 핵에 주목하라.

운데 하나를 발견했다.[93]

　오늘날 원자 구조를 발견한 공은 대부분 영국 물리학자 어니스트 러더퍼드Ernest Rutherford에게 돌아간다. 이것은 비유럽 과학자들이 현대 과학의 역사에서 배제된 대표적인 사례다. 원자의 구조를 발표하는 러더퍼드의 영향력 있는 논문은 나가오카가 정확히 같은 주제에 대한 일련의 논문을 발표한 지 한참 뒤인 1911년에야 출판되었다. 그뿐 아니라 러더퍼드 자신도 나가오카의 연구를 잘 알고 있었고 그 사실을 비밀에 부치지도 않았다. 실제로 두 사람은 만나서 서로의 생각을 토론했다. 1910년 9월 러더퍼드는 나가오카에게 맨체스터 대학에 있는 자신의 실험실을 보여주며 원자의 구조를 확인하기 위한 실험을 하는 중이라고 설명했다. 그런 다음 1911년 2월 러더퍼드는 나가오카에게 곧 출간될 자신의 논문에 대해 알려주는 편지를 썼다. "당신은 원자의 구조에 대한 내 제안이 몇 년 전 당신이 논문에서 제안한 바와 다소 유사하다는 사실을 알게 될 것이다." 실제로 러더퍼드는 1911년에 자신의 결과를 발표하면서 나가오카의 1904년 논문에 대한 언급을 함께 실었다. 이 러더퍼드에 대한 각주에서 우리는 현대 과학의 숨겨진 역사를 다시 한번 발견할 수 있다. 그것은 단순히 영국이나 일본의 역사 각각이 아닌 두 나라의 역사를 조합한 결과였다.[94]

일본은 19세기 후반 좀 더 넓어진 과학계의 일부에 속했다. 이 시기의 거의 모든 일본 과학자들은 유럽에서 유학했고, 상당수는 제1차 세계대전이 발발하기 직전까지 국제 과학 학회에 참가했다. 하지만 이 장에서 여러 번 살폈듯 국제주의와 민족주의는 보통 서로 협력했다. 1868년 메이지유신 직후에 교육을 받은 대다수의 과학자는 사무라이 가문 출신이었기 때문에 과학, 민족주의, 그리고 전쟁 사이의 연관성은 특히 일본에서 강했다. 이런 사무라이 집안 출신 과학자들은 군사력의 중요성에 대한 전통적인 믿음과 근대과학과 기술의 가치에 대한 새로운 지식을 결합했다. 도쿄 대학에서 연구했던 한 사무라이 가문 출신 과학자는 "국가를 부유하게 하고 군대를 강화하려면 물리학과 화학을 완벽하게 갈고닦아야 한다"라고 썼다.[95]

하지만 다른 곳과 마찬가지로 일본에서도 국제주의와 민족주의 사이의 이러한 미묘한 균형은 오래 지속되지 못했다. 1914년 8월 일본은 제1차 세계대전에서 연합국 편에 서서 동아시아와 태평양을 가로지르며 수많은 독일 식민지 영토를 빠르게 점령했다. 일부 일본 과학자들, 특히 독일에서 훈련받은 과학자들은 전쟁에 대해 염려했지만 그래도 제 역할을 했다. 다나카다테 아이키쓰는 항공기 설계에 대해 일본군에 조언했고, 다카미네 조키치는 전쟁에 필요한 화학물질을 생산하기 위한 전담 산업 연구소를 설립하도록 도왔다. 오스만제국이나 러시아제국과 달리 제1차 세계대전이 일본에 정치적 위기를 초래하지는 않았다. 우리가 다음 장에서 살펴보겠지만, 오히려 일본은 제1차 세계대전을 통해 동아시아의 주요 과학, 군사, 산업 강국으로 부상했다.[96]

결론

현대 과학의 역사를 이해하려면 전 지구적 역사의 관점에서 생각할 필요가 있다. 19세기 물리학의 역사는 특히 더 그렇다. 러시아든, 튀르키예든, 인도나 일본이든, 과학자들은 전 세계를 돌면서 서로 다른 언어로 출간하고 다른 나라의 청중을 대상으로 강연했다. 그에 따라 과학 분야의 출판물은 오늘날에 비해 언어적으로 훨씬 더 다양했다. 일본 과학자들은 독일어로 출판했고 러시아 과학자들은 프랑스어 논문을 읽었다. 1890년에 다나카다테 아이키쓰를 만난 독일의 물리학자 하인리히 헤르츠는 반농담조로 "이제 우리는 일본어를 배워야 할 것 같다. 정말 큰일이군"이라고 말하기도 했다.[97]

이 장에서 살펴본 과학자들은 어디서 연구하든 현대 물리학의 발전에 커다란 공헌을 했다. 이 점은 오늘날에 비해 당시에 보다 더 인정받았다. 오늘날 그들의 고국 밖에서는 자가디시 찬드라 보스나 나가오카 한타로, 표트르 레베데프에 대해 거의 언급되지 않는다. 하지만 19세기 유럽의 주요 과학자들은 이들의 연구를 매우 진지하게 받아들였다. 어니스트 러더퍼드는 원자의 구조에 관련된 자신의 유명한 논문에서 나가오카를 인용했으며, 켈빈 경은 제임스 클러크 맥스웰의 전자기학 원리에 대해 자신이 확신하게 된 계기는 빛의 압력에

대한 레베데프의 실험이었다고 인정했다.[98]

19세기의 과학은 산업과 깊은 연관이 있었다. 많은 물리학자와 화학자는 공장 설계와 전신 설치에 도움을 주면서 기업과 정부를 위해 일했다. 오늘날까지 물리학자들이 사용하고 있는 유명한 '맥스웰 방정식'도 사실 맥스웰 자신이 아니라 계산을 더 빨리 하기 위한 방법을 찾던 전신 기술자에 의해 처음 개발되었다. 그리고 산업화 시대는 이전의 모든 사상을 완전히 없애지 못했으며 19세기 과학자들은 이전의 여러 아이디어와 기존 문화적 전통을 활용해 연구를 펼쳤다. 프라풀라 찬드라 레이는 고대 산스크리트어 문헌을 읽으면서 영감을 받아 아질산제일수은을 발견했고, 다카미네 조키치는 사케 양조에 대한 지식을 통해 산업 화학의 세계를 혁명적으로 변화시켰다.[99]

19세기에 전 세계 정부들은 과학적 역량이 군사력이나 산업 분야의 힘과 직결된다고 여겼다. 이것은 메이지 시대 일본과 오스만 제국에서 근대과학에 대한 투자를 재개한 동기였다. 당시 민족주의와 국제주의는 항상 함께하는 것처럼 보였다. 실제로 많은 과학자가 국가에 협력했고, 전쟁에 직접 참여하기도 했다. 1860년대에 메이지 정부는 제정러시아에 일본 학생들을 유학 보냈다. 하지만 동시에 1904년까지 두 나라는 만주를 둘러싸고 싸웠으며, 이러한 갈등은 1914년 제1차 세계대전이 발발하면서 절정에 달했다. 다음 장에서는 이 세계대전의 여파로 현대 과학이 어떻게 발전했는지 더 깊이 탐구할 예정이다. 20세기에 벌어진 이데올로기의 전쟁은 전 세계 정치뿐 아니라 우주에 대한 우리의 이해, 그리고 삶 자체까지 변화시켰다.[100]

1914~2000년

이데올로기
전쟁과 그 여파

7장
빛보다 빠른 것

증기선 기타노마루호는 양쯔강을 거슬러 올라 상하이에 접근했다. 이 배에는 매우 중요한 인물이 승선하고 있었다. 1922년 11월 13일 아침, 알베르트 아인슈타인은 중국에 도착했다. 그는 상하이의 제방으로 내려가는 통로를 걸으며 수많은 기자와 사진사를 만났다. 그가 온다는 연락을 받은 신문에서 보낸 기자들이었다. 아인슈타인은 몇 가지 흥분되는 소식을 접한 참이었다. 그곳 양쯔강 제방에서 그는 자신이 노벨 물리학상을 수상했다는 전보를 받았다. 아인슈타인에게 이날은 자신이 20세기 가장 중요한 과학자로 꼽힌다는 입지를 확인시켜준 중요한 날이었다. 하지만 막 상하이에 도착한 아인슈타인은 자신의 업적이 얼마나 대단한 것인지 되돌아볼 시간이 거의 없었다. 그는 재빨리 시내 관광을 떠났다. 아인슈타인은 일기에 20세기 초 상하이의 '각종 때와 먼지가 뒤범벅된 보행자, 인력거로 붐비는 끔찍한 부산스러움'을 떠올렸다. 점심시간에 그는 동네 식당에 가서 다소 서툴게 젓가락으로 식사를 했다. 그리고 그날 저녁 아인슈타인은 부유한 사업가이자 모더니스트 예술가 왕이팅王一亭의 자택에 초대되었다. 저녁 식사를 마친 뒤 아인슈타인은 "나는 중국 젊은이들이 과학의 미래에 큰 공헌을 할 것이라고 믿는다"라고 말했다.[1]

다음 날 아침, 아인슈타인은 기타노마루호에 다시 탑승했다. 그가 상하이에 잠깐 들른 것은 5개월에 걸친 아시아 순방의 일환이었다. 이때까지 아인슈타인은 이미 실론(스리랑카의 옛 이름-옮긴이)과 싱가포르, 홍콩을 방문했고, 다음 방문할 국가는 일본이었다. 1922년 11월 17일 아인슈타인은 일본 고베에 도착했다.[pic 19] 1920년대 초 일본은 근대적인 산업 경제로 변모했다. 아인슈타인은 기차로 일본 전국을 여행했고 '수많은 인파와 사진사가 플래시를 터뜨리며' 그의 뒤를 따랐다. 교토에서 아인슈타인은 자신의 가장 중요한 과학적 돌파구인 특수상대성이론과 일반상대성이론에 대해 강연을 했고 현장은 청중으로 꽉 들어찼다. 강연에서 아인슈타인은 시간의 흐름이란 일정하지 않으며 서로 다른 관찰자들의 상대적인 속도에 따라 달라진다는 자신의 급진적인 아이디어에 대해 설명했다. 이것은 단순하지만 심오한 관찰의 결과였다. 우주의 어떤 것도 빛보다 더 빠른 속도로 이동할 수 없다는 것이었다. 그런 다음 아인슈타인은 중력이 시간에 비슷한 영향을 미친다고 설명했다. 강한 중력장 속에 있는 관측자는 약한 중력장에 있는 관측자에 비해 시간이 좀 더 느리게 흐르는 것을 경험할 것이다. 이 모든 것은 이전 뉴턴 물리학에 대한 완전한 거부였다. 아인슈타인은 시간과 공간이 일정하며 서로 분리된다고 여기기보다는 시간과 공간이 구부러져 왜곡될 수 있다는 사실을 보여주었다. 이는 혁명적인 이론이었고, 물리학계 전체에 심대한 영향을 미쳤다. 그때까지 행해진 과학 실험은 대부분 시간과 공간이 일정하게 유지된다는 생각에 의존했다. 예를 들어 물체의 속도를 측정하는 과학자들은 단순히 특정 거리를 이동 시간으로 나눈다. 하지만 만약 우주가 수축하고 시간이 느려지기 시작한다면 과학자들은 어떻게 속도를 정확하게 측정할 수 있을까?[2]

　아인슈타인의 이 독일어 강의는 일본 물리학자 이시와라 준石原純을 통해 빠르게 번역되어 출판되었다. 베를린에서 물리학을 공부한 이시와라는 당시 유럽 외의 국가에서 상대성이론을 제대로 이해한 몇 안 되는 사람들 가운데 한 명이었다. 아인슈타인은 이시와라를 인정했고 〈일본 아카데미 회보Proceedings of the Japan Academy〉의 공동 저자로 글을 싣는 데 동의하기도 했다. 여러모로 아인슈타인은 일본에서 보낸 시간을 완전히 즐겼다. 과학 강연을 하지 않을 때는 닛코의 숲으로 하이킹을 갔고, 도쿄 황궁의 정원에서 매년 열리는 국화 축제에도 참석했다. 아인슈타인은 일기에 "누구든 이 나라를 사랑하고 존경할 수밖에 없다"라고 적었다.[3]

　아인슈타인은 일본을 떠나 귀환하는 여정에 올랐다. 아인슈타인은 말라카와 페낭에 잠시 들렀다가 인도양을 건너 수에즈운하에 도달했다. 그리고 포트사이드에서 그는 다시 내려 거기서부터는 예루살렘까지 기차를 탔다. 불과 몇 달 전인 1922년 7월 국제연맹은 팔레스타인 위임 통치권을 승인했다. 이 새로운 영토는 오늘날 이스라엘의 전신에 '유대인 민족의 국가적인 보금자리'를 제공할 터였다. 아인슈타인은 유대인으로서 독일에서 반유대주의를 경험했다. 강연은 종종 피켓을 든 반유대주의자들로 구성된 반아인슈타인 연맹에 의해 중단되었고, 언론에서는 그가 '유대인 물리학'을 홍보한다며 비판했다. 아인슈타인이 아시아로 떠나기 몇 달 전에는 독일의 저명한 다른 유대인들도 공격을 받았다. 1922년 여름, 아인슈타인은 자신이 안전하지 않다고 느꼈다. 그는 물리학자 막스 플랑크Max Planck에게 보낸 편지에서 "극단적인 우익이 나를 암살할 계획을 세우고 있는 듯하다"라고 적었다. 이것은 사실 아인슈타인이 아시아로 여행을 떠나기로 선택한 이유 가운데 하나였다. 그는 해외에서 몇 달을 보내고 나면 상황이 안정

되기를 바랐다.[4]

아인슈타인은 오랫동안 유대인의 조국을 건설하기 위한 캠페인을 벌였다. 1919년 초에는 "우리 민족이 이방인으로 여겨지지 않는 지구상의 작은 땅덩어리인 유대인 국가를 이룩하기 위한 긍정적인 한 걸음을 내디딜 수 있다고 상당히 자신한다"라고 썼다. 그런 만큼 아인슈타인은 마침내 팔레스타인에 도착하게 된 것을 기뻐했다. 1923년 2월 3일 아인슈타인은 예루살렘의 옛 도시를 여행하며 바위 사원과 통곡의 벽을 방문했다. 그런 다음 그는 최근에 설립된 예루살렘의 히브리 대학에서 공개 강연을 했다. 아인슈타인은 먼저 히브리어로 강연하고 나중에 과학적인 내용을 독일어로 바꿨다. 당시 전 세계에서 가장 유명한 과학자로 손꼽히던 아인슈타인의 존재는 팔레스타인의 유대인 지도자들에게 큰 의미가 있었다. 2년 뒤인 1925년 히브리 대학은 그를 기리기 위해 아인슈타인 수학 연구소를 설립했다. 아인슈타인은 예루살렘으로 이주해 히브리 대학에서 교수로 일해달라고 초대받기도 했다. 독일에서 반유대주의가 대두하고 있었던 만큼 아인슈타인은 이 제안을 심각하게 고려했다. 하지만 결국 제안을 받아들이지 않았다(아인슈타인은 일기에 "심장은 그렇게 하라고 하지만 정신은 그러지 말라고 한다"라고 썼다). 그는 적어도 아직은 유럽을 영원히 떠날 마음의 준비가 되지 않았다.[5]

하지만 아인슈타인이 베를린에 돌아왔을 때도 정치적인 분위기는 좋아지지 않았다. 나치당이 당원과 영향력을 불리고 있는 동안 초인플레이션이 독일 경제를 악화시키고 있었다. 그 후 몇 년 동안 정치 상황은 계속 악화일로를 걸었다. 1933년 1월 30일에는 아돌프 히틀러 Adolf Hitler가 독일 총통이 되었다. 히틀러는 유대인을 차별하기 위해 고안한 여러 반유대주의 법을 재빨리 통과시켰다. 독일에 거주하는 유대인들은 시민권을 박탈당하고 공립학교에서 내쫓겼으며, 강제 불임

수술의 표적이 되었다. 아인슈타인은 이미 그런 일이 벌어질 것을 예견하고 한 달 전인 1932년 12월 완전히 베를린을 떠났다. 그는 독일 시민권을 포기하고 미국에 가서 프린스턴 대학에서 일자리를 얻었다. 아인슈타인은 이후 독일로 돌아가지 않았다. 프로이센 과학 아카데미에 보낸 사직서에서 그는 "나는 개인이 법 앞에 평등하지 않고, 자신이 좋아하는 것을 말하거나 가르칠 자유를 누리지 못하는 나라에서 살고 싶지 않았다"라고 이유를 밝혔다.[6]

알베르트 아인슈타인은 종종 더 넓은 지적, 정치적 세계와 크게 동떨어진 고립된 천재로 여겨진다. 물론 아인슈타인의 특수상대성이론과 일반상대성이론은 과학자들이 물리적 우주를 이해하는 방식에 변화를 불러왔다. 하지만 그는 결코 고립되지 않았다. 사실 아인슈타인은 상하이에서 부에노스아이레스에 이르는 전 세계 도시를 여행하며 자신의 아이디어를 널리 퍼뜨렸다. 그뿐 아니라 아인슈타인은 세계 여러 과학자와 함께 작업했다. 이 모든 행보는 국제 협력의 가치에 대한 아인슈타인의 깊은 정치적 믿음을 반영한 결과였다. 제1차 세계대전 이후 그는 과학자들이 '상호 협력과 상호 발전'을 이루기 위해 모이는 것이 어느 때보다도 중요하다고 여겼다. 아인슈타인은 이렇게 말했다. "나는 누구도 세계대전으로 완전히 파괴된 국가들의 통합을 회복하는 정치적 과제를 회피해서는 안 된다고 여긴다." 이런 생각에서 그는 국제지적협력위원회에 가입했다. 1922년 국제연맹에 의해 설립된 이 국제 위원회는 여러 나라의 과학계와 지적 공동체의 긴밀한 유대 관계를 증진하는 책임을 맡았다. 이 위원회의 위원 중에는 우리가 앞서 살폈던 인도의 물리학자 자가디시 찬드라 보스와 일본의 물리학자 다나카다테 아이키쓰가 포함되었다.[7]

과학과 정치의 국제적인 성격에 대한 아인슈타인의 관심은 그의 세대에서 전형적인 것이었다. 이 시기의 다른 많은 물리학자들도 종종 다른 나라를 여행했다. 1929년 말 독일의 물리학자 베르너 하이젠베르크Werner Heisenberg는 인도를 방문했다. 그는 벵골인 물리학자인 자가디시 찬드라 보스의 조카 데벤드라 모한 보스Debendra Mohan Bose의 초대를 받은 차였다. 20세기 초 물리학의 또 다른 주요 분야인 양자역학의 선구자 하이젠베르크는 인도 과학자로 구성된 청중 앞에서 원자 사이에서, 또는 모든 물리적인 상호작용을 통해 교환될 수 있는 최소의 불연속적인 에너지에 대해 설명했다. 이는 에너지의 '양자'로 알려져 있다. 그에 따라 당장은 중요하지 않게 들릴지도 모르지만 여러 예외적 결과가 뒤따랐다. 6장에서 살폈듯 19세기의 물리학자들은 빛을 전자기파의 일종으로 여겼다. 하지만 양자역학에 따르면 엄밀하게 봤을 때 이는 사실이 아니었다. 그보다 빛은 파동과 입자 둘 다라고 봐야 했다. 물리학자들이 원인과 결과, 더 나아가 과학적 관찰의 본질에 의문을 제기하면서 다음 해에 상황은 더 기묘하게 바뀌었다. 하이젠베르크는 '불확정성 원리'를 공식화한 업적으로 유명해졌는데, 이 원리는 어떤 물리학적 측정이든 정밀도에는 궁극적인 한계가 있으며, 그에 따라 때때로 원인과 결과가 뒤섞일 수 있다는 사실을 보여주었다. 이것은 이용 가능한 과학적 도구의 정확성에 대한 문제가 아니라 우주의 근본적인 특성에 대한 것이었다.[8]

영국의 물리학자 폴 디랙Paul Dirac과 덴마크의 물리학자 닐스 보어Niels Bohr를 포함한 영향력 있는 과학자들도 비슷하게 전 세계를 돌았다. 전자에 대한 최초의 상대론적 이론을 발전시킨 디랙은 1929년 일본에서 여러 번에 걸친 강연을 한 뒤 소련 과학자 회의에 참석하기 위해 블라디보스토크에서 모스크바까지 시베리아 횡단철도를 탔다. 이와 비슷하게 원자에 대한 첫 양자 모델을 제안한 보어도 1937년 봄에 중국에서 2주를 보냈다. 상하이 자오퉁 대학에서 이뤄진 보어의 강의는 중국 전역에 라디오로 생중계되었다. 그리고 1937년 6월, 보어는 유럽에 돌아왔다. 그로부터 한 달 뒤, 일본 육군은 제2차 세계대전의 광범위한 분쟁의 일부인 2차 중일전쟁의 시작을 알리는 베이징 공격을 개시했다.[9]

20세기 전반은 정치적, 사회적으로 커다란 격변이 일어난 시기였다. 중국에서는 1911년 일어난 혁명으로 청나라가 막을 내렸고, 러시아에서는 1917년 10월 혁명으로 볼셰비키가 권력을 잡았다. 혁명을 겪지 않은 나라들 역시 중요한 정치적 변화를 맞았다. 제1차 세계대전 이후 오스만제국은 붕괴되었고, 그에 따라 팔레스타인 주변 영토에서 격렬한 정치적, 종교적 충돌이 촉발되었다. 일본에서는 1912년 천황이 세상을 떠나면서 자유주의적인 정치의 시기가 도래했고, 인도에서는 1905년 벵골 분할 이후 반식민지 운동이 훨씬 더 공고해졌다.

이 시기는 세계사에서 우리에게 그다음 중요한 순간이다. 파시스트, 사회주의자, 민족주의자, 참정권 운동가, 반식민지 운동가는 모두 1900년 이후 수십 년 동안 정치를 변화시키는 데 한몫을 했다. 그리고 정치는 과학계에 심대한 영향을 끼쳤다. 비단 유럽뿐만 아니라 전 세계에 걸쳐 그런 현상이 나타났다. 이 장에서 우리는 20세기 초의 물리학과 국제정치의 연관성을 탐구할 예정이다. 그 과정에서 보통 현대물리학의 역사에 등장하지 않는 국가 출신 과학자들이 이룬 중요한 공헌을 살필 것이다. 그리고 다음 장에서는 더 나아가 냉전과 탈식민화가 현대 유전학의 발전에 미치는 영향을 알아볼 예정이다. 궁극적으로 우리가 20세기 과학의 역사를 이해하기 위해서는 그 시대를 규정했던 전 세계에 걸친 정치적 갈등에 주목할 필요가 있다.

혁명기 러시아의 물리학

매년 여름, 표트르 카피차Peter Kapitza는 어머니를 방문하기 위해 레닌그라드로 여행을 갔다. 1934년 8월 역시 여느 해와 같이 시작되었다. 하지만 식료품을 사고 옛 친구들을 방문하며 자기 일을 하던 카피차는 무언가 잘못되었다는 사실을 알아차렸다. 그는 어디를 가든 미행당하고 있었고 비밀경찰이 그를 추적했다. 지난 10년 동안 카피차는 케임브리지 대학의 캐번디시 연구소에서 일하고 박사 학위를 마쳤다. 당시 카피차는 몇 가지 인상적인 발견을 했다. 1934년 초, 러시아로 떠나기 직전에 카피차는 세계 최초로 액체 헬륨을 대량으로 생산하는데 성공했다. 액체 상태로 만들기 위해서는 헬륨을 반복적으로 압축한 다음 매우 낮은 온도로 냉각시켜야 했기에, 이것은 매우 어려운 작업이었다. 카피차는 케임브리지 대학 몬드 연구소라는 최첨단 물리학 연구 센터의 소장으로 임명되기도 했다. 이 과정에서 카피차는 국제적인 인정을 받았다. 하지만 동시에 소련 당국의 주목을 받기에 이르렀다.[10]

1934년 9월, 이오시프 비사리오노비치 스탈린Iosif Vissarionovich Stalin은 카피차에게 소련에 남으라고 요구하는 명령서에 서명했다. 스탈린은 이렇게 썼다. "카피차가 공식적으로 체포되지는 않을 수도 있지만 소련에 남아 영국으로 돌아가지 못하게 해야 한다." 그에 따라 케임브리지 대학으로 돌아가려 했던 카피차는 구금되었다. 여권은 압수당했고 앞으로 어떤 해외여행도 할 수 없다는 통보를 받았다. 스탈린이 카피차를 억류하기로 결정을 내린 데는 또 다른 소련 과학자의 행동이 영향을 미쳤다. 양자역학 전문가 조지 가모George Gamow는 유럽의 한 회의에 참석한다는 핑계를 대고 미국으로 도피해버렸다. 이와 동시에 소련 정부는 해외에서 일하는 소련 과학자들이 스파이가 되거나 외국 열강의 군사 발전에 기여할 수도 있다고 우려했다.[11]

처음에 카피차는 완전히 낙담했다. 케임브리지로 돌아온 아내에게 보낸 편지에서 그는 "지금 삶이 너무 공허하다. 분노가 치밀며 머리카락을 쥐어뜯고 비명을 지르고 싶다"라고 털어놓았다. 실험실에 가지 못해 제대로 된 과학 연구를 할 수 없기 때문이었다. 이어 카피차는 "나는 미쳐가고 있으며, 혼자 우두커니 앉은 채 이 모든 것이 무엇을 위해서인지 도저히 이해하지 못하고 있다"라고 밝혔다. 몇 달 동안 케임브리지에 있는 카피차의 동료들은 자신들이 할 수 있을 만큼 그를 도왔다. 캐번디시 연구소 소장인 어니스트 러더퍼드는 런던에 있는 소련 대사에게 편지를 썼고, 폴 디랙은 모스크바에 직접 가서 카피차 석방 운동을 펼쳤다. 하지만 결국 모든 것이 수포로 돌아갔다. 소련 과학자들이 조국에 가장 잘 봉사할 수 있도록 이 나라에 남겨야 한다고 스탈린이 굳은 의지를 보였기 때문이다.[12]

시간이 어느 정도 흐른 뒤 카피차는 자신의 새로운 운명을 받아들이기 시작했다. 닐스 보어에게 보낸 편지에서 그는 "나에게 가해진 부당한 대우 때문에 눈까지 멀어서는 안 된다"라고 썼다. 만약 그가 케임브리지로 돌아갈 수 없다면 이곳 소련에서 구할 수 있는 것을 최대한 활용해야 할 터였다. 1934년 말, 카피차는 결국 소련 당국과 타협했다. 소련에 남아 과학 발전에 공헌하기로 한 것이었다. 그 대가로 소련 당국은 카피차가 제대로 된 과학 연구를 수행하는 데 필요한 공간과 장비를 제공하기로 했다. 그에 따라 카피차는 모스크바에 본부를 둔 물리 문제 연구소라는 새로운 연구 센터의 소장으로 임명되었다. 그뿐 아니라 소련 정부는 케임브리지의 몬드 연구소와 동일한 실험 장비를 구입하기 위해 3만 파운드를 지원했다. 여기에는 헬륨 액화기뿐 아니라 굉장히 강력한 전자석이 포함되었다.[13]

33 액체 헬륨이 '초유체' 단계로 진입하는 모습. 이 단계에서 액체 헬륨은 유리컵 가장자리로 흐르기 시작하며, 그에 따라 컵 아래에 작은 물방울이 맺힌다.

소련 정부의 투자는 성공적이었다. 1938년 1월 1일, 카피차는 '초유체'를 발견했다고 발표하면서 〈네이처〉에 짧은 논문을 발표했다. 이 논문에서 그는 액체 헬륨의 점도를 측정하기 위해 모스크바에서 수행한 실험에 대해 기술했다. 기본적으로 이 실험은 액체 헬륨이 한 용기에서 다른 용기로 통하는 매우 좁은 틈새로 얼마나 쉽게 흐르는지 측정하는 과정을 포함했다. 카피차의 설명에 따르면 "이 측정 결과는 상당히 주목할 만했다." 헬륨을 끓는점 바로 아래의 섭씨 영하 269도까지 냉각시키면 헬륨은 일반적인 액체처럼 행동했고, 두 용기 사이에서 일정하지만 상대적으로 느린 속도로 흘렀다. 하지만 헬륨을 더 냉각해 온도가 절대 영도(섭씨 영하 273도)에 가까워지면 헬륨은 갑자기 '초유체'가 되어 놀라운 속도로 흐르기 시작했다. 이것은 저온 물리학으로 알려진 완전히 새로운 연구 분야의 시작이었다. 카피차는 특정 물질을 매우 낮은 온도로 냉각하면 기묘하고 새로운 성질을 띤다는 사실을 발견했다. 카피차의 실험 가운데 일부는 기존에 알려진 물리법칙을 거스르는 것처럼 보였다. 액체 헬륨이 충분히 냉각되면 유리 용기의 옆면을 기어 올라가며, 완전히 밀폐된 것처럼 보이는 공간에서 움직인다. 이 모든 현상은 분자들이 어떻게 상호작용하는지에 대한 완전히 새로운 설명을 필요로 했다.[14]

☾

결국 표트르 카피차는 초유체의 발견으로 노벨 물리학상을 수상했다. 그는 20세기 동안 일련의 주요 돌파구를 만든 새로운 세대의 소련 과학자 가운데 최초의 인물이었다. 이런 연구들의 대부분은 양자역학이나 상대성이론 같은 새로운 분야였다. 하지만 카피차의 생애는 소련 과학의 양면성을 드러내기도 한다. 한편으로 1917년의 혁명은 과학에 대한 투자를 증가시켰다. 하지만 다른 한편으로 소련의 과학은 종종 정치적, 이념적 간섭을 받는 대상이 되었다.

앞 장에서 보았듯 제정러시아에서 연구하던 과학자들은 현대 과학의 발전에 여러 중요한 공헌을 했다. 17세기 표트르 대제부터 19세기 알렉산드르 2세에 이르기까지, 차르들은 러시아제국을 근대화하고 보다 부강하게 만들기 위한 수단으로 과학을 옹호했다. 이후 러시아혁명이 일어나면서 과거에 대한 완전한 단절이 이뤄지지는 않았다. 하지만 1917년 이후 과학에 대한 투자는 확실히 전례 없는 규모로 이뤄졌고, 극심한 이념 갈등 역시 전에 보지 못한 규모였다. 1917년에 권력을 잡은 볼셰비키는 과학에 대한 적절한 투자가 소련의 군사와 산업 발전에 중요하다고 믿었다. 이들은 이를 '사회주의 재건'이라고 불렀다. 니콜라이 고르부노프Nikolai Gorbunov를 비롯한 여러 초기 소련 정치인은 과학을 공부한 전력이 있었다. 블라디미르 레닌의 개인 비

서로 일했던 고르부노프는 화학공학을 전공했고 소련 당국이 일련의 하이테크 과학 연구소를 설립하도록 설득했다. 이 가운데는 레닌그라드에 있는 물리 기술 연구소도 포함되었는데, 10월 혁명이 일어나고 1년도 채 지나지 않은 1918년 9월에 설립된 연구소였다. 동시에 소련 정부는 모스크바 물리학회가 운영하는 연구소를 포함한 기존 민간 연구소를 국유화했다. 1930년까지 소련은 1년에 1억 루블 이상을 과학에 지원했다. 이것은 소련이 군수품 생산에 들인 금액과 거의 맞먹었다.[15]

소련 정부는 초기에는 해외에서 공부하는 과학자들을 지원했다. 제1차 세계대전 이후 볼셰비키는 유럽 과학자들과의 관계를 재정립하는 작업이 중요하다는 사실을 인식했다. 카피차도 외국 대학에서 공부한 수많은 초기 소련 과학자 가운데 한 사람이었다. 이들은 종종 장비와 책을 구입하라는 요구와 함께 파견되었는데, 이 역시 본국의 과학적 역량을 키우기 위해서였다. 동시에 당국은 소련에 오는 많은 외국 과학자들을 환영했다. 1917년에서 1930년까지 소련 물리학회는 여러 번에 걸쳐 연례 회의를 열었는데, 이때 상당수의 유럽 주요 과학자들이 참석했다. 폴 디랙과 독일 물리학자 막스 보른Max Born도 1928년 모스크바에서 열린 회의에 참석해 소련 물리학자들과 양자역학 분야의 최신 연구를 공유했다. 첫날 회의 이후 디랙과 보른을 포함한 모든 참가자는 증기선에 올라 볼가강을 항해하며 토론을 계속했다.[16]

하지만 소련의 과학에는 또 다른 측면이 존재했다. 앞서 카피차의 사례에서 보았듯 소련 과학자들은 깊은 이념적 갈등의 시기를 겪으며 살아갔다. 1922년 스탈린이 집권한 이후에 특히 더 그랬다. 1930년대 초에 스탈린은 점점 더 편집증적으로 변했고 안으로 침잠했다. 1934년 조지 가모가 미국으로 망명한 후로는 외국 여행을 아예 금지했다. 과학자들은 정치적 숙청의 대상이 되었으며, 특히 그들이 소련 이데올로기에 충분히 헌신하는 것처럼 보이지 않을 경우 더욱 그러했다. 이는 단지 마르크스주의를 공개적으로 지지하는지 여부에 대한 문제가 아니었다. 이념 논쟁은 현대 과학의 가장 근본적인 측면까지 확대되었다. 레닌을 포함한 많은 초기 볼셰비키들은 최근에 일어난 물리학 혁명과 러시아에서 일어나고 있는 정치 혁명을 직접적으로 연관시켜 소련 과학자들이 혁명적인 새로운 사상을 장려할 것이라 기대했다. 레닌은 영향력 있는 저서 《유물론과 경험 비판론Materialism and Empirio-Criticism》(1909)의 한 장을 '최근의 자연과학 혁명'에 할애하기도 했다. 이 책에서 레닌은 알베르트 아인슈타인의 상대성이론이 최근의 사회적 위기를 반영하는 '현대 물리학의 위기'를 드러낸다고 주장했다. 레닌에 따르면 아인슈타인은 현대의 '위대한 개혁가' 중 한 사람이었다.[17]

그에 따라 레닌의 승인을 얻어 아인슈타인은 소련 과학 아카데미의 외국인 회원으로 선출되었다. 1920년대 초 모스크바와 레닌그라드에서 물리학을 공부하는 학생들은 상대성이론에 대해 배웠는데, 이 이론은 종종 아이작 뉴턴의 고전적 세계관에 대한 혁명적 해독제로 제시되곤 했다. 하지만 그럼에도 모두가 아인슈타인에 대한 레닌의 의견에 동의한 것은 아니었다. 비록 상대성이론은 혁명적일지 모르지만, 어떤 사람들은 여전히 여기서 '부르주아 과학'의 낌새를 느꼈다. 예컨대 1930년대 초 모스크바 수학 학회의 회장이던 에른스트 콜만Ernst Kolman은 아인슈타인을 '훌륭한 과학자이지만 철학이 빈곤한 사람'으로 묘사했다. 콜만이 보기에 특수상대성이론과 일반상대성이론은 지나치게 추상적이었고, 일상적인 경험과는 거리가 먼 것처럼 보였다. 콜만은 아인슈타인이 "물리적인 현실을 수학 기호로 대체하고 있다"며 비난의 화살을 돌렸다. 스탈린 치하의 소련에서 상대성이론과 양자역학에 대해 이러한 비판이 점차 늘고 있었다. 이것은 과학이 물질세계에 바탕을 둔 실용적 작업으로 중요성을 지닌다는 마르크스주의 철학에서 이끌어낸 깊은 믿음을 반영했다. 소련에서는 과학이 인민에게 봉사하는 것처럼 보여야 했다.[18]

20세기 첫 10년 동안 러시아 과학자들은 이런 세계에서 살아갔다. 소련 정치인들은 과학에 깊은 관심을 갖고 지원하겠다는 의지를 보였지만, 동시에 언제라도 정치적 분위기가 급변할 수도 있었다. 그럼에도 많은 초기 소련 과학자들은 러시아혁명을 지지했으며 일부는 혁명에 직접 관여하기까지 했다.

물리학자 야코프 프렌켈Yakov Frenkel은 급진파 집안에서 태어났다. 1880년대에 그의 아버지는 혁명 단체의 일원이라는 사실이 밝혀지면서 시베리아로 추방되었다. 프렌켈도 아버지와 마찬가지로 정치에 관심을 갖고 있었다. 10월 혁명에 따라 차르의 통치가 종식되자 야심 찬 젊은 과학자였던 프렌켈은 기회를 최대한 활용했다. 페트로그라드 대학에서 물리학을 공부한 그는 1918년 크림반도로 건너가 타우라이드 대학에서 교수직을 얻었다. 이곳은 볼셰비키에 의해 새로 설립된 대학들 가운데 하나였다. 크림반도에 머물며 프렌켈은 원자의 양자 모델에 대한 닐스 보어의 연구를 포함해 현대 물리학을 뒤흔드는 최신 아이디어를 접했다. 동시에 프렌켈은 정치에 대한 관심의 끈을 놓지 않고 크림반도 소비에트 모임에 가입하고 사회주의 노선에 따라 지역의 교육을 재편하는 과정을 도왔다.[19]

당시는 불확실성의 시대였다. 러시아혁명은 전면적인 내전을 초래했다. 볼셰비키가 러시아 중부를 장악하는 동안 반공산주의 백군은 러시아의 남쪽과 서쪽에서 전투를 계속했다. 1919년 7월 백군은 크림반도로 진출했고 지역 소비에트 모임의 일원이었던 프렌켈은 체포되어 감옥에 갇혔다. 하지만 그는 좌절하지 않고 감옥에서 어머니에게 다음과 같은 편지를 써서 안심시켰다. "저는 전혀 지루하지 않습니다. 오히려 독서를 하면서 많은 시간을 보냅니다." 교도관이 체스 판을 압수할 때까지 감방 동료들과 체스를 두기도 했다. 이것은 프렌켈에게 꽤 생산적인 시간이었다. 다소 믿기 힘들지만 그가 가장 중요한 이론적인 작업을 시작한 것은 러시아 내전이 한창이던 시절 감옥에서였다.[20]

1900년경 과학자들은 금속 안에서 이루어지는 전기의 흐름을 전자의 자유로운 움직임으로 간단히 설명할 수 있다고 가정했다. 이 작은 음전하 입자는 원자핵 사이 공간에서 자유롭게 움직이는 기체와 비슷하다고 상상했다. 하지만 프렌켈은 이런 가정이 사실일 수 없다는 사실을 깨달았다. 양자역학에 따르면 불가능했기 때문이다. 보어는 원자에 대한 자신의 양자역학 모델에서 전자가 원자핵 주변의 특정한 궤도에만 자리할 수 있다는 사실을 보여주었다. 그렇기 때문에 프렌켈은 전자가 "진정한 의미에서 자유롭지는 않다"고 지적했다. 그렇다면 전자들은 어떤 식으로 움직여 전기를 만들어냈을까? 이에 대해 프렌켈은 양자역학에 기초한 새로운 모델을 제안했는데, 이 모델에서 전자는 인접한 원자 사이를 효과적으로 여기저기 뛰어넘으며 다녔다. 그러면 어디든 이동할 수 있다는 의미에서 완전히 '자유로운' 전자를 상상하지 않더라도 전기의 흐름을 설명할 수 있었다.[21]

크림반도에서 프렌켈은 감옥에 갇힌 채 전기에 대한 최초의 양자역학적 설명을 발전시켰다. 놀랍게도 프렌켈 자신이 투옥된 시기에 전자가 "자유롭다"는 것이 실제로 무엇을 의미하는지에 대해 다시 생각해볼 수 있었다. 게다가 프렌켈은 다른 물리학자들이 훨씬 더 광범위하게 적용할 수 있는 중요한 이론적 개념을 제안했다. 금속에서 전자의 행동은 '집단적 들뜸'을 일으키는 새로운 종류의 입자를 상상함으로써 설명할 수 있다는 것이었다. 프렌켈은 이번에도 단어 선택에 신중했다. 이 개념은 소련의 이념과 완벽하게 맞아떨어지는 양자역학의 비전을 반영했다. 개인은 없고 단지 모든 것이 '집단적'이라는 이념이었다. 나중에 유럽과 미국에서 '준입자'로 알려진 이 새로운 입자에 대한 발견은 20세기 양자역학의 발전에서 대단히 중요했다. 과학자들은 아직 확인되지 않은 입자들의 집단적 작용을 상상한다면 기묘한 물리적 현상을 보다 쉽게 설명할 수 있으리라 여겼다.[22]

1924년에 처음 출판된 야코프 프렌켈의 준입자에 대한 논문은 기초 물리학에 대한 중요한 새 연구 프로그램의 시작을 알린다. 여기서 소련 과학자들은 선구적인 역할을 했다. 그리고 프렌켈의 연구를 이어간 과학자들 가운데는 현대 물리학에 중요한 기여를 했음에도 오늘날 러시아에서조차 거의 잊힌 여러 여성이 있었다. 앞의 두 장에서 살폈듯 비록 소수의 여성은 가까스로 유학을 가 과학을 공부했지만, 19세기 러시아에서 여성들은 고등교육에서 배제되는 게 보통이었다. 그러므로 볼셰비키들은 항상 현실로 실현되지는 않았지만 이제 여성들이 소련의 과학과 산업 발전에 기여하게 될 것이라는 데 자부심을 가졌다. 1917년 10월 혁명은 총명한 젊은 여성들이 과학계에 진출할 기회를 증가시켰다. 안토니나 프리코트코Antonina Prikhot'ko는 그러한 여성들 중 한 명이었다. 1906년 러시아 남부에서 태어난 그는 레닌그라드의 공과 대학에서 물리학을 공부한 최초의 여성이었다. 백군이 패퇴하며 감옥에서 풀려난 프렌켈도 1920년대에 이 대학에서 가르치고 있었다. 학생일 때 프리코트코는 레닌그라드의 추운 강의실에 앉아 상대성과 양자역학에 관한 프렌켈의 강의를 들었다. 그에 따라 프리코트코는 유럽 대부분의 물리학자가 준입자에 대해 접하기도 전에 이 개념을 배울 수 있었던 독특한 위치에 있었다.[23]

프리코트코는 1929년에 대학을 졸업했다. 그리고 이듬해 그는 하르키우에 자리한 우크라이나 물리 기술 연구소에 취직했다. 이곳은 과학과 산업에 대한 전문 지식을 소련 전역에 전파하기 위해 볼셰비키에 의해 설립된 새로운 연구 센터들 가운데 하나였다. 그 후 10년 동안 프리코트코는 프렌켈의 이론을 실천에 옮기면서 일을 시작했다. 먼저 프리코트코는 다양한 결정의 원자 구조를 조사하면서 저온 물리학에 대한 일련의 실험을 시작했다. 표트르 카피차의 연구가 그랬듯 이 실험들은 헬륨 액상화기 같은 거대한 산업용 기계에 의존했다. 하르키우의 실험실에서 프리코트코는 스패너를 들고 액상화기를 이리저리 조작하며 밤늦게까지 실험에 몰두했다. 그리고 저온에서 여러 결정에 의해 흡수되고 방출되는 빛의 양을 측정함으로써 원자들의 행동을 추론할 수 있었다. 무엇보다 프리코트코는 프렌켈이 예측한 준입자 가운데 하나인 '엑시톤'의 존재를 실험을 통해 최초로 증명했다. 비록 내용이 추상적으로 들릴지 모르지만 프리코트코의 연구는 사실 훨씬 더 실용적인 측면이 있었다. 그가 작업하던 많은 결정은 산업용 화학물질 생산에 활용되었는데, 여기에는 나프탈렌(농약으로 사용하는)과 벤젠(철강 생산에서 용매로 사용하는)이 포함되었다. 그렇기에 프리코트코는 여러 면에서 소련의 모범적인 과학자였다. 양자역학의 최신 과학 이론을 활용해 실제 산업 발전에 기여할 실용적인 실험을 수행했기 때문이었다. 이 업적을 인정받아 프리코트코는 나중에 소련에서 민간인에게 수여되는 가장 권위 있는 훈장으로 꼽히는 레닌 훈장과 사회주의 노동의 영웅 훈장을 받았다.[24]

안토니나 프리코트코가 하르키우에서 일하던 무렵은 특히 흥미로운 시기였다. 1930년대 우크라이나의 물리 기술 연구소는 세상에 자신의 이름을 날리고 싶어 하는 야심 찬 젊은 과학자로 가득했다. 아마도 이들 가운데 가장 재능 넘친 인물은 레프 란다우-Lev Landau였을 것이다. 1908년 바쿠에서 태어난 란다우는 열세 살에 미적분을 섭렵한 신동이었다. 하지만 차르 치하의 엄격한 교육제도는 그에게 맞지 않았다. 학교가 지루했던 란다우는 교장을 모욕해 퇴학당하고 말했다. 하지만 란다우에게는 다행스럽게도 같은 해 러시아혁명의 물결이 바쿠에 도달했다. 볼셰비키는 대중에게 교육의 문을 열어주기 위해 지역 대학에 입학하기 위한 모든 공식적인 요건을 없앴다. 그래서 겨우 열네 살이었던 란다우는 그 기회를 놓치지 않고 물리학을 공부하기 위해 바쿠 대학에 등록했다. 몇 년 뒤 그는 레닌그라드 대학으로 옮겨 나머지 학위를 마치기로 결정했다. 레닌그라드에서 란다우는 여러 젊은 물리학자를 만났는데, 이들 가운데 상당수가 혁명을 지지했다. 이들은 함께 블라디미르 레닌과 레온 트로츠키의 정치 관련 저서를 비롯해 양자역학과 상대성이론에 대한 최신 논문을 읽었다.[25]

1927년, 란다우는 대학을 졸업하고 레닌그라드에 있는 물리 기술 연구소에서 연구원으로 일했다. 이후 그는 유럽에 유학 갈 수 있는 록펠러 장학금을 받았다. 20세기 내내 미국에 기반을 둔 록펠러 재단은 과학자들의 국제 협력을 지원하기 위한 기금을 제공했다. 록펠러 재단은 소련의 정치적 상황에 대해 심각하게 우려했지만, 그럼에도 과학계의 협력을 국제 평화를 촉진하는 수단으로 여기고 있었다. 그에 따라 란다우는 유럽의 주요 과학자들 여럿과 함께 연구하면서 1년 이상을 보낼 수 있었다. 그는 베를린에서 알베르트 아인슈타인을, 라이프치히에서 베르너 하이젠베르크를 만났고, 이후 닐스 보어와 함께 연구하기 위해 코펜하겐으로 떠났다. 1931년 란다우는 양자역학 분야에서 새로 시작한 연구로 어느 때보다 흥분한 채 러시아에 돌아왔다. 하지만 그는 레닌그라드가 지루해지기 시작했다. 프렌켈 같은 젊은 물리학자들이 열심히 노력했음에도 레닌그라드에서 과학 연구는 여전히 기성세대의 지배 아래 있었다. 이런 상황에서 란다우는 하르키우에 있는 우크라이나 물리 기술 연구소에서 새로 제의한 직책을 맡기로 결심했다. 1934년에 겨우 26세의 나이로 이 연구소에서 일하게 된 란다우는 즉시 이론 부서의 책임자로 임명되었다.[26]

이후 몇 년 동안 란다우는 여러 중요한 이론적 발전을 일궈냈다. 그는 항성의 형성에 따르는 물리학적 원리부터 자기력의 기초에 이르기까지 온갖 주제를 폭넓게 연구했다. 하지만 란다우가 진정으로 열정을 쏟은 분야는 저온 물리학이었다. 하르키우에서 란다우는 뛰어난 소장파 과학자들과 함께 일했다. 상당수의 연구는 1920년대에 레닌그라드에서 물리학을 공부한 레프 슈브니코프Lev Shubnikov, 그리고 그의 아내 올가 트라페즈니코바Olga Trapeznikova와 함께 수행되었다. 란다우의 인상적인 연구는 곧 모스크바에서 연구하던 경력 많은 물리학자의 관심을 끌었다. 1937년 3월, 표트르 카피차는 란다우에게 편지를 보내 최근에 설립된 물리 문제 연구소로 그를 초대했다. 앞서 본 것처럼 이 연구소는 저온 물리학에 대한 카피차의 연구를 지원하기 위해 설립된 새로운 연구 센터였다. 란다우는 이 좋은 기회를 놓치지 않았다. 물리 문제 연구소는 소련에서 가장 우수한 과학 장비 중 일부를 보유하고 있었으며, 대부분은 영국 케임브리지 대학 몬드 연구소에서 구입한 것이었다. 그리고 레닌그라드의 일부 나이 든 과학자들과는 달리 카피차는 물리학자들이 근본적으로 새로운 이론적 작업을 하도록 열정적으로 지지했다.[27]

1937년 봄, 란다우는 새로운 일자리에서 근무하기 위해 모스크바로 떠났다. 나중에 밝혀진 바에 따르면 이 무렵은 하르키우를 떠나기에 좋은 때였다. 1936년에서 1938년까지 이오시프 스탈린은 나중에 '대숙청'이라고 알려진 대규모의 정치적 억압을 했다. 조금이라도 '반혁명' 활동에 관여했다고 의심되는 사람은 누구든 체포되어 총살시키거나 강제 노동 수용소인 굴라그로 보냈다. 이 기간 100만 명에 이르는 사람들이 목숨을 잃었다. 1937년 초에는 '대숙청'의 물결이 우크라이나까지 덮쳤다. 란다우와 함께 일했던 상당수의 과학자들이 잡혀가 다시는 돌아오지 못했다. 레프 슈브니코프는 실험실에서 체포되어 감옥으로 끌려가 고문당했고, 자신이 '우크라이나 물리 기술 연구소에서 일하는 트로츠키주의 사보타주 집단 일원'이라고 진술한 자백서에 서명했다. 감옥에서 몇 달을 보낸 슈브니코프는 총살형에 처해졌고, 아내인 물리학자 올가 트라페즈니코바는 얼마 전 외동아들을 낳았다는 이유로 겨우 목숨을 건졌다.[28]

란다우도 무사하지는 못했다. 1938년 4월 28일, 그는 모스크바에서 체포되었다. 우크라이나에서 일하던 그의 동료 가운데 몇몇이 강압으로 란다우가 슈브니코프와 마찬가지로 '반혁명 단체'의 일원이라고 고발했다. 란다우는 이듬해를 감옥에서 보냈다. 그는 몇 시간 동안 심문을 받고 등 뒤로 팔이 묶인 채 땅바닥에 쪼그리고 앉아 힘든 자세를 취해야 했다. 친구이자 멘토인 표트르 카피차가 행동에 나서지 않았다면 란다우는 그대로 처형되었을 것이다. 란다우가 체포된 날 카피차는 스탈린에게 직접 편지를 보냈다. "그가 최고의 재능을 지닌 학자라는 점을 고려해 그의 사건에 세심한 주의를 기울일 것을 간청합니다. 란다우를 잃는다면 우리 연구소와 소련, 그리고 전 세계 과학계의 크나큰 손실일 것입니다." 카피차는 최근에야 초유체 현상에 대한 발견을 세상에 발표했다. 란다우는 체포되던 당시 이 기묘하고 새로운 현상을 설명하기 위한 연구 팀을 이끌고 있었다. 카피차는 란다우가 없다면 자신은 이 연구를 계속할 수 없으리라는 사실을 잘 알았다.[29]

스탈린에게 보낸 편지는 효과가 있는 것처럼 보였다. 란다우는 체포된 지 정확히 1년 뒤에 석방되었다. 풀려나던 즈음 그는 심각한 영양실조로 잘 걸을 수 없었지만, 몇 주 안에 물리 문제 연구소로 복귀했다. 란다우에 대한 카피차의 생각이 옳았다. 그는 진정으로 '최고의 재능'을 지니고 있었다. 3년이 지나 란다우는 마침내 초유체를 둘러싼 문제를 해결했다. 1941년 그는 매우 낮은 온도에서 액체 헬륨이 어떤 식으로 변화하는지에 관련된 최초의 이론적인 설명을 발표했다. 카피차의 발견 이후 물리학자들은 초유체를 파악하는 가장 좋은 방식은 어디든 자유롭게 이동하는 기체처럼 행동하기 시작하는 액체 헬륨을 상상하는 것이라고 여겼다. 하지만 란다우는 이것이 사실 초유체를 파악하는 아주 나쁜 방식이라는 사실을 입증했다. 대신 란다우는 양자역학에 대한 야코프 프렌켈의 초기 연구를 인용해 초유체 속의 원자들이 완전히 자유롭지 않다는 사실을 보여주었다. 여기에 따르면 초유체 속에서 원자들은 소용돌이치는 작은 패턴을 그리며 움직였다. 적절한 온도에서 이 소용돌이치는 원자들은 액체 헬륨의 마찰을 사실상 0으로 줄일 것이다. 이런 초유체에 대한 연구로 이후 란다우는 노벨 물리학상을 받았고, 20세기에 노벨상을 수상한 소련 과학자 9명 가운데 한 명이 되었다.[30]

란다우의 경력은 소련의 과학에 대한 두 가지 상반되는 측면을 상기시킨다. 한편으로 란다우 같은 물리학자가 성공할 수 있었던 것은 소련뿐이었다. 급진적인 지식인이었던 란다우는 모스크바의 물리 문제 연구소 같은 기관에서 가능한 것의 경계를 넓히면서 혁명적인 과학 이론을 개발하도록 격려받았다. 소련 정부는 란다우를 비롯한 연구자들이 저온 물리학의 최첨단 연구를 수행하는 데 필요한 장비를 제공했다. 이 모든 것은 제1차 세계대전 이후 몇 년 동안 소련의 지적, 산업적 발전을 촉진하는 수단으로 과학을 활용하려는 볼셰비키의 바람을 반영했다. 하지만 동시에 란다우는 수많은 소련 과학자들과 마찬가지로 극심한 이념 갈등 속에서 고통을 겪었다. 비록 그는 체포되었다가 나중에 운 좋게 스탈린의 특별 명령에 따라 풀려났지만, 그와 함께 일하던 여러 동료는 그렇게 운이 좋지 않았다. 1936년에서 1938년까지 이어진 '대숙청' 기간에 살아남은 사람이라 해도 의심을 받았다. 1930년대 소련 과학계의 총아였던 카피차도 나중에 스탈린과 사이가 틀어지면서 물리 문제 연구소 소장에서 해임되었다. 그리고 란다우는 비밀경찰의 감시를 받으며 여생을 보냈다. 과학의 이데올로기적인 측면은 소련에서 특히 강하게 나타났다. 하지만 앞으로 살피겠지만 그런 측면이 소련에만 국한된 것은 아니었다.[31]

중국으로 간 아인슈타인

1919년 5월 4일, 4,000명이 넘는 학생들이 베이징 거리로 나왔다. 1911년에 신해혁명이 일어나면서 청나라가 무너졌음에도, 많은 젊은 세대는 여전히 새로운 정부에 불만을 가졌다. 이들은 한자가 적힌 현수막을 들고 있었다. 어떤 현수막에는 "군국주의자를 타도하라!"라고 적혔으며, 어떤 현수막에는 "공자와 그의 추종자들을 타도하라!"라고 적혔다. 이것은 제1차 세계대전이 끝난 뒤로 중국을 휩쓴, 5·4운동으로 알려진 대규모 시위의 시작이었다. 이 시위에 처음 불을 지핀 것은 베르사유 조약에 대한 정부의 유약한 대응이었다. 정부는 비록 제1차 세계대전에서 사실 중국이 연합군의 편을 들었음에도 중국 동부에 있는 독일 점령지를 일본에 넘겨야 했다. 하지만 5·4운동은 곧 중국 전통 사회에 대한 더 광범위한 비판으로 바뀌었다. 많은 학생은 중국이 여전히 과거에 갇혀 있다고 생각했다. 시위자들은 민주주의를 포함한 새로운 정치체제에 대한 요구와 함께 현대 과학에 대한 더 많은 투자를 요구했다. 몇몇 학생은 천안문 광장을 행진하며 "과학이 나

라를 구한다!", "새로운 과학, 새로운 문화!" 같은 구호를 외쳤다.[32]

알베르트 아인슈타인의 상대성이론은 많은 사람이 중국에 결여되어 있다고 느끼는 현대 과학이었다. 그래도 베이징 대학에서 공부하는 학생들은 이 대학의 급진적인 젊은 교수에게 아인슈타인에 대해 배웠을지도 모른다. 이 젊은 교수 시아위안리夏元瑮는 정치 개혁가의 집안에서 태어났다. 그의 아버지는 1911년 혁명 이후로 중화민국의 건국과 관련된 주요 인물들과 친구였다. 시아 자신은 미국 예일 대학의 셰필드 이과대학에서 물리학을 공부했다. 또 제1차 세계대전 이전에는 유럽에 건너가 베를린 대학 대학원 과정을 시작했으며 여기서 독일 물리학자 막스 플랑크에게 상대성에 대해 배웠다. 1911년 청나라가 붕괴되자 시아는 중국으로 돌아왔고 즉각 베이징 대학의 물리학과 교수로 임명되었다.[33]

5·4운동이 일어나기 직전 대학에서 강의하던 시아는 상대성이론을 '오늘날의 물리학 가운데 가장 새롭고 가장 진보된, 그리고 가장 심오한 이론'이라고 설명했다. 그런 다음 시아는 베이징의 학생들에게 "절대적인 시간이라는 개념은 존재할 수 없다, 그뿐 아니라 시간과 공간은 독립성을 상실했다"라고 아인슈타인의 연구 결과에 대해 가르쳤다. 시아에 따르면 아인슈타인의 상대성이론은 '뉴턴과 다윈 이후로 가장 중요한 업적'이며 '물리학의 일대 혁명'을 상징한다. 시아는 곧 학생들이 더 배우고 싶어 한다는 사실을 알게 되었다. 그래서 1921년, 그는 아인슈타인의 《특수상대성과 일반상대성이론Relativity: The Special and General Theory》(1916)을 독일어에서 중국어로 번역하기로 결심했다. 이는 상대성을 다룬 최초의 중국어 책이었다.[34]

1922년 상하이를 방문하기 전에도 알베르트 아인슈타인은 중국에서 벌어진 혁명과 관련되었다. 중국의 한 신문은 상대성이론을 '과학계 전체에서 혁명의 시발점'으로 묘사했다. 그리고 또 다른 신문은 "아인슈타인이 일으킨 혁명의 영향은 독일에서 루터의 종교개혁이나 예전 마르크스 경제 혁명보다 훨씬 더 크다"라고 보도했다.[35]

아인슈타인을 중국으로 초청한 사람은 5·4운동을 이끈 지도자 가운데 한 사람인 차이위안페이蔡元培였다. 1911년 혁명 이후 교육부 장관으로 임명된 차이는 중국에 현대 과학을 육성하고자 했다. 이것은 5장에서 살핀 주제 중 하나의 연장선상에 있다. 19세기 중반부터, 특히 청나라의 마지막 수십 년 동안 변법자강운동이 펼쳐지는 동안 중국의 정치 개혁가들은 고대의 유교 철학을 유럽과 미국에서 수입된 현대 과학으로 대체하고자 노력했다. 그에 따라 차이는 1921년 3월, 중국을 방문할 선도적인 유럽 과학자를 모집하고자 독일로 떠났다. 베를린에서 차이는 아인슈타인을 만나 베이징 대학에서 여러 번의 강의를 하는 대가로 1,000달러(오늘날의 1만 달러와 맞먹는 금액)를 제공했다. 비록 나중에 일본에서 대부분의 시간을 보내게 되었지만 당시 아인슈타인은 이 제안을 받아들였다. 그래도 차이는 이 '20세기 사상계의 스타'가 중국에 발을 들였다는 이유만으로 기뻐했다.[36]

1911년 혁명은 중국에 현대 과학에 대한 새로운 관심과 투자를 불러일으켰다. 비록 공산주의 혁명(나중에 1949년이 되어서야 중화인민공화국이 수립되면서 시작될)은 아니었지만, 이 과정은 소련에서 벌어지고 있는 혁명과 유사한 부분이 많았다. 소련과 마찬가지로 중국의 지도자들은 과학 분야의 혁명과 정치 혁명 사이에 밀접한 연관이 있다고 여겼다. 5·4운동 이후 중국 정부는 여러 새로운 과학 기관을 설립했다. 1919년에 학생들의 시위가 일어난 직후 차이는 베이징 대학에 새로운 물리학 실험실을 설립하도록 승인했다. 그리고 1930년에는 우한과 상하이 대학을 포함한 11개 대학에 물리학과가 새로 생겼다.[37]

중국은 국내의 과학 역량을 강화할 뿐만 아니라 해외 교류를 늘리기 시작했다. 아인슈타인, 닐스 보어, 폴 디랙을 포함한 영향력 있는 유럽의 물리학자들이 중국에서 강연하도록 초대받았다. 그리고 수천 명의 중국 학생이 유럽, 미국, 일본의 대학에 유학을 갔다. 어떤 면에서 이것은 훨씬 더 긴 유행의 일부였다. 이 책에서 살폈듯 중국은 과학 분야에 관한 한 고립된 나라가 아니었다. 근대 초기부터 중국의 학자들은 전 세계 학자들과 의견을 교환했고, 중국 학생들은 19세기 중반부터 유럽과 미국의 대학에서 과학을 공부했다. 여기에 더해 1911년 혁명은 이런 지적 교류의 규모를 크게 증가시켰다. 20세기의 첫 40년 동안 1만 6,000명이 넘는 중국인 학생들이 미국으로 유학 갔고, 그중 대다수는 과학과 공학을 전공했다.[38]

수많은 중국 학생들이 미국 정부가 수립한 새로운 계획에 따라 공부를 하러 미국에 갔다. 1908년 시어도어 루스벨트Theodore Roosevelt 대통령은 경자장학회를 설립하도록 승인했다(의화단 운동 이후 청나라에서 배상금을 받은 미국에서 중국 학생들을 미국에서 교육시키는 장학재단을 '경자장학회'라고 했는데, 의화단 운동은 1900년, 즉 경자년에 일어나 '경자교난'이라 부르기도 한다-옮긴이). 당시 중국은 미국 정부에 2,400만 달러가 넘는 채무가 있었다. 이것은 1901년 중국에 주둔하던 유럽과 미국 군대에 대항하는 폭동에서 입은 손실을 보상하기 위해 지불될 예정이었다. 루스벨트 대통령은 중국 정부가 그 돈을 직접 갚는 대신 미국 대학의 장학금으로 사용하는 데 동의했다. 하지만 이것은 자선 행위가 아니라 발 빠른 외교였다. 그 목적은 중국에 학문적 토대를 형성하는 동시에 미국 대학에 자금을 쏟아붓는 것이었다. 루스벨트에게 조언한 고문 중 한 사람은 이렇게 말했다. "현세대의 젊은 중국인을 받아들여 교육시키게 될 국가는 도덕적, 지적, 상업적으로 가장 큰 수익을 거둘 것이다."[39]

저우페이위안周培源은 20세기 초에 유학 생활을 한 많은 중국인 학생 중 한 명이었다.[pic 18] 그는 장쑤성의 부유한 가정 출신이었다. 하지만 1911년에 혁명이 일어나면서 저우와 그의 가족은 서로 싸우는 군벌 사이에서 치이면서 여기저기로 떠돌아다녀야 했다. 그러다가 결국 상하이에 정착한 저우는 그곳에서 미국 선교사들이 운영하는 학교에 다녔다. 하지만 당시 중국의 새로운 세대 가운데 상당수가 그랬듯 저우는 중국의 현재 상황에 대해 깊은 불안을 품고 있었다. 5·4운동이 일어났을 때 저우는 다른 학생들과 함께 시위에 나섰다. 저우는 교문 밖에서 "제국주의를 타도하라!"라고 외쳤다. 교장은 이런 모습을 좋게 받아들이지 않았고 저우를 퇴학시켰다. 그의 아버지는 어떻게 살아갈 작정이냐며 크게 화를 냈다.[40]

저우는 잠시 방황했다. 그는 상하이 서쪽 숲에 있는 불교 사원에서 시간을 보냈다. 며칠 동안 명상을 한 끝에 저우는 마침내 새로운 길을 가기로 결심했다. 그는 중국 학생들을 유학 보내준다는 말을 들었다. 그래서 저우는 미국에 유학을 가서 '세계 수준의 물리학자'가 될 수 있도록 공부하겠다고 다짐했다. 그는 분명히 야심이 있었다. 하지만 미국에 유학 가려면 먼저 베이징의 칭화 대학에 등록해야 했다. 이 새로운 교육기관은 경자장학회를 통해 공부하는 중국 학생들을 준비시키고자 1911년에 설립되었다. 베이징에서 공부하는 동안 저우는 상대성이론도 배웠다. 그리고 지역신문을 통해 알베르트 아인슈타인이 상하이를 방문한다는 소식을 접한 저우는 재빨리 시아위안리가 번역한 아인슈타인의 저서를 구입했다.[41]

저우는 1924년에 칭화 대학을 졸업했다. 그리고 같은 해, 그는 증기선을 타고 태평양을 건너 미국에서 공부를 시작했다. 그는 먼저 2년 동안 시카고 대학을 다니다가 캘리포니아 공과 대학으로 옮겼고, 그곳에서 박사 학위를 받기 위해 공부했다. 나중에 〈미국 수학 저널

American Journal of Mathematics〉에 발표한 이 박사 논문에서 그는 아인슈타인이 일반상대성이론에서 제안한 방정식에 대한 최초의 상세한 해답을 실었다. 1915년에 아인슈타인이 이 '장 방정식'을 발표한 이후로 수학자들은 실제 물리 시스템을 기술할 방법을 찾고 있었다. 예컨대 행성이나 항성의 질량이 공간의 곡률曲率과 시간의 흐름에 정확히 어떠한 영향을 미치는지에 대한 문제를 해결해야 했다. 그리고 학교에서 퇴학당한 뒤에야 물리학에 눈을 뜬 저우가 해답을 주었다.[42]

1929년에 중국에 돌아온 저우는 칭화 대학 물리학 교수가 되었다. 시위하는 학생이었다가 교수가 되어 돌아온 셈이었다. 그 후 몇 년 동안 저우는 상대성이론에 대한 연구를 이어나갔다. 그러던 중 1935년에 그는 프린스턴 대학 고등연구소에 1년 동안 연구하러 오라는 특별한 제안을 받았다. 아인슈타인이 독일에서 미국으로 온 이후로 머물던 연구소였다. 프린스턴에서 저우와 아인슈타인은 일반상대성이론, 특히 우주의 구조에 관해서 이 이론이 갖는 폭넓은 의미에 대해 몇 시간에 걸쳐 토론했다. 1930년대 물리학에서 가장 중요한 질문은 우주가 정지 상태인지, 아니면 팽창하고 있는지 하는 것이었다. 이 질문에 대한 답을 찾기 위한 열쇠는 아인슈타인의 방정식에 있었다. 저우는 일반상대성이론에 따르면 우주가 팽창한다고 주장한 사람들 가운데 한 명이었다. 아인슈타인은 저우에게 물리학뿐 아니라 중국에서 자신이 보냈던 시간과 중국 문화에 대한 생각에 대해 이야기했다. 저우의 회상에 따르면 "단둘이 대화를 나눴을 때 아인슈타인은 중국 노동자들에게 깊은 공감을 보였으며 오랜 역사의 문명을 지닌 우리 중국인들에게 큰 기대를 갖고 있었다."[43]

1937년 초에 저우는 다시 중국에 돌아왔다. 하지만 그해 여름, 일본군은 베이징을 침공했고 저우는 칭화 대학의 모든 직원, 학생들과 함께 피난을 떠나야 했다. 이들은 베이징에서 1,500마일 넘게 떨어진 중국 남서부 윈난성으로 이주했다. 아인슈타인은 일본의 침략을 비난하는 공개 서신에 서명하며 힘이 닿는 대로 도움을 주었다. 이 침략이 또 다른 대규모 국제적 분쟁의 시작이 될 수 있다고 우려의 목소리를 높였다. 저우는 이런 아인슈타인의 지원에 고마움을 느껴 윈난성에 차린 임시 사무실에서 그에게 편지를 썼다. "우리의 대의에 공감하고 일본 상품에 대한 불매운동을 벌이려는 당신의 노력에 감사를 표합니다." 이번에도 물리학과 정치는 결코 멀리 떨어져 있지 않았다.[44]

저우페이위안은 현대 물리학의 발전에 중요한 공헌을 한 새로운 세대의 중국 과학자들 가운데 첫손에 꼽히는 인물이었다. 많은 중국 과학자들은 상대성이론뿐 아니라 양자역학에 대해서도 연구했다. 저우와 마찬가지로 이들은 종종 해외에서 공부하고 중국에 돌아와 새로운 연구소를 설립하는 과정에 도움을 주었다. 이들 가운데는 미국의 물리학자 로버트 밀리컨Robert Millikan의 지도를 받은 학생들도 있었다.[45]

예치쑨叶企孙과 자오중야오赵忠尧는 비슷한 배경에서 자랐다. 이 시기의 많은 중국 과학자들처럼 이들은 전통적인 학자 집안에서 태어났다. 예치쑨의 아버지는 청나라 관료 조직에서 일했고 자오의 아버지는 학교 교사였다. 그렇기에 두 사람 다 가문의 전통을 따라 관료가 되거나 유교 철학을 가르치는 선생이 되라는 기대를 받았다. 하지만 1911년의 혁명으로 모든 것이 끝났고, 예치쑨과 자오중야오는 많은 동시대 사람들처럼 스스로의 길을 찾아 나서야 했다. 그리고 이들은 과학자가 되기로 결심했다. 먼저 미국에 유학 간 예치쑨은 1918년에 시카고 대학에서 밀리컨의 지도를 받으며 공부하기 시작했다. 이 기간에 밀리컨은 양자역학의 여러 새로운 이론을 실험적으로 시험하기 위한 연구를 하고 있었다. 그에 따라 예치쑨도 플랑크상수를 측정했다. 독일의 물리학자 막스 플랑크의 이름을 따서 명명된 이 상수는

4부 ✦ 이데올로기 전쟁과 그 여파: 1914~2000년

'양자역학'에서 바로 그 '양자'에 해당하는, 물리적 상호작용에 관련된 가장 작은 양의 에너지였다. 이렇게 작은 값을 결정하기 위해, 예치쑨은 새로운 실험 설정을 고안해야 했다. 여기에는 엑스선이 '이온화 상자'를 통과하는 동안 발생하는 에너지를 조심스레 측정하는 과정이 포함되었다. 이온화 상자는 방사선을 탐지하기 위한 기체로 가득 찬 장치였다. 엑스선이 이온화 상자를 통과할 때 기체 입자와 충돌하면서 작은 양의 전류를 발생시키면, 예치쑨이 그것을 측정해 자신의 계산에 넣었다. 1921년, 예치쑨은 하버드 대학의 물리학자 윌리엄 두에인William Duane과 함께 공동으로 논문을 발표했는데, 여기에는 플랑크상수에 대한 당시의 가장 정확한 측정값이 포함되어 있었다. 이 값은 이후 수십 년 동안 전 세계 물리학자들이 사용하는 기준 수치가 되었다.[46]

1921년, 밀리컨은 시카고 대학을 떠나 캘리포니아 공과 대학으로 옮겼다. 그로부터 몇 년 뒤 자오중야오는 경자장학회의 지원을 받아 미국에 도착했다. 그가 캘리포니아로 유학 온 것은 밀리컨 밑에서 연구하기 위해서였는데, 밀리컨은 이 무렵 포부가 가득한 중국 과학자들을 지원하기로 유명했기 때문이었다. 관련 주제에 대한 약간의 토론을 거친 끝에 밀리컨은 자오를 박사과정 학생으로 받아들이는 데 동의했다. 그런 다음 자오는 양자역학에서 가장 최근의 이론적 돌파구를 검증하는 이례적으로 야심 찬 프로젝트를 시작했다. 1929년, 코펜하겐의 두 물리학자가 빛과 같은 전자기파가 원자핵에 들어갈 때 어떤 일이 일어나는지 설명하는 방정식을 발표했다. 자오는 이 방정식에 문제가 없는지 확인하기로 했다. 이를 위해 그는 여러 화학원소를 일종의 고에너지 전자기파인 감마선에 노출했다. 그런 다음 자오는 각각의 경우에 원자핵에 의해 흡수되거나 방출되는 에너지의 양을 측정했다. 결과는 놀라웠다. 일부 원자핵에서는 방정식이 잘 적용되

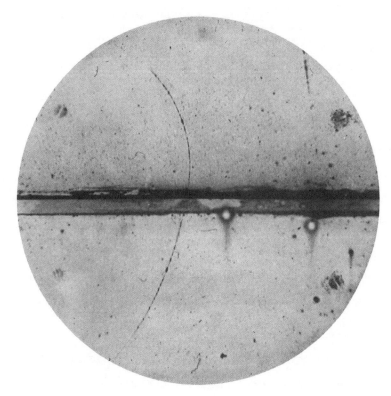

34 안개상자 속 양전자를 찍은 사진. 왼쪽 아래부터 왼쪽 위까지 이어지는 검은색 곡선이 양전자의 움직임을 보여준다.

었지만, 그렇지 않은 원자핵도 존재했다. 특히 납처럼 무거운 원소는 방정식과 일치하지 않은 상당한 여분의 에너지가 있었다. 이 에너지는 어디에서 왔을까? 아직 확실히 알 수 없었지만 이 결과는 권위 있는 〈미국 국립 과학원 회보Proceedings of the National Academy of Sciences〉에 실릴 만큼 중요했다.[47]

자오는 새로운 기본 입자인 '양전자'의 존재를 세계 최초로 관찰한 과학자로 밝혀졌다. 이 입자의 존재는 1928년 영국 물리학자 폴 디랙에 의해 예견되었다. 디랙은 특정 상황에서 음전하가 아닌 양전하를 띠는 전자가 생성될 수 있다고 주장했다. 이런 이상한 입자들은

'반물질'이라 알려진 완전히 새로운 종류의 물질에 해당했다. 또 디랙은 양전자가 음전하를 띠는 전자로 빠르게 이끌리기 때문에 양전자는 아주 짧은 시간만 존재한다는 사실을 알아챘다. 두 입자가 합쳐지면서 소멸하기 때문이었다. 중요한 것은 이 반응이 에너지를 분출한다는 점이었다. 자오는 이처럼 전자와 양전자가 만나 소멸하면 여분의 에너지가 발생한다는 사실을 실험적으로 발견했다.

1930년에 자오는 박사 학위를 받았다. 그리고 이듬해 중국에 돌아와 베이징의 칭화 대학에 자리를 잡았다. 하지만 이처럼 중요한 실험을 수행했음에도 자오는 양전자의 발견에 대한 공로를 인정받지 못했다. 그 공은 미국의 물리학자 칼 앤더슨Carl Anderson에게 돌아갔다. 앤더슨은 캘리포니아 공과 대학에서 공부했던 밀리컨의 학생들 중 한 명이었다. 자오와 앤더슨은 거의 매일 복도에서 만나 실험에 대해 이야기를 나누었다. 나중에 앤더슨은 "자오의 발견이 내게 큰 흥미를 불러일으켰다"라고 밝혔다. 자오가 중국에 돌아가자 앤더슨은 추가 실험을 통해 디랙이 옳았다는 것을 완전히 확인했다. 양전자는 실제로 존재했다. 그리고 1936년, 앤더슨은 이 발견으로 노벨 물리학상을 받았다. 당시 앤더슨은 자신이 '우연히' 양전자를 발견했다고 주장했다. 하지만 나중에 앤더슨은 자오의 초기 실험을 보고 직접적인 영감을 받았다는 사실을 인정했다.[48]

자오는 20세기 초에 해외에서 공부한 여러 중국 물리학자 중 한 명이었다. 학생 중 일부는 미국으로 갔고 다른 일부는 유럽과 일본에 갔다. 이들은 일반상대성이론 이면에 있는 수학부터 새로운 기본 입자의 존재에 이르기까지 온갖 주제를 연구하면서 현대 물리학의 발전에 여러 중요한 공헌을 했다. 이들 중 상당수는 전통적인 학자 집안 태생으로 1911년의 혁명과 청나라가 붕괴된 이후 새로운 직업을 찾아야 했다. 이들은 유학자가 아닌 과학자가 되어 중국으로 돌아왔다.

중국의 정치 지도자들은 소련의 정치가들과 마찬가지로 과학이 국가를 근대화하기 위한 수단이라고 여겼다. 상대성이론과 양자역학을 더 나은 미래와 연관시켰다. 특히 1919년 봄 중국 전역에서 일어난 학생 시위의 참여자 사이에 이런 시각이 퍼져 있었다. 예컨대 5·4운동의 지도자 가운데 한 사람인 차이위안페이는 "중국에 가장 부족하고 또 가장 필요한 것은 자연과학이다"라고 말했다. 이제 다음 절에서는 근대 물리학사의 또 다른 측면을 살필 예정이다. 20세기 초 일본은 중국과 달리 정치적 혁명을 겪지 않았다. 그럼에도 우리가 보게 될 것처럼, 일본의 과학은 이념 갈등이 벌어지는 더 넓은 세계에 의해 변화를 겪었다.[49]

일본의 양자역학

한 무리의 일본 학생들이 과학 학술지 더미를 둘러싸고 모여 양자역학의 최신 연구에 대해 토론했다. 이들은 먼저 수소 원자에 대한 폴 디랙의 새로운 논문을 검토한 다음, '전자 도약'에 관한 베르너 하이젠베르크의 논문으로 넘어갔다. 중국의 다른 학생들과 마찬가지로 이 어린 학생들은 양자역학이야말로 미래의 학문이었다. 한 학생이 일본 과학은 '고전적 이론'을 넘어설 필요가 있다고 이야기하자, 다른 학생은 "지금의 죽은 교육은 시대에 뒤떨어졌다"라고 주장했다. 이는 1926년 3월에 도쿄에서 개설된 물리학 논문 읽기 모임의 첫 회동이었다. 주간 모임에 참석한 학생들은 도쿄 대학의 수업에 점점 좌절했다. 당시 이 대학의 물리학 강의에서는 전자기학에 대한 제임스 클러크 맥스웰의 연구와 아이작 뉴턴의 고전 역학을 다룰 뿐이었다. 양자역학 같은 새로운 물리학은 전혀 다루지 않았다. 결국 학생들은 직접 찾

아 나서기로 결심했다.[50]

　비록 일본이 20세기 초에 정치적 혁명을 겪지는 않았지만 이 시대는 커다란 사회적 격동의 시기였다. 메이지 황제가 1912년에 세상을 떠난 이후 많은 젊은이들이 기회를 놓치지 않고 새로운 민주 정치와 그에 걸맞은 새로운 문화를 요구했다. 젊은 일본 남녀는 전통적인 가부키 극장에 가는 대신 영화관에 가거나 재즈 음악을 듣기 시작했다. 도쿄에서는 학생들이 양자역학에 대해 읽거나 최근에 설립된 마르크스주의 단체에 가입했다. 나중에 일류 물리학자가 된 학생들도 1922년에 창당한 일본 공산당에 들어갔다. 하지만 모두가 마르크스주의에 끌리지는 않았으며, 여러 정파가 세력 다툼을 벌였다. 민족주의자들은 제1차 세계대전 이후 군사력 강화를 요구했고 자유주의자는 의회의 개혁을 바랐으며, 무정부주의자는 정부를 전복할 음모를 꾸몄다. 모두가 일본의 미래에 대한 비전을 지니고 있는 듯했다.[51]

　당시 많은 사람이 미래를 여는 열쇠는 과학이라고 여겼다. 제1차 세계대전 이후 일본은 과학과 기술에 대해 더 많이 투자했다. 이는 어떤 면에서 앞 두 장에서 살폈던 주제의 연장선상에 있다. 1868년 메이지유신 이후 일본 정부는 미국과 유럽으로 학생들을 유학 보냈다. 이렇게 유학 간 초기 일본 과학자들은 일본에 돌아와 대학에 물리학과나 생물학과를 최초로 설립했다. 중국과 마찬가지로 일본에서도 과학에 대한 투자의 규모는 제1차 세계대전 이후 현저하게 증가했다. 1930년 무렵에는 전쟁 이전에 비해 약 10배나 되는 학생들이 일본의 대학에서 공부하고 있었다. 또 일본 정부는 이 시기에 여러 새로운 대학과 과학 단체를 설립했다. 이 가운데는 1931년에 설립된 오사카 대학과 1932년에 설립된 일본학술진흥회가 포함되었다.[52]

　이 새로운 단체 중에서도 단연코 가장 중요한 곳은 '리켄'으로 더 잘 알려진 이화학연구소였다. 1917년 도쿄에 설립된 리켄은 실용적인 동시에 학술적인 목표를 둘 다 수행했다. 제1차 세계대전 이후 일본은 동아시아에서 산업과 군사적 우위를 유지하고자 했다. 리켄 설립을 책임지는 위원회는 이렇게 설명했다. "최근 일어난 전쟁은 우리에게 군수품과 산업 원료에 대한 독립과 자급자족이 긴급하게 필요하다는 사실을 가르쳐주었다." 동시에 이 새로운 기관은 과학계의 최첨단 이론 연구의 중심지가 되는 것을 목표로 했다. 사실 이 두 가지 목표는 서로를 보완했다. 리켄은 이전 장에서 언급한 부유한 다카미네 조키치에게 자금을 지원받으면서 화학과 산업 분야의 다양한 특허를 빠르게 쌓아나갔다. 이 가운데는 일본의 술인 사케를 빚는 특별한 방법도 포함되었다. 이후 이러한 특허로 벌게 된 돈은 이론 연구, 특히 물리학 연구에 필요한 자금을 대는 데 도움이 되었다. 결국 리켄의 목표는 산업을 지원하는 것뿐만 아니라 '세계 문명에 기여하고 국가의 위상을 높이는 것'이기도 했다. 그러려면 일본 과학자들은 각자의 분야에서 선구자가 되어야 했다. 리켄은 곧 과학 분야의 새로운 주제를 연구하고자 하는 야심 찬 젊은 졸업생들을 위한 장소로 명성을 쌓았다.[53]

니시나 요시오仁科芳雄는 이 무렵 리켄에 들어간 야망 있는 젊은 졸업생 중 한 명이었다. 그는 19세기 들어 어려운 사정으로 몰락한 명망가에서 태어났다. 니시나의 할아버지는 사무라이였지만 그의 아버지는 오카야마 외곽에서 작은 농장을 운영하는 다소 신분이 낮은 사람이었다. 그래도 니시나는 학교 성적이 좋았고 제1차 세계대전이 발발한 해인 1914년에 도쿄 대학 전기공학과에 입학했다. 그는 대학에서 두각을 나타냈고 1918년에 수석으로 졸업했다. 수석 졸업자로서 니시나는 천황에게 은시계를 받고 전쟁을 통해 번창하는 최고의 엔지니어링 회사 여러 곳에서 대우 좋은 일자리를 제안받아 사람들의 부러움을 샀다. 하지만 그는 다른 직업을 염두에 두고 있었다. 공학이 적성에 맞았음에도 니시나는 과학자가 되고 싶었고, 이론 물리학 분야에서 일하는 것이 꿈이었다. 그래서 엔지니어링 회사의 보수 좋은 자리를 차지하는 대신 리켄 물리학 부서에서 연구원으로 일하기로 결심했다.[54]

이 무렵 일본 과학자들이 유학을 떠나는 것은 매우 흔한 일이었다. 니시나도 예외가 아니어서 1921년 4월 그는 유럽행 증기선에 몸을 싣고 도쿄를 떠났다. 그는 1년 동안 케임브리지 대학에서 물리학을 공부할 예정이었다. 니시나의 유학을 주선한 사람은 리켄의 물리학 부서장인 나가오카 한타로였다. 6장에서 보았듯 나가오카는 케임브리지 대학 캐번디시 연구소의 소장인 어니스트 러더퍼드와 놀랄 만큼 유사한 원자의 모델을 제안한 일본 물리학계의 초기 개척자 가운데 한 사람이었다. 1920년대에 나가오카는 유럽의 물리학자들 사이에서 유명했다. 여러 유망한 학생들을 케임브리지에 유학 보낸 그는 러더퍼드에게 니시나를 추천하는 편지를 썼다. 1년 동안 니시나는 아원자 입자가 만들어낸 흔적을 기록하는 구름상자라는 특별한 장치를 통해 현대 물리학의 기본적인 실험 기술을 익혔다. 그뿐 아니라 케임브리지 대학에서 러더퍼드와 함께 일하는 여러 나라의 물리학자들을 만나기도 했다. 이 가운데는 표트르 카피차도 포함되었다. 하지만 니시나는 그 이상을 갈망했다. 실험 물리학도 좋았지만 그가 정말로 원한 일은 양자역학에 숨겨진 이론을 연구하는 것이었다. 그래야 우주의 근본적인 속성을 이해할 수 있다고 여겼기 때문이었다.[55]

1921년 말, 니시나는 일본으로 돌아갈 준비를 하면서 닐스 보어에게 편지를 썼다. 두 사람은 보어가 케임브리지를 방문했을 때 잠깐 만난 적이 있었다. 니시나는 자신이 코펜하겐에서 보어와 함께 연구할 수 있는지 물으며 "실험이나 계산에 도움이 필요하다면 기꺼이 하겠다"라고 편지에 적었다. 보어는 그의 제안을 받아들여 니시나를 코펜하겐에 있는 이론 물리학 연구소로 초대했다. 그리고 니시나는 보어의 지원을 받아 국제 과학 협력을 촉진하기 위해 제1차 세계대전 이후 설립된 덴마크의 정부 기관인 라스크외르스테드 재단에서 지원금을 받고 다음 5년 동안 코펜하겐에서 일했다. 1년으로 예정되어 있던 유학 생활이 거의 10년으로 연장된 셈이었다.[56]

1928년 코펜하겐을 떠나기 직전에 니시나는 주요한 이론적 돌파구를 만들었다. 그해 초 영국의 물리학자 폴 디랙은 상대성이론과 양자역학을 결합해 전자의 물리학을 설명하는 논문을 발표한 바 있었다. 케임브리지 시절부터 니시나를 알고 지내던 디랙은 이 논문의 사본을 코펜하겐으로 보냈다. 이것은 니시나에게 강렬한 흥분을 불러일으켰다. 디랙은 당시만 해도 거의 분리된 채 다뤄지던 상대성이론과 양자역학을 결합하는 것이 적어도 이론적으로는 가능하다는 사실을 보여주었다. 하지만 니시나는 한발 더 나아가고 싶었다. 그는 스웨덴의 물리학자 오스카 클라인Oskar Klein과 함께 연구하면서 디랙의 방정식을 확장해 실제 물리 현상을 기술할 수 있는 공식을 연구했다. 예컨대 전자에 엑스선을 발사하면 어떤 일이 벌어지는지를 연구했다.[57]

니시나와 클라인은 그 후 몇 달 동안 코펜하겐에서 매일 만나 자신들이 얻은 결과를 논의하며 열심히 연구했다. 그렇게 완성된 논문은 1929년 초에 독일의 주요 물리학 학술지 중 하나에 게재되었다. 이 논문에서 도입한 수학은 눈이 돌아갈 만큼 까다로웠지만, 그래도 그들은 해냈다. '클라인-니시나 공식'으로 알려진 이 식은 상대성이론과 양자역학을 구체적인 물리적 현상에 적용하려는 최초의 성공적인 시도였다. 우리가 앞서 만났던 중국 물리학자 자오중야오의 실험에 영향을 준 바로 그 공식이기도 했다. 코펜하겐에서 연구하는 일본 과학자가 캘리포니아에서 연구하는 중국 과학자에게 영감을 줄 만큼, 이 시기의 물리학은 놀랄 만큼 국제적이었다. 20세기 초의 짧은 이 시기

는 과학 분야의 협력이 정말로 보다 조화로운 세상을 이끌 수 있을 것처럼 보였다.[58]

1928년, 도쿄로 돌아온 니시나 요시오는 자신이 살던 도시를 거의 알아보지 못했다. 그가 없는 동안 이곳은 1923년 일어난 간토 대지진으로 재앙에 휩싸였다. 10만 명 넘는 사람이 죽었고 많은 건물이 파괴되었다. 심지어 과학계도 영향을 받았다. 도쿄 대학의 한 학생은 이렇게 말했다. "학교 물리학부 본관에 금이 가서 붕괴될 위기에 처했고, 수학부 건물은 완전히 불타버렸다." 니시나가 일본에 돌아왔을 때 도쿄는 여전히 복구 중이었다. 하지만 그 가운데서도 새롭게 시작할 가능성을 찾는 사람들이 많았다. 잿더미 속에서 새로운 일본이 출현하리라는 것이었다.[59]

니시나는 일본 과학계에 양자역학을 널리 알리기 위해 누구보다 열심히 일했다. 그는 1929년 폴 디랙과 베르너 하이젠베르크를 일본에 초대해 강연을 부탁했고 내용을 통역했다. 나중에 강연 내용은 니시나가 일본어로 번역했고, 학생들에게 양자역학의 여러 기본 개념에 대한 소개를 제공했다. 또 니시나는 전국을 돌며 강의를 하면서 앞으로 중요한 연구를 하게 될 새로운 세대의 물리학자들에게 영감을 주었다. 아마도 일본 과학에 대한 니시나의 가장 중요한 공헌은 1931년 5월 교토 대학에서 한 강연일 것이다. 청중 가운데는 유카와 히데키湯川秀樹라는 젊은 물리학과 학생이 있었다.[pic22] 니시나가 양자역학이라는 기묘한 신세계에 대해 설명하는 동안 그는 꼼짝하지 않고 앉아서 듣다가 강의가 끝난 뒤 나이 든 교수에게 질문을 던졌다. 하지만 니시나는 이 젊은이가 나중에 노벨상을 받은 최초의 일본 출신 과학자가 될 것이라는 사실을 알지 못했다.[60]

유카와는 1907년 도쿄에서 태어났다. 그의 아버지는 일본 지질 조사국에서 일했는데, 1882년에 설립된 이곳은 앞의 두 장에서 살핀, 일본 메이지유신 때 만든 새로운 과학 기관 중 하나였다. 유카와의 아버지는 전 세계를 돌아다니며 중국이나 유럽의 지질학자들과 함께 작업했는데, 그는 19세기 일본에서 현대적인 과학자의 전형이었다. 하지만 유카와의 어린 시절에는 또 다른 주요 인물이 있었다. 바로 존경받는 고전학자인 그의 할아버지였다. 그에 따라 유카와는 현대성과 전통에 둘 다 노출되었다. 그의 아버지는 유카와에게 물리학과 화학을 가르쳤고, 그의 할아버지는 중국 고전을 암송하도록 했다.[61]

그러다 결국 유카와는 아버지를 따라 과학자가 되기로 결심했다. 그리고 물리학을 공부하기 위해 1926년 교토 대학에 입학했다. 하지만 일본의 여느 학생처럼 대학의 가르침에서 그렇게 큰 영감을 받지 못했다. 유카와는 시대에 뒤떨어진 강의 계획서에 따르는 수업 내용보다 양자역학이라는 새로운 물리학에 훨씬 더 흥분했다. 그래서 유카와는 양자역학을 독학하기로 결심했고, 물리학과 도서관에서 몇 시간을 보냈다. 나중에 유카와는 이렇게 회고했다. "책장을 가득 채운 오래된 책은 쓸모가 없어 보였고, 가능한 한 빨리 새로운 양자 이론을 다룬 논문을 읽고 싶었다. 특히 최근 2~3년 안에 독일 학술지에 발표된 논문을 어서 접하고 싶었다." 19세의 학생이 양자역학을 독학했다는 것은 대단한 일이었다. 유카와는 양자역학에 폭 빠져서 교토 대학의 또 다른 야심 찬 학생인 도모나가 신이치로朝永振一郎와 함께 이 분야를 연구하기에 이르렀다(도모나가는 나중에 일본 과학자로서는 두 번째로 노벨 물리학상을 수상한다). 이 두 젊은이는 함께 양자역학에 대해 잡담하면서 저녁을 보내다가 바둑을 두며 마무리하곤 했다.[62]

유카와는 세계경제를 파탄에 빠뜨릴 대공황의 첫 신호인 불황 속에서 대학을 졸업했다. 그래서 1929년 말, 유카와는 진로에 대한 선택지를 이리저리 재보았다. 대학을 졸업하고 갈 만한 일자리가 없어서 그는 차라리 성직자가 될지도 고민했다. 그러면 적어도 할아버지가 기뻐할 것이다. 하지만 교토에서 열린 니시나의 강연에 참석한 뒤 유카와는 자신의 열정을 계속 따라가 이론 물리학자가 되기로 결심했다. 그러면 유카와가 취직할 곳은 대학뿐이었다. 1932년 유카와는 교토 대학 물리학과 강사로 취임했다. 그가 즉시 양자역학에 대한 새로운 강의를 개설하자 학생들은 무척 기뻐했다. 그러다 1년 뒤 유카와는 오사카 대학의 교수 자리를 제의받았다. 오사카 대학은 1930년대에 일본 정부가 전국적으로 과학을 장려하기 위한 노력의 일환으로 새로 설립한 대학 중 하나였다. 이 대학은 흥미롭고 새로운 연구를 수행하는 사람들에게 적합한 곳이라는 명성을 지니고 있었다. 유카와가 노벨상을 받은 것도 오사카 대학에서 근무할 때였다.[63]

1934년 11월 17일, 유카와는 일본 수리물리학회에서 최신 논문을 발표했다. 하지만 사람들은 지금 현대 물리학에서 가장 중요한 이론적 발전을 직접 듣고 있다는 사실을 알지 못한 듯했고 별로 주목하지도 않았다. 사실 이 논문에서 유카와는 몇몇 당대 최고의 과학자들도 해결하지 못했던 문제를 풀었다. 2년 전, 케임브리지 대학의 물리학자 제임스 채드윅James Chadwick은 중성자를 발견했다. 전기적으로 대전되지 않은 이 큰 입자는 양전하를 띠는 양성자에 묶인 채 원자핵의 중심에서 발견되었다. 그렇지만 문제가 하나 있었다. 무엇이 원자핵을 결합시키는지 분명하지 않았던 것이다. 중성자에는 전하가 없기 때문에 그 힘은 음전하에서 나오는 것이 아니었다. 게다가 양전하를 띠는 양성자는 서로를 밀어냈다. 그래서 물리학자들은 중성자와 양성자를 제자리에 고정하는 다른 힘이 있을 것이라고 추정했다. 그것이 무엇일까? 유카와가 바로 이 질문에 대답을 했다. 1935년 초에 발표한 논문에서 유카와는 '중간자'로 알려진 완전히 새로운 기본 입자의 존재를 예측했다. 유카와에 따르면 중간자는 양성자와 중성자를 결합

하는 강한 핵력의 전달자였다.[64]

몇 년 뒤 유카와가 옳다는 것이 증명되었다. 그의 오랜 스승이었던 니시나 요시오가 중간자의 존재를 확인했다. 당시 니시나는 리켄의 물리학부장이었다. 그는 유카와의 대학 친구이자 양자역학을 연구하는 동료였던 도모나가 신이치로를 영입해 두 사람이 함께 중간자를 찾았다. 유카와가 몇 가지 단서를 주었다. 그는 중간자가 매우 높은 에너지 아래서만 검출될 수 있으며 질량이 전자의 약 200배일 것이라고 예측했다. 1937년 말, 니시나는 구름상자에서 그 조건에 부합하는 것처럼 보이는 선 하나를 발견했다. 그는 구름상자에서 고에너지 우주선이 다른 아원자 입자들과 충돌했을 때 어떤 일이 일어나는지 관찰하고 있었다. 그때 니시나가 촬영한 사진에서 얇은 흰색 선으로 보이는 새로운 입자가 잠깐 나타나는 몇몇 사례가 발견되었다. 예상하던 대로였다. 니시나는 이 입자를 '유카와 입자'라고 부르곤 했다. 중간자는 정말로 존재했다.[65]

중국이나 러시아와 달리 일본은 20세기 초에 혁명을 겪지 않았지만, 그럼에도 일본의 과학은 국제정치라는 더 넓은 세계 안에서 형성되었다. 1912년 메이지 천황의 죽음은 일본 사회를 개혁해야 한다는 시대적 요구를 불러왔다. 젊은 세대는 정치적, 지적 개혁을 원했다. 일본 공산당에 입당하는 사람도 있었고 양자역학에 대해 공부하는 사람도 있었다. 오사카 대학에서 유카와와 함께 연구했던 물리학자 중 한 명인 다케타니 미쓰오武谷三男는 이 두 가지를 모두 했다. 당시 일본은 동아시아에서 군사적, 경제적 위상을 강화하기로 나선 차였다. 도쿄의 리켄 같은 새로운 과학 기관들은 정치적, 지적 목표를 동시에 수행했다. 리켄은 '물리학과 화학 분야의 창조적인 연구'를 장려하면서 '국가의 부를 증대'할 것이었다. 1930년대까지 리켄과 같은 새로운 기관에서 일하는 일본 물리학자들은 일련의 중요한 돌파구를 만들었다.

러시아와 중국의 과학자들처럼 이 새로운 세대의 과학자들은 현대 물리학에서 더 나은 미래로 나아갈 가능성을 보았다. 유카와에게 양자역학은 그 시대의 '자유로운 정신'을 대변했다. 이는 새로운 일본을 위한 새로운 과학이었다. 다음 절에서는 좀 더 밝은 미래에 대한 이런 생각이 같은 기간 영국령 인도에서 어떻게 근대 물리학의 발전을 이끌었는지 알아보자.[66]

제국과의 투쟁과 물리학

메흐나드 사하Meghnad Saha는 모든 위험을 감수할 준비가 되어 있었다. 벵골의 가난한 힌두교 집안에서 태어난 사하는 최근에야 오늘날 방글라데시 다카에 자리한 명문 관립 대학에 입학했다. 그는 수학, 물리학, 화학을 공부하면서 학교에 다니던 중 1905년 여름, 앞으로의 인생을 좌지우지할 시위에 참가했다. 당시 벵골은 여전히 대영제국의 식민지였던 인도에 속해 있었다. 19세기 후반부터 많은 인도인은 정의롭지 않은 제국주의에 반대하는 운동을 펼쳤다. 하지만 식민주의에 맞선 투쟁은 새로운 단계로 접어들고 있었다. 1905년 7월 인도 총독은 벵골을 2개의 새로운 주로 분할하겠다고 발표했다. 바로 힌두교도가 대다수인 서벵골과 무슬림이 대다수인 동벵골이었다. 다른 여러 벵골인과 마찬가지로 사하는 조국을 분열시킨 데 대해 마음 깊이 원망했다. 벵골 부지사가 다카의 관립 학교를 방문하자 학생들은 보이콧하기로 결정했다. 교문 밖에 선 학생들은 영국 식민지 관리에게 야유를 보냈다.[67]

그 결과 사하는 다음 날 학교에서 퇴학당했다. 가족 중 처음으로 중등교육을 받게 된 사하로서는 분명 엄청난 타격이었을 것이다. 하지만 사하는 포기하지 않았다. 그는 작은 고향 마을로 돌아가 아버지처럼 가게 주인이 되고 싶지는 않았다. 대신 다카에 머물기로 결정했다. 그리고 영국인이 아닌 벵골인이 운영하는 다른 학교에 등록했다. 가족이 가난해서 더 이상 그를 부양할 수 없었기에, 사하는 녹슨 자전거를 타고 도시를 가로지르며 부유한 학생들의 집에서 수학과 물리학을 가르치는 개인 교사로 생활비를 벌어야 했다. 결국 이 모든 고된 노력은 결실을 맺었다. 사하는 시험에 통과해 명문 학교 캘커타 대학의 일부인 프레지던시 칼리지에서 공부하도록 허락받았다.[68]

1911년, 벵골 시골 출신의 가난한 소년은 영국령 인도의 활기찬 도시 캘커타에 도착했다. 캘커타에서 사하는 6장에서 본 인물들을 포함한 기성세대의 가장 뛰어난 과학자 몇 명으로부터 가르침을 받았다. 프라풀라 찬드라 레이는 화학을 강의했고 자가디시 찬드라 보스는 물리학을 가르쳤다. 사하는 대학에서 뛰어난 성적을 거뒀고 1915년에 이학 석사 학위를 받으며 졸업했다. 그는 특히 양자역학의 새로운 연구에 열광했고, 베르너 하이젠베르크와 막스 플랑크의 논문을 독일어로 읽을 수 있도록 독학까지 했다. 하지만 정치적 상황이 사하를 가만두지 않았다. 프레지던시 칼리지에서 사하는 여러 급진적 학생들과 함께 공부했고, 이들 중 다수는 나중에 식민주의에 맞서 싸우는 과정에서 주도적인 역할을 했다. 여기에는 제2차 세계대전에서 나치 독일의 편을 들었던 인도의 민족주의자 수바스 찬드라 보스Subhas Chandra Bose와 급진파 유간타르당의 지도자 중 한 명인 아툴크리슈나 고시Atulkrishna Ghosh가 포함되었다.[69]

하지만 학교를 졸업한 사하는 일자리에 대한 선택지가 심각하게 제한적이라는 사실을 알게 되었다. 수학과 물리학을 전공해 뛰어난 성적을 거둔 대부분의 인도 대학 졸업생들은 캘커타의 재무부에 들어가 식민지 경제를 관리하는 것을 도왔다. 하지만 사하는 관련 시험에 응시하기를 거부당했다. 식민지 정부는 벵골 분할에 반대했던 어린 시절의 시위 전력에 대해 알게 되었고, 그가 최근에도 캘커타의 학생 혁명가들과 내통하고 있지 않은지 염려했다. 직업에 대한 다른 선택지가 거의 없었던 사하는 캘커타 대학의 물리학 강사 자리를 잡았다. 중국이나 일본의 다른 학생 급진주의자들이 그랬듯 사하도 인도의 정치적 상황 탓에 다른 선택의 여지가 없었을 때 결국 과학자가 되는 길을 선택했다.[70]

20세기 초는 인도에서 반식민주의 운동이 세를 불리던 시기였다. 영국의 통치에 대한 저항 운동은 항상 일어났지만, 1905년의 벵골 분할은 메흐나드 사하를 포함한 많은 사람들이 제국주의의 종식을 이끌어내기 위한 적극적인 운동을 하도록 밀어붙였다. 하지만 영국은 인도 국민의 바람을 완전히 무시했고, 통치에 유리하게 하려는 영국의 입장만 생각하는 정책으로 이 분할령을 도입했다. 다른 나라에서 그랬듯 정치 상황은 인도의 과학 발전을 형성했다. 이 시기 여러 인도 과학자들처럼 사하는 헌신적인 반식민지 운동가였다. 동시에 사하는 과학 그 자체가 식민주의를 종식시키는 역할을 한다고 믿었다. 1920년대 이후 사하는 독립을 쟁취하려면 인도가 산업화를 이뤄야 하고, 그래야 영국에 의존해서 과학이나 기술적인 지원을 필요로 하지 않을 것이라고 주장했다. 이것은 반식민지 운동 참가자 다수가 공유하는 생각이었다. 예컨대 자와할랄 네루Jawaharlal Nehru는 1938년 캘커타에서 열린 인도 과학 위원회 회의에서 "앞으로 인도는 지적 활동의 한 형태로서뿐 아니라 국민들의 발전을 촉진하기 위한 수단인 과학의 본고장이 될 것이다"라고 선언했다. 케임브리지 대학에서 자연과학을 공부했던 네루는 1947년 독립 이후 인도의 초대 총리 자리에 올랐다.[71]

인도 민족주의자들이 과학에 대한 열정을 지닌 덕에 사하는 크게 혜택을 받았다. 1915년, 사하는 캘커타의 과학기술 대학에서 박사 학위를 취득하고자 공부하기 시작했다. 이 학교는 바로 전해에 새로 설립된 곳이었다. 창립자는 부유한 벵골 변호사 2명이었는데 이들은 인도 독립을 위해 헌신했던 인물이기도 했다. 설립자 가운데 한 명은 영국의 통치를 종식시키고자 애쓴 주요 정치 단체인 인도 국민회의 회원이었다. 이 학교는 '인도 구석구석에서 학생들이 몰려드는 전국권 대학'이 될 예정이었다. 박사 학위를 마친 직후 사하는 유학 장학금을 받았다. 그는 미국에 가기를 원했지만 결국 영국으로 가게 되었고 1920년대 초반 런던에 도착했다. 결코 영국의 친구가 아니었던 사하가 제국의 대도시에 머물게 된 것이다. 그는 분명 불편했을 테지만 그럼에도 런던의 임피리얼 칼리지에서 물리학자 앨프리드 파울러Alfred Fowler와 함께 일하면서 그 기회를 최대한 활용했다. 사하가 자신의 첫 번째 주요 이론적 발전을 이룬 장소도 바로 이곳이었다.[72]

임피리얼 칼리지에서 사하는 물질을 극단적으로 높은 온도까지 가열할 때 어떤 일이 일어나는지 연구하기 시작했다. 19세기 후반부터 과학자들은 물질을 매우 높은 온도까지 가열하면 플라스마라는 기묘한 새로운 상태로 들어간다는 사실을 알고 있었다. 이 상태에서 전자는 원자 사이를 자유롭게 이동하면서 전하의 구름을 만들고 에너지를 방출하는 것처럼 보였다. 하지만 이런 고온 물리학에 대한 기본적인 이해가 갖추어져 있었음에도 그 당시까지 누구도 실제로 무슨 일이 일어나고 있는지 자세히 설명하지 못했고, 어떻게 기술해야 할지도 몰랐다. 그러다 사하가 1920년 3월 〈필로소피컬 매거진Philosophical Magazine〉에 논문을 발표하면서 상황이 바뀌었다. 이 논문에서 사하는 양자역학에 대한 지식을 활용해서 플라스마 속의 열, 압력, 전기에너지의 양(이온화) 사이의 정확한 관계를 설명했다. 그가 제시한 공식은 나중에 '사하 이온화 방정식'으로 알려졌다. 이 공식은 이론적인 측면뿐 아니라 온갖 종류의 물리적 현상을 설명하는 데도 매우 유용한 것으로 드러났다. 나중에 사하의 아이디어는 다른 항성에서 발견되는 원소들을 확인하거나 태양 표면에서 무슨 일이 일어나는지 설명하는 데 활용되었다.[73]

사하는 1921년에 인도에 돌아와 캘커타 대학의 교수로 부임했다. 그 후 몇 년 동안 그는 자신의 과학적 관심사와 정치적 관심사를 결합했다. 사하는 1930년대에 국가계획위원회와 과학산업연구위원회에서 일하면서 조국이 독립하기까지 인도 국민회의와 긴밀하게 협력했다. 소련의 과학자들과도 정기적으로 접촉했다. 1945년에는 러시아로 여행을 떠나 모스크바의 소련 과학 아카데미에서 표트르 카피차를 만나기도 했다. 그가 인도로 돌아왔을 때는 현대 과학의 정치적인 힘에 대해 어느 때보다도 열정이 넘쳤다. 사하에 따르면 인도 민족주의자들은 '소련이 그랬던 것처럼 과학이나 산업적인 방식을 적용하는 아주 중요한 과제'에 초점을 맞출 필요가 있었다. 인도가 마침내 독립을 쟁취하자 사하는 정계에 입문해 새로 구성된 의회의 선거에 출마했다. 그리고 1952년, 사하는 자신이 사랑하는 땅 벵골에서 사회주의 혁명당 소속으로 선거에서 승리했다. 그는 모든 의미에서 확실히 급진주의자였다.[74]

메흐나드 사하는 과학과 정치를 함께 추구했던 여러 인도 물리학자 가운데 한 명일 뿐이다. 다만 모든 사람들이 사하만큼 대담하지는 않았다. 몇몇은 어떻게 독립을 쟁취할 것인가에 대해 의견이 달랐고, 소련의 방식을 그렇게 열성적으로 따르는 사람은 거의 없었다. 하지만 이렇게 차이가 많았음에도 당시 대부분의 인도 과학자는 자신의 연구가 반제국주의 투쟁과 연관이 있다고 여겼다. 사티엔드라 나트 보스_{Satyendra Nath Bose}는 물리학의 미래와 인도의 미래에 대한 사하의 비전을 공유한 사람들 가운데 한 명이었다. 1905년 여름, 보스는 벵골 분할에 반대하는 자신만의 시위를 벌였다. 겨우 열한 살의 나이에 어린 보스는 캘커타의 각 가정을 방문하며 수입산 영국 직물을 모아 거리에 쌓아두고 태웠다. 이 시위는 반식민지 민족주의자들이 모든 영국 상품을 보이콧했던 당시 벵골 지역을 휩쓴 스와데시 운동의 일환이었다. 민족주의자들은 이 운동을 통해 영국 수입품에 대한 의존도를 낮추는 동시에 인도 물건의 생산량이 늘어나기를 바랐다. 하지만 사하와 달리 이런 시위를 했다는 사실에 심각한 영향을 받지는 않았다. 그는 캘커타에 있는 힌두 학교에 다니다가 1909년에 프레지던시 칼리지에 입학했다. 졸업 후 보스는 새로 설립한 과학기술 대학에 물리학 강사로 들어갔는데, 그가 사하를 만난 곳이 바로 여기였다.[75]

사하와 보스는 집안 배경이 무척 달랐다. 사하는 시골 마을의 하층계급 가정에서 태어난 반면 보스는 캘커타의 상류계급 가정에서 태어났다. 하지만 이런 차이에도 두 사람은 평생 친구로 지냈다. 둘은 현대 과학이 궁극적으로 인도가 영국의 지배에서 벗어나도록 도울 것이라고 여겼다. 그뿐 아니라 두 사람은 상대성이론과 양자역학이라는 새로운 물리학에 깊이 빠져 있었다. 이 젊은 두 벵골 물리학자는 독학으로 독일어를 배웠고, 인도에 들어온 그들이 입수할 수 있는 독일 학술지를 구입했다. 여기에도 반식민주의의 요소가 있었는데, 영국 과학을 보이콧하고 독일에서 온 새롭고 흥미로운 연구를 더 선호했기 때문이었다.[76]

이후로 사하와 보스는 놀라운 일을 해냈다. 두 사람은 특수상대성이론과 일반상대성이론에 대한 알베르트 아인슈타인의 논문을 독일어에서 영어로 번역했다. 《상대성의 원리_{The Principle of Relativity}》(1920)라는 제목으로 캘커타에서 출판된 이 번역본은 세계 어디에서나 쉽게 읽을 수 있도록 아인슈타인의 저작을 영어로 번역한 최초의 책이었다. 영국과 미국 학생들은 아인슈타인의 이론을 배우면서 인도를 통해 이 번역본을 구입했다. 이 지점은 곰곰이 생각해볼 가치가 있다. 2명의 벵골인이 독일의 과학을 영어권으로 들여온 것이다. 이것은 인도가 현대 물리학의 발전 과정에서 중요한 역할을 수행했을 뿐 아니라 당시의 과학을 국제적으로 전파하는 역할을 한 놀라운 사례다.[77]

1921년, 보스는 제1차 세계대전 이후 설립된 대학 중 하나인 다카 대학의 강사로 고용되었다. 그리고 이후 몇 년 동안 상대성이론과 양자역학을 가르치며 자신의 연구를 수행했다. 그러던 중 1924년 6월에 보스는 용기를 내서 아인슈타인에게 직접 편지를 보냈다. "존경하는 아인슈타인 선생님, 동봉한 논문을 읽고 고견을 구하고자 이렇게 감히 편지를 드립니다. 선생님의 의견을 정말로 듣고 싶습니다." 몇 달 전 보스는 런던의 〈필로소피컬 매거진〉에 논문을 투고했지만 편집자에게 거부당했다. 보스는 여기에 굴하지 않고 아인슈타인에게도 같은 논문을 보내 '이 글이 출판될 가치가 있다고 여기는지' 물었다.[78]

논문을 읽은 아인슈타인은 놀랐다. 당시 국제적으로는 거의 알려지지 않았던 보스는 기본 입자의 행동에 대한 완전히 새로운 사고방식을 고안했다. 고전물리학이 아닌 양자역학에 기반한 방식이었다. 미시적 수준에서 보스는 개별 입자들이 종종 서로 구별되지 않는다는 사실을 깨달았다. 이 현상은 열역학 분야에 이미 존재하는 방정식을 우롱했다. 그래서 대신 보스는 지금 어떤 일이 일어나고 있는지 설명하는 새로운 통계적 방법을 개발했다. 이는 나중에 '보스-아인슈타인' 통계학으로 알려졌다. 그리고 곧 물리학자들은 특정한 종류의 입자들만이 이 통계적 패턴을 따른다는 사실을 깨달았다. 오늘날 이 입자들은 보스의 이름을 따 '보손'이라고 불린다.[79]

아인슈타인은 "이것은 하나의 중요한 진전이며 나를 무척 기쁘게 한다"라고 답신을 보냈다. 사실 아인슈타인은 깊은 인상을 받은 나머지 보스의 논문을 개인적으로 영어에서 독일어로 번역했다. 그런 다음 그는 베를린의 주요 물리학 학술지 중 하나에 이 논문을 게재하도록 주선했다. 또 아인슈타인은 보스에게 유럽으로 와서 자신과 만나 제대로 의견을 나누어보자고 제안했다. 처음에 다카 대학은 보스의 출국을 꺼렸다. 하지만 아인슈타인이 추천장을 보내자 모든 상황이 바뀌었다. 대학은 즉시 보스에게 휴가를 허락했다. 그리고 1924년 9월, 보스는 유럽행 증기선에 올랐다. 이후의 회상에 따르면 보스는 "아인슈타인이 보낸 카드를 보여주기만 했는데도 독일 영사관에서 비자를 받았다." 파리에서 얼마간의 시간을 보낸 보스는 베를린으로 가서 마침내 아인슈타인을 만났다. 두 사람은 양자역학의 미래에 대해 이야기를 나눴는데, 이 시점까지도 아인슈타인은 그 미래에 대해 확신이 덜했다. 이들은 또 정치에 대해서도 이야기했다. 아인슈타인은 앞서 살펴본 바와 같이 제1차 세계대전 이후의 사회 상황에 대해 점점 더 관심을 갖게 되었다. 당연히 대화는 대영제국의 지배를 받는 인도로 향했다. 아인슈타인이 "당신은 영국인들이 당신의 나라에서 나가기를 정말 바라나요?"라고 물었다. 보스는 이렇게 답했다. "물론입니다. 우리는 모두 자기 운명을 직접 결정하고 싶어 하니까요."[80]

보스와의 만남 이후, 아인슈타인은 인도의 과학과 정치 모두에 훨씬 더 큰 관심을 갖게 되었다. 그는 종종 시간을 내 인도 과학자들, 혹은 박사과정 학생들이 보낸 편지에 답장을 하곤 했다. 또 아인슈타인은 자와할랄 네루뿐만 아니라 모한다스 간디Mohandas Gandhi를 포함한 20세기 초 인도의 주요 정치인들과 서신 왕래를 했다. 국제 평화 운동에 헌신했던 아인슈타인은 간디의 비폭력 철학에서 영감을 얻었다. 1931년 9월, 아인슈타인은 간디에게 보낸 편지에서 "당신은 우리가 폭력에 의지하지 않고도 이상을 이룰 수 있다는 사실을 보여주었

THE
PRINCIPLE OF RELATIVITY

ORIGINAL PAPERS

BY

A. EINSTEIN AND H. MINKOWSKI

TRANSLATED INTO ENGLISH

BY

M. N. SAHA AND S. N. BOSE

LECTURERS ON PHYSICS AND APPLIED MATHEMATICS
UNIVERSITY COLLEGE OF SCIENCE, CALCUTTA UNIVERSITY

WITH A HISTORICAL INTRODUCTION

BY

P. C. MAHALANOBIS

PROFESSOR OF PHYSICS, PRESIDENCY COLLEGE, CALCU.

PUBLISHED BY THE
UNIVERSITY OF CALCUTTA
1920

Sole Agents
R. CAMBRAY & CO.

35 최초로 영어로 번역된 알베르트 아인슈타인의 저작으로, 1920년 캘커타에서 출판되었다.

다"라고 썼다. 간디는 아인슈타인이 인도 독립운동에 관심을 갖게 된 것을 기뻐했다. "내가 하고 있는 일에 대해 당신도 관심을 갖게 되었다니 큰 위안이 됩니다." 그런데 간디와 아인슈타인의 이 서신 교환은 인도 과학사에서 가장 중요한 어느 순간으로부터 1년도 지나지 않아 이뤄졌다. 1930년 11월, 인도의 한 과학자가 빛의 본질에 대한 이해를 변화시킨 발견으로 노벨 물리학상을 수상한 순간이었다.[81]

나르쿤다호에 탑승한 찬드라세카라 벵카타 라만Chandrasekhara Venkata Raman은 반짝이는 푸른 바다를 내다보았다.[pic21] 그는 옥스퍼드 대학에서 열린 회의에 참석하고 인도로 돌아가는 길이었다. 1921년 8월, 지중해를 배로 건너는 동안 라만의 마음도 표류하기 시작했다. 그는 바다가 왜 파란색일까 궁금했다. 물론 라만은 표준적인 답을 알고 있었다. 19세기 중반의 과학자들은 바다가 하늘의 색을 반사해 파랗게 보인다고 주장했다. 당시 대부분의 물리학 교과서에서도 이렇게 설명했다. 1910년 영국의 물리학자 레일리 경은 이렇게 말했다. "심해의 멋진 짙은 푸른색은 바닷물 자체의 색과는 관련이 없으며 그저 하늘의 푸른빛이 반사된 결과일 뿐이다." 하지만 라만은 여기에 대해 확신을 갖지 못했다. 그는 휴대용 광 필터를 이리저리 조작하면서 갑판에서 여러 각도로 바다 색을 확인했다. 그리고 문득 라만은 레일리가 틀렸다는 사실을 깨달았다. 바다는 단순히 하늘의 색을 반사하는 것이 아니라, 오히려 바다가 빛의 색깔 자체를 변화시켰다. 그리고 이러한 관찰 결과는 결국 라만이 인도 과학자 최초로 노벨상을 수상하도록 이끌었다.[82]

배에 머무는 동안 라만은 런던의 〈네이처〉지에 급히 전갈을 보냈다. 라만은 과학자들에게 '심해의 푸른색은 그 자체로 독특한 현상'이라는 사실을 알리고자 했는데, 이에 대해서는 양자역학의 최신 이론을 통해서만 설명할 수 있었다. 하지만 비교적 잘 알려지지 않은 인도 물리학자의 주장이었기 때문에 처음에 유럽에서 그의 말에 주목한 사람은 거의 없었다. 하지만 라만은 자신이 옳다는 것을 증명하기로 결심했다. 1921년 10월, 라만은 캘커타에 다시 도착했는데, 그곳에서 최근 과학기술 대학의 첫 번째 팔리트 물리학 교수로 임명되었기 때문이었다. 여기서 라만은 물이 정말로 빛의 색을 변화시켰다는 사실을 보여주기 위해 일련의 실험을 시작했다. 실험 설계는 꽤 간단했지만 잘 작동했다. 라만은 먼저 전등 앞에 보라색 필터를 놓았다. 그런 다음 물병을 보라색 빛에 노출하고 다른 쪽에 녹색 필터를 놓았다. 이렇게 하면 라만은 빛의 파장이 변화해서 그에 따라 색깔도 바뀌었는지 눈으로도 감지할 수 있었다. 그의 생각이 옳았다면 보라색 빛의 일부는 필터를 통과하며 파장이 길어져서 녹색으로 변할 것이다.[83]

　　1928년 라만은 〈인도 물리학 저널Indian Journal of Physics〉에 최종 결과를 발표했다. 〈인도 물리학 저널〉은 인도의 국내 인재를 육성하기 위해 새로 창간된 학술지였다. 이 논문에서 라만은 빛이 물 분자와 상호작용할 때 어떤 일이 벌어지는지 설명하기 위해 양자역학에 대한 지식을 활용했다. 사실, 레일리 같은 이전 물리학자들이 제안했던 것처럼 빛의 일부는 단순히 반사되었다. 하지만 중요한 사실은 빛의 일부가 물 분자에 의해 흡수되기도 했다는 점이었다. 그러면 나머지 빛은 에너지가 적어지고 파장이 증가해 색이 변화하게 된다. 라만이 '새로운 복사'라고 부른 이 현상은 곧 '라만 산란'으로 알려졌다. 그리고 2년 뒤, 라만은 노벨 물리학상을 수상했다. 이것은 개인적으로도 매우 큰 업적이었지만, 인도 독립운동 측면에서도 중요한 순간이었다. 라만은 인도 과학자가 현대 물리학의 발전에 큰 공헌을 할 수 있다고 증명했고, 국제 과학계에서 그 사실을 인정받았던 것이다.[84]

　　노벨상을 수상한 직후 라만은 캘커타를 떠나 새로운 직장으로 떠났다. 방갈로르에 자리한 인도 과학 연구소의 소장으로 임명된 것이었다. 1909년에 설립된 인도 과학 연구소는 부유한 사업가 잠세치 타타Jamsetji Tata에 의해 설립되었다. 이 시기에 설립된 여러 새로운 기관과 마찬가지로, 이곳의 목표는 과학과 기술을 통해 인도 산업을 성장시키는 것이었다. 하지만 인도인 기부자들이 자금을 지원했음에도 인도 과학 연구소는 오랫동안 영국 과학자들이 장악했다. 연구소의 전직 소장은 대부분 영국인이었다. 그렇기에 1933년 라만이 소장에 임명되자 인도 민족주의자들은 흥분을 감추지 못했다. 이것은 영국에 의해 통치되던 인도 과학계가 자국인의 통제를 받게 되었음을 의미했다. 현대 과학기술의 사회적 영향에 대해 비판적인 관점을 고수했던 모한다스 간디조차 라만을 축하하기 위해 인도 과학 연구소를 방문했다.[85]

방갈로르에서 라만은 자신의 이론적 발견에 대한 실용적인 용도를 찾았다. 그는 빛의 산란이 다른 물질의 구조에 대해 무언가 밝혀줄지도 모른다는 사실을 금세 깨달았다. 이런 점을 염두에 두고 라만은 사진 건판을 이용해 다른 물질이 빛의 파장을 움직이는 정도를 훨씬 더 정확하게 측정했다. '라만 분광법'이라 불리는 이 기술은 오늘날까지 과학자들이 사용하고 있다. 손에 넣기 힘든 다이아몬드라는 보석은 라만에게 특별히 매력적인 실험 재료였다. 그는 친구의 결혼반지를 빌리는 것으로 시작해 나중에는 마하라자에게 훨씬 큰 보석 덩어리를 빌려달라고 설득하기에 이르렀다. 라만은 빛이 산란되는 정도를 측정해 분자구조의 미묘한 차이가 서로 다른 다이아몬드의 색과 광택에 어떤 영향을 미치는지 설명할 수 있었다.[86]

한편 방갈로르에는 보다 전통적인 산업 재료에 대해 연구하던 과학자들도 있었다. 인도 과학 연구소에 고용된 얼마 되지 않는 여성 중 한 명인 수난다 바이Sunanda Bai는 1930년대에 다양한 화학 화합물의 구조에 대한 일련의 실험을 수행했다. 바이는 라만의 방식을 활용해 테트랄린과 니트로벤젠의 분자구조와 화학적 특성을 확인할 수 있었다. 이 두 화학물질은 당시 인도의 산업이 발전하는 데 결정적인 역할을 했다. 테트랄린은 석탄을 액체 연료로 변환시키는 데 사용되어 수입산 석유에 대한 대안을 제공했다. 그리고 니트로벤젠은 인도의 주요 수출품인 인디고 염료를 생산하는 데 쓰였다. 바이는 이러한 화학물질의 구조를 더 잘 이해하도록 해서 인도의 과학과 산업 모두에 기여했다.

하지만 바이가 그렇게 중요한 연구를 해냈는데도, 인도에서 당시의 근로 조건은 여성에게 녹록지 않았다. 인도 민족주의 운동에 참여한 남성 대부분은 여성이 가정에 머무르며 과학자보다는 어머니로서 독립이라는 대의를 지지해야 한다고 믿었다. 라만도 자신의 실험실에서 여성이 일하는 것을 꺼렸는데, 한 여성 지원자에게는 "내 연구소에는 여자를 받지 않는다네"라고 말하기까지 했다. 하지만 바이가 유일한 여성 과학자는 아니었다. 1930년대를 지나며 인도에서는 점점 더 많은 여성이 기존의 성 역할을 거부하며 이전에 남성들이 지배하던 분야에 종사할 기회를 얻고자 했다. 물리학도 예외가 아니었다.

방갈로르에서 바이는 다른 선구적인 인도 여성들과 함께 연구했다. 이들 가운데는 보석의 분자구조에 대한 중요한 여러 논문을 발표한 안나 마니Anna Mani가 포함되었다. 1918년 인도 남부의 도시인 케랄라에서 태어난 마니는 부유한 집안 출신이었다. 마니의 아버지는 향신료인 카르다몸 농장 주인이어서 소녀 시절 마니는 농장을 거닐곤 했다. 비록 가족은 마니가 결혼해서 충실한 아내로 정착하기를 기대했지만, 마니는 생각이 달랐다. 겨우 일곱 살 때 마니는 케랄라에서 열린 집회에서 모한다스 간디가 연설하는 모습을 보았다. 그리고 그때부터 마니는 반식민주의 운동에 전념했다. 마니는 자신이 곧 인도 독립의 대의를 지지할 수 있는 최선의 방법은 과학자가 되는 것이라고 마음을 굳혔다. 그리고 다음 생일에 마니는 다이아몬드 귀걸이라는 전통적인 선물을 거절하고, 대신 브리태니커 백과사전 한 질을 달라고 말했다. 이후 열심히 공부한 마니는 나중에 마드라스 대학의 일부가 된 프레지던시 칼리지 물리학과에 자리를 얻었다. 그리고 이후 마니는 거의 10년 동안 방갈로르에서 바이, 라만과 함께 연구했다. 이상한 운명의 장난인지 마니는 인도 과학 연구소에서 다이아몬드를 비롯한 여러 보석의 분자구조를 꽤 오랫동안 연구했다. 소녀 시절 단호히 거절했던 그 선물들이었다.[87]

여성 과학자 가운데는 바이, 마니 외에 또 카말라 소호니Kamala Sohonie가 있었다. 1911년에 태어난 소호니는 과학자 가문 출신이었다. 아버지와 삼촌 모두 화학을 공부했고, 어린 소호니가 같은 분야에 종사하도록 격려했다. 봄베이 대학에서 물리학과 화학을 공부해 학사 학위를 받은 소호니는 1933년에 라만과 함께 연구하기 위해 인도 과학 연구소에 지원했다. 하지만 비록 소호니가 대학을 수석 졸업했지만 라만은 처음에는 소호니의 지원서를 탈락시켰다. 당시 인도에서 여성이 직면했던 차별을 다시 한번 상기시키는 대목이다. 라만은 위대한 과학자였지만 생각은 매우 편협했다. 나중에 소호니는 이렇게 썼다. "내가 단지 여자라는 이유만으로 라만이 나에게 그렇게 대했던 순간을 결코 잊지 못할 것이다." 소호니는 거절을 받아들이지 않을 작정이었고, 놀랄 만큼 용감하게 방갈로르의 사무실로 찾아가 라만에게 자신을 인정해달라고 요구하며 맞섰다. 결국 라만은 한 발자국 물러서서 소호니를 연구생으로 받아들였다. 소호니는 인도 여성으로서는 최초로 1939년에 케임브리지 대학에서 박사 학위를 받았으며, 이후 인도로 돌아가 교수직을 맡았다. 라만은 자신의 실험실에 여성을 받고 싶지 않았을지 모르지만, 좋든 싫든 여성들은 그곳에 머물렀다.[88]

1905년 이루어진 벵골 분할은 인도에서 대영제국 통치가 종언을 고하는 시발점이었다. 영국은 분열해서 통치하고자 함으로써 사실상 인도의 독립운동에 활기를 불어넣었다. 또 다른 곳과 마찬가지로 20세기 초 인도에서 일어난 커다란 정치적 변화는 현대 과학의 발전에 지대한 영향을 미쳤다. 많은 인도 물리학자는 자신들의 연구를 제국주의와 투쟁하는 운동의 일부로 보았다. 이들 가운데 가장 대담한 사람은 1920년대 한 영국 정보 장교가 '과격한 혁명가'로 묘사한 메흐나드 사하였다. 하지만 라만을 포함한 다른 사람들은 사회주의 정치에 대한 사하의 생각보다는 과학적 비전을 공유했다. 이들은 과학이 궁극적으로 인도가 독자적인 산업국으로 변모하는 데 도움을 줄 것이라고 믿었다. 인도가 독립한 지 불과 5개월 만인 1948년 1월에 라만은 이렇게 선언했다. "인도의 경제 문제에 대한 유일한 해결책은 과학, 또 과학, 그리고 더 많은 과학뿐이다." 이런 상황에서 인도의 민족주의자들은 여러 새로운 과학 기관을 설립하도록 도왔다. 적절한 재정적 지원 덕에 인도의 과학자들은 특히 상대성이론, 양자역학과 관련된 분야에서 여러 중요한 돌파구를 만들었다. 이러한 과학에 대한 열정은 영국에서 독립한 지 얼마 안 된 인도에서 초대 총리를 지낸 자와할랄 네루를 비롯한 정치 지도자들 또한 지니고 있었다. 중국과 일본의 지도자들처럼 네루는 과학에서 더 나은 미래로 이끄는 비전을 보았다. 네루는 이렇게 말했다. "미래는 과학의 것이다."[89]

결론

눈부신 강렬한 빛과 타는 듯한 열기, 그리고 순식간에 모든 것이 변했다. 1945년 8월 6일, 미국의 폭격기 B-29 슈퍼포트리스가 히로시마에 원자폭탄을 투하했다. 적어도 5만 명이 목숨을 잃었으며 대부분은 민간인이었다. 그리고 3일 뒤 미국은 이번에는 나가사키에 두 번째 원자폭탄을 투하했다. 추정치는 다양하지만, 폭발의 직접적인 영향이나 그에 따른 방사능 독성으로 두 지역에서 총 20만 명이 사망한 것으로 추정된다.

20세기의 첫 수십 년이 흐르는 동안, 과학은 더 나은 사회로 나아가는 열쇠를 쥐고 있는 것처럼 보았다. 많은 사람이 상대성과 양자역학이야말로 전통을 깨부수고 밝은 미래로 우리를 인도할 기회로 여겼다. 러시아, 중국, 일본, 인도의 과학자들은 전 세계 동료들과 함께 일하면서 현대 물리학의 발전에 크나큰 공헌을 했다. 알베르트 아인슈타인도 1920년대와 1930년대에 대부분의 시간을 제1차 세계대전의 여파가 가시지 않은 지역에서 국제 협력을 증진하는 역할을 하며 보냈다. 하지만 1939년 제2차 세계대전이 일어나고 1945년 핵무기가 사용되면서 이런 모든 협력은 종식되었다. 국제 협력이 분쟁의 시대로 바뀌었고 냉전이 시작되었다. 여기에는 음울한 아이러니도 존재한다. 이 장에서 살폈던 낙관적인 젊은 과학자 가운데 상당수가 1950년대에서 1960년대 사이에 핵무기 프로그램에 종사하게 되었다는 사실이다. 원자에 들어 있는 엄청난 에너지를 어떻게 이용하는지 누구보다 잘 알고 있는 사람들이 이들 과학자였기 때문이었다. 레프 란다우는 마지못해 소련 최초의 핵무기를 개발하기 위한 계산을 수행했고, 예치쑨은 중국 최초의 원자폭탄을 만들도록 여러 물리학자를 교육했다. 다음 장에서는 20세기 후반으로 나아가 냉전 시대 과학의 성장과 그 성장이 미친 여파를 탐구할 예정이다. 이데올로기의 갈등은 이때도 계속해서 과학을 발전시켰지만, 그 발전은 새로운 방식으로 새로운 장소에서 이뤄졌다.[90]

8장
유전학의 나라

쓰즈키 마사오(都築正男)는 상황이 좋지 않다는 소식을 듣기는 했지만, 폐허가 된 히로시마에 도착하자마자 황폐한 현장의 충격은 도저히 미리 대비할 수 있는 종류의 것이 아니었다. 형체를 알아볼 수 없는 얼굴과 몸통이 건물의 잔해 아래 널브러져 있었고 아이들은 피를 토했다. 단 한 번의 폭발이 이처럼 엄청난 고통을 불러왔다니 도저히 믿기 힘들 지경이었다. 그는 1945년 8월 6일에 원자폭탄이 투하된 후 히로시마에 도착한 최초의 과학자 가운데 한 명이었다. 이후 며칠 동안 쓰즈키는 생존자들을 검진하고 시체를 부검 실시해 원자폭탄 폭발이 일으킨 의학적 효과에 대해 상세하게 파악했다. 그리고 "피부 전체가 불에 탈 만큼 화상이 심하고 격렬하게 일어났다"라고 보고했다. 또 쓰즈키는 원자폭탄에 의한 '방사선 질환'이라고 부르는 증상을 보이는 생존자가 얼마나 많은지에 대해서도 언급했다. 폭발이 일어났는데도 사망하지 않은 사람들은 구토, 출혈, 발열 같은 불편한 증상을 겪었다. 증세가 가장 심각한 환자는 보통 일주일 안에 숨을 거뒀다.[1]

폭발 직후 쓰즈키는 당연히 폭발의 가장 직접적이고 관측 가능한 효과에 집중했다. 하지만 곧 그의 관심은 핵무기가 불러온 장기적인 결과로 향했다. 1년 뒤 쓰즈키는 방사능에 노출되는 것이 생존자들에게 앞으로 생길 태아나 아이들, 후손에게 어떤 영향을 미칠지 과학자들은 완전히 이해하지 못하고 있다고 주장했다. 방사선이 유전적돌연변이를 일으킬 수 있다는 사실은 1920년대부터 알려져왔다. 하지만 1945년 8월까지, 아무도 이 사실이 인류의 미래에 무엇을 의미하는지 제대로 깨닫지 못했다. 이 돌연변이는 후대까지 전해질까? 원자폭탄의 방사능에 노출된 사람들이 아이를 가져도 안전한가? 이 질문에 답하기 위해 쓰즈키는 '유전에 대한 연구'가 필요하다고 주장했다. 이러한 우려는 사실 일본뿐만 아니라 미국에서도 여러 과학자가 주장한 바 있었다. 1946년 방사능의 유전적 영향에 대한 발견으로 노벨 생리의학상을 수상한 미국의 유전학자 허먼 조지프 멀러Hermann Joseph Muller는 이렇게 이야기했다. "만약 1,000년 뒤의 결과를 예측할 수 있다면 그 생존자들은 차라리 폭탄이 떨어졌을 때 죽는 게 더 나았다고 생각할지도 모른다." 또 멀러는 훼손된 유전자 돌연변이가 다음 세대로 전해질 위험에 대해 언급하며 "생존자들의 생식세포에는 수백, 수천 분짜리 시한폭탄이 심어졌다"라고 경고했다.[2]

　국내외적으로 널리 퍼진 대중의 관심을 고려해 미국 정부는 무언가 조치를 취해야겠다고 결정했다. 1946년 11월, 해리 트루먼Harry Truman 대통령은 원폭상해조사위원회의 설립을 승인했다. 당시 일본은 항복해 미국의 점령하에 있었다. 미국 국립 과학 아카데미가 조직한 원폭상해조사위원회는 일본어로 히바쿠샤('노출된 사람'이라는 뜻인)로 불리는 원폭 생존자들의 장기, 단기 건강 상태를 추적하는 임무를 맡았다.pic25 이 연구의 대부분은 원폭의 유전적 영향에 관한 것이었다. 국립 과학 아카데미는 "원자 방사선에 의한 유전적 영향을 입증할 독특한 기회를 잃어서는 안 된다"라고 여겼다. 이 연구를 주도한 미국 유전학자 제임스 닐James Neel은 많은 일본 과학자, 의사, 조산사의 도움을 받았다. 사실 원폭상해조사위원회에 고용된 직원의 90퍼센트 이상은 일본인이었다. 쓰즈키는 폭발 직후 몇 주 안에 히로시마에 도착한 몇 안 되는 과학자 가운데 한 사람이었던 만큼 빠르게 채용되었다. 또 그는 제2차 세계대전 이전에 방사능의 생물학적 영향에 대한 몇 가지 실험을 수행한 적이 있었던 만큼 핵무기 사용이 어떤 유전적 결과를 불러오는지 누구보다 더 잘 알았다.[3]

닐과 쓰즈키가 기타무라 사부로라는 일본인 의사와 공동으로 실시한 원폭상해조사위원회의 초기 작업은 생존자들의 출산 결과에 대해 추적하는 데 초점을 맞췄다. 쓰즈키와 기타무라는 히로시마 주변을 돌아다니며 임산부를 면담하고 신생아에게 이상 징후가 있는지 검사했다. 비록 초기 보고서는 아버지가 많은 양의 방사선에 노출되면 자연스러운 유산이 흔하게 나타난다고 하는 것처럼 보였지만, 실제로 원자폭탄 생존자에게서 태어난 아이는 심각한 선천적 결함 측면에서 영향을 받지는 않았다. 이 결과는 가장 해로운 유전자 돌연변이가 태아가 성장할 기회를 얻기 훨씬 전에 죽음에 이르게 했으리라는 추측과 일치했다. 그에 따라 닐은 방사선 피폭과 생식세포 건강 사이의 결정적인 연관성을 입증할 수는 없었지만, 그럼에도 생존자의 몸에서 유전적 돌연변이가 일어나기는 했을 것이라고 결론지었다.[4]

그뿐 아니라 위원회는 피해자들의 출산 결과와 함께 염색체 수준에서 방사능의 영향을 연구하기 시작했다. 전쟁 중 미국에 억류되었던 일본계 미국인 유전학자 고다니 마스오가 이 연구에서 주도적인 역할을 했다. 캘리포니아 대학 버클리 캠퍼스에서 박사과정을 마친 고다니는 일본에 건너가 1948년부터 이 위원회에서 일했다. 그가 일본에 간 부분적인 이유는 미국 정부가 일본인 아내를 불법 이민자로 규정했기 때문이다. 처음에 고다니의 연구는 원자폭탄 생존자들의 세

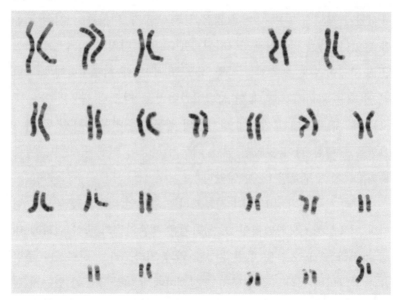

36 염색 후 현미경으로 관찰된 전형적인 인간 남성 염색체 모음. 염색체는 23쌍이 있기 때문에 총 46개다.

포에서 발견된 염색체의 수에 초점을 맞추었다. 이때쯤에는 현미경을 통해 DNA 가닥으로 이뤄진 유전정보의 전달체인 개별 염색체를 식별하는 일이 가능해졌다. 고다니는 부검을 통해 환자로부터 샘플 세포를 채취해 염색체를 염색한 다음 눈에 보이는 염색체의 수를 주의 깊게 세어보곤 했다.[5]

1957년, 고다니는 원폭에서 살아남은 여러 남성의 고환에 추가적인 염색체가 존재한다고 기록한 중요한 논문을 발표했다. 인도네시아의 유전학자 조 힌 지오 Joe Hin Tjio에 의해 사람에게는 일반적으로 46개의 염색체가 있다는 사실이 전해에 확인되었지만, 고다니는 원폭생존자 가운데 염색체가 47개, 또는 48개인 사례를 발견했다. 이처럼 추가적인 염색체의 존재는 다운증후군이나 클라인펠터증후군 같은 특정 의학적 질병을 유발할 수 있는데, 이런 질병이 어린이들에게 전달되는 경우가 종종 있다는 사실을 고려하면 이것은 놀랄 만큼 중요

한 발견이었다.[6]

원폭상해조사위원회는 전후 미국 정부의 지원을 받은 가장 큰 과학 프로젝트로 손꼽혔다. 한창 진행 중일 때 이 프로젝트는 1,000명 넘는 직원을 고용했으며 국가연구위원회 예산의 거의 절반을 차지했다. 이런 엄청난 투자는 의학적인 문제뿐 아니라 국제정치에 의해서도 동기를 부여받았다. 1940년대에는 미국이 소련과 이데올로기 싸움을 벌이면서 냉전이 시작되었다. 원폭상해조사위원회는 동아시아에서 미국의 영향력을 확대하고 일본인들의 마음을 얻기 위한 광범위한 노력의 일환이었다. 미국이 불과 몇 달 전에 일본에 원자폭탄 2개를 투하했다는 사실을 감안하면 이것은 만만치 않은 과정이 될 터였다. 1947년 미국 정부 보고서는 '일본과의 협력을 통해 진행하는 원폭 사상자에 대한 장기 연구는 우호적인 국제 관계를 조성할 수 있는 가장 주목할 만한 기회'라고 언급했다. 이 시기는 미국이 아시아에 공산주의가 확산될까 봐 우려하기 시작하던 무렵이었다. 북한은 이미 공산주의로 돌아섰고 곧 중국과 베트남이 뒤따랐다. 그리고 이전 장에서 보았듯 일본에도 과학자들을 포함한 여러 사람이 공산주의가 활동했던 긴 역사가 있었다. 미국은 일본의 과학을 재건하도록 도와주어 이 나라를 공산주의로부터 떼어놓기를 바랐다. 또 미국은 1954년 3월 미국의 수소폭탄이 비키니 환초에서 폭발한 이후로 일본 어부들이 방사성 낙진에 자기도 모르게 노출되면서 더욱 강해진, 핵무기 실험에 대한 두려움을 완화하고자 했다.[7]

1950년대에 원자 방사선이 어느 정도로 영향을 미치는지, 특히 인간에게 유전적 돌연변이를 유도하는 데 필요한 양이 어느 정도인지에 대해 논란이 계속되었다. 몇몇 과학자는 최소 임계량이 존재하며 그 이하에서는 유전적 돌연변이가 발생할 수 없기에, 인간이 비교적 높은 방사선량에 노출되어도 안전하다고 여겼다. 원자력발전소의 노동자들이나 핵무기 실험장 근처에 사는 사람들이 그 사례였다. 그런 주장이 잘못되었고 적은 양의 방사선도 해로운 유전자 돌연변이를 유발할 가능성이 있다고 주장하는 사람들도 있었다. 하지만 1960년대 중반까지도 고다니 마스오 같은 유전학자들의 연구 덕분에 대부분의 과학자는 임계점이 존재하지 않는다는 의견에 동의했다. 여기에 따르면 아무리 적은 양이라도 방사선에 노출되면 게놈을 손상시킬 가능성이 있었다.[8]

하지만 이것은 원자 시대의 종말을 의미한다기보다는 오히려 시작을 의미했다. 방사능의 해로운 영향에 대한 지식에도 전 세계 정부들은 온갖 종류의 핵 관련 기술, 특히 에너지나 방어와 관련된 기술에 투자를 계속했다. 그에 따라 원자 방사선의 사용과 효과에 대한 생물학적 연구에 대한 수요가 늘어났다. 앞으로 살펴겠지만 원폭상해조사위원회는 생물학과 핵 과학을 하나로 묶은 여러 기관 가운데 하나였을 뿐이다. 국제적 차원에서 이 작업은 유엔의 지원을 받았는데, 유엔은 1950년대에서 1960년대에 걸쳐 '원자력의 평화적 이용'에 대한 일련의 회의를 조직했다. 그에 따라 몇 년마다 전 세계의 과학자들이 자신의 연구를 서로 토론하기 위해 제네바에 모였다. 주제는 방사선 치료를 활용한 암 치료부터 새로운 고수익 품종 작물을 만들기 위한 방사선의 사용에 이르기까지 다양했다. 1957년에 제임스 닐은 "나는 솔직히 지금 우리가 새로운 유전학 시대의 문턱에 있다고 믿는다"라는 글을 남겼다. 이것은 원자 무기를 포함한 핵 관련 기술의 발전이 생물학에 비할 데 없는 발전을 가져왔다는, 사람들에게 널리 퍼진 믿음을 반영했다.[9]

❰

DNA의 구조를 발견하면서 분자생물학에 바탕을 둔 현대 유전학의 역사가 시작되었다는 식의 설명은 매력적이다. 보통 이렇게 서술하곤 한다. DNA의 존재는 19세기 후반부터 알려졌지만, 1953년에 케임브리지 대학에서 프랜시스 크릭Francis Crick과 제임스 왓슨James Watson이 마침내 이 분자의 그 유명한 '이중나선' 구조를 밝혀냈다. 크릭과 왓슨은 런던 임피리얼 칼리지에서 모리스 윌킨스Maurice Wilkins와 로절린드 프랭클린Rosalind Franklin이 찍은 DNA의 엑스선 사진을 살펴 그 구조를 알아낼 수 있었다. 이것은 과학자들이 유전자에 의한 유전이 어떻게 작용하는지 더욱 잘 이해하도록 도움을 준 주요한 돌파구였다. 20세기 초 이래 과학자들은 긴 DNA 가닥으로 이뤄진 염색체가 유전 정보를 지니고 있다는 사실을 알고 있었다. 그렇기에 DNA의 구조를 파악하는 것은 유전자가 생물학적 특성을 어떻게 전달하는지 이해하기 위한 첫 번째 단계였다. 실제로 크릭과 왓슨의 발견 이후, 과학자들은 DNA가 RNA라고 불리는 또 다른 분자를 암호화하며, RNA는 다시 생명의 기본 집짓기 블록인 단백질을 암호화한다는 사실을 증명했다. 1958년, 크릭은 DNA가 RNA를 암호화하고 이어 RNA가 단백질을 암호화하는 과정을 현대 분자생물학의 '중심 원리'라고 불렀다. 이러한 발견은 유전자 편집이나 게놈 염기서열 분석 같은 새로운 유전 공학 기법의 개발로 이어졌다.[10]

　　DNA 구조의 발견이 현대 유전학의 역사에서 중요한 순간이었던 것은 사실이다. 하지만 단 하나의 발견에만 집중하다 보면 20세기 후반 동안 생물학 분야에서 이뤄진 여러 중요한 발전을 놓치게 된다. 그뿐 아니라 크릭과 왓슨에 대해 강조하다 보면 유럽과 미국 이외의 지역에서 일하는 과학자들로부터 관심을 멀어지게 하는데, 사실 이들 중 상당수가 현대 생물학의 발전에 중요한 역할을 했다. 이런 점에서 나는 현대 유전학의 역사에 대한 대안적 서술 방식을 제안하고자 한다. 유전학의 역사는 1953년 케임브리지 대학에서 DNA의 구조가 발견되면서 출발하기보다는, 1945년 히로시마와 나가사키에 원자폭탄이 투하되면서 출발해야 한다고 주장하고 싶다. 이 사건은 냉전의 시작을 알렸다. 동시에 현대 유전학이 발달한 시작점이기도 했다. 우리는 앞서 원폭상해조사위원회에서 일하는 일본 과학자들이 방사능이 인간에게 미치는 유전적 영향에 대한 초기 연구의 상당 부분은 수행했다는 사실을 알아봤다. 또 이 연구 프로그램에 대한 미국의 투자가 아시아에 공산주의가 확산되는 것에 대한 냉전 시대의 두려움을 동기로 이루어졌다는 사실을 살폈다. 현대 유전학의 역사를 이해하기 위해서는 20세기 후반을 전 지구를 쥐락펴락했던 분쟁인 냉전에 대해 살펴볼 필요가 있다.[11]

냉전 기간 현대 유전학은 유럽과 미국뿐 아니라 아시아, 중동, 라틴아메리카를 통틀어 국가 형성 과정의 중심에 있었다. 사실 대부분의 정부는 DNA 구조가 이중나선이든 아니든, 국가의 미래와는 그다지 관련이 없는 DNA의 구조에는 특별한 관심이 없었다. 하지만 전 세계 정부들은 국민의 건강과 식량 안보에 대해서라면, 최신 유전학 연구가 제공하는 실질적인 이익에 관심이 있었다.

제2차 세계대전 이후 많은 나라에서 가장 시급한 문제는 국민을 어떻게 먹여 살릴 것인가였다. 1945년 20억 명이 조금 넘었던 전 세계 인구가 1990년에는 50억 명으로 증가할 만큼 20세기 후반은 인구가 엄청나게 증가한 시기였다. 이는 원자 시대의 또 다른 특징인 '인구 폭탄'이라는 현상에 대한 공포로 이어졌다. 만약 전 세계의 식량 공급이 극적으로 증가하지 않는다면 수백만 명이 굶어 죽을 수도 있다는 것이었다. 1960년대 초반에는 전 세계 인구의 80퍼센트가 영양실조에 시달리는 것으로 추정되었다. 이에 대부분의 정부는 국민에게 식량을 제공하는 능력에 국가의 정당성이 달려 있다는 사실을 인식했다. 특히 많은 국가가 최근에 독립했거나 정치 혁명을 겪은 아시아와 라틴아메리카에서는 더욱더 그랬다. 이런 상황에서 전 세계 정부들은 쌀이나 밀 같은 새로운 고수익 작물을 얻을 수 있을 것이라 기대하면서 식물 유전학 분야에 투자했다. 이런 연구의 대부분은 록펠러 재단의 지원을 받아 이뤄졌는데, 이 재단은 인도네시아에서 나이지리아에이르는 여러 나라에 종자 은행을 설립하도록 도움을 주었다.[12]

또 식물 유전학 연구는 전 세계 기아의 확산이 공산주의가 퍼지도록 부채질할 것이라고 여겼던 미국 정부에 의해 장려되었다. 예컨대 1950년대 초에 한 저명한 미국 유전학자는 "공산주의는 영양이 부실한 사람들에게 달콤한 약속을 한다"라고 주장했다. 1961년 다양한 '제3세계' 정부에 과학기술적 지원을 제공하기 위해 설립된 미국의 국제개발처는 여러 나라의 국민에게 충분한 식량을 공급하는 데 실패하면 "우리의 국가 안보뿐 아니라 세계 평화에도 위협이다"라고 경고했다. 1960년대 말에는 식물 유전학, 화학비료, 관개 기술의 발전이 전 세계 기아 문제를 해결할 수 있다는 '녹색 혁명'에 대한 이야기도 들려왔다. 용어 자체에서 알 수 있듯, 녹색 혁명은 소련의 '붉은 혁명'에 대한 해독제가 될 것이라는 생각을 불러일으켰다.[13]

각국의 정부는 식물 유전학과 더불어 인간 유전학에도 투자했다. 앞서 살폈듯 히로시마와 나가사키 폭격 이후 원자 방사선의 생물학적 영향에 대한 우려가 널리 퍼져 있었다. 점점 더 많은 국가가 핵무기를 개발하고 원자력발전소를 건설하면서 이러한 우려는 더 높아졌다. 그에 따라 원자 방사선과 인간 유전학의 관계는 많은 정부에게 국가 안보 문제로 비화했고, 미래 핵전쟁에 대한 대응 계획의 중요한 일부가 되었다. 동시에 많은 국가는 진단과 치료 모두에서 원자핵 연구의 의학적 이점을 증진하면 원자 시대에 살아가는 것을 꺼리는 대중을 설득할 수 있다고 믿었다. 1948년에 세계보건기구가, 1957년에 국제원자력기구 같은 새로운 국제기구가 설립되면서 다시 한번 이런 생각이 촉진되었다. 두 기관 모두 전 세계의 과학자들이 방사선의 의학적 용도와 효과에 대한 연구를 수행하도록 자금을 제공했다.

라틴아메리카에서 동아시아에 이르는 각국 정부들은 더 나아가 현대 유전학이 특히 유전 질환에 대한 더 높은 이해를 통해 인류의 건강에 극적인 개선을 가져올 수 있다고 믿었다. 국가 형성과 대량 이주 기간 주요 관심사였던 민족 정체성에 대한 질문에 답하기 위해 현대 유전학을 활용하는 데도 주목했다. 물론 오늘날 우리는 인종이 의미 있는 생물학적 범주가 아니라는 사실을 알고 있다. 실제로 유엔은 1950년대 초에 인종은 '생물학적 사실'이 아닌 '사회적인 미신'이라고 기술하는 성명을 발표했다. 그럼에도 냉전 기간 전 세계의 정부들은 비록 궁극적으로는 불가능하다고 증명되더라도 유전자 구성을 통해 '튀르키예인'이나 '아랍인' 같은 민족 집단을 구별할 수 있기를 기대하며 수많은 유전자 조사를 실시했다.[14]

이 모든 것이 시사하듯 현대 유전학의 발전은 냉전이라는 정치적 상황과 불가분의 관계에 있었다. 하지만 상당수 역사학자는 비록 냉전이 현대 과학의 발전에 중요한 시기라고 인식했음에도 미국, 유럽, 소련에서 이뤄진 과학적 진보에만 초점을 맞추는 경향이 있었다. 이 장에서는 현대 유전학이 중남미, 아시아, 중동에서 발전한 역사를 따르는 대안적인 접근법을 취할 예정이다. 이곳은 결국 미국과 소련이 과학기술뿐 아니라 전 세계 정치를 좌지우지하기 위해 영향력을 넓히던 지역이었다. 이번에도 마찬가지로, 궁극적으로 냉전 시대 과학의 역사를 제대로 이해하기 위해서는 보다 넓은 세계사의 관점에서 생각할 필요가 있다. 먼저 시장으로 향하는 멕시코의 한 유전학자부터 살펴보자.[15]

멕시코의 돌연변이 연구

에프라임 에르난데스 솔로코트시Efraím Hernández Xolocotzi는 몇 시간 동안 운전을 하는 중이었다. 오래된 지프를 타고 멕시코 시골 지역을 덜컹거리며 달려가는 불편한 여정이었지만, 마침내 그는 목적지인 타바스코주 남부의 작은 시장에 도착했다. 길가에 차를 세운 솔로코트시는 차에서 뛰어내려 시장 사람들과 이야기를 나누었다. 이곳은 멕시코에서도 비교적 외딴 지역이었고 현지인들은 스페인어를 할 줄 몰랐다. 하지만 다행히 솔로코트시는 마야어의 여러 방언 중 하나인 이 지역 토착어에 익숙해 큰 어려움 없이 소통할 수 있었다. 솔로코트시가 옥수수를 좀 사려고 한다고 말하자 시장 농부들은 옥수수가 높이 쌓여있는 노점 쪽을 가리켰다. 솔로코트시는 기쁘게 노점으로 가서 옥수수를 하나하나 살펴본 뒤 전체 더미를 구매하겠다고 말했다. 농부들은 그가 왜 그렇게 옥수수를 많이 사는지 궁금했을 테지만 후하게 값을 쳐주었기에 그다지 신경 쓰지 않았다. 솔로코트시는 옥수수가 든 가방을 들고 지프로 돌아와 시동을 건 채 유카탄반도로 향하는 여정을 계속했다.[16]

옥수수는 16세기 유럽인들이 멕시코에 도착하기 훨씬 이전부터 수천 년 동안 이 땅에 경작되어왔다. 하지만 20세기 중반 들어 이 작물은 녹색 혁명의 기반을 이루는 주요한 과학적 조사의 초점이 되었다. 솔로코트시는 1943년에 설립된 멕시코 농업 프로그램에서 옥수수를 연구하기 위해 고용한 여러 유전학자 중 한 사람이었다. 이 프로그램은 멕시코 농무부에 속했지만 주로 미국의 자선단체인 록펠러 재단의 지원을 받았다. 이전 장에서 언급했듯 록펠러 재단은 20세기에 전 세계 과학 연구에 자금을 대는 중요한 역할을 했다. 물리학 외에도 록펠러 재단은 식물 유전학을 비롯한 생물학에도 투자했다. 멕시코에서는 밀이나 옥수수 같은 주요 작물의 수확량을 늘리고자 최신 유전학 기술을 활용하는 연구가 이뤄질 예정이었다.[17]

록펠러 재단은 멕시코 국민의 생활이 개선되기를 바랐다. 하지만 다른 모든 자선활동이 그렇듯 여기에도 정치적인 요소가 개입했다. 20세기 중반 미국은 유럽과 아시아뿐만 아니라 자국 내에서도 공산주의의 확산에 대한 우려의 목소리가 높았다. 1910년에서 1920년 사이 멕시코 혁명이 일어나자 대통령을 타도하기 위해 다양한 무장 단체가 통제권을 얻기 위해 싸웠으며, 멕시코는 급진적인 사회주의로 기우는 것처럼 보였다. 예컨대 1930년대에 걸쳐 멕시코 정부는 빈곤한 농민들에게 광범위한 농지를 재분배했고 1938년에는 미국 소유의 여러 유전을 자기 것으로 만들었다. 이러한 종류의 토지 점령과 집단 소유는 소련에서 일어나는 현상과 비슷해 보였기에, 1940년대 초까지 미국 정부는 자국의 국경 너머에 공산주의 국가가 들어설 가능성에 대해 염려했다. 록펠러 재단 이사도 멕시코가 "볼셰비즘 교리에 물들었다"고 묘사하면서 이러한 우려를 공유했다. 이런 상황에서 멕시코 농업 프로그램은 여러 가지 정치적, 과학적 목표를 동시에 수행했다. 그중 가장 중요한 것은 배고픈 국민이 늘어나지 않도록 막는 것이 공산주의의 확산을 저지하는 데 도움이 된다는 생각이었다. 록펠러 재단은 옥수수 같은 주요 작물의 수확량을 높여 멕시코를 사회주의 정치에서 벗어나게 할 수 있기를 희망했다. 멕시코 농업 프로그램에서 일했던 미국인 유전학자 가운데 한 사람인 폴 맹겔스도프Paul Mangelsdorf에 따르면 "굶주림은 평화의 강력한 적이다."[18]

녹색 혁명에 대한 기존의 역사적 서술은 맹겔스도프 같은 미국 유전학자들의 기여에 초점을 맞추는 경향이 있었다. 하지만 멕시코 농업 프로그램에는 오늘날 종종 잊히는 여러 멕시코 과학자들이 참여했다. 솔로코트시도 그들 중 한 명이었다. 1913년에 태어난 솔로코트시는 가난한 집안 출신이었다. 아버지는 원주민 혈통으로 추정되는 소작농이었고, 어머니는 교사였다. 솔로코트시는 고향 땅을 잘 알았고 어렸을 때 아버지를 도와 들판에서 일하며 다양한 토착 방언을 배웠다. 하지만 솔로코트시는 아버지가 일자리를 찾아 다른 지역에 가거나 내전을 피하려고 애쓰는 과정에서 꽤 이사를 다녀야 했다. 1923년에는 멕시코 혁명의 여파로 열 살이던 솔로코트시는 어머니와 함께 미국으로 이민을 갔다. 그는 뉴올리언스의 학교에서 공부하다가 장학금을 받고 코넬 대학에서 생물학을 전공했으며, 나중에는 뉴욕에서 학업을 계속했다. 오늘날과 다를 바 없이 그때도 미국에 거주하는 멕시코인들이 교육 분야에서 체계적인 인종차별에 시달리던 시절이었다는 점을 고려하면 이는 대단한 성과였다. 코넬 대학을 졸업한 뒤 솔로코트시는 록펠러 재단의 장학금을 받고 하버드 대학에서 2년 동안 유전학을 공부한 다음 1949년에 멕시코로 돌아왔다. 이후 그는 '보조 유전학자'로 고용되어 멕시코 농업 프로젝트에 참여한 18명의 멕시코 과학자 중 한 명이 되었다.[19]

2년 동안 솔로코트시는 때로는 지프를 타고, 때로는 기차나 배를 타고 라틴아메리카 곳곳을 돌아다녔다. 남쪽으로는 페루까지 도달했고, 쿠바에서 표본을 수집하기 위해 멕시코만을 건너기도 했다. 토착민 농부의 아들로 태어난 솔로코트시는 그 지역에서 자라는 놀랄 만큼 다양한 옥수수 품종에 대해 누구보다 잘 알았다. 이 프로그램에 참여한 한 미국인 과학자의 회상에 따르면 "옥수수의 지리적 분포는 에프라임 에르난데스 솔로코트시만이 알고 있었다." 또 그는 여러 토착 방언에 능통했기 때문에 다양한 품종의 옥수수를 찾아내기가 훨씬 수월했다. 솔로코트시에 따르면 "지역사회에서 옥수수의 유전적 변이를 찾아 수집하기 위해서는 끈질기게 농부들을 설득하는 요령이 좋아야

37 라틴아메리카와 미국의 유전학자들이 수집했던 다양한 품종의 옥수수.

했다."솔로코트시는 사람들에게 희귀한 표본, 특히 특정한 의식에서 사용되는 붉은색 옥수수를 자신에게 팔도록 설득하기도 했다. 하지만 빈손으로 돌아와야 했던 그는 이렇게 말했다."힐콜족 원주민에게 잘 말해서 의식에 사용하는 옥수수 품종 표본을 사려고 했지만 실패했다." 그럼에도 2년에 걸친 집중적인 노력 끝에 솔로코트시와 그의 팀은 아메리카 대륙 전역에서 2,000개의 서로 다른 옥수수 품종 표본을 모았다.[20]

　여기까지 멕시코 농업 프로그램에서 진행한 작업은 앞서 살핀 18세기와 19세기 자연사 연구 방식과 그렇게 다르지 않았다. 솔로코트시가 이러한 여러 품종을 수집한 이유는 서로 교배해 수확량을 늘리기 위해서였다. 하지만 이전과 달라진 점은 유전학의 최근 지식을 활용해 이 연구를 이끌었다는 사실이었다. 이 모든 내용은 멕시코 농업 프로그램 관계자들에 의해 《멕시코의 옥수수 품종Races of Maize in Mexico》(1952)이라는 책으로 출간되었다. 솔로코트시는 미국의 유전학자 에드윈 벨하우젠Edwin Wellhausen, 루이스 로버츠Louis Roberts, 폴 맹겔스도

프와 함께 이 책의 공저자 가운데 한 명이었다. 이 책에서 연구 팀은 식물의 특성에 대한 분석과 현미경으로 개별 세포를 살피는 것을 뜻하는 유전적 세포 연구를 결합하는 것이 연구 목적이라고 설명했다. 연구 팀은 표본 각각의 잎과 수염, 알맹이의 크기를 측정하는 데 더해 최신 유전학 기술을 활용했다. 이때 사용한 기법 가운데 하나는 20세기 초에 독일의 화학자 구스타프 김자Gustav Giemsa가 개발한 '김자 염색법'이었다. 이 염색법을 통해 개별 염색체를 비롯해 DNA가 집중적으로 모인 띠를 현미경으로 식별하고 이것을 바탕으로 다양한 품종의 옥수수를 분류할 수 있었다. 솔로코트시도 1940년대에 하버드 대학 식물 유전학 강좌에서 배웠던 만큼 이 기법이 익숙했다.[21]

과학자들은 전통적인 박물학과 현대 유전학의 결합을 통해 아메리카 대륙의 '엄청난 옥수수 품종의 다양성'에 대해 상세한 곳까지 파악했다. 이 연구의 대부분은 솔로코트시가 멕시코 농업에 대한 자신의 기존 지식을 바탕으로, 지난 8,000년 동안 서로 다른 품종의 교배를 통해 옥수수가 점점 커졌다고 추측했던 바를 확인해주었다. 16세기 스페인의 정복 이후에 재배된 보다 최근 품종은 크기가 보다 컸던 반면, 고고학적 유적을 통해 확인된 더 오래된 품종은 크기가 작은 경향이 있었다. 또 유전학자들은 현미경으로 보다 최근 품종의 세포를 조사한 결과 '염색체 매듭'이라 불리는 독특한 띠 패턴을 발견했는데, 이것 역시 장기적인 발달 패턴이 존재한다는 사실을 확인시켜주었다. 이 유전자 분석은 이후 수십 년 동안 멕시코에서 식량 생산을 증가시키기 위한 정책의 기초를 형성했다. 유전적 특성에 따라 다양한 옥수수 품종이 선택되었고, 수확량이 많은 편인 잡종들을 농부들에게 재배용으로 판매했다. 1960년대 후반에는 개량 옥수수 품종이 연간 옥수수 수확량의 20퍼센트를 차지했다.[22]

물론 멕시코 농업 프로그램이 모든 문제를 해결한 것은 아니며,

개량 옥수수 품종을 도입하려는 노력을 모든 사람이 지지한 것도 아니었다. 멕시코에서는 1950년대에서 1960년대까지 식량 부족이 계속되었고 토지 압류도 이어졌다. 동시에 솔로코트시를 포함한 많은 멕시코 과학자들은 록펠러 재단이 소작농들을 희생해 산업적인 농업을 지나치게 부각하고 있다고 우려했다. 프로그램을 통해 생산한 잡종 품종들은 구매하기에 꽤 비쌌다. 또 멕시코 농부들은 이런 품종이 잘 자라도록 화학비료를 더 많이 사용할 것을 권장받았는데, 이러한 비료를 과도하게 사용하면 생태계에 장기적으로 피해를 줄 수 있었다. 그러면 녹색 혁명이 성공할 수 있었던 배경인 유전적 다양성을 파괴할 수 있다는 우려가 제기되었다. 몇몇 멕시코 과학자는 좀 더 산업적인 접근 방식을 강조하는 미국보다는 대안적인 사회주의 농사법을 장려하는 소련의 도움을 받는 것이 낫다고 제안하기도 했다. 그럼에도 사람들이 어떻게 생각하든 멕시코 농업 프로그램은 현대 유전학의 역사에서 중요한 순간을 대변했다. 녹색 혁명은 곧 라틴아메리카 전역으로 확대되었고, 록펠러 재단은 브라질과 콜롬비아에도 비슷한 프로그램을 도입했다. 그뿐 아니라 이 장의 뒷부분에서 살피겠지만, 멕시코 농업 프로그램은 아시아와 중동을 포함한 전 세계 여러 정부에 본보기가 되었다.[23]

멕시코 과학자들은 식물 유전학뿐만 아니라 인간 유전학의 발전에도 여러 중요한 기여를 했다. 이는 부분적으로 록펠러 재단의 노력덕분이었다. 이 재단은 멕시코 농업 프로그램뿐만 아니라 멕시코 국립 자치 대학에 새로 설립된 생물 의학 연구소에도 자금을 지원했다. 멕시코 정부도 이 기간에 생물 의학에 점점 더 많은 자금을 투자하기 시작했다. 인간 유전학 연구의 대부분은 미국원자력위원회의 유전학 및 방사선 생물학 프로그램에서 수행되었다. 일본에서 그랬듯 멕시코에서 인간 유전학의 발달은 핵 과학의 성장과 밀접한 관련이 있었다. 멕시코는 사실 남부 지역에 우라늄 매장량이 상당했는데, 이 점은 냉전 시대 미국이 멕시코의 미래를 걱정했던 많은 이유 중 하나였다. 하지만 미국과 달리 멕시코 정부는 핵무기를 개발하려 하지 않았고, 대신 원자력 에너지를 의학과 과학을 발전시키기 위해 활용하는 데 초점을 맞췄다.[24]

1960년에 설립된 유전학 및 방사선 생물학 프로그램은 알폰소 레온 데 가라이Alfonso León de Garay라는 멕시코 과학자가 주도했다. 1920년 푸에블라에서 태어난 데 가라이는 고향의 대학에서 의학을 공부하고 1947년 멕시코시티로 가 신경과 의사로 근무했다. 이즈음 멕시코 정부는 1953년 국가원자력위원회를 설립하면서 자국에 매장된 우라늄을 활용할 방안을 모색했다. 이때 데 가라이는 방사선이 인체에 미치는 장기적인 영향뿐 아니라 방사선 생물학(방사선을 활용해 질병을 진단하고 치료하는)에도 관심을 갖게 되었다. 1957년 그는 국제원자력기구를 통해 유럽 대학원에 유학 갈 장학금을 지원받았다. 그에 따라 데 가라이는 유니버시티 칼리지 런던의 골턴 연구소에서 3년 동안 최신 유전학 기법을 배워 오기로 결심했다. 이후 멕시코로 돌아온 데 가라이는 유전학 및 방사선 생물학 프로그램을 설립하도록 국가원자력위원회를 설득했다.[25]

데 가라이는 자신과 함께 일한 유망한 젊은 연구원들을 빠르게 모집했다. 이 가운데는 국립 자치 대학을 졸업하고 원래 멕시코 농업 프로그램에서 유전학자로 일했던 로돌포 펠릭스 에스트라다Rodolfo Félix Estrada와 국립 자치 대학을 졸업하고 1960년대에 일찍이 파리 대학에서 박사 학위를 받은 마리아 크리스티나 코르티나 두란María Cristina Cortina Durán이 포함되었다(코르티나 두란은 유전학 및 방사선 생물학 프로그램에 고용된 최초의 여성이기도 했다). 이들은 함께 팀을 이루어 원자 방사선의 유전적 영향에 대한 중요한 연구를 수행했다. 에스트라다는 초파리를 방사선에 노출하고 얼마나 오래 살아남는지 살펴 방사선의 양에 따른 효과를 계산하는 데 대부분의 시간을 보냈다. 그리고 데 가라이와 코르티나 두란은 인체 조직에 대해 비슷한 실험을 했는데, 배양된 세포를 방사선에 노출한 다음 현미경으로 살피는 작업이었다. 일련의 매우 정밀한 측정을 통해 데 가라이는 원자 방사선이 인간 염색체의 길이를 단축시키고 그에 따라 돌연변이를 유발할 가능성이 있다는 사실을 증명했다. 그리고 두란은 방사선과 암의 관계에 초점을 맞춰 방사선에 노출되면 22번 염색체에 특정 돌연변이가 생겨 백혈병을 일으킬 수 있다는 이전의 보고를 다시 한번 확인했다. 이 모든 연구는 1960년대에 데 가라이가 주도적인 구성원으로 활약했던 유엔 원자 방사선 과학 위원회가 발표한 여러 주요 연구에 반영되었다.[26]

❦

1968년, 유전학 및 방사선 생물학 프로그램은 지금껏 수행한 것 가운데 가장 야심 찬 프로젝트를 시작했다. 그해 10월 멕시코시티는 전 세계에서 5,000명이 넘는 선수가 참가한 하계 올림픽을 개최했다. 하지만 이 올림픽은 20세기 들어 가장 논쟁적인 스포츠 행사가 되었다. 개막식이 열리기 불과 10일 전에 무장 경찰이 시위하는 군중에게 총격을 가했고, 이 사건은 틀라텔롤코 학살로 불렸다. 멕시코 시민들은 그동안 반민주적인 데다 권력을 유지하기 위해 주기적으로 경찰 폭력에 의존하는 정부에 항의해왔다. 그에 따라 정치적 긴장이 올림픽을 치르는 내내 계속되었다. 선수들이 인종을 차별하는 아파르트헤이트 정권에 대한 항의로 올림픽에 참석하지 않겠다고 위협하자 남아프리카공화국 대표 팀은 마지막 순간에 참가가 금지되기도 했다. 그리고 가장 유명했던 사건은 흑인 단거리 육상 선수 토미 스미스Tommie Smith와 존 카를로스John Carlos가 검은 장갑을 끼고 남자 200미터 시상대위에 올라 주먹을 치켜든 것인데, 이것은 미국의 인종차별에 대한 침묵 시위였다.

이 모든 논란이 지속되는 가운데 데 가라이는 멕시코 정부가 올림픽 선수들을 대상으로 하는 대규모 유전자 연구에 자금을 지원하도록 설득했다. 훌륭한 멕시코 과학기술을 세계 무대에 선보이자는 취지였다. 데 가라이에 따르면 '이 프로젝트는 뛰어난 사람들에 대한 더나은 이해를 제공함으로써 모든 인류에게 이득이 될 것'이었다. 데 가라이는 이러한 연구가 "잠재적으로 운동에 소질이 있는 사람들을 조기에 확인하고 선정하는 데 유용할 수 있다"고도 주장했다. 그에 따라 멕시코 국내와 국제 스포츠 위원회의 지원을 받아 유전학 및 방사선 생물학 프로그램의 과학자들은 올림픽 선수촌에 임시 실험실을 세워 92개국 1,256명의 혈액 샘플을 수집했다. 이 샘플들은 겸상적혈구 빈혈뿐만 아니라 포도당-6-인산탈수소효소결핍증(적혈구의 파괴를 유발하는 대사 질환)을 포함한 다양한 유전자 검사를 거쳤다.[27]

이 대회는 모든 여자 선수들이 성별을 판정하기 위한 유전자 검사를 받은 최초의 하계 올림픽이기도 했다. 이 검사는 혈액 샘플을 살펴 일반적으로 남성에게만 발견되는 Y 염색체의 유무를 살피는 방식이었다(트랜스젠더 선수들은 2004년까지 종종 이런 종류의 유전자 검사 결과를 바탕으로 올림픽에서 배제되었다). 이와 함께 멕시코의 연구 팀은 선수 개개인의 사진을 찍고 신체 치수를 측정해 데 가라이가 '유전적, 인류학적 특징'이라고 부르는 것에 대해 상세히 조사했다. 당시 가장 유명한 선수 몇몇이 시험 대상에 포함되었는데, 예컨대 최근 소련의 본국 침공에 항의하는 의미로 메달 수여식을 거부한 체코슬로바키아의 체조 선수 베라 차슬라프스카Věra Čáslavská와 데 가라이가 발간한 최종 보고서에 이름을 올렸던 존 카를로스가 포함되었다.[28]

이 모든 이야기가 묘하게 우생학처럼 들린다면, 사실 여러모로 그랬기 때문이다. 데 가라이는 19세기 우생학 운동의 창시자 프랜시스 골턴Francis Galton의 이름을 딴 런던의 골턴 연구소에서 공부했다. 골턴은 인류 개체군이 선택적 번식을 통해 '개선'되어야 한다는 악명 높은 주장을 펼쳤다. 데 가레이는 최종 보고서에서 골턴의 주장을 찬동하듯 인용했으며, 영국 우생학회가 발간한《인간 능력의 유전적, 환경적 요인Genetic and Environmental Factors in Human Ability》(1966)도 인용했다. 오늘날 많은 과학자는 우생학을 홀로코스트 기간 나치가 저지른 잔학 행위와 연관 지으면서, 그것이 제2차 세계대전 후 사라졌다고 단순히 생각하곤 한다. 하지만 불행히도 이는 사실이 아니었다. 냉전의 긴장된 분위기는 서로 경쟁하는 인간 개체군의 '적합도'를 점점 더 고려하도록 이끌었고, 많은 과학자가 바람직한 특성을 보일 수 있는 특정 유전자를 확인하려고 시도했다. 1960년대에는 분자생물학의 최신 기법을 바탕으로 한 '새로운 우생학'에 대한 논의도 있었다. 하지만 그것은 모두 잘못된 전망으로 드러났다. 데 가라이는 "특정 유전자와 운동 성취도 사이에 의미 있는 상관관계가 발견되지 않았다"라고 인정했다. 하지만 그럼에도 1968년 하계 올림픽에서 실시되었던 대규모 유전자 검사는 20세기 후반에도 우생학이 지속적인 영향을 끼쳤음을 상기시켜 주는 중요한 사례다.[29]

1970년대 초까지 멕시코는 유전학 연구에서 전 세계를 선도하는 중심지로 확고히 자리 잡았다. 이것은 녹색 혁명부터 시작되었다. 유전학자들이 식량 문제를 해결하면 멕시코가 사회주의에 빠지지 않도록 방향을 바꿀 수 있으리라는 희망이 있었다. 록펠러 재단의 자금을 지원받은 멕시코 농업 프로그램 또한 새로운 세대의 멕시코 과학자들이 유전학에 대한 고급 지식을 전수할 기회를 제공했다. 라틴아메리카에서도 비슷한 추세가 이어졌는데, 아르헨티나와 브라질의 선도적인 과학자들은 미국에서 훈련을 받은 뒤 본국에 들어와 새로운 유전학 연구소를 설립했다. 1969년에는 라틴아메리카 유전학회가 설립되어 이 지역의 과학계를 서로 연결했다. 같은 시기에 라틴아메리카 정부는 인간 유전학 분야에 투자했다. 그리고 멕시코 과학자들은 유전학과 우생학 사이에서 아슬아슬한 줄타기를 하는 경우가 많았다. 물론 건강과 정체성에 대한 이러한 관심은 멕시코에만 국한되지는 않았다. 냉전 기간 전 세계 국가들은 유전학이 인류를 보다 행복하고 건강하게 이끌 것이라고 믿었다. 다음 절에서는 식량 안보와 국민의 건강에 대한 비슷한 관심사가 식민지 시대를 벗어난 인도에서 어떻게 유전학의 발전을 이끌었는지 살펴볼 예정이다.[30]

식민지 이후의 인도 유전학

만콤부 삼바시반 스와미나탄Mankombu Sambasivan Swaminathan은 굶주린 아이들과 길가에 누워 있는 수척한 사람들의 몸을 찍은 사진을 결코 잊지 않았다. 1943년에서 1944년까지 벵골 대기근으로 인도인 300만 명이 사망했다. 처음에 영국 식민지 정부는 그 소식이 외부에 알려지는 것을 막으려고 애썼다. 하지만 1943년 8월, 캘커타의 한 신문은 벵골 소녀 한 명이 두 어린아이의 시체 위에 엎드려 있는 참혹한 모습을 실었다. 이 사진은 영국의 위기관리 능력 부재에 대한 지속적인 보도와 함께 인도의 반식민지 운동에 활기를 불어넣었다. 많은 사람이 기근은 단순한 흉작이나 가뭄의 결과가 아니라는 사실을 알고 있었다. 그보다 영국은 제2차 세계대전 기간 군대에 보급하기 위해 식량을 수탈했고 수백만 명의 인도인을 굶주림으로 내몰았다. 이는 18세기부터 여러 번 기근을 일으켰던 오랜 식민지 역사의 일부였다.

스와미나탄은 인도 남동부의 마드라스 프레지던시에 살았다. 그는 지역신문에 실린 굶주린 아이들의 사진을 본 후 기근에 대한 영국 정부의 대응에 충격과 분노를 금치 못했다. 인도의 독립운동에 헌신하고 있던 스와미나탄은 기근이 '인간이 만들어낸 재앙'이었다고 여겼다. 그의 아버지는 모한다스 간디의 열렬한 추종자였고 가족은 모두 영국 상품을 불매하는 스와데시 운동에 동참하고자 집에서 짠 천으로 옷을 해 입었다. 또 스와미나탄은 1942년 간디의 '인도를 떠나라' 캠페인에 참여하기 위해 그가 동물학을 전공하던 트라반코어 대학에서 수업을 마치고 휴교 운동을 조직했다. 벵골 대기근은 스와미나탄이 줄곧 믿었던 바를 확인시켰다. 영국인들은 자기 자신의 안위에만 신경을 쓸 뿐이고, 인도인들은 영국의 식민지 지배로부터 자유를 얻을 때까지 결코 번영하지 못하리라는 믿음이었다.[31]

이전 장에서 살폈듯 이 시기의 많은 인도 과학자들은 자신의 연구를 식민주의에 대항하는 투쟁의 일부라고 여겼다. 이것은 물리학만큼이나 생물학 분야에서도 마찬가지였다. 1925년 쿰바코남이라는 작은 사원 마을에서 태어난 스와미나탄은 인도에 녹색 혁명을 일으키는 데 도움을 주었으며, 전 세계적으로 선도적인 식물 유전학자로 우뚝 섰다. 식물 유전학에 대한 그의 관심은 인도 정치에 대한 관심에 의해 직접적으로 동기부여되었다. 처음에 스와미나탄은 동물학자가 되고 싶었지만 1943년 벵골 대기근을 접한 뒤에는 주제를 바꿔 대학원에 진학해 농학을 공부하기로 결심했다. 그는 쌀이나 밀 같은 주요 작물의 유전학을 더 잘 이해함으로써, 독립한 인도가 영국 식민지 시절 무척 흔했던 심각한 기근을 피하기를 바랐다. 그는 "사람이 만든 문제에 대해서는 역시 인위적인 해결책이 있다"라고 주장했다. 그리고 1947년 여름, 스와미나탄은 마드라스 대학에서 석사 학위를 받았다. 같은 해 여름, 8월 15일에 인도는 마침내 영국으로부터 독립을 얻었다. 이로써 거의 200년의 식민 통치가 막을 내렸고 스와미나탄은 친구, 가족과 함께 거리에서 축하했다. 하지만 축제는 오래가지 못했다. 많은 인도 과학자들처럼 스와미나탄도 새로운 국가를 건설하는 데 필요한 실용적인 과제로 눈을 돌렸다.[32]

졸업 직후 스와미나탄은 델리에 있는 인도 농업 연구소에 들어갔다. 이곳에서 다른 헌신적인 인도 유전학자들과 함께 일하면서, 스와미나탄은 3억 명이 넘는 인도 국민을 먹여 살리는 방법을 연구했다. 당연하지만 이 문제야말로 독립 직후 인도 정부의 주요 우선 과제였다. 반식민지 민족주의자들은 지난 수십 년 동안 충분한 식량을 공급하지 못한 영국을 비난해왔다. 그러므로 또 다른 기근을 피해야만 인도가 새로운 독립국가로서 정당성을 얻을 수 있었다. 실제로 기근에 대한 연구는 매우 중요하게 여겨졌고 1948년에는 수상 자와할랄 네루가 이 연구를 더 잘 이해하기 위해 개인적으로 인도 농업 연구소를 방문하기까지 했다. 네루는 특히 기근 퇴치 문제에 관한 한 현대 과학의 힘으로 새로운 국가를 지지할 수 있다고 단단히 믿고 있었다. 그는 "이제는 과학 덕분에 기근은 더 이상 불가피한 존재가 아니다"라고 선언했다.[33]

스와미나탄은 곧 국가를 먹여 살리기 위해서는 식물 유전학을 더 깊이 공부해야 한다는 사실을 깨달았다. 이를 위해 그는 1950년 영국으로 떠나 케임브리지 대학에서 박사 학위를 받기 위한 공부를 시작했다. 스와미나탄이 수행한 연구의 초점은 식물이 일반적인 염색체 수의 2배를 갖는 '배수성'이라는 현상이었다. 배수성을 띠는 식물들이 수확량이 많아지는 경향이 있기 때문에 이는 현실에 직접 적용되는 실용적인 주제였다. 그는 현미경으로 서로 다른 식물의 세포를 관찰하면서 염색체의 수를 주의 깊게 세는 연구를 하며 2년을 보냈다. 이후 스와미나탄은 그 결과를 각 품종의 특성, 특히 수확량과 비교하면서 배수성의 효과를 보다 상세하게 파악했다. 1952년에 케임브리지 대학을 졸업한 스와미나탄은 더 이상 식민지가 아닌 독립국가의 시민이 된 인도 과학자 첫 세대가 되었다. 이후 스와미나탄은 미국 위스콘신 대학에서 1년 동안 박사 후 과정을 거쳤고 그곳에서 일자리를 제안받기도 했다. 하지만 그는 자신이 과학자가 된 이유를 잊지 않았다. 스와미나탄은 나중에 이렇게 말했다. "나는 내가 왜 유전학을 공부했는지 자문했다. 바로 인도에 필요한 충분한 식량을 생산하기 위해서였다. 그래서 나는 고향으로 돌아왔다."[34]

그가 멕시코 농업 프로그램에서 수행하는 작업에 대해 처음 알게 된 것은 이 무렵이었다. 녹색 혁명의 잠재력을 알고 흥분한 스와미나탄은 멕시코에서 일하는 미국인 유전학자 중 한 명인 노먼 볼로그Norman Borlaug에게 도움을 요청하는 편지를 썼다. 이후로 인도와 멕시코 사이의 생산적인 과학적 교류는 오랫동안 이어져 오늘날까지도 계속되고 있다. 1963년 3월 볼로그는 개량된 멕시코 밀 샘플을 여행 가방에 챙겨 델리에 있는 인도 농업 연구소를 방문했다. 볼로그는 델리의 인도 과학자들에게 이렇게 말했다. "멕시코가 한 일을 당신 나라도 할 수 있다. 오히려 시간은 절반밖에 걸리지 않을 것이다." 볼로그의 열정에 고무된 스와미나탄과 그의 연구 팀은 인도 농업 연구소의 시험용 모판에 씨앗을 심고 새로운 품종에 대한 실험을 시작했다. 록펠러 재단 또한 인도 유전학자로 구성된 연구 팀이 멕시코를 방문해 멕시코 농업 프로그램에서 수행하는 연구에 대해 더 많이 배울 수 있도록 자금을 지원했다. 그 결과는 매우 희망적이었다. 스와미나탄은 멕시코에서 사용하는 밀의 품종과 현재 인도에서 사용하는 품종을 교배해, 인도의 토양과 기후에 적합하며 수확량을 높일 새로운 잡종을 만들었다.[35]

하지만 문제가 하나 있었다. 이렇게 새로 만든 잡종 밀은 붉은빛이 도는 밀가루를 생산하는 경향이 있었다. 여기에 대해 멕시코에서는 아무도 신경 쓰지 않았다. 하지만 인도 사람들은 차파티 같은 전통적인 빵을 만들어야 했기 때문에 훨씬 더 옅은 색 밀가루를 선호했다. 이 단순한 색깔 변화가 프로그램 전체를 무산시킬 위험이 있었다. 그 무렵 딜바그 싱 아트왈Dilbagh Singh Athwal이라는 인도의 유전학자가 엑스선을 이용한 일련의 실험을 시작했다. 1950년대에 호주 시드니 대학에서 공부했던 아트왈은 식물을 방사선에 노출시켜 유전자 돌연변이를 유도할 수 있다는 사실을 알고 있었다. 그는 이 기법을 활용해 밀의 색을 바꿀 수 있을 것이라고 생각했다. 그리고 약간의 시행착오 끝에 아트왈은 마침내 바라던 대로 돌연변이를 유도하는 데 성공했다. 연한 황금빛이 도는 밀가루를 생산하는 수확량 높은 밀 변종을 만든 것이다. 이 문제가 해결되자 인도 정부는 1960년대 후반부터 농업 프로그램을 확대했다. 그에 따라 1968년까지 인도의 밀 생산량은 40퍼센트 이상 증가했다. 그리고 1971년에는 마침내 외국에서 밀을 수입하지 않아도 될 만큼 충분한 식량을 생산할 수 있었다. 하지만 다른 나라들과 마찬가지로 녹색 혁명은 인도에서도 상당한 논란을 일으켰다. 소규모 농가는 시장에서 밀려났고 고수익 품종이 도입되면서 화학비료 남용으로 생태계가 피해를 입었다. 하지만 인도의 농부가 아닌 정치 지도자들은 이것이 식량 안보를 확보하는 데 따르는 지불할 만한 대가라고 여겼다.[36]

앞서 멕시코의 사례에서 살폈던 것처럼 인도에서 현대 유전학의 발전은 식량 공급에 대한 관심사와 밀접한 관련이 있었다. 1911년 식민지 정부에 의해 설립된 인도 농업 연구소는 머지않아 인도의 식물 유전학 연구를 이끄는 중심지로 부상했다. 이곳에서 일하는 과학자들은 남아시아 시장에 적합한 잡종 밀을 개발하는 데 여러 중요한 돌파구를 마련했다. 이런 연구는 식민지 독립 이후 과학에 대한 지원금이 대폭 증가한 덕분에 가능했다. 1948년에서 1958년까지 인도의 과학 예산은 10배 가까이 늘었다. 여기에는 인도가 과거의 문제에서 벗어나려면 현대적 과학기술에 대한 투자가 필요하다고 여긴 자와할랄 네루 총리의 확신이 반영되었다. 네루는 '과학 정신'이 없다면 인도는 쇠락할 것이라고 경고했다. 이런 상황에서 인도 정부는 자국의 과학적 역량을 기르기 위해 일련의 '5개년 계획'을 시작했다. 소련이 1920년대 후반부터 여러 차례에 걸쳐 시행한 5개년 계획에서 직접적인 영감을 얻은 계획이었다. 네루 자신은 공산주의자가 아니었지만 그럼에도 사회주의에 동조했고 인도가 소련으로부터 배울 것이 많다고 여겼다. 실제로 1950년대에 많은 인도 유전학자들이 공산주의 국가에서 연구되는 농학을 배우기 위해 베이징이나 모스크바로 파견되었다.[37]

1951년부터 1956년까지 1차 5개년 계획 결과 여러 새로운 과학기관들이 설립되었다. 그중에는 1954년 봄베이 외곽에 세운 원자력 기구가 있었다. 독립 이후 인도 정부는 원자력 연구에 상당한 투자를 했다. 여기에는 원자력이 새로운 독립국가에 안전한 에너지원을 제공해 석유나 가스 수입량을 줄이고 에너지 해외 의존도를 낮추었으면 하는 바람이 자리했다. 같은 시기에 인도 정부는 비밀리에 핵무기 프로그램을 개시해 1974년 5월 첫 번째 실험에 성공했다. 앞서 살폈듯 인도에서 원자 과학의 발전은 현대 유전학의 발전과 더불어 이루어졌다. 1958년 네루는 '이런 폭발이 현재와 미래 세대에 미치는 유전적 영향에 대한 연구'에 착수하라고 원자력 기구에 지시를 내렸다. 그에 따라 원자력 기구 안에 분자생물학 전담 팀이 설치되었다.[38]

오바이드 시디키Obaid Siddiqi라는 뛰어난 인도 유전학자가 이 새로운 분자생물학 전담 팀을 진두지휘했다. 1932년 북부 우타르 프라데시주에서 태어난 시디키는 젊은 시절 하마터면 인도를 떠날 뻔했다.

1947년 영국은 인도 아대륙을 이슬람교도가 다수인 파키스탄과 힌두교도가 다수인 인도로 분할했다. 그에 따라 1,400만 명 넘는 인구가 한 나라에서 다른 나라로 떠나는 현대 역사상 가장 대규모 이주가 시작되었다. 그 과정에서 인도 아대륙 전역에서 종교와 관련한 폭력이 발생했고 수십만 명이 목숨을 잃었다. 시디키는 무슬림이었고 그의 친척들은 이미 파키스탄으로 이주했다. 아슬아슬했지만 결국 시디키는 인도에 남아 학업을 마치기로 했다. 그는 우타르 프라데시주의 알리가르 무슬림 대학교에 등록했고 생물학을 전공했다. 이곳을 다니는 동안 시디키는 급진적인 정치에 관여하게 되었다. 그러다가 결국 1949년 대학 재학 중 공산주의 운동가들과 함께 체포되어 지역 교도소에 수감되었다. 그의 회상에 따르면 경비 요원에게 구타를 당하기도 했다고 한다. 이후 2년 만에 시디키는 무혐의로 풀려났다.[39]

수감 생활을 한 경험으로 미루어 보면 시디키는 파키스탄으로 이주하고 싶었을 것이다. 하지만 인도의 많은 무슬림이 그렇듯 그는 인도를 자신의 고향으로 여겼고, 굳이 외국으로 이주해야 할 이유를 찾지 못했다. 시디키는 사실 애국심이 강했다. 그는 과학 연구를 통해 새로 독립국가가 된 인도의 발전에 기여하기를 바랐다. 그래서 1951년 알리가르 무슬림 대학을 졸업한 후, 시디키는 델리에 있는 인도 농업 연구소에 들어갔다. 여기서 그는 식물 유전학을 평생 연구할 계획이었다. 하지만 1954년, 우박을 동반한 지독한 폭풍으로 시디키가 연구하던 농작물 전체가 망가졌다. 실험이 실패하면서 그는 과학자로서 무엇을 하고 싶은지 성찰했다. 1953년 4월에 발표된 DNA의 구조를 밝힌 논문을 막 읽었던 그는 최신 돌파구에 자극받아 공부를 더 하기로 결심했다. 그는 1958년에 스코틀랜드로 건너가 글래스고 대학에서 분자생물학 박사 학위를 받았다.[40]

1961년 박사 학위를 받은 뒤 시디키는 펜실베이니아 대학의 연구원 자리를 제안받았다. 이 무렵 인도 과학자들이 미국에서 박사 후 과정을 밟는 경우가 점점 더 흔해지고 있었다. 미국 정부는 아시아에 공산주의가 확산되는 것을 막고자 인도의 과학 발전을 지원했다.

이런 상황에서 인도 과학자들은 미국이 과거 식민지 강국인 영국 대신으로 택할 매력적인 대안이었다. 시디키는 미국의 과학계에서 승승장구했다. 나중에는 1953년에 DNA 구조를 최초로 발견한 논문의 공동 저자 중 한 명이자 자신의 과학적 영웅인 미국인 생물학자 제임스 왓슨도 만났다. 시디키가 첫 번째 주요 업적을 쌓은 곳도 미국이었다. 그는 펜실베이니아 대학에서 유전학자 앨런 개런Alan Garen과 함께 연구하면서 유기체가 때때로 특정한 유전적 돌연변이로부터 보호받는 자연적인 메커니즘을 발견했다. 몇몇 경우에는 '억제자' 돌연변이로 알려진 두 번째 돌연변이가 더 일찍 발생한 돌연변이의 효과를 상쇄했다. 시디키와 개런은 세균을 연구했지만 이런 억제자 돌연변이는 모든 생물에서 나타났다. 그렇기에 이들의 발견은 과학자들이 특정 유전자 돌연변이의 영향을 정확히 집어낼 수 있게 해주어 인간의 건강에 대한 연구에 폭넓은 영향을 끼쳤다.[41]

1960년대 초에 오바이드 시디키는 인도에 돌아가는 것을 고려하고 있었다. 하지만 이 시기에 인도에는 최첨단 분자생물학 연구를 수행할 만한 연구소가 없었다. 이런 상황에서 그는 봄베이에 있는 원자력 기구의 책임자인 핵물리학자 호미 바바Homi Bhabha에게 편지를 썼다. 시디키는 "인도에서는 시설이나, 지적 환경 측면에서나 분자생물학 발전에 보다 적합한 장소는 전통적인 생물학 연구 기관보다 물리학 관련 연구소인 듯하다"라고 지적했다. 마침 호미 바바는 네루의 요청으로 최근 원자력 기구에 분자생물학 부서를 설립한 참이었다. 1962년 여름, 바바는 시디키에게 타타 기초 연구소 근처로 곧 이전할 새로운 연구소의 소장을 맡아달라고 부탁했다. 당시 인도의 원자력 프로그램 개발을 돕던 바바는 "나는 개인적으로 분자생물학과 유전학 연구를 지원하는 데 매우 관심이 있다"라고 답장을 보냈다.[42]

1970년대에 봄베이에서 연구하면서 시디키는 중요한 과학적 돌파구를 연이어 일궈냈다. 이 연구의 상당수는 신경 유전학이라는 막 성장하는 분야에 속했다. 냉전 기간 과학자들은 원자 방사선과 화학전에 의해 야기된 유전자 돌연변이가 신경계의 기능에 어떤 영향을 미칠지 염려했다. 특히 1970년대 초 미국이 '에이전트 오렌지'라는 암호명으로 불린 파괴적인 화학무기를 베트남전쟁에서 사용했던 만큼 이것은 긴급한 문제였다. 베트남 전역에서 미군 헬리콥터로 살포된 이 화학물질은 나뭇잎을 파괴해서 적군의 엄폐물을 줄이는 데 활용되었다. 하지만 나중에 드러난 바에 따르면 에이전트 오렌지는 인간에게 만성 피부염과 암을 유발했다. 그뿐 아니라 녹색 혁명에 따라 화학 비료와 농약의 사용량이 늘어나는 데 대한 우려도 있었다. 이것들 중 일부는 유전자 돌연변이를 유도한다고 알려졌다. 사실 에이전트 오렌지 역시 원래 화학 제초제로 개발되었다.

시디키는 화학적으로 유발된 돌연변이가 신경계에 미치는 영향을 탐구했다. 이 시기 많은 유전학자처럼 그는 초파리를 연구 대상으로 선택했다. 초파리는 번식이 쉽고 염색체 수가 적어 유전자 분석 과정이 더 간단했다. 봄베이에 있는 실험실에서 그는 초파리 유충을 에틸메탄술폰산염, 줄여서 EMS라 불리는 위험한 화학물질에 노출했다. 그리고 그가 1968년 초빙 교수로 1년을 보낸 캘리포니아 공과 대학에서 일하는 미국인 유전학자 시모어 벤저Seymour Benzer와 편지를 주고받기 시작했다. 시디키와 벤저는 공동 작업을 통해 초파리를 마비시키는 유전자 돌연변이를 화학적으로 유도하는 것이 가능하다는 사실을 증명했다. 두 사람이 확인한 유전자는 파리의 신경계 내부에서 전

기신호의 전도를 통제해 결과적으로 마비에 이르게 했다. 이것은 완전히 새로운 연구 분야를 연 매우 중요한 발견이었다. 당시 초파리는 눈 색깔 같은 비교적 단순한 유전학적 특징을 연구하는 데 주로 활용되었다. 하지만 이제 과학자들은 초파리를 통해 유전자가 신경계의 발달을 조절하는 방식처럼 훨씬 더 복잡한 특징을 연구할 수 있게 되었다.[43]

오바이드 시디키는 미국 유전학자들과 협업하는 동시에 베로니카 로드리게스Veronica Rodrigues라는 인도 유전학자와도 협력해 중요한 실험을 다수 수행했다.[pic24] 1953년에 태어난 로드리게스는 인도 독립이후 과학 분야에서 훈련을 받은 새로운 세대의 인도 여성이었다. 이전 장에서 보았듯 20세기 초에는 소수의 인도 여성이 과학계에 진출했다. 하지만 그들은 남성 동료들의 성차별적 태도라는 중요한 벽에 직면했다. 1947년 독립 이후에도 성차별 문제가 사라지지는 않았다. 1975년까지도 인도 대학에서 과학을 공부하는 학생들 가운데 여성은 여전히 25퍼센트 미만이었다. 그럼에도 인도여성과학자협회 같은 단체의 노력 덕분에 이런 상황은 개선되기 시작했다. 점점 더 많은 인도 여성들이 과학 분야에서 경력을 쌓을 수 있게 되었다. 그리고 로드리게스 같은 몇몇은 과학계 전체를 뒤흔들었다.[44]

로드리게스는 냉전 기간 더 넓은 국제정치의 세계가 어떻게 과학의 발전을 이끌었는지를 보여주는 또 다른 좋은 사례다. 사실 로드리게스는 스무 살까지 인도 밖에서 자랐다. 케냐에서 태어난 로드리게스는 일자리를 찾아 동아프리카에 이주했던 이민자의 딸이었다. 로드리게스의 부모는 대영제국이 동아프리카에서 일할 수십만 명의 인도 노동자를 모집했던 20세기 초에 케냐로 이주했을 가능성이 크다. 가족은 가난한 편이었기 때문에 로드리게스의 어린 시절은 힘들었다.

그래도 다행히 그의 어머니와 아버지는 딸을 나이로비에 있는 학교에 보낼 수 있을 정도의 돈을 겨우 모았다. 로드리게스가 처음으로 과학에 대한 애정을 키운 곳도 바로 여기였다. 1971년, 로드리게스는 우간다에 있는 동아프리카 대학에 진학하러 떠났다. 하지만 수도인 캄팔라에 도착하자마자 로드리게스는 도망쳐야 했다. 이해는 이디 아민 Idi Amin이 우간다에서 군사 쿠데타를 일으킨 해였다. 연이은 폭력 사태로 수십만 명이 목숨을 잃었다. 다른 여러 민족 가운데서도 아민은 우간다의 아시아인을 목표로 삼았다. 결국 1972년 8월 인도인들은 추방 명령을 받았다. 하지만 로드리게스는 대학에서 과학을 공부하려는 꿈을 포기하지 않았다. 그래서 그는 나이로비로 돌아가는 대신 아일랜드로 유학을 떠나 더블린의 트리니티 칼리지에서 생물학 학위를 받았다.[45]

로드리게스는 이 학교를 1976년에 졸업했다. 그 전까지는 엄밀히 말하면 국적이 없는 상태였다. 아일랜드의 학생 비자는 만료되었고 우간다나 케냐로 돌아갈 수도 없었다. 게다가 영국은 과거 식민지 출신들이 영국에 정착하는 것을 막기 위해 이민법을 강화한 참이었다. 갈 곳이 없어지자 로드리게스는 인도로 이주하는 것을 고민했다. 그리고 봄베이에 있는 타타 기초 연구소에 편지를 보내 그곳 박사과정에 입학할 수 있는지 물었다. 과학 분야에서 경력을 계속 쌓겠다는 로드리게스의 결심에 깊은 인상을 받은 시디키는 그를 분자생물학 분과의 학생으로 받아들이는 데 동의했다. 그래서 1976년 말 로드리게스는 23세의 나이로 봄베이에 도착했다. 로드리게스는 이때 인도에 처음 발을 내디뎠다.[46]

로드리게스의 주요 업적은 박사과정을 밟던 1978년에 이루어졌다. 여러 번의 신중한 실험 끝에 로드리게스는 초파리의 미각과 후각에 영향을 끼치는 특정한 유전자 돌연변이를 분리했다. 그리고 시디키와 마찬가지로 초파리에게 유전자 돌연변이를 유도하기 위해 화학 물질을 사용했다. 그런 다음 초파리들이 설탕이나 퀴닌 같은 특정 물질을 좋아하는지, 아니면 싫어하는지 알아보는 실험을 수행했다. 그 결과를 얻은 뒤에는 돌연변이 파리의 해부학적 구조에 대해 살피기 시작했고, 이것이 이 연구의 핵심이었다. 로드리게스는 마침내 특정한 유전자가 초파리 더듬이의 특정 감지 기관의 발달을 유도한다는 사실을 보여주었다. 이 유전자들을 염색체의 특정 영역에 매핑mapping할 수 있었다. 이것은 신경 유전학 역사에서 매우 중요한 순간이었다. 특정한 맛이나 냄새를 감지하는 수준까지 신경계를 통한 유전자 돌연변이의 영향을 추적하는 것이 가능하다는 사실을 증명한 것이다.[47]

1947년, 인도의 독립은 이 나라의 정치 역사뿐만 아니라 과학의 역사에서도 중요한 순간이었다. 인도의 총리 자와할랄 네루는 케임브리지 대학에서 자연과학을 공부했던 인물이었고 새로운 독립국가를 변화시킬 과학의 가능성에 대해 열정적이었다. 소련을 모델로 한 일련의 5개년 계획을 통해 인도 정부는 새로운 연구소와 기관을 설립해 과학계의 역량을 키우기 시작했다. 1954년에 네루가 선언한 바에 따르면 '이곳들은 조국을 위해 만들어진 과학의 사원'이 될 예정이었다. 이런 초기 과학 연구의 상당수는 기아 문제를 해결하는 데 초점을 두었다. 1980년대 초까지 방글라데시, 스리랑카, 미얀마, 베트남, 태국 등지의 과학자들이 식물 유전학을 연구하기 위해 인도 농업 연구소로 오면서 인도는 이 지역의 중요한 연구 중심지로 떠올랐다.[48]

식민지에서 벗어나 독립한 사건은 20세기 인도에서 현대 과학이 발전하는 데 근본적인 영향을 끼쳤다. 인도에 거주하는 무슬림 오바이드 시디키는 1947년 인도 분할 이후 벌어진 폭력 사태를 가까스로 모면했다. 베로니카 로드리게스 역시 대영제국이 몰락하던 시기에 인도에 머물렀다. 로드리게스의 삶은 우리가 반드시 기억해야 할 과학사의 한 시기를 대변한다. 바로 대영제국의 종말이 유망한 젊은 과학자들을 어떻게 국적 없는 이주민으로 탈바꿈시켰는지 보여주는 역사다. 하지만 동시에 이 시기의 과학자들은 독립국가에서 기회를 잡아 새로운 길을 개척하기도 했다. 다음 절에서는 냉전 시대의 과학사에 대한 또 다른 측면을 살필 예정이다. 국경 너머에서 중국의 과학자들은 20세기의 가장 중요한 정치적 사건 중 하나인 중국 공산당의 부상 속에서 악전고투하고 있었다.[49]

마오 주석 치하의 공산주의 유전학

리징준李景均은 몇 달 동안 중국을 탈출할 계획을 세웠다. 마침내 1950년 2월, 그는 중국에 머무는 것이 더 이상 안전하지 않다고 결론을 내리고 아내와 네 살배기 딸을 데리고 베이징에서 기차에 올랐다. 그는 춘절 무렵이었던 만큼 그들 가족이 사라졌다는 것을 당국이 얼른 눈치채지 않기를 바랐다. 이후 몇 주 동안 리징준과 그의 가족은 남쪽으로 계속 여행했고 마침내 광둥에 도착했다. 그런 다음 이들은 심야에 국경을 넘어 당시 여전히 영국의 식민지였던 홍콩으로 들어갔다. 리징준은 여정의 마지막을 잘 마무리하기 위해 기진맥진한 딸을 어깨에 들쳐 업어야 했다. 그리고 홍콩에 도착하자마자 그는 안도감과 피곤에 휩싸여 쓰러졌다. 겨우 정치적 박해에서 자유로워진 것이다. 이제 그는 평화롭게 과학을 연구할 수 있었다.[50]

20세기의 선구적인 유전학자 중 한 사람이 리징준은 1949년 중국 공산당이 권력을 잡았을 때 자신이 국가의 적으로 떠올랐다는 사실을 알게 되었다. 제2차 세계대전이 발발하기 전에 그는 미국 코넬 대학에서 식물 유전학 박사 학위를 받았다. 그는 우리가 앞서 살폈던, 20세기 첫 수십 년간 해외에서 유학한 중국의 신세대 과학자 중 한 명이었다. 하지만 1940년대 초에 중국으로 돌아오자 고향은 내전에 휩싸여 있었다. 마오쩌둥이 이끄는 중국 공산당이 본토 대부분을 차지했고, 국민당은 타이완섬으로 후퇴했다. 1949년 10월 1일, 마오는 중화인민공화국이 건국되었음을 선포했다. 전 세계에서 인구가 가장 많은 나라이자 오늘날 전 세계에서 가장 큰 공산주의 국가의 등장이었다.[51]

당시 리징준은 베이징 농업 대학에서 유전학을 가르치고 있었다. 그리고 머지않아 자신이 더 이상 환영받는 존재가 아니라는 사실을 깨달았다. 10월 말, 중국 공산당 간부인 이 대학의 신임 학장은 전 직원을 회의에 소집했다. 리징준을 비롯한 다른 교수들은 멘델 유전학을 그만 가르쳐야 한다는 명령을 받았다(멘델 유전학은 염색체 내에 포함된 유전물질을 통해 독점적으로 생물의 특성이 대물림된다는 당시 가장 널리 받아들여진 유전 이론이었다). 대신 베이징 농업 대학의 과학자들은 트로핌 리센코Trofim Lysenko라는 소련 과학자가 발전시킨 대안적인 유전 이론을 가르쳐야 했다. 이 새로운 이론은 '마르크스주의와 레닌주의를 생물학에 의식적으로 적용한 위대한 업적'이었다. 리징준은 소름이 끼쳤다. 리센코의 악명은 자자했다. 1948년 8월, 레닌그라드 농업과학 아카데미 회의에서 리센코는 유럽과 미국 유전학자들의 연구를 비난하는 연설을 했다. 리센코에 따르면 멘델의 유전학은 마르크스주의와 양립할 수 없었다. 단지 '이상주의 교리'였기 때문이었다. '유전자'의 개념은 '살아 있는 자연의 실제 규칙성'에서 뽑아낸 것이었지만 그 대신 리센코는 유물론과 집단행동에 초점을 맞추어 마르크스주의 철학과 훨씬 더 부합한다고 믿었던 획득 형질의 대물림에 대한 옛 관념을 되살리려고 애썼다. 그리고 여기에 동의하지 않는 사람은 누구든 굴라그로 보내질 예정이었다.[52]

1950년대를 거치며 리센코의 이론은 완전히 잘못된 것으로 판명되었지만, 그것은 중국 전역으로 퍼져나갔다. 중국 공산당 기관지 〈인민일보人民日報〉는 리센코주의가 '생물학의 근본적인 혁명'이며 '옛 유전학은 철저한 개혁의 대상'이라는 글을 실었다. 이와 비슷하게 다른 신문은 "멘델이 주장한 유전 이론은 생물학 교과서에서 삭제되었다"라고 자랑스럽게 발표했다. 같은 시기에 중국은 소련 과학자들을 초청해 대학에서 강의하게 했고, 러시아어 교과서를 중국어로 번역했다. 베이징의 한 영화관에서 리센코 이론의 기초를 설명하는 소련의 선전 영화를 중국어로 더빙해 상영하기도 했다. 이것은 모두 1950년대 초에 소련과 동맹을 맺으려던 마오의 노력이었다. 그는 중국은 "소련의 발전된 경험에서 배워야 한다"고 선언했다. 그러면 중국의 과학 발전을 가속화할 뿐 아니라 '소련을 비롯한 모든 사회주의국가와의 동맹 강화'에도 도움이 될 터였다.[53]

리징준은 중국 공산당이 선전하는 '새로운 유전학'을 pic23 가르치도록 강요받기보다는 중국을 아예 떠나는 쪽을 선택했다. 홍콩으로 탈출한 직후 그는 자신의 경험을 담은 짧은 편지를 썼다. 그리고 이 글은 미국 유전학회의 공식 간행물인 〈유전학 저널Journal of Heredity〉에 '중국에서 유전학이 죽다'라는 제목으로 실렸다. 이것은 국제 과학계가 중국에서 세를 넓히던 리센코주의에 대해 접한 첫 번째 사례였다. 이 글에서 리징준은 "베이징 농업 대학은 공산당에게 완전히 넘어갔으며 멘델 유전학 강좌는 즉시 중단되었다"고 적었다. 또 그는 중국 공산당이 자신들의 이념에 동조하도록 엄격하게 강요했다고 설명하면서 "사람들은 리센코 이론에 충성을 맹세하거나 나라를 떠나야 했다. 그리고 나는 후자를 택했다"라고 설명했다. 그런 다음 리징준은 도움을 호소하며 편지를 마무리했다. 그는 "내가 만약 여러분이 알고 있는 미국의 대학이나 기관에 도움이 된다면 기꺼이 일할 것이다"라고 덧붙였다.

다행히 그는 이듬해 피츠버그 대학의 교수로 임명되어 남은 생애 동안 집단유전학 분야에서 새로운 통계적 방법의 활용에 대한 선구적인 연구를 수행했다. 그리고 다시는 중국에 돌아가지 않았다.[54]

리징준은 1949년 마오쩌둥 주석이 부상한 이후 중국을 탈출한 수많은 과학자 가운데 한 명이었다. 그가 겪은 박해는 이데올로기 갈등이 20세기, 특히 냉전 시대의 과학을 어떻게 형성했는지를 다시 한번 일깨워준다. 1950년대에 미국 정부는 전 세계의 과학자들이 정치적 억압에서 벗어나도록 돕는다는 데 큰 자부심을 가졌다. 한 저명한 미국의 유전학자는 리징준의 경험이 '과학의 자유를 옹호하고 전체주의에 도전해야 할 필요성을 드러내는 한 사례'라 말했다.[55]

하지만 이는 단지 이야기의 한 단면에 불과하다는 사실을 기억해야 한다. 사실 중국의 과학자들은 예외적일 만큼 어려운 상황에 직면해 있었다. 많은 과학자가 직위에서 해임되어 다시는 볼 수 없게 되었다. 게다가 당의 노선을 따르는 사람들이라 해도 실험 장비와 국제 과학 학술지에 대한 접근이 제한되면서 더 넓은 세계와 단절되었다. 하지만 우리는 이 시기의 과학자들이 공산주의 국가에서 연구했던 만큼 어떠한 가치 있는 작업도 할 수 없었다고 단정 지어서는 안 된다. 이러한 관점은 중국을 근대화에 뒤떨어진 후진국으로 묘사하는 냉전 시대의 서사를 강화할 뿐이다. 그뿐 아니라 이러한 서사는 말도 안 되는 환경을 딛고 현대 과학의 발전에 수많은 중요한 기여를 한 많은 중국 과학자들에게 해를 끼친다. 결국 우리가 20세기 중국의 과학사를 제대로 이해하기 위해서는 균형을 잘 잡아야 한다. 특히 마오쩌둥 주석 치하의 공산 정권이 지녔던 억압적인 성격을 인정할 필요가 있다. 그러는 동시에 중국 과학자들의 업적을 단순히 깎아내리기보다는 적절히 인정할 필요가 있다.[56]

일반적인 믿음과 달리 마오쩌둥 자신이 현대 과학을 반대한 것은 아니었다. 사실 전 세계의 여러 사회주의 지도자들이 그랬듯 마오는 과학이 공산주의 아래서 번영할 것이라고 믿었다. 1957년 마오쩌둥은 이렇게 선언했다. "우리는 분명 근대적 산업, 농업, 과학으로 사회주의국가를 건설할 수 있다." 그리고 몇 년 뒤에도 '과학적 실험'이 '사회주의 강국 건설을 위한 3대 혁명 운동' 중 하나라고 주장하면서 이 주장을 반복했다. 그에 따라 중국 정부는 새로운 과학 기관을 설립하는 데 상당한 양의 자금을 투자했고 1953년부터 1957년까지 첫 5개년 계획을 실행하는 동안 국가 과학 예산을 3배로 늘렸을 정도였다. 1959년에 마오쩌둥은 베이징에 중국 과학 아카데미와 연계된 새로운 유전학 연구소의 설립을 승인했다. 그리고 1967년 중국은 최초의 핵무기 실험에 성공을 거둬 이 나라가 어떠한 종류의 기술도 발전시킬 능력이 없다고 가정했던 미국의 많은 정책 입안자들을 놀라게 했다.[57]

같은 시기에 중국 공산당은 리셴코주의에 대한 추종에서 벗어났다. 여기에는 지정학적인 상황이 변화했던 탓도 있었다. 1956년 마오쩌둥은 전 세계에 혁명을 일으킨다는 대의에 부합하지 않는다고 여겨진 소련과 결별하려 했다. 같은 해, 마오는 특히 과학에 관한 지적인 다양성의 필요성을 역설하는 영향력 있는 연설을 했다. 그는 이렇게 선언했다. "백 송이 꽃이 피게 하고 백 개 학파가 다투게 하라(百花齊放 百家爭鳴, 백화제방 백가쟁명)." 이 연설은 몇몇 중국 과학자가 유전학의 미래에 대한 대규모 회의를 열도록 자극했다. 개회식에서 중국 공산당 간부는 리셴코주의가 더 이상 국가 정책의 일환이 아님을 분명히 알렸다. "우리 당은 소련처럼 유전학에 대한 논쟁에 직접 개입하고 싶지 않다." 공산당 간부는 이렇게 설명했다. 그는 최근 발견된 DNA 구조에 대해 마르크스주의적인 해석을 하기도 했다. 유전자 개념에 물질적 기반이 있다는 사실이 증명되었다고 지적했던 것이다(마르크스주의 철학의 핵심은 모든 것, 심지어 유전자 같은 과학적 개념도 삶의 물질적 조건에 따른 산물이라는 생각이었다. 마르크스의 표현에 따르면 "사람의 의식이 그들의 존재를 결정하는 것이 아니라, 그들의 사회적 존재가 의식을 결정한다"). 이 간부는 마오쩌둥의 연설을 언급하며 다른 분야와 마찬가지로 중국 공산당의 정책적 목표는 '백 송이 꽃을 피우는 것'이라고 말했다.[58]

우리가 앞서 살폈듯 현대 유전학에 대한 중국 정부의 새로운 관심은 주로 식량 공급에 대한 우려에서 비롯되었다. 제2차 세계대전 기간 중국은 200만 명 이상이 사망하는 심각한 굶주림을 겪었다. 이 것은 1959년에서 1961년 사이의 중국 대기근으로 이어졌다. 3년 동안 1,500만 명 넘는 사람들이 목숨을 잃은 인류 역사상 최악의 기근이었다. 이 기근은 여러 요인에 의해 발생했지만, 이 가운데 가장 중요한 것은 식량보다는 철과 철강의 생산으로 농민들을 내몬 중국 공산당의 정책이었다. 이 흐름은 리셴코주의를 채택하면서 더욱 악화되었다. 중국의 농학자들이 1950년대 대부분을 헛된 실험에 시간을 낭비했기 때문이었다. 처음에 마오는 책임을 인정하고 싶지 않았다. 하지만 1960년대 이후 중국 공산당은 이런 재앙을 되풀이할 여유가 없다는 사실을 인식하고 농업과 현대 유전학을 발전시키는 데 상당한 투자를 시작했다.[59]

위안룽핑 袁隆平은 대기근에 대한 괴로운 기억에 시달렸다. 그는 나중에 길가에 누워 있는 시체들과 살아남기 위해 필사적으로 흙을 퍼먹는 아이들을 본 일을 회상했다. 그가 중국에서 농작물 수확량을 증가시키는 새로운 방법을 찾도록 동기를 부여받은 것은 이 암울한 경험이었다. 오늘날 그는 유럽과 미국의 여러 과학자가 불가능하다고 여겼던 중요한 돌파구인 잡종 쌀 품종을 처음으로 개발한 업적으로 기억된다. 1930년 베이징에서 태어난 위안룽핑은 중국 유전학 역사의 이면을 드러낸다. 이전 세대 대부분의 중국인 과학자들과는 달리 그는 미국에서 교육받지 않았다. 대신 1950년대 초 중국 공산당이 설립한 신설 대학 중 하나인 남서 농업 대학에서 식물 유전학을 공부했다. 그는 중국에서 리센코주의가 여전히 유전학을 지배하던 시기에 대학을 다녔고 심지어 러시아어를 배우도록 강요받았다. 하지만 위안룽핑을 가르치던 강사 중 한 명이 그에게 멘델 유전학을 비밀리에 소개해주었고, 유명한 미국 교과서의 옛 중국어 번역본을 건넸다. 하지만 이것은 무척 위험한 일이었고, 이 강사는 나중에 직위에서 해임되어 다시는 볼 수 없었다. 위안룽핑은 멘델에 대한 책을 계속 읽었지만 곧 죽은 듯이 고개를 숙이는 법을 배웠고 읽던 책을 〈인민일보〉 최신판에 싸서 숨겼다.[60]

1953년에 대학을 졸업한 뒤 위안룽핑은 후난성 서쪽 끝 오래된 절에 자리한 안장 농학교에서 일하도록 배정되었다. 이런 외딴 지역에서도 리센코주의는 유전학자들이 연구를 수행하는 방식에 영향을 미쳤다. 위안룽핑은 토마토를 고구마에 접목해 새로운 잡종을 생산하는 엉뚱한 실험을 수행하라는 요구를 받았다. 말할 필요도 없이 그 실험들은 실패했다. 몇 년 뒤에는 중국 대기근이 후난성을 덮치면서 위안룽핑은 참상을 직접 목격했다. 그는 당시를 이렇게 회상했다. "나는 도로변, 밭이랑, 다리 밑에서 죽어가는 사람을 5명이나 보았다." 1959년에서 1961년 사이 일어난 대기근이 끝나면서 위안룽핑은 마침내 안장 농학교에서 멘델 유전학을 가르칠 수 있었다. 앞에서도 언급했듯 이때쯤 중국은 소련과 결별했기 때문에 이제 리센코주의를 비판하는 것은 상관없었다. 그럼에도 위안룽핑은 여전히 사회주의 모델을 따라 과학 연구를 수행할 것으로 기대되었다. 중국 공산당은 '늙은 농부와 교육받은 청년이 서로에게 배울 수 있는 대중 과학'의 개념을 장려했다. 그리고 〈인민일보〉는 "대부분의 경우 발명품은 전문가나 학자가 아니라 노동자에게서 나온다"라고 설명했다. 그에 따라 위안처럼 대학에서 교육을 받은 과학자들은 시골 농부들에게서 배우며 들판에서 시간을 보낼 것으로 기대되었다. 마오쩌둥 주석은 이것을 '농촌 과학 실험 운동'이라고 불렀다.[61]

그래서 위안룽핑은 멘델 유전학의 기초 지식을 농부들과 이야기하고 가르치며 주변 들판에서 많은 시간을 보냈다. 나중에 돌아보니 이 시간은 오히려 유용했다. 1964년 여름, 살던 지역의 논을 거닐던 위안룽핑은 이상한 모양의 꽃을 피우는 특이한 벼 품종을 우연히 발견했다. 강한 호기심에 사로잡힌 그는 그 표본을 안장 농학교로 가져갔다. 식물의 꽃은 암수 생식기관을 자연적으로 모두 가지고 있다. 꽃밥이라고 불리는 수컷 생식기관은 꽃가루를 생산하며, 심피라고 불리는 암컷 생식기관은 꽃가루를 받는다. 이 별난 벼의 표본을 현미경으로 살피던 위안은 곧 꽃밥이 모두 오그라들어서 꽃가루를 생산하지 않는다는 사실을 알아챘다. 이것은 이 식물이 '웅성 불임'으로 알려진 상태임을 보여주었다.[62]

위안룽핑은 즉시 자신이 발견한 사실의 중요성을 깨달았다. 벼는 원래 자가수분을 하는 식물이기 때문에 과학자들은 잡종 벼를 재배하는 것이 현실적으로 불가능하다고 여겼다. 다른 품종과 교배할 기회를 얻기도 전에 스스로 수분을 하기 때문이었다. 미국과 멕시코의 유전학자들이 타가 수분을 하는 옥수수를 집중적으로 연구한 것도 이런 이유 때문이었다. 하지만 위안룽핑은 이제 잡종 벼를 재배하는 일이 가능할지도 모른다는 사실을 깨달았다. 그가 후난성의 들판에서 발견한 벼는 단순히 무작위적인 유전자 돌연변이 때문에 자가수분을 할 수 없었다. 하지만 중요한 점은 이 식물의 암컷 생식기관이 여전히 온전했고 다른 벼에 의해 수분될 수 있다는 사실이었다. 그렇기에 이제 이론적으로 다른 품종의 벼를 선택해 웅성 불임인 이 표본과 타가 수분하는 작업이 가능해졌다. 많은 사람이 불가능하다고 여겼던 개량된 쌀 품종을 만들 수 있게 된 것이다.[63]

1966년 위안룽핑은 베이징의 중국 과학원이 발간하는 주요 정기 간행물인 〈과학통보科學通報〉에 자신의 발견을 보고했다. 이 발견은 중국에서 잡종 쌀을 재배하는 대규모 프로그램의 시작이었다. 여러 측면에서 이는 마오쩌둥의 '대중 과학'이 실제로 행해지는 하나의 사례였다. 위안룽핑은 중국 시골에서 소작농과 함께 지내며 이런 발견을 해냈다. 그리고 프로그램을 확장하기 위해 그는 이 소작농들이 웅성 불임 벼의 더 많은 사례를 확인하고 채집하도록 훈련시켜야 했다. 이후 몇 년에 걸쳐 위안룽핑과 그의 팀은 1만 4,000개 이상의 표본을 수집했는데, 그중 재배에 적합한 것은 5개뿐이었다. 이런 작업은 유전학 연구였지만 우리가 흔히 생각하는 모습과는 달랐다. 첨단 실험실도, 엑스선도, 화학물질도 없었다. 대신 위안룽핑은 유전학을 현장에 되돌아가게 했다.[64]

하지만 사회주의 과학에 대해 이렇듯 확실하게 공헌했는데 위안룽핑은 정치적 박해를 벗어나지 못했다. 1969년 어느 날, 직장에 도착한 위안은 벽에 누군가 손수 붙인 포스터를 발견했다. 여기에는 "반혁명 활동가 위안룽핑 타도!"라고 적혀 있었다. 당시는 마오쩌둥 주석이 이끈, 부르주아 사회의 잔재를 반대하는 운동이었던 문화대혁명의 절정기였다. 지식인을 비롯한 중산층 출신이 타깃이었다. 중국 전역의 대학생들은 잠재적인 '반동분자'를 색출해 당국에 신고하도록 장려되었다. 이런 상황에서 위안룽핑은 대학 교육을 받았다는 데 더해 유럽과 미국 유전학에 관심을 가졌다는 이유로 두드러져 보였다. 몇 주 뒤 안장 농학교 교장은 위안룽핑을 해임했다. 그리고 근처의 탄광에서 일하도록 배치되었다.[65]

문화대혁명 때 수천 명의 중국 과학자가 위안룽핑과 비슷하게 강제 노동 수용소로 보내졌다. 그리고 상당수는 다시 볼 수 없었다. 하지만 위안룽핑은 운이 좋은 편이었다. 두 달 동안 힘든 노동을 하던 그는 갑자기 석방되어 안장 농학교로 돌아가라는 지시를 받았다. 위안의 연구 내용이 그를 구한 것이었다. 국가 과학기술 위원회에 근무하는 한 담당자가 〈과학통보〉에 실린 위안룽핑의 글을 읽고 이것이 중국 농업의 미래에 대해 갖는 의의를 알아차린 것이었다. 이후 이 담당자는 위안의 석방을 명령하는 전보를 안장 당국에 보냈다. 위안룽핑은 마침내 중국 공산당의 허락과 함께 평화롭게 자신의 연구를 계속할 수 있었다. 그리고 여러 품종을 넘나들며 약간의 시행착오를 거친 끝에 1973년 위안룽핑은 세계 최초로 농업 생산에 활용할 수 있는 잡종 벼를 개발하는 데 성공했다. 이전까지만 해도 많은 과학자가 불가능하다고 여겼던 결과였다.[66]

여러 면에서 중화인민공화국에서 이처럼 현대적인 유전학이 발전했다는 것은 예외적인 일이었다. 1950년대 초, 중국 공산당은 신빙성이 없는 소련 생물학자 트로핌 리센코의 이론을 지지했고 그에 따라 저명한 유전학자들 다수가 해외로 도피했다. 중국 공산당이 리센코주의를 버린 뒤에도 유전학은 여전히 깊은 이데올로기 갈등의 원인이 되었다. 유전학자 위안룽핑은 사회주의 체제에서 모범적인 과학자로 활동했지만, 문화대혁명 중 자행된 이데올로기적인 숙청에서 간신히 벗어났다. 이런 사례는 소련의 경우만 봐도 분명 특별했다. 하지만 여러 면에서 중국의 현대적 유전학이 발달한 역사는 우리가 앞서 살핀 것과 매우 비슷한 패턴을 따랐다. 그렇기에 우리는 중국을 예외로 여기기보다는 냉전 시기 과학이라는 더 광범위한 역사에 중국의 사례가 어떻게 들어맞는지 이해하려고 노력해야 한다.

멕시코나 인도와 마찬가지로, 중국에서도 현대 유전학의 발달은 국가의 실용적인 수요, 특히 식량 생산량 증대에 대한 요구와 밀접하게 연관되어 있었다. 다소 아이러니하게도 미국이 공산주의와의 싸우기 위한 연장선상에서 추진한 녹색 혁명을 누구보다 열렬히 지지했던 사람은 마오쩌둥이었다. 1960년대에 마오쩌둥은 이른바 '과학적인 농경'을 부르짖었다. 그는 화학비료나 살충제를 사용하고 개량된 주요 곡식 작물을 개발해서 중국 농업을 현대화하고 인민을 먹여 살리는 데 도움을 받고자 했다. 그 전략은 효과가 있는 것처럼 보였다. 오늘날 위안룽핑이 개발한 잡종 벼의 최신 버전은 중국뿐 아니라 인도, 베트남, 필리핀에서도 재배되어 아시아 전역에 걸쳐 수억 명을 먹여 살리고 있다.[67]

이스라엘의 건국과 유전학의 발전

매일 아침 조지프 구레비치Joseph Gurevitch는 차를 타고 예루살렘 외곽의 이민자 수용소로 갔다. 일단 도착한 뒤에는 환자를 진찰하고 예방주사를 놓고 혈액 샘플을 채취하는 등 왕진을 돌았다. 1949년에서 1951년까지 60만 명 이상의 유대인 이민자가 이스라엘에 도착했다.[pic26] 이들 중 대다수는 1948년 이스라엘 건국 이후 정부가 설립한 수용소를 거쳤다. 상당수의 이민자는 유럽에서 왔는데, 홀로코스트 생존자인 경우가 많았다. 중동과 아프리카, 아시아의 유대인 공동체에서도 왔다. 이들은 모두 반유대주의에서 벗어나 새로운 삶을 시작하고자 이스라엘에 도착했다. 구레비치는 새로 도착한 이민자들을 검진하고 돌보기 위해 고용된 수백 명의 의사 중 한 명이었다. 19세기 말 독일의 정통파 유대교도 가정에서 태어난 그는 제1차 세계대전 이후 체코슬로바키아에서 의학을 공부하고 1920년대 초 팔레스타인으로 이주했다. 이스라엘 건국 당시 구레비치는 예루살렘의 하다사 병원에서 의사로 일하고 있었다. 그가 '유대인들의 유전학'에 대해 관심을 갖게 된 것은 이 시기였다.[68]

이민자 수용소를 돌던 구레비치는 이스라엘에 속속 도착하는 여러 유대인 집단의 신체적 다양성에 큰 인상을 받았다. 예컨대 예멘 유대인들은 유럽에 거주하던 아슈케나지 유대인들과 겉모습이 매우 달랐고, 아슈케나지 유대인들은 페르시아 유대인들과 매우 달라 보였다. 하지만 유대교 경전 '토라'에 따르면 이 모든 유대인 집단은 약 3,000년 전으로 거슬러 올라가면 조상이 같았다. 구레비치는 현대 과학의 최신 기법을 활용하면 이 공통된 조상을 추적할 수 있을지 궁금했다. 그에 따라 구레비치는 예루살렘 주변 수용소에서 유대인 이민자들의 혈액 샘플 수천 개를 모아 하다사 병원의 혈액은행에 보관했다. 각 혈액 샘플은 특정 민족 집단을 식별하기 위해 주의 깊게 분류된 다음, 해당 개인의 혈액형(A, B, AB 또는 O)을 결정하기 위한 시험을 거쳤다. 이 모든 작업이 완성되자 구레비치는 여러 유대인 공동체에서 나타나는 각 혈액형의 비율을 비교했다.[69]

ABO 혈액형 체계는 1900년경에 발견되었던 만큼 구레비치는 유럽에서 의학 훈련을 받는 동안 그것을 처음으로 알게 되었을 것이다. 1920년대에서 1930년대를 거치며 Rh 체계나 MN 체계 같은 다른 혈액형도 발견되었는데, 각각은 보건 관리 분야에서 서로 다른 역할을 한다. 예컨대 ABO 체계는 혈액이 응고되지 않게 통제하는 과정에 도움이 된다. 다른 혈액형끼리 잘못 섞이면 자칫 혈액이 응고되는 만큼 정확한 혈액형을 수혈받는 것이 무척 중요하다. 제1차 세계대전 기간 전 세계 국가들은 특히 전투에서 부상당한 군인들에게 수혈하기 적합한 피를 제공하기 위해 혈액은행을 설립했다. 이러한 혈액은행은

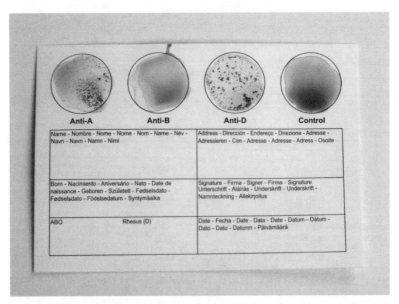

38 혈액에서 ABO 혈액형과 Rh 인자를 식별하기 위한 검사 키트. 20세기의 인구 유전학자들은 혈액형 검사를 폭넓게 활용했다.

주로 의료적 목적으로 활용되었지만, 동시에 유전학 연구 측면에서도 새로운 기회를 제공했다. 처음으로 유전학자들은 개별 환자들의 기록과 쉽게 대조할 수 있는 대규모 혈액 샘플에 접근할 수 있었다. 이 시기의 다른 여러 과학자처럼 구레비치도 혈액형 검사가 인류의 유전적 역사를 추적하는 열쇠가 될 수 있다고 여겼다.[70]

1950년대에 구레비치는 유대인의 유전학적 특징에 대한 논문을 여러 차례에 걸쳐 발표했다. 서로 다른 혈액형 빈도를 비교함으로써, 구레비치는 이스라엘에 도착한 별개의 유대인 공동체들을 통합했을 뿐 아니라 특정 집단을 구별하는 독특한 특성을 보여주려고 애썼다. 예컨대 구레비치는 '쿠르디스탄 유대인'과 '바그다드 유대인'은 둘 다 A형, B형, O형의 빈도가 거의 동일한 경향이 있다는 사실을 발견했다. 이것은 이들의 조상이 같다는 점을 암시한다. 하지만 구레비치는 두 집단 사이에서 M 항원과 N 항원의 상대적 빈도가 상당히 다르며, M

항원을 보유하고 있는 비율이 바그다드 유대인은 40퍼센트인 반면 쿠르디스탄 유대인은 30퍼센트 정도라는 사실을 알아냈다. 다른 논문에서는 Rh 항원의 특정 조합이 '모든 유대인 공동체'에서 동일하다고 밝혔다. 그리고 구레비치는 이것이 "유대인이 공통된 기원을 가진다는 점을 암시한다"라고 주장했다.[71]

중동에서 20세기 후반은 중요한 정치적 변화가 나타나던 시기였다. 제2차 세계대전 이후 영국은 이집트와 팔레스타인에서, 프랑스는 시리아와 레바논에서 철수해야 했다. 그에 따라 1948년에는 이스라엘을 포함한 새로운 국가들이 여럿 탄생했다. 다른 나라들과 마찬가지로 이스라엘에서도 현대 과학은 새로운 독립국가가 성공적으로 나아가는 데 필수라는 생각이 널리 공유되었다. 여기에 대해 예루살렘 히브리 대학의 총장은 1960년에 "이스라엘은 물자가 풍부하지 않고 천연자원도 부족한 작은 나라다. 그런 만큼 국가 발전을 위한 과학 연구의 중요성은 아무리 강조해도 지나치지 않다"라고 말했다. 1952년 설립된 생물 의학 연구소를 비롯해 다수의 새로운 과학 기관을 설립한 이스라엘의 초대 총리 다비드 벤구리온David Ben-Gurion 같은 여러 정치 지도자가 이러한 견해를 공유했다. 그뿐 아니라 이스라엘 정부는 예루살렘 히브리 대학처럼 영국이 팔레스타인을 위임 통치할 때부터 존재했던 과학 기관에 대해서도 자금 지원을 늘렸다.[72]

사실 이 시기에 과학에 대한 국가 수준의 투자는 중동 전역에서 흔한 일이었다. 1952년 이집트 혁명 이후 가말 압델 나세르Gamal Abdel Nasser는 이집트 국립 연구 센터의 설립을 승인했고, 튀르키예 정부는 1960년 군사 쿠데타 직후 과학기술연구위원회를 설립했다. 그뿐 아니라 이집트와 튀르키예 정부는 농업을 발전시키고 국민의 보건을 향상시키고자 유전자 연구에 투자했다. 이집트와 튀르키예의 의사들 역시 이스라엘 의사들과 마찬가지로 중동인들의 유전자 구성에 관심이 많았고, 역시 국가 정체성 문제와 씨름했다. 튀르키예공화국은 1922년 오스만제국이 멸망하기 전까지 자국 땅을 오랫동안 점령했던 아랍인과 유대인 같은 다른 민족들과 튀르키예인을 구별하기 위해 노력했다. 이와 비슷하게 나세르 통치하의 이집트 정부는 탈식민지화에 따른 지역 협력의 기초로서 아랍인 정체성이라는 개념을 공유하고자 했고, 그에 따라 인구 집단의 유전자 연구에 대한 투자를 늘렸다.[73]

우리는 앞서 냉전 기간에 현대 과학, 특히 유전학이 어떻게 다양한 정치적 용도로 활용되었는지 살폈다. 이스라엘에서는 특히 국가 정체성에 관한 문제에서 이것이 확실히 사실이었다. 이스라엘 독립선언서는 '이스라엘의 땅'을 '유대인들의 탄생지'로 규정했고, 1950년에 제정된 귀환법에서는 "모든 유대인은 이 나라에 올 권리가 있다"고 선언했다. 그렇기 때문에 누가 유대인이고 누가 그렇지 않은지의 문제는 20세기 중반에 중요한 정치적 문제로 대두했다. 조지프 구레비치는 현대 유전학이 이 문제를 해결할 방법을 제공한다고 여기는 많은 이스라엘 의사들 가운데 한 명일 뿐이었다. 같은 기간 동안 이스라엘의 정치 지도자들은 의학적 기준에 따라 선별되는 일종의 '이민 규제'가 필요한지에 대해서도 논의했다. 실제로 1950년의 귀환법에 따르면 이스라엘 정부는 공중 보건을 위협할 수 있는 사람은 누구든 거부할 수 있도록 허용하는 조항을 포함시켰다. 그에 따라 정부는 이민자 수용소를 설치해 새로운 입국자들을 검진하고 예방접종이나 말라리아 예방약을 주었다. 국가 정체성과 공중 보건이라는 이 두 가지는 중동에서 현대 유전학이 발전하는 데 중요한 역할을 했다.[74]

1961년 9월, 예루살렘의 히브리 대학교는 집단유전학에 관한 대규모 국제회의를 개최했다. 이 자리에는 앞서 우리가 살폈던 일본의 원폭상해조사위원회의 일원으로 활동했던 미국의 유전학자 제임스 닐, 그리고 당시 영향력 있는 저서《인류 혈액형의 분포The Distribution of the Human Blood Groups》(1954)를 펴낸 영국의 유전학자 아서 모런트Arthur Mourant 등이 참석했다. 인류의 기원에 대한 최신 연구를 공유하고자 인도, 브라질, 튀르키예에서도 학자들이 참여했다. 하지만 당시에 이웃 아랍 국가들의 과학자들도 집단유전학 분야에서 비슷한 문제를 연구하고 있었음에도 이들 나라에서는 대표자가 참석하지 않았다. 예컨대 베이루트 아메리칸 대학에서 일하는 레바논 출신 의사 무니브 샤히드Munib Shahid는 최근 아랍인 집단의 겸상적혈구 빈혈 유병률에 대한 여러 편의 논문을 발표했고, 카이로에 있는 국립 혈청 연구소에서 일하는 이집트 출신의 의사 카리마 이브라힘Karima Ibrahim은 모런트와 '이집트인의 혈액형'에 대한 논문을 공동 저술했다. 하지만 1948년 아랍-이스라엘 전쟁과 1956년 수에즈 위기를 생각하면 샤히드나 이브라힘이 예루살렘에서 열린 학회에 참석하지 않은 것도 놀랄 일은 아니었다.[75]

이 학회를 조직한 사람은 엘리자베스 골드슈미트Elisabeth Goldschmidt 라는 이스라엘의 유전학자였다.[pic27] 이 시기 다른 여러 유대인 과학자들이 그랬듯 골드슈미트 역시 나치 독일에서 온 난민 출신이었다. 1912년 유대인 가정에서 태어난 골드슈미트는 1930년대 초부터 프랑크푸르크 대학에서 의학을 공부했지만 나치가 득세하자 도피할 수밖에 없었다. 독일에서 영국으로 탈출한 골드슈미트는 런던 대학에 입학해 동물학을 공부했고 1936년에 졸업했다. 이후 그는 영국 위임 통치령 팔레스타인으로 이주해 예루살렘 히브리 대학에서 모기의 유전학을 주제로 박사 논문을 작성했다. 그리고 미국에서 1년을 보낸 후 골드슈미트는 1951년 이스라엘로 돌아와 히브리 대학에 유전학 전문 과정이 최초로 설립되도록 도왔다. 그뿐 아니라 골드슈미트는 1958년에 이스라엘 유전학회를 설립해 초대 회장을 지내기도 했다.[76]

1961년에 학회를 개최하는 배후에 있었던 또 다른 주요 인물은 차임 셰바Chaim Sheba라는 이스라엘 의사였다. 골드슈미트와 마찬가지로 셰바는 반유대주의가 고조되던 시기의 유럽에서 성장했다. 1908년 오스트리아-헝가리에서 태어난 그는 유대인 학교에 다니다 1930년대 초부터 빈에서 의학을 공부했다. 1933년 셰바는 이웃 나라 독일에서 나치당이 선거에 승리하자 오스트리아를 떠나는 것이 최선의 선택이라고 판단했고, 1950년대 초에는 텔아비브 외곽의 텔하쇼머 병원에서 일했다. 구레비치와 마찬가지로 셰바는 근처의 이민자 수용소에서 채혈하고 환자들을 돌보는 일을 맡았는데, '이스라엘 유대인 집단 간의 유전적 차이'에 관심을 갖기 시작한 것은 역시 이 시기였다.[77]

1960년대 초에 이스라엘은 인구 유전학 분야를 연구하는 중심지로 널리 인식되었다. 1961년 학회의 개회식에서 예루살렘 히브리 대학의 총장은 "무척 다양한 환경을 지닌 전 세계 여러 지역에서 온 다양한 인구를 지닌 이스라엘은 유전학자들에게 독특한 실험실을 제공한다"라고 말했다. 이 학회에서 발표된 논문이 무척 다양한 주제를 다루기는 했지만 대다수는 집단유전학과 질병의 관계에 초점을 맞추고 있었다. 예컨대 골드슈미트는 아슈케나지 유대인 집단에서 신경계에 영향을 미치는 유전 질환인 테이삭스 병의 유병률에 대한 최근의 연구를 발표했고, 셰바는 서로 다른 유대인 집단에서 대사 장애의 일종인 포도당-6-인산탈수소효소결핍증의 유병률에 대한 논의를 다뤘다.[78]

보다 분명히 하자면, 이런 종류의 연구는 이스라엘에서만 이뤄졌다기보다는 사실 냉전 시대 전 세계에 걸쳐 흔하게 진행되었다. 이 학회에 참석한 다른 과학자들은 다른 지역이나 민족 집단에 대한 자신의 연구를 발표했다. 일본의 한 유전학자는 '백인과 일본인의 차이점'에 대한 최근 연구를 소개했고, 브라질의 유전학자는 자신이 '백인'과 '비백인'으로 나눈 집단에서 나타난 돌연변이에 대한 연구를 발표했다. 그리고 쉽게 예상할 수 있지만 이스라엘 학자들은 자신들의 연구와 나치가 행한 우생학을 분명히 구분했다. 1960년대에 골드슈미트는 특히 현대 과학에서 우생학이 지속적인 영향을 미치는 데 반대하는 운동을 활발하게 전개했고, "사이비 유전학 논쟁이 수백만 명을 몰살시키는 빌미를 제공했다"는 점을 국제사회에 상기시켰다. 학회에 참석한 다른 과학자들 역시 "그동안 집단유전학이라는 이름으로 엄청난 잔학 행위가 일어났던 적이 있다"는 사실을 기억해야 한다고 촉구했다.[79]

냉전 시기는 인종과 정체성에 대한 과학적 지식이 상당한 변화를 겪은 때였다. 제2차 세계대전 이전에 대부분의 과학자는 인종을 단순한 생물학적 사실로서 이해했다. 하지만 홀로코스트의 여파로 이러한 견해는 점점 더 많은 공격을 받게 되었다. 1950년 유엔에서 출판된 영향력 있는 〈인종에 대한 성명서 Statement on Race〉는 '모든 실용적인 사회적 목적에서 볼 때 인종이란 생물학적인 현상이라기보다는 사회적인 하나의 신화'라고 주장했다. 유전학자들은 인종을 고정된 생물학적 개념으로 간주하기보다는 지속적인 일종의 흐름으로 여겼다. 그에 따라 현대 집단유전학은 고정된 인종 집단을 확인하는 것이 아니라, 오히려 시간에 따른 여러 공동체의 이주와 혼합 과정을 추적하는 데 초점을 맞추었다. 이것은 혈액형이 그토록 인기 있는 연구 주제로 부상한 이유 중 하나였다. 영국의 유전학자 아서 모런트는 이렇게 설명했다. "혈액형에 대한 연구는 우리가 무척이나 자랑스럽게 여겼던 국가의 내부에 자리한 이질성을 보여주며, 오늘날의 인종이란 일시적으로 통합된 결과에 불과하다는 견해를 지지한다." 어느 민족이든 유전적인 다양성은 상당했다. 모런트는 "우리는 혈액을 인종적 요소 중 하나로 여기는 신비주의적인 관념을 부인해야 한다"라고 결론 내렸다.[80]

하지만 이 인종에 대한 견해는 실제 현장보다 원칙적으로 훨씬 더 쉽게 유지되었다. 여러 새로운 국가가 형성되는 과정에서는 강한 국가 정체성에 대한 정치적인 요구가 우선되는 경우가 많았다. 앞서 1948년 이스라엘이 건국된 직후 조지프 구레비치가 ABO 혈액형에 대한 연구를 통해 '유대인의 공통 기원'을 규명했다고 주장했던 사례를 살폈다. 셰바도 유전된다고 알려진 포도당-6-인산탈수소효소 결핍증의 확산이 서로 다른 유대인 집단의 '민족적 기원'을 추적하는 데 활용될 수 있다고 비슷한 주장을 했다. 물론 회의적인 반응을 보이는 사람들도 있었다. 예를 들어 골드슈미트는 테이삭스 병이 유대인의 정체성을 드러내는 좋은 지표라는 것을 부인했으며, 모런트는 "현대 유대인 공동체의 유전적 구성은 폭넓은 다양성을 보여준다"라고 주장했다. 결국 대부분의 과학자는 단 하나의 '유대인 유전자'란 존재하지 않지만, 그럼에도 유전적 역사를 통해 서로 다른 유대인 집단의 이동을 추적하는 것은 가능하다고 주장하면서 균형을 찾으려고 노력했다.[81]

차임 셰바와 아서 모런트가 인류의 유전적 역사에 대해 토론하고 있을 때, 농업의 기원에 대해 탐구하는 또 다른 학자들이 있었다. 역사가들은 약 1만 년 전으로 거슬러 올라가는 최초의 농업 공동체가 흔히 '비옥한 초승달 지대'라고 불리는 팔레스타인과 페르시아 사이의 지역에 자리했다고 오랫동안 믿었다. 1960년대 초 예루살렘 히브리 대학의 과학자 팀은 이 가설을 실험하기 시작했다. 다니엘 조하리Daniel Zohary라는 식물 유전학자가 이 팀을 이끌었다. 1926년 예루살렘에서 태어난 조하리는 제1차 세계대전 이후 오스트리아에서 팔레스타인으로 옮겨 간 저명한 식물학자의 아들로 태어났다. 어린 시절 그는 아버지와 함께 식물학 현장 답사에 나섰고, 특히 갈릴리해 주변을 다니며 식물 분류학의 기초를 배웠다. 1946년에 조하리는 아버지의 발자취를 따르고자 예루살렘 히브리 대학에 입학해 식물학을 공부했다. 하지만 1948년 아랍-이스라엘 전쟁이 발발하면서 그의 학업은 중단되었다. 스코푸스산에 자리했던 예루살렘 히브리 대학의 캠퍼스가 요르단 군대에 점령되는 바람에 학생들은 대피해야 했다. 조하리는 가까스로 탈출에 성공했고 군대에 들어가 싸웠지만 그의 친한 친구 중 한 명은 목숨을 잃었다. 전쟁이 끝난 뒤 조하리는 학위 과정을 마치기 위해 기바트 람에 새로 세운 대학 캠퍼스로 돌아왔다.[82]

이때까지만 해도 조하리의 과학 지식은 아버지의 지식과 크게 다르지 않았다. 하지만 1950년대 초 조하리가 미국을 방문한 이후 모든 것이 바뀌었다. 그는 1952년에서 1956년까지 캘리포니아 대학 버클리 캠퍼스에 다니면서 유전학 박사 학위를 받았다. 그리고 이 학교에서 길든 농작물의 기원을 확인하는 데 유용한 기법을 배웠다. 그뿐 아니라 현미경으로 식물 염색체를 관찰하고, 염색한 다음 띠 패턴을 비교하며 시간을 보냈다. 조하리가 평생지기 친구이자 공동 연구자였으며 나중에 미국 농무부에서 일한 잭 할런Jack Harlan이라는 미국인 유전학자를 만난 곳도 캘리포니아 대학이었다. 조하리와 할런은 힘을 합쳐 '인류 역사에서 곡물의 작물화가 일어난 것은 언제, 어디서, 그리고 어떤 상황에서였는지' 알아내고자 했다. 하지만 조하리는 이 문제와 제대로 씨름하고 싶다면 '비옥한 초승달 지대'로 떠나야 한다는 사실을 재빨리 깨달았다. 그래서 박사 학위를 마친 조하리는 1956년 이스라엘로 돌아와 예루살렘 히브리 대학 유전학과에 자리를 잡았다.[83]

농업의 역사에 대한 조하리의 접근법은 앞서 우리가 살폈던 멕시코 농업 프로그램의 작업 방식과 많은 공통점이 있었다. 조하리는 먼저 다양한 종류의 야생 식물, 특히 밀과 보리 같은 주요 작물과 관련이 있을 것으로 여겨지는 식물들의 다양한 변종을 채집하러 나갔다. 하지만 '비옥한 초승달 지대'가 이스라엘 영토 너머로 뻗어 있었기 때문에 이 작업은 말처럼 쉽지 않았다. 조하리는 미국의 할런과 영국, 이란, 소련의 식물학자들에게 그들 지역의 종자 은행에서 샘플을 보내달라고 부탁하는 편지를 보내야 했다. 다행히 최근 튀르키예 서부의 이즈미르에 자리한 유엔 식량 농업 기구의 지원을 받아 이 지역에 대규모 종자 은행이 설립된 덕분에 조하리의 작업은 보다 수월해졌다. 그는 방대한 표본을 수집한 뒤 다양한 품종의 야생 식물을 비교하기 시작했다. 1950년대에 조하리는 캘리포니아 대학에서 배운 '염색체 분석'에 집중했다. 식물의 염색체를 염색하고 현미경을 비교하는 작업이었다. 하지만 1970년대에 여러 차례 기술 혁신이 일어나면서 조하리는 비교하고자 하는 식물에서 직접 추출한 DNA의 실제 염기서열을 분석할 수 있었다. 그리고 나면 어떤 것들이 유연 관계가 가깝고, 또 어떤 것들이 먼 친척인지 결정하는 '유전적 거리'를 정확하게 계산할 수 있었다. 조하리는 "인류가 재배한 작물의 기원을 탐구하는 문제에서 이러한 새로운 분자적 기술의 영향력은 이제 막 실감되기 시작했다"라고 언급했다.[84]

거의 30년에 걸친 집중적인 연구 끝에 조하리는 《구세계 식물의 작물화Domestication of Plants in the Old World》(1988)라는 주요 저작을 출간했다. 독일의 고고학자 마리아 호프Maria Hopf와 공동으로 저술한 이 책에서 조하리는 밀과 보리 같은 주요 곡물이 1만 년 전 고대 중동에서 처음 작물화되었음을 확인했다. 그뿐 아니라 그는 여러 동시대 농작물들의 야생 조상을 확인했고, 그들의 정확한 유전적 친척 관계를 보여주는 중요한 작업을 했다. 이 저작은 상당한 지적 성과이기도 했지만 실용적인 측면도 있었다. 예루살렘 히브리 대학에서 조하리의 동료 중 한 명은 "재배된 곡물들의 원래 야생 조상에 대한 발견은 이 조상이 추가적인 작물 개량을 위한 유전적 재료로 활용될 가능성을 열어준다"라고 설명했다. 이것은 단순하지만 매우 효과적인 아이디어였다. 농학자들은 기존 밀과 보리를 야생 조상과 교배해 농작물의 수확량을 크게 늘릴 수 있었다. 조하리 자신도 밀과 보리의 품종뿐 아니라 채소나 과일을 개량하는 데도 자신의 연구가 적용될 수 있다는 사실을 깨달았다. 이런 점은 1940년대 후반부터 수십만 명의 유대인 이민자가 도착하면서 인구가 급격히 증가하는 상황에서 더욱 필요성이 높아졌다. 이스라엘의 식량 자급자족을 위해 생산량을 증대하는 대규모 노력이 이루어졌기 때문이었다.[85]

20세기 후반, 과학자들은 중동 지역을 인류 역사의 '교차로'에 있다고 표현하곤 했다. 다른 민족들의 이주든, 농업의 기원이든 간에 팔레스타인 주변 땅은 지난 1만 년 동안 가장 중요한 사건이 일어난 곳으로 널리 인정받았다. 이 장에서는 이스라엘 과학자들이 이 역사적 사실을 보다 잘 이해하기 위해 현대 유전학의 최신 결과를 어떻게 이용했는지 알아보았다. 앞서 살폈듯 이스라엘에서 현대 유전학의 발달은 독립국가 형성의 과정과 밀접하게 연관되어 있었다. 유대인의 유전학에 대한 과학적 관심은 제한 없이 이뤄지는 이민에 대한 우려에서 비롯되었고, 농업의 숨겨진 역사에 대한 연구는 식량 생산을 증가시키기 위한 더 광범위한 프로그램의 일부였다.[86]

이스라엘 과학자들은 다수가 나치 독일에서 온 난민이거나 홀로코스트 생존자들이어서 과학 분야에서 반유대주의와 싸우는 데 중요한 역할을 했다. 이스라엘 유전학회 창립자 엘리자베스 골드슈미트는 전후 인구 유전학에서 지속적인 영향력을 미치는 우생학과 싸우기 위해 많은 일을 했다. 하지만 동시에 다른 이스라엘 과학자들은 현대 유전학이 서로 다른 유대인 공동체의 민족적 기원을 추적하는 방법을 제공할지도 모른다고 믿었다. 인간 유전학에 대한 이런 다소 모순된 접근은 이스라엘에서만 국한된 것이 아니라 전후 시기의 특징이었다. 튀르키예에서는 유전학자들이 '아랍인'과 '튀르키예인'을 구별하기 위해 혈액 샘플을 활용했고, 이란에서도 조로아스터교도의 기원을 추적하기 위해 동일한 기술을 사용했다(조로아스터교는 유일신 아후라 마즈다[Ahura Mazda]를 숭배하는 고대 페르시아 종교다-옮긴이). 비슷한 연구가 아시아와 아메리카 전역에서도 수행되었다. 물론 공식적으로 과학계는 인종이 유의미한 생물학적 범주라는 관념을 거부했다. 하지만 이것을 중동을 비롯한 여러 지역에서 대두했던 국가 정체성에 대한 강한 정치적 요구와 균형을 맞추기는 쉽지 않은 경우가 많았다. 오늘날에도 우리는 여전히 유전학, 인종, 국가주의 사이의 이런 해결되지 않은 긴장의 유산과 함께 살아가는 중이다.[87]

결론

2000년 6월 26일, 빌 클린턴Bill Clinton 미국 대통령은 백악관 이스트 룸에서 기자회견을 열었다. 그는 비디오 링크를 통해 영국 총리 토니 블레어Tony Blair뿐 아니라 독일, 프랑스, 일본 대사와 함께했다. 전 세계의 언론이 지켜보는 가운데 클린턴은 연설을 시작했다. "우리는 인간 게놈 전체에 대한 조사가 최초로 완결된 것을 축하하기 위해 여기 모였습니다." 이어 클린턴은 "6개국에서 1,000명 이상의 연구진이 인간의 놀라운 유전 암호 30억 개를 거의 모두 밝혀냈다"라고 설명했다. 10년 전 미국은 인간 게놈 프로젝트를 시작했다. 이 프로젝트에는 30억 달러나 되는 비용이 들었지만, 2000년 여름에 과학자들은 마침내 인간 게놈 전체의 초안을 완성했다. 과학자들은 인간 게놈의 지도가 암이나 파킨슨병 같은 질병의 원인을 더 잘 이해하는 데 도움을 줄 것이라는 희망을 품었다. 그러면 의학은 개개인의 수준까지 개별화되어, 증상을 보이기 전에 유전 요인 때문에 병에 걸릴 위험이 높은 사람들을 미리 알아낼 수 있을 것이다. 이 프로젝트는 미국이 주도하기는 했지만 영국, 프랑스, 독일, 일본, 중국의 유전학자들이 전부 염기서열 분석에 기여하는 진정한 국제적인 작업이었다. 여러 나라의 연구 팀은 특정 염색체 같은 인간 게놈의 일부분을 할당받았다. 그리고 그 결과는 서로 합쳐져서 염기서열을 완성하는 데 쓰였다.[88]

클린턴을 포함한 많은 사람에게 인간 게놈 프로젝트는 냉전 종식의 상징이었다. 이 프로젝트는 소련이 붕괴하기 시작할 무렵에 시작되었고, 여러 대륙의 연구자들이 관여했다. 1976년 마오쩌둥 주석이 사망한 이후로는 중국이 경제 자유화를 시작하고 미국과 외교 관계를 정상화하면서 중국 과학자들까지 참가했다. 클린턴은 인간 게놈 프로젝트가 "전 세계 모든 국민에게 더 나은 삶을 제공하는 방향으로 나아갈 것"이라고 말했다. 그리고 블레어 총리는 "국제적인 과학자 공동체가 이제 우리가 공유하는 가치를 보호하고 이 놀라운 과학적 업적을 전 인류에게 누리게 하고자 국경을 넘나들며 일하고 있다"라고 했다.[89]

이 장에서 언급했듯 현대 유전학의 발전은 냉전 시기의 정치 상황, 특히 신생 국가가 자리 잡는 과정에 의해 근본적으로 형성되었다. 그렇기 때문에 인간 게놈 프로젝트를 국가들이 서로 경쟁하던 냉전 시대에서 세계화 시대로 전환된 순간으로 여기는 것은 꽤 유혹적이다. 소련의 붕괴에 이은 세계화의 물결과 가장 관련이 깊은 두 정치인인 빌 클린턴과 토니 블레어 모두 인간 게놈 프로젝트를 그렇게 이해했다. "인종에 관계없이 유전적으로 모든 인간은 99.9퍼센트 이상 동일하다"라는 생각은 '인간성의 공유'라는 비전을 전파하고자 했던 사람들에게 유난히 매력적이었다. 인간 게놈 프로젝트는 인종차별이 없는 미래를 이끌 것이라 상상되었다.[90]

하지만 여기서 이야기를 끝내는 것은 잘못이다. 냉전의 종식은 역사의 종말이 아니었고, 1990년대 세계화의 확대가 세상을 더 조화롭게 만들지는 못했다. 인간 게놈 프로젝트는 확실히 인종차별을 종식시키지 못했다. 오늘날 우리 모두가 잘 알고 있는 것처럼, 세계화는 훨씬 더 큰 파편화로 이어졌으며, 역사상 어느 때보다도 사람들을 분열시키고 불평등을 강화했다. 과학자들이 유전자 편집의 윤리에 대해 왈가왈부 논쟁을 계속하는 동안, 개별화된 의학에 대한 전망도 대부분 실현되지 못했다.

이 모든 상황이 2000년대에 걸쳐 계속 발전하던 유전학 분야에 반영되었다. 인간 게놈 프로젝트가 거의 끝나자마자, 과학자와 정치 지도자들은 하나의 참고용 게놈이 인류 전체를 대신할 수 있다는 생각에 도전하기 시작했다. 사실 인간 게놈 프로젝트에 의해 해독된 유전물질의 대부분은 뉴욕주 버펄로에 거주하는 남성 기증자로부터 비롯되었다. 그에 따라 전 세계의 국가들은 각자 게놈 프로젝트를 진행하기 시작했다. 여기에는 이란 인간 게놈 프로젝트(2000년에 시작), 인도 게놈 변이 컨소시엄(2003년에 시작), 튀르키예 게놈 프로젝트(2010년에 시작), 게놈 러시아 프로젝트(2015년에 시작), 중국 한족 게놈 계획(2017년에 시작) 등이 포함되었다. 이 모든 프로젝트는 민족주의를 북돋는 효과를 가져왔고, 그에 따라 국가는 다시금 인종적 용어로 여겨졌다. 더 넓은 중국 전체의 유전적, 인종적 다양성을 무시하고 다수인 한족에만 집중했던 중국의 사례가 가장 명백하게 그랬다. 냉전은 끝났을지 모르지만, 유전학은 1950년대만큼이나 2000년대에도 국가 형성의 도구였다.[91]

동시에 각국 정부는 소수민족 집단을 공격 목표로 삼았고, 그에 따른 온갖 사회적, 정치적 문제에 대한 비난을 받게 되었다. 예컨대 게놈 러시아 프로젝트는 '러시아 민족 집단'과 '러시아 민족이 아닌 집단'을 분명하게 구분했다. 후자 가운데는 1990년대 체첸에서 러시아 군대에 맞서 독립하고자 싸웠던 체첸인 등 러시아 정부가 국가 안보에 위협이 된다고 여기는 소수민족이 다수 포함되어 있었다. 미국 정부 역시 소수민족 집단을 대상으로 유전자 검사를 비슷한 방식으로 활용했다. 2020년 초, 국토 안보부는 미국-멕시코 국경을 넘는 이주민들에게서 DNA 샘플을 수집했고, 그 결과는 대규모 범죄 데이터베이스에 포함되었다. 2000년대 들어 중국에서도 국가적 감시의 도구로 유전학을 활용하는 일이 보편화되었다. 2016년 중국 정부는 대다수가 무슬림인 소수민족 위구르인에게서 DNA 샘플을 수집했다. 이것은 모두 위구르족을 추적하고 통제하기 위한 광범위한 노력의 일부였으며, 그에 따라 중국 북서부 신장 전역에 자리한 수용소로 100만 명 넘는 위구르인을 강제 이주시키는 결과로 치달았다. 오늘날 현대 유전학이 약속했던 '인간성의 공유'라는 이상은 그 어느 때보다도 요원한 것 같다.[92]

마치는 글

과학의 미래

2020년 1월 28일 아침, 미국 연방수사국FBI에서 일하는 특수 요원들이 하버드 대학 화학 생물학과 학과장 찰스 리버Charles Lieber를 체포했다. 세계적으로 유명한 나노과학 전문가인 리버는 "중화인민공화국을 도왔다"는 혐의를 받았다. 법원 서류에서 FBI는 리버가 중국의 '천인 계획'에 계약을 맺고 참여했다고 주장했다. FBI에 따르면 이 계획은 '중국이 해외의 인재와 전문가를 유혹해 그들의 지식과 경험을 중국으로 가져오고 독점적인 정보를 훔쳐 온 개인들을 보상하기 위해' 2008년부터 시작되었다. FBI는 리버가 2011년 우한 공대에 채용되어 매달 5만 달러를 받았다고 주장했다. FBI의 주장에 따르면 리버는 "자신이 천인 계획에 연루되었다는 사실을 부인하며 반복적으로 거짓말했다." FBI는 이것이 사기에 해당한다고 주장했다. 이 책을 쓰는 지금도 재판은 진행 중이다. 리버는 혐의를 부인하고 있지만 유죄가 인정될 경우 징역 5년과 최대 25만 달러의 벌금형에 처해진다.[1]

같은 날 FBI는 중국 국적자 2명을 비슷한 범죄 혐의로 기소했다. 미국 보스턴 대학 물리, 화학, 생물의학 공학부의 연구원으로 근무하던 예양칭은 "외국 정부의 대리인 역할을 했다"는 혐의를 받았다. FBI는 수많은 위챗 메시지를 중간에서 입수해 예양칭이 "중국 인민 해방군 장교들로부터 조사를 수행하고, 미군 웹사이트를 평가하며 미국의 문서와 정보를 중국에 보내는 등의 임무를 완수하는 중이었다"고 결론지었다. 좀 더 극적인 사례는 보스턴 베스 이스라엘 의료센터 소속 연구원인 정자오송이었다. 그는 "생물학 연구 결과물 21병을 중국으로 밀반입하려 했다"는 혐의로 기소되었다. 2019년 12월 정자오송은 중국으로 향하는 비행기에 탑승하려다가 세관이 가방에서 양말 속에 숨겨진 유리병을 발견하면서 체포되었다. 그는 조사를 받기 위해 즉각 FBI로 넘겨졌다.[2]

특수 요원 조지프 보나볼론타는 이들의 혐의를 발표하면서 FBI의 수사 배후에 있는 지정학적 동기를 분명히 밝혔다. 보나볼론타는 기자들에게 "중국만큼 우리나라의 국가 안보와 경제 번영에 크고 심각하며 장기적인 위협을 가하는 나라는 없다"라고 했다. 보나볼론타에 따르면 "간단히 말해 오늘날 중국의 목표는 전 세계를 선도하는 힘을 가진 미국을 대체하는 나라가 되는 것으로, 이 목표를 위해 이들은 법을 어기고 있다." 이 수사는 2018년부터 미국 과학 기관 내 중국 스파이들을 근절하기 위한 FBI 프로그램의 일부였다. 최근 몇 년 동안 꽤 많은 중국인과 중국계 미국인 과학자가 중국과의 재정적 또는 제도적 연관성을 밝히지 않은 혐의로 체포되어 기소되었다. 각 대학도 보안 위협이 점차 커지면서 화웨이 등 중국 기술 회사들과의 관계를 끊었다. 그리고 2018년 12월, 화웨이 창립자의 딸이자 최고 재무 책임자인 멍완저우가 미국의 범죄인 인도 요청에 따라 캐나다에서 체포되었다. 멍완저우는 사업 비밀을 훔친 혐의로 기소되었지만 자신의 혐의를 부인했다. 하지만 미국에서 유죄가 인정될 경우에는 최고 10년 의 징역형을 받게 될 것이다[3](명완저우는 2021년 9월 석방돼 바로 중국으로 돌아갔고, 6개월 후 화웨이 회장으로 승진했다-옮긴이).

　이 책에서 줄곧 나는 현대 과학의 역사를 이해하는 가장 좋은 방 법은 세계사에서 중요한 순간들과 함께 살피는 것이라고 주장했다. 그래서 우리는 15세기 아메리카 대륙에서 일어난 식민지화와 함께 시 작해, 16세기와 17세기에 아시아와 아프리카 전역에 걸쳐 일어난 무 역과 종교 네트워크의 성장에 대해 살폈다. 그런 다음 우리는 유럽 제 국과 대서양을 넘나드는 노예무역이 크게 확대된 18세기로 넘어갔다. 19세기에는 자본주의와 민족주의, 산업 전쟁을 목격했다. 그리고 마 침내 20세기로 접어들어 이데올로기 갈등의 세계, 반식민지 민족주의 자들과 공산주의 혁명가들의 세계를 살폈다. 이 네 번의 세계사적 변 화는 각각 현대 과학의 발전을 형성했다. 전 세계적인 연결은 서로 다 른 여러 사람과 과학 문화를 한데 모았으며, 가끔은 자발적인 선택에 의해 그렇게 했지만 종종 강제로도 그랬다.

　오늘날 우리는 세계사의 또 다른 중요한 순간을 지나고 있다. 전 세계의 과학자들은 중국과 미국의 지정학적 분쟁의 중심에 자신들이 있다는 사실을 알게 되었다. 2000년대 후반부터 세계는 '신냉전'이라 는 단어로 가장 잘 묘사되는 상황에 돌입했다. 그 중심에는 서로 경제 적, 정치적, 군사적 우위를 차지하고자 하는 중국과 미국의 싸움이 있 다. 2007년에서 2008년까지 금융 위기 이후로 미국과 중국의 경제적 격차는 극적으로 줄어들었고, 2010년 중국은 일본을 제치고 세계 2위 의 경제 대국으로 거듭났다. 지속적인 경제성장뿐 아니라 천연자원과 에너지에 대한 접근성을 확보하기 위해 중국은 2010년대 초 동안 국 제적으로 팽창하기 시작했다. 이는 2013년 스리랑카의 새로운 항구부터 카자흐스탄의 철도에 이르기까지 모든 사업에 자금을 지원하는 국제적인 금융 및 인프라 프로젝트인 일대일로 전략이 출범하면서 절정에 달했다. 그렇기 때문에, 대부분의 분석가는 미국과 중국에만 초점을 맞추고 있지만 우리는 이 신냉전이 20세기 최초의 냉전과 마찬가지로 전 세계적이라는 사실을 알아차려야 한다. 라틴아메리카, 아프리카, 남아시아, 중동에서 일어나는 일은 과학의 미래와 정치의 미래 모두에 근본적으로 중요하다.[4]

오늘날 과학의 세계를 이해하기 위해서는 세계화와 민족주의의 관계에 주목해야 한다. 1990년대 정치인과 과학자는 세계화가 더 조화롭고 생산적인 세계로 이어져 그 과정에서 과거의 불평등을 한 번에 사라지게 할 것이라고 생각하면서 순진한 관점을 보였다. 사람들을 서로 연결하는 세계화는 우리를 보다 부유하고 국제적으로 만들 예정이었다. 하지만 이는 거짓된 약속으로 드러났다. 세계화는 몇몇 국가들 사이의 불평등을 일부 감소시키기는 했지만, 대부분의 국가에서 불평등을 증가시켰다. 중국과 미국의 전반적인 경제 격차는 줄어들었을지 모르지만, 현재 미국에서 가장 부유한 10퍼센트의 사람들은 1990년대보다 오늘날에 더 많은 돈을 소유하고 더 많이 번다. 현재 미국을 제외한 세계 어느 나라보다도 억만장자가 많은 중국도 마찬가지다. 이러한 불평등의 성장은 세계화의 전도사들이 상상했던 국제주의적인 미래와는 정반대로 민족주의를 부활시키기에 이르렀다. 지난 10년 동안 우리는 영국이 유럽연합을 탈퇴하고, 도널드 트럼프Donald Trump가 미국 대통령으로 당선되며, 인도에서 힌두 민족주의가 다시 득세하고, 라틴아메리카 전역에서 우파 정치 지도자들이 부상하는 것을 목격했다.[5]

이런 세계화와 민족주의의 기묘한 결합은 신냉전의 진정한 특징이다. 세계 각국은 세계화된 과학계에 참여하는 것을 국가와 지역의 권위를 주장하기 위한 수단으로 여기고 있다. 미국이 미국 대학에서 중국의 영향력이 커지는 것을 우려하는 이유가 바로 여기에 있다. 앞으로 살펴보겠지만 그런 이유로 중국은 학생들을 미국에 유학 보내고 아시아와 아프리카 전역과 과학적인 연결 고리를 형성하고자 투자하는 중이다.

나는 이 에필로그에서 전 세계에 걸친 역사적 순간이 어떻게 현대 과학의 발전을 형성하고 있는지 밝히고자 한다. 우리는 오늘날 과학 연구의 세 가지 주요 분야인 인공지능AI, 우주 탐사, 기후 과학이라는 최신 주제를 살필 예정이다. 이들 각 분야의 미래는 과학자와 정치인들이 어떻게 세계화와 민족주의라는 두 힘에 맞서느냐에 달려 있을 것이다. 과학의 미래와 세계의 미래는 떼려야 뗄 수 없는 관계다.

2017년 7월, 중국 공산당은 '신세대 인공지능 개발 계획'을 발표했다. 이 계획은 중국은 2030년까지 AI의 전 세계적인 선도 국가로 변모시킬 시간표를 만들었다. 그리고 이 목표에 착착 도달하는 중이다. 중국은 미국을 비롯한 그 어느 나라보다도 많은 수의 AI 관련 논문을 발표하고 있으며, 중국 공산당은 베이징에 새로 생긴 인공지능 아카데미를 포함한 값비싼 새로운 연구 시설에 투자하고 있다. 2017년 계획에 따르면, 2030년까지 AI 산업이 중국 경제에 1,460억 달러를 보탤 것으로 예상되며, AI는 중국에 '새로운 경제 발전의 엔진'을 제공할 것이다. AI는 중국이 다시금 원기를 북돋는 데 도움을 줄 전망이다.[6]

하지만 현재 상태로는 컴퓨터가 일반 지능에 관한 한 인간을 전혀 따라잡지 못하고 있다. 일반 지능이란 복잡하고 상호 연관된 여러 지적인 업무를 수행할 수 있는 능력을 의미한다. 하지만 사진을 통해 사람을 식별하는 것처럼 특정한 일을 매우 잘하도록 컴퓨터를 훈련시키는 것은 가능하다. 이것이 오늘날의 AI 분야에서 흔히 말하는 '머신 러닝'의 전부다. 과학자들은 본질적으로 컴퓨터가 주어진 임무를 스스로 수행할 수 있도록 하는 일련의 명령어인 알고리즘을 작성한다. 이 알고리즘은 사람 얼굴을 찍은 디지털 사진 수십만 장 같은 수많은 데이터를 공급받는다. 이 사진들을 분석하면서 알고리즘은 점차 서로 다른 얼굴의 특징을 비롯한 여러 특색을 구별하는 법을 배운다. 더 많은 데이터를 제공할수록 알고리즘은 학습량이 늘어나 더 나은 작업을 수행할 수 있게 된다. 이런 안면 인식은 인공지능 연구에서 커다란 역할을 차지하지만 다른 분야도 많다. AI는 투자 결정, 군사 목표물 식별, 질병 진단, 외국어 번역 등에 활용되고 있다. 이렇게 다양한 용도로 활용된다면 첨단 AI 연구의 경제적, 지정학적 이점은 엄청날 것이다.

최근 중국을 비롯해 중국 바깥에서도 AI에 대한 관심이 폭발적으로 증가하고 있는 것은 신냉전이 오늘날 과학의 발전을 형성하는 방식을 단적으로 보여준다. 중국 공산당도 AI 연구를 '국제적인 경쟁의 새로운 초점'이라고 여기고 있다. 그뿐 아니라 구글 차이나의 전 대표 리카이푸는 중국과 미국이 차세대 'AI 초강대국'이 되고자 군비 경쟁을 벌인다고까지 표현했다. 중국과 미국 같은 나라들에게 AI는 경제를 변화시킬 잠재력을 지니고 있으며, 기존 고용 방식을 교란하고 완전히 새로운 직업 분야를 창출한다. 동시에 AI는 국가 안보의 핵심적인 요인으로 손꼽힌다. 전 세계의 여러 나라는 안면 인식 소프트웨어를 통해 원격 감시와 군사용 하드웨어를 강화하면서 점점 더 인공지능 기술에 의존하고 있다. 국가 간 경쟁과 컴퓨터 과학이 전 세계적으로 연결되며 AI에 대해 지원될 자금이 기하급수적으로 늘고 있다. 그에 따라 최근 몇 년 동안 여러 가지 중요한 돌파구가 마련되었다.[7]

이런 돌파구 중 일부는 우리 삶을 긍정적인 방식으로 변화시킬 잠재력을 지닌다. 2019년 광저우 의과 대학의 연구 팀은 흔한 소아 질환의 초기 징후를 발견하기 위해 AI를 활용해 수백만 건의 환자 기록을 스캔하고 있다는 논문을 발표했다. 증상의 패턴을 맞춰 보고 의료검진 결과와 상호 참조함으로써, 연구원들은 그들의 알고리즘이 위장관염에서 수막염에 이르는 온갖 질병을 정확하게 진단할 수 있다는 사실을 발견했다. 심지어 이런 질병을 의사들이 실수로 알아차리지 못했을 때도 AI는 그러지 않았다. 이제 전 세계 병원에 AI가 점점 더 많이 배치되고 있다. 과학자들은 엑스선이나 MRI 촬영 결과를 분석하고 질병의 징후를 식별할 수 있는 알고리즘도 개발하는 중이다. 이러한 알고리즘은 훈련받은 영상의학과 의사 수준으로 작동해 암과 같은 질병을 더 빠르고 저렴하게 진단하는 데 도움을 줄 것이다.[8]

이 모든 것이 무해하게 들릴 수 있지만, 우리가 여전히 AI의 긍정적인 영향에 대해 회의적인 여러 이유가 있다. 최근 AI 기술이 획기적으로 발전한 것은 민간 기업과 국가 정부가 수집하는 개인 데이터의 양이 엄청나게 증가한 결과다. 사실 오늘날의 인공지능 뒤에 놓인 기본적인 아이디어는 1960년대 안면 인식 작업에 대한 개념 정립과 함께 지난 수십 년 동안 존재해왔다. 하지만 인공지능의 기반이 되는 알고리즘을 훈련시키기 위해 필요한 상당량의 데이터가 없다면 과학자들은 이 정도의 발전을 이루지 못했을 것이다. 오늘날 페이스북 같은 회사와 중국 같은 나라가 수억 명의 사람들에게 개인 정보를 수집하면서, 알고리즘을 훈련시켜 이전에는 불가능하다고 여겨졌던 일을 하게 하는 것이 가능해졌다.

이것은 중국이 AI 분야에서 경쟁적인 우위를 점하고 있는 이유 중 하나다. 중국 정부는 의료 기록과 소비 습관, 에너지 사용과 온라인 활동에 이르기까지 자국 국민에게서 엄청난 양의 개인 정보를 수집한다. 이 데이터는 이제 새로운 세대의 AI 알고리즘을 훈련시키는 원재료 역할을 한다. 중국이 주요 미국 기업을 훨씬 뛰어넘는, 전 세계에서 가장 발달한 안면 인식 소프트웨어를 가지고 있는 것도 당연하다. 이 소프트웨어는 정기적으로 중국 국민의 동태를 감시하는 데 사용된다. 더욱 충격적인 사실은 화웨이가 배포한 안면 인식 소프트웨어는 개인이 어떤 민족에 속하는지 파악한 뒤 만약 소수민족인 위구르인이 발견되면 당국에 경고를 보낸다는 것이다. 그리고 위구르인은 현재 신장 전역의 수용소에 100만 명 이상 수감되어 있다.[9]

오늘날 인공지능의 발전은 이미 전 세계로 확대되는 신냉전 시대의 산물이다. 예컨대 중국과 미국 기업 모두 아프리카의 AI 연구 시설에 투자하고 있다. 여기에는 역시 긍정적인 면과 부정적인 면이 있다. 한편으로는 투자액이 증가하면서 아프리카 과학자들이 AI 연구를 그들에게 도움이 되는 방향으로 추진할 수 있게 되었다. 2019년 문을 연 가나의 구글 AI 센터가 좋은 예다. 이곳의 연구원들은 카사바 같은 아프리카 주요 작물에서 생기는 병을 식별하기 위한 알고리즘을 연구하고 있었다. 이 소프트웨어는 작물에 병이 생기면 아프리카 농부들이 더 빨리 대응하도록 도와줄 것이다. 지금껏 미국과 유럽의 연구자들이 대부분 외면했던 아프리카의 언어를 처리하는 번역 알고리즘 개선 프로젝트도 있다. 아프리카 수리과학 연구소에서 머신 러닝을 가르치는 가나 구글 AI 센터 소장 무스타파 키세Moustapha Cissé는 낙관적이다.[pic29] 최근에 그는 한 인터뷰에서 "머신 러닝 연구의 미래는 아프리카에 있다"라고 말했다.[10]

하지만 동시에 아프리카의 AI 연구에 대한 외국인 투자는 착취를 일으킬 가능성이 있다. 중국의 일대일로 정책이 특히 그렇다. 2018년 클라우드워크라는 중국 회사가 짐바브웨 정부에 안면 인식 소프트웨어를 공급하는 계약을 체결했다. 클라우드워크는 짐바브웨에 국가적인 안면 데이터베이스 구축을 돕겠다고 약속했다. 이에 인권에 대한 인식이 부족한 나라에 대규모 감시 시스템을 도입할 가능성이 생기자 광범위한 비판이 일었다. 다른 나라에서 그랬듯 짐바브웨 정부도 이 기술을 이용해 정치적인 반대자들을 단속할 가능성이 높다. 또 우리는 아프리카 과학에 대한 중국의 투자가 어디에서 동기를 부여받는지 명확히 할 필요가 있다. 인공지능을 발전시키기 위해 과학자들은 많은 양의 데이터가 필요하다. 중국은 이미 자국민들에게서 최대한 많은 데이터를 수집하고 있다. 이 데이터를 더 늘리려면 전 세계적으로 개인 정보를 수집해야 한다. 물론 이것은 지난 10년간 미국 기업들이 해온 일이다. 특히 페이스북은 최근 몇 년 동안 아프리카에 공격적으로 확장되었다. 이유가 무엇일까? 이는 아프리카 전역의 데이터 보호 법률 및 집행이 상대적으로 열악하다는 사실과 많은 관련이 있다. 이것이 부분적으로 아프리카 AI 기술에 대해 외국인들이 투자하는 큰 이유다. 실제로 클라우드워크와 짐바브웨 정부 간에 체결된 거래의 일환으로 중국 연구진이 아프리카의 안면 데이터에 원격으로 접근할 수 있게 됐다. 이후 이 데이터는 중국의 안면 인식 알고리즘을 더욱 개선하는 데 활용될 것이다.[11]

중동에서도 AI는 유행이다. 이것 역시 전 세계 정치 상황에 의해 연구 주제가 좌지우지되는 사례다. 2020년 9월, 아랍에미리트와 이스라엘은 평화협정에 서명했다. 미국이 중재한 이 협정은 중동의 장기적인 평화를 바라는 사람들이라면 마땅히 축하해야 할 중요한 외교적 돌파구였다. 이 협정에 서명하는 과정에서 아랍에미리트는 이스라엘의 주권을 인정한 세 번째 아랍 국가가 되었다. 그리고 이 협정의 일환으로 아랍에미리트와 이스라엘은 AI 연구에 대한 협력을 시작하기로 합의했다. 아부다비에 있는 모하메드 빈 자예드 인공지능 대학 과학자들은 이제 이스라엘의 바이츠만 과학 연구소에서 동료들과 함께 워크숍에 참가할 것이다. 평화협정 이전에는 아랍에미리트인이 이스라엘을 여행할 수 없고 이스라엘인도 아랍에미리트를 여행할 수 없었

기 때문에 이러한 과학적 협력은 사실상 불가능했지만, 이제 상황이 바뀐 것이다.[12]

이 협정을 통해 우리는 과학적 협력이 국제 평화 조성에 어떻게 도움을 줄 수 있는지 살필 수 있다. 하지만 동시에 중동 국가들이 AI에 투자하도록 동기를 부여하는 것이 무엇인지를 놓쳐서는 안 된다. 이스라엘과 아랍에미리트 모두 핵심 관심사는 국가 안보다. 이스라엘 방위군은 이미 인공지능을 이용해 팔레스타인의 잠재적인 군사 목표물을 파악하고 있다. 이스라엘의 한 군사 기술자에 따르면 이들의 소프트웨어는 '가장 가능성이 높은 지역에서 몇 시에' 발사대가 설치될지 예측할 수 있다. 그러면 앞으로 어떤 일이 일어날지, 어떤 지역을 공격해야 할지 미리 알 수 있다. 보안은 아랍에미리트에서 AI에 투자하는 주요 동력이기도 하다. 이곳의 보안국은 이미 안면 인식 소프트웨어를 활용해 사람들을 추적하고 정치적 저항을 억누르고 있다. 코로나19 팬데믹 기간에도 두바이 경찰은 개인이 사회적 거리 두기 지침을 준수하는지 여부를 모니터링하기 위해 동일한 소프트웨어를 사용하기도 했다.[13]

신냉전이 아시아, 아프리카, 중동 전역에서 전개되면서 세계화와 민족주의의 힘은 AI의 성장을 견인하고 있다. 20세기의 냉전 시대를 떠올리게 하는 과학 연구의 또 다른 주요 분야에서도 마찬가지다. 최근 들어 우주 탐사에 대한 관심이 높아지고 있다. 중국과 일본, 인도와 튀르키예에 이르는 여러 나라가 우주 프로그램에 투자하고 있으며, 이것은 새로운 우주 경쟁의 시작을 의미한다. 이러한 프로그램에는 종종 국제적 협력이 필요한데, 이것은 세계화가 과학 연구를 형성하는 방식을 상기시킨다. 2014년 아랍에미리트 우주국의 설립이 그 좋은 사례다. 아랍에미리트는 자국의 능력을 키우기 위해 미국과 한국의 과학자와 기술자를 고용해 인공위성의 설계에 대한 조언을 얻고 미래의 우주 임무를 계획하도록 했다. 6년여의 노력 끝에 아랍에미리트는 2020년 여름에 무인 화성 탐사를 시작했다. 여기에도 국제적인 요소가 있었다. 아랍에미리트의 화성 탐사선은 일본의 다네가시마 우주 센터에서 일본 로켓에 실려 발사되었다. 국제 협력을 통해 아랍에미리트는 우주에 진출한 첫 번째 아랍 국가가 되었다. 아랍에미리트 화성 탐사 임무의 프로젝트 부매니저 사라 알 아미리Sarah Al Amiri는 이렇게 말했다.pic28 "이것이 아랍에미리트의 미래다."[14]

하지만 대체 어떤 미래일까? 상황은 확실히 낙관적이다. 우선 아랍에미리트 화성 탐사는 이 나라의 과학기술 분야에서 여성의 대표성을 향상시키기 위한 노력의 일환이었다. 3분의 1이 여성인 알 아미리의 연구 팀은 의심할 여지 없이 이 나라에서 새로운 세대의 여성 과학자들에게 영감을 줄 것이다. 물론 그 밖에도 여러 조치가 이뤄져야 할 필요가 있는데, 여전히 법적으로 여성이 차별받는 나라에서는 더욱 그렇다. 하지만 그럼에도 이런 진보는 환영할 만하다. 이와 함께, 우주 과학에 대한 투자는 아랍에미리트가 석유 기반 경제에서 벗어나 중동 과학기술 발전의 중심지가 되려는 광범위한 노력의 일부다. 이 나라는 상업적인 우주 관광을 지원하기 위해 아부다비에 우주 공항을 건설할 계획도 있다.[15]

물론 모든 우주 탐사가 그랬듯 여기에도 민족주의의 요소가 있었다. 아랍에미리트는 중동에서 지도자의 역할을 유지하기를 바라고 있으며, 우주 과학을 발전시켜 위상이 높아지는 것을 하나의 수단으로 여긴다. 화성 탐사선이 발사된 직후 아랍에미리트의 정부 트위터 계정은 '아랍에 대한 자부심, 희망, 평화의 메시지'를 공유했다. 이 나라는 새로운 '아랍과 이슬람 발견의 황금기'에 앞장설 것을 약속했다. 아랍에미리트의 화성 탐사 임무도 건국 50주년 기념일에 맞춰 신중하게 계획된 결과물이었다. 그러다 마침내 2021년 초에 화성에 도달했을 때 이 임무는 국가적인 기념행사의 주요 부분을 차지했다. 아랍에미리트 정부에 따르면 '이것은 우리나라의 역사에서 결정적인 순간이며, 아랍에미리트가 우주 탐사에 참여하는 선진국 대열에 합류한 기념비'였다.[16]

중국에서 우주 탐사에 대한 투자를 이끄는 것도 비슷한 종류의 민족주의다. 중국은 2020년 11월에 무인 달 탐사선을 발사했다. 이 임무의 공식적인 과학적 목표는 달의 암석을 수집해 지구로 돌려보내 분석하는 것이었다. 하지만 중국 공산당은 자국을 내세우는 일을 멈추지 못했다. 탐사선은 암석을 채취하는 동안에도 달 표면에 중국 국기를 꽂았다. 그때까지 달에 표면에 꽂힌 국기는 미국 국기 5개뿐이었다. 그리고 같은 해 중국은 무인 화성 탐사에 나섰다. 아랍에미리트와 마찬가지로 이 행사는 주요 정치적 기념일과 같은 날에 계획되었다. 이 탐사선은 중국 공산당 창당 100주년을 맞은 2021년 초에 화성에 도착했다. 중국 관영 언론은 화성 탐사를 '공산당 100주년 기념 선물'이라고 표현했다.[17]

전 세계의 정부들은 우주 프로그램의 개발이 국력을 상징한다고 여기고 있다. 하지만 우주 과학은 특히 안보와 방위산업에 관한 한 더 실용적인 목적에 기여한다. 튀르키예 정부는 2018년에 튀르키예 우주국이 설립된 이후 이 점에 대해 솔직하게 이야기했다. 당시 산업 기술부 장관은 "튀르키예는 방위산업 분야에서 기술력을 입증했다"라고 밝혔다. 그는 튀르키예가 자체 군사용 드론과 로켓을 설치하고 제작하기 시작했던 때처럼 '우주 기술은 우리가 새롭고 독특한 차원으로 확장할 수 있게 해줄 것'이라고 주장했다. 인도 역시 우주 과학을 자국의 군사력을 높이기 위한 수단으로 여긴다. 여러 차례에 걸친 달 무인 탐사 임무와 함께, 인도는 관련된 군사 기술에도 많은 투자를 하고 있다. 2019년 3월, 나렌드라 모디Narendra Modi 총리는 인도가 인공위성 요격 시험을 성공적으로 마쳤다고 발표했다. 이것은 최근 몇 년 동안 여러 개의 군사 위성과 감시 위성을 발사한 인도의 이웃 국가 중국이 일으키는 위협에 대한 반작용으로 널리 받아들여졌다. 민족주의자인 바라티야 자나타당의 당수인 모디는 인도가 이제 전 세계를 주도하는 '우주 강국' 중 하나라고 주장하며 미사일 실험을 축하했다.[18]

우리는 세계화와 민족주의가 어떻게 AI와 우주 탐사의 발전을 형성하고 있는지 살폈다. 특히 중국과 미국, 그리고 아랍에미리트와 이스라엘 같은 지역 강국 간의 경쟁은 과학 연구에서 협력과 경쟁을 부채질하고 있다. 이것은 오늘날 지구촌의 역사적 순간을 특징짓는 신냉전 상황이다. 그리고 세계화와 민족주의라는 두 요인에 의해 형성되는 마지막 과학 분야가 있다.

우리는 기후 비상사태를 겪고 있다. 온실가스 배출이 우리 모두가 공유하는 환경에 돌이킬 수 없는 피해를 입히는 오늘날, 이것은 전 세계적인 문제가 분명하다. 생태계가 파괴되고 수억 명의 사람들이 기후 피난민으로 내몰리면서 기후변화는 전 세계에 큰 혼란을 줄 것이다. 기후변화에 관한 기본적인 사실은 1990년 1차 '기후변화에 관한 정부 간 협의체IPCC, Intergovernmental Panel on Climate Change' 평가에서 분명히 밝혀졌듯 수십 년 동안 알려져왔다. 세계 기상 기구와 유엔 환경 프로그램을 통해 설립된 IPCC는 기후변화에 대한 과학적 증거를 평가하고 잠재적인 해결책을 제안하기 위해 전 세계의 전문가들을 한자리에 모았다. IPCC는 첫 번째 평가에서 온실가스 배출량의 증가가 지난 수백 년 동안 지구 평균기온의 상승을 야기했다고 결론지었다. 그리고 이런 속도라면 지구의 평균온도는 앞으로 수백 년 동안 섭씨 3도 더 상승할 것으로 예측되었다. 또 IPCC는 지구촌의 대응을 조율하기 위해서는 전 세계 과학자들의 연구가 필요하다고 강조했다. 이는 냉전과 탈식민지화에 뒤이어 과학을 통해 힘의 균형을 재조정하려는 시도의 일부였다. 중국과 구소련의 과학자들은 유럽, 미국, 라틴아메리카, 남아시아, 아프리카, 중동의 과학자들과 함께 일했다.[19]

하지만 IPCC가 최선의 노력을 펼쳤는데도 1990년대와 2000년 대까지 기후변화에 대처하기 위한 구체적인 조치는 거의 취해지지 않았다. 1997년 교토 의정서 등 여러 국제 협약이 체결되며 각국이 온실가스 배출량을 줄이도록 했지만 지구온난화는 빠르게 가속되었다. 하지만 분위기가 조금씩 바뀌기 시작했다. 오염을 크게 일으키는 전 세계의 여러 국가는 기후변화가 국가 안보와 경제적 번영에 큰 위협이라는 사실을 깨닫고 있다. 중국이 좋은 예다. 중국은 매년 전 세계 어느 나라보다 많은 이산화탄소를 배출한다. 중국은 아시아, 아프리카, 중동 전역에 지속 불가능한 인프라 사업이 확대된 일대일로 전략을 통해 막대한 환경 피해를 초래한 책임이 있다.

하지만 최근에 중국 공산당은 기후변화에 의해 야기되는 위협을 인정하기 시작했다. 사실 중국은 큰 해안 도시와 대규모 삼각주, 넓은 사막이 있어 기후변화에 특히 취약하다. 해수면이 조금만 상승해도 상하이와 광저우 같은 해안의 경제 중심지가 파괴될 수 있다. 또 심각한 가뭄이나 홍수는 식량 공급에 극적으로 영향을 미칠 수 있고, 그러면 집권 중인 중국 공산당에 대한 대중의 지지가 떨어질 것이다. 이런 위협에 대응해 중국은 기후 과학과 녹색 에너지 연구에 상당한 투자를 해왔다. 예컨대 베이징의 칭화 대학은 재생 가능한 에너지원을 저장하기에 적합한 배터리 같은 '신에너지 기술'을 연구하는 전담 팀을 꾸렸다. 또 중국은 전 세계에서 가장 큰 태양열발전 생산국이자 가장 큰 전기 자동차 제조국이기도 하다. 2020년 말 중국 국가 주석 시진핑은 중국이 2060년까지 탄소 중립국으로 거듭나겠다는 계획을 발표하

기까지 했다.[20]

국가적 사리사욕은 기후변화에 대한 중국의 대응을 이끄는 원동력이 분명하다. 하지만 중국 역시 혼자서 기후변화와 싸울 수 없다는 사실을 인식하고 있다. 2016년, 중국은 전 세계 기후 전략 중 하나로 '디지털 일대일로 프로그램'을 수립했다. 베이징의 중국 과학 아카데미에 기반을 둔 이 프로젝트는 아시아, 아프리카, 중동 전역의 환경 및 기후변화를 감시하기 위해 국제적인 전문 지식을 한데 모았다. 이 프로그램의 일환으로 중국은 기상 서비스가 상대적으로 열악한 국가들처럼 외딴 장소에 기후 모니터링 장비를 설치하고 있다. 그뿐 아니라 중국은 여러 곳의 공동 연구소를 설립했다. 예를 들어 스리랑카의 루후나 대학은 2019년에 새로운 해양학 연구소를 열었고 이곳에서 스리랑카와 중국 과학자들이 힘을 합쳐 인도양의 기후변화를 관찰하고 있다. 마지막으로 중국은 기후변화를 분석하고 모델링하기 위해 고급 AI 알고리즘을 활용해 위성 이미지를 제공하고 있다. 디지털 일대일로 프로그램에 참여한 과학자 중에는 중국, 러시아, 인도, 파키스탄, 말레이시아, 튀니지 출신이 포함되었다. 이것은 오늘날 과학이 국가주의와 세계화에 의해 형성되는 방식을 보여주는 좋은 예다. 중국은 기후변화에 대한 편협한 민족주의적 대응과 전 세계 과학 공동체의 일원으로 협력해야 할 필요성 사이에서 길을 찾으려는 여러 국가 중 하나다.[21]

디지털 일대일로 프로그램과 마찬가지로, 지역 협력은 최근 기후 과학의 주요 주제다. 사실 전 지구적인 기후 모델은 미래에 대한 계획을 세우고자 하는 개별 국가들에 특별히 도움이 되지 않는다. 대신 과학자와 정치인들은 기후변화가 특정 지역에 어떤 영향을 미칠지, 그것이 어떤 방식일지에 대해 더 염려하기 시작했다. 그에 따라 각 지역에 여러 관련 기관이 생겨났다. 예를 들어 2012년에는 아프리카의 여러 나라가 '기후변화와 여기에 적응하는 토지 관리를 위한 남아프리카 과학 서비스 센터 SASSCAL, The Southern African Science Service Centre for Climate Change and Adaptive Land Management'를 설립했다. 이 센터는 나미비아에 본부가 있고 르완다 출신의 남아프리카 기후 과학자인 제인 올워치 Jane Olwoch가 이끈다. 이 프로젝트에 참여한 과학자들은 앙골라, 보츠와나, 남아프리카, 잠비아, 독일, 나미비아 출신이다. 디지털 일대일로 프로그램과 마찬가지로, 좀 더 정확한 지역 기후 모델을 수립하기 위해 자원과 데이터를 모으는 것을 목표로 한다. 비옥한 땅이 말라 황폐화되는 사막화 같은 아프리카가 직면한 에너지와 기후 문제에도 초점이 맞춰져 있다.[22]

라틴아메리카는 미래의 기후 연구 분야에서 또 다른 중심이다. 다시 강조하지만 오늘날에는 지역별로 더 많은 연구가 이뤄지는 데 초점이 맞춰져 있다. 이와 관련해 부에노스아이레스 대학에 기반을 두고 IPCC에서 일하는 기후 과학자인 캐롤리나 베라 Carolina Vera가 선구적인 활동을 펼치고 있다. 베라는 홍수 위험 지도를 제작하기 위해 아르헨티나의 마탄자강을 따라 옥수수를 재배하는 이 지역 농부들과 긴밀히 협력하는 중이다. 과거에 기후 과학자들은 원주민이나 지역 주민의 지식을 무시하는 경향이 있었지만, 베라는 현대 기후 과학과 지역 특유의 지식을 결합하고 있다. 베라의 연구 팀은 이 지역에서 홍수가 발생할 시기와 그 영향을 더 잘 이해하기 위해 과학 장비를 활용해서 강우 데이터를 수집한 다음 지역 농부들은 인터뷰한다. 여기에 대해 베라는 최근 논문에서 "나는 내 연구를 이용하거나 내 연구로 혜택을 받을 수 있는 사람들과 대화해야 했고, 그들과 동등하게 작업하기 위해서도 역시 대화가 필요했다"라고 설명했다. 베라의 연구 팀은 과학 지식과 지역 주민들의 지식을 모아서 보다 정확한 홍수 위험 지도를 만들 수 있다. 이러한 각 지역의 결과는 IPCC가 만들어내는 전 지구적인 기후 모델에 반영된다.[23]

과학은 유럽만의 독특한 시도가 낳은 결과물이 아니며, 지금껏 그랬던 적도 없었다. 우리는 이 책을 통해 전 세계 사람들과 그들의 문화가 어떤 방식으로 현대 과학을 형성하는 데 기여했는지 알아봤다. 아즈텍의 박물학자, 오스만제국의 천문학자부터 아프리카의 식물학자, 일본의 화학자에 이르기까지 현대 과학의 역사는 전 세계적인 규모의 이야기가 되어야 한다. 과학의 미래도 마찬가지다. 사실 유럽이나 미국의 어떤 실험실에서만 그다음 커다란 과학적 발견이 나올 것이라고 장담할 이유가 전혀 없다. 인공지능, 우주 탐사, 기후 과학 분야의 흥미진진한 새로운 연구가 아시아, 아프리카, 중동, 라틴아메리카에서 펼쳐지고 있다. 중국의 컴퓨터 과학자들은 머신 러닝에서 획기적인 발전을 이루고 있고, 아랍에미리트 기술자들은 화성에 우주선을 보내고 있으며, 아르헨티나 환경 과학자들은 새로운 기후 모델을 만드는 과정을 돕고 있다.

　　이 과정에서 기념하고 축하할 일도 많지만 과학은 심각한 문제에 직면해 있기도 하다. 예컨대 민간 기업들과 정부는 차세대 'AI 초강대국'으로 도약하기 위해 방대한 개인 정보를 수집하고 있다. 튀르키예와 인도 같은 나라들은 비용이 많이 드는 우주 프로그램에 막대한 예산을 투자하고 있는데, 그것의 효과가 과연 군사적이거나 민족주의적인 것을 넘어서는지는 항상 명확하지 않다. 또 전 세계가 기후 비상사태에 서서히 눈을 뜨고 있지만, 동시에 각국은 자국의 국익에 따라서만 행동하는 경우가 많다.[24]

　　과학자들은 오늘날 자기들이 신냉전의 최전선에 서 있다는 사실을 알게 되었다. 그에 따라 미국에서는 한 과학자 집단이 '인종 프로파일링'을 했고 중국계 후손들은 FBI의 수사 대상이 되는 경우가 많아졌다. 중국에서는 지난 몇 년 동안 다수의 위구르족 과학자들이 사라졌고, 튀르키예에서는 레제프 타이이프 에르도간 대통령을 비판하는 사람들이 구금됐다. 아프리카와 라틴아메리카에서도 비슷한 일이 벌어지고 있다. 수단에서는 하르툼 대학에 기반을 둔 아프리카 유전 다양성 전문가 문타저 이브라힘Muntaser Ibrahim이 2019년 2월 평화 시위 도중 체포됐다가 그해 말 군사 쿠데타가 일어나며 다행히 석방됐다. 브라질에서는 많은 기후 과학자들이 익명으로 연구 결과를 발표하기 시작했다. 2019년에 당선된 이후 과학 예산을 동결하고 아마존 삼림 벌채 정책을 추진해온 우파 대통령 자이르 메시아스 볼소나루Jair Messias Bolsonaro의 보복을 두려워하기 때문이다.[25]

이처럼 해결해야 할 문제는 엄청나지만, 과학의 미래는 세계화와 민족주의라는 두 힘 사이에서 길을 찾는 데 달려 있다. 어떻게 해야 그렇게 할 수 있을까? 우리는 역사를 바로잡는 일부터 시작해야 한다. 현대 과학이 유럽에서 발명되었다는 신화는 거짓일 뿐만 아니라 심각한 피해를 주고 있다. 나머지 세계 대부분이 이야기에서 제외된다면 그들이 전 세계 과학 공동체의 일원으로 함께 일할 희망은 거의 없다. 그렇다고 중세 이슬람, 중국, 힌두 과학의 '황금시대'에 대한 강조는 오늘날 민족주의 정치인들 사이에서 인기가 있지만 도움이 되지 않는 것은 마찬가지다. 그런 이야기들은 단순히 유럽을 넘어서는 것이 아니라 전 세계인들의 과학적 성취를 먼 과거의 일로만 치부하는 역할을 한다. 그보다 우리가 이 책에서 살폈듯 무슬림, 중국, 힌두 과학자들은 중세 이후에도 현대 과학의 발전에 계속해서 기여했다.

동시에 우리는 세계화와 그것의 역사에 대한 순진한 시각을 넘어설 필요가 있다. 현대 과학은 의심할 여지 없이 전 세계 문화적 교류의 산물이었다. 하지만 이런 문화 교류는 권력 관계가 매우 불평등했던 상황에서 이뤄졌다. 노예제, 제국, 전쟁, 이데올로기 갈등의 역사가 현대 과학의 기원에 관한 이야기의 핵심에 자리한다. 17세기의 천문학자들은 노예선을 타고 여행했고, 18세기의 박물학자들은 식민지 무역회사에서 일했으며, 19세기의 진화 생물학자들은 산업 전쟁에서 싸웠고, 20세기의 유전학자들은 냉전 기간 인종에 대한 과학을 발전시켰다. 우리는 이러한 역사의 유산을 단순히 무시할 것이 아니라 적극적으로 뛰어들어 살펴야 한다. 과학의 미래는 결국 그것이 전 세계적으로 발전했던 과거에 대한 더 나은 이해에 달려 있다.

감사의 말

먼저 최근 몇 년간 과학사 분야에 변화를 가져오기 위해 많은 노력을 기울여온 여러 학자에게 감사를 전하는 것으로 시작하고 싶다. 예전에는 유럽과 미국의 사례 연구가 과학사 분야를 지배했다면, 지금은 보다 넓은 지역에 대한 상세한 문헌이 풍부하게 갖춰졌다. 상당수가 지난 10년 동안 출간된 이런 학술적 연구가 없었다면 이 책은 완성되지 못했을 것이다. 나는 그 결과들을 하나로 연결함으로써 그것이 근대과학의 기원에 관한 이야기에서 얼마나 중심적인지 보여줄 수 있었기를 바란다.

이 책을 쓰고 관련한 조사를 진행하는 과정에서 많은 사람이 다양한 지역과 언어, 시대에 대한 전문 지식을 아낌없이 공유했다. 그런 의미에서 나는 리카르도 아길라르곤잘레스, 데이비드 아널드, 소맥 비스와스, 메리 브라젤턴, 재닛 브라운, 엘리스 버튼, 마이클 바이크로프트, 레미 데비에르, 레베카 얼, 안네 게리첸, 니컬러스 고메스 바에자, 롭 일리프, 닉 자르딘, 귀도 반 미어버겐, 프로지트 비하리 무크하르지, 에드윈 로즈, 사이먼 셰퍼, 짐 세커드, 카타연 섀피, 클레어 쇼,

톰 심프슨, 차루 싱, 벤 스미스, 미키 스기우라, 사이먼 워렛에게 감사를 전한다. 그리고 각자 다양한 장을 맡아 읽어준 과학계의 친구들, 특히 뮌헨 공과 대학교의 요하네스 놀과 레딩 대학교의 마이클 쇼에게 무척 감사한다.

지난 4년 동안 나는 워릭 대학 역사학과의 구성원이 되는 큰 기쁨을 누렸다. 나에게 힘이 되어주고 지적인 작업에 적당한 자극을 주는 장소를 마련해준 워릭 대학의 모든 동료들에게 감사드린다. 또 유난히 어려운 시기에 나에게 도움을 주고 아메리카 대륙의 역사에 대한 전문적인 지식을 아낌없이 공유해준 학장 레베카 얼에게 감사를 표하고 싶다. 아이디어와 우정을 쌓는 지속적인 원천이 된 워릭 대학의 글로벌 역사 문화 센터에도 이 자리를 빌려 고마움을 전한다.

워릭 대학에 합류하기 전에 나는 케임브리지 대학에서 10년을 보냈다. 컴퓨터 공학을 공부하려고 케임브리지에 입학했지만 역사학자가 되어 떠났다. 이것은 학위 과정의 훌륭한 유연성을 보여주기도 하지만, 그 과정에서 나를 도와준 분들이 많다는 뜻이기도 하다. 특히 케임브리지 대학 역사 철학부 박사과정을 지도해주신 짐 세커드와 이후 훌륭한 멘토가 되어준 사이먼 섀퍼에게 감사드린다. 또 박사 논문을 검토하고 내가 경력을 쌓는 모든 과정에서 나를 지원해주신 하버드 대학의 재닛 브라운에게도 감사를 전한다. 역시 내 박사 논문 심사를 맡은 수지트 시바순다람에게도 특별한 고마움을 전하고 싶다. 2010년에 수지트는 과학의 세계사에 대한 굉장히 중요한 논문을 발표했다. 이 논문이 이 분야에 대한 내 생각을 완전히 바꿔놓았다. 나는 이 논문을 읽고 케임브리지 대학에서 박사 학위 과정을 밟아야겠다는 확신을 가졌다. 지난 10년 동안 과학의 세계사를 소개해주고 훌륭한 멘토가 되어주신 수지트에게 진심으로 감사드린다.

바이킹 출판사에서 이 책을 출간하는 과정은 정말 즐거웠다. 이 프로젝트를 진행하는 동안 열정적으로 지지해준 담당 편집자 코너 브라운과 대니얼 크루에게 감사한다. 이들은 내가 나의 주장을 다듬도록 격려하는 등 모든 방법으로 도움을 주었다. 제작, 마케팅, 홍보, 영업, 저작권을 담당했던 펭귄 랜덤하우스의 다른 팀원들과 잭 램의 초기 편집 작업에도 감사드린다. 알렉산더 리틀필드, 올리비아 바츠를 비롯해 미국판 작업에 힘써준 허튼 미플린 하코트의 모든 팀원에게도 고마움을 전하고 싶다.

또 소호 에이전시의 담당 에이전트였던 벤 클락에게 큰 감사를 드린다. 다들 자기 담당자가 최고라고 생각하겠지만 벤은 정말로 최고였다! 그는 내가 출판의 세계에서 길을 찾고, 아이디어를 제대로 표현하도록 도움을 주고 내 글을 읽어준 좋은 친구이자 챔피언이었다. 그보다 더 훌륭한 에이전트는 찾기 힘들 것이다.

이제 학계와 출판계 너머에 계신, 내가 이 책을 쓰는 데 반드시 필요한 도움을 준 수많은 사람들에게 감사의 인사를 전하고자 한다. 노스웨스트앵글리아 NHS 재단의 힌칭브룩 병원 직원들, 특히 데이비드, 로웨나, 시드에게 대단히 감사드린다. 거의 10년 넘는 시간 동안 그들이 말 그대로 나를 계속 돌봐주었다.

그리고 이 책을 아내 앨리스와 엄마 낸시에게 바친다. 이 책을 쓰는 과정은 유난히 힘들었고, 두 사람의 도움이 없었다면 끝까지 해내지 못했을 것이다. 앨리스, 엄마, 전부 고마워요.

참고 문헌

이 책이 다루는 범위를 고려할 때, 참고 문헌은 내가 글에 직접 의존했던 논문과 책으로 한정된다. 비슷한 이유로, 나는 주석에 논의의 요점을 최대한 간결하게 적었다.

시작하는 글

1 이 이야기는 20세기 중반부터 쓰인 과학의 역사에 대한 거의 모든 연구 문헌에서 다소 노골적으로 반복된다. 그 예로 다음과 같은 책들이 있다. Herbert Butterfield, The Origins of Modern Science (London: G. Bell and Sons, 1949), Alfred Rupert Hall, The Scientific Revolution (London: Longmans, 1954), Richard Westfall, The Construction of Modern Science: Mechanisms and Mechanics (Cambridge: Cambridge University Press, 1977), Steven Shapin, The Scientific Revolution (Chicago: University of Chicago Press, 1996), John Gribbin, Science: A History, 1543–2001 (London: Allen Lane, 2002), Peter Bowler and Iwan Rhys Morus, Making Modern Science: A Historical Survey (Chicago: University of Chicago Press, 2005), and David Wootton, The Invention of Science: A New History of the Scientific Revolution (London: Allen Lane, 2015).

2 Kapil Raj, Relocating Modern Science: Circulation and the Construction of Knowledge in South Asia and Europe, 1650–1900 (Basingstoke: Palgrave, 2007)은 논쟁 면에서 나 자신의 작품에 가장 가깝지만, 특정 지역(남아시아)과 특정 기간(1900년 이전)에 국한된다. Arun Bala, The Dialogue of Civilizations in the Birth of Modern Science (Basingstoke: Palgrave, 2006) 또한 비슷한 주장을 하지만, 역시 논의가 초기에 국한된다. 한편 더 광범위한 영역을 다루는 기존의 다른 연구에서는 단순히 유럽의 예외주의를 강화하기만 하는 경향이 있다. 예를 들어 H. Floris Cohen, The Rise of Modern Science Explained: A Comparative History (Cambridge: Cambridge University Press, 2015), Toby Huff, Intellectual Curiosity and the Scientific Revolution: A Global Perspective (Cambridge: Cambridge University Press, 2010), and James E. McClellan III and Harold Dorn, Science and Technology in World History: An Introduction, 3rd edn (Baltimore: Johns Hopkins University Press, 2006).

3 전 지구적 과학사의 필요성에 대해서는 다음 작품을 참조하라. Sujit Sivasundaram, 'Sciences and the Global: On Methods, Questions, and Theory', Isis 101 (2010).

4 Jeffrey Mervis, 'NSF Rolls Out Huge Makeover of Science Statistics', Science, accessed 22 November 2020, https://www.sciencemag.org/news/2020/01/nsfrolls-out-huge-makeover-science-statistics, Jeff Tollefson, 'China Declared World's Largest Producer of Scientific Articles', Nature 553 (2018), Elizabeth Gibney, 'Arab World's First Mars Probe Takes to the Skies', Nature 583 (2020), and Karen Hao, 'The Future of AI is in Africa', MIT Technology Review, accessed 22 November 2020, https://www.technologyreview.com/2019/06/21/134820/ai-africa-machinelearning-ibm-google/.

5   David Cyranoski and Heidi Ledford, 'Genome-Edited Baby Claim Provokes International Outcry', Nature 563 (2018), David Cyranoski, 'Russian Biologist Plans More CRISPR-Edited Babies', Nature 570 (2019), Michael Le Page, 'Russian Biologist Still Aims to Make CRISPR Babies Despite the Risks', New Scientist, accessed 13 February 2021, https://www.newscientist. com/article/2253688-russian-biolo gist-still-aims-to-make-crispr-babies-despite-the-risks/, David Cyranoski, 'What CRISPR-Baby Prison Sentences Mean for Research', Nature 577 (2020), Connie Nshemereirwe, 'Tear Down Visa Barriers That Block Scholarship', Nature 563 (2018), A Picture of the UK Workforce: Diversity Data Analysis for the Royal Society (London: The Royal Society, 2014), and 'Challenge Anti-Semitism', Nature 556 (2018).

6   조지프 니덤(Joseph Needham)의 여러 권으로 이루어진 방대한 저서인 Science and Civilisation in China (Cambridge: Cambridge University Press, 1954 to present)는 중국 고대 과학에 상찬을 보내는 가장 유명한 책이다. Seyyed Hossein Nasr, Science and Civilization in Islam (Cambridge, MA: Harvard University Press, 1968)은 이슬람 세계에 대해 한 권의 분량으로 이와 동등한 내용을 담았다. 중세 이슬람 과학을 대중적으로 소개하는 다음의 책도 참고하라. Jim AlKhalili, Pathfinders: The Golden Age of Arabic Science (London: Allen Lane, 2010). 그리고 '황금시대'의 역사와 정치에 대해서는 다음 논문을 참고하라. Marwa Elshakry, 'When Science Became Western: Historiographical Reflections', Isis 101 (2010).

7   'President Erdoğan Addresses 2nd Turkish–Arab Congress on Higher Education', Presidency of the Republic of Turkey, accessed 14 December 2019, https://tccb. gov.tr/en/news/542/43797/president-erdogan-addresses-2nd-turkish-arab-congresson-higher-education.

8   Butterfield, Origins of Modern Science, 191, James Poskett, 'Science in History', The Historical Journal 62 (2020), Roger Hart, 'Beyond Science and Civilization: A PostNeedham Critique', East Asian Science, Technology, and Medicine 16 (1999): 93, and George Basalla, 'The Spread of Western Science', Science 156 (1967): 611. 20세기 과학사학자들은 18세기 후반으로 거슬러 올라가는 초기 오리엔탈리즘 전통을 답습해 '유럽'과 '근대성'을 동일시하고 있었는데 이런 경향은 냉전 기간 동안에, 특히 탈식민지화 직후에 크게 강화되었다. 다음 논문을 참고하라. Elshakry, 'When Science Became Western'.

9   Elshakry, 'When Science Became Western', Poskett, 'Science in History', and Nathan Rosenberg and L. E. Birdzell Jr, 'Science, Technology and the Western Miracle', Scientific American 263 (1990): 42.

10   David Joravsky, 'Soviet Views on the History of Science', Isis 46 (1955): 7.

11   Elshakry, 'When Science Became Western', Benjamin Elman, ' "Universal Science" Versus "Chinese Science": The Changing Identity of Natural Studies in China, 1850–1930', Historiography East and West 1 (2003), and Dhruv Raina, Images and Contexts: The Historiography of Science and Modernity in India (New Delhi: Oxford University Press, 2003), particularly 19–48 and 105–38.

1장

1   나는 이 장에서 '멕시코'라는 단어 대신 좀 더 정확한 '아즈텍'이라는 용어를 사용하기로 했다. 비슷하게, 나는 '멕시코 테노치티틀란' 대신에 '테노치티틀란'이라고 표기했다. 이 용어의 역사에 대해서는 다음 글을 참고하라. Alfredo López Austin, 'Aztec', in The Oxford Encyclopaedia of Mesoamerican Cultures, ed. Davíd Carrasco (Oxford: Oxford University Press, 2001), 1:68–72.

2   Davíd Carrasco and Scott Sessions, Daily Life of the Aztecs, 2nd edn (Santa Barbara: Greenwood Press, 2011), 1–5, 38, 80, 92, 164, 168, and 219, James McClellan III and Harold Dorn, Science and Technology in World History: An Introduction, 3rd edn (Baltimore: Johns Hopkins University Press, 2006), 155–64, Miguel de Asúa and Roger French, A New World of Animals: Early Modern Europeans on the Creatures of Iberian America (Aldershot: Ashgate, 2005), 27–8, Jan Elferink, 'Ethnobotany of the Aztecs', in Encyclopaedia of the History of Science, Technology, and Medicine in NonWestern Cultures, ed. Helaine Selin, 2nd edn (New York: Springer, 2008), 827–8, and Ian Mursell, 'Aztec Pleasure Gardens', Mexicolore, accessed 12 April 2019, http://www.mexicolore.co.uk/aztecs/aztefacts/aztec–pleasure–gardens/.

3   Francisco Guerra, 'Aztec Science and Technology', History of Science 8 (1969): 43, Carrasco and Sessions, Daily Life, 1–11, 38, 42, 72, and 92, and McClellan III and Dorn, Science and Technology in World History, 155–64.

4   Frances Berdan, 'Aztec Science', in Selin, ed., Encyclopaedia of the History of Science, 382, Francisco Guerra, 'Aztec Medicine', Medical History 10 (1966): 320–32, E. C. del Pozo, 'Aztec Pharmacology', Annual Review of Pharmacology 6 (1966): 9–18, Carrasco and Sessions, Daily Life, 59–60, 113–5, 173, and McClellan III and Dorn, Science and Technology in World History, 155–64.

5   Carrasco and Sessions, Daily Life, 72 and 80.

6   Iris Montero Sobrevilla, 'Indigenous Naturalists', in Worlds of Natural History, eds. Helen Curry, Nicholas Jardine, James Secord, and Emma Spary(Cambridge: Cambridge University Press, 2018), 116–8, and Carrasco and Sessions, Daily Life, 88 and 230–7.

7   Peter Dear, Revolutionizing the Sciences: European Knowledge and Its Ambitions, 1500–1700 (Basingstoke: Palgrave, 2001), and John Henry, The Scientific Revolution and the Origins of Modern Science (Basingstoke: Palgrave, 1997).

8   Herbert Butterfield, The Origins of Modern Science (London: Bell, 1949), David Wootton, The Invention of Science: A New History of the Scientific Revolution (London: Penguin Books, 2015), Robert Merton, 'Science, Technology and Society in Seventeenth-Century England', Osiris 4 (1938), Dorothy Stimson, 'Puritanism and the New Philosophy in 17th Century England', Bulletin of the Institute of the History of Medicine 3 (1935), Christopher Hill, Intellectual Origins of the English Revolution (Oxford: Clarendon Press, 1965), Steven Shapin and Simon Schaffer, Leviathan and the Air-Pump (Princeton: Princeton University Press, 1985), Elizabeth Eisenstein, The Printing Press as an Agent of Change: Communications and Cultural Transformations in Early Modern Europe (Cambridge: Cambridge University

Press, 1997), and Steven Shapin, The Scientific Revolution (Chicago: University of Chicago Press, 1998).

9   Toby Huff, Intellectual Curiosity and the Scientific Revolution: A Global Perspective (Cambridge: Cambridge University Press, 2010), Antonio Barrera-Osorio, Experiencing Nature: The Spanish American Empire and the Early Scientific Revolution (Austin: University of Texas Press), Jorge Cañizares-Esguerra, Nature, Empire, and Nation: Explorations of the History of Science in the Iberian World (Stanford: Stanford University Press, 2006), William Burns, The Scientific Revolution in Global Perspective (New York: Oxford University Press, 2016), Klaus Vogel, 'European Expansion and Self-Definition', in The Cambridge History of Science: Early Modern Science, eds. Katharine Park and Lorraine Daston (Cambridge: Cambridge University Press, 2006), and McClellan III and Dorn, Science and Technology in World History, 99–176.

10 Alfred Crosby, The Columbian Exchange: Biological and Cultural Consequences of 1492 (Westport: Praeger, 2003), 1–22, and J. Worth Estes, 'The European Reception of the First Drugs from the New World', Pharmacy in History 37 (1995): 3.

11 Katharine Park and Lorraine Daston, 'Introduction: The Age of the New', in Park and Daston, eds., Cambridge History of Science: Early Modern Science, Dear, Revolutionizing the Sciences, 10–48, and Shapin, Scientific Revolution, 15–118.

12 Anthony Grafton with April Shelford and Nancy Siraisi, New Worlds, Ancient Texts: The Power of Tradition and the Shock of Discovery (Cambridge, MA: The Belknap Press, 1992), 1–10, Paula Findlen, 'Natural History', in Park and Daston, eds., The Cambridge History of Science: Early Modern Science, 435–58, and BarreraOsorio, Experiencing Nature, 1–13 and 101–27.

13 Crosby, Columbian Exchange, 24, Grafton, New Worlds, Ancient Texts, 84, and Asúa and French, A New World of Animals, 2.

14 Andres Prieto, Missionary Scientists: Jesuit Science in Spanish South America, 1570–1810 (Nashville: Vanderbilt University Press), 18–34, and Thayne Ford, 'Stranger in a Foreign Land: José de Acosta's Scientific Realizations in Sixteenth-Century Peru', The Sixteenth Century Journal 29 (1998): 19–22.

15 Prieto, Missionary Scientists, 151–69, Grafton, New Worlds, Ancient Texts, 1, and Ford, 'Stranger in a Foreign Land', 31–2.

16 José de Acosta, Natural and Moral History of the Indies, trans. Frances López-Morillas (Durham, NC: Duke University Press, 2002), 37 and 88–9, Prieto, Missionary Scientists, 151–69, Grafton, New Worlds, Ancient Texts, 1, and Ford, 'Stranger in a Foreign Land', 31–2.

17 Acosta, Natural and Moral History of the Indies, 236–7.

18 Grafton, New Worlds, Ancient Texts, 1–10, Park and Daston, 'Introduction: The Age of the New', 8, and Ford, 'Stranger in a Foreign Land', 26–8.

19 Arthur Anderson and Charles Dibble, 'Introductions', in Florentine Codex: Introduction and Indices, eds. Arthur Anderson and Charles Dibble (Salt Lake City: University of Utah Press, 1961), 9–15, Arthur Anderson, 'Sahagún: Career and Character', in Anderson and Dibble, eds., Florentine Codex: Introduction and Indices, 29, and Henry Reeves, 'Sahagún's "Florentine

Codex", a Little Known Aztecan Natural History of the Valley of Mexico', Archives of Natural History 33 (2006).

20 Diana Magaloni Kerpel, The Colors of the New World: Artists, Materials, and the Creation of the Florentine Codex (Los Angeles: The Getty Research Institute), 1–3, Marina Garone Gravier, 'Sahagún's Codex and Book Design in the Indigenous Context', in Colors between Two Worlds: The Florentine Codex of Bernardino de Sahagún, eds. Gerhard Wolf, Joseph Connors, and Louis Waldman (Florence: Kunsthistorisches Institut in Florenz, 2011), 163–6, Elizabeth Boone, Stories in Red and Black: Pictorial Histories of the Aztecs and Mixtecs (Austin: University of Texas Press, 2000), 4, and Anderson and Dibble, 'Introductions', 9–10.

21 Victoria Ríos Castaño, 'From the "Memoriales con Escolios" to the Florentine Codex: Sahagún and His Nahua Assistants' Co-Authorship of the Spanish Translation', Journal of Iberian and Latin American Research 20 (2014), Kerpel, Colors of the New World, 1–27, Anderson and Dibble, 'Introductions', 9–13, and Carrasco and Sessions, Daily Life, 20.

22 Anderson and Dibble, 'Introductions', 11, Reeves, 'Sahagún's "Florentine Codex"', 307–16, and Kerpel, Colors of the New World, 1–3.

23 Bernardino de Sahagún, Florentine Codex. Book 11: Earthly Things, trans. Arthur Anderson and Charles Dibble (Santa Fe: School of American Research, 1963), 163–4 and 205, Guerra, 'Aztec Science', 41, and Corrinne Burns, 'Four Hundred Flowers: The Aztec Herbal Pharmacopoeia', Mexicolore, accessed 12 April 2019, http://www.mexicolore.co.uk/aztecs/health/aztec-herbal-pharmacopoeia-part-1.

24 Sahagún, Florentine Codex. Book 11: Earthly Things, 24.

25 Sobrevilla, 'Indigenous Naturalists', 112–30, and Asúa and French, A New World of Animals, 44–5.

26 Benjamin Keen, The Aztec Image in Western Thought (New Brunswick: Rutgers University Press, 1971), 204–5, Lia Markey, Imagining the Americas in Medici Florence (University Park: Pennsylvania State University Press, 2016), 214, and Kerpel, Colors of the New World, 6 and 13.

27 Andrew Cunningham, 'The Culture of Gardens', in Cultures of Natural History, eds. Nicholas Jardine, James Secord, and Emma Spary (Cambridge: Cambridge University Press, 1996), 42–7, Paula Findlen, 'Anatomy Theaters, Botanical Gardens, and Natural History Collections', in Park and Daston, eds., The Cambridge History of Science: Early Modern Science, 282, Paula Findlen, Possessing Nature: Museums, Collecting, and Scientific Culture in Early Modern Italy (Berkeley: University of California Press, 1996), 97–154, and Barrera-Osorio, Experiencing Nature, 122.

28 Dora Weiner, 'The World of Dr. Francisco Hernández', in Searching for the Secrets of Nature: The Life and Works of Dr. Francisco Hernández, eds. Simon Varey, Rafael Chabrán, and Dora Weiner(Stanford: Stanford University Press, 2000), Jose López Piñero, 'The Pomar Codex (ca. 1590): Plants and Animals of the Old World and the Hernandez Expedition to America', Nuncius 7 (1992): 40–2, and Barrera-Osorio, Experiencing Nature, 17.

29 Harold Cook, 'Medicine', in Park and Daston, eds., The Cambridge History of Science: Early Modern Science, 407–23, and López Piñero, 'The Pomar Codex', 40–4.

30 Weiner, 'The World of Dr. Francisco Hernández', 3–6, and Harold Cook, 'Medicine', 416–23.

31 Simon Varey, 'Francisco Hernández, Renaissance Man', in Varey, Chabrán, and Weiner, eds., Searching for the Secrets of Nature, 33–8, Weiner, 'The World of Dr. Francisco Hernández', 3–6, and Pinero, 'The Pomar Codex', 40–4.

32 Simon Varey, ed., The Mexican Treasury: The Writings of Dr. Francisco Hernández (Stanford: Stanford University Press, 2001), 149, 212, and 219, Jose López Pinero and Jose Pardo Tomás, 'The Contribution of Hernández to European Botany and Materia Medica', in Varey, Chabrán, and Weiner, eds., Searching for the Secrets of Nature, J. Worth Estes, 'The Reception of American Drugs in Europe, 1500–1650', in Varey, Chabrán, and Weiner, eds., Searching for the Secrets of Nature, 113, Arup Maiti, Muriel Cuendet, Tamara Kondratyuk, Vicki L. Croy, John M. Pezzuto, and Mark Cushman, 'Synthesis and Cancer Chemopreventive Activity of Zapotin, a Natural Product from Casimiroa Edulis', Journal of Medicinal Chemistry 50 (2007): 350–5, Ian Mursell, 'Aztec Advances (1): Treating Arthritic Pain', Mexicolore, accessed 24 January 2021, https://www.mexicolore.co.uk/aztecs/health/aztec-advances-4-arthritis-treatment, Varey, 'Francisco Hernández, Renaissance Man', 35–7, and del Pozo, 'Aztec Pharmacology', 13–17.

33 David Freedberg, The Eye of the Lynx: Galileo, His Friends, and the Beginnings of Modern Natural History (Chicago: University of Chicago Press, 2003), 246–55, Pinero, 'The Pomar Codex', 42, Vogel, 'European Expansion and Self-Definition', 826, and Asúa and French, A New World of Animals, 98–100.

34 Millie Gimmel, 'Reading Medicine in the Codex de la Cruz Badiano', Journal of the History of Ideas 69 (2008), Sandra Zetina, 'The Encoded Language of Herbs: Material Insights into the de la Cruz–Badiano Codex', in Wolf, Connors, and Waldman, eds., Colors between Two Worlds, and Vogel, 'European Expansion and Self-Definition', 826.

35 William Gates, 'Introduction to the Mexican Botanical System', in Martín de la Cruz, The de la Cruz–Badiano Aztec Herbal of 1552, trans. William Gates (Baltimore: The Maya Society, 1939), vi–xvi, and Gimmel, 'Reading Medicine', 176–9.

36 Martín de la Cruz, The de la Cruz-Badiano Aztec Herbal of 1552, trans. William Gates (Baltimore: The Maya Society, 1939), 14–15.

37 Gimmel, 'Reading Medicine', 176–9.

38 Raymond Stearns, Science in the British Colonies of America (Urbana: University of Illinois Press, 1970), 65, Paula Findlen, 'Courting Nature', in Jardine, Secord, and Spary, eds., Cultures of Natural History, Cook, 'Medicine', 416–23, Barrera-Osorio, Experiencing Nature, 122, Grafton, New Worlds, Ancient Texts, 67, and Worth Estes, 'The Reception of American Drugs in Europe, 1500–1650', 111–9.

39 Gimmel, 'Reading Medicine', 189, and Freedberg, Eye of the Lynx, 252–6.

40 Surekha Davies, Renaissance Ethnography and the Invention of the Human: New Worlds, Maps and Monsters (Cambridge: Cambridge University Press, 2016), 149–70, Laurence Bergreen, Over the Edge of the World: Magellan's Terrifying Circumnavigation of the Globe (New York: Morrow, 2003), 160–3, and Antonio Pigafetta, The First Voyage around the World, ed. Theodore J. Cachey Jr (Toronto: University of Toronto Press, 2007), 12–17.

41 Alden Vaughan, Transatlantic Encounters: American Indians in Britain, 1500–1776 (Cambridge: Cambridge University Press, 2006), xi–xii and 12–13, and Elizabeth Boone, 'Seeking Indianness: Christoph Weiditz, the Aztecs, and Feathered Amerindians', Colonial Latin American Review 26 (2017): 40–7.

42 Anthony Pagden, The Fall of Natural Man: The American Indian and the Origins of Comparative Ethnology (Cambridge: Cambridge University Press, 1982), Joan-Pau Rubiés, 'New Worlds and Renaissance Ethnology', History of Anthropology 6 (1993), and J. H. Eliot, 'The Discovery of America and the Discovery of Man', in Anthony Pagden, ed., Facing Each Other: The World's Perception of Europe and Europe's Perception of the World (Aldershot: Ashgate, 2000), David Abulafia, The Discovery of Mankind: Atlantic Encounters in the Age of Columbus (New Haven: Yale University Press, 2009), and Rebecca Earle, The Body of the Conquistador: Food, Race and the Colonial Experience in Spanish America, 1492–1700 (Cambridge: Cambridge University Press, 2012), 23–4.

43 Cecil Clough, 'The New World and the Italian Renaissance', in The European Outthrust and Encounter, eds. Cecil Clough and P. Hair(Liverpool: Liverpool University Press, 1994), 301, Davies, Renaissance Ethnography, 30 and 70, Acosta, Natural and Moral History of the Indies, 71, and Crosby, Columbian Exchange, 28.

44 Saul Jarcho, 'Origin of the American Indian as Suggested by Fray Joseph de Acosta (1589)', Isis 50 (1959), Acosta, Natural and Moral History of the Indies, 51, and Pagden, Fall of Natural Man, 150.

45 Acosta, Natural and Moral History of the Indies, 51–3 and 63–71.

46 Diego von Vacano, 'Las Casas and the Birth of Race', History of Political Thought 33 (2012), Manuel Giménez Fernández, 'Fray Bartolomé de las Casas: A Biographical Sketch', in Bartolomé de las Casas in History: Towards an Understanding of the Man and His Work, eds. Juan Friede and Benjamin Keen (DeKalb: Illinois University Press, 1971), 67–73, and Pagden, Fall of Natural Man, 45–6, 90, and 121–2.

47 G. L. Huxley, 'Aristotle, Las Casas and the American Indians', Proceedings of the Royal Irish Academy 80 (1980): 57–9, Vacano, 'Las Casas', 401–10, and Giménez Fernández, 'Fray Bartolomé de las Casas', 67–73.

48 Bartolomé de las Casas, Bartolomé de las Casas: A Selection of His Writings, trans. George Sanderlin (New York: Alfred Knopf, 1971), 114–5, and Christian Johns, The Origins of Violence in Mexican Society (Westport: Praeger, 1995), 156–7.

49 Earle, Body of the Conquistador, 19–23.

50 Earle, Body of the Conquistador, 21–3.

51 Jorge Cañizares-Esguerra, 'New World, New Stars: Patriotic Astrology and the Invention of Indian and Creole Bodies in Colonial Spanish America, 1600–1650', American Historical Review 104 (1999), and Earle, Body of the Conquistador, 22.

52 Karen Spalding, 'Introduction', in Inca Garcilaso de la Vega, Royal Commentaries of the Incas and General History of Peru, trans. Harold Livermore (Indianapolis: Hackett Publishing Company, 2006), xi–xxii.

53 Inca Garcilaso de la Vega, Royal Commentaries of the Incas and General History of Peru, trans.

Harold Livermore (Indianapolis: Hackett Publishing Company, 2006), 1–11.

54 Inca Garcilaso de la Vega, First Part of the Royal Commentaries of the Yncas, trans. Clements Markham (Cambridge: Cambridge University Press, 1869), 1:v–vi, 2:87, and 2:236–7.

55 Barbara Mundy, The Mapping of New Spain: Indigenous Cartography and the Maps of the Relaciones Geográficas (Chicago: University of Chicago Press, 1996), 14, and Hans Wolff, 'America – Early Images of the New World', in America: Early Maps of the New World, ed. Hans Wolff (Munich: Prestel, 1992), 45.

56 Hans Wolff, 'The Conception of the World on the Eve of the Discovery of America – Introduction', in Wolff, ed., America, 10–15, and Klaus Vogel, 'Cosmography', in Park and Daston, eds., The Cambridge History of Science: Early Modern Science, 474–8.

57 Vogel, 'Cosmography', 478.

58 Wolff, 'America', 27 and 45.

59 Rüdiger Finsterwalder, 'The Round Earth on a Flat Surface: World Map Projections before 1550', in Wolff, ed., America, and Wolff, 'America', 80.

60 María Portuondo, 'Cosmography at the Casa, Consejo, and Corte during the Century of Discovery', in Science in the Spanish and Portuguese Empires, 1500–1800, eds. Daniela Bleichmar, Paula De Vos, Kristin Huffine, and Kevin Sheehan (Stanford: Stanford University Press, 2009), and Barrera-Osorio, Experiencing Nature, 1–60.

61 Vogel, 'Cosmography', 484, and Mundy, Mapping of New Spain, 1–23 and 227–30.

62 Felipe Fernández-Armesto, 'Maps and Exploration in the Sixteenth and Early Seventeenth Centuries', in The History of Cartography: Cartography in the European Renaissance, ed. David Woodward (Chicago: University of Chicago Press, 2007), 745, G. Malcolm Lewis, 'Maps, Mapmaking, and Map Use by Native North Americans', in The History of Cartography: Cartography in the Traditional African, American, Arctic, Australian, and Pacific Societies, eds. David Woodward and G. Malcolm Lewis (Chicago: University of Chicago Press, 1998), and Brian Harley, 'New England Cartography and Native Americans', in American Beginnings: Exploration, Culture, and Cartography in the Land of Norumbega, eds. Emerson Baker, Edwin Churchill, Richard D'Abate, Kristine Jones, Victor Konrad, and Harald Prins (Lincoln, NE: University of Nebraska Press, 1994), 288.

63 Juan López de Velasco, 'Instruction and Memorandum for Preparing the Reports', in Handbook of Middle American Indians: Guide to Ethnohistorical Sources, ed. Howard Cline (Austin: University of Texas Press, 1972), 1:234, Guerra, 'Aztec Science and Technology', 40, and Mundy, Mapping of New Spain, xii and 30.

64 Mundy, Mapping of New Spain, 63–4 and 96.

65 Mundy, Mapping of New Spain, 135–8.

66 Christopher Columbus, The Four Voyages of Christopher Columbus, trans. J. M. Cohen (London: Penguin Books, 1969), 224.

67 Wootton, The Invention of Science, 57–108 도 같은 주장을 하고 있지만, 이 과정에서 아메리카 원주민들의 지식이 맡았던 역할을 인식하지 못하고 있다.

2장

1   Aydın Sayılı, The Observatory in Islam and Its Place in the General History of the Observatory (Ankara: Türk Tarih Kurumu Basımevi, 1960), 259–88, Stephen Blake, Astronomy and Astrology in the Islamic World (Edinburgh: Edinburgh University Press, 2016), 82–8, and Toby Huff, Intellectual Curiosity and the Scientific Revolution: A Global Perspective (Cambridge: Cambridge University Press, 2010), 138.

2   Sayılı, Observatory in Islam, 213 and 259–88, Vasiliĭ Vladimirovich Barthold, Four Studies on the History of Central Asia (Leiden: E. J. Brill, 1958), 1–48 and 119–24, and Benno van Dalen, 'Ulugh Beg', in The Biographical Encyclopedia of Astronomers, ed. Thomas Hockey (New York: Springer, 2007).

3   Stephen Blake, Time in Early Modern Islam (Cambridge: Cambridge University Press, 2013), 8–10, and Sayılı, Observatory in Islam, 13–14 and 259–88.

4   이에 대해 개관하려면 다음 책을 참고하라. Seyyed Hossein Nasr, Science and Civilization in Islam (Cambridge, MA: Harvard University Press, 1968), and Jim Al-Khalili, Pathfinders: The Golden Age of Arabic Science (London: Allen Lane, 2010).

5   Marwa Elshakry, 'When Science Became Western: Historiographical Reflections', Isis 101 (2010). 이슬람 천문학의 역사는 울루그 베그로 끝나는 경우가 많기 때문에, 나는 그의 이야기로 이 장을 시작했다.

6   Sayılı, Observatory in Islam, 262–90.

7   Huff, Intellectual Curiosity, 138, and İhsan Fazlıoğlu, 'Qūshjī', in Hockey, ed., The Biographical Encyclopedia of Astronomers.

8   Sayılı, Observatory in Islam, 272, Huff, Intellectual Curiosity, 135, and Blake, Astronomy and Astrology, 90.

9   David King, 'The Astronomy of the Mamluks', Muqarnas 2 (1984): 74, and Huff, Intellectual Curiosity, 123.

10   Barthold, Four Studies, 144–77.

11   Jack Goody, Renaissances: The One or the Many? (Cambridge: Cambridge University Press, 2009), and Peter Burke, Luke Clossey, and Felipe Fernández-Armesto, 'The Global Renaissance', Journal of World History 28 (2017).

12   Michael Hoskin, 'Astronomy in Antiquity', in The Cambridge Illustrated History of Astronomy, ed. Michael Hoskin (Cambridge: Cambridge University Press, 1997), and Michael Hoskin and Owen Gingerich, 'Islamic Astronomy', in Hoskin, ed., The Cambridge Illustrated History of Astronomy.

13   Hoskin, 'Astronomy in Antiquity', 42–5.

14   Abdelhamid I. Sabra, 'An Eleventh-Century Refutation of Ptolemy's Planetary Theory', in Science and History: Studies in Honor of Edward Rosen, eds. Erna Hilfstein, Paweł Czartoryski, and Frank Grande (Wrocław: Polish Academy of Sciences Press, 1978), 117–31, F. Jamil Ragep, 'T. ūsī', in Hockey, ed., The Biographical En - cyclopedia of Astronomers, and Sayılı, Observatory in Islam, 187–223.

15 John North, The Fontana History of Astronomy and Cosmology (London: Fontana Press, 1994), 192–5, F. Jamil Ragep, 'Nasir al-Din al-Tusi', in Nas.īr al-Dīn al-T. ūsī's Memoir on Astronomy, trans. F. Jamil Ragep (New York: Springer-Verlag, 1993), F. Jamil Ragep, 'The Tadhkira', in Nas.īr al-Dīn al-T. ūsī's Memoir, and Nasir al-Din al-Tusi, Nas.īr al-Dīn al-T. ūsī's Memoir, 130–42.

16 Michael Hoskin and Owen Gingerich, 'Medieval Latin Astronomy', in Hoskin, ed., The Cambridge Illustrated History of Astronomy, 72–3.

17 Avner Ben-Zaken, Cross-Cultural Scientific Exchanges in the Eastern Mediterranean, 1560–1660 (Baltimore: Johns Hopkins University Press, 2010), 2, and North, Fontana History of Astronomy, 255.

18 George Saliba, Islamic Science and the Making of the European Renaissance (Cambridge, MA: The MIT Press, 2007), and George Saliba, 'Whose Science is Arabic Science in Renaissance Europe?', Columbia University, accessed 20 November 2018, http://www.columbia.edu/~gas1/project/visions/case1/sci.1.html.

19 Ernst Zinner, Regiomontanus: His Life and Work, trans. Ezra Brown (Amsterdam: Elsevier, 1990), 1–33, and North, Fontana History of Astronomy, 253–9.

20 Zinner, Regiomontanus, 1–33, and North, Fontana History of Astronomy, 253–9.

21 Noel Swerdlow, 'The Recovery of the Exact Sciences of Antiquity: Mathematics, Astronomy, Geography', in Rome Reborn: The Vatican Library and Renaissance Culture, ed. Anthony Grafton (Washington, DC: Library of Congress, 1993), 125–53, and Zinner, Regiomontanus, 51–2.

22 Fazlıoğlu, 'Qūshjī', Huff, Intellectual Curiosity, 139, F. Jamil Ragep, ''Ali Qushji and Regiomontanus: Eccentric Transformations and Copernican Revolutions', Journal for the History of Astronomy 36 (2005), and F. Jamil Ragep, 'Copernicus and His Islamic Predecessors: Some Historical Remarks', History of Science 45 (2007): 74.

23 Robert Westman, The Copernican Question: Prognostication, Skepticism, and Celestial Order (Berkeley: University of California Press, 2011), 76–108, and Hoskin and Gingerich, 'Medieval Latin Astronomy', 90–7.

24 Ragep, 'Copernicus and His Islamic Predecessors', 65, George Saliba, 'Revisiting the Astronomical Contact between the World of Islam and Renaissance Europe', in The Occult Sciences in Byzantium, eds. Paul Magdalino and Maria Mavroudi (Geneva: La Pomme d'Or, 2006), and Saliba, 'Whose Science is Arabic Science in Renaissance Europe?'.

25 North, Fontana History of Astronomy, 217–23, Ragep, 'Copernicus and His Islamic Predecessors', 68, Saliba, Islamic Science, 194–232, and Hoskin and Gingerich, 'Medieval Latin Astronomy', 97.

26 Saliba, 'Revisiting the Astronomical', Saliba, Islamic Science, 193–201, and Ragep, 'Copernicus and His Islamic Predecessors'

27 B. L. van der Waerden, 'The Heliocentric System in Greek, Persian and Hindu Astronomy', Annals of the New York Academy of Sciences 500 (1987).

28 Ben-Zaken, Cross-Cultural Scientific Exchanges 24–5.

29 Ben-Zaken, Cross-Cultural Scientific Exchanges, 8–26, and Sayılı, Observatory in Islam, 289–305.

30 Ben-Zaken, Cross-Cultural Scientific Exchanges, 8–26, and Sayılı, Observatory in Islam, 289–305.

31 Ben-Zaken, Cross-Cultural Scientific Exchanges, 8–21.

32 Ben-Zaken, Cross-Cultural Scientific Exchanges, 10–21, and Ekmeleddin İhsanoğlu, 'Ottoman Science', in Encyclopaedia of the History of Science, Technology and Medicine in Non-Western Cultures, ed. Helaine Selin, 2nd edn (New York: Springer, 2008), 3478–81.

33 Ben-Zaken, Cross-Cultural Scientific Exchanges, 21–4, and Sayılı, Observatory in Islam, 297–8.

34 Ben-Zaken, Cross-Cultural Scientific Exchanges, 21–4, and Sayılı, Observatory in Islam, 297–8.

35 Ben-Zaken, Cross-Cultural Scientific Exchanges, 21–4, and Sayılı, Observatory in Islam, 297–8.

36 Ben-Zaken, Cross-Cultural Scientific Exchanges, 40–2.

37 Harun Küçük, Science Without Leisure: Practical Naturalism in Istanbul, 1660–1732 (Pittsburgh: University of Pittsburgh Press, 2019), 25–6 and 56–63, Feza Günergun, 'Ottoman Encounters with European Science: Sixteenth- and Seventeenth-Century Translations into Turkish', in Cultural Translation in Early Modern Europe, eds. Peter Burke and R. Po-chia Hsia (Cambridge: Cambridge University Press, 2007), 193–206, and Ekmeleddin İhsanoğlu, 'The Ottoman Scientific-Scholarly Lit¬erature', in History of the Ottoman State, Society & Civilisation, ed. Ekmeleddin İhsanoğlu (Istanbul: Research Centre for Islamic History, Art and Culture, 1994), 521–66.

38 Küçük, Science Without Leisure, 109 and 237–40, İhsanoğlu, 'Ottoman Science', 5, Günergun, 'Ottoman Encounters', 194–5, and Ekmeleddin İhsanoğlu, 'The Introduction of Western Science to the Ottoman World: A Case Study of Modern Astronomy (1660–1860)', in Science, Technology and Learning in the Ottoman Empire, ed. Ekmeleddin İhsanoğlu (Aldershot: Ashgate, 2004), 1–4.

39 Küçük, Science Without Leisure, 1–3, and Goody, Renaissances, 98.

40 현존하는 2차 문헌에 따르면 이 혜성은 1583년 마흐무드 알 카티(Mahmud al-Kati)가 발견했다. 그러나 마우로 노빌리(Mauro Nobili)의 최근 연구는 알 카티가 그의 유명한 저서 《타리흐 알 파타시(Tarikh al-fattash)》의 저자가 아니라는 것을 보여주었다. 게다가, 이 혜성에 대한 언급은 《타리흐 알 파타시》에서도 찾아볼 수 없다. 그렇기에 알 카티는 혜성의 관측 기록을 남기지 않은 것으로 보인다. 그래서 나는 익명의 저자가 저술한 《타드키라트 알 니스얀(Tadhkirat al-nisyan)》 같은 나중에 나온 책들과 마찬가지로, 압드 알 사디(Abd al-Sadi)의 《타리흐 알 수단(Tarikh al-Sudan)》에 의존했다. 이 점을 지적하고 이 자료들을 알려주었으며 사헬의 역사에 대한 일반적인 조언을 한 Rémi Dewière(레미 드비에르)에게 감사를 전한다. 다음 글을 참고하라. Thebe Rodney Medupe et al., 'The Timbuktu Astronomy Project: A Scientific Exploration of the Secrets of the Archives of Timbuktu', in African Cultural Astronomy: Current Archaeoastronomy and Ethnoastronomy Research in Africa, eds. Jarita Holbrook, Johnson Urama, and Thebe Rodney Medupe (Dordecht: Springer Netherlands,

2008), 182, Thebe Rodney Medupe, 'Astronomy as Practiced in the West African City of Timbuktu', in Handbook of Archaeoastronomy and Ethnoastronomy, ed. Clive Ruggles (New York: Springer, 2014), Sékéné Mody Cissoko, 'The Songhay from the 12th to the 16th Century', in General History of Africa: Africa from the Twelfth to the Sixteenth Century, ed. Djibril Tamsir Niane (Paris: UNESCO, 1984), Aslam Farouk-Alli, 'Timbuktu's Scientific Manuscript Heritage: The Reopening of an Ancient Vista?', Journal for the Study of Religion 22 (2009), Mauro Nobili, Sultan, Caliph, and the Renewer of the Faith: Ah.mad Lobbo, the Tārīkh al-fattāsh and the Making of an Islamic State in West Africa (Cambridge: Cambridge University Press, 2020), John Hunwick, Timbuktu and the Songhay Empire: Al-Sa'di's Ta'rīkh al-Sūdān down to 1613, and Other Contemporary Documents (Leiden: Brill, 1999), 155, and Abd alSadi, Tarikh es-Soudan, trans. Octave Houdas (Paris: Ernest Leroux, 1900), 341.

41 Souleymane Bachir Diagne, 'Toward an Intellectual History of West Africa: The Meaning of Timbuktu', in The Meanings of Timbuktu, eds. Shamil Jeppie and Souleymane Bachir Diagne (Cape Town: HSRC Press, 2008), 24.

42 Cissoko, 'The Songhay', 186–209, Toby Green, A Fistful of Shells: West Africa from the Rise of the Slave Trade to the Age of Revolution (London: Allen Lane, 2019), 25–62, Lalou Meltzer, Lindsay Hooper, and Gerald Klinghardt, Timbuktu: Script and Scholarship (Cape Town: Iziko Museums, 2008), and Douglas Thomas, 'Timbuktu, Mahmud Kati (Kuti) Ibn Mutaw', in African Religions: Beliefs and Practices through History, eds. Douglas Thomas and Temilola Alanamu (Santa Barbara: ABC-Clio, 2019).

43 Medupe et al., 'The Timbuktu Astronomy Project', Farouk-Alli, 'Timbuktu's Scientific Manuscript Heritage', 45, Shamil Jeppie and Souleymane Bachir Diagne, eds., The Meanings of Timbuktu (Cape Town: HSRC Press, 2008), and Ismaël Diadié Haidara and Haoua Taore, 'The Private Libraries of Timbuktu', in Jeppie and Diagne, eds., The Meanings of Timbuktu, 274.

44 Claudia Zaslavsky, Africa Counts: Number and Pattern in African Cultures (Chicago: Lawrence Hill Books, 1999), 201 and 222–3, Suzanne Preston Blier, 'Cosmic References in Ancient Ife', in African Cosmos, ed. Christine Mullen Kreamer (Washington, DC: National Museum of African Art, 2012), Peter Alcock, 'The Stellar Knowledge of Indigenous South Africans', in African Indigenous Knowledge and the Sciences, eds. Gloria Emeagwali and Edward Shizha (Rotterdam: Sense Publishers, 2016), 128, and Keith Snedegar, 'Astronomy in Sub-Saharan Africa', in Selin, ed., Encyclopaedia of the History of Science.

45 Medupe et al., 'The Timbuktu Astronomy Project', Meltzer, Hooper, and Klinghardt, Timbuktu, 94, Diagne, 'Toward an Intellectual History of West Africa', 19, Cissoko, 'The Songhay', 209, Cheikh Anta Diop, Precolonial Black Africa, trans. Harold Salemson (Westport: Lawrence Hill and Company, 1987), 176–9, Elias Saad, Social History of Timbuktu: The Role of Muslim Scholars and Notables 1400–1900 (Cambridge: Cambridge University Press, 1983), 74 and 80–1, and 'Knowledge of the Movement of the Stars and What It Portends in Every Year', Library of Congress, accessed 11 September 2020, http://hdl.loc.gov/loc.amed/aftmh. tam010.

46 Medupe, 'Astronomy as Practiced in the West African City of Timbuktu', 1102–4, Meltzer, Hooper, and Klinghardt, Timbuktu, 80, and Hunwick, Timbuktu and the Songhay Empire, 62–5.

47 Green, A Fistful of Shells, 57, Salisu Bala, 'Arabic Manuscripts in the Arewa House (Kaduna, Nigeria)', History in Africa 39 (2012), 334, WAAMD ID #2579, #3955, and #15480, West African Arabic Manuscript Database, accessed 11 September 2020, https://waamd.lib.berkeley.edu, and Ulrich Seetzen, 'Nouveaux renseignements sur le royaume ou empire de Bornou', Annales des voyages, de la géographie et de l'histoire 19 (1812), 176–7. (내가 직접 번역했다. 이 마지막 문헌을 알려준 레미 드비에르에게 감사한다.)

48 Mervyn Hiskett, 'The Arab Star-Calendar and Planetary System in Hausa Verse', Bulletin of the School of Oriental and African Studies 30 (1967), and Keith Snedegar, 'Astronomical Practices in Africa South of the Sahara', in Astronomy Across Cultures: The History of NonWestern Astronomy, ed. Helaine Selin (Dordrecht: Springer, 2000), 470.

49 Zaslavsky, Africa Counts, 137–52, Adam Gacek, ed., Catalogue of the Arabic Manuscripts in the Library of the School of Oriental and African Studies (London: School of Oriental and African Studies, 1981), 24, and Dorrit van Dalen, Doubt, Scholarship and Society in 17th-Century Central Sudanic Africa (Leiden: Brill, 2016).

50 Zaslavsky, Africa Counts, 137–52, and Musa Salih Muhammad and Sulaiman Shehu, 'Science and Mathematics in Arabic Manuscripts of Nigerian Repositories', Paper Presented at the Middle Eastern Libraries Conference, University of Cambridge, 3–6 July 2017.

51 Medupe et al., 'The Timbuktu Astronomy Project', 183, and H. R. Palmer, ed., Sudanese Memoirs (London: Frank Cass and Co., 1967), 90.

52 Augustín Udías, Searching the Heavens and Earth: The History of Jesuit Observatories (Dordrecht: Kluwer Academic, 2003), 1–40, Michela Fontana, Matteo Ricci: A Jesuit in the Ming Court, trans. Paul Metcalfe (Lanham: Rowman & Littlefield, 2011), 1–12 and 185–209, Benjamin Elman, On Their Own Terms: Science in China, 1550–1900 (Cambridge, MA: Harvard University Press, 2005), 64–5, and R. Po-Chia Hsia, A Jesuit in the Forbidden City: Matteo Ricci, 1552–1610 (Oxford: Oxford University Press, 2010), 206–7.

53 Fontana, Matteo Ricci, 30 and 193–209.

54 Huff, Intellectual Curiosity, 74, and Willard J. Peterson, 'Learning from Heaven: The Introduction of Christianity and Other Western Ideas into Late Ming China', in China and Maritime Europe, 1500–1800: Trade, Settlement, Diplomacy and Missions, ed. John E. Wills Jr (Cambridge: Cambridge University Press, 2011), 100.

55 Catherine Jami, Peter Engelfriet, and Gregory Blue, 'Introduction', in Statecraft and Intellectual Renewal in Late Ming China: The Cross-Cultural Synthesis of Xu Guangqi (1562– 1633), eds. Catherine Jami, Peter Engelfriet, and Gregory Blue (Leiden: Brill, 2001), Timothy Brook, 'Xu Guangqi in His Context', in Jami, Engelfriet, and Blue, eds., Statecraft and Intellectual Renewal, Keizo Hashimoto and Catherine Jami, 'From the Elements to Calendar Reform: Xu Guangqi's Shaping of Mathematics and Astronomy', in Jami, Engelfriet, and Blue, eds., Statecraft and Intellectual Renewal, Peter Engelfriet and Siu Man-Keung, 'Xu Guangqi's Attempts to Integrate Western and Chinese Mathematics', in Jami, Engelfriet, and Blue, eds., Statecraft and Intellectual Renewal, and Catherine Jami, The Emperor's New Mathematics: Western Learning and Imperial Authority during the Kangxi Reign (Oxford: Oxford University Press, 2011), 25–6.

56 Han Qi, 'Astronomy, Chinese and Western: The Influence of Xu Guangqi's Views in the Early

and Mid-Qing', in Jami, Engelfriet, and Blue, eds., Statecraft and Intellectual Renewal, 362.

57 Engelfriet and Siu, 'Xu Guangqi's Attempts to Integrate Western and Chinese Mathematics', 279–99.

58 Jami, The Emperor's New Mathematics, 15 and 45, Engelfriet and Siu, 'Xu Guangqi's Attempts to Integrate Western and Chinese Mathematics', 279–99, and Goody, Renaissances, 198–240.

59 Jami, The Emperor's New Mathematics, 31, Joseph Needham, Science and Civilisation in China (Cambridge: Cambridge University Press, 1959), 3:171–6 and 3:367, and Elman, On Their Own Terms, 63–6.

60 Huff, Intellectual Curiosity, 90–8, and Elman, On Their Own Terms, 90.

61 Elman, On Their Own Terms, 84.

62 Udías, Searching the Heavens, 18, and Elman, On Their Own Terms, 64.

63 Jami, The Emperor's New Mathematics, 33, Needham, Science and Civilisation, 3:170– 370, and Elman, On Their Own Terms, 65–8.

64 Udías, Searching the Heavens, 41–3.

65 Sun Xiaochun, 'On the Star Catalogue and Atlas of Chongzhen Lishu', in Jami, Engelfriet, and Blue, eds., Statecraft and Intellectual Renewal, 311–21, and Joseph Needham, Chinese Astronomy and the Jesuit Mission: An Encounter of Cultures (London: China Society, 1958), 1–12.

66 Needham, Science and Civilisation, 3:456, Jami, The Emperor's New Mathematics, 92, and Han, 'Astronomy, Chinese and Western', 365.

67 Virendra Nath Sharma, Sawai Jai Singh and His Observatories (Delhi: Motilal Banarsidass Publishers, 1995), 1–4 and 235–312, and George Rusby Kaye, Astronomical Observatories of Jai Singh (Calcutta: Superintendent Government Printing, 1918), 1–3.

68 Dhruv Raina, 'Circulation and Cosmopolitanism in 18th Century Jaipur', in Cosmopolitismes en Asie du Sud: sources, itinéraires, langues (XVIe–XVIIIe siècle), eds. Corinne Lefèvre, Ines G. Županov, and Jorge Flores (Paris: Éditions de l'École des hautes études en sciences sociales, 2015), 307–29, S. A. Khan Ghori, 'Development of Zīj Literature in India', in History of Astronomy in India, eds. S. N. Sen and K. S. Shukla (Delhi: Indian National Science Academy, 1985), K. V. Sharma, 'A Survey of Source Material', in Sen and Shukla, eds., History of Astronomy in India, 8, Takanori Kusuba and David Pingree, Arabic Astronomy in Sanskrit (Leiden: Brill, 2002), 4–5.

69 Raina, 'Circulation and Cosmopolitanism', 307–29, and Huff, Intellectual Curiosity, 123–6.

70 Sharma, Sawai Jai Singh, 41–2, and Anisha Shekhar Mukherji, Jantar Mantar: Maharaj Sawai Jai Singh's Observatory in Delhi (New Delhi: Ambi Knowledge Resources, 2010), 15.

71 Sharma, Sawai Jai Singh, 304–8, and Mukherji, Jantar Mantar, 15.

72 Sharma, Sawai Jai Singh, 254, 284–97, 312, and 329–34, and S. M. R. Ansari, 'Introduction of Modern Western Astronomy in India during 18–19 Centuries', in Sen and Shukla, eds., History of Astronomy in India, 372.

73 Sharma, Sawai Jai Singh, 3 and 235–6, and Kaye, Astronomical Observatories, 1–14.

74 Kaye, Astronomical Observatories, 4–14, Mukherji, Jantar Mantar, 13–16, and Sharma, Sawai Jai Singh, 235–43.

75 Kaye, Astronomical Observatories, 4–14, Mukherji, Jantar Mantar, 13–16, and Sharma, Sawai Jai Singh, 235–43.

76 Kaye, Astronomical Observatories, 11–13.

2부 ✦ 제국과 계몽주의

3장

1 Simon Schaffer, 'Newton on the Beach: The Information Order of Principia Mathematica', History of Science 47 (2009): 250, Andrew Odlyzko, 'Newton's Financial Misadventures in the South Sea Bubble', Notes and Records of the Royal Society 73 (2019), and Helen Paul, The South Sea Bubble: An Economic History of Its Origins and Consequences (London: Routledge, 2011), 62.

2 Paul Lovejoy, 'The Volume of the Atlantic Slave Trade: A Synthesis', The Journal of African History 4 (1982): 478, John Craig, Newton at the Mint (Cambridge: Cambridge University Press, 1946), 106–9, Schaffer, 'Newton on the Beach', Odlyzko, 'Newton's Financial Misadventures', and MINT 19/2/261r, National Archives, London, UK, via 'MINT00256', The Newton Papers, accessed 15 November 2020, http://www.newtonproject.ox.ac.uk/view/texts/normalized/MINT00256.

3 Roy Porter, 'Introduction', in The Cambridge History of Science: Eighteenth-Century Science, ed. Roy Porter (Cambridge: Cambridge University Press, 2003), Gerd Buchdahl, The Image of Newton and Locke in the Age of Reason (London: Sheed and Ward, 1961), Thomas Hankins, Science and the Enlightenment (Cambridge: Cambridge University Press, 1985), and Dorinda Outram, The Enlightenment (Cambridge: Cambridge University Press, 1995).

4 Lovejoy, 'The Volume of the Atlantic Slave Trade', 485, John Darwin, After Tamerlane: The Global History of Empire since 1405 (London: Allen Lane, 2007), 157–218, and Felicity Nussbaum, 'Introduction', in The Global Eighteenth Century, ed. Felicity Nussbaum (Baltimore: Johns Hopkins University Press, 2003).

5 Richard Drayton, 'Knowledge and Empire', in The Oxford History of the British Empire: The Eighteenth Century, ed. Peter Marshall (Oxford: Oxford University Press, 1998), Charles Withers and David Livingstone, 'Introduction: On Geography and Enlightenment', in Geography and Enlightenment, eds. Charles Withers and David Livingstone (Chicago: University of Chicago Press, 1999), Larry Stewart, 'Global Pillage: Science, Commerce, and Empire', in Porter, ed., The Cambridge History of Science: Eighteenth-Century Science, Mark Govier, 'The Royal Society, Slavery and the Island of Jamaica, 1660–1700', Notes and Records of the Royal Society 53 (1999), and Sarah Irving, Natural Science and the Origins of the British Empire (London: Pickering & Chatto, 2008), 1.

6 Anthony Grafton with April Shelford and Nancy Siraisi, New Worlds, Ancient Texts: The

Power of Tradition and the Shock of Discovery (Cambridge, MA: The Belknap Press, 1992), 198, Irving, Natural Science, 1–44, and Jorge CañizaresEsguerra, Nature, Empire, and Nation: Explorations of the History of Science in the Iberian World (Stanford: Stanford University Press, 2006), 15–18.

7 Steven Harris, 'Long-Distance Corporations, Big Sciences, and the Geography of Knowledge', Configurations 6 (1998), and Rob Iliffe, 'Science and Voyages of Discovery', in Porter, ed., The Cambridge History of Science: Eighteenth-Century Science.

8 Schaffer, 'Newton on the Beach'.

9 Isaac Newton, The Principia: The Authoritative Translation and Guide, trans. I. Bernard Cohen and Anne Whitman (Berkeley: The University of California Press, 2016), 829–32, John Olmsted, 'The Scientific Expedition of Jean Richer to Cayenne (1672–1673)', Isis 34 (1942), Nicholas Dew, 'Scientific Travel in the Atlantic World: The French Expedition to Gorée and the Antilles, 1681–1683', The British Journal for the History of Science 43 (2010), and Nicholas Dew, 'Vers la ligne: Circulating Measurements around the French Atlantic', in Science and Empire in the Atlantic World, eds. James Delbourgo and Nicholas Dew (New York: Routledge, 2008).

10 Olmsted, 'The Scientific Expedition of Jean Richer', 118–22, and Jean Richer, Observations astronomiques et physiques faites en l'Isle de Caienne (Paris: De l'Imprimerie Royale, 1679).

11 Dew, 'Scientific Travel in the Atlantic World', 8–17.

12 Schaffer, 'Newton on the Beach', 261.

13 Newton, Principia, 832.

14 Schaffer, 'Newton on the Beach', 250–7, and David Cartwright, 'The Tonkin Tides Revisited', Notes and Records of the Royal Society 57 (2003).

15 Michael Hoskin, 'Newton and Newtonianism', in The Cambridge Illustrated History of Astronomy, ed. Michael Hoskin (Cambridge: Cambridge University Press, 1997), Larrie Ferreiro, Measure of the Earth: The Enlightenment Expedition That Reshaped Our World (New York: Basic Books, 2011), 7–8, and Henry Alexander ed., The Leibniz–Clarke Correspondence: Together with Extracts from Newton's Principia and Opticks (Manchester: Manchester University Press, 1956), 184.

16 Hoskin, 'Newton and Newtonianism', and Rob Iliffe and George Smith, 'Introduction', in The Cambridge Companion to Newton, eds. Rob Iliffe and George Smith (Cambridge: Cambridge University Press, 2016).

17 Iliffe, 'Science and Voyages of Discovery', and John Shank, The Newton Wars and the Beginning of the French Enlightenment (Chicago: University of Chicago Press, 2008).

18 Ferreiro, Measure of the Earth, 132–6.

19 Ferreiro, Measure of the Earth, xiv–xvii, Neil Safier, Measuring the New World: Enlightenment Science and South America (Chicago: University of Chicago Press, 2008), 2–7, Michael Hoare, The Quest for the True Figure of the Earth: Ideas and Expeditions in Four Centuries of Geodesy (Aldershot: Ashgate, 2005), 81–141, Mary Terrall, The Man Who Flattened the Earth: Maupertuis and the Sciences in the Enlightenment (Chicago: University of Chicago Press, 2002), and Rob Iliffe, ' "Aplatisseur du Monde et de Cassini": Maupertuis, Precision

Measurement, and the Shape of the Earth in the 1730s', History of Science 31 (1993).

20 Safier, Measuring the New World, 7, and Ferreiro, Measure of the Earth, 31–8.

21 Ferreiro, Measure of the Earth, 62–89.

22 Hoare, The Quest for the True Figure of the Earth, 12–13, and Ferreiro, Measure of the Earth, 133–4.

23 Ferreiro, Measure of the Earth, 105–8 and 114.

24 Ferreiro, Measure of the Earth, 108, Iván Ghezzi and Clive Ruggles, 'Chankillo', in Handbook of Archaeoastronomy and Ethnoastronomy, ed. Clive Ruggles (New York: Springer Reference, 2015), 808–13, Clive Ruggles, 'Geoglyphs of the Peruvian Coast', in Ruggles, ed., Handbook of Archaeoastronomy and Ethnoastronomy, 821–2.

25 Brian Bauer and David Dearborn, Astronomy and Empire in the Ancient Andes: The Cultural Origins of Inca Sky Watching (Austin: University of Texas Press, 1995), 14–16, Brian Bauer, The Sacred Landscape of the Inca: The Cusco Ceque System (Austin: University of Texas Press, 1998), 4–9, and Reiner Tom Zuidema, 'The Inca Calendar', in Native American Astronomy, ed. Anthony Aveni (Austin: University of Texas Press, 1977), 220–33.

26 Zuidema, 'Inca Calendar', 250, and Bauer, Sacred Landscape, 8.

27 Ferreiro, Measure of the Earth, 26 and 107–11, Bauer and Dearborn, Astronomy and Empire, 27, and Safier, Measuring the New World, 87–8.

28 Ferreiro, Measure of the Earth, 108.

29 Ferreiro, Measure of the Earth, 221–2.

30 Teuira Henry, 'Tahitian Astronomy', Journal of the Polynesian Society 16 (1907): 101–4, and William Frame and Laura Walker, James Cook: The Voyages (Montreal: McGill-Queen's University Press, 2018), 40.

31 Henry, 'Tahitian Astronomy', 101–2, Frame and Walker, James Cook, 40, Andrea Wulf, Chasing Venus: The Race to Measure the Heavens (London: William Heinemann, 2012), xix–xxvi, and Harry Woolf, The Transits of Venus: A Study of Eighteenth-Century Science (Princeton: Princeton University Press, 1959), 3–22.

32 Iliffe, 'Science and Voyages of Discovery', 624–8, Wulf, Chasing Venus, 128, and Anne Salmond, The Trial of the Cannibal Dog: Captain Cook and the South Seas (London: Penguin Books, 2004), 31–2.

33 Newton, Principia, 810–15, and Woolf, Transits of Venus, 3.

34 Wulf, Chasing Venus, xix–xxiv, and Woolf, Transits of Venus, 3–16.

35 Wulf, Chasing Venus, 185, and Woolf, Transits of Venus, 182–7.

36 Rebekah Higgitt and Richard Dunn, 'Introduction', in Navigational Empires in Europe and Its Empires, 1730–1850, eds. Rebekah Higgitt and Richard Dunn (Basingstoke: Palgrave Macmillan, 2016), Wayne Orchiston, 'From the South Seas to the Sun', in Science and Exploration in the Pacific: European Voyages to the Southern Oceans in the Eighteenth Century, ed. Margarette Lincoln (Woodbridge: Boydell & Brewer, 1998), 55–6, and Iliffe, 'Science and Voyages of Discovery', 635.

37 Salmond, Trial, 51.

38 Salmond, Trial, 64–7, Wulf, Chasing Venus, 168, and Simon Schaffer, 'In Transit: European Cosmologies in the Pacific', in The Atlantic World in the Antipodes: Effects and Transformations since the Eighteenth Century, ed. Kate Fullagar (Newcastle: Cambridge Scholars Publishing, 2012), 70.

39 Salmond, Trial, 79, Orchiston, 'From the South Seas', 58–9, Charles Green, 'Observations Made, by Appointment of the Royal Society, at King George's Island in the South Seas', Philosophical Transactions 61 (1771): 397 and 411.

40 Wulf, Chasing Venus, 192–3, Orchiston, 'From the South Seas', 59, and Vladimir Shiltsev, 'The 1761 Discovery of Venus' Atmosphere: Lomonosov and Others', Journal of Astronomical History and Heritage 17 (2014): 85–8.

41 Wulf, Chasing Venus, 201.

42 Salmond, Trial, 95, and David Lewis, We, the Navigators: The Ancient Art of Landfinding in the Pacific (Honolulu: University of Hawaii Press, 1994).

43 Salmond, Trial, 38–9, Lewis, We, the Navigators, 7–8, Joan Druett, Tupaia: Captain Cook's Polynesian Navigator (Auckland: Random House, 2011), 1–11, and Lars Eckstein and Anja Schwarz, 'The Making of Tupaia's Map: A Story of the Extent and Mastery of Polynesian Navigation, Competing Systems of Wayfinding on James Cook's Endeavour, and the Invention of an Ingenious Cartographic System', The Journal of Pacific History 54 (2019): 4.

44 Lewis, We, the Navigators, 82–101, and Ben Finney, 'Nautical Cartography and Traditional Navigation in Oceania', in The History of Cartography: Cartography in the Traditional African, American, Arctic, Australian, and Pacific Societies, eds. David Woodward and G. Malcolm Lewis (Chicago: University of Chicago Press, 1998), 2:443.

45 Finney, 'Nautical Cartography', 443 and 455–79, and Lewis, We, the Navigators, 218–48.

46 Druett, Tupaia, 2, Salmond, Trial, 38–9, and Eckstein and Schwarz, 'Tupaia's Map', 4.

47 Salmond, Trial, 37–40, and Eckstein and Schwarz, 'Tupaia's Map', 4.

48 Salmond, Trial, 112, Eckstein and Schwarz, 'Tupaia's Map', 93–4, and Finney, 'Nautical Cartography', 446.

49 Salmond, Trial, 99–101, and Eckstein and Schwarz, 'Tupaia's Map', 5.

50 Eckstein and Schwarz, 'Tupaia's Map'.

51 Eckstein and Schwarz, 'Tupaia's Map', 29–52.

52 Eckstein and Schwarz, 'Tupaia's Map', 32–52.

53 Salmond, Trial, 110–13, and Eckstein and Schwarz, 'Tupaia's Map', 5.

54 Eckstein and Schwarz, 'Tupaia's Map', 6–13.

55 Valentin Boss, Newton and Russia: The Early Influence, 1698–1796 (Cambridge, MA: Harvard University Press, 1972), 2–5, Loren Graham, Science in Russia and the Soviet Union: A Short History (Cambridge: Cambridge University Press, 1993), 17, and Alexander Vucinich, Science in Russian Culture: A History to 1860 (London: P. Owen, 1965), 1:51.

56 Boss, Newton and Russia, 5–14, Vucinich, Science in Russian Culture, 1:43–4, Arthur

MacGregor, 'The Tsar in England: Peter the Great's Visit to London in 1698', The Seventeenth Century 19 (2004): 129–31, and Papers Connected with the Principia, MS Add. 3965.12, ff.357–358, Cambridge University Library, Cambridge, UK, via 'NATP00057', The Newton Papers, accessed 15 November 2020, http://www. newtonproject.ox.ac.uk/view/texts/normalized/NATP00057.

57 Boss, Newton and Russia, 9, and Vucinich, Science in Russian Culture, 1:51–4 and 1:74.

58 Boss, Newton and Russia, 116 and 235, Vucinich, Science in Russian Culture, 1:45 and 1:75–6, Wulf, Chasing Venus, 97, and Simon Werrett, 'Better Than a Samoyed: Newton's Reception in Russia', in Reception of Isaac Newton in Europe, eds. Helmut Pulte and Scott Mandelbrote (London: Bloomsbury, 2019), 1:217–23.

59 Boss, Newton and Russia, 94–5, and John Appleby, 'Mapping Russia: Farquharson, Delisle and the Royal Society', Notes and Records of the Royal Society 55 (2001): 192.

60 Andreï Grinëv, Russian Colonization of Alaska: Preconditions, Discovery, and Initial Development, 1741–1799, trans. Richard Bland (Lincoln, NE: University of Nebraska Press, 2018), 73, Alexey Postnikov and Marvin Falk, Exploring and Mapping Alaska: The Russian America Era, 1741–1867, trans. Lydia Black (Fairbanks: University of Alaska Press, 2015), 2–6, and Orcutt Frost, Bering: The Russian Discovery of America (New Haven: Yale University Press, 2003), xiii–xiv.

61 Frost, Bering, xiii and 34.

62 Robin Inglis, Historical Dictionary of the Discovery and Exploration of the Northwest Coast of America (Lanham: Scarecrow Press, 2008), xxxi–xxxii.

63 Frost, Bering, 40–63.

64 Frost, Bering, 65–158, Postnikov and Falk, Exploring and Mapping, 32 and 46, and Carol Urness, 'Russian Mapping of the North Pacific to 1792', in Enlightenment and Exploration in the North Pacific, 1741–1805, eds. Stephen Haycox, James Barnett, and Caedmon Liburd (Seattle: University of Washington Press, 1997), 132–7.

65 Frost, Bering, 144–58, Frank Golder, ed., Bering's Voyages: An Account of the Efforts of the Russians to Determine the Relation of Asia and America (New York: American Geographical Society, 1922), 1:91–9, and Dean Littlepage, Steller's Island: Adventures of a Pioneer Naturalist in Alaska (Seattle: Mountaineers Books, 2006), 61–2.

66 Inglis, Historical Dictionary, xlix and 39, Urness, 'Russian Mapping', 139–42, Postnikov and Falk, Exploring and Mapping, 78–174, and Simon Werrett, 'Russian Responses to the Voyages of Captain Cook', in Captain Cook: Explorations and Re - assessments, ed. Glyndwr Williams (Woodbridge: Boydell & Brewer, 2004), 184–7.

67 Postnikov and Falk, Exploring and Mapping, 159–61, Werrett, 'Better Than a Samoyed', 226, and Alekseï Postnikov, 'Learning from Each Other: A History of Russian–Native Contacts in Late Eighteenth–Early Nineteenth Century Exploration and Mapping of Alaska and the Aleutian Islands', International Hydrographic Review 6 (2005): 10.

68 Postnikov and Falk, Exploring and Mapping, 99.

69 John MacDonald, The Arctic Sky: Inuit Astronomy, Star Lore, and Legend (Toronto: Royal Ontario Museum, 1998), 5–15, 101, and 164–7, and Ülo Siimets, 'The Sun, the Moon and

Firmament in Chukchi Mythology and on the Relations of Celestial Bodies and Sacrifices', Folklore 32 (2006): 133–48.

70 MacDonald, Arctic Sky, 9, 44–5, and Siimets, 'Sun, Moon and Firmament', 148–50.

71 MacDonald, Arctic Sky, 173–8, and David Lewis and Mimi George, 'Hunters and Herders: Chukchi and Siberian Eskimo Navigation across Snow and Frozen Sea', The Journal of Navigation 44 (1991): 1–5.

72 Postnikov and Falk, Exploring and Mapping, 99–100, Inglis, Historical Dictionary, 96, and John Bockstoce, Fur and Frontiers in the Far North: The Contest among Native and Foreign Nations for the Bering Fur Trade (New Haven: Yale University Press, 2009), 75–6.

73 Postnikov and Falk, Exploring and Mapping, 161–74.

74 Dew, 'Vers la ligne', 53.

75 Shino Konishi, Maria Nugent, and Tiffany Shellam, 'Exploration Archives and Indigenous Histories', in Indigenous Intermediaries: New Perspectives on Exploration Archives, eds. Shino Konishi, Maria Nugent, and Tiffany Shellam (Acton: Australian National University Press, 2015), Simon Schaffer, Lissa Roberts, Kapil Raj, and James Delbourgo, 'Introduction', in The Brokered World: Go-Betweens and Global Intelligence, 1770–1820, eds. Simon Schaffer, Lissa Roberts, Kapil Raj, and James Delbourgo (Sagamore Beach: Science History Publications, 2009), and Schaffer, 'Newton on the Beach', 267.

76 Vincent Carretta, 'Who was Francis Williams?', Early American Literature 38 (2003), and Gretchen Gerzina, Black London: Life before Emancipation (New Brunswick: Rutgers University Press, 1995), 6 and 40–1.

4장

1 Natural History Museum [hereafter NHM], 'Slavery and the Natural World, Chapter 2: People and Slavery', accessed 15 October 2019, https://www.nhm.ac.uk/content/dam/nhmwww/discover/slavery-natural-world/chapter-2-peopleand-slavery.pdf, and Susan Scott Parrish, American Curiosity: Cultures of Natural History in the Colonial British Atlantic World (Chapel Hill: University of North Carolina Press, 2006), 1–10.

2 NHM, 'Slavery and the Natural World, Chapter 2: People and Slavery', Parrish, American Curiosity, 1–10, and Londa Schiebinger, Plants and Empire: Colonial Bioprospecting in the Atlantic World (Cambridge, MA: Harvard University Press, 2009), 8.

3 Parrish, American Curiosity, 1–10, Schiebinger, Plants and Empire, 209–19, and Lisbet Koerner, 'Carl Linnaeus in His Time and Place', in Cultures of Natural History, eds. Nicholas Jardine, James Secord, and Emma Spary (Cambridge: Cambridge University Press, 1996), 145–9.

4 NHM, 'Slavery and the Natural World, Chapter 2: People and Slavery', and Parrish, American Curiosity, 1–10.

5 Richard Drayton, Nature's Government: Science, Imperial Britain, and the 'Improvement' of the World (New Haven: Yale University Press, 2000), Harold Cook, Matters of Exchange:

Commerce, Medicine, and Science in the Dutch Golden Age (New Haven: Yale University Press, 2007), Dániel Margócsy, Commercial Visions: Science, Trade, and Visual Culture in the Dutch Golden Age (Chicago: University of Chicago Press, 2014), Londa Schiebinger and Claudia Swan, eds., Colonial Botany: Science, Commerce, and Politics in the Early Modern World (Philadelphia: University of Pennsylvania Press, 2005), Kris Lane, 'Gone Platinum: Contraband and Chemistry in Eighteenth-Century Colombia', Colonial Latin American Review 20 (2011), and Schiebinger, Plants and Empire, 194.

6   Schiebinger, Plants and Empire, 7–8, and Lisbet Koerner, Linnaeus: Nature and Nation (Cambridge, MA: Harvard University Press, 1999), 1–2.

7   Drayton, Nature's Government, Schiebinger, Plants and Empire, Miles Ogborn, 'Vegetable Empire', in Worlds of Natural History, eds. Helen Curry, Nicholas Jardine, James Secord, and Emma Spary (Cambridge: Cambridge University Press, 2018), and James McClellan III, Colonialism and Science: Saint Domingue and the Old Regime (Chicago: University of Chicago Press, 2010), 148–59.

8   Schiebinger, Plants and Empire, 25–30, James Delbourgo, 'Sir Hans Sloane's Milk Chocolate and the Whole History of the Cacao', Social Text 29 (2011), James Delbourgo, Collecting the World: The Life and Curiosity of Hans Sloane (London: Allen Lane, 2015), 35–59, and Edwin Rose, 'Natural History Collections and the Book: Hans Sloane's A Voyage to Jamaica (1707–1725) and His Jamaican Plants', Journal of the History of Collections 30 (2018).

9   NHM, 'Slavery and the Natural World, Chapter 2: People and Slavery', Schiebinger, Plants and Empire, 28, Delbourgo, Collecting the World, 35–59, and Hans Sloane, A Voyage to the Islands Madera, Barbados, Nieves, S. Christophers and Jamaica (London: B.M. for the Author, 1707).

10   Miles Ogborn, 'Talking Plants: Botany and Speech in Eighteenth-Century Jamaica', History of Science 51 (2013): 264, Judith Carney and Richard Rosomoff, In the Shadow of Slavery: Africa's Botanical Legacy in the Atlantic World (Berkeley: University of California Press, 2011), 71 and 124, and Bertram Osuagwu, The Igbos and Their Traditions, trans. Frances W. Pritchett (Lagos: Macmillan Nigeria, 1978), 1–22.

11   Carney and Rosomoff, In the Shadow of Slavery, 123–4.

12   Londa Schiebinger, Secret Cures of Slaves: People, Plants, and Medicine in the EighteenthCentury Atlantic World (Stanford: Stanford University Press, 2017), 1–9 and 45–59.

13   Ogborn, 'Talking Plants', 255–71, Kathleen Murphy, 'Collecting Slave Traders: James Petiver, Natural History, and the British Slave Trade', William and Mary Quarterly 70 (2013), and NHM, 'Slavery and the Natural World, Chapter 7: Fevers', accessed 15 October 2019, https://www.nhm.ac.uk/content/dam/nhmwww/dis cover/slavery-natural-world/chapter-7-fevers.pdf.

14   Schiebinger, Secret Cures of Slaves, 90, Ogborn, 'Talking Plants', 275, and Kwasi Konadu, Indigenous Medicine and Knowledge in African Society (London: Routledge, 2007), 85–9.

15   Schiebinger, Plants and Empire, 1–35, NHM, 'Slavery and the Natural World, Chapter 2: People and Slavery', and Julie Hochstrasser, 'The Butterfly Effect: Embodied Cognition and Perceptual Knowledge in Maria Sibylla Merian's Metamorphosis Insectorum Surinamensium',

in The Dutch Trading Companies as Knowledge Networks, eds. Siegfried Huigen, Jan de Jong, and Elmer Kolfin (Leiden: Brill, 2010), 59–60.

16 Schiebinger, Secret Cures of Slaves, 12, NHM, 'Slavery and the Natural World, Chapter 6: Resistance', accessed 15 October 2019, https://www.nhm.ac.uk/content/dam/nhmwww/ discover/slavery-natural-world/chapter-6-resistance.pdf, and Susan Scott Parrish, 'Diasporic African Sources of Enlightenment Knowledge', in Science and Empire in the Atlantic World, eds. James Delbourgo and Nicholas Dew (New York: Routledge, 2008), 294.

17 Richard Grove, 'Indigenous Knowledge and the Significance of South-West India for Portuguese and Dutch Constructions of Tropical Nature', Modern Asian Studies 30 (1996), K. S. Manilal, ed., Botany and History of Hortus Malabaricus (Rotterdam: A. A. Balkema, 1980), 1–3, J. Heniger, Hendrik Adriaan van Reede tot Drakenstein (1636–1691) and Hortus Malabaricus (Rotterdam: A. A. Balkema, 1986), vii–xii and 3–95, Kapil Raj, Relocating Modern Science: Circulation and the Construction of Knowledge in South Asia and Europe, 1650–1900 (Basingstoke: Palgrave Macmillan, 2007), 44–5, and Hendrik van Rheede, Hortus Indicus Malabaricus (Amsterdam: Johannis van Someren, 1678), vol. 1, pl. 9.

18 Grove, 'Indigenous Knowledge', 134–5, and Heniger, Hendrik Adriaan van Reede, 3–33.

19 Grove, 'Indigenous Knowledge', 136–9, Heniger, Hendrik Adriaan van Reede, 41–64, 144–8, and H. Y. Mohan Ram, 'On the English Edition of van Rheede's Hortus Malabaricus', Current Science 89 (2005).

20 Heniger, Hendrik Adriaan van Reede, 147–8, and Rajiv Kamal, Economy of Plants in the Vedas (New Delhi: Commonwealth Publishers, 1988), 1–23.

21 Heniger, Hendrik Adriaan van Reede, 43 and 143–8, and Grove, 'Indigenous Knowledge', 139.

22 E. M. Beekman, 'Introduction: Rumphius' Life and Work', in Georg Eberhard Rumphius, The Ambonese Curiosity Cabinet, trans. E. M. Beekman (New Haven: Yale University Press, 1999), xxxv–lxvii, and Genie Yoo, 'Wars and Wonders: The Inter-Island Information Networks of Georg Everhard Rumphius', The British Journal for the History of Science 51 (2018): 561.

23 Beekman, 'Introduction', xxxv–xcviii, and George Sarton, 'Rumphius, Plinius Indicus (1628– 1702)', Isis 27 (1937).

24 Matthew Sargent, 'Global Trade and Local Knowledge: Gathering Natural Knowledge in Seventeenth-Century Indonesia', in Intercultural Exchange in Southeast Asia: History and Society in the Early Modern World, eds. Tara Alberts and David Irving (London: I. B. Taurus, 2013), 155–6.

25 Beekman, 'Introduction', lxvii, Sargent, 'Global Trade', 156, Jeyamalar Kathirithamby-Wells, 'Unlikely Partners: Malay-Indonesian Medicine and European Plant Science', in The East India Company and the Natural World, eds. Vinita Damodaran, Anna Winterbottom, and Alan Lester (Basingstoke: Palgrave Macmillan, 2014), 195– 203, and Benjamin Schmidt, Inventing Exoticism: Geography, Globalism, and Europe's Early Modern World (Philadelphia: University of Pennsylvania Press, 2015), 136–8.

26 Yoo, 'Wars and Wonders', 567–9.

27 Georg Eberhard Rumphius, The Ambonese Curiosity Cabinet, trans. E. M. Beekman (New Haven: Yale University Press, 1999), 93–4, Georg Eberhard Rumphius, Rumphius' Orchids:

Orchid Texts from The Ambonese Herbal, trans. E. M. Beekman (New Haven: Yale University Press, 2003), 87, and Maria-Theresia Leuker, 'Knowledge Transfer and Cultural Appropriation: Georg Everhard Rumphius's D'Amboinsche Rariteitkamer (1705)', in Huigen, de Jong, and Kolfin, eds. The Dutch Trading Companies.

28 Beekman, 'Introduction', lxii–lxiii.

29 Ray Desmond, The European Discovery of the Indian Flora (Oxford: Oxford University Press, 1992), 57–9, and Tim Robinson, William Roxburgh: The Founding Father of Indian Botany (Chichester: Phillimore, 2008), 41–3.

30 Desmond, European Discovery, 59, and Robinson, William Roxburgh, 41.

31 Robinson, William Roxburgh, 5–10, Pratik Chakrabarti, Materials and Medicine: Trade, Conquest and Therapeutics in the Eighteenth Century (Manchester: Manchester University Press, 2010), 41, Minakshi Menon, 'Medicine, Money, and the Making of the East India Company State: William Roxburgh in Madras, c. 1790', in Histories of Medicine and Healing in the Indian Ocean World, eds. Anna Winterbottom and Facil Tesfaye (Basingstoke: Palgrave, 2016), 2:152–9, and Arthur MacGregor, 'European Enlightenment in India: An Episode of Anglo-German Collaboration in the Natural Sciences on the Coromandel Coast, Late 1700s–Early 1800s', in Naturalists in the Field: Collecting, Recording and Preserving the Natural World from the Fifteenth to the Twenty-First Century (Leiden: Brill, 2018), 383.

32 Prakash Kumar, Indigo Plantations and Science in Colonial India (Cambridge: Cambridge University Press, 2012), 68–75, and Menon, 'Medicine, Money, and the Making of the East India Company State', 160.

33 Robinson, William Roxburgh, 43–56.

34 Robinson, William Roxburgh, 95, Chakrabarti, Materials and Medicine, 126, Beth Tobin, Picturing Imperial Power: Colonial Subjects in Eighteenth-Century British Painting (Durham, NC: Duke University Press, 1999), 194–201, M. Lazarus and H. Pardoe, eds., Catalogue of Botanical Prints and Drawings: The National Museums & Galleries of Wales (Cardiff: National Museums & Galleries of Wales, 2003), 35, I. G. Khan, 'The Study of Natural History in 16th–17th Century Indo-Persian Literature', Proceedings of the Indian History Congress 67 (2002), and Versha Gupta, Botanical Culture of Mughal India (Bloomington: Partridge India, 2018).

35 Markman Ellis, Richard Coulton, and Matthew Mauger, Empire of Tea: The Asian Leaf That Conquered the World (London: Reaktion Books, 2015), 32–5 and 105, and Erika Rappaport, A Thirst for Empire: How Tea Shaped the Modern World (Princeton: Princeton University Press, 2017), 23.

36 Ellis, Coulton, and Mauger, Empire of Tea, 9 and 22–57, Rappaport, A Thirst for Empire, 41, Linda Barnes, Needles, Herbs, Gods, and Ghosts: China, Healing, and the West to 1848 (Cambridge, MA: Harvard University Press, 2005), 93–116 and 181–5, and Jane Kilpatrick, Gifts from the Gardens of China (London: Frances Lincoln, 2007), 9–16.

37 Markman Ellis, 'The British Way of Tea: Tea as an Object of Knowledge between Britain and China, 1690–1730', in Curious Encounters: Voyaging, Collecting, and Making Knowledge in the Long Eighteenth Century, eds. Adriana Craciun and Mary Terrall (Toronto: University of

Toronto Press, 2019), 27–33.

38 Ellis, Coulton, and Mauger, Empire of Tea, 66–7 and 109–10.

39 Ellis, 'The British Way of Tea', 23–8, and James Ovington, An Essay upon the Nature and Qualities of Tea (London: R. Roberts, 1699), 7–14.

40 Ellis, 'The British Way of Tea', 29–32, Kilpatrick, Gifts from the Gardens of China, 34–48, and Charles Jarvis and Philip Oswald, 'The Collecting Activities of James Cuninghame FRS on the Voyage of Tuscan to China (Amoy) between 1697 and 1699', Notes and Records of the Royal Society 69 (2015).

41 Ellis, 'The British Way of Tea', 29–32, and James Cuninghame, 'Part of Two Letters to the Publisher from Mr James Cunningham, F. R.S.', Philosophical Transactions of the Royal Society 23 (1703): 1205–6.

42 Ellis, Coulton, and Mauger, Empire of Tea, 15–19, Huang Hsing-Tsung, Science and Civilisation in China: Biology and Biological Technology, Fermentations and Food Science (Cambridge: Cambridge University Press, 2000), vol. 6, part 5, 506–15, and James A. Benn, Tea in China: A Religious and Cultural History (Hong Kong: Hong Kong University Press, 2015), 117–44.

43 Carla Nappi, The Monkey and the Inkpot: Natural History and Its Transformations in Early Modern China (Cambridge, MA: Harvard University Press, 2009), 10–33 and 141–2, and Federico Marcon, The Knowledge of Nature and the Nature of Knowledge in Early Modern Japan (Chicago: University of Chicago Press, 2015), 25–50.

44 Nappi, The Monkey and the Inkpot, 10–33, Marcon, The Knowledge of Nature, 25–50, Ellis, 'The British Way of Tea', 27, Georges Métailié, Science and Civilisation in China: Biology and Biological Technology, Traditional Botany: An Ethnobotanical Approach (Cambridge: Cambridge University Press, 2015), vol. 6, part 4, 77–8, and Joseph Needham, Science and Civilisation in China: Biology and Biological Technology, Botany (Cambridge: Cambridge University Press, 1986), vol. 6, part 1, 308–21.

45 Nappi, The Monkey and the Inkpot, 155–8, Needham, Science and Civilisation, vol. 6, part 1, 308–21, Métailié, Science and Civilisation in China, vol. 6, part 4, 36 and 77, and Marcon, The Knowledge of Nature, 25–50.

46 Nappi, The Monkey and the Inkpot, 19, Métailié, Science and Civilisation in China, vol. 6, part 4, 620–5.

47 Nappi, The Monkey and the Inkpot, 19, Métailié, Science and Civilisation in China, vol. 6, part 4, 620–5, and Jordan Goodman and Charles Jarvis, 'The John Bradby Blake Drawings in the Natural History Museum, London: Joseph Banks Puts Them to Work', Curtis's Botanical Magazine 34 (2017): 264.

48 Marcon, The Knowledge of Nature, 128–31 and 161–3, and Ishiyama Hiroshi, 'The Herbal of Dodonaeus', in Bridging the Divide: 400 Years, The Netherlands–Japan, eds. Leonard Blussé, Willem Remmelink, and Ivo Smits (Leiden: Hotei, 2000), 100–1.

49 Marcon, The Knowledge of Nature, 128–31, 161–3, and 171–203.

50 Marcon, The Knowledge of Nature, x and 3–6, Iioka Naoko, 'Wei Zhiyan and the Subversion of the Sakoku', in Offshore Asia: Maritime Interactions in Eastern Asia before Steamships, eds.

Fujita Kayoko, Shiro Momoki, and Anthony Reid (Singapore: Institute of Southeast Asian Studies, 2013), and Ronald Toby, 'Reopening the Question of Sakoku: Diplomacy in the Legitimation of the Tokugawa Bakufu', Journal of Japanese Studies 3 (1977): 358.

51 Marcon, The Knowledge of Nature, 113–28 and 141–6, and Marie-Christine Skuncke, Carl Peter Thunberg: Botanist and Physician (Uppsala: Swedish Collegium for Advanced Study, 2014), 113.

52 Marcon, The Knowledge of Nature, 128–31 and 161–3, and Harmen Beukers, 'Dodonaeus in Japanese: Deshima Surgeons as Mediators in the Early Introduction of Western Natural History', in Dodonaeus in Japan: Translation and the Scientific Mind in the Tokugawa Period, eds. W. F. Vande Walle and Kazuhiko Kasaya (Leuven: Leuven University Press, 2002), 291.

53 Marcon, The Knowledge of Nature, 55–73.

54 Marcon, The Knowledge of Nature, 6 and 87–102.

55 Marcon, The Knowledge of Nature, 90–6.

56 Marcon, The Knowledge of Nature, 91 (emphasis added).

57 Timon Screech, 'The Visual Legacy of Dodonaeus in Botanical and Human Categorisation', in Vande Walle and Kasaya, eds., Dodonaeus in Japan, 221–3, T. Yoshida, ' "Dutch Studies" and Natural Sciences', in Blussé, Remmelink, and Smits, eds., Bridging the Divide, Kenkichiro Koizumi, 'The Emergence of Japan's First Physicists: 1868–1900', History and Philosophy of the Physical Sciences 6 (1975): 7–13, James Bartholomew, The Formation of Science in Japan: Building a Research Tradition (New Haven: Yale University Press, 1989), 10–15, Marcon, The Knowledge of Nature, 128– 30, Hiroshi, 'The Herbal of Dodonaeus', 100–1, and Tōru Haga, 'Dodonaeus and Tokugawa Culture: Hiraga Gennai and Natural History in Eighteenth-Century Japan', in Vande Walle and Kasaya, eds., Dodonaeus in Japan, 242–51.

58 Marcon, The Knowledge of Nature, 135–7, and Skuncke, Carl Peter Thunberg, 93–9 and 101–4.

59 Skuncke, Carl Peter Thunberg, 120–6.

60 Skuncke, Carl Peter Thunberg, 122–6.

61 Skuncke, Carl Peter Thunberg, 105 and 128–35, and Marcon, The Knowledge of Nature, 135–7.

62 Skuncke, Carl Peter Thunberg, 130 and 206, and Richard Rudolph, 'Thunberg in Japan and His Flora Japonica in Japanese', Monumenta Nipponica 29 (1974): 168.

63 Carl Thunberg, Flora Japonica (Leipzig: I. G. Mülleriano, 1784), 229.

3부 ✦ 자본주의와 갈등의 시대

5장

1 Justin Smith, 'The Ibis and the Crocodile: Napoleon's Egyptian Campaign and Evolutionary Theory in France, 1801–1835', Republic of Letters 6 (2018), Paul Nicholson, 'The Sacred

Animal Necropolis at North Saqqara: The Cults and Their Catacombs', in Divine Creatures: Animal Mummies in Ancient Egypt, ed. Salima Ikram (Cairo: American University in Cairo Press, 2005), and Caitlin Curtis, Craig Millar, and David Lambert, 'The Sacred Ibis Debate: The First Test of Evolution', PLOS Biology 16 (2018).

2 Jean Herold, Bonaparte in Egypt (London: Hamish Hamilton, 1962), 164–200, Charles Gillispie, 'Scientific Aspects of the French Egyptian Expedition 1798– 1801', Proceedings of the American Philosophical Society 133 (1989), Nina Burleigh, Mirage: Napoleon's Scientists and the Unveiling of Egypt (New York: Harper, 2007), vi–x, and Jane Murphy, 'Locating the Sciences in Eighteenth-Century Egypt', The British Journal for the History of Science 43 (2010).

3 Toby Appel, The Cuvier–Geoffroy Debate: French Biology in the Decades before Darwin (Oxford: Oxford University Press, 1987), 1–10 and 69–97, Burleigh, Mirage, 195– 207, Curtis, Millar, and Lambert, 'The Sacred Ibis Debate', Smith, 'The Ibis and the Crocodile', and Murphy, 'Locating the Sciences', 558–65.

4 Appel, The Cuvier–Geoffroy Debate, 72–7, and Nicholson, 'The Sacred Animal Necropolis', 44–52.

5 Curtis, Millar, and Lambert, 'The Sacred Ibis Debate', 2–5, Smith, 'The Ibis and the Crocodile', 5–9, and Martin Rudwick, Bursting the Limits of Time: The Reconstruction of Geohistory in the Age of Revolution (Chicago: University of Chicago Press, 2007), 394–6.

6 Curtis, Millar, and Lambert, 'The Sacred Ibis Debate', 2–5, Smith, 'The Ibis and the Crocodile', 5–9, Rudwick, Bursting the Limits of Time, 394–6, Appel, The Cuvier–Geoffroy Debate, 82, and Martin Rudwick, Georges Cuvier, Fossil Bones, and Geological Catastrophes: New Translations and Interpretations of the Primary Texts (Chicago: University of Chicago Press, 2008), 229.

7 Smith, 'The Ibis and the Crocodile', 4, Robert Young, Darwin's Metaphor: Nature's Place in Victorian Culture (Cambridge: Cambridge University Press, 1985), 40–1, Marwa Elshakry, 'Spencer's Arabic Readers', in Global Spencerism: The Communication and Appropriation of a British Evolutionist, ed. Bernard Lightman (Leiden: Brill, 2016), and G. Clinton Godart, 'Spencerism in Japan: Boom and Bust of a Theory', in Global Spencerism, ed. Lightman.

8 Janet Browne, Charles Darwin: Voyaging (London: Jonathan Cape, 1995), and Ana Sevilla, 'On the Origin of Species and the Galapagos Islands', in Darwin, Darwinism and Conservation in the Galapagos Islands, eds. Diego Quiroga and Ana Sevilla (Cham: Springer International, 2017).

9 James Secord, 'Global Darwin', in Darwin, eds. William Brown and Andrew Fabian (Cambridge: Cambridge University Press, 2010), Alexander Vucinich, Darwin in Russian Thought (Berkeley: University of California Press, 1989), 12, and G. Clinton Godart, Darwin, Dharma, and the Divine: Evolutionary Theory and Religion in Modern Japan (Honolulu: University of Hawaii Press, 2017), 19–20.

10 Alex Levine and Adriana Novoa, ¡Darwinistas! The Construction of Evolutionary Thought in Nineteenth Century Argentina (Leiden: Brill, 2012), x–xii, 85, and 91–5, and Adriana Novoa and Alex Levine, From Man to Ape: Darwinism in Argentina, 1870–1920 (Chicago: University of Chicago Press, 2010), 17.

11 Levine and Novoa, ¡Darwinistas!, 91–5, and Novoa and Levine, From Man to Ape, 33–7.

12 Levine and Novoa, ¡Darwinistas!, 85–95, Novoa and Levine, From Man to Ape, 33–7, Charles Darwin to Francisco Muñiz, 26 February 1847, Darwin Correspondence Project, Letter no. 1063, accessed 14 August 2020, https://www.darwinproject.ac. uk/letter/DCP-LETT-1063. xml, Charles Darwin to Richard Owen, 12 February [1847], Darwin Correspondence Project, Letter no. 1061, accessed 14 August 2020, https://www.darwinproject.ac.uk/ letter/DCP-LETT-1061.xml, and Charles Darwin to Richard Owen, [4 February 1842], Darwin Correspondence Project, Letter no. 617G, accessed 14 August 2020, https://www. darwinproject.ac.uk/letter/DCP-LETT-617G.xml.

13 Levine and Novoa, ¡Darwinistas!, 85, Novoa and Levine, From Man to Ape, 31, Arturo Argueta Villamar, 'Darwinism in Latin America: Reception and Introduction', in Quiroga and Sevilla, eds., Darwin, Darwinism and Conservation, and Thomas Glick, Miguel Ángel Puig-Samper, and Rosaura Ruiz, eds., The Reception of Darwinism in the Iberian World: Spain, Spanish America, and Brazil (Dordrecht: Springer Netherlands, 2001).

14 Novoa and Levine, From Man to Ape, 18–19, 30, and 78–81, Maria Margaret Lopes and Irina Podgorny, 'The Shaping of Latin American Museums of Natural History, 1850–1990', Osiris 15 (2000): 108–18, and Carolyne Larson, ' "Noble and Delicate Sentiments": Museum Natural Scientists as an Emotional Community in Argentina, 1862–1920', Historical Studies in the Natural Sciences 47 (2017): 43–50.

15 Levine and Novoa, ¡Darwinistas!, 113–6, Novoa and Levine, From Man to Ape, 83–7, Larson, ' "Noble and Delicate Sentiments" ', 53, Marcelo Montserrat, 'The Evolutionist Mentality in Argentina: An Ideology of Progress', in Glick, Puig-Samper, and Ruiz, eds., The Reception of Darwinism, 6, and Francisco Moreno, Viaje a la patagonia austral (Buenos Aires: Sociedad de Abogados Editores), 28 and 199.

16 Levine and Novoa, ¡Darwinistas!, 113–6, Novoa and Levine, From Man to Ape, 83–7, Carolyne Larson, Our Indigenous Ancestors: A Cultural History of Museums, Science, and Identity in Argentina, 1877–1943 (University Park: Penn State University Press, 2015), 17–20, and Frederico Freitas, 'The Journeys of Francisco Moreno', accessed 5 June 2020, https:// fredericofreitas.org/2009/08/18/the-journeys-of-franciscomoreno/.

17 Levine and Novoa, ¡Darwinistas!, 113–23, and Novoa and Levine, From Man to Ape, 83–7 and 148–50.

18 Levine and Novoa, ¡Darwinistas!, 116, Larson, Our Indigenous Ancestors, 35–42, and Sadiah Qureshi, 'Looking to Our Ancestors', in Time Travelers: Victorian Encounters with Time and History, eds. Adelene Buckland and Sadiah Qureshi (Chicago: University of Chicago Press, 2020).

19 Larson, Our Indigenous Ancestors, 35–42, Novoa and Levine, From Man to Ape, 125, and Carlos Gigoux, ' "Condemned to Disappear": Indigenous Genocide in Tierra del Fuego', Journal of Genocide Research (2020).

20 Levine and Novoa, ¡Darwinistas!, 113–5, and Novoa and Levine, From Man to Ape, 149–53.

21 Levine and Novoa, ¡Darwinistas!, 195–9, Novoa and Levine, From Man to Ape, 145, Montserrat, 'The Evolutionist Mentality in Argentina', 6, Larson, ' "Noble and Delicate

Sentiments" ', 57–66, and Irina Podgorny, 'Bones and Devices in the Constitution of Paleontology in Argentina at the End of the Nineteenth Century', Science in Context 18 (2005).

22 Levine and Novoa, ¡Darwinistas!, 200–2.

23 Levine and Novoa, ¡Darwinistas!, 200–2.

24 Thomas Glick, 'The Reception of Darwinism in Uruguay', in Glick, Puig-Samper, and Ruiz, eds., The Reception of Darwinism, Pedro M. Pruna Goodall, 'Biological Evolutionism in Cuba at the End of the Nineteenth Century', in Glick, Puig-Samper, and Ruiz, eds., The Reception of Darwinism, Roberto Moreno, 'Mexico', in The Comparative Reception of Darwinism, ed. Thomas Glick (Chicago: University of Chicago Press, 1988).

25 Levine and Novoa, ¡Darwinistas!, 138, and Podgorny, 'Bones and Devices', 261.

26 Vucinich, Darwin in Russian Thought, 217–8, Daniel Todes, Darwin Without Malthus: The Struggle for Existence in Russian Evolutionary Thought (Oxford: Oxford University Press, 1989), 143–6, Nikolai Severtzov, 'The Mammals of Turkestan', Annals and Magazine of Natural History 36 (1876), and Nikolai Severtzov to Charles Darwin, 26 September [1875], Darwin Correspondence Project, Letter no. 10172, accessed 14 August 2020, https://www.darwinproject.ac.uk/letter/DCP-LETT10172.xml.

27 Todes, Darwin Without Malthus, 144–7.

28 Todes, Darwin Without Malthus, 146–51, and Severtzov, 'The Mammals of Turkestan', 41–5, 172–217, and 330–3.

29 Todes, Darwin Without Malthus, 148–51.

30 Vucinich, Darwin in Russian Thought, 12–32, and James Rogers, 'The Reception of Darwin's Origin of Species by Russian Scientists', Isis 64 (1973).

31 Alexander Vucinich, Science in Russian Culture: A History to 1860 (London: Peter Owen, 1965), 247–384, and Alexander Vucinich, Science in Russian Culture, 1861–1917 (Stanford: Stanford University Press, 1970), 3–86.

32 Vucinich, Darwin in Russian Thought, 18–19 and 84, Michael Katz, 'Dostoevsky and Natural Science', Dostoevsky Studies 9 (1988), George Kline, 'Darwinism and the Russian Orthodox Church', in Continuity and Change in Russian and Soviet Thought, ed. Ernest Simmons (Cambridge, MA: Harvard University Press, 1955), Anna Berman, 'Darwin in the Novels: Tolstoy's Evolving Literary Response', The Russian Review 76 (2017), and Leo Tolstoy, Anna Karenina, trans. Constance Garnett (New York: The Modern Library, 2000), 533.

33 Todes, Darwin Without Malthus, 3–29.

34 Todes, Darwin Without Malthus, 82–102, Vucinich, Darwin in Russian Thought, 278–81, Kirill Rossiianov, 'Taming the Primitive: Elie Metchnikov and His Discovery of Immune Cells', Osiris 23 (2008), and Ilya Mechnikov, 'Nobel Lecture: On the Present State of the Question of Immunity in Infectious Diseases', The Nobel Prize, accessed 14 August 2020, https://www.nobelprize.org/prizes/medicine/1908/mechnikov/lecture/.

35 Todes, Darwin Without Malthus, 82–5 and 91.

36 Todes, Darwin Without Malthus, 82–102, and Vucinich, Darwin in Russian Thought, 278–81.

37 Rossiianov, 'Taming the Primitive', 223, and Vucinich, Darwin in Russian Thought, 281.

38 Rossiianov, 'Taming the Primitive', 214.

39 Ann Koblitz, 'Science, Women, and the Russian Intelligentsia: The Generation of the 1860s', Isis 79 (1988), Mary Creese, Ladies in the Laboratory IV: Imperial Russia's Women in Science, 1800–1900: A Survey of Their Contributions to Research (Lanham: Rowman & Littlefield, 2015), xi–xii and 76–8, and Marilyn Ogilvie and Joy Harvey, 'Sofia Pereiaslavtseva', in The Biographical Dictionary of Women in Science: Pioneering Lives from Ancient Times to the Mid-20th Century, eds. Marilyn Ogilvie and Joy Harvey (London: Routledge, 2000).

40 Creese, Ladies in the Laboratory IV, 76–8.

41 Creese, Ladies in the Laboratory IV, 76–8.

42 Todes, Darwin Without Malthus, 123–34, and Jerry Bergman, The Darwin Effect: Its Influence on Nazism, Eugenics, Racism, Communism, Capitalism, and Sexism (Master Books: Green Forest, 2014), 288–9.

43 Todes, Darwin Without Malthus, 45–7.

44 Todes, Darwin Without Malthus, 51–9.

45 Todes, Darwin Without Malthus, 51–9.

46 Vucinich, Darwin in Russian Thought, 87.

47 Godart, Darwin, Dharma, and the Divine, 2–3 and 26–30, Masao Watanabe, The Japanese and Western Science (Philadelphia: University of Pennsylvania Press, 1990), 41–67, Kuang-chi Hung, 'Alien Science, Indigenous Thought and Foreign Religion: Reconsidering the Reception of Darwinism in Japan', Intellectual History Review 19 (2009), and Ian Miller, The Nature of the Beasts: Empire and Exhibition at the Tokyo Imperial Zoo (Berkeley: University of California Press, 2013), 51.

48 Miller, The Nature of the Beasts, 51–2.

49 Miller, The Nature of the Beasts, 49–50, Taku Komai, 'Genetics of Japan, Past and Present', Science 123 (1956): 823, and James Bartholomew, The Formation of Science in Japan: Building a Research Tradition (New Haven: Yale University Press, 1989), 59.

50 Bartholomew, The Formation of Science in Japan, 49–100, and Watanabe, The Japanese and Western Science, 41–67.

51 Hung, 'Alien Science', 231, Godart, Darwin, Dharma, and the Divine, 28, Watanabe, The Japanese and Western Science, 39–50, Eikoh Shimao, 'Darwinism in Japan, 1877– 1927', Annals of Science 38 (1981): 93, and Isono Naohide, 'Contributions of Edward S. Morse to Developing Young Japan', in Foreign Employees in Nineteenth-Century Japan, eds. Edward Beauchamp and Akira Iriye (Boulder: Westview, 1990).

52 Komai, 'Genetics of Japan', 823, Bartholomew, The Formation of Science in Japan, 68–70, and Frederick Churchill, August Weismann: Development, Heredity, and Evolution (Cambridge, MA: Harvard University Press, 2015), 354–6.

53 Churchill, August Weismann, 354–6 and 644–5, and Komai, 'Genetics of Japan', 823.

54 Watanabe, The Japanese and Western Science, 71–3.

55 Godart, Darwin, Dharma, and the Divine, 2–21.

56 Godart, Darwin, Dharma, and the Divine, 103–12, Watanabe, The Japanese and Western Science, 84–95, Shimao, 'Darwinism in Japan', 95, Gregory Sullivan, 'Tricks of Transference: Oka Asajirō (1868–1944) on Laissez-Faire Capitalism', Science in Context 23 (2010): 370–85, and Gregory Sullivan, Regenerating Japan: Organicism, Modernism and National Destiny in Oka Asajirō's Evolution and Human Life (Budapest: Central European University Press, 2018), 1–3.

57 Godart, Darwin, Dharma, and the Divine, 103–12, Watanabe, The Japanese and Western Science, 84–95, and Sullivan, 'Tricks of Transference', 373–85.

58 Godart, Darwin, Dharma, and the Divine, 103, Watanabe, The Japanese and Western Science, 84–95, Sullivan, 'Tricks of Transference', 370–85, and Ernest Lee and Stef¬anos Kales, 'Chemical Weapons', in War and Public Health, eds. Barry Levy and Victor Sidel (Oxford: Oxford University Press, 2008), 128.

59 Bartholomew, The Formation of Science in Japan, 69–70, and Watanabe, The Japanese and Western Science, 95.

60 Xiaoxing Jin, 'The Evolution of Evolutionism in China, 1870–1930', Isis 111 (2020): 50–1.

61 Jin, 'The Evolution of Evolutionism in China', 50–2, Xiaoxing Jin, 'Translation and Transmutation: The Origin of Species in China', The British Journal for the History of Science 52 (2019): 122–3, and Yang Haiyan, 'Knowledge Across Borders: The Early Communication of Evolution in China', in The Circulation of Knowledge between Britain, India, and China, eds. Bernard Lightman, Gordon McOuat, and Larry Stewart (Leiden: Brill, 2013).

62 Jin, 'The Evolution of Evolutionism in China', 48–50, and James Pusey, China and Charles Darwin (Cambridge, MA: Harvard University Press, 1983), 16 and 58–60.

63 Jin, 'The Evolution of Evolutionism in China', 50–2, Yang Haiyan, 'Encountering Darwin and Creating Darwinism in China', in The Cambridge Encyclopedia of Darwin and Evolutionary Thought, ed. Michael Ruse (Cambridge: Cambridge University Press, 2013), 253, Frank Dikötter, The Discourse of Race in Modern China (Oxford: Oxford University Press, 2015), 140, and Ke Zunke and Li Bin, 'Spencer and Science Education in China', in Lightman, ed., Global Spencerism.

64 Pusey, China and Charles Darwin, 92–117 and 317–8.

65 Pusey, China and Charles Darwin, 58–9, Joseph Needham, Science and Civilisation in China: The History of Scientific Thought (Cambridge: Cambridge University Press, 1956), vol. 2, 74–81 and 317–8, and Joseph Needham and Donald Leslie, 'Ancient and Mediaeval Chinese Thought on Evolution', in Theories and Philosophies of Medicine (New Delhi: Institute of History of Medicine and Medical Research, 1973).

66 Jixing Pan, 'Charles Darwin's Chinese Sources', Isis 75 (1984).

67 Benjamin Elman, A Cultural History of Modern Science in China (Cambridge, MA: Harvard University Press, 2009), 198–220, Peter Lavelle, 'Agricultural Improvement at China's First Agricultural Experiment Stations', in New Perspectives on the History of Life Sciences and Agriculture, eds. Denise Phillips and Sharon Kingsland (Cham: Springer International, 2015), 323–41, and Joseph Lawson, 'The Chinese State and Agriculture in an Age of Global Empires,

1880–1949', in Eco-Cultural Networks and the British Empire: New Views on Environmental History, eds. James Beattie, Edward Melillo, and Emily O'Gorman (London: Bloomsbury, 2015).

68 Elman, A Cultural History of Modern Science in China, 198 and 220.

69 Jin, 'Translation and Transmutation', 125–40, and Yang, 'Encountering Darwin and Creating Darwinism in China', 254–5.

70 Jin, 'Translation and Transmutation', 125–40, Jin, 'The Evolution of Evolutionism in China', 52–4, and Yang, 'Encountering Darwin and Creating Darwinism in China', 254–5.

71 Jin, 'Translation and Transmutation', 125–40, Jin, 'The Evolution of Evolutionism in China', 52–4, Yang, 'Encountering Darwin and Creating Darwinism in China', 254–5, Pusey, China and Charles Darwin, 318, and Zhou Rong, The Revolutionary Army: A Chinese Nationalist Tract of 1903, trans. John Lust (Paris: Mouton, 1968), 58.

72 Yang, 'Encountering Darwin and Creating Darwinism in China', 254–5.

73 Pusey, China and Charles Darwin, 321–2, and Dikötter, The Discourse of Race in Modern China, 140.

74 Secord, 'Global Darwin', 51, and Todes, Darwin Without Malthus, 11.

6장

1 Richard Staley, Einstein's Generation: The Origins of the Relativity Revolution (Chicago: University of Chicago Press, 2008), 169–70, Paul Greenhalgh, Ephemeral Vistas: The Expositions Universelles, Great Exhibitions and World's Fairs, 1851–1939 (Manchester: Manchester University Press, 1988), and 'Liste de membres du Congrès international de physique', in Rapports présentés au Congrès international de physique réuni à Paris en 1900, eds. Charles-Édouard Guillaume and Lucien Poincaré (Paris: Gauthier-Villars, 1901), 4:129–69.

2 Staley, Einstein's Generation, 138–63, Charles-Édouard Guillaume, 'The International Physical Congress', Nature 62 (1900), and Richard Mandell, Paris 1900: The Great World's Fair (Toronto: Toronto University Press, 1967), 62–88.

3 Staley, Einstein's Generation, 137, and Charles-Édouard Guillaume and Lucien Poincaré, 'Avertissement', in Guillaume and Poincaré, eds., Rapports présentés, 1:v. (이 문단의 마지막 두 인용문은 내가 번역했다. 첫 번째 인용문은 Staley[스테일리]의 것이다.)

4 Iwan Rhys Morus, When Physics Became King (Chicago: University of Chicago Press, 2005), 77–81, and James Clerk Maxwell, 'A Dynamical Theory of the Electromagnetic Field', Philosophical Transactions of the Royal Society 155 (1865): 460 and 466.

5 Morus, When Physics Became King, 170–2 and 188–91, and 'Liste de membres du Congrès international de physique'.

6 Peter Lebedev, 'Les forces de Maxwell-Bartoli dues à la pression de la lumière', in Guillaume and Poincaré, eds., Rapports présentés, 2:133–40, and Alexander Vucinich, Science in Russian Culture, 1861–1917 (Stanford: Stanford University Press, 1963), 2:367–8.

7   Hantaro Nagaoka, 'La magnetostriction', in Guillaume and Poincaré, eds., Rapports présentés, 2:536–56, Subrata Dasgupta, Jagadis Chandra Bose and the Indian Response to Western Science (New Delhi: Oxford University Press, 1999), 109–10, and Jagadish Chandra Bose, 'De la généralité des phénomènes moléculaires produits par l'électricité sur la matière inorganique et sur la matière vivante', in Guillaume and Poincaré, eds., Rapports présentés, 3:581–7 (내가 직접 번역했다).

8   Morus, When Physics Became King, and Daniel Headrick, The Tentacles of Progress: Technology Transfer in the Age of Imperialism, 1850–1940 (Oxford: Oxford University Press, 1988), 97–144.

9   Aaron Ihde, The Development of Modern Chemistry (New York: Harper & Row, 1964 [1984]), 94, 231–58, 443–74, and 747–9, and V. N. Pitchkov, 'The Discovery of Ruthenium', Platinum Metals Review 40 (1996): 184.

10 Ihde, The Development of Modern Chemistry, 249 and 488.

11 Charles Édouard Guillaume, 'The International Physical Congress', Nature 62 (1900): 428.

12 Moisei Radovsky, Alexander Popov: Inventor of the Radio, trans. G. Yankovsky (Moscow: Foreign Languages Publishing House, 1957), 23–61.

13 Sungook Hong, Wireless: From Marconi's Black-Box to the Audion (Cambridge, MA: The MIT Press, 2001), 4, and Radovsky, Alexander Popov, 54–61.

14 Radovsky, Alexander Popov, 5–23.

15 Radovsky, Alexander Popov, 23–38, 69–73, and 79.

16 Radovsky, Alexander Popov, 69–73 and 79, Daniel Headrick, The Invisible Weapon: Telecommunications and International Politics, 1851–1945 (Oxford: Oxford University Press, 1991), 123, and Robert Lochte, 'Invention and Innovation of Early Radio Technology', Journal of Radio Studies 7 (2000).

17 Vucinich, Science in Russian Culture, 2:1–78, Paul Josephson, Physics and Politics in Revolutionary Russia (Berkeley: University of California Press, 1991), 9–39, and Natalia Nikiforova, 'Electricity at Court: Technology in Representation of Imperial Power', in Electric Worlds: Creations, Circulations, Tensions, Transitions, eds. Alain Beltran, Léonard Laborie, Pierre Lanthier, and Stéphanie Le Gallic (Brussels: Peter Lang, 2016), 66–8.

18 Joseph Bradley, Voluntary Associations in Tsarist Russia: Science, Patriotism, and Civil Society (Cambridge, MA: Harvard University Press, 2009), 171–2, and Radovsky, Alexander Popov, 18.

19 Vucinich, Science in Russian Culture, 2:366–8.

20 Vucinich, Science in Russian Culture, 2:151–63, Loren Graham, Science in Russia and the Soviet Union: A Short History (Cambridge: Cambridge University Press, 1993), 45–53, and Michael Gordin, A Well-Ordered Thing: Dmitrii Mendeleev and the Shadow of the Periodic Table (New York: Basic Books, 2004).

21 Vucinich, Science in Russian Culture, 2:163, and Gordin, A Well-Ordered Thing, 8–9.

22 Michael Gordin, 'A Modernization of "Peerless Homogeneity": The Creation of Russian Smokeless Gunpowder', Technology and Culture 44 (2003): 682–93, and Michael Gordin, 'No Smoking Gun: D. I. Mendeleev and Pyrocollodion Gunpowder', in Troisièmes journées

scientifiques Paul Vieille (Paris: A3P, 2000).

23 Gordin, 'The Creation of Russian Smokeless Gunpowder', 678–82.

24 Gordin, 'The Creation of Russian Smokeless Gunpowder', 680–2.

25 Gordin, 'The Creation of Russian Smokeless Gunpowder', 682–90, and Gordin, 'No Smoking Gun', 73–4.

26 Francis Michael Stackenwalt, 'Dmitrii Ivanovich Mendeleev and the Emergence of the Modern Russian Petroleum Industry, 1863–1877', Ambix 45 (1998), and Zack Pelta-Hella, 'Braving the Elements: Why Mendeleev Left Russian Soil for American Oil', Science History Institute, accessed 9 August 2020, https://www. sciencehistory.org/distillations/braving-the-elements-why-mendeleev-left-russiansoil-for-american-oil.

27 Mary Creese, Ladies in the Laboratory IV: Imperial Russia's Women in Science, 1800–1900 (Lanham: Rowman & Littlefield, 2015), 54–61.

28 Creese, Ladies in the Laboratory IV, 52–5.

29 Creese, Ladies in the Laboratory IV, 55–6, and Ann Koblitz, Science, Women and Revolution in Russia (London: Routledge, 2014), 129.

30 Creese, Ladies in the Laboratory IV, 55–6, and Gisela Boeck, 'Ordering the Platinum Metals – The Contribution of Julia V. Lermontova (1846/47–1919)', in Women in Their Element: Selected Women's Contributions to the Periodic System, eds. Annette Lykknes and Brigitte Van Tiggelen (New Jersey: World Scientific, 2019), 112–23.

31 Creese, Ladies in the Laboratory IV, 57–8.

32 Gordin, A Well-Ordered Thing, 63–4, and 'Liste de membres du Congrès international de physique', 159.

33 Josephson, Physics and Politics, 16–18, Alexei Kojevnikov, Stalin's Great Science: The Times and Adventures of Soviet Physicists (London: Imperial College Press, 2004), 1–22, and Nathan Brooks, 'Chemistry in War, Revolution, and Upheaval: Russia and the Soviet Union, 1900–1929', Centaurus 39 (1997): 353–8.

34 Yakup Bektas, 'The Sultan's Messenger: Cultural Constructions of Ottoman Telegraphy, 1847–1880', Technology and Culture 41 (2000): 671–2, Yakup Bektas, 'Displaying the American Genius: The Electromagnetic Telegraph in the Wider World', The British Journal for the History of Science 34 (2001): 199–214, and John Porter Brown, 'An Exhibition of Professor Morse's Magnetic Telegraph before the Sultan', Journal of the American Oriental Society 1 (1849): liv–lvii.

35 Bektas, 'Displaying the American Genius', 199–216, Bektas, 'The Sultan's Messenger', 672, and Brown, 'An Exhibition', lv.

36 Roderic Davison, Essays in Ottoman and Turkish History, 1774–1923: The Impact of the West (Austin: University of Texas Press, 2013), 133–54, and Bektas, 'The Sultan's Messenger', 669–94.

37 Ekmeleddin İhsanoğlu, The House of Sciences: The First Modern University in the Muslim World (Oxford: Oxford University Press, 2019), 1–5, Meltem Akbaş, 'The March of Military Physics – I: Physics and Mechanical Sciences in the Curricula of the 19th Century Ottoman

Military Schools', Studies in Ottoman Science 13 (2012), Meltem Akbaş, 'The March of Military Physics – II: Teachers and Textbooks of Physics and Mechanical Sciences of the 19th Century Ottoman Military Schools', Studies in Ottoman Science 14 (2012), and Mustafa Kaçar, 'The Development in the Attitude of the Ottoman State towards Science and Education and the Establishment of the Engineering Schools (Mühendishanes)', in Science, Technology and Industry in the Ottoman World, eds. Ekmeleddin İhsanoğlu, Ahmed Djebbar, and Feza Günergun (Turnhout: Brepols Publishers, 2000).

38 Feza Günergun, 'Chemical Laboratories in Nineteenth-Century Istanbul: A CaseStudy on the Laboratory of the Hamidiye Etfal Children's Hospital', Spaces and Collections in the History of Science, eds. Marta Lourenço and Ana Carneiro (Lisbon: Museum of Science of the University of Lisbon, 2009), 91, Ekmeleddin İhsanoğlu, 'Ottoman Educational and Scholarly Scientific Institutions', in History of the Ottoman State, Society, and Civilization, ed. Ekmeleddin İhsanoğlu (Istanbul: Research Center for Islamic History, Art and Culture, 2001), 2:484–5, and İhsanoğlu, The House of Sciences, 1–5.

39 İhsanoğlu, The House of Sciences, xii, 2, and 77.

40 Akbaş, 'The March of Military Physics – II', 91–2, Feza Günergun, 'Derviş Mehmed Emin pacha (1817–1879), serviteur de la science et de l'État ottoman', in Médecins et ingénieurs ottomans a l'âge des nationalismes, ed. Méropi AnastassiadouDumont (Paris: L'Institut français d'études anatoliennes, 2003), 174–6 (내가 프랑스어에서 번역했다), and George Vlahakis, Isabel Maria Malaquias, Nathan Brooks, François Regourd, Feza Günergun, and David Wright, Imperialism and Science: Social Impact and Interaction (Santa Barbara: ABC-CLIO, 2006), 103–4.

41 Vlahakis et al., Imperialism and Science, 104–5, M. Alper Yalçinkaya, Learned Patriots: Debating Science, State, and Society in the Nineteenth-Century Ottoman Empire (Chicago: University of Chicago Press, 2015), 65, and Emre Dölen, 'Ottoman Scientific Literature during the 18th and 19th Centuries', 168–71.

42 Günergun, 'Derviş Mehmed Emin', İhsanoğlu, The House of Sciences, 23–6, Alper Yalçinkaya, Learned Patriots, 73–5, and Murat Şiviloğlu, The Emergence of Public Opinion: State and Society in the Late Ottoman Empire (Cambridge: Cambridge University Press, 2018), 148–9.

43 İhsanoğlu, The House of Sciences, 28, Alper Yalçinkaya, Learned Patriots, 76, and Marwa Elshakry, 'When Science Became Western: Historiographical Reflections', Isis 101 (2010).

44 Daniel Stolz, The Lighthouse and the Observatory: Islam, Science, and Empire in Late Ottoman Egypt (Cambridge: Cambridge University Press, 2018), 207–42, Vanessa Ogle, The Global Transformation of Time, 1870–1950 (Cambridge, MA: Harvard University Press, 2015), 149–76, and James Gelvin and Nile Green, eds., Global Muslims in the Age of Steam and Print (Berkeley: University of California Press, 2014).

45 Ferhat Ozcep, 'Physical Earth and Its Sciences in Istanbul: A Journey from PreModern (Islamic) to Modern Times', History of Geo- and Space Sciences 11 (2020): 189.

46 Amit Bein, 'The Istanbul Earthquake of 1894 and Science in the Late Ottoman Empire', Middle Eastern Studies 44 (2008): 916, and Ozcep, 'Physical Earth', 186.

47 Bein, 'The Istanbul Earthquake of 1894', and Ozcep, 'Physical Earth'.

48 Ozcep, 'Physical Earth', 189–93.

49 Bein, 'The Istanbul Earthquake of 1894', 920, Ozcep, 'Physical Earth', 186, and Demetrios Eginitis, 'Le tremblement de terre de Constantinople du 10 juillet 1894', Annales de géographie 15 (1895): 165 (내가 직접 번역했다).

50 İhsanoğlu, The House of Sciences, 86–93 and 218–22, and Lâle Aka Burk, 'Fritz Arndt and His Chemistry Books in the Turkish Language', Bulletin of the History of Chemistry 28 (2003).

51 Jagadish Chandra Bose, 'Electro-Magnetic Radiation and the Polarisation of the Electric Ray', in Collected Physical Pages of Sir Jagadis Chunder Bose (London: Longmans, Green and Co., 1927), and Dasgupta, Jagadis Chandra Bose, 1–3.

52 Bose, 'Electro-Magnetic Radiation', 77–101.

53 Bose, 'Electro-Magnetic Radiation', 100–1.

54 Dasgupta, Jagadis Chandra Bose, 16–28, John Lourdusamy, Science and National Consciousness in Bengal: 1870–1930 (New Delhi: Orient Blackswan, 2004), 100–1, and Deepak Kumar, 'Science in Higher Education: A Study in Victorian India', Indian Journal of History of Science 19 (1984): 253–5.

55 Lourdusamy, Science and National Consciousness, 56–95, and Pratik Chakrabarti, Western Science in Modern India: Metropolitan Methods, Colonial Practices (New Delhi: Orient Blackswan, 2004), 157.

56 Lourdusamy, Science and National Consciousness, 101, and Dasgupta, Jagadis Chandra Bose, 32–4.

57 Lourdusamy, Science and National Consciousness, 101, and Dasgupta, Jagadis Chandra Bose, 43.

58 Dasgupta, Jagadis Chandra Bose, 51–5 and 72–3, and Jagadish Chandra Bose, 'On the Rotation of Plane of Polarisation of Electric Waves by a Twisted Structure', Proceedings of the Royal Society of London 63 (1898): 150–2.

59 Dasgupta, Jagadis Chandra Bose, 48–9 and 82, Viśvapriya Mukherji, 'Some Historical Aspects of Jagadis Chandra Bose's Microwave Research during 1895–1900', Indian Journal of History of Science 14 (1979): 97, and Jagadish Chandra Bose, 'On a Self-Recovering Coherer and the Study of the Cohering Action of Different Metals', Proceedings of the Royal Society of London 65 (1900).

60 Dasgupta, Jagadis Chandra Bose, 56.

61 Dasgupta, Jagadis Chandra Bose, 109, and Lourdusamy, Science and National Consciousness, 115.

62 David Arnold, Science, Technology and Medicine in Colonial India (Cambridge: Cambridge University Press, 2000), 129–34 and 191, Deepak Kumar, Science and the Raj, 1857–1905 (New Delhi: Oxford University Press, 1995), 74–179, and Aparajito Basu, 'Chemical Research in India (1876–1918)', Annals of Science 52 (1995): 592.

63 Suvobrata Sarkar, Let There be Light: Engineering, Entrepreneurship, and Electricity in Colonial Bengal, 1880–1945 (Cambridge: Cambridge University Press, 2020), 119, and Aparajita Basu, 'The Conflict and Change-Over in Indian Chemistry', Indian Journal of History of Science 39 (2004): 337–46.

64 Arnold, Science, Technology and Medicine, 138–40 and 166, and Kumar, 'Science in Higher

Education', 253–5.

65 Chakrabarti, Western Science, 157–62, and Lourdusamy, Science and National Consciousness, 56–95.

66 Lourdusamy, Science and National Consciousness, 144–5, David Arnold, Toxic Histories: Poison and Pollution in Modern India (Cambridge: Cambridge University Press, 2016), 114, Priyadaranjan Ray, 'Prafulla Chandra Ray: 1861–1944', Biographical Memoirs of Fellows of the Indian National Science Academy 1 (1944), and Prafulla Chandra Ray, Life and Experiences of a Bengali Chemist (London: Kegan Paul, French, Trübner, 1923), 1–47.

67 Lourdusamy, Science and National Consciousness, 144–5, and Ray, Life and Experiences, 50–76.

68 Ray, Life and Experiences, 112–3, and Madhumita Mazumdar, 'The Making of an Indian School of Chemistry, Calcutta, 1889–1924', in Science and Modern India: An Institutional History, c.1784–1947, ed. Uma Das Gupta (New Delhi: Pearson Longman, 2011), 806–12.

69 Ray, Life and Experiences, 113–5, Mazumdar, 'The Making of an Indian School of Chemistry', 807, and Dhruv Raina, Images and Contexts: The Historiography of Science and Modernity in India (New Delhi: Oxford University Press, 2010), 75.

70 Mazumdar, 'The Making of an Indian School of Chemistry', 807, Ray, Life and Experiences, 113–4, Arnab Rai Choudhuri and Rajinder Singh, 'The FRS Nomination of Sir Prafulla C. Ray and the Correspondence of N. R. Dhar', Notes and Records 721 (2018): 58–61, and Prafulla Chandra Ray, 'On Mercurous Nitrite', Journal of the Asiatic Society of Bengal 65 (1896): 2–9.

71 Lourdusamy, Science and National Consciousness, 143–52 and 170–2, Ray, Life and Experiences, 92–111, and Pratik Chakrabarti, 'Science and Swadeshi: The Establish¬ment and Growth of the Bengal Chemical and Pharmaceutical Works, 1893–1947', in Gupta, ed., Science and Modern India, 117–8.

72 Lourdusamy, Science and National Consciousness, 154.

73 Ray, Life and Experiences, 104–14, Lourdusamy, Science and National Consciousness, 154, Raina, Images and Contexts, 61–72, Projit Bihari Mukharji, 'Parachemistries: Colonial Chemopolitics in a Zone of Contest', History of Science 54 (2016): 362–5, Prafulla Chandra Ray, 'Antiquity of Hindu Chemistry', in Essays and Discourses, ed. Prafulla Chandra Ray (Madras: G. A. Natesan & Co., 1918), 102, Prafulla Chandra Ray, 'The Bengali Brain and Its Misuse', in Ray, ed., Essays and Discourses, 207, and Prafulla Chandra Ray, A History of Hindu Chemistry (Calcutta: Bengal Chemical and Pharmaceutical Works, 1902–4), 2 vols.

74 Mukharji, 'Parachemistries', 362–5, Raina, Images and Contexts, 61–72, Ray, Life and Experiences, 115–8, and Prafulla Chandra Ray, The Rasārna.vam, or The Ocean of Mercury and Other Metals and Minerals (Calcutta: Satya Press, 1910), 1–2.

75 Basu, 'Conflict and Change-Over', 337–44, and Arnold, Science, Technology and Medicine, 191.

76 Arnold, Science, Technology and Medicine, 165, and Mazumdar, 'The Making of an Indian School of Chemistry', 23.

77 Greg Clancey, Earthquake Nation: The Cultural Politics of Japanese Seismicity, 1868– 1930 (Berkeley: University of California Press, 2006), 128–50.

78 Haruyo Yoshida, 'Aikitu Tanakadate and the Controversy over Vertical Electrical Currents in Geomagnetic Research', Earth Sciences History 20 (2001): 156–60.

79 Kenkichiro Koizumi, 'The Emergence of Japan's First Physicists: 1868–1900', Historical Studies in the Physical Sciences 6 (1975): 72–81.

80 Koizumi, 'The Emergence of Japan's First Physicists', 72–81, James Bartholomew, The Formation of Science in Japan: Building a Research Tradition (New Haven: Yale University Press, 1989), 62–75, and Aikitsu Tanakadate, 'Mean Intensity of Magnetization of Soft Iron Bars of Various Lengths in a Uniform Magnetic Field', The Philosophical Magazine 26 (1888).

81 Yoshida, 'Aikitu Tanakadate', 159–72.

82 John Cawood, 'The Magnetic Crusade: Science and Politics in Early Victorian Britain', Isis 70 (1979), Yoshida, 'Aikitu Tanakadate', 159–72, and Cargill Knott and Aikitsu Tanakadate, 'A Magnetic Survey of All Japan', The Journal of the College of Science, Imperial University, Japan 2 (1889): 168 and 216.

83 Yoshida, 'Aikitu Tanakadate', 159–72, and Aikitsu Tanakadate and Hantaro Nagaoka, 'The Disturbance of Isomagnetics Attending the Mino-Owari Earthquake of 1891', The Journal of the College of Science, Imperial University, Japan 5 (1893): 150 and 175.

84 Koizumi, 'The Emergence of Japan's First Physicists', 4–16, Bartholomew, The Formation of Science in Japan, 49–50, and William Brock, 'The Japanese Connexion: Engineering in Tokyo, London, and Glasgow at the End of the Nineteenth Century', The British Journal for the History of Science 14 (1981): 229.

85 Bartholomew, The Formation of Science in Japan, 52, Koizumi, 'The Emergence of Japan's First Physicists', 77, and Yoshiyuki Kikuchi, Anglo-American Connections in Japanese Chemistry: The Lab as Contact Zone (Basingstoke: Palgrave Macmillan, 2013), 97–8.

86 Kikuchi, Anglo-American Connections, 45–6 and 90, and Togo Tsukahara, Affinity and Shinwa Ryoku: Introduction of Western Chemical Concepts in Early Nineteenth Century Japan (Amsterdam: J. C. Gieben, 1993), 1–3 and 149–50.

87 Tetsumori Yamashima, 'Jokichi Takamine (1854–1922), the Samurai Chemist, and His Work on Adrenalin', Journal of Medical Biography 11 (2003), and William Shurtleff and Akiko Aoyagi, Jokichi Takamine (1854–1922) and Caroline Hitch Takamine (1866–1954): Biography and Bibliography (Lafayette: Soyinfo Center, 2012), 5–14.

88 Yamashima, 'Jokichi Takamine (1854–1922)', and Shurtleff and Aoyagi, Jokichi Takamine, 224.

89 Bartholomew, The Formation of Science in Japan, 63, and Koizumi, 'The Emergence of Japan's First Physicists', 82–4.

90 Koizumi, 'The Emergence of Japan's First Physicists', 84–7.

91 Koizumi, 'The Emergence of Japan's First Physicists', 90–2, Eri Yagi, 'On Nagaoka's Saturnian Atom (1903)', Japanese Studies in the History of Science 3 (1964), and Hantaro Nagaoka, 'Motion of Particles in an Ideal Atom Illustrating the Line and Band Spectra and the Phenomena of Radioactivity', Journal of the Tokyo MathematicoPhysical Society 2 (1904).

92 'Liste de membres du Congrès international de physique', 156, Koizumi, 'The Emergence of Japan's First Physicists', 89, and Tanakadate and Nagaoka, 'The Disturbance of Isomagnetics'.

93 Eri Yagi, 'The Development of Nagaoka's Saturnian Atomic Model, I – Dispersion of Light', Japanese Studies in the History of Science 6 (1967): 25, and Eri Yagi, 'The Development of Nagaoka's Saturnian Atomic Model, II – Nagaoka's Theory of the Structure of Matter', Japanese Studies in the History of Science 11 (1972): 76–8.

94 Yagi, 'On Nagaoka's Saturnian Atom', 29–47, Lawrence Badash, 'Nagaoka to Rutherford, 22 February 1911', Physics Today 20 (1967), and Ernest Rutherford, 'The Scattering of α and β Particles by Matter and the Structure of the Atom', Philosophical Magazine 21 (1911): 688.

95 Koizumi, 'The Emergence of Japan's First Physicists', 65.

96 Bartholomew, The Formation of Science in Japan, 199–201.

97 Koizumi, 'The Emergence of Japan's First Physicists', 96.

98 'In Memory of Pyotr Nikolaevich Lebedev', Physics-Uspekhi 55 (2012).

99 Morus, When Physics Became King, 167.

100 Koizumi, 'The Emergence of Japan's First Physicists', 18.

4부 ✦ 이데올로기 전쟁과 그 여파

7장

1 Josef Eisinger, Einstein on the Road (Amherst: Prometheus Books, 2011), 32–4, Danian Hu, China and Albert Einstein: The Reception of the Physicist and His Theory in China, 1917–1979 (Cambridge, MA: Harvard University Press, 2009), 66–74, Albert Einstein, The Travel Diaries of Albert Einstein: The Far East, Palestine, and Spain, 1922–1923, ed. Ze'ev Rosenkranz (Princeton: Princeton University Press, 2018), 135, and Alice Calaprice, ed., The Ultimate Quotable Einstein (Princeton: Princeton University Press, 2011), 419.

2 Eisinger, Einstein on the Road, 34–51, and Einstein, Travel Diaries, 143.

3 Eisinger, Einstein on the Road, 36–46, and Seiya Abiko, 'Einstein's Kyoto Address: "How I Created the Theory of Relativity"', Historical Studies in the Physical and Biological Sciences 31 (2000): 1–6.

4 Eisinger, Einstein on the Road, 58–63, David Rowe and Robert Schulmann, eds., Einstein on Politics: His Private Thoughts and Public Stands on Nationalism, Zionism, War, Peace, and the Bomb (Princeton: Princeton University Press, 2007), 95–105 and 125–6, and Richard Crockatt, Einstein and Twentieth-Century Politics (Oxford: Oxford University Press, 2016), 77–106.

5 Eisinger, Einstein on the Road, 58–63, Calaprice, ed., Quotable Einstein, 194 and 202, and Rowe and Schulmann, Einstein on Politics, 156–9.

6 Calaprice, ed., Quotable Einstein, 165.

7 Calaprice, ed., Quotable Einstein, 292, Crockatt, Einstein and Twentieth-Century Politics, 29, Rowe and Schulmann, Einstein on Politics, 189–97, and Kenkichiro Koizumi, 'The Emergence of Japan's First Physicists: 1868–1900', Historical Studies in the Physical Sciences 6 (1975): 80.

8   Ashish Lahiri, 'The Creative Mind: A Mirror or a Component of Reality?', in Tagore, Einstein and the Nature of Reality: Literary and Philosophical Reflections, ed. Partha Ghose (London: Routledge, 2019), 215–7.

9   Abraham Pais, 'Paul Dirac: Aspects of His Life and Work', in Paul Dirac: The Man and His Work, ed. Peter Goddard (Cambridge: Cambridge University Press, 1998), 14–16, Kenji Ito, 'Making Sense of Ryôshiron (Quantum Theory): Introduction of Quantum Physics into Japan, 1920–1940' (PhD diss., Harvard University, 2002), 260–1, and Yan Kangnian, 'Niels Bohr in China', in Chinese Studies in the History and Philosophy of Science and Technology, eds. Fan Dainian and Robert Cohen (Dordrecht: Springer Netherlands, 1996), 433–7.

10 Alexei Kojevnikov, Stalin's Great Science: The Times and Adventures of Soviet Physicists (London: Imperial College Press, 2004), 103–6, and Istvan Hargittai, Buried Glory: Portraits of Soviet Scientists (Oxford: Oxford University Press, 2013), 98–102.

11 Kojevnikov, Stalin's Great Science, 107–8, and Hargittai, Buried Glory, 103.

12 Hargittai, Buried Glory, 104–5, and Jack Boag, David Shoenberg, and P. Rubinin, eds., Kapitza in Cambridge and Moscow: Life and Letters of a Russian Physicist (Amsterdam: North-Holland, 1990), 235.

13 Kojevnikov, Stalin's Great Science, 107–9, and Hargittai, Buried Glory, 104–5.

14 Kojevnikov, Stalin's Great Science, 116–7, Peter Kapitza, 'Viscosity of Liquid Helium below the λ-Point', Nature 74 (1938): 74, and Sébastien Balibar, 'Superfluidity: How Quantum Mechanics Became Visible', in History of Artificial Cold, Scientific, Technological and Cultural Issues, ed. Kostas Gavroglu (Dordrecht: Springer, 2014).

15 Kojevnikov, Stalin's Great Science, 1–28, Valerii Ragulsky, 'About People with the Same Life Attitude: 100th Anniversary of Lebedev's Lecture on the Pressure of Light', Physics-Uspekhi 54 (2011): 294, Paul Josephson, Physics and Politics in Revolutionary Russia (Berkeley: University of California Press, 1991), 1–6 and 62, Loren Graham, Science in Russia and the Soviet Union: A Short History (Cambridge: Cambridge University Press, 1993), 79–98, and R. W. Davies, 'Soviet Military Expenditure and the Armaments Industry, 1929–33: A Reconsideration', Europe–Asia Studies 45 (1993): 578.

16 Kojevnikov, Stalin's Great Science, 41, and Josephson, Physics and Politics, 1–6, 106, and 134–5.

17 Josephson, Physics and Politics, 6 and 23, Loren Graham, Science, Philosophy, and Human Behavior in the Soviet Union (New York: Columbia University Press, 1987), 322–3, and Clemens Dutt, ed., V. I. Lenin: Collected Works, trans. Abraham Fineberg (Moscow: Progress Publishers, 1962), 14:252–7 and 33:227–36.

18 Alexander Vucinich, Einstein and Soviet Ideology (Stanford: Stanford University Press, 2001), 1–5, 13, and 58–68, V. P. Vizgin and G. E. Gorelik, 'The Reception of the Theory of Relativity in Russia and the USSR', in The Comparative Reception of Relativity, ed. Thomas Glick (Dordrecht: Springer, 1987), and Ethan Pollock, Stalin and the Soviet Science Wars (Princeton: Princeton University Press, 2009), 78–9.

19 Kojevnikov, Stalin's Great Science, 49–53, and Josephson, Physics and Politics, 114–6.

20 Kojevnikov, Stalin's Great Science, 53–6, and Victor Frenkel, Yakov Illich Frenkel, trans.

Alexander Silbergleit (Basel: Springer Basel, 1996), 28–9.

21 Kojevnikov, Stalin's Great Science, 48–55.

22 Kojevnikov, Stalin's Great Science, 48–55, and Yakov Frenkel, 'Beitrag zur Theorie der Metalle', Zeitschrift für Physik 29 (1924).

23 Josephson, Physics and Politics, 221, and M. Shpak, 'Antonina Fedorovna Prikhot'ko (On Her Sixtieth Birthday)', Soviet Physics Uspekhi 9 (1967): 785–6.

24 Shpak, 'Antonina Fedorovna Prikhot'ko', 785–6.

25 Kojevnikov, Stalin's Great Science, 74–6, Hargittai, Buried Glory, 119–20, Josephson, Physics and Politics, 224, and Karl Hall, 'The Schooling of Lev Landau: The European Context of Postrevolutionary Soviet Theoretical Physics', Osiris 23 (2008).

26 Kojevnikov, Stalin's Great Science, 85–92, Hargittai, Buried Glory, 121, and Nikolai Krementsov and Susan Gross Solomon, 'Giving and Taking across Borders: The Rockefeller Foundation and Russia, 1919–1928', Minerva 39 (2001).

27 Kojevnikov, Stalin's Great Science, 117, and L. Reinders, The Life, Science and Times of Lev Vasilevich Shubnikov: A Pioneer of Soviet Cryogenics (Cham: Springer, 2018), 23–32.

28 Reinders, Lev Vasilevich Shubnikov, 171–92.

29 Kojevnikov, Stalin's Great Science, 85–8, Hargittai, Buried Glory, 109–10 and 125, and Josephson, Physics and Politics, 312.

30 Hargittai, Buried Glory, 128.

31 Hargittai, Buried Glory, 112 and 122.

32 Hu, China and Albert Einstein, 58–9, Gao Pingshu, 'Cai Yuanpei's Contributions to China's Science', in Dainian and Cohen, eds., Chinese Studies, 399, and Dai Nianzu, 'The Development of Modern Physics in China: The 50th Anniversary of the Founding of the Chinese Physical Society', in Dainian and Cohen, eds., Chinese Studies, 208.

33 Hu, China and Albert Einstein, 89–92.

34 Hu, China and Albert Einstein, 92–7.

35 Hu, China and Albert Einstein, 58–61 and 133.

36 Hu, China and Albert Einstein, 66–9, and Gao, 'Cai Yuanpei's Contributions', 397–404.

37 Hu, China and Albert Einstein, 127, and Dai, 'Development of Modern Physics', 209–10.

38 Danian Hu, 'American Influence on Chinese Physics Study in the Early Twentieth Century', Physics in Perspective 17 (2016): 277.

39 Hu, China and Albert Einstein, 44–6.

40 Hu, China and Albert Einstein, 116–7, and Mary Bullock, 'American Science and Chinese Nationalism: Reflections on the Career of Zhou Peiyuan', in Remapping China: Fissures in Historical Terrain, eds. Gail Hershatter, Emily Honig, Jonathan Lipman, and Randall Stross (Stanford: Stanford University Press, 1996), 214–5.

41 Hu, China and Albert Einstein, 116–7, and Bullock, 'American Science and Chinese Nationalism', 214–6.

42 Hu, China and Albert Einstein, 116–9, and P'ei-yuan Chou, 'The Gravitational Field of a Body with Rotational Symmetry in Einstein's Theory of Gravitation', American Journal of Mathematics 53 (1931).

43 Hu, China and Albert Einstein, 119–20, and Bullock, 'American Science and Chinese Nationalism', 217.

44 Hu, China and Albert Einstein, 119–20, and Dai, 'Development of Modern Physics', 210–13.

45 Zhang Wei, 'Millikan and China', in Dainian and Cohen, eds., Chinese Studies.

46 Dai, 'Development of Modern Physics', 210, Zuoyue Wang, 'Zhao Zhongyao', in New Dictionary of Scientific Biography, ed. Noretta Koertge (Detroit: Charles Scribner's Sons, 2008), 8:397–402, and William Duane, H. H. Palmer, and Chi-Sun Yeh, 'A Remeasurement of the Radiation Constant, h, by Means of X-Rays', Proceedings of the National Academy of Sciences of the United States of America 7 (1921).

47 Zhang, 'Millikan and China', 441–2, Dai, 'Development of Modern Physics', 210, Zuoyue, 'Zhao Zhongyao', 397–402, and C. Y. Chao, 'The Absorption Coefficient of Hard γ-Rays', Proceedings of the National Academy of Sciences of the United States of America 16 (1930).

48 Jagdish Mehra and Helmut Rechenberg, The Historical Development of Quantum Theory (New York: Springer, 1982), 6:804, and Cong Cao, 'Chinese Science and the "Nobel Prize Complex"', Minerva 42 (2004): 154.

49 Gao, 'Cai Yuanpei's Contributions', 398.

50 Ito, 'Making Sense of Ryôshiron', 20–1, 91–2, and 165–6.

51 Ito, 'Making Sense of Ryôshiron', 56–7 and 87–8, Tsutomu Kaneko, 'Einstein's Impact on Japanese Intellectuals', in Glick, ed., The Comparative Reception of Relativity, 354, Morris Low, Science and the Building of a New Japan (Basingstoke: Palgrave Macmillan, 2005), 1–16, and Dong-Won Kim, 'The Emergence of Theoretical Physics in Japan: Japanese Physics Community between the Two World Wars', Annals of Science 52 (1995).

52 Ito, 'Making Sense of Ryôshiron', 171, Kaneko, 'Einstein's Impact on Japanese Intellectuals', 354, Low, Science and the Building of a New Japan, 9, and Kim, 'Emergence of Theoretical Physics', 386.

53 Low, Science and the Building of a New Japan, 10, Kim, 'Emergence of Theoretical Physics', 386–7, and L. M. Brown et al., 'Cosmic Ray Research in Japan before World War II', Progress of Theoretical Physics Supplement 105 (1991): 25.

54 Ito, 'Making Sense of Ryôshiron', 173–206, Low, Science and the Building of a New Japan, 18–20, and Dong-Won Kim, Yoshio Nishina: Father of Modern Physics in Japan (London: Taylor and Francis, 2007), 1–15.

55 Kim, Yoshio Nishina, 15–46, Ito, 'Making Sense of Ryôshiron', 206–8, and Low, Science and the Building of a New Japan, 20.

56 Kim, Yoshio Nishina, 15–46, Low, Science and the Building of a New Japan, 20–2, and A Century of Discovery: The History of RIKEN (Wako: Riken, 2019), 22.

57 Ito, 'Making Sense of Ryôshiron', 208–9 and 239–45, Kim, Yoshio Nishina, 26–39, and Low, Science and the Building of a New Japan, 20–2.

58 Kim, Yoshio Nishina, 26–39, and Yuji Yazaki, 'How the Klein–Nishina Formula was Derived: Based on the Sangokan Nishina Source Materials', Proceedings of the Japan Academy. Series B, Physical and Biological Sciences 93 (2017).

59 Ito, 'Making Sense of Ryôshiron', 110–16 and 260, Low, Science and the Building of a New Japan, 22, and Kim, Yoshio Nishina, 55.

60 Ito, 'Making Sense of Ryôshiron', 261, Low, Science and the Building of a New Japan, 22, and Kim, Yoshio Nishina, 64.

61 Ito, 'Making Sense of Ryôshiron', 1, Low, Science and the Building of a New Japan, 106–7, Nicholas Kemmer, 'Hideki Yukawa, 23 January 1907–8 September 1981', Biographical Memoirs of Fellows of the Royal Society 29 (1983), L. M. Brown et al., 'Yukawa's Prediction of the Mesons', Progress of Theoretical Physics Supplement 105 (1991): 10, and Hideki Yukawa, Tabibito (The Traveler), trans. L. Brown and R. Yoshida (Singapore: World Scientific, 1982), 10–11 and 36–7.

62 Ito, 'Making Sense of Ryôshiron', 280, Kim, 'Emergence of Theoretical Physics', 395, Low, Science and the Building of a New Japan, 106–7 and 119–21, Yukawa, Tabibito, 12, and Hideki Yukawa, Creativity and Intuition: A Physicist Looks at East and West, trans. John Bester (Tokyo: Kodansha International, 1973), 31–5.

63 Kim, 'Emergence of Theoretical Physics', 395–9, Low, Science and the Building of a New Japan, 106–7, and Yukawa, Tabibito, 170.

64 Ito, 'Making Sense of Ryôshiron', 280–1, Kim, 'Emergence of Theoretical Physics', 395, Low, Science and the Building of a New Japan, 108, Brown et al., 'Yukawa's Prediction of the Mesons', 14, and L. M. Brown et al., 'Particle Physics in Japan in the 1940s Including Meson Physics in Japan after the First Meson Paper', Progress of Theoretical Physics Supplement 105 (1991): 35–40.

65 Low, Science and the Building of a New Japan, 120, Yukawa, Tabibito, 24, Brown et al., 'Particle Physics in Japan', 35, and Hideki Yukawa, 'On the Interaction of Elementary Particles', Proceedings of the Physico-Mathematical Society of Japan 17 (1935).

66 Brown et al., 'Cosmic Ray Research in Japan', 31, Kim, 'Emergence of Theoretical Physics', 387, and Low, Science and the Building of a New Japan, 77–9.

67 Robert Anderson, Nucleus and Nation: Scientists, International Networks, and Power in India (Chicago: University of Chicago Press, 2010), 24–6, Pramod Naik, Meghnad Saha: His Life in Science and Politics (Cham: Springer, 2017), 32–3, and D. S. Kothari, 'Meghnad Saha, 1893–1956', Biographical Memoirs of Fellows of the Royal Society 5 (1960): 217–8.

68 Anderson, Nucleus and Nation, 24–6, Naik, Meghnad Saha, 32–3, and Kothari, 'Meghnad Saha', 217–9.

69 Anderson, Nucleus and Nation, 26–31, Naik, Meghnad Saha, 33–47, and Kothari, 'Meghnad Saha', 218–9.

70 Anderson, Nucleus and Nation, 26–31, Naik, Meghnad Saha, 33–47, and Kothari, 'Meghnad Saha', 218–9.

71 Anderson, Nucleus and Nation, 1–15 and 57, David Arnold, 'Nehruvian Science and Postcolonial India', Isis 104 (2013): 262–5, David Arnold, Science, Technology and

Medicine in Colonial India (Cambridge: Cambridge University Press, 2000), 169–210, G. Venkataraman, Journey into Light: Life and Science of C. V. Raman (Bangalore: Indian Academy of Sciences, 1988), 457, and Benjamin Zachariah, Developing India: An Intellectual and Social History, c. 1930–50 (New Delhi: Oxford University Press, 2005), 236–8.

72 Anderson, Nucleus and Nation, 23–35, Naik, Meghnad Saha, 48–65, Kothari, 'Meghnad Saha', 223–4, and Purabi Mukherji and Atri Mukhopadhyay, History of the Calcutta School of Physical Sciences (Singapore: Springer, 2018), 14–15.

73 Kothari, 'Meghnad Saha', 220–1, and Meghnad Saha, 'Ionization in the Solar Chromosphere', Philosophical Magazine 40 (1920).

74 Naik, Meghnad Saha, 94–123, Kothari, 'Meghnad Saha', 229, and Abha Sur, 'Scientism and Social Justice: Meghnad Saha's Critique of the State of Science in India', Historical Studies in the Physical and Biological Sciences 33 (2002).

75 Mukherji and Mukhopadhyay, History of the Calcutta School, 111–5, and Jagdish Mehra, 'Satyendra Nath Bose, 1 January 1894–4 February 1974', Biographical Memoirs of Fellows of the Royal Society 21 (1975): 118–20.

76 Anderson, Nucleus and Nation, 26–7, and Mehra, 'Satyendra Nath Bose', 118–20.

77 Anderson, Nucleus and Nation, 28, Mehra, 'Satyendra Nath Bose', 122, and Meghnad Saha and Satyendra Nath Bose, The Principle of Relativity (Calcutta: University of Calcutta, 1920).

78 Anderson, Nucleus and Nation, 41, Mehra, 'Satyendra Nath Bose', 123–9, and Rajinder Singh, Einstein Rediscovered: Interactions with Indian Academics (Düren: Shaker Verlag, 2019), 23.

79 Mehra, 'Satyendra Nath Bose', 123–9.

80 Mehra, 'Satyendra Nath Bose', 130–42, Singh, Einstein Rediscovered, 23, Wali Kameshwar, ed., Satyendra Nath Bose, His Life and Times: Selected Works (Hackensack: World Scientific Publishing, 2009), xxix, and Satyendra Nath Bose, 'Plancks Gesetz und Lichtquantenhypothese', Zeitschrift für Physik 26 (1924).

81 Singh, Einstein Rediscovered, 10, and Rasoul Sorkhabi, 'Einstein and the Indian Minds: Tagore, Gandhi and Nehru', Current Science 88 (2005): 1187–90.

82 Venkataraman, Journey into Light, 186–91 and 267, Mukherji and Mukhopadhyay, History of the Calcutta School, 53–5, S. Bhagavantam, 'Chandrasekhara Venkata Raman. 1888–1970', Biographical Memoirs of Fellows of the Royal Society 17 (1971): 569, and Chandrasekhara Venkata Raman, 'The Colour of the Sea', Nature 108 (1921): 367.

83 Raman, 'The Colour of the Sea', 367, Venkataraman, Journey into Light, 195–6, and Bhagavantam, 'Chandrasekhara Venkata Raman', 568–9.

84 Arnold, Science, Technology and Medicine, 169, and Chandrasekhara Venkata Raman, 'A New Radiation', Indian Journal of Physics 2 (1928).

85 Anderson, Nucleus and Nation, 65–7, and Venkataraman, Journey into Light, 255–66.

86 Venkataraman, Journey into Light, 389.

87 Venkataraman, Journey into Light, 318–9, Abha Sur, 'Dispersed Radiance: Women Scientists in C. V. Raman's Laboratory', Meridians 1 (2001), and Arvind Gupta, Bright Sparks: Inspiring Indian Scientists from the Past (Delhi: Indian National Academy of Sciences, 2012), 123–6.

88 Venkataraman, Journey into Light, 318–9, Sur, 'Dispersed Radiance', and Gupta, Bright Sparks, 115–8.

89 Venkataraman, Journey into Light, 459, Arnold, Science, Technology and Medicine, 210, and Anderson, Nucleus and Nation, 42.

90 David Holloway, Stalin and the Bomb: The Soviet Union and Atomic Energy, 1939–1956 (New Haven: Yale University Press, 1994), 294, and Lawrence Sullivan and Nancy Liu-Sullivan, Historical Dictionary of Science and Technology in Modern China (Lanham: Rowman & Littlefield, 2015), 424.

8장

1 Masao Tsuzuki, 'Report on the Medical Studies of the Effects of the Atomic Bomb', in General Report Atomic Bomb Casualty Commission (Washington, DC: National Research Council, 1947), 68–74, Susan Lindee, Suffering Made Real: American Science and the Survivors at Hiroshima (Chicago: University of Chicago Press, 1994), 24–5, Frank Putnam, 'The Atomic Bomb Casualty Commission in Retrospect', Proceedings of the National Academy of Sciences 95 (1998): 5246–7, and 'Damage Surveys in the Post-War Turmoil', Hiroshima Peace Memorial Museum, accessed 25 August 2020, http://www.pcf.city.hiroshima.jp/virtual/VirtualMuseum_e/exhibit_e/exh0307_e/exh03075_e.html.

2 'Japanese Material: Organization for Study of Atomic Bomb Casualties, Monthly Progress Reports', in General Report Atomic Bomb Casualty Commission, 16, John Beatty, 'Genetics in the Atomic Age: The Atomic Bomb Casualty Commission, 1947–1956', in The Expansion of American Biology, eds. Keith Benson, Janes Maienschein, and Ronald Rainger (New Brunswick: Rutgers University Press, 1991), 285 and 297, and Susan Lindee, 'What is a Mutation? Identifying Heritable Change in the Offspring of Survivors at Hiroshima and Nagasaki', Journal of the History of Biology 25 (1992).

3 Lindee, Suffering Made Real, 24–5 and 73–4, Lindee, 'What is a Mutation?', 232–3, Beatty, 'Genetics in the Atomic Age', 285–7, and Putnam, 'The Atomic Bomb Casualty Commission', 5426.

4 Lindee, Suffering Made Real, 178–84, and Lindee, 'What is a Mutation?', 234–45.

5 Lindee, 'What is a Mutation?', 250, and Vassiliki Smocovitis, 'Genetics behind Barbed Wire: Masuo Kodani, Émigré Geneticists, and Wartime Genetics Research at Manzanar Relocation Center', Genetics 187 (2011).

6 Smocovitis, 'Genetics behind Barbed Wire', Soraya de Chadarevian, Heredity under the Microscope: Chromosomes and the Study of the Human Genome (Chicago: University of Chicago Press, 2020), 5–6, and Masuo Kodani, 'The Supernumerary Chromosome of Man', American Journal of Human Genetics 10 (1958).

7 Lindee, 'What is a Mutation?', 232–3, Beatty, 'Genetics in the Atomic Age', 287–93, Lisa Onaga, 'Measuring the Particular: The Meanings of Low-Dose Radiation Experiments in Post-1954 Japan', Positions: Asia Critique 26 (2018), Aya Homei, 'Fallout from Bikini: The Explosion of Japanese Medicine', Endeavour 31 (2007), and Kaori Iida, 'Peaceful Atoms in Japan: Radioisotopes as Shared Technical and Sociopolitical Resources for the Atomic Bomb

Casualty Commission and the Japanese Scientific Community in the 1950s', Studies in History and Philosophy of Science Part C: Studies in History and Philosophy of Biological and Biomedical Sciences 80 (2020).

8 Lindee, Suffering Made Real, 59–60, Iida, 'Peaceful Atoms in Japan', 2, and Onaga, 'Measuring the Particular', 271.

9 Beatty, 'Genetics in the Atomic Age', 312, and 'The Fourth Geneva Conference', IAEA Bulletin 13 (1971): 2–18.

10 James Watson, The Double Helix: A Personal Account of the Discovery of the Structure of DNA (London: Weidenfeld & Nicolson, 1968), Soraya de Chadarevian, Designs for Life: Molecular Biology after World War II (Cambridge: Cambridge University Press, 2002), and Francis Crick, 'On Protein Synthesis', Symposia of the Society for Experimental Biology 12 (1958): 161.

11 Susan Lindee, 'Scaling Up: Human Genetics as a Cold War Network', Studies in History and Philosophy of Science Part C: Studies in History and Philosophy of Biological and Biomedical Sciences 47 (2014), and Susan Lindee, 'Human Genetics after the Bomb: Archives, Clinics, Proving Grounds and Board Rooms', Studies in History and Philosophy of Science Part C: Studies in History and Philosophy of Biological and Biomedical Sciences 55 (2016).

12 Robin Pistorius, Scientists, Plants and Politics: A History of the Plant Genetic Resources Movement (Rome: International Plant Genetic Resources Institute, 1997), 55–7, Helen Curry, 'From Working Collections to the World Germplasm Project: Agricultural Modernization and Genetic Conservation at the Rockefeller Foundation', History and Philosophy of the Life Sciences 39 (2017), John Perkins, Geopolitics and the Green Revolution: Wheat, Genes, and the Cold War (Oxford: Oxford University Press, 1997), R. Douglas Hurt, The Green Revolution in the Global South: Science, Politics, and Unintended Consequences (Tuscaloosa: University of Alabama Press, 2020), Alison Bashford, Global Population: History, Geopolitics, and Life on Earth (New York: Columbia University Press, 2014), and David Grigg, 'The World's Hunger: A Review, 1930–1990', Geography 82 (1997): 201.

13 Perkins, Geopolitics and the Green Revolution, Joseph Cotter, Troubled Harvest: Agronomy and Revolution in Mexico, 1880–2002 (Westport: Praeger, 2003), 249–50, and Bruce Jennings, Foundations of International Agricultural Research: Science and Politics in Mexican Agriculture (Boulder: CRC Press, 1988), 145.

14 Lindee, 'Human Genetics after the Bomb', de Chadarevian, Designs for Life, 50 and 74–5, Michelle Brattain, 'Race, Racism, and Antiracism: UNESCO and the Politics of Presenting Science to the Postwar Public', American Historical Review 112 (2007): 1387, and Elise Burton, Genetic Crossroads: The Middle East and the Science of Human Heredity (Stanford: Stanford University Press, 2021).

15 Naomi Oreskes and John Krige, eds., Science and Technology in the Global Cold War (Cambridge, MA: The MIT Press, 2014), Ana Barahona, 'Transnational Knowledge during the Cold War: The Case of the Life and Medical Sciences', História, Ciências, Saúde-Manguinhos 26 (2019), Heike Petermann, Peter Harper, and Susanne Doetz, eds., History of Human Genetics: Aspects of Its Development and Global Perspectives (Cham: Springer, 2017), and Patrick Manning and Mat Savelli, eds., Global Transformations in the Life Sciences, 1945–

1980 (Pittsburgh: University of Pittsburgh Press, 2018).

16 Efraím Hernández Xolocotzi, 'Experiences in the Collection of Maize Germplasm', in Recent Advances in the Conservation and Utilization of Genetic Resources, ed. Nathan Russel (Mexico City: CIMMYT, 1988), and Elvin Stakman, Richard Bradfield, and Paul Christoph Mangelsdorf, Campaigns Against Hunger (Cambridge, MA: The Belknap Press, 1967), 61.

17 Cotter, Troubled Harvest, 11–12, and Curry, 'From Working Collections', 3–6.

18 Cotter, Troubled Harvest, 1–12, and Jennings, Foundations of International Agricultural Research, 1–37, 145, and 162.

19 Artemio Cruz León, Marcelino Ramírez Castro, Francisco Collazo-Reyes, Xóchitl Flores Vargas, 'La obra escrita de Efraím Hernández Xolocotzi, patrimonio y legado', Revista de Geografía Agrícola 50 (2013), 'Efraím Hernandez Xolocotzi', Instituto de Biología, Universidad Nacional Autónama de México, accessed 24 April 2020, http://www.ibiologia. unam.mx/jardin/gela/page4.html, 'Efraim Hernández Xolocotzi', Biodiversidad Mexicana, accessed 6 May 2020, https://www.biodiversidad.gob.mx/biodiversidad/curiosos/sXX/ EfrainHdezX.php, and Edwin Wellhausen, Louis Roberts, Efraím Hernández Xolocotzi, and Paul Mangelsdorf, Races of Maize in Mexico (Cambridge, MA: The Bussey Institution, 1952), 9. 멕시코 역사에 대한 지식과 나우아틀어 이름을 나에게 알려주어 에프라임 에르난데스 솔 로코트시(Efraím Hernández Xolocotzi)의 배경을 더 잘 이해할 수 있게 해준 리카르도 아길 라르곤잘레스(Ricardo Aguilar-González)에게 매우 감사한다. 이 장의 원고를 모두 완성한 이후에도 나는 다음 박사 학위 논문을 소개받았다. Matthew Caire-Pérez, 'A Different Shade of Green: Efraím Hernández Xolocotzi, Chapingo, and Mexico's Green Revolution, 1950– 1967' (PhD diss., University of Oklahoma, 2016), 이 논문은 특히 1973년에서 1981년 사이 에르난데스의 전기적 사실과 더불어 녹색 혁명에 미친 그의 광범위한 역할에 대해 자세히 다 루고 있다.

20 Hernández, 'Experiences', 1–6, Edwin Wellhausen, 'The Indigenous Maize Germplasm Complexes of Mexico', in Russel, ed., Recent Advances, 18, Paul Mangelsdorf, Corn: Its Origin, Evolution, and Improvement (Cambridge, MA: Harvard University Press, 1974), 101–5, and Garrison Wilkes, 'Teosinte and the Other Wild Relatives of Maize', in Russel, ed., Recent Advances, 72.

21 Helen Curry, 'Breeding Uniformity and Banking Diversity: The Genescapes of Industrial Agriculture, 1935–1970', Global Environment 10 (2017), Mangelsdorf, Corn, 24 and 106, and Wellhausen, Roberts, Hernández, and Mangelsdorf, Races of Maize, 22.

22 Cotter, Troubled Harvest, 232, Mangesldorf, Corn, 101, Wellhausen, Roberts, Hernández, and Mangelsdorf, Races of Maize, 34, and Hernández, 'Experiences', 6.

23 Hernández, 'Experiences', 1, Cotter, Troubled Harvest, 192 and 234, Curry, 'From Working Collections', 6, and Jonathan Harwood, 'Peasant Friendly Plant Breeding and the Early Years of the Green Revolution in Mexico', Agricultural History 83 (2009).

24 Gisela Mateos and Edna Suárez Díaz, 'Mexican Science during the Cold War: An Agenda for Physics and the Life Sciences', Ludus Vitalis 20 (2012): 48–59, Ana Barahona, 'Medical Genetics in Mexico: The Origins of Cytogenetics and the Health Care System', Historical Studies in the Natural Sciences 45 (2015), José Alonso-Pavon and Ana Barahona, 'Genetics, Radiobiology and the Circulation of Knowledge in Cold War Mexico, 1960–1980', in The

Scientific Dialogue Linking America, Asia and Europe between the 12th and the 20th Century, ed. Fabio D'Angelo (Naples: Associazione culturale Viaggiatori, 2018), Thomas Glick, 'Science in Twentieth-Century Latin America', in Ideas and Ideologies in Twentieth-Century Latin America, ed. Leslie Bethel (Cambridge: Cambridge University Press, 1996), 309, Larissa Lomnitz, 'Hierarchy and Peripherality: The Organisation of a Mexican Research Institute', Minerva 17 (1979), and Biomedical Research Policies in Latin America: Structures and Processes (Washington, DC: Pan American Health Organization, 1965), 165–7.

25 Ana Barahona, Susana Pinar, and Francisco Ayala, 'Introduction and Institutionalization of Genetics in Mexico', Journal of the History of Biology 38 (2005): 287–9.

26 Barahona, Pinar, and Ayala, 'Introduction and Institutionalization', 287–9, Ana Barahona, 'Transnational Science and Collaborative Networks: The Case of Genetics and Radiobiology in Mexico, 1950–1970', Dynamis 35 (2015): 347–8, and Eucario López-Ochoterena, 'In Memoriam: Rodolfo Félix Estrada (1924–1990)', Ciencias UNAM, accessed 3 July 2020, http://repositorio.fciencias.unam.mx:8080/xmlui/bitstream/handle/11154/143333/41VMemoriamRodolfo.pdf.

27 Alfonso León de Garay, Louis Levine, and J. E. Lindsay Carter, Genetic and An - thropological Studies of Olympic Athletes (New York: Academic Press, 1974), ix–xvi, 1–23, and 30.

28 Barahona, Pinar, and Ayala, 'Introduction and Institutionalization', 289, James Rupert, 'Genitals to Genes: The History and Biology of Gender Verification in the Olympics', Canadian Bulletin of Medical History 28 (2011), and De Garay, Levine, and Carter, Genetic and Anthropological Studies, ix–xvi, 1–23, and 30.

29 De Garay, Levine, and Carter, Genetic and Anthropological Studies, 43, 147, and 230, James Meade and Alan Parkes, eds., Genetic and Environmental Factors in Human Ability (London: Eugenics Society, 1966), Angela Saini, Superior: The Return of Race Science (London: Fourth Estate, 2019), and Alison Bashford, 'Epilogue: Where Did Eugenics Go?', in The Oxford Handbook of the History of Eugenics, eds. Alison Bashford and Philippa Levine (Oxford: Oxford University Press, 2010).

30 Ana Barahona and Francisco Ayala, 'The Emergence and Development of Genetics in Mexico', Nature Reviews Genetics 6 (2005): 860, Glick, 'Science in Twentieth Century Latin America', 297, and Francisco Salzano, 'The Evolution of Science in a Latin-American Country: Genetics and Genomics in Brazil', Genetics 208 (2018).

31 Gita Gopalkrishnan, M. S. Swaminathan: One Man's Quest for a Hunger-Free World (Chennai: Sri Venkatesa Printing House, 2002), 8–24, and Hurt, The Green Revolution in the Global South, 45–6.

32 Gopalkrishnan, M. S. Swaminathan, 24–5.

33 Gopalkrishnan, M. S. Swaminathan, 28–9, Debi Prosad Burma and Maharani Chakravorty, 'Biochemistry: A Hybrid Science Giving Birth to Molecular Biology', in History of Science, Philosophy, and Culture in Indian Civilization: From Physiology and Chemistry to Biochemistry, eds. Debi Prosad Burma and Maharani Chakravorty (Delhi: Longman, 2011), vol. 13, part 2, 157, and David Arnold, 'Nehruvian Science and Postcolonial India', Isis 104 (2013): 366.

34 Gopalkrishnan, M. S. Swaminathan, 35–42.

35 Gopalkrishnan, M. S. Swaminathan, 43–4, Cotter, Troubled Harvest, 252, Curry, 'From Working Collections', 7–9, Hurt, The Green Revolution in the Global South, 46, and Srabani Sen, '1960–1999: Four Decades of Biochemistry in India', Indian Journal of History of Science 46 (2011): 175–9.

36 Gopalkrishnan, M. S. Swaminathan, 45, Hurt, The Green Revolution in the Global South, 46, and 'Dilbagh Athwal, Geneticist and "Father of the Wheat Revolution" – Obituary', The Telegraph, accessed 2 September 2020, https://www.telegraph.co.uk/obituaries/2017/05/22/dilbagh-athwal-geneticist-father-wheat-revolution-obituary/.

37 Arnold, 'Nehruvian Science', 362 and 368, Sen, 'Four Decades of Biochemistry', 175, Sigrid Schmalzer, Red Revolution, Green Revolution: Scientific Farming in Socialist China (Chicago: University of Chicago Press, 2016), 5.

38 Jawaharlal Nehru, Jawaharlal Nehru on Science and Society: A Collection of His Writings and Speeches (New Delhi: Nehru Memorial Museum and Library, 1988), 137–8, and Robert Anderson, Nucleus and Nation: Scientists, International Networks, and Power in India (Chicago: University of Chicago Press, 2010), 4 and 237.

39 Indira Chowdhury, Growing the Tree of Science: Homi Bhabha and the Tata Institute of Fundamental Research (New Delhi: Oxford University Press, 2016), 175, Krishnaswamy VijayRaghavan, 'Obaid Siddiqi: Celebrating His Life in Science and the Cultural Transmission of Its Values', Journal of Neurogenetics 26 (2012), Zinnia Ray Chaudhuri, 'Her Father's Voice: A Photographer Pays Tribute to Her Celebrated Scientist-Father', Scroll.in, accessed 5 May 2020, https://scroll.in/roving/802600/her-fathers-voice-a-photographer-pays-tribute-to-her-celebrated-scientistfather, and 'India Mourns Loss of "Aristocratic" & Gutsy Molecular Biology Guru', Nature India, accessed 4 May 2020, https://www.natureasia.com/en/nindia/article/10.1038/nindia.2013.102.

40 'India Mourns', VijayRaghavan, 'Obaid Siddiqi', 257–9, and Chowdhury, Growing the Tree of Science, 175.

41 VijayRaghavan, 'Obaid Siddiqi', 257–9, Chowdhury, Growing the Tree of Science, 175, and Alan Garen and Obaid Siddiqi, 'Suppression of Mutations in the Alkaline Phosphatase Structural Cistron of E. coli', Proceedings of the National Academy of Sciences of the United States of America 48 (1962).

42 Chowdhury, Growing the Tree of Science, 175–8.

43 Chowdhury, Growing the Tree of Science, 181–2, VijayRaghavan, 'Obaid Siddiqi', 259, and Obaid Siddiqi and Seymour Benzer, 'Neurophysiological Defects in Temperature-Sensitive Paralytic Mutants of Drosophila Melanogaster', Proceedings of the National Academy of Sciences of the United States of America 73 (1976).

44 Chowdhury, Growing the Tree of Science 183, Krishnaswamy VijayRaghavan and Michael Bate, 'Veronica Rodrigues (1953–2010)', Science 330 (2010), Namrata Gupta and A. K. Sharma, 'Triple Burden on Women Academic Scientists', in Women and Science in India: A Reader, ed. Neelam Kumar (Delhi: Oxford University Press, 2009), 236, and Malathy Duraisamy and P. Duraisamy, 'Women's Participation in Scientific and Technical Education and Labour Markets in India', in Kumar, ed., Women and Science in India, 293.

45   Chowdhury, Growing the Tree of Science, 183, and VijayRaghavan and Bate, 'Veronica
     Rodrigues', 1493–4.

46   Chowdhury, Growing the Tree of Science 183, and VijayRaghavan and Bate, 'Veronica
     Rodrigues', 1493–4.

47   Chowdhury, Growing the Tree of Science 183, VijayRaghavan and Bate, 'Veronica Rodrigues',
     1493–4, and Veronica Rodrigues and Obaid Siddiqi, 'Genetic Analysis of Chemosensory Path',
     Proceedings of the Indian Academy of Sciences 87 (1978).

48   Arnold, 'Nehruvian Science', 368, and 'Teaching', Indian Agricultural Research Institute,
     accessed 2 September 2020, https://www.iari.res.in/index.php?option=com_ content&view=a
     rticle&id=284&Itemid=889.

49   VijayRaghavan and Bate, 'Veronica Rodrigues', 1493.

50   Laurence Schneider, Biology and Revolution in Twentieth-Century China (Lanham: Rowman
     & Littlefield, 2005), 123, Eliot Spiess, 'Ching Chun Li, Courageous Scholar of Population
     Genetics, Human Genetics, and Biostatistics: A Living History Essay', American Journal of
     Medical Genetics 16 (1983): 610–11, and Aravinda Chakravarti, 'Ching Chun Li (1912–
     2003): A Personal Remembrance of a Hero of Genetics', The American Journal of Human
     Genetics 74 (2004): 790.

51   Schneider, Biology and Revolution, 122, and Spiess, 'Ching Chun Li', 604–5.

52   Schneider, Biology and Revolution, 117–44, Li Peishan, 'Genetics in China: The Qingdao
     Symposium of 1956', Isis 79 (1988), and Trofim Lysenko, 'Concluding Remarks on the Report
     on the Situation in the Biological Sciences, in Death of a Science in Russia: The Fate of
     Genetics as Described in Pravda and Elsewhere, ed. Conway Zirkle (Philadelphia: University of
     Pennsylvania Press, 1949), 257.

53   Schneider, Biology and Revolution, 117–44, Li, 'Genetics in China', 228, and Mao Zedong,
     'On the Correct Handling of Contradictions among the People', in Selected Readings from the
     Works of Mao Tsetung (Peking: Foreign Languages Press, 1971), 477–8.

54   Li Jingzhun, 'Genetics Dies in China', Journal of Heredity 41 (1950).

55   Spiess, 'Ching Chun Li', 613.

56   Schmalzer, Red Revolution, 27, Sigrid Schmalzer, 'On the Appropriate Use of Rose-Colored
     Glasses: Reflections on Science in Socialist China', Isis 98 (2007), and Chunjuan Nancy Wei
     and Darryl E. Brock, eds., Mr. Science and Chairman Mao's Cultural Revolution: Science and
     Technology in Modern China (Lanham: Lexington Books, 2013).

57   Schmalzer, Red Revolution, 4, Schneider, Biology and Revolution, 3 and 196, Jack Harlan,
     'Plant Breeding and Genetics', in Science in Contemporary China, ed. Leo Orleans (Stanford:
     Stanford University Press, 1988), 296–7, John Lewis and Litai Xue, China Builds the Bomb
     (Stanford: Stanford University Press, 1991), and Mao Zedong, Speech at the Chinese
     Communist Party's National Conference on Propaganda Work (Beijing: Foreign Languages
     Press, 1966), 3.

58   Schneider, Biology and Revolution, 169–77, Li, 'Genetics in China', 230–5, Yu Guangyuan,

'Speeches at the Qingdao Genetics Conference of 1956', in Chinese Studies in the History and Philosophy of Science and Technology, eds. Fan Dainian and Robert Cohen (Dordrecht: Kluwer, 1996), 27–34, and Karl Marx, The Collected Works of Karl Marx and Frederick Engels, trans. Victor Schnittke and Yuri Sdobnikov (London: Lawrence & Wishart, 1987), 29:263.

59 Schmalzer, Red Revolution, 38–9.

60 Schmalzer, Red Revolution, 73, Deng Xiangzi and Deng Yingru, The Man Who Puts an End to Hunger: Yuan Longping, 'Father of Hybrid Rice' (Beijing: Foreign Languages Press, 2007), 29–37, and Yuan Longping, Oral Autobiography of Yuan Longping, trans. Zhao Baohua and Zhao Kuangli (Nottingham: Aurora Publishing, 2014), Kindle Edition, loc. 492 and 736.

61 Schneider, Biology and Revolution, 13, Schmalzer, Red Revolution, 4, 40–1, and 73, Deng and Deng, Yuan Longping, 30, and Yuan, Oral Autobiography, loc. 626 and 756.

62 Schmalzer, Red Revolution, 75, Deng and Deng, Yuan Longping, 42 and 60–1, and Yuan, Oral Autobiography, loc. 797.

63 Schmalzer, Red Revolution, 75.

64 Schmalzer, Red Revolution, 75, and Deng and Deng, Yuan Longping, 60–1.

65 Schmalzer, Red Revolution, 86, Deng and Deng, Yuan Longping, 88–98, and Yuan, Oral Autobiography, loc. 1337 and 1463.

66 Schmalzer, Red Revolution, 75, and Yuan, Oral Autobiography, loc. 1337 and 1463.

67 Schmalzer, Red Revolution, 4, and 'Breeding Program Management', International Rice Research Institute, accessed 2 September 2020, http://www.knowledge bank.irri.org/ricebreedingcourse/Hybrid_Rice_Breeding_&_Seed_Production. htm.

68 Nadia Abu El-Haj, The Genealogical Science: The Search for Jewish Origins and the Politics of Epistemology (Chicago: University of Chicago Press, 2012), 86–98, Nurit Kirsh, 'Population Genetics in Israel in the 1950s: The Unconscious Internalization of Ideology', Isis 94 (2003), Nurit Kirsh, 'Genetic Studies of Ethnic Communities in Israel: A Case of Values-Motivated Research', in Jews and Sciences in German Contexts, eds. Ulrich Charpa and Ute Deichmann (Tübingen: Mohr Sibeck, 2007), 182, and Burton, Genetic Crossroads, 114.

69 Burton, Genetic Crossroads, 114, and El-Haj, The Genealogical Science, 87.

70 Burton, Genetic Crossroads, 104–5 and 114–5.

71 El-Haj, The Genealogical Science, 87–97, and Joseph Gurevitch and E. Margolis, 'Blood Groups in Jews from Iraq', Annals of Human Genetics 19 (1955).

72 Facts and Figures (New York: Israel Office of Information, 1955), 56–9, Moshe Prywes, ed., Medical and Biomedical Research in Israel (Jerusalem: Hebrew University of Jerusalem, 1960), xiii, 12–18, and 33–9, and Yakov Rabkin, 'Middle East', in The Cambridge History of Science: Modern Science in National, Transnational, and Global Context, eds. Hugh Slotten, Ronald Numbers, and David Livingstone (Cambridge: Cambridge University Press, 2020), 424, 434–5, and 438–43.

73 Rabkin, 'Middle East', 424–43, Arnold Reisman, 'Comparative Technology Transfer: A Tale of Development in Neighboring Countries, Israel and Turkey', Comparative Technology

Transfer and Society 3 (2005): 331, Burton, Genetic Crossroads, 107–13, 138–50, and 232–9, and Murat Ergin, 'Is the Turk a White Man?': Race and Modernity in the Making of Turkish Identity (Leiden: Brill, 2017).

74 Kirsh, 'Population Genetics', 641, Shifra Shvarts, Nadav Davidovitch, Rhona Seidelman, and Avishay Goldberg, 'Medical Selection and the Debate over Mass Immigration in the New State of Israel (1948–1951)', Canadian Bulletin of Medical History 22 (2005), and Roselle Tekiner, 'Race and the Issue of National Identity in Israel', International Journal of Middle East Studies 23 (1991).

75 Burton, Genetic Crossroads, 108 and 146, El-Haj, The Genealogical Science, 63, Kirsh, 'Population Genetics', 635, and Joyce Donegani, Karima Ibrahim, Elizabeth Ikin, and Arthur Mourant, 'The Blood Groups of the People of Egypt', Heredity 4 (1950).

76 Nurit Kirsh, 'Geneticist Elisabeth Goldschmidt: A Two-Fold Pioneering Story', Israel Studies 9 (2004).

77 Burton, Genetic Crossroads, 157–9, Batsheva Bonné, 'Chaim Sheba (1908–1971)', American Journal of Physical Anthropology 36 (1972), Raphael Falk, Zionism and the Biology of Jews (Cham: Springer, 2017), 145–8, and Elisabeth Goldschmidt, ed., The Genetics of Migrant and Isolate Populations (New York: The Williams and Wilkins Company, 1973), v.

78 Goldschmidt, The Genetics of Migrant and Isolate Populations, Burton, Genetic Crossroads, 161–3, El-Haj, The Genealogical Science, 63–5 and 99, Kirsh, 'Population Genetics', 653, and Kirsh, 'Geneticist Elisabeth Goldschmidt', 90.

79 Burton, Genetic Crossroads, 161–3, El-Haj, The Genealogical Science, 63–5 and 99, Kirsh, 'Population Genetics', 653, Kirsh, 'Geneticist Elisabeth Goldschmidt', 90, Newton Freire-Maia, 'The Effect of the Load of Mutations on the Mortality Rate in Brazilian Populations', in The Genetics of Migrant and Isolate Populations, ed. Elisabeth Goldschmidt (New York: The Williams and Wilkins Company, 1973), 221–2, and Katumi Tanaka, 'Differences between Caucasians and Japanese in the Incidence of Certain Abnormalities', in Goldschmidt, ed., The Genetics of Migrant and Isolate Populations.

80 El-Haj, The Genealogical Science, 86, Arthur Mourant, The Distribution of the Human Blood Groups (Oxford: Blackwell Scientific Publishing, 1954), 1, Michelle Brattain, 'Race, Racism, and Antiracism: UNESCO and the Politics of Presenting Science to the Postwar Public', American Historical Review 112 (2007), and Four Statements on Race (Paris: UNESCO, 1969), 18.

81 Burton, Genetic Crossroads, 96 and 103, El-Haj, The Genealogical Science, 1–8, and Arthur Mourant, Ada Kopeć, and Kazimiera Domaniewska-Sobczak, The Distribution of the Human Blood Groups and Other Polymorphisms, 2nd edn (London: Oxford University Press, 1976), 79–83.

82 Aaron Rottenberg, 'Daniel Zohary (1926–2016)', Genetic Resources and Crop Evolution 64 (2017).

83 Rottenberg, 'Daniel Zohary', 1102–3, and Jack Harlan and Daniel Zohary, 'Distribution of Wild Wheats and Barley', Science 153 (1966): 1074.

84 Rottenberg, 'Daniel Zohary', 1104–5, Harlan and Zohary, 'Distribution of Wild Wheats and

Barley', 1076, Pistorius, Scientists, Plants and Politics, 17, and Daniel Zohary and Maria Hopf, Domestication of Plants in the Old World (Oxford: Clarendon Press, 1988), 2 and 8.

85 Zohary and Hopf, Domestication of Plants, 8, and Prywes, Medical and Biomedical Research, 155.

86 Burton, Genetic Crossroads, 17.

87 Burton, Genetic Crossroads, 128–50, 167–75, and 219–41.

88 'June 2000 White House Event', National Human Genome Research Institute, accessed 1 September 2020, https://www.genome.gov/10001356/june-2000-white-house-event.

89 'June 2000 White House Event'.

90 'June 2000 White House Event' and 'Fiscal Year 2001 President's Budget Request for the National Human Genome Research Institute', National Human Genome Research Institute, accessed 1 September 2020, https://www.genome.gov/10002083/2000-release-fy-2001-budget-request.

91 Nancy Stepan, 'Science and Race: Before and after the Human Genome Project', Socialist Register 39 (2003), Sarah Zhang, '300 Million Letters of DNA are Missing from the Human Genome', The Atlantic, accessed 1 September 2020, https://www.theatlantic.com/science/archive/2018/11/human-genome-300-millionmissing-letters-dna/576481/, Elise Burton, 'Narrating Ethnicity and Diversity in Middle Eastern National Genome Projects', Social Studies of Science 48 (2018), Projit Bihari Mukharji, 'The Bengali Pharaoh: Upper-Caste Aryanism, Pan-Egyptianism, and the Contested History of Biometric Nationalism in Twentieth-Century Bengal', Comparative Studies in Society and History 59 (2017): 452, 'The Indian Genome Variation database (IGVdb): A Project Overview', Human Genetics 119 (2005), 'Mission', Genome Russia Project, accessed 1 September 2020, http://genomerussia.spbu.ru, and 'Summary', Han Chinese Genomes, accessed 1 September 2020, https://www.hanchinesegenomes.org/HCGD/data/summary.

92 David Cyranoski, 'China Expands DNA Data Grab in Troubled Western Region', Nature News 545 (2017), Sui-Lee Wee, 'China Uses DNA to Track Its People, with the Help of American Expertise', The New York Times, accessed 1 September 2020, https://www.nytimes.com/2019/02/21/business/china-xinjiang-uighur-dna-thermo-fisher.html, 'Ethnical Non Russian Groups', Genome Russian Project, accessed 1 September 2020, http://genomerussia.spbu.ru/?page_id=862&lang=en, and 'Trump Administration to Expand DNA Collection at Border and Give Data to FBI', The Guardian, accessed 20 February 2021, https://www.theguardian.com/us-news/2019/oct/02/us-immigration-border-dna-trump-administration.

마치는 글

1 'Harvard University Professor and Two Chinese Nationals Charged in Three Separate China Related Cases', Department of Justice, accessed 20 September 2020, https://www.justice.gov/opa/pr/harvard-university-professor-and-two-chinesenationals-charged-three-separate-china-related, 'Affidavit in Support of Application for Criminal Complaint', Department of Justice, accessed 20 September 2020, https://www.justice.gov/opa/press-release/file/1239796/

download, and 'Harvard Chemistry Chief's Arrest over China Links Shocks Researchers', Nature, accessed 4 April 2020, https://www.nature.com/articles/d41586-020-00291-2.

2   위의 '하버드 대학 교수와 2명의 중국 국적자 고발', '형사 고발 신청서 진술', '하버드 대학 화학과 학과장 체포' 등의 기사 참고.

3   'FBI 보스턴 지부 특수 요원인 조지프 R. 보나볼론타가 하버드 대학 교수와 중국인 2명에 대한 혐의를 발표하는 내용'은 2020년 9월 20일 열람했다. https://www.fbi.gov/contact-us/field-offices/boston/news/press-releases/remarksdelivered-by-fbi-boston-special-agent-in-charge-joseph-r-bonavolonta-announcingcharges-against-harvard-university-professor-and-two-chinese-nationals, Elizabeth Gibney, 'UC Berkeley Bans New Research Funding from Huawei', Nature 566 (2019), Andrew Silver, Jeff Tollefson, and Elizabeth Gibney, 'How US–China Political Tensions are Affecting Science', Nature 568 (2019), Mihir Zaveri, 'Wary of Chinese Espionage, Houston Cancer Center Chose to Fire 3 Scientists', The New York Times, accessed 7 December 2020, https://www.nytimes.com/2019/04/22/health/md-anderson-chinese-scientists.html, and 'Meng Wanzhou: Questions over Huawei Executive's Arrest as Legal Battle Continues', BBC News, accessed 16 December 2020, https://www.bbc.co.uk/news/world-us-canada-54756044.

4   World Bank National Accounts Data, and OECD National Accounts Data Files, accessed 16 February 2021, https://data.worldbank.org. See comparative data for China and the United States, 1982–2019, for 'GDP growth (annual %)', 'GDP (current US$)', and 'GDP, PPP (current international $)'. 'China Overtakes Japan as World's Second-Biggest Economy', BBC News, accessed 20 February 2021, https://www.bbc.co.uk/news/business-12427321. See also Thomas Piketty, Capital in the Twenty-First Century (Cambridge, MA: Harvard University Press, 2014), 78 and 585, and Jude Woodward, The US vs China: Asia's New Cold War? (Manchester: Manchester University Press, 2017) for a general account of both the geopolitics and the economics.

5   Piketty, Capital in the Twenty-First Century, 31 and 412.

6   'Notice of the State Council: New Generation of Artificial Intelligence Development Plan', Foundation for Law and International Affairs, accessed 12 December 2020, https://flia.org/wp-content/uploads/2017/07/A-New-Generation-of-ArtificialIntelligence-Development-Plan-1.pdf (translation by Flora Sapio, Weiming Chen, and Adrian Lo), 'Home', Beijing Academy of Artificial Intelligence, accessed 13 December 2020, https://www.baai.ac.cn/en, and Sarah O'Meara, 'China's Ambitious Quest to Lead the World in AI by 2030', Nature 572 (2019).

7   'New Generation of Artificial Intelligence Development Plan', and Kai-Fu Lee, AI Superpowers: China, Silicon Valley, and the New World Order (New York: Houghton Mifflin Harcourt, 2018), 227.

8   Huiying Liang et al., 'Evaluation and Accurate Diagnoses of Pediatric Diseases Using Artificial Intelligence', Nature Medicine 25 (2019), and Tanveer SyedaMahmood, 'IBM AI Algorithms Can Read Chest X-Rays at Resident Radiologist Levels', IBM Research Blog, accessed 16 December 2020, https://www.ibm.com/blogs/research/2020/11/ai-x-rays-for-radiologists/.

9   Lee, AI Superpowers, 14–17, and Drew Harwell and Eva Dou, 'Huawei Tested AI Software That Could Recognize Uighur Minorities and Alert Police, Report Says', Washington Post,

accessed 16 December 2020, https://www.washingtonpost.com/technology/2020/12/08/huawei-tested-ai-software-that-could-recognize-uighurminorities-alert-police-report-says/.

10 Karen Hao, 'The Future of AI Research is in Africa', MIT Technology Review, accessed 16 December 2020, https://www.technologyreview.com/2019/06/21/134820/ai-africa-machine-learning-ibm-google/, and 'Moustapha Cissé', African Institute for Mathematical Sciences, accessed 13 December 2020, https://nexteinstein.org/person/moustapha-cisse/.

11 Shan Jie, 'China Exports Facial ID Technology to Zimbabwe', Global Times, accessed 14 December 2020, https://www.globaltimes.cn/content/1097747.shtml, and Amy Hawkins, 'Beijing's Big Brother Tech Needs African Faces', Foreign Policy, accessed 14 December 2020, https://foreignpolicy.com/2018/07/24/beijingsbig-brother-tech-needs-african-faces/.

12 Elizabeth Gibney, 'Israel–Arab Peace Accord Fuels Hope for Surge in Scientific Research', Nature 585 (2020).

13 Eliran Rubin, 'Tiny IDF Unit is Brains behind Israel Army Artificial Intelligence', Haaretz, accessed 12 December 2020, https://www.haaretz.com/israel-news/tinyidf-unit-is-brains-behind-israeli-army-artificial-intelligence-1.5442911, and Jon Gambrell, 'Virus Projects Renew Questions about UAE's Mass Surveillance', Washington Post, accessed 12 December 2020, https://www.washingtonpost.com/world/the_americas/virus-projects-renew-questions-about-uaes-masssurveillance/2020/07/09/4c9a0f42-c1ab-11ea-8908-68a2b9eae9e0_story.html.

14 Agence France-Presse, 'UAE Successfully Launches Hope Probe', The Guardian, accessed 20 November 2020, http://www.theguardian.com/science/2020/jul/20/uae-mission-mars-al-amal-hope-space, and Elizabeth Gibney, 'How a Small Arab Nation Built a Mars Mission from Scratch in Six Years', Nature, accessed 9 July 2020, https://www.nature.com/immersive/d41586-020-01862-z/index.html.

15 Gibney, 'How a Small Arab Nation', and Sarwat Nasir, 'UAE to Sign Agreement with Virgin Galactic for Spaceport in Al Ain Airport', Khaleej Times, accessed 16 December 2020, https://www.khaleejtimes.com/technology/uae-to-sign-agreement-with-virgin-galactic-for-spaceport-in-al-ain-airport.

16 'UAE Successfully Launches Hope Probe' and Jonathan Amos, 'UAE Hope Mission Returns First Image of Mars', BBC News, accessed 16 February 2021, https://www.bbc.co.uk/news/science-environment-56060890.

17 Smriti Mallapaty, 'How China is Planning to Go to Mars amid the Coronavirus Outbreak', Nature 579 (2020), 'China Becomes Second Nation to Plant Flag on the Moon', BBC News, accessed 4 December 2020, https://www.bbc.com/news/world-asia-china-55192692, and Jonathan Amos, 'China Mars Mission: Tianwen-1 Spacecraft Enters into Orbit', BBC News, accessed 16 February 2021, https://www.bbc.co.uk/news/science-environment-56013041.

18 Çağrı Mert Bakırcı-Taylor, 'Turkey Creates Its First Space Agency', Nature 566 (2019), Sanjeev Miglani and Krishna Das, 'Modi Hails India as Military Space Power after Anti-Satellite Missile Test', Reuters, accessed 16 December 2020, https://uk.reuters.com/article/us-india-satellite/modi-hails-india-as-military-spacepower-after-anti-satellite-missile-test-idUKKCN1R80IA, and Umar Farooq, 'The Second Drone Age: How Turkey Defied the U.S. and Became a Killer Drone Power', The Intercept, accessed 16 February 2021, https://

theintercept.com/2019/05/14/turkey-second-drone-age/.

19 John Houghton, Geoffrey Jenkins, and J. J. Ephraums, eds., Climate Change: The IPCC Scientific Assessment (Cambridge: Cambridge University Press, 1990), xi–xii and 343–58.

20 Matt McGrath, 'Climate Change: China Aims for "Carbon Neutrality" by 2060', BBC News, accessed 13 December 2020, https://www.bbc.com/news/scienceenvironment-54256826, 'China's Top Scientists Unveil Road Map to 2060 Goal', The Japan Times, accessed 13 December 2020, https://www.japantimes.co.jp/news/2020/09/29/asia-pacific/science-health-asia-pacific/china-climate-change-roadmap-2060/, and 'Division of New Energy and Material Chemistry', Tsinghua University Institute of Nuclear and New Energy Technology, accessed 13 December 2020, http://www.inet.tsinghua.edu.cn/publish/ineten/5685/index.html.

21 Digital Belt and Road Program: Science Plan (Beijing: Digital Belt and Road Program, 2017), 1–25 and 93–4, Ehsan Masood, 'Scientists in Pakistan and Sri Lanka Bet Their Futures on China', Nature, accessed 3 May 2019, https://www.nature.com/articles/d41586-019-01125-6, and Anatol Lieven, Climate Change and the Nation State: The Realist Case (London: Allen Lane, 2020), xi–xxiv, 1–35, and 139–46.

22 Christoph Schumann, 'SASSCAL's Newly Appointed Executive Director – Dr Jane Olwoch', Southern African Science Service Centre for Climate Change and Adaptive Land Management, accessed 16 December 2020, https://www.sasscal.org/sasscals-newly-appointed-executive-director-dr-jane-olwoch/, and Climate Change and Adaptive Land Management in Southern Africa (Göttingen: Klaus Hess Publishers, 2018).

23 Carolina Vera, 'Farmers Transformed How We Investigate Climate', Nature 562 (2018).

24 Lee, AI Superpowers.

25 Shan Lu et al., 'Racial Profiling Harms Science', Science 363 (2019), Catherine Matacic, 'Uyghur Scientists Swept Up in China's Massive Detentions', Science, accessed 10 October 2020, https://www.sciencemag.org/news/2019/10/there-s-nohope-rest-us-uyghur-scientists-swept-china-s-massive-detentions, Declan Butler, 'Prominent Sudanese Geneticist Freed from Prison as Dictator Ousted', Nature, accessed 17 December 2020, https://www.nature.com/articles/d41586-019-01231-5, Alison Abbott, 'Turkish Science on the Brink', Nature 542 (2017), and John Pickrell, ' "Landscape of Fear" Forces Brazilian Rainforest Researchers into Anonymity', Nature Index, accessed 6 December 2020, https://www.natureindex.com/newsblog/landscape-of-fear-forces-brazilian-forest-researchers-into-anonymity.

도판 목록

- 도판의 소장처 또는 사용 허가 출처를 원서에 따라 밝혔다. 도판 설명, 출처, 페이지 수로 정리했다.
- 컬러 사진에는 해당 도판이 언급되는 이 책의 페이지 수를, 흑백 삽화는 해당 도판이 삽입된 이 책의 페이지 수를 적었다.
- 도판 설명 왼쪽의 숫자는 본문에서 도판에 부여한 번호와 동일하다.

컬러 사진

1 멕시코 오악스테펙 지도, 1580년, 텍사스 대학교 도서관(University of Texas Library): 063쪽

2 《누에바에스파냐의 일반 역사》(1578)에 실린 멕시코의 사람, 식물, 동물에 대한 삽화, 알라미(Alamy): 034쪽

3 1577년에 처음 세운 이스탄불 천문대, 알라미(Alamy): 095쪽

4 18세기 초 팀북투에서 작성된 아랍어 천문학 저서의 원고, 게티(Getty): 106쪽

5 베이징의 흠천감, 알라미(Alamy): 116쪽

6 인도 바라나시에 있는 잔타르 만타르 천문대, 제임스 포스켓(James Poskett): 122쪽

7 타히티 마타바이만에 있는 배들을 그린 유화, 위키피디아(Wikipedia): 158쪽

8 18세기 중국, 일본, 네덜란드 학자들의 과학적 교류, 위키피디아(Wikipedia): 224쪽

9 1745년 자메이카 스페인 마을의 학자 프랜시스 윌리엄스를 그린 유화, 알라미(Alamy): 179쪽

10 세네갈 연안의 고레섬에 있는 옛 노예무역소, 게티(Getty): 140쪽

11 콰시아 아마라, 알라미(Alamy): 182쪽

12 16세기 무굴제국의 박물학 책 원고, 알라미(Alamy): 206쪽

13 1729년 에도 막부에 전달된 베트남 코끼리를 그린 일본 책의 원고, 일본 국립국회 도서관(National Diet Library): 216쪽

14 19세기 마드리드에 전시된 메가테리움의 뼈대, 알라미(Alamy): 237쪽

과학의 반쪽사

2023년 03월 23일 초판 01쇄 발행
2023년 06월 05일 초판 02쇄 발행

지은이 제임스 포스켓
옮긴이 김아림

발행인 이규상 편집인 임현숙
편집팀장 김은영 책임편집 정윤정 교정교열 이정현
디자인팀 최희민 두형주 마케팅팀 이성수 김별 강소희 이채영 김희진
경영관리팀 강현덕 김하나 이순복

펴낸곳 (주)백도씨
출판등록 제2012-000170호(2007년 6월 22일)
주소 03044 서울시 종로구 효자로7길 23, 3층(통의동 7-33)
전화 02 3443 0311(편집) 02 3012 0117(마케팅) 팩스 02 3012 3010
이메일 book@100doci.com(편집·원고 투고) valva@100doci.com(유통·사업 제휴)
포스트 post.naver.com/black-fish 블로그 blog.naver.com/black-fish
인스타그램 @blackfish_book

ISBN 978-89-6833-421-4 03900
한국어판 출판권 ⓒ (주)백도씨, 2023, Printed in Korea